文治彬彬开盛世 武功赫赫震幽燕

宋太祖赵匡胤

刘清越 著

（上）

山西出版传媒集团 山西人民出版社

图书在版编目（CIP）数据

宋太祖赵匡胤 / 刘清越著.—太原：山西人民出版社，2021.5

ISBN 978-7-203-11211-2

Ⅰ.①宋… Ⅱ.①刘… Ⅲ.赵匡胤（927－976）－传记 Ⅳ.①K827＝441

中国版本图书馆 CIP 数据核字（2021）第 054865 号

宋太祖赵匡胤

著　　者：刘清越
责任编辑：王晓斌
复　　审：贺　权
终　　审：秦继华
装帧设计：子不语

出 版 者：山西出版传媒集团·山西人民出版社
地　　址：太原市建设南路 21 号
邮　　编：030012
发行营销：0351-4922220　4955996　4956039　4922127（传真）
天猫官网：https://sxrmcbs.tmall.com　电　　话：0351-4922159
E－mail：sxskcb@163.com　发行部
　　　　　sxskcb@126.com　总编室
网　　址：www.sxskcb.com

经 销 者：山西出版传媒集团·山西人民出版社
承 印 厂：天津雅泽印刷有限公司

开　　本：710mm×1000mm　1/16
印　　张：36.25
字　　数：640 千字
印　　数：1—5000 套
版　　次：2021 年 5 月　第 1 版
印　　次：2021 年 5 月　第 1 次印刷
书　　号：ISBN 978-7-203-11211-2
定　　价：78.00 元（上、下）

前　言

　　历史的长河变幻莫测，波诡云谲，时而微波细澜，时而惊涛骇浪。

　　在悠远而又漫长的中国历史上，在历朝历代数以百计的封建帝王中，秦皇、汉武、唐宗、宋祖无疑是四座并峙于天地之间的巍巍高峰，是在历史的洪流中敢于弄潮，善于弄潮，掀起滔天巨浪的枭雄霸主。赵匡胤更是其中个性最为独特鲜明的皇帝之一，他的一生充满着大起大落的矛盾冲突和神秘莫测的传奇色彩。

　　赵匡胤生活在中国历史上一个最黑暗的时期。唐末五代，群雄并起，互相残杀，吞并、掠夺、颠覆、屠杀成了这个时期的主旋律。无休止的征战和疯狂的杀戮给神州大地留下的是狼烟滚滚，是哀鸿遍野，是白骨撑天，是饿殍枕藉。一幅幅的惨景是被血泪浸透的沉重的历史残页。时势造英雄，赵匡胤正是在这样一个特殊的时代披坚执锐，呼啸而出，以其卓越的军事才能东征西讨，南战北伐，终于从士卒到将军，并在崎岖坎坷的流浪生活和金戈铁马的军旅生涯之后，一跃登上了拥有四海、君临天下的至尊大位。

　　"黄袍加身"后，义薄云天的赵匡胤不仅没有要前朝皇帝柴氏宗室的命，反而以至高无上的开国皇帝之尊给自己的子孙留下了"保全柴氏子孙"的誓约。历代皇帝在创建了一个新王朝之后，对于共同创业的许多功臣总是不大放心，常常上演"兔死狗烹，鸟尽弓藏"的悲剧。中国历史上杀功臣杀得最厉害的自然是刘邦和朱元璋，而赵匡胤却非常潇洒地"杯酒释兵权"，既保住了"哥们儿"的命，让他们永享富贵，又巩固了刚刚建立的大宋政权。

　　他登临大宝，建立宋朝，却不甘安于现状，纵情享乐，而是南征北战，削藩镇，平叛乱，灭诸侯，一统华夏。他将五代时分散于地方的军、政、财、司法等各种大权收归朝廷，加强了中央集权；惩贪养廉，革新吏治；慎刑薄赋，实施宽政；重文抑武，务农兴学；改革科举，擢拔人才……使兵连祸结、满目疮痍的中国大地迅速恢复安定，出现了生机勃勃的中兴之象。

　　毫无疑问，赵匡胤是一位杰出的政治家和军事家，其军事才能和政治艺术已近乎炉火纯青。但就在他"大一统"的梦想即将实现的前夕，在大宋王

宋太祖赵匡胤

朝如旭日东升，前景光辉灿烂之时，在他为创建一个像"贞观之治"那样的升平盛世而运筹谋划、砥砺拼搏的时候，五十岁的赵匡胤明明知道其弟赵光义的阴谋，却顾念手足之情，陷于"妇人之仁"，最终只能在扑朔迷离的"斧声烛影"中，在一场无法预料的阴谋中莫名其妙地驾崩，给后人留下了一个至今无法准确破译的千古之谜，也足以令人千古扼腕！

本书在尊重基本史实和史学家研究成果的基础上，以文学的语言、丰富的想象，淋漓尽致地展现了赵匡胤从少年罹祸到建立大宋王朝前后几十年的军政生涯，展现了五代十国那个动荡黑暗的特殊时代的社会人情，精心塑造了以宋太祖赵匡胤为主的大宋王朝及各诸侯国的君、臣、军、民中的各式人物群像，还广大读者一个真实的有血有肉的赵匡胤，一段真实的纷繁复杂的历史……

目　录

第一章　天欲其亡　必令其狂

建隆元年（960 年）正月十五的上元灯节是大宋王朝定鼎以来的第一个盛大节日，也是中原民族历代相沿的传统佳节。新王朝、新纪元、新春伊始，普天同庆，举国腾欢。

赵匡胤看着汴京街市上家家张灯结彩，人们兴高采烈、喜气洋洋，他却陷入了深深的思考之中。这满目繁华是不是虚假的？会不会是过眼烟云？这平静表面的深处，会不会隐藏着波涛汹涌的潜流？君臣同心，和衷共济，能做到吗？自己呕心沥血所建立的大宋王朝能不能持久？

这一切的一切，不由得让他把尘封了许久的记忆闸门突然间打开，前半生的往事就像浩瀚激荡的波涛一浪接一浪从他的脑海里涌过，他仿佛又看到了那个昏庸荒淫的汉隐帝……

汉隐帝乾祐三年（950 年），进入盛夏不久，后汉帝都古老的汴京城里已变得烁金流火，燥热难耐。湛蓝的天空中几缕乳白色的云丝在缓缓地游动。烈日像一个巨大的火球，威风凛凛地向宇宙间喷射着火焰，播撒着热浪，像是发了狠要把大地烤焦似的。

幸亏前几天下过几场大雨，汴京城里那些粗可合抱的老柳、垂杨和梧桐仍是枝繁叶茂，绿荫盖地。密密层层、翠绿欲滴的新枝嫩叶在烈火的烤炙下依然泛光溢彩，生机盎然。

城郊外的秋禾已长到齐腰高，苗壮葱茏，长势喜人。沟坎路边的各种野草也都伸蔓展须，"噌噌"地往高处长，往远处爬，以它们顽强的生命力挤占了庄稼地之外的每一寸空旷之处。

与这大自然的勃勃生机相比，千年古城汴京开封却显得愈发苍老、衰弱和死气沉沉。

当初那些鳞次栉比的店铺、井然有序的房舍、玲珑典雅的亭阁、曲径幽深的巷道没有了，触目可见的是大街两侧不时出现的残垣断壁和瓦砾废墟；那种车水马龙、人流熙攘、摩肩接踵、叫卖喧嚣之声不绝于耳的昔日繁华不见了，代之而起的是市区里随处可见的衣衫褴褛、蓬头垢面的流浪者、叫花子。有男的，也有女的；有老人，也有孩子。他们手里端着个破陶碗，不停地向行人，向那些勉强开业的店铺或酒楼乞讨。

"大娘大爷，行行好，给点吃的吧，俺一家七口已饿死了三口，上有老，下有小，都三天没吃东西了。"

但是那些懒洋洋地在大街上徜徉的行人几乎也都是囊中空空，不名一文。谁敢招惹这数不清的成千上万的乞讨者？一看见他们，就像躲避瘟疫似的，匆匆忙忙地掉头便走。

后汉的子民们已经一贫如洗，被逼到了濒临死亡的边缘。偌大的汴京城已经了无生气，就像摆放在中原大地上的一口大棺材。这也难怪，从天福七年（942 年）至今，才八九年的时间，汴京城经历了多少浩劫，多少苦难？

八年之中，已经三易朝廷，五换帝王。后晋高祖石敬瑭、后晋出帝石重贵、契丹主耶律德光、后汉高祖刘知远、后汉隐帝刘承祐，这些短命的皇帝走马灯似的轮番登基，你方唱罢我登场。本就挣扎在水深火热中的黎民百姓们还有多少血肉让他们吮吸和啃噬？至此也就只能是家家断炊，奄奄待毙了。

几番动乱，几番战火，已经把开封城翻来覆去烤成了一个千疮百孔的糊烧饼。它又像一个沉疴缠身的病人，在日夜呻吟着，苟延残喘着，再也经不起任何灾难和打击了。

但是，汉隐帝刘承祐对这一切却是视而不见，充耳不闻。或者他根本就没听说过，更没亲眼见过，压根儿就不知道这些事儿。民间的疾苦，百姓们的死活，与他这个当皇帝的没有什么关系。反正"四海之内，莫非王土；率土之滨，莫非王臣"。以中国之大，庶民之多，供他一个当皇帝的吃喝玩乐、纵情挥霍还是绰绰有余的。

刘承祐是两年多前当的皇帝，那时他只有十八岁，他能当皇帝还得感谢契丹主耶律德光，是他的十万铁骑灭了石重贵的后晋小朝廷。耶律德光本来已经换上了汉人装束，准备风风光光地当个中原皇帝，无奈苍天不容，各地藩镇纷纷起兵，中原民众也怒潮汹涌，揭竿而起，耶律德光只好挟持着晋出帝石重贵仓皇北逃。

他更得感谢自己的父亲刘知远，是他老人家不失时机，拥兵称帝，率大军长驱直入开进汴京，建立了后汉王朝。也是上苍属意于自己这个真命天子，父亲大约没有坐天下的富贵之命，回汴京才几个月便暴病崩逝。自己顺利地登上了大位，成了威加四海、拥有万里江山的后汉皇帝。

他本是个只知道吃喝玩乐的浪荡公子，早在其父任河东节度使，他只有十四五岁的时候，在河东一带就已经是臭名远扬的花花太岁"刘衙内"了。

他十四岁那年夏天，刘知远领兵在外，这刘衙内在府中便成了天不怕地不怕的小霸王，每日纵酒使气，顽劣无法。

从登基当皇帝那天起，刘承祐就如同登上了天堂。他把朝政一股脑儿推给了苏逢吉、郭威、杨邠、史弘肇等一批顾命大臣，自己终日纵情声色，恣意宣淫。

隐帝刘承祐嗜色怠政，荒诞不经，自然引起了顾命大臣和众多朝臣的不满，他们纷纷上书进谏，要求隐帝洁身自好，勤理国政。对此，刘承祐觉得十分烦躁。他总感到，在四位顾命大臣中，只有苏逢吉是忠臣，对自己俯首帖耳，百依百顺，是自己真正可以倚为心腹的肱股贤良。

与苏逢吉相比，郭威、史弘肇等一班武将就显得有点不听话了，动不动就"犯颜直谏、忤逆龙鳞"，蛙鸣蝉噪一般，让人心烦。登基之后，自己本想大兴土木，修葺皇宫，就是郭威一班人一再谏阻把这件大事给耽搁了。

好在苏逢吉出了个主意，趁契丹兵骚扰边境，派郭威率兵拒敌，然后让其留守邺都。

郭威一走，史弘肇等人便掀不起大浪头了，一切国政皆由刘承祐和苏逢吉说了算。如今，皇宫里已经重建了三座大殿，巍峨高大，金碧辉煌。后宫的御花园也修葺一新，假山奇石、绿水碧波、名花瑶草、珍禽异兽应有尽有。

苏逢吉深知"龙心"，命供奉官孟业大选天下美女。如今的后宫里已是粉黛三千，美色如云。

但是，皇宫里美色再多也满足不了刘承祐猎奇和寻求刺激的欲望。后来，在苏丞相的提议下，便在御街西首那座被契丹兵烧毁的广缘寺的废墟上建起了一座富丽堂皇的皇家妓院——御勾栏。从汴京城各个青楼中挑选了数百名风骚妖艳的女子蓄于其中，供隐帝和他的心腹侍臣们寻欢作乐。

南唐元宗李璟得知了汉隐帝的这一雅好，为了结好中原皇帝，也便来凑热闹。他从大江彼岸的南唐国中精挑了六名绝色歌妓献于后汉。如今，这六名歌妓已成了御勾栏里的花魁了。

这一来可好，隐帝刘承祐几乎天天泡在御勾栏里，已有三个月未曾上朝听政。朝中诸事不分大小全都委于宰相苏逢吉与群臣看着处置。

这不，像今天这样一个"狗奔拉舌头"的大热天他也不肯放过，仍在御勾栏里尽情淫乐。

宋太祖赵匡胤

御勾栏规模恢宏，建筑精巧。除了花园、水池、假山、亭榭和游廊、雕栏之外，还有两座高耸入云的楼阁。前面一座叫"观花楼"，是歌舞宴饮的地方。后面一座叫"撷芳楼"，顾名思义，自然是歌妓们与隐帝和他的心腹们恣意宣淫的地方。

此刻，"观花楼"底层的歌舞大厅里正热闹非凡。宽敞的大厅内四壁如雪；两排粗大的圆柱上嵌翠镶玉，雕龙画凤，金碧辉煌。绕墙一周，摆放着麝兰、香桂、茶花、水莲等各种名贵花卉，姹紫嫣红，摇曳生姿。正北特设一龙椅，隐帝刘承祐端坐在上面。旁边两溜绣墩上坐着刚刚赶来的苏逢吉、孟业、聂文进、后赞、郭允明、阎晋卿等一帮心腹近臣。每人面前都是金杯银盏，浮红泛绿，身后各有一名侍婢或太监在拼命地为其摇扇。

虽说外面烈日炎炎，是火炉子和汤锅一般的天气。但这歌舞大厅设于层楼重阁之下，已挡去了不少烈日的余威。再加上大厅里户牖洞开，微风穿堂入户，经过厅前长廊阴凉之气的过滤，吹到厅内已然清爽了不少。尽管如此，隐帝刘承祐的身旁仍有六名侍女在为其轮番摇扇。

隐帝端起一杯酒，对众大臣说道："今日骄阳如火，酷暑难耐，朕特邀诸位爱卿来此宴饮，消此暑热。来，大家同饮一杯。"说罢将杯中之酒一饮而尽。众大臣异口同声说道："谢皇上恩典，吾皇万岁。"也都赶忙把酒喝了。

御勾栏的主管太监站在隐帝身后挥挥拂尘，立时鸾凤和鸣，仙乐悠然而起。其声清冽缥缈，穿云裂帛，在大厅里缭绕回旋。

随着乐声，一队二十个十六七岁的妙龄少女水袖长舒，莲步轻移，流水行云一般冉冉飘至舞池之内。一个个身披薄纱，腰系绫裙，明眸皓齿，腰肢扭动如风摆翠柳。一时间，大厅里像绽开了二十朵碧荷红莲，临风摇曳，婆娑而舞，绰绰约约，千姿百态，真如瑶池仙子临凡降世一般。

隐帝刘承祐和众大臣一个个看得目瞪口呆，脖梗发直，嘴里不停地发出"啊，啊"之声。

群舞刚罢，各种奏乐之声暂停，君臣们相视而笑后又同饮一杯。

突然，云板响处，一缕清越悠扬的笛声骤起，随着婉转的笛声，两名绝代佳人翩翩起舞。

这二人便是南唐元宗李璟向后汉进贡的六名歌妓的领班，一名叫青杏，一名叫冶桃。据说其天姿国色，曾名震江南。在南唐青楼妓院中不知倾倒了多少风流狎客，痴迷了多少狂蜂浪蝶。

二人随着笛声旋舞了一阵，便听隐帝笑着喊道："好，舞得好！"

就在这个时候，忽听得大厅外人声喧嚣，一个太监慌慌张张地跑进来跪在隐帝面前，尖声尖气地嚷道："启禀万岁，护圣都指挥使赵弘殷在外面长跪不起，非要面见圣上不可。"

"混账！也不看这是啥时候，不见！"隐帝正在兴头上，像看戏刚好看到了高潮被冷不丁地打断，不觉怒火中烧，便暴声喝退了小太监。

可是外面的喧嚣之声越来越大，嚷叫声不时传进大厅里。眼看着一场十分精彩的歌舞被硬生生打断，隐帝十分懊恼，只好让歌妓们暂时退到一边。他对孟业摆摆手说道："你到外面看看，这赵弘殷到底要干什么？"

护圣都指挥使赵弘殷世居涿郡，祖上累代为官。涿郡乃古之燕赵之地，自古多慷慨悲歌之士。赵弘殷自幼习武，骁勇善射，也是个性情刚烈、宁折不弯的汉子。早在后晋时，他便与郭威等人在河东节度使刘知远的麾下为将，亲眼看到后晋因朝政糜烂，引得契丹铁蹄践踏蹂躏京师、开封百姓惨遭荼毒的一幕幕悲剧，为此而义愤填膺，悲愤难抑。好不容易盼到契丹败退，刘知远称帝，他也因战功晋升为护圣都指挥使。原以为自此以后，朝廷会修明政治，平息战乱，轻徭薄赋，让民众过一段丰衣足食的太平日子。不料高祖刘知远几个月后突然驾崩，刘承祐继位后昏聩庸碌，骄奢淫逸。先修皇宫大内，又建皇家妓院，大兴土木，急敛苛征，让啼饥号寒的黎庶百姓们雪上加霜。

更加恼人的是，这个年轻天子居然嗜色如命，连续几个月不肯上朝理事。眼看着朝政为奸佞把持，莫非自己与众将领辅佐先帝东征西剿、浴血征战打下来的后汉江山又要葬送在昏君奸臣手中？

赵弘殷不敢想下去了，一闭上眼，他似乎又看到汴京城里刀光剑影、烈焰冲天，到处是乱兵横行，到处是尸骨枕藉，到处是血流成河……

他不能眼看着这大好河山毁于一旦。一个月来，他连续十次上书直谏，请求隐帝还朝理政，远女色，近贤臣，察民情，正朝纲。

但是一份份奏折呈上去都如石沉大海。或是苏逢吉等从中截留，或是隐帝刘承祐根本不予理睬。他失望了，被激怒了。今日，他终于忍无可忍，决定到御勾栏谏驾回銮，万不得已，便打算"尸谏"。

孟业走出歌舞大厅，见赵弘殷直挺挺地跪在烈日之下，豆粒大的汗珠子一滴连着一滴，从他的额头、面颊、脖子上往下淌。一身朝服早被汗水浸透了，就像刚刚从水池子里捞出来一般。

在他的前后左右，围拢着成千上万来看热闹的百姓。这是件稀罕事，多年不曾听说过的稀罕事。汴京的市民们一传十十传百，都纷纷向御勾栏这里跑来，不多时便已人山人海，万民空巷。开始是小声议论，渐渐地变成了大声吵嚷，有的人已开始高声斥骂昏君奸臣。

孟业一看这个场面，不禁一阵阵头皮发麻。此事若处理不好酿成民变，立刻就会大祸临头。他知道，这些一贫如洗的市民就像一堆堆干燥的木柴，一点火星都可能引燃熊熊大火。一旦这上万名百姓愤怒到极点，不顾一切地冲进大厅，他们君臣将死无葬身之地。

孟业慌忙跑到赵弘殷面前，一边拉着他的手，一边说道："赵大人，你这是何苦？有什么事慢慢说嘛。这大热天的，热出个好歹来怎么办？"

赵弘殷微眯着眼看了看他，这是个助纣为虐的奸佞小人，自己平时最憎恶这个人，便厉声说道："闪开！今日不见万岁，我赵某宁愿跪死在这里。"

孟业知道再劝也没有用，只好跑进大厅，一会儿又匆匆地跑出来，站在石阶上气喘吁吁地喊道："皇上有旨，传护圣都指挥使赵弘殷见驾。"

赵弘殷站起身来擦了擦脸上的汗水，走进大厅后趋至隐帝面前跪下，叩首奏道："臣赵弘殷叩见皇上，恭请万岁回驾皇宫，坐朝视事。"

隐帝刘承祐端坐在龙椅上，脸色铁青，胸脯气得一鼓一鼓的，两眼怒冲冲地瞪着赵弘殷，冷冷地说道："眼下社稷无事，四海升平，日常朝事自有苏丞相等爱卿精心处置，何事非要朕亲自坐朝不可？"

赵弘殷朗声奏道："自古以来，国不可一日无君，家不可一日无主，圣上已有数月不曾上朝，此实非国家之福。如今大汉初立，百废待兴。契丹兵前年攻掠蹂躏中原，至今疮痍未平，元气未复。又加蝗旱之灾肆虐州县，百姓衣食不继，流离失所。汴京城内乞讨者、剽掠者如雨后春笋，数不胜数，怎能说社稷无事，四海升平？"

赵弘殷越说越生气，越说越激动，也不看隐帝已经怒不可遏，只是任着性子，滔滔不绝地说下去："臣以为，朝廷如同人体，君为首，臣为四肢。头脑若不运转，四肢如何动作？朝中军政大事只凭几个朝臣处置，时日一久，皇上大权旁落，铸成尾大不掉之势，必会种下祸根。更何况近几年来，京城大兴土木，赋徭苛重，民财罄竭；上上下下广蓄女乐，声色犬马，日费万金。百姓们早已怨声载道，忍无可忍。长此下去，臣诚恐我大汉又步后唐、后晋之后尘，国祚不久，又是个短命王朝。"

今日赵弘殷是有备而来，打定了主意要犯颜直谏，纵使忤圣意，逆龙鳞，也要一吐为快。在座的臣僚和太监侍女们听他说完都一个个心惊肉跳，变貌失色。

苏逢吉听他说到"大权旁落""尾大不掉"等，已知他是在含沙射影，攻讦自己这个宰相，心中恼怒却不便说话。待到末了，听他又说出了"国祚不久""短命王朝"之类的话，心中冷笑道："狂悖之徒，今天是找死来了。"立即走到隐帝面前，跪地奏道："启禀万岁，赵弘殷恃功傲主，狂妄至极，今日在大庭广众之下，谤讪朝政，公然讥讽圣上，咒我大汉，实为大逆不道，应治其叛逆弃市之罪，还请万岁明鉴。"

隐帝坐在那里气得浑身发抖，只觉得赵弘殷的每句话都是对自己的大不敬，尤其是"广蓄女乐，日费万金"之类，更是明显地在嘲讽自己，早已有些坐不住了。宰相苏逢吉说完之后，那南唐送来的两个歌妓居然也娇滴滴地插嘴说道："哟，这糟老头子怎么这么放肆无礼？这不是公然唾在万岁的脸上，当着众人骂万岁爷吗？这要在南唐，早处以寸磔之刑了。"

几句话如同火上浇油，隐帝顿时勃然大怒，冷不防一脚蹬翻了面前的桌子，桌上的酒壶酒杯"稀里哗啦"摔了满地。隐帝腮上的肌肉哆嗦着，指着赵弘殷喊道："反了，反了！来人，将这逆贼拿下，绑赴市曹，斩首示众。"

昔日有功之臣一语不合立时便做了无头之鬼，大厅里的人无不浑身战栗，冷汗直流。

早有两个禁军冲了上来，架起赵弘殷便往外拖。

正在此时，大厅门口慌慌张张地跑进来两个人，一齐跪在隐帝面前。隐帝看时，原来是平章事史弘肇和尚书右丞杨邠。只见二人满脸通红，汗透衣衫，显然是冒着烈日匆匆赶来。便听史弘肇说道："万岁息怒，赵弘殷虽说语涉不敬，但他是先朝重臣，南征北战，忠勇无比，而且对先帝护驾有功，还求陛下法外施恩，赦免其罪。"杨邠也以头碰地谏道："赵弘殷一生刚介正直，今日进谏也是出于一片忠君爱国之心。臣愿以全家一百余口的性命担保赵大人绝无谋逆之意，请皇上明察。"

史弘肇、杨邠都是先帝临终时的托孤重臣，又都是当朝宰辅。见他们二人极言切谏，在座的朝臣们除了苏逢吉外，也都做个顺水人情，跟着跪了一地，为赵弘殷求情。

隐帝见众人求情也不好硬来，便余怒未息地说道："看在众卿家的面上，今日且饶你死罪。但你咆哮朝廷，蔑视朕躬，妖言惑众，罪不可赦。自今日起削去你的一切官爵，废为庶民。重责四十军棍，以示天恩。"

赵弘殷被那虎狼般的行刑军士打了四十军棍，衣袍被打成了碎片，浑身鲜血淋漓，皮开肉绽。

宋太祖赵匡胤

赵弘殷被抬回府上后，夫人杜氏、儿媳贺金婵慌作一团，陪在床前一个劲地唉声叹气，唏嘘流泪。赵弘殷忍着刀割火灼般的疼痛，把发生在御勾栏里的事对她们说了一遍，末了问道："匡胤呢？还没回来吗？"

杜夫人两眼含泪答道："匡胤一早就出去了，至今尚未回府。"赵弘殷叮嘱二人道："今日之事切勿对匡胤说起。这孩子性情刚烈，疾恶如仇，眼里容不得半粒沙子。这事若让他知晓，恐要生出事端。"杜夫人、贺氏连连点头应允。

赵弘殷已五十多岁，膝下五子二女。两个儿子幼年夭亡，眼下只剩下三子二女。长子赵匡胤，次子赵匡义，三子赵匡美。

当下杜夫人派人请来大夫为赵弘殷煎汤洗伤，敷药疗疾，阖府上下一片忙乱。

家中出了这么大的祸事，赵匡胤却一点也不知道。

今日一早，赵匡胤便约了他的好朋友韩令坤一块到汴京西郊去练拳习武，游玩散心。这些日子，他一有空暇便到城外去，那里清新的空气，湛蓝的天空，悠悠的白云，一望无际的绿禾青草、碧树红花，让他感到一种无所拘羁的舒适和放浪形骸的自由。而在汴京城里，他总觉得憋闷、压抑。那街上随处可见的乞丐，从褴褛肮脏的衣衫上散发出的馊哄哄的怪味，一张张呈着菜色和病态的脸孔，脸孔上流露着的忧郁、痛苦、愤懑或仇恨的眼光，都令他心悸胆寒。生活在这个城市里，他总觉得像被关在一个毫无生气的地狱里，有一种让人窒息的感觉。他感到自己再也待不下去了，眼看就要发狂，就要爆炸了，一刻也不愿留在这里。一时间不能远去，哪怕暂时到郊外躲一躲也好。

走出城，一路上绿树成荫，繁花似锦，溪流淙淙，莺飞蝶舞。赵匡胤、韩令坤顿感心旷神怡。二人说说笑笑，缓步西行，很快便来到一片小树林中。

赵匡胤脱去长衫，紧了紧腰带，正准备与韩令坤练一段长拳短打。一抬头，却见树林深处有一匹枣红色的高头骏马正在悠闲地啃着青草。这马身躯矫捷，背宽臀圆，充溢着一股生龙活虎的勃勃生气。

赵匡胤兴奋得两眼放光，对韩令坤说道："你看那匹红马，一见便让人心馋技痒，我且骑它一骑。"韩令坤看时，只见那马四蹄硕大如碗，四肢细长有力，身上就像裹了一匹细腻光亮的红缎子，在林荫处熠熠闪光，确是一匹上乘的好马。便说道："此马非等闲之物，恐未经驯化，大哥须多加小心。"赵匡胤笑道："越是桀骜不驯，骑来才越有味道。"说罢便蹑手蹑脚地向那马走去。及至走到近前，那马只顾吃草，用眼角瞟了瞟他，竟不加理睬。赵匡胤轻轻地挽起马缰，慢慢地贴近，突然将身躯一纵，翻身跨上了马背。

原来此马乃一马贩子刚从契丹国大草原上贩回来，被城郊豪绅石员外的公子石守信以重金买下，确是未经驯化。当下这野物见有人跨到自己背上，立即发了狂。前蹄腾空而起，鬃毛直竖，伸长了脖子奋力嘶叫。接着前蹄落地，后蹄又抬起了三尺多高，身躯左拧右扭，似是发了狠要把背上的家伙掀落在地。无奈赵匡胤一手握缰，一手死死地攥住马鬃，两条腿紧紧地夹住了马肚子，就像一张膏药贴在马背上，任其狂蹦乱跳，前掀后摔，就是不肯下来。这一来便惊动了正躺在远处草丛里睡觉的石公子，他慌忙跑了过来，一看是一个红脸汉子骑在自己的马背上，不禁大惊失色，急忙喊道：“这位壮士，速速下马，这马野得很，出生以来还没有一人能骑到它身上。”赵匡胤却哈哈大笑：“这位兄弟，今天我偏要骑它，就让在下为你驯驯这厮。”话音未落，只见那马将头一低，长尾一摆，猛嘶一声，箭射一般冲出了树林，沿着一条崎岖的田间小路向不远处的一个山岗狂奔而去。

韩令坤和石守信都吓黄了脸，在后面撒腿便追。远远地见那马冲上了山岗，向前面一座低矮的大门跑去。韩令坤高喊一声“赵兄当心”，话音未落，便见赵匡胤猝不及防，一头撞在门楣上，轰然跌落马下。韩令坤心里一阵紧缩，暗道，完了完了，赵兄小命休矣。但就在这时，奇迹发生了，只见赵匡胤突然从地上弹了起来，疾跑几步，又纵身翻上了马背。那马使尽浑身解数，千般花样，终不能把背上的人再次掀落。至此已周身大汗淋漓，黔驴技穷，只好乖乖地听命。

赵匡胤将马稳稳地骑了回来，到二人面前翻身下马，口中连连道：“好马！好马!”韩、石二人忙围过来，问他头碰伤了没有，赵匡胤以手抚额，笑道：“没啥事，只是这里有点木乎乎的。”

石守信瞪大了眼睛盯着这个年轻人，刚才那惊心动魄的一幕使他深信这是一位胆识过人，敢于下海擒龙、上山伏虎的人中豪俊。只见此人身材雄奇伟岸，方面大耳，脸呈枣红色，双目灼灼如炬，真正称得上是仪表堂堂。

当下石守信向赵匡胤、韩令坤深深一揖，笑问道：“不知二位公子尊姓大名，来此处有何贵干?”

赵匡胤打量着眼前这个年轻人，看他年龄与自己差不多，身材修长，眉清目秀，言谈彬彬有礼，举止落落大方，一看便知是个古道热肠英雄豪侠一类的人物。当下心中高兴，忙还礼道：“在下姓赵名匡胤，人称赵大郎，在汴京城里居住。这位是我的好友韩令坤。我二人平日专好使枪弄棒，练习武功。今日本欲到这旷野之中练练拳脚，不料见了公子的神驹，一时技痒，多有冒犯，尚祈恕罪。"

石守信慌忙说道："哪里哪里，刚才赵公子骑马时身手矫捷，驭术精湛，令我大开眼界。又听二位乃尚武之人，我虽是个乡野村夫，却也是自幼喜欢武功，拜过几位师父，学得三拳两脚，今日倒愿与二位公子讨教些招数。"

三人既是同道，一拍即合。当下便在这树林中挑一空旷处，抡臂踢腿，你攻我守，来来往往。脚下的青草野花早被踩得糨糊一般。练了一个多时辰，三人都累得大汗淋漓，便在一棵大柳树下歇了，把短衫脱掉，拿在手中权当扇子，不停地抡动扇风。

三人一边歇凉，一边天南海北地闲聊，十分投契。石守信见此二人都身怀绝技，非等闲之辈，为人又豪侠爽朗，心中暗生倾慕之情，犹豫了一会儿说道："二位公子，在下有一句不知深浅的话，不知当讲不当讲。"

赵匡胤笑道："我等虽非深交，却是一见如故，有啥话石公子尽管说。"

石守信道："在下愚钝，却想攀龙附凤，与二位公子结为金兰之好，不知二位是否同意。"

赵匡胤哈哈大笑道："我也正有此意，不想石公子先说了。昔有刘关张桃园三结义，今日我们何不来一个柳林三结义，说不定也可做一番惊天动地的大事，成为流芳百世的英雄。"

于是三人便在柳林中撮土插草为香，拜过天地，又兄弟互拜，然后对天盟誓道："今生今世，风雨同舟，患难与共，赴汤蹈火，生死不渝。"赵匡胤年龄最长，为大哥；韩令坤次之，为二哥；石守信最小，为三弟。

磕过头以后，石守信道："我等既结为生死之交，自当设酒庆贺。今天小弟我做东，到酒楼中喝个痛快如何？"

赵匡胤、韩令坤都爱喝酒，当下三人来到西城，寻了一家酒店，让酒保把马拴了。他们找了一个干净的单间坐下，要来一坛老酒和牛肉、猪肚等下酒菜肴。兄弟三人轮番把盏，你敬我让，开怀畅饮。吃了半日，三人俱已各带酒意，话说得越来越投机，大有英雄相见恨晚之感。说着说着，便扯到朝政上了。石守信说道："二位仁兄家住城里，两家伯父又都是朝廷中人，必定见多识广。如今小弟所处的乡间，百姓们生灵涂炭，怨声载道，都说当今天子昏聩无德，朝纲为奸臣把持，贪官污吏横行于世，长此下去，百姓将永无出头之日。以二位大哥看来，当今圣上究竟是一个什么样的人？"

　　赵匡胤接口说道："如今的皇帝不过是个游手好闲、吃喝嫖赌的公子哥儿。这样的人当了皇帝，哪里懂得治国安邦，与民休养生息？只是一味地猜忌杀戮旧臣，吃喝玩乐，最终导致了凤翔巡检使王景崇、永兴节度使赵思绾和河中节度使李守贞先后叛变，这便是此前发生的'三叛连兵'。这场叛乱好不容易才平息了，可这皇帝小儿仍不思悔改，还是一味地贪恋女色，陷害忠良，弄得正直之臣人人自危，敢言之士噤若寒蝉。像这样的朝廷，真不知道还能维持几天。"

　　听赵匡胤说完，韩令坤在一旁接口说道："若说起朝中之事，真不乏奇闻奇事。一年前南唐主向皇上进贡了一批乐女，个个如花似玉，能歌善舞。咱这当今天子自得了这些乐女之后，淫乱荒政，久废朝纲。花费巨金大兴土木，特造一院，名曰御勾栏。为建此院，不知耗费了多少民脂民膏，累死了多少丁夫工役。皇上将这班乐女置于其中，又从民间广选美女，每日率领王公贵戚在这御勾栏中开长夜之饮，纵流连之欢。依小弟看来，这江山不久必属于他人。不知何人有福，能得此社稷。"

　　听着朝廷中这些闻所未闻的丑事，石守信惊得瞪大了眼睛，看看赵匡胤，再看看韩令坤，一句话也插不上。

　　赵匡胤的脸色却越来越难看，他嘴里呼哧呼哧地喘着粗气，将手中的酒杯"砰"的一声重重地摔在桌子上，杯中的酒流了一桌子。

　　他怒声说道："国君昏聩，国将不国。如今北有契丹掠地烧杀，西有吐蕃军虎视眈眈。中原大地，锦绣河山，被藩镇诸侯分割得七零八落。大江之南，更有南唐、南汉、吴越、后蜀列国环绕，各自为政。真个是四面烽烟滚滚，八方战云密布。刘承祐这个昏君却不理朝政，不修兵备，一味地盘剥百姓，宴安淫乐，置国家安危、黎民死活于不顾。"

　　一口气说到这里，他喘着粗气，端起酒杯"咕嘟嘟"灌了下去，看看韩、石二人，又说道："我等兄弟皆七尺男儿，当今多事之秋，正是英雄豪杰拍案而起，大丈夫建功之时。我赵某生逢乱世，却不甘老死户牖之下。有朝一日，我必将冲出开封这泓死水，为收拾乱局，扫荡妖氛，拯救天下苍生掀起冲天大浪。"

　　韩令坤、石守信也都是热血汉子，听赵匡胤说完，早已激动得满脸通红。石守信说道："听兄长一席高论，石某振聋发聩，五内滚沸。我敬兄长一杯，他年若用得着小弟，就是上刀山，下火海，小弟也跟着兄长，决不眨眼皱眉。"韩令坤也忙举起杯来，三只酒杯"哐啷"一碰，三人一饮而尽。

就在此时，却听外面厅堂里几张桌子上的酒客们一阵喧笑，有人说道："好，来得正好。这些日子倒霉，老百姓身上没有银子，老天爷又天天喷火，什么买卖也没法做，长此下去，生意人也该喝西北风了。且听听小曲儿，排解心中的不快。"

"大哥说得是，反正这日子是没法过了。就来个小曲儿侑酒，过一天算一天罢。"听话音像是一群做小买卖的聚在这里喝酒。

说话间，便听叮叮咚咚一阵琵琶试弦之声，接着便银珠坠落玉盘般地脆响起来。弹过一段之后，一个年轻女子的清洌歌声骤然而起：

> 手挥琵琶放悲声，苦情诉与君子听。
> 妾身年十五，家居洛阳城。
> 祖孙三代人四口，相濡以沫度营生。
> 蝗旱连年徭赋重，刀兵相逼人命轻。
> 漏屋难遮雨，破衣不抵风。
> 饥寒交煎度日难，老幼相偎盼天明……

歌声幽怨悲凉，缭绕飞旋，似是在天地间流淌的一股苦涩的泉水，一滴一滴、一波一波地流进了人们的耳朵，流进了人们的心田，流进了人们的四肢。众人一时都听呆了，整个厅堂里居然鸦雀无声。

琵琶又急弹一阵，那小女子接着唱道：

> 盼了日落盼日出，中原换了新朝廷。
> 谁料官府传圣命，大修宫殿土木兴。
> 君不见御勾栏金雕玉饰赛瑶池，
> 皇宫里大殿崔巍入云层。
> 有谁知瑶池里荡漾尽血浆，
> 宫殿基底枯骨横！
> 要问谁人枯骨谁人血，万千工役与夫丁。
> 俺爹命苦被抓捕，绳捆索绑进汴京。
> 身背砖石遭鞭打，一脚不慎踩了空。
> 高楼万丈跌平川，可怜俺爹丧了生。
> 一堆骨肉一摊血，面目谁还分得清？

草木见之亦落泪，鬼神见之亦心惊……

唱到此处，小姑娘已气塞声咽，嘤嘤而泣。厅堂内的酒客中有人已抑制不住，跟着低声抽泣。有人则在低声斥骂这个世道。

听着这荡气回肠、哀婉凄绝的歌声，赵匡胤早已经心内发酸，眼圈泛红，哪里还喝得下酒？忙立起身来，与韩、石二人悄悄地踅出房间。

赵匡胤看时，只见那小女子骨瘦如柴，穿一件打了补丁的碎花布衫，一条洗得有些发白的淡绿色长裤，一头黑发拧成一条乌油油的长辫子搭在胸前，正随着她强自压抑着的呜咽一起一伏。扑闪扑闪的两只大眼睛十分有神，长长的睫毛上挂着几粒细碎的泪珠。满面菜色和浮尘，却掩不住她的天生丽质和稚气灵秀。

这时，一个老年酒客端着一碗热水送到她面前，颤声说道："姑娘，这大热天的，喝口水润润喉咙。唉！真是造孽啊……"说着，自己布满皱纹的双眼里竟溢出了泪水。

姑娘将水喝了，对众人躬身一拜，凄惨地呼叫一声"各位大爷叔叔们啊"便更加悲愤地唱了下去：

> 噩耗传到洛阳城，俺娘一听发了疯。
> 不顾婆母与幼女，披头散发奔开封。
> 要告状，要申冤，要把天理公道说个清。
> 说不清，道不明，官府衙门谁肯听？
> 反诬俺娘谤朝政，投入大牢动酷刑。
> 三堂过后气奄奄，一魂悠悠赴鬼城。
> 苍天不睁眼，大地何无情？
> 撇下俺祖孙二人受孤零。
> 老祖母哭得天昏地又暗，一双老眼又失明。
> 奴虽少女忘羞耻，沦落风尘遭人轻。
> 卖唱讨得几文钱，为救家中祖母命。
> 俺唱的都是实情话，小曲断肠不忍听……

唱到这里，琵琶声戛然而止。满屋里死一样的寂静，不时听到有人抽动鼻子的声音。人们眼里都饱含着泪水，呆呆地看着姑娘出神。

忽然，有人从身上摸出了几文钱送到姑娘手里。众人这才如梦初醒，慌忙掏钱，这个三文，那个五文，零零碎碎地放在姑娘面前。姑娘一口一个"大爷""叔叔"地叫着，连连施礼致谢。

赵匡胤摸遍了全身，却没带钱，心中万分着急，忙问韩、石二人："二位兄弟可带了银子？为兄暂借一用。"石守信早已倾囊而出，却是三锭光灿灿的银元宝。韩令坤也把身上的零碎银子全都掏了出来递给赵匡胤。赵匡胤与两位兄弟拿了银子送给小姑娘，说道："小妹妹，这是我们兄弟对老祖母的一点心意。"

小姑娘看着这些白花花的银子，一时惊得睁大了眼睛。她从娘胎里出来到现在也没见过这么多的银子，慌忙说道："三位大哥哥，三位恩公，这么多钱，小女子怎么消受得起？"

正推让间，却见店门口呼啦啦地闯进了七八个禁军兵卒，一个个持刀佩剑，满脸杀气，直冲小姑娘而来。

为首一个军校对小姑娘"嘿嘿"一笑，阴阳怪气地说道："小妖精，你在汴京城里唱谋反小曲儿已非一日，今日大爷奉开封府之命前来拿人。"说着，打量了小姑娘一眼，突然哈哈大笑，对那些兵卒们说道："弟兄们快看，这小妖精还真水灵哟，又光鲜，又粉嫩，是一等一的好货。把她送到御勾栏里当粉头，当今皇上准会喜欢，说不定我们兄弟要发大财了。今儿可真是一趟一举两得的美差呀，带走！"

事情来得突然，满屋子的人都愣住了。赵匡胤站在那里，早气得两眼发红，脖子上的青筋突突直跳。还没等那军校说完，早照着他的面门"呼"地挥出一拳。这一拳蓄积了全身的仇恨和愤怒，如同火山爆发，有断铁碎石的千钧之力。那军校被一拳击出店门之外，仰面倒地，早已五官错位，满面流血，其他兵卒见有人竟敢动手，立马拔刀扯剑在手，一窝蜂向赵匡胤冲来。

赵匡胤也不慌，见当头一个扑来，身子一偏，避过他的刀锋，顺手扯住他的右臂，向后一拧，便听"咔嚓"一声，早已臂骨断裂。也不管那人杀猪似的嚎叫，一手抓着衣领，一手攥住腰带，将那人横提在手里当了兵器，向着其他兵卒横抡竖打，霎时间又扫倒了两三个。韩令坤、石守信见大哥动了手，也都大吼一声冲了上去，与这些兵卒们扭打在一起。

屋子里喝酒的人们开始见禁军兵卒凶神恶煞，一个个心惊胆寒，纷纷躲避。现在见三位公子武功不凡，身手了得，禁不住大声喝彩起来。那位给小姑娘送水的老者早把小姑娘的银钱收拾好，把她紧紧地护在自己身后。

赵、韩、石兄弟三人也算是汴京城里的武界高手，七八个禁军怎能经得起他们施勇斗狠，不到半个时辰，早都像麦子似的横七竖八地躺了一地。只有在门外的一个小卒兔子似的连蹦带跳逃命去了。

赵匡胤看了看地上这些鬼哭狼嚎、哼哼唧唧的残兵败将，对韩令坤和石守信耳语道："此处不可久留，恐有援兵随后赶来。我先骑马送小姑娘出城，咱们仍在西郊小树林里碰头。"

赵匡胤说完拉着小姑娘，带上她的琵琶和银两，径直来到院中拴马处。解开马缰，先将小姑娘提上马背，然后翻身上马，箭射一般冲出了汴京城。

等到兄弟三人在小树林会面的时候，天已向暮。那小姑娘惊魂不定，一张俏脸犹挂着泪滴和汗珠。她见三位大哥都到齐了，"扑通"一声跪在草地上连连磕头，口里不停地说道："三位恩公在上，请受小女子一拜。请三位留下尊姓大名，你们的大恩大德，小女子永世不忘。"赵匡胤忙把小姑娘搀起来，柔声说道："不必如此多礼。"遂将三人的姓名说了，又问小姑娘："你叫什么名字？以后有什么难处，就来汴京找我们兄弟。"小姑娘告诉他们，她姓崔，乳名唤弟。

看看已经红日西沉，夜幕将落，三人约定小姑娘暂时寄住在石守信家，明天由石守信将她送回洛阳。然后兄弟们互道保重，各自回府。

赵匡胤回到家中，未及洗浴，先到父母房中问安，一进门，不禁吃了一惊，只见父亲趴在卧榻上，面色焦黄，脸颊脖子上挂着豆粒大的汗珠子，一个劲儿呻吟不止。赵匡胤顿时慌了，也不知父亲得了什么重病，只觉得心头"咚咚"乱跳。忙问母亲杜氏道："孩儿早间出门时，父亲还好好的，一日之间怎么会变成这个样子，究竟出了何事？"杜氏记着赵弘殷的嘱咐，怕他惹事，便笑笑说："没啥大事，我儿放心，汝父今日早朝时不慎从马上摔下来跌伤了双腿，已找郎中看了，又没伤着骨头，不碍事的。"其父赵弘殷见儿子回来了，努力抬起头来，满是痛楚的脸上勉强挤出一点笑容道："皮肉之苦，养几天就好了，你快吃过饭回你媳妇房里歇着吧。"

赵匡胤是个粗中有细的人，当下听了母亲的话，又见父亲满脸痛苦之相，心中便犯了嘀咕。想老父戎马半生，在千军万马中纵横驰骋，如入无人之境，怎么会在这风平浪静之时从马上摔下来呢？再说父亲自幼习武，练就了铜打铁铸般的身躯，纵然平地里跌一下子，也不会如此苦痛。赵匡胤也不再多问，只恭恭敬敬地向父母道过安，便轻手轻脚地退了出来。

赵匡胤回到房中，与妻子贺金婵相见，劈头便问道："父亲伤势如此严重，究竟出了什么事？"贺金婵垂首低眉，轻声嗫嚅道："说是从马背上颠下来摔伤的。""胡说！其中定有大事，父亲母亲瞒着我，你这做妻子的也敢欺诓我吗？"一看赵匡胤发了火，贺金婵顿时吓得手足失措，慌忙双膝跪下道："夫君息怒，非是为妻有意欺诓，实在是父亲大人吩咐这样说的。"看着娇妻那楚楚可怜的样子，像只受了惊吓的雀儿似的，赵匡胤心中一软，自觉失态。妻子贺金婵是与父亲同朝为官的右千牛卫府率贺景思的千金，也是名门闺秀。生得端庄秀丽，且性情温柔恭顺，知书达理。父亲正是看中了这女子的贤淑聪慧，才为自己聘为妻室。二人结婚后一直亲亲热热，相敬如宾。赵匡胤为自己一时着急而迁怒于爱妻深感不安，急忙将妻子搀扶起来，柔声说道："你我夫妻之间要一生一世不存芥蒂，就该无话不说，无事不谈，这到底是怎么回事？"贺金婵不敢隐瞒，只得把公爹如何请驾回銮，如何犯颜直谏触怒了当今皇上，又如何因苏逢吉和南唐的两个粉头进谗，被革去官爵惨遭毒打，一五一十全都说了。

赵匡胤听着，胸膛里就像装满了火药，似乎随时都会爆炸。不禁狠狠地骂了一句："昏君……"

但这事该怎么办，他还得好好想想，只好强压下心中的怒火。他匆匆忙忙地洗浴、吃饭，然后对妻子说道："事已至此，眼下也没什么法子，须得从长计议。"

夫妻二人同榻而眠，贺金婵很快睡熟了，赵匡胤却大睁着两眼睡不着。父亲一片忠诚，忧国忧君，却被这昏君毒打成这个模样。此仇不报，怎为人子？还有今天遇上的那位小姑娘，斑斑血泪，血海深仇，都与这昏君、这御勾栏有关。想到这里，不觉怒火攻心，咬牙切齿。干脆一不做二不休，等到夜深人静，去一趟御勾栏。若能碰上那昏君，一刀了结了他，为父报仇；倘若碰不上，先除掉这些迷君乱国的妖精，然后远走高飞，到外面闯闯天下。好男儿志在四方，大丈夫当横行天下，这正是几年来自己的夙愿。

赵匡胤躺在床上歇了一会儿，侧耳听听，娇妻贺金婵已平静地睡着了。伉俪情深，自己要离家出走，他还真有点舍不得这个柔情似水的妻子，还有严父慈母和弟妹们。但是，他知道，儿女情长就会消磨了英雄壮志，庸庸碌碌了此一生，这是他无论如何也不能忍受的。只是这次去为父亲报仇，一定要做得万分机密，切不可走漏消息，给家人带来祸事。

想到此，赵匡胤翻身下床，悄悄地换了一身夜行衣，取一口短剑挂在衣服里边，收拾一个简单的包裹，装些散碎银两，出了房门，从后院越墙而出。

赵匡胤很快来到御勾栏院前，但见重门紧闭，悄无声息，只有两盏昏黄的大灯笼在夜风中摆荡着，闪烁着惨淡的幽光。大门西首一带的红墙并不算太高，赵匡胤将丹田之气提起，身躯一纵，早已稳稳地飞落墙头。墙内是一溜粗大的柳树，他攀缘着树干轻轻地溜下地面，竟是毫无声响。经过半天的大风，满园里铺着一层厚厚的残花败叶。他见四处无人，便隐身快走，向着北面的观花楼摸去。

将近观花楼，正行走间，却见两个虎贲军提着灯笼过来巡夜。赵匡胤从树后闪出，双手疾出，点了他们的哑穴，提了灯笼悄悄地摸上楼去。观花楼是隐帝宴饮歌舞的地方，那些乐女粉头们住在后面的撷芳楼上，这里除了几个太监，并无他人居住，楼上寂然无声。赵匡胤摸进大厅，从灯笼中取出烛火来，把满屋的罗缎帘幔、地毯、挂毯引燃，看着大火突起，便闪身冲下楼去。

不多一会儿，整座观花楼已是烈焰腾空，火光冲天。火借风势，风助火威，直烧得噼里啪啦震天作响，梁柱爆裂，屋瓦迸射，顿时成了一片火海。赵匡胤躲在暗处，高声喊道："不好了，观花楼起火了，快来救火啊。"深夜里一声高喊，直令人惊心动魄。居住在两廊厢房中的虎贲军从睡梦中突然惊醒，赤身裸体冲了出来，就像一群没头苍蝇似的，乱纷纷地东碰西撞，寻找器具忙着救火。

趁此混乱之际，赵匡胤箭射一般冲上后面的撷芳楼，那班乐女有睡下的，也有没睡的，听得前面人声喧嚷，正在惊慌失措地穿衣，一个个衣衫不整，披头散发。赵匡胤抓住一个粉头，问明青杏、冶桃住的厢阁，一脚将门踢开，只见二人半裸着身子斜歪在帐内，正在忙着穿衣。赵匡胤一见二人，顿时怒火攻心，厉声骂道："尔等贱婢，爷爷今日来取尔等狗命。"手起剑落，将二人杀死在床前。

赵匡胤杀了两个乐女，为老父报了仇，解了心头之恨，当下举步如飞，出得城门，在城郊树林里换下夜行衣，仍做平日打扮，径奔关西而去。

第二章　驼峰结义　驱暴安良

古老的黄河像一匹桀骜不驯的烈马，一路上涤荡着山岩，裹挟着泥沙，波翻浪卷，奔腾咆哮。经过了千回百转地冲波逆折，浩浩荡荡千里奔泻，不屈不挠地向着既定的目标前进、冲刺，决不停步，更不退缩。

赵匡胤离开汴京之后沿着黄河大堤由东向西逆行而上。他没有目标，不知道路在何方，更不知道归宿在何处，只是怀着一腔热血，踌躇满志，只身一人闯天下。他深信不疑，外面的世界一定很精彩，因为那是无数英雄叱咤风云、建功立业的大舞台，是自古以来无数风流人物纵横驰骋、逐鹿问鼎的大战场。"天生我材必有用"，他坚信自己一定会像中华历史上那些风云际会的英雄人物一样，在这个大舞台上一展身手，绝不是那些蝇营狗苟、庸碌无为的芸芸众生。

赵匡胤背着一个简单的包裹，手提一条哨棒，大步行进在黄河大堤上。略带湿润的河风吹在他那红色的脸膛上，扑在他那敞开的微微起伏的胸膛上，他感到十分惬意和自得，直到今天，他才算是真正迈出了人生的第一步。

他看着河床里那汹涌澎湃、翻滚喧逐的混浊的浪涛，心中平添了无限的感慨。这条凶悍而又温顺、狂放而又多情的河流是中原大地的生命之源，炎黄子孙的母亲河，它浩浩东流，不舍昼夜，孕育了古老的华夏文明，阅尽了历史的风雨沧桑。在它流经的大地上，既创造过盛世的繁荣辉煌，也上演过乱世的凄惨悲剧。不知有多少英雄豪杰在此饮马，然后扬鞭驱驰，奔向成功人生的终点；也不知有多少败军之将在此磨刀霍霍，最后却折戟沉沙，身败名裂。这里是英雄的摇篮，也是庸者的坟墓。他暗下决心：黄河做证，我赵匡胤今日也是从你身边出发，不干出一番惊天动地的事业，今生今世誓不还乡。

看着这条像烈马一样桀骜不驯、奔腾不止的河流，不知为什么，赵匡胤忽然想起了离他家不远的那匹石马。

赵匡胤的儿时是在洛阳度过的，离赵宅不远的一片空旷处有一匹与真马差不多大小的石马。赵匡胤从小就喜欢习武，喜欢战马，对儒家经学没有什么兴趣。他不习惯整天静坐在学堂里,屏息静气地倾听塾师那枯燥无味的讲授。常常是一边听讲,一边却在想象着舞枪弄棒,纵马驰骋。父亲专门为他延聘的塾师陈学究对他无可奈何,只好向他的父母如实禀报。赵匡胤的母亲杜夫人是位颇知礼法的大家闺秀,她一直希望自己的儿子能走仕途。听塾师说了儿子的情形,心中十分着急,便苦口婆心地劝儿子不要再去习武,要安下心来读书。赵匡胤从小便非常孝敬他的母亲,他垂手而立,恭恭敬敬地听完母亲的训诫,却平静地对母亲说道:"母亲的训示自有道理,但儿子却以为,儒学虽然高深,也能使人成器,然而在如今这个世道上却不合时宜。"

儿子的回话大出杜夫人的意料,她颇感惊讶地问:"我儿所言不合时宜是指什么?"赵匡胤答道:"当今之世,兵戈不息,烽火遍地,怎能不问世事,躲在家中读书?儿常听人说,治世用文,乱世用武,现在正是用武之时。"杜夫人打量一下儿子,这个只有十几岁的孩子似乎一下子长大了。儿子说得不无道理,但她又十分忧虑地说:"从武多风险,沙场上吉凶难卜,生死常在一瞬之间。儿若置身行武,怎能不让为娘担心?"赵匡胤忙安慰母亲道:"从武之路当然坎坷不平,险象环生,但大丈夫要建不世之功,立煌煌大业,有时不能不赴凶蹈险。然而万事皆由人为,最重要的要看自身的才干,有雄才大略自能化险为夷。儿愿娴习武事,留待后用,以武功光耀门楣。"杜夫人见儿子志向已定,又言之有理,便不再过多地难为他。

自此以后,每逢放学,赵匡胤便弯弓盘马,使枪舞剑,练就了一身上乘的武功。其马上功夫更称一绝,不管多么顽劣的马匹,他都能不配马鞍乘骑,连他那身经百战的老父亲都自叹弗如。

赵匡胤儿时还特别喜欢斗蟋蟀。当时汴京城里斗蟋蟀成风,每天早晚,街头巷尾随处可见斗场,观者如云。赵匡胤和他的小伙伴们捉来蟋蟀,分头装在陶罐里,然后便摆开战场,一边用草棍拨弄着罐中的蟋蟀,一边看着两只蟋蟀相斗。每当看到自己的蟋蟀像个无所畏惧的勇士鼓翅弹腿,奋力拼搏,尖声鸣叫,终至胜利时,赵匡胤便情不自禁地大喊大叫起来,就像自己打了胜仗一样。

按照规定,胜利者才能骑赵匡胤家不远处的那匹大石马,其他人就像侍从一样,为胜利者牵马坠镫,前呼后拥,摇旗呐喊。赵匡胤几乎每次都是胜利者。

他每次骑在石马上,内心里便平添了几分英雄之气。回家后便问母亲那石马是怎么来的,为什么摆在那里没人动,还一半埋在土里,一半露在地上。

宋太祖赵匡胤

母亲告诉他，这石马已埋在这里好几百年了，是古时候一位大将军宅邸前的石雕。

这位大将军英武强悍，勇猛绝伦，于万马军中取上将首级如探囊取物，令敌军闻风丧胆，是当时中原一带称雄一时，并让后人世世代代顶礼膜拜的大英雄。大将军有一匹战马，是天下少有的神驹，在战场上迅捷灵活，一往无前，快如霹雳闪电，而且对主人忠心耿耿，甚通人性。大将军屡立战功，多得其助。在一次战事中，这神马驮着大将军在千军万马中杀进杀出，纵横驰骋，所到之处敌军望风而逃。突然间，一枝从暗中飞来的毒箭射中了马身。那箭镞上淬了剧毒，神马浑身发抖，却硬是驮着大将军冲出了重围。刚来到自己阵前，大将军急忙跳下马背，传呼兽医为马疗伤。可是，那马中毒太深，毒气已扩散到全身。它深情地看着自己的主人，两眼饱含着泪水，"咴咴"悲鸣着扑地而亡。随自己征战十几年的伙伴死了，大将军悲痛万分，就像自己的亲兄弟、亲儿子死了一样，一连数日茶饭不思。为了纪念这匹战马，他请人依照那马的样子雕刻了这匹石马，立于自己的门前，朝夕相伴，四时供奉。

这个美丽的英雄故事深深地烙印在赵匡胤的心灵中，为他的童年编织了无数个多姿多彩的梦。他对那位大将军的神武和那匹战马的骁勇怀着深深的敬慕之情。有多少次，他在心底深处暗暗发誓，长大之后一定要像那位大将军一样出生入死，横扫千军，建立旷世功业。

现在是实现这个梦想的时候了，成就辉煌人生的路就在自己脚下。赵匡胤面对着滚滚黄河，浩浩西风，不禁心潮激荡，思绪万千。他张开双臂，敞开胸襟，放声高喊着："大风起兮云飞扬，壮士此去兮，定要衣锦还乡。"

在这条烟尘飞扬、人流滚滚的黄河古道上，赵匡胤独自一人已经奔走了十七八天。慢慢地，他那颗热血奔涌、滚烫沸腾的心开始冷静下来。离开了家乡，离开了故人，眼前的一切变得那样陌生，一种悲怆和苍凉的感觉不时地袭上心头。黄河大堤上，大堤以外的千年古道上，成群结队逃荒的人群，男男女女，老老少少，推着独轮木车的，挑着箩筐的，挎着破篮子的，拄着拐杖的，抱着婴儿的，一个个破衣烂衫，面色灰白而又浮肿，脸颊上淌着泥汗，挂着浮土。一群群，一帮帮，就像饿得眼睛发蓝的野兽，又像被人捣毁了窝巢的蜂群，急匆匆、乱哄哄地从他的身旁流过。木轮小推车那"吱扭吱扭"的呻吟，孩子们不时发出的撕心裂肺的哭喊，像锥子一样刺痛了他的耳鼓，使他的心一阵一阵地紧缩。走着走着，一个老人扑倒了，他爬在地上，两只枯瘦的手向前伸了几下就再也不动了。又一个妇女倒下了，她半躺在一个土坡上，看着身边那个四五岁的孩子，绝望地摇摇头，洒下几滴混浊的泪水便咽了气。一个年轻媳妇把怀里才几个月的婴儿从自己那瘦小松软的乳房上摘下来，使劲地摇晃着，突然发疯似的号哭起来，孩子早不知道在什么时候就断了气。一幅幅惨不忍睹的景象令人毛骨悚然。此时的赵匡胤才真正懂得了"哀鸿遍野、饿殍满地"的含意。他只觉得心里憋闷得慌，一种近乎要爆炸的憋闷。他多想找一个人说说话。可是这些来来往往的人就像在死神的手心里挣扎，正在急匆匆地逃命，谁也不理会他，谁也不跟他搭话。即使夜间住在客栈里，偶尔与人同宿一室，也是互相提防，不吐真言，猜疑多于信任，敌意多于友情。赵匡胤开始茫然了，他意识到，战乱不仅给社会造成了严重的破坏，不仅戕害了人们的肉体，吞噬了人们的生命，使无数的人无家可归，而且在人们的心灵上也留下了难以愈合的创伤。他感到孤独，感到苦闷，更深深地感到困惑和愤怒。外面的世界很精彩，外面的世界也很无奈。他多么想遇到一个知音，哪怕能有个与自己说说话的人也好。可是他失望了。从开封出发，他已经横穿了好几个州，经过了十几个县，却一无所遇，白白地付出了旅途的困顿和千辛万苦。

一个月以后，赵匡胤来到了潼关。一路上与他为伴却是逆向而行的黄河由北奔涌而来，在此拐个直角，浩浩荡荡向东飞泻而去。在这个转折点上，赵匡胤也面临着选择，是继续沿着黄河向北走，还是径直向西？

赵匡胤开始踟蹰起来，伫立在巍巍的黄河大堤上，再次注目着脚下那浩浩荡荡、滚滚东去的黄河，他突然想到，大河日夜东流，自己却一路西行，与黄河背道而驰，这莫非就是自己一路上毫无所获的原因？但转而一想，他又自失地摇摇头，不禁苦笑起来。"黄河之水天上来，奔流到海不复回"，长江、黄河一旦选择了自己的流向，就会百折不挠，一往无前，冲决一切羁绊，从不迟疑，更不回头。大丈夫处世，就应该有大江大河般的胸襟和气势。自己既已选择了西向而行，就应该顽强地走下去。俗话说，不到黄河不死心，而自己是过了黄河也不死心。越往西去，越是偏远荒蛮之地，天高皇帝远，人才匮乏，说不定再走下去就会出现奇迹了。

于是，他舍弃了北去，继续向西，向西。

几个月过去了，赵匡胤仍是一无所获，他在吃力地跋涉着，他在暗中较劲，与自己这蹩脚的命运抗争着。

在一个初秋的日子，他拖着疲惫的身体，带着满身的风尘和土屑，来到了原州（今甘肃境内）。他决定在这里做短暂的停留。一方面，他实在太疲劳了，需要休整一下。另一方面，他身上所带的盘缠已经不多了，再走下去，恐怕连吃饭的钱也没有了，他必须设法筹措一些盘缠。

可是到哪里去筹措呢，这里一无亲二无故，求借无门。虽然他有着一身上乘的武功，但在这个贫穷偏远的地方并无用武之地。后来，他来到一家养马的财主家，提出为那家财主放马，只要有饭吃有屋住，工钱多少并不计较。那财主仔细打量了一阵这个年轻人，见他身材魁梧，年轻力壮，满面灰尘却掩不住一股英武之气，便很爽快地答应了。

从这天起，赵匡胤开始了他牧马人的生活。平展展的大草原广袤无边，间或有几束野菊花星星点点地点缀其间，在无力的秋风中晃动着。秋高气爽，蓝天丽日，白云悠悠。在这空寂辽阔的天地之间，十几匹老马在懒散地迈着步子，东一嘴西一嘴地啃着青草。赵匡胤扔掉马鞭，仰卧在一片厚厚的软绒般的草丛里，凝神注视着湛蓝的天空中那不断变幻着的云朵和偶尔在云朵间穿行盘旋的老鹰，心中不觉好笑。自己本应是一只搏击长空、笑傲云海的苍鹰，如今却像只满地觅食的老母鸡；本应是一个身骑骏马、叱咤沙场、驰骋冲杀的大将军，如今成了为人放牧的马夫。他感叹造化弄人，命运不济。他觉得内心有一种不平之愤要发泄，忽然尖厉地呼啸一声，腾地跃身而起，冲到一匹壮硕的黑马身边，翻身上马，双腿一夹，左手攥着马鬃，右掌狠拍马臀，他要在这大草原上狂奔驰骋。可是他又一次失望了，那匹马貌似健壮，却不堪驱使。见有人骑上马背，只慌乱地小跑了几步，便又笨拙无力地蹒跚而行起来。赵匡胤无可奈何地跳下马来，这本是些犁田驾车的畜生，只配在这个小天地里吃草、干活，了此一生，与自己本非一路。他只好又回到草丛中躺下，懒洋洋地晒着太阳，慢慢地便有些迷糊，鼾声渐起。

突然，一阵"嘚嘚"的马蹄声和嘈杂的吵嚷声传来，赵匡胤一个激灵惊醒，"嗖"的一声一跃而起。却见一个二十多岁的年轻人骑在马上，头戴金凤盔，身披黄金甲，罩一袭猩红锦袍，腰系丝绦宝带，显得极为精神。手下带着二三十名喽啰，正在吆喝围圈着自己放牧的那十几匹马。赵匡胤一看，不禁大怒，顺手拾起身边的哨棒，断喝一声："是何方的盗贼，大白天竟敢来偷马？"说话之间，已飞掠到骑马人身前，横身拦住去路。骑马人却哈哈笑道："放马的红脸汉子，识相的话就把路让开，爷爷乃驼峰山大王王审琦，今日从此路过，见有些许马匹，欲借往山中拉车运粮。光天化日，朗朗乾坤，爷爷行事光明磊落，岂能言盗？"赵匡胤冷笑一声："看你金盔金甲，堂堂七尺男儿，还当是哪路英雄，原来是些山贼草寇。今天算你倒霉，撞到爷爷手里，断不容你这伙打家劫舍的强盗胡作非为。"说罢，出手如飞，哨棒挟着一股劲风直向王审琦面门劈去。王审琦忙举刀架住，只听"砰"的一声，便觉力道深沉，震得虎口发麻，心中暗忖道："一个放马的汉子哪来的这么大的力气？"当下不敢怠慢，挥刀疾进，一招紧接着一招，指望以精熟的刀法把这汉子降伏。孰料赵匡胤一条哨棒挥得有章有法，丝丝入扣。二人一个马上，一个马下，酣战多时难分高低。二三十个喽啰站立一旁，直看得目瞪口呆。但王审琦平时就争强好胜，没有他的话，谁也不敢上前打援手，只有呐喊助威的份儿。二人打了约半个时辰，赵匡胤卖个破绽，王审琦操刀疾进，赵匡胤一手举哨棒架开，身躯轻纵，一手舒展，大喊一声："下来吧！"将那王审琦拽下马来，翻身骑在王审琦身上，抢拳便打。不料那王审琦躺在地上，却"咯咯"地笑了起来，说道："打得好，打得好！"

赵匡胤见此人不求饶命，却在发笑，甚是奇怪，便问道："你笑什么？"王审琦道："审琦自出道以来，从未遇过对手。今日被你一个放马的打败，可见人外有人，天外有天。想你武功如此了得，却在此为人牧马，定是虎落平川，龙搁浅滩。今日能结识这么一位英雄，王某不该笑吗？"赵匡胤见他话说得不俗，颇有些英雄气概，便急忙放他起身，说道："我看你也不是凡夫俗子之流，且放你一条生路，赶紧带上你的人走吧。"那王审琦站起身来，也不顾浑身泥土，上前深施一礼，嘻嘻笑道："小弟倒不想就这样回去。"赵匡胤问道："这是为何？难道你非要带走这些马匹？这可是人家的马，我可做不了主。"王审琦道："审琦不是这个意思。今日得遇英雄，岂可失之交臂？小弟意欲邀英雄到敝山寨暂住几日，不知您是否愿意。"

赵匡胤这些日子为人放马，心情本来就十分郁闷烦躁，加上一路未遇知音，也极想交几个知心朋友，当下见王审琦相邀，便欣然同意。随即把马匹给东家送回，便同王审琦等人说说笑笑向驼峰山赶去。

一行人很快就来到了驼峰山。远远望去，但见双峰并峙，巍巍然直插云霄，真如一只巨大的骆驼在天地间缓缓行进。山上千年翠柏和百代古松翁翁郁郁，遮天蔽日。深涧高岗，危岩悬壁，山势十分险要，确是个卧虎藏龙的好地方。

王审琦一面与赵匡胤说着话，一面派喽啰飞跑上山告知二大王准备迎接贵宾。

众人沿着一条绿树成荫的山路七拐八弯地向山顶攀登。刚转过一个山头，前面便呈现出一片开阔地，忽听得鞭炮炸响，锣鼓齐鸣，一员小将带着数百

宋太祖赵匡胤

名喽啰从远处急步迎来。走到近前，众喽啰一齐跪地，向着王审琦叩头请安。那小将也向王审琦和赵匡胤深施一礼。王审琦对赵匡胤说："这便是我山寨中的二寨主张令铎。"赵匡胤也上前施礼，二人寒暄几句，便与王审琦来到议事厅中。

这议事厅是一座古庙的大殿改建的，虽然有些破旧，却很宽敞。神像早被搬走，大殿里打扫得干干净净，正中一张虎皮交椅，两边又放了许多椅凳，看起来很是简陋。三人分宾主落座。王审琦笑道："山寨初创，怠慢之处还请英雄多加担待。"赵匡胤欠身道："大寨主言重了，赵某乃一天涯沦落之人，为求温饱竟为人做佣工，能得二位寨主厚爱，来山寨中做客，已是感激不尽了。"三人说话间，各道平生，王审琦、张令铎听说赵匡胤乃当朝护圣都指挥使赵弘殷的长子，便愈加敬重。王审琦道："怪不得赵兄武功如此了得，原来是将门之后。赵老将军的大名我等都是如雷贯耳，今日能与赵兄相见，真乃三生有幸。"

说着话，喽啰们已摆上了一桌酒席，王审琦、张令铎让赵匡胤坐了客位，二人作陪。每人一只大碗，将山寨中上好的酒提来几坛，每人各斟一碗。王审琦说道："今日得遇赵兄，乃山寨中一大喜事，真有相见恨晚之感。这碗酒权为赵兄接风洗尘。"说罢，手捧酒碗，向赵匡胤照了照，一仰脖子，"咕嘟嘟"喝了下去。张令铎也连忙举起碗来向赵匡胤敬酒。赵匡胤把酒一饮而尽，说道："承二位寨主盛情款待，赵某感激不尽。"三人你一碗我一碗，边吃边饮边谈，话说得越来越投机。张令铎问道："赵兄既是赵老爷公子，名门之后，在家自是锦衣玉食，有享不尽的荣华富贵，日后也自有常人难以企及的无量前程，何以只身奔走关西荒凉之地，落得这般下场？"赵匡胤此时已带酒意，又见王、张二人皆英雄豪爽之人，也不隐瞒，便将自己如何因父亲被黜被打，一怒之下大闹御勾栏，火烧撷芳楼，杀死了南唐进贡的皇家艺妓等事细细说了一遍。末了又道："其实就是没有这档子事，我也久有闯荡江湖、奔走天下之意。好男儿四海为家，靠自己的本事建丰功，创伟业，岂能老死户牖之中，靠祖上的荫庇苟活此生？"一番话慷慨激昂，直说得王、张二人频频点头，敬服有加。

王审琦道："我初见赵兄，便见仪表非凡，知非俗辈。今日一席话，更知赵兄乃疾恶如仇、敢作敢为的一代豪杰，他日定会大有作为，得遂青云之志。自今日起，我兄弟二人愿为赵兄牵马坠镫，唯赵兄马首是瞻。"赵匡胤也问道："看二位为人、武功，皆非等闲之辈，何以在此山中落草，干些打家劫舍的勾当？"王审琦道："赵兄有所不知，我与令铎乃姑表兄弟，本是原州山中的猎户，良善人家子弟。我二人从小情性相投，喜好舞枪弄棒，投名师学武，习得几路拳脚。原想有一身好武艺，也好护家防身，打猎为生，一家人平平安安地过一辈子。不想生逢乱世，兵来匪去，官贪吏凶，苛捐杂税日日逼交。那日我兄弟二人上山打猎，不想官府派人到家中勒索，抢去家里所有的珍贵毛皮和粮食衣物。老父年迈，上前阻拦，竟被那些禽兽不如的衙役们拳脚相加，毒打一顿，几日后便伤发身亡。我兄弟二人气不过，乘夜间潜入县衙，杀死了狗官。因无处躲藏，便干脆一不做二不休，来此驼峰山举旗造反。如今兵荒马乱，民不聊生，贫苦民众衣食无继，生路断绝。见我二人举事，便纷纷来投，如今这山上已有三五千人。"王审琦说完，张令铎一脸愤懑之色，捧起酒碗又敬赵匡胤一碗道："赵大哥与我等有缘，都是身系人命的朝廷案犯。不如就留在驼峰山上，劫富济贫，行侠仗义，大碗喝酒，大块吃肉，岂不快活？"王审琦道："兄弟也正有此意，若赵兄能留在山寨，我兄弟二人愿奉赵兄为山寨之主，以赵兄之英武干练，雄才大略，焉愁山寨不能兴旺？"赵匡胤见王、张二人盛情殷殷，很是感动，先举酒回敬二人一碗，笑笑道："多谢二位美意。如今世道混乱，群雄并起，四方干戈扰攘，正是大丈夫一展身手的好时机。在此山寨劫富济贫，终是小打小闹，虽能泄一时之愤，却难有大的作为，更不能扫平邪恶，收拾乱世。以我之见，当投身军旅，寻一英明之主，一刀一枪建功立业于疆场。小而言之，可以图个封妻荫子，光宗耀祖。大而言之，可以荡平乱世，使黎民脱身苦海，那才不枉为人一世。"王、张二人见赵匡胤不肯留在山寨，知他志存高远，驼峰山一湾浅水难以让他容身。当下便不再苦留，只是频频劝酒。王审琦又说道："赵兄既不肯屈就，小弟们也不敢强勉。只是小弟还有个请求，不知赵兄能否俯允？"赵匡胤道："贤弟有话请讲。"王审琦道："小弟与赵兄一见如故。我兄弟二人愿与赵兄结为金兰之好，只是我等出身寒微，恐辱没了兄长。"

　　说到结拜兄弟，赵匡胤倒是十分愿意。他从小便喜好结交朋友，走到哪里都有一帮小兄弟围着他。随着年龄的增长，他逐渐认识到，在这个到处充满着混乱和血腥的多事之秋，要办成一件事，就得有一帮铁哥们和好兄弟不可。俗话说："篱笆要有三个桩，好汉要有三人帮。"何况自己志在干一番惊天动地的事业，生死之交、心腹密友越多越好。想到此，赵匡胤欣然同意道："能与二位结为兄弟，为兄求之不得。兄弟之间，誓同生死，要的是志同道合，意气相投，怎能只论门第高低？"王、张二人闻言大喜，忙命喽啰们摆设香案，烧上三炷高香。三人在香案前拜了八拜，抓来一只大红公鸡，取一柄利刃在鸡脖子上一抹，将鸡血在三个酒碗里"滴滴答答"地洒上一些，三人端起酒碗，互相照了照，一饮而尽。论过年龄，赵匡胤与王审琦同岁，论月份为长，王审琦次之，张令铎最小。当下三人结为生死之交，王审琦吩咐重新准备宴席，三人传杯送盏，谈论时事，开怀畅饮，不觉饮至半夜，已是杯盘狼藉，酩酊大醉。

赵匡胤被几个喽啰扶到一间干净的客房里，也顾不得脱衣服，爬到床上倒头便睡，一会儿便鼾声大起。喽啰们为他熄了灯烛，悄手悄脚地退出房外，各自回去休息。

也不知睡了多长时间，赵匡胤感到嘴里就像点了一把火，干渴难忍，翻身起来，正欲寻水来喝，却忽听得床下有人在嘤嘤啼哭，不禁大吃一惊。深更半夜，是谁在自己房中哭泣？听声音像是一个女子，这就更令他大感诧异。急忙点燃灯烛，举烛来照，却见真是一个柔弱女子，年龄不过十六七岁，满头乌发油光黑亮，两只水汪汪的大眼睛在烛光下闪着光彩，正在惊恐地扑闪着。粉红娇嫩的面颊上挂着泪痕，真如雨打梨花一般，楚楚可怜。"你是何人，缘何夤夜至此，岂不知男女授受不亲？孤男寡女同处一室，这成何体统？"见赵匡胤发怒，那女子更加惊慌，哆哆嗦嗦地说道："壮士息怒，贱妾本是一民女，是大王命小女前来侍候壮士，并非小女子自己要来。"说罢，向赵匡胤深施一礼，便去床前为赵匡胤倒了一杯水，送到面前，双手捧上，柔声道："壮士喝水吧。"赵匡胤接过杯来，将水咕咚咚一气喝完，然后问道："你究竟是什么人，这到底是怎么回事？"

见赵匡胤待自己彬彬有礼，并无丝毫粗暴之举和越轨无礼之行，这小女子略觉放心。她敬重地看了赵匡胤一眼，一边呜咽着，一边把事情的原委细细说了一遍。

这女子姓韩名秀英，是驼峰山以西二十里的韩家屯人。父亲韩百万是这一带有名的财主，膝下无子，只有这一个女儿，长得婀娜娇媚，天生丽质，在方圆数十里都是数一数二的美人儿，因此视如掌上明珠，心肝宝贝，养在深闺多方调教，必欲择一有才有貌的乘龙快婿。

韩家屯有一恶霸姓韩名通，儿子是个驼背，人称韩囊驼，虽生得其貌不扬，却是个极阴险有心计的人。父子二人都是恶棍，因家中饶有资产，豢养了许多地痞流氓做家奴，在韩家屯一带横行乡里，欺男霸女。听说韩百万有一个如花似玉的女儿，那韩囊驼便想取为妻室。韩通为了给儿子娶一房好媳妇，便托媒人带上重金来见韩百万。韩百万素知韩通父子的恶名，岂肯把鲜花往牛粪上插，把自己的女儿往火坑里推？当场便一口回绝了。谁知第二天，韩通父子便领着十几个家奴气势汹汹地来到韩百万家。那韩通满脸阴沉地对韩百万说："我韩通在这方圆几百里也是个说一不二的人物。我儿子欲娶你家女儿，也算得门当户对，总不会辱没了你韩百万家。若是识相点，我们还是好好的儿女亲家；若是敬酒不吃吃罚酒，休怪我韩通无礼，就是硬抢强娶，这门亲事也定要做成。"那韩百万是个老实人，当时便吓得双腿打战，苦苦哀求道："儿娶女嫁，这是人生大事，总不能像到集市上买斤葱称斤蒜那样简单吧？此事请容我与女儿、家人商量一下，三日后再给您老回音。"韩通见韩百万的话有活络，便冷冷地说道："好吧，就等你三日，三日后我来接人。到那时若再推三阻四，休怪我韩某翻脸。"

韩通走后，韩百万一家如大祸临头，一个个面挂青霜，女儿韩秀英与母亲抱头痛哭，韩百万也只能躲在一边唉声叹气。直到深夜，那韩秀英突然对父母说道："女儿宁愿一死，也不肯嫁给那禽兽一般的韩驼子。为今之计，女儿只有奔走他乡，躲开这场祸事。"父亲韩百万拖着哭腔说道："你一个女儿之身，在这兵荒马乱的年头，躲到哪里才好？"韩秀英却说道："女儿已经想好了，我姨家在离此数十里的驼峰山中，我今夜便女扮男装，先到姨母家躲避一时，只是父母亲要多多保重，与那韩通父子想办法周旋才是。"

事已至此，韩百万也没有更好的法子，只好依了女儿。韩秀英当即回房，换了一身男儿服装。父亲又派一名下人跟随，连夜逃出家门，向驼峰山中的姨母家奔去。

俗话说，福无双至，祸不单行。韩秀英主仆二人在驼峰山中转来转去，却迷了路。直转到第二天日上三竿，仍未找到姨母家的村落，却迎头碰上了张令铎带着一哨人马巡山。张令铎见此一老一少形迹可疑，便喝令众喽啰将其擒拿上山。

韩秀英被这伙强人擒住，心中十分恐惧，自忖此一上山，不是遭辱，便是被杀，因此一路上百般挣扎。走到一处悬崖上，韩秀英乘众人不备，紧跑几步，便欲跳崖自尽。那张令铎眼快，伸手将其拦住，不料却打落了她头上的围巾，满头乌发如瀑布般飘然而下。原来这青年竟是一个如花似玉的美人。众人先是一惊，接着便哄然大笑，这可真是"该当不忍饿，天上掉馅饼"。张令铎笑道："小娘子何苦轻生？今日随我上山，我家大王尚未婚配，封你做个压寨夫人，一辈子安享荣华富贵。"秀英直气得两眼坠泪，一句话也说不出来。

众人说说笑笑，将韩秀英主仆二人押解上山来见王审琦。那王审琦此生从未见过如此齐整的人物，真个翩若惊鸿，貌似天仙。当下心中十分欢喜，命人将韩秀英安置他室，再换回女儿装束。一连几日，让张令铎去说合亲事。那韩秀英逃出虎口，又进狼窝，认定这是一伙打家劫舍的强盗，怎肯以身相许？任凭那张令铎说得唾沫横飞，天花乱坠，只是不允，单求速死。

王审琦、张令铎毕竟也是穷苦人家的孩子，虽被官府所逼来山中落草，到底良心未泯。也不好太过相逼，只好好饭好菜盛情款待他们主仆二人，心想时间久了，也许韩秀英能够回心转意，再慢慢成就这门好姻缘。

就在这个时候，他们结识了赵匡胤。这日晚间饮酒，兄弟二人苦劝赵匡胤留在山中坐头把交椅，赵匡胤只是不允。王审琦忽然想起了韩秀英。心想，那韩秀英不愿与自己成亲，主要是嫌自己落草为寇。而赵匡胤乃一代名将之后，又生得魁梧英俊，仪表堂堂，韩秀英定会喜欢。若在赵匡胤酒醉之后将韩秀英送去，"英雄难过美人关"，何况是在夜深人静之时，孤男寡女同处一室，那赵匡胤纵然是柳下惠再世，有坐怀不乱之德，恐也难以把持。若成就了这门亲事，有这么个如花似玉的小娘子绊着腿，赵匡胤也许就能留在山上与自己共举大事。想到这里，便给张令铎使个眼色，频频向赵匡胤敬酒。

看着赵匡胤已不胜酒力，王审琦命人扶他去了卧室后便来到韩秀英的住处，微笑着说："恭喜韩小姐，韩小姐大喜。"韩秀英怪异道："奴家命薄，家遭不幸，又落于大王之手，已是砧上的鱼肉，何喜之有？"王审琦道："小姐花容月貌，丽质天成。王某才疏学浅，莽撞粗鲁，自知难与小姐匹配。但今有一贵人来到山寨。此人乃东京护圣指挥使赵弘殷老爷的公子，乃当世英雄。王某愿意做媒，将小姐许与赵公子，此乃天造地设的一段良缘，小姐嫁了这位英雄，还怕韩通父子不成？现在赵公子已酒醉睡下，烦请小姐前往侍奉，明日便在山寨成亲。"一席话，说得韩秀英半信半疑。若事情真如王审琦所说，这对于连遭大难的自己来说不啻是喜从天降。见韩秀英还在犹疑，王审琦也不再多说，便连推带拉地把她送到赵匡胤房中，然后倒锁了屋门，径自回房睡觉去了。

窗外夜色苍茫，起伏的岗峦，蜿蜒的沟壑，密密麻麻粗大挺拔的树木都浸泡在这浓浓的夜色之中，显得雄浑深沉而又神秘莫测。一弯新月斜挂在西南方的天幕上，陪伴着它的是薄薄的云层间偶尔露出来的稀稀拉拉的残星，就像老天爷那苍老的面颊上点点滴滴的泪光在闪烁。从大山的深处传来了夜风吹奏的一阵阵林涛，时缓时急，时高时低地"呜呜"鸣响，像是一群垂危的病人发出的不规律的剧喘，又像是有许多老妇人在呜咽啜泣，让人听得心里发慌。

屋内只有那微弱的烛火散发出一小圈昏黄无力的光亮。韩秀英还在哀哀地哭诉，说到最后已泣不成声，双肩乱颤。在这万籁俱寂的深夜里，那嘤嘤而泣的哭声显得愈加凄厉和刺耳。

赵匡胤在静静地听着，只觉得心脏在一阵阵发紧，下沉，像是被一枚钢针扎得生疼。一股怒气在心中升腾，他一只手紧紧地攥住了那个喝光了水的空杯，另一只手早不知不觉地攥成了拳头。这算个什么世道？后汉的天下已经溃烂成了什么样子？从汴京到各地，到处是群魔乱舞，豺狼横行。韩小姐一家还是当地有名的财主，也无缘无故遭此横祸。而那些缺衣少食的百姓岂不更要任人欺凌，任人宰割？像韩通父子这样的不法之徒为什么会如此嚣张，如此骄狂？竟无人能管，无人敢管。说到底，还不是上边有个腐败透顶的朝廷，有像刘承祐、苏逢吉这样一批祸国殃民的昏君奸臣在为他们撑腰？朝政糜烂，官府昏聩，就必然滋生出像韩通父子这样的毒疮、恶瘤。自己既然立誓要扫荡世上的丑恶，铲除天下的不平，就断不能容许韩通父子这样的恶棍在自己的眼皮底下横行霸道。

想到这里，他突然霍地站起身来，"砰"的一声将手中的水杯狠狠地摔在地上，厉声骂道："混账王八蛋，可恶至极，韩通这贼何日撞在我赵某手里，定叫他碎尸万段！"

赵匡胤突如其来的暴怒把韩秀英惊得浑身一哆嗦，她愣愣地看着他，不知说什么好。赵匡胤一低头，看到这个娇弱的女子惊恐不安、可怜兮兮的样子，自知失态，心中一软，忙说道："小姐莫要惊惧，赵某自幼性暴如火，最看不惯这种恃强凌弱、仗势欺人的混账事。韩小姐只管放心，这事我既然知道了，就要管到底，定然还小姐一个公道。"

韩小姐刚才哭诉了多时，却一直没敢正眼细看赵匡胤。现在见他满脸和气，话语体贴，才借着烛光仔细打量起来。见他一张棱角分明的紫红脸膛，漆黑浓密的眉毛下面一双虎虎有神的大眼睛里闪射着电光石火一般的光亮，挺拔魁伟的身躯透着一股英姿勃勃的气息。又突然想起了王审琦对自己说的，要将自己许配此人，明日便在山寨中成亲的话。此话也不知是真是假。若是真的，那可是从天上掉下来的福气。莫非是老天有意安排了这场祸事，让自己因祸得福，与这位赵公子萍水相逢？若真能嫁得这么个主儿，可真是三生有幸，求之不得了。且不说他是将门之后，自己希求的并不是夫荣妻贵，就只他这一身正直不阿的阳刚英挺之气，就定然是个大丈夫、真男人。女人寻找夫婿，就是要找一个一辈子都能踏踏实实倚为靠山的人，最怕找那种不男不女、猥琐卑屈的窝囊废。可是听他刚才的话语，似乎并不知道这件事，难道是王审琦在戏弄自己？可不能冒冒失失，轻薄浮躁，让他把自己看成是个水性杨花的女子。想到这里，韩秀英又有些惴惴不安。她只能试探着忐忐忑忑地走上前去，柔声说道："都是小女子不好，深夜之中打扰公子睡眠。此时离天明尚早，就请公子登榻安睡。"说着，便重新为赵匡胤铺好被褥，然后又走到赵匡胤身边，帮着他宽衣脱靴。

赵匡胤昨夜喝醉了酒，穿着衣服睡了半宿，一身长衫早揉得皱皱巴巴的，凌乱不堪。当韩秀英伸手为他解纽扣的时候，一阵阵少女特有的体香扑鼻而入，直沁心脾，甚至连她那浑身弥散着的热乎乎的体温都能感觉到。他忽然感到一阵心旌摇动，周身热血狂涌，一颗心"怦怦"乱跳，呼吸也骤然加快。

赵匡胤是结过婚的人，又正值精力充沛的少壮年华，离家数月来，一路上虽说在这个到处都充斥着罪恶和肮脏的年代，妓院、娼寮随处可见，但他一直都严格地管束着自己。一个要做大事的人，必须自爱，自重，洁身自好，决不能混迹于那些下三烂的地方，自甘堕落。

可眼下呢？深更半夜、荒山老林中的一间屋顶下，就他们一男一女两个人，这姑娘不仅如花似玉，艳光四射，而且含情脉脉，柔情似水，从她那对多情的眸子里闪烁着的火焰中可以看出，她对自己是真心爱慕，情深意切。

赵匡胤感到了一种无法抗拒的诱惑，他猛地将韩秀英揽入自己怀中，紧紧地搂抱着。

但就在这时，那只手却猛地抖动了一下，突然离开了韩秀英的身体。韩秀英惊讶地睁开眼睛，却见赵匡胤正缓缓地站起身来，将自己从怀中轻轻地推开，满脸羞愧和歉疚之色，轻声说道："韩小姐，实在对不起，赵某一时失态，得罪了。"

就像一桶冷水从头浇到了脚后跟，韩秀英只觉得冰凉透骨，周身寒彻，从幸福的峰巅一下子跌落到了失望的深谷。她不禁睁大了惊恐的眼睛，带着哭腔疑惑不解地问道："赵公子莫非嫌妾身容颜丑陋，不配服侍公子？"

赵匡胤连忙解释道："小姐不要狐疑。小姐的容貌真称得上是闭月羞花、沉鱼落雁，更何况小姐温柔贤淑，善解人意。若能与小姐结琴瑟之好，乃赵某求之不得的美事，可惜匡胤无此艳福。"

"公子为何这么说？"

"匡胤不能欺瞒小姐，只能实言相告。我离家之前已是有妇之夫，怎能为贪一夕之欢，行伤天害理之事，玷辱小姐的玉体芳誉？"

听赵匡胤如此说，韩秀英长长地舒了一口气，脸上愁云尽扫，面露喜色，含笑说道："我当是什么事呢，当今英雄豪杰，哪个不是三妻四妾？既然公子已有妻室，秀英甘愿为妾。秀英看重的是公子的一身正气，英武之姿，干云之志，并不看重那些虚名。如今秀英身遭不幸，被恶霸所逼，为山寇所掳，有家归不得，父母靠不得，生生死死也要跟着公子。若不能做妾，就是当个丫鬟侍女侍奉公子也心甘情愿。"

说着，又走上前去，为赵匡胤宽衣解带，口中喃喃道："秀英并非轻薄之人，自幼家教甚严，亦熟知闺中礼法。但今夜与公子同处一室，此身已许公子，若公子仍不答应，秀英再无面目活在人世，宁愿一死了之。"

赵匡胤心中万分激动，热血涌流，如狂涛激浪。人生得一知己足矣，何况是这样一个痴心重义、宁愿以死殉情的红颜知己？仔细想想，秀英说得也不错，当今世上，富贵之家的男人，哪个不是三妻四妾？有这样一个娇艳可人、知冷知热的女子为妾，说不定对自己的人生、事业都会大有助益。

他又一次将秀英紧紧地搂在怀里，一只手在她背上轻轻抚摸着，叹口气说道："匡胤何德何能，竟让小姐如此痴情。只是大丈夫行事当光明磊落，倘若小姐委屈自己，情愿为妾，待我替你收拾了韩通那恶棍，再禀知双方父母，便与小姐成婚，你看如何？"

听了这话，秀英立时高兴起来，紧紧地搂住赵匡胤的脖子，一串热泪却从她的眼中急速地滚落下来。然后，她开始满心欢喜地为赵匡胤拾掇床铺，让他睡觉。赵匡胤却坚持让秀英睡在床上，自己把旁边的一张条案收拾出来，在条案上和衣而眠。

秀英很快便睡熟了。经过这些天惊恐、愤怒和极度痛苦的煎熬，她已经心力交瘁。现在终于看到了希望，看到了幸福的未来。就像一个迷途多日的孩子终于又回到了熟悉的家门，就像一个濒临死亡的溺水之人终于被救上了岸，靠在了一副强有力的臂膀上，她安详地无比香甜地沉沉睡去。

赵匡胤却一时难以入眠，与这女子耳鬓厮磨、相拥相抱带来的燥热渐渐消退以后，他又在详细考虑着如何除掉韩通这条恶狗，这不仅是为了韩小姐一家的安全，也是为了一方百姓的安宁。行侠仗义，除暴安良，对自己来说是当仁不让的事。但是要打狗，也要防止被恶狗所伤。更不能被搅进一场人命官司里拔不出腿来，那样将会耽误自己闯天下，干大事。

他一下子想起了王审琦、张令铎这两位新结义的兄弟。干这件事，这是两个最好的帮手。他们不仅侠肝义胆，武功精湛，更重要的是他们已经公开扯旗造反，与官府为敌。在这山高皇帝远的地方，官府衙门根本不敢来找他们的麻烦，更谈不上吃什么官司了。对，就这么办。

第二天一早，王审琦、张令铎便来敲门。进屋后，二人双拳一抱，笑嘻嘻地对赵匡胤说："恭喜大哥，恭喜嫂夫人。"韩秀英早羞红了脸，在一旁低眉垂眼，说不出一句话来。赵匡胤却佯怒道："都是你们两个办的好事！掳掠良家妇女，该当何罪？"见二人一时愣在那里，秀英在一旁"扑哧"笑了，用手指指条案上的被子，羞答答地说道："你们现在叫嫂子还早了一点，等以后行过合卺之礼，再请二位大媒吃喜酒吧。"

王、张二人甚感诧异，大惑不解。他们看看赵匡胤，再看看韩秀英，纳闷地问道："难道，难道说你们……"赵匡胤不等他们说完，接口笑道："韩小姐也是大家闺秀，今日既无父母之命，又无媒妁之言，不成大礼，何敢亵渎？不过韩小姐说得也对，我们二人已订终身，到时候还得请二位当个月下老。"

听他们这么说，王、张二人竟是面面相觑。原以为在这个世上到处都是邪恶、鬼魅、男盗女娼。现在他们不得不信，人世间还真有坐怀不乱的真君子、伟丈夫，眼前就有一位。

早饭以后，赵匡胤与王审琦、张令铎闲坐饮茶时，便把自己要除掉韩通的想法说了。还没等他说完，王审琦早怒冲冲地说道："韩通父子乃一方恶霸，平日欺压良善，横行乡里。如今韩小姐已是大哥的人，看大哥的意思必不肯在此久居。韩小姐回家后，韩通那厮必去纠缠威逼，久后恐生事端。趁大哥在时，我们合力除去这个恶贼，既保了韩家的平安，也为四方百姓除去一害。"

张令铎也说道："其实我兄弟二人早有除掉此贼之意，只是素昧平生，并无口实，加之此人武功精湛，便存了个井水不犯河水之意，一直未曾招惹他。事既如此，今日就借大哥神威杀了这厮。惹出人命祸事，只我兄弟二人顶着，反正我们已是谋反之人，杀人放火早成了家常便饭。大哥留着个清白之名，自可放心去寻前程，日后寻得个安身立命之所，我兄弟自去追随左右。"

赵匡胤听二人说得豪侠爽快，心中滚过一阵阵热浪，连声道："好，好，我赵某有幸结识两位两肋插刀的兄弟，何愁今生今世大事不成？"

接着，三人又将擒杀韩通的具体方案详细地商议了一阵。诸事安排完毕，赵匡胤便从后房里请出了韩秀英，嘱咐她先回家，告知老父原委。一路只管张扬，让韩通父子知道她已平安回家，也好引蛇出洞。他们兄弟三人当夜潜往她家，准备收拾韩通这厮。王审琦又唤来了秀英的仆人，仍与她一路同行，再命几个喽啰扮作山民模样，远远地尾随护送，确保他们安全到家。

此时正是夏末秋初，燥热的暑气已经退去，深秋的肃杀之气尚未来得及逞威。韩秀英主仆二人沿着蜿蜒的山路蹒跚而行。一路上，但觉山色明丽，空气清新。前几天的几场雨浸润了耸立的峰峦、逶迤起伏的岗埠和曲折的溪流，为它们平添了无限的生机。苍老的松柏、龙钟的古槐、挺拔的白杨、婀娜的垂柳都仍然披着翠绿欲滴的盛装。虎口余生，因祸得福，在秀英的眼里，天也蓝，云也丽，山也青，水也碧，天地间的万物，包括山上那些没有生命的嶙峋怪石，似乎都在对着她笑，是的，是在笑，在发自心底欢快地畅笑。

几十里的山路，不到三个时辰便到了家。秀英一路上几乎是蹦蹦跳跳，那仆人老胳膊老腿的，竟也如有神助，脚底生风，走路一点也不感到吃力，一边走还一边嘟囔着："人逢喜事精神爽呐，老辈的话一点都不假。"

韩百万夫妇见女儿突然归来，不啻喜从天降，少不得要抱头痛哭，老泪纵横。

听女儿说被山大王掳去后，因为遇上了贵人，没受半点委屈，又听说那贵人与二位大王要来为民除害，老人家自然欣喜万分。

女儿又问父亲道："女儿走后，韩通父子可来纠缠，父母可曾吃亏？"父亲长叹一声，泪流满面地说："自女儿去后，韩通父子日日前来索逼要人。为父被他们捆绑吊打，险些送了老命。后来他们听说女儿已被山大王掳去，我又送上了许多金银，这才了事。韩通父子是不来骚扰了，但我与你母亲却天天为你揪心，以泪洗面。只怕女儿被掳上山后，为保贞操而寻短见，今生今世恐再难相见。"一边说着，母亲在一边早抑制不住，一把搂过秀英，又号啕大哭起来。

说话之间，夜幕已经降落，弯月如刀，繁星闪烁。村子里远远地传来了犬吠声，一会儿便听有人敲门。秀英欣喜道："是他们来了。"韩百万慌忙起身，打开院门，果然是赵匡胤等三人来了。

当下摆下酒席，韩百万夫妇对三位恩公千恩万谢，频频敬酒，几次欲行大礼，都被赵匡胤拦住。因第二天还有大事要办，三人也不敢大饮，只礼节性地喝了几杯。赵匡胤等人将如何收拾韩通一事与韩百万细细说了一遍，嘱他到时放心，切莫慌张，万事皆由他们兄弟三人做主。韩百万一一答应。众人又说了会话才散席，大家也便分头安歇。

第二天早饭后，众人正在屋里叙些闲话，忽听得一阵又一阵的敲门声，知道是韩通父子到了，大家各自躲开，准备见机行事。

韩百万硬着头皮，慌里慌张地打开大门，一看果然是韩通父子带着七八个恶奴，气势汹汹地闯了进来。那韩通厉声骂道："老东西，你躲得好清静啊。你女儿昨日回到家里，村里许多人都看见了，为何不去告知我们？"

韩百万早被韩通打怕了，此时明知有三位好汉潜在屋里，有人为他撑腰，但一见到这魔头，仍吓得浑身哆嗦，颤声说道："小女昨夜回来已晚，还未来得及向您老禀报。您先坐下用茶，有事慢慢商量。"

"没什么好商量的，快把你女儿叫出来。今日若再要刁，老子一把火烧了你家宅院，叫你鸡犬不留，片瓦不存。"

"不敢，不敢，小人不敢。只是您老还得多加包涵。小女昨日赶路，偶染风寒，正在自己房里歇着。待其病愈后，小老儿一定亲自把女儿送到府上。"

"胡说！"一听此话，韩通顿时翻了脸，转身对儿子说道："她是你的媳妇，该你自己动手，今日是死是活也得带回去。"

韩囊驼前凹后凸，身高不过四尺，走起路来一颠一颠的，是个半残之人。虽说长得猥琐丑陋，但论起韩通的豪富和霸气，娶房媳妇并不难，就是挑挑拣拣，选个花容月貌的俊妞也很容易。如今这个世道，许多女人都是只认钱，不认人。

但是，他却偏偏看中了韩秀英，邪魔附身似的，除了韩秀英之外，就是天仙也不肯要。前几天听说韩秀英被山贼掳去，竟然因为单相思而病了一场。他并不想强娶硬夺，大动干戈地来抢亲。可是没有法子，"情"字是个魔鬼，万般无奈，也只好出此下策了。听父亲一声吩咐，他早已按捺不住，快步向韩小姐的闺房跑去。

谁知刚进去不多一会儿，便听见一声惨叫，叫声未落，那韩驼子竟像一个瘪了气的皮球似的，从屋内弹射出来，"扑通"一声摔在院子里，跌得眼冒金星，四肢乱刨。

见此情景，韩通顿时火冒三丈，高声骂道："是哪个乌龟王八蛋！莫非吃了熊心豹子胆，竟敢在太岁头上动土，在你韩爷爷面前撒野。"说着，也不顾儿子的死活，从腰中扯出短刀就要向屋内冲去。却听屋内有人嘻嘻笑道："哟！这是哪个粪坑里蹦出了一只两脚蛤蟆，在这里呱呱乱叫。"说话间，王审琦仗剑而出，威风凛凛地站在门口。按他们预先商量的，由他躲在韩小姐房里，原以为韩通会进来，趁其不备一剑结果了他了事。谁知进来的是韩囊驼，对这样一个残疾之人，王审琦不忍心害他性命，便一脚踢出了屋外，随后闪身而出，只见一丈开外站着一个粗矮的汉子，倒三角眼里闪着狰狞的凶光，极度的愤怒几乎使五官都错了位。王审琦料定此人便是韩通，怒声喝道："光天化日之下强抢民女，是何道理？今日爷爷来取你的狗命。"说罢，挺剑向韩通疾刺。那韩通从小习武，武功精湛，几十年来四处闯荡，还没遇到对手，因此养成了一种天不怕地不怕的傲气，哪里将这个毛头小子放在眼里？当即将短刀轻轻往外一磕，身形一闪，早躲过一招。他手腕骤翻，刀锋快如流星，向王审琦后脑勺劈来。王审琦没料到韩通出手如此之快，急忙低头，便听"嗖"的一声，头上的围巾被荡飞，不禁惊出一身冷汗。翻身挥剑，斩削劈刺，连连进招，只听得"砰砰啪啪"的响声四起，大白天里也能看见火星迸溅。

二人打斗了半个时辰，王审琦已是气喘吁吁，大汗淋漓。韩通却仍然镇定自若，面不改色，刀法一丝不乱。又打了一会儿，王审琦渐渐不支，剑法露出破绽。韩通冷笑一声，一柄短刀舞得泼雨一般，招招狠辣，直取王审琦要害。眼看着王审琦已凶险万分，忽听得西厢房门"哐啷"一声，张令铎斜刺里飞纵出来，手握一杆长枪，挟风裹电，向着韩通忽上忽下、忽左忽右地猛刺。王、张二人轮番夹攻，无奈韩通武功终是高出二人一筹，身躯闪转腾挪，轻捷如燕，短刀上下翻飞，飘忽不定。一人力战二将，仍是游刃有余。激战了多时，王、张二人还是不占上风。

赵匡胤一直站在北屋从窗口静静地观看着外面的打斗。原以为，纵使王审琦一人杀不了韩通，再与张令铎联手，制服这个恶棍肯定绰绰有余。始料未及的是，韩通的武功竟会如此精湛，又如此骁勇善战。他不眨眼地凝视着韩通的一招一式，一闪一纵，知道今天遇上了高手，遇上了劲敌。不禁在心中暗暗称叹："好身手。可惜此人坏了心术，如此武功却只用来欺压善良百姓，做些伤天害理之事。若是能够弃恶从善，本该是一条顶天立地的汉子，说不定还能建功立业，青史留名呢。"按原计划，由王审琦、张令铎收拾韩通，赵匡胤不再出面。但此时见二人久战不下，而且险象环生。韩通那厮又如此骄狂，不可一世，赵匡胤心中变得越来越烦躁，不停地在屋里来回走动。

他再也不能作壁上观了。决不能让韩通得逞，长了他人的志气，灭了自己弟兄们的威风，将来传出去，也会被天下英雄耻笑。更何况，若不制服这个恶贼，韩小姐一家将永无宁日。想到此，赵匡胤心中的火气陡然升起，他顺手抄起哨棒，暴喝一声："韩通贼子，休要张狂！"随着话声，早已纵身来到三人阵中，哨棒呼啸着，裹着一股劲风，直向韩通的脑门劈来。

韩通与王、张二人斗得正酣，猛然又见一人加入了战阵，听那喝声，中气深沉浑厚，便知来者不善。匆忙中接了他一招，似有千钧之力，感到手臂发麻，虎口生疼。又见他棍棒使得十分娴熟，招招式式都是行家章法，心中不禁一惊。当下不敢马虎和怠慢，打起精神与三人厮拼。

赵匡胤一条哨棒如蛟龙出水，舞得神出鬼没，竟是指东打西，起南落北，直让人眼花缭乱。场上情势立时大变。韩通不得不全力对付赵匡胤，又有那两个不要命的在乘势猛攻，便觉捉襟见肘，力不从心，渐渐地落了下风。心中暗想："今日不知从哪里钻出这三个魔头，碰上他们，算是触了霉头。好汉不吃眼前亏，此账留待来日再算。"他大喊一声，那七八个恶奴便抢刀使剑，一窝蜂地拥了上来。

趁着一时混乱，韩通将身子一纵跳出圈外，拉着儿子便走。谁知赵匡胤早已飞纵面前，顺势将哨棒扫出，恰恰打在韩通的腰上。这一棍蓄积了周身之力，韩通猝不及防，向前踉跄几步，"咕咚"一声栽倒在地。张令铎随后赶到，举起长枪，照着他的心窝恶狠狠地刺去。赵匡胤急忙喊道："贤弟且慢。"

张令铎大感诧异："大哥，如此凶贼，十恶不赦，留他必是祸根，今日不杀，更待何时？"

赵匡胤不向张令铎解释，只一脚踩住韩通前胸，沉声问道："韩通，你今日败在我兄弟三人手下，还有何话可说？"

韩通躺在地上，双眼紧闭，一声不吭。自己半生英雄，想不到竟败在三小儿手里。横竖只有一死，今日断无生路。他认定，这个红脸汉子是在戏弄羞辱自己，就像狸猫逮到老鼠，要先玩弄够了才将它吃掉一样。自己以前对那些手下败将不也常常这么做吗？一念及此，不禁勃然大怒，突然睁开眼睛狂呼道："老子横行半世，杀人无数，今日败在尔等无名鼠辈面前，要杀要剐随便，休要多说。"

话刚说完，赵匡胤却哈哈大笑："我等是无名鼠辈？我看你不过是只井底之蛙，狗眼看人低。明人不做暗事，今日实话跟你说，大爷我乃是东京汴梁赵弘殷老爷的儿子赵匡胤。听说汴京城里大闹御勾栏、火烧撷芳楼、手刃皇家艺妓的事了吗？那便是大爷我干的。至于那两位，便是你们这驼峰山上的二位大王，都是杀人不眨眼的好汉。今日要取你性命，也不过是家常便饭，小菜一碟。”

听说是这么三个人，韩通也不禁大吃一惊。更觉得今日在劫难逃，必死无疑，便闭了眼不再说话，只等吃他一刀。

不料却又听赵匡胤说道：“念你身手不凡，也算是一条汉子，杀了你可惜了这身武功。今日且饶你父子不死，不过你必须答应我们一个条件。”

听说不杀自己，韩通先是感到诧异，又听还有个条件，便觉得心中一凉，狂躁地喊道：“什么条件不条件的，若想变着法儿羞辱韩某，我父子宁愿一死。”

赵匡胤笑道：“我赵某自然懂得‘士可杀不可辱’的道理。既然不杀你，便不会羞辱你。但为了韩小姐一家的安宁，你必须离开原州地面，走得越远越好，永不再来找麻烦。”

听说是这个条件，韩通鼻子里“哼”了一声道：“我韩某今日败在你手里，还有何脸面在此立足？就是你们不说，我也要远走高飞，岂能在原州被人耻笑？”说罢，将身子一拧，从地上一跃而起，也不施礼，也不道谢，带上儿子和家奴扬长而去。第二天，便收拾了金银细软，变卖了家当，不知往何处去了。

赵匡胤兄弟三人在韩百万家逗留了一日，见韩通确已远遁，韩家再无危险，便欲告辞。如此大恩大德未能报偿于万一，韩百万再三恳留他们再住几日。见老人家如此盛情，赵匡胤只得答应留下，而王审琦、张令铎因山寨中事多，便先告辞回山。

这天傍晚，韩百万又命人摆下宴席，就在小客厅中与赵匡胤对饮攀谈。待赵匡胤喝过几杯，酒酣耳热之际，韩百万执杯在手说道：“我有句话早就想告知公子，又恐唐突，不知当讲不讲。”见他说话的神态，赵匡胤已猜到了七八分，便说道：“老人家有什么吩咐便请直说，赵匡胤谨听指教。”

韩百万叹口气道：“我夫妇二人膝下无子，只此一伶仃弱女，是下半辈子的依靠，也是我们老夫妇的一块心病。早就想择一佳婿，让女儿终身有靠，我们老来也能放心而去。前日听下人说秀英深慕公子仁德豪侠，情愿侍奉箕帚。我夫妇也深感公子大德，愿将小女托于公子，不知公子意下如何。”

赵匡胤忙说道：“谬承老人与小姐错爱，匡胤感铭肺腑。在山寨之中，我已与小姐说过，匡胤已有妻室。名分相关，恐有辱小姐。倘蒙老人家与小姐不弃，又肯等待，待他日禀知父母，备好聘礼，便来迎娶。”

韩百万道：“名分之事虽大，但人更重要。秀英已经说过，她重人不重名，'大''小'之说并无所谓。至于聘礼更是大可不必，我家虽非豪门，却也资产丰厚，足够几世人受用。公子何不在此住下，执掌门户，虽无荣华，却也富贵，不比四处奔波、风餐露宿好？"

赵匡胤笑道："俗话说：'好男儿四海为家。'大丈夫处世，当以建功立业为志，不能为儿女情长断送了事业。若要匡胤久居此处，虽锦衣玉食，坐享富贵，也断不敢从命。匡胤此次背井离乡，数千里奔走寻求，就是要伸张男儿之志，不做凡夫俗子。"

对这些话，韩百万听得似懂非懂，更不能理会个中深意。但人各有志，不能勉强，这个道理他是懂的。更何况赵公子已经答应了与女儿的亲事，他也就心满意足了。当下命人请出夫人、小姐，一家人围坐欢饮，谈笑风生，直至夜深方散。

又住了几日，赵匡胤执意要告辞上路，韩百万见他去意已决，不能强留，只得拣选了一副轻便的行囊，又备下黄金一百两，白银五百两，交给赵匡胤。匡胤道："此去关西，路程已经不远，哪用得了这么多盘缠？"只收受了行囊，取了一锭黄金，又对韩百万说："烦请老人家派人告知山寨中的二位兄弟，明日我便上路。"

第二天一早，赵匡胤辞别众人后就要赶路。一家人依依不舍，直送到庄西入山处的大路口上。韩秀英在一旁相随，早就红了眼圈，此时见就要分手，也不知什么时候才能相见，心中一阵阵隐痛，两行热泪扑簌簌地滚落下来。竟不顾父母和众人就在身边，忘了女儿家的羞涩，跑上去拉住匡胤的衣角，泣声说道："奴家自此当天天倚门相盼，望公子万勿轻食前言，从此一别成路人。"匡胤也不禁感慨万端，心中一阵阵发酸。忙用手帕为她拭去泪痕，安慰她说："大丈夫一言既出，驷马难追。何况是这样的终身大事，匡胤岂敢儿戏？贤妹只管放宽心，在家静候佳音就是。"

正说话间，忽见东面大路上扬起一阵烟尘，有两人骑马飞驰而来。人们老远便看出是王审琦、张令铎来了。及至近前，二人翻身下马，高声喊道："大哥慢走，且受兄弟一拜。"说着便行大礼，匡胤也连忙还礼。王审琦道："兄长此一去，我们兄弟不知何日才能相见。我兄弟二人本应与大哥共赴前程，无奈眼下尚有山寨和数千人马在此，难以相随。有朝一日大哥有了合适的去处，我们一定前往投奔。这里韩小姐一家自有我二人保护，兄长只管放心。"张令铎又道："大哥就要远行，山寨中别无他物，聊备黄金白银各千两，以表兄弟的一份心意。"匡胤连连摆手："弟兄们的美意我心领了。但我一人出门在外，哪里用得了这么多金银？二位兄弟权用它好好地将养军士，训练兵马，将来或许能派上大用场。"

王、张二人见他执意不收，只好作罢。那张令铎却转身从马上取下一件兵器，对匡胤说："大哥只身闯荡天下，身边只有一条哨棒怎么能行？这几日，我为您打制了一件兵器，大哥用用如何？"匡胤接在手中，却是一条紫檀木蟠龙棍，两端箍以紫铜，中间以银丝镶嵌成一条飞龙。茶碗口粗细，六尺半长短。他用手掂了掂，轻重适中，心中十分高兴："这件兵器甚合我意，谢谢二位兄弟。"又对送行的人们深深一揖说："诸位请留步，匡胤告辞了，咱们后会有期。"说着，背起行囊，提起蟠龙棍，深情地看了秀英一眼，便转身大踏步地向西走去。

韩家屯向西，一条山路伸向大山深处，蜿蜒崎岖，斗折蛇行。此时正是熹微初露、东方欲晓之时，天上的云霞就像五彩斑斓的织锦，在微微的晨风中飘散会聚，渐渐地变成了一团团红色的火焰。当赵匡胤登上一座山峰，回首东望时，只见一轮红日从橘红色的云海中缓缓脱身，正在冉冉升起。他顿时感到了一阵莫名的兴奋和激动，浑身就像有一种无法遏制的力量在涌流，在奔腾。这位从小便不爱读书，更不爱吟诗作词的汉子，此时不知为什么却突然诗兴大发，对着千山万壑放声喊道：

> 欲出未出光辣挞，
> 千山万山如火发。
> 须臾走到天上来，
> 逐却残星赶却月。

这是诗吗？冷眼看来，既不合平仄，也毫无文采可言，实在算不得诗。但它却是赵匡胤这位叱咤风云、经天纬地的历史巨人一生中留下的不多的几首诗作之一。细细品味，便觉得它大气磅礴，让人振奋。短短的二十八个字，便将他气吞万里、倒转乾坤的雄心壮志痛快淋漓地表现了出来。

第三章　龙困浅滩　幸遇知音

赵匡胤一路走来，穿过了古树参天、草木森森的崇山峻岭，眼前立刻出现了另一番天地。

已经告别了夏天的黄土高原，千山万壑之中那大片大片的绿色已经褪去，变成了一大块一大块的斑黄。无数座山峁上，缤纷的野花枯萎了，绿毡绒般的厚厚的植被变成一望无际的灰白，就像许多赤身裸体的巨人挺立在空旷辽阔的天地间，任凭秋季里高原上特有的裹携着飞沙的风鞭不停地抽打着自己古铜般的躯体。曾经呼啸奔涌的大小河流一下子变得安分起来，水波映照着蓝天白云，反射着太阳泛金亮银般的灿烂光辉，耀眼夺目。偶尔传来的庄稼人传唱了一辈又一辈的信天游在这广袤无垠的旷野上随风飘荡，显示了黄土高原又一种让人激动不安的诗意般的激情。

漫步在这辽阔而又粗犷的黄土高原上，赵匡胤的心胸变得更加开阔。华夏之大，天地之大，容千山而纳百川，到处都是英雄豪杰显露才华、施展身手的大舞台。尽管到现在为止，这漫漫旅程还没有个明确的目的地。自己远离家乡，浪迹天涯，究竟要到哪里去，要去干什么，最后的结局是什么，连自己也说不清楚。但是在他的心灵深处，却似乎有一个要苦苦寻求的目标，而且这目标越来越清晰。在那遥远的尚不可知的地方，似乎有一只神秘的大手在向他频频招动，有一股巨大的磁石般的力量在吸引着他。"踏破铁鞋无觅处，得来全不费工夫。"也许在不远的将来，自己就会接近或寻找到这个目标，一定会的。

又走了十几天，赵匡胤来到了商洛地面。这天下午，他走进了一个集镇，在集镇的东首围聚了数不清的男男女女，熙熙攘攘，摩肩接踵，老远便听到一阵阵喧闹声。走近一看，原来是一座高辛庙，庙宇虽然是千年古寺，灰暗又陈旧，但却殿堂高耸，仍显得巍峨而又壮观。今天显然是庙会，前来烧香的、还愿的、问卜的人络绎不绝，满脸的虔诚和严肃，大街两侧和庙前的空地里，小商小贩摆满了各种摊点，千方百计地要赚取善男信女们腰包里那几个有限的银钱。

赵匡胤走得乏了，高原上的风沙和烈日让他满面灰汗，嘴唇干裂，浑身筋疲力尽。天已向晚，他不想再赶路了，随便逛逛庙会，看看热闹，借机歇歇脚，就在此歇宿一宿，明天也好继续赶路。

他随着人流慢慢地走进庙内，进入了坐北朝南的正殿。见正北是一座两丈多高的菩萨神像，金身上的绸缎衣衫已经破旧不堪，挂满了蛛网和灰尘。神像前是一个巨大的香案，一溜摆着十几个陶制的涂着金色的香炉。香炉内插满了信香，有的已经烧残，有的才刚刚点燃，袅袅的香烟在升腾、缭绕，伴随着无数纸灰在大殿里弥散、飞舞，空气中充满了一股浓烈的呛人的气息。

走进大殿的人们一个尾随着一个，正在忙着磕头、上香、焚纸，然后口里咕哝着从香案上一个硕大的竹筒中抽签。抽签之后，有的人面露喜色，兴高采烈而去，有的人却神色黯然，怏怏而退。

这时候，赵匡胤的面前出现了一对白发苍苍的老夫妇，都是六旬开外的年纪，一身破衣烂衫，补丁连着补丁。布满了皱纹的脸上充溢着忧愁和凄惶。两个人走到神像前，神情庄重、诚惶诚恐地点燃三炷高香，又焚化了一叠纸钱，用一根铁棍仔仔细细地拨弄着，眼看着一摞黄纸慢慢地全部化为灰烬，这才双双颤巍巍地跪在菩萨面前，"咚咚"地磕了三个响头。那老婆婆颤抖着干瘪的嘴巴，喃喃说道："愿菩萨神明保佑，让我儿媳早生贵子，我老两口宁愿月月进香、日日磕头。"说罢爬起身来，那老汉走到竹筒前，一只手哆哆嗦嗦地伸到竹筒内，犹豫再三，反复挑选，终于抽出一支签，在神案上一亮，居然是个上上大吉之签。老汉激动地捧了叫老婆婆看，老婆婆看过之后，满脸就像开了花，口中连说"阿弥陀佛，阿弥陀佛"，一双满是皱纹的眼眶里早涌满了混浊的泪水。周围的人们纷纷投去了羡慕、道贺的目光。

赵匡胤受这场面感染，也不由得跟着激动起来。这东西灵吗？庙会上的人说，这里的神签百验百灵。赵匡胤当然不信，这神像虽然威严高大，塑得栩栩如生，但不过是一堆泥巴，是这黄土高原上普普通通的一堆黄土。对于神呀鬼呀这些东西，赵匡胤历来不信，既然有至公至允、大慈大悲的菩萨在，既然冥冥之中早有神明在主宰着每个人的命运，那么千千万万的穷苦人为什么还要世世代代地在水深火热中苦苦挣扎？

但是今天反正没事，离天黑还有段时间，一是出于好奇，二是为了凑热闹，他在心里说，我何不也求上一签问问自己的前程？像这样整日东奔西走，究竟是个什么结局？

宋太祖赵匡胤

他也学着别人的样子，上过香，磕过头，来到神案前，心里默念着："匡胤此次西行，万里奔波，必欲得个前程，实现平生抱负。我这一路走下去，能否投身军旅，当个军中校尉？"在那兵连祸结的年代，有志之人要想出人头地，干一番事业，投身行武是最好的选择，在赵匡胤的内心深处早就萌生了这种念头，只是还没有找到那么一支有前途的正义之师。现在在菩萨面前求签，心底深藏着的话自然便冒了出来。

默念完之后，他抽出一根神签一亮，竟是个不吉利的下签。虽然这是在抽着玩，但他仍不免有些沮丧。心中一个声音在愤愤地说道："想我赵匡胤自幼习武，自以为有经天纬地之才，难道连个军校之类的小官都当不了，一辈子都是个默默无闻的凡夫俗子？不会，绝对不会！不是军校，莫非是要当刺史？"再抽出神签一亮，仍是个下签。他开始烦躁了，心中暗说："刺史也不是，那就一定是要当节度使。"再抽一签，谁知却又是个下签。他的心一下子紧缩起来，像被一只无形的手狠狠攥了一把，感到一阵剧痛。从小校到节度使都当不成，在那个年代就再也没有什么武官可以当了。"天生我材必有用"，他不相信自己这一辈子会一事无成。那种从不服输的与生俱来的天性，那种不甘向命运低头的执拗，让他跟这尊泥菩萨较上了劲儿。节度使再往上，就只剩下做天子，当皇上了。天子可不是随便哪个人都能当的。难道我赵匡胤还有希望做天子不成？管他呢，这事儿反正谁也不知道，就再抽它一签。于是他鼓起勇气，横了横心暗暗问道："这也当不成，那也当不成，难道上天要让我赵匡胤当天子吗？"默念完，在签筒中信手胡乱摸了一支，在神像前一亮，睁眼一看，惊得他倒吸了一口凉气，两只眼睛瞪得雪亮。这次抽出的竟是一个圣签，圣签乃是十年八年，数十万人也难有一人抽到的，预兆能面南称圣的最大的吉签。这一签，简直让赵匡胤哭笑不得。这太不现实，自己一介布衣，平头百姓，出将入相都是奢望，怎能当天子呢？天子乃上天之子，人中之龙，威加四海，拥有天下，人生真正的大富大贵，极尽煊赫。古往今来，有谁不想尝尝当皇帝的滋味，过把皇帝瘾呢？若真能当了天子，江山将任由自己重新安排，国家将听凭自己随意治理，世上的一切丑恶、灾难、贫穷和残杀，一定会按照自己的意志扫除净尽，还天下庶民一个太平、统一、富裕和繁荣昌盛的新国家。这样胡思乱想着，他的心脏竟"扑通扑通"狂跳起来。

然而天子之位普通人连想一想都是大逆不道之罪。赵匡胤虽然自幼胸怀大志，要纵横天下，想当官，当大官，当能够匡世济民、青史留名的好官。

这是他平生的夙愿，也是他这次离家出走，只身闯天下的根本原因和动力。但是当皇帝，做天子，他可没敢想，就是做梦也不曾想过。

这样胡思乱想着，他身上突然打了个激灵，一颗心开始忐忑不安起来。他下意识地看了看周围的人们，见人们并没有注意他，仍在忙着烧香磕头，这才放下心来。他把这个秘密深深地藏在心里，兴冲冲地走出大殿，急步冲出庙外，就像要躲开一个充满危险的是非之地。

天渐渐黑下来了，红灯笼似的残阳在火红的云堆里缓缓下沉，突然跳动了一下，便冷不丁地沉没到那座光秃秃的黄土峁后边去了。云层变得灰暗，天空罩上了一层黑幕。喧嚣热闹的街面上开始显得冷冷清清，游人匆匆离去，鸟雀纷纷归巢，宁静而又空寥的大西北的夜晚悄悄地降临了。赵匡胤觉得饿了，也乏了，便就近寻了一家客栈住下。

客栈的门店只有四间低矮的草屋，又脏又暗，凌乱不堪。当地摆了五张方桌，每张桌子的四周摆了四条长凳。赵匡胤寻了靠墙角的一张桌子坐下，呼唤店小二切了一盘牛肉，一盘羊肚，要了二斤酒，一个人闷头边吃边饮。对面桌子旁坐了五六个壮汉，看样子既不像庄稼人，也不像生意客。只看那满桌子昂贵的珍馐佳肴，便知道是一帮出手阔绰、花钱如流水的主儿。此刻正在吆五喝六地一边划拳，一边大饮大嚼。一个个喝得脸红脖子粗，敞襟袒腹，额头上、胸膛上淌着豆粒般的汗珠子。赵匡胤进店门时，他们停顿了片刻，打量了他一下，便又开始猜拳行令，推杯换盏。

正北一人四十多岁，头顶上光秃秃的，几乎没剩一根毛，两腮却长满了乱蓬蓬的络腮胡，像个黑刺猬似的。这人像是他们的头儿，拳却划得挺臭，一连输了三拳，却赖着不肯喝酒。众人一片哗然："不行不行，拳有拳规，酒有酒法，输了拳就得认罚。""驴不喝水强按头。伙计们，当头儿的耍奸放刁也不行，咱们硬灌这狗日的。"说着，便有两三个家伙站了起来，端杯的端杯，拧耳朵的拧耳朵，真的要给他硬灌下去。络腮胡子连连告饶："好，好，我喝，我喝，不就是杯鸟酒吗！就是毒药老子也不怕。"忙端起一杯酒，一仰脖子倒进嘴里，用手抹了把胡子上的残酒，对众人说道："今日手气背，我这拳是臭了，不划拳了。"

赵匡胤坐在一边，听他们胡侃笑闹，也不知这帮人是干什么的，便匆匆喝完酒，又要了一盘包子吃了，叫店小二来算过饭钱。他将包裹打开，找出几纹碎银子，却无意中将韩百万所送的一锭黄金露了出来。

俗话说，害人之心不可有，防人之心不可无，也是赵匡胤涉世不深，那

宋太祖赵匡胤

锭金灿灿耀眼灼目的黄金早让对面那五六个人看了个清清楚楚。这帮人也不露声色，继续饮酒说笑，眼光却不时地向赵匡胤这边扫来。

算过饭钱，赵匡胤便让店小二带他到后面寻间客房歇了。他斜倚在铺上，从窗口望着外面繁星闪烁的夜空，听着广袤的高原上阵阵刮过的呜呜作响的秋风。一种孤身苦旅、飘然于千里之外的惆怅突然涌上了他的心头。但是一想起白天所抽的圣签，他又兴奋和激动起来，自己的选择是对的，离开汴京，离开那个充满温馨和亲情的香巢，才可能大展宏图，有所作为。是蛟龙就得腾跃大海，是雄鹰就该振翅蓝天。就在这种喜忧参半的复杂心境中，他慢慢地合上了眼睛，鼾声渐起。

忽然，一阵"咚咚"的敲门声将他惊醒，他一骨碌爬起身来，下意识地把蟠龙棍抓在手里，喝问道："是谁?"

"是俺们，山西老客。客官，你睡得这么早干嘛?"

赵匡胤开了门，原来是刚才那几个喝酒说笑的汉子，便问道："诸位找在下有什么事?""没啥子事，这么长的夜，睡觉多可惜，我们陪客官赌几圈如何?"

"旅途苦闷无聊，按说赌钱倒也有趣。不过在下从来不好此道，也不怎么会玩，恕不能奉陪。"为首的那个络腮胡子忙笑道："玩法十分简单，连三岁的小孩也一学就会，输赢只看手气如何，再没有技巧。"赵匡胤对这帮人并没有好印象，更不想和他们赌，便一再推辞。但他越是推辞，那帮人越是强邀。末了，他们中的一个小个子满脸鄙夷地说道："原来是个守财奴，浑身小家子气。算了算了，休要再和这厮纠缠。"

只此一句话，顿时将赵匡胤激得火冒三丈。他这个人平生最受不得别人的轻蔑和小瞧，一个眼神，一个动作，一句略带轻侮的语言，都会使他无法忍耐，比挨打受骂还要难受百倍。他狠狠地瞪了那个小个子一眼，气咻咻地说道："玩就玩，我赵某堂堂七尺汉子，难道还怕你们不成?"

众人来到了客栈特设的一个小赌场内，大家席地而坐，店小二送来茶水后带上门便出去了。

行赌开始，这是一种叫作"推钱"的博戏，赵匡胤以前也见过。确如那络腮胡子所说，玩法十分简单。赌具只有几枚铜钱。铜钱正反两面，正面叫"字儿"，反面叫"馒儿"，铜钱在地上一撒，骨碌碌一转，停下后是"字儿"还是"馒儿"一目了然，而玩的规矩、赌金多少都可随兴而定。这是一种毫无智力较量的博戏，如果说有点技巧，那就全在于向地上撒钱的手法，而多数人不过是碰运气。赵匡胤并不愿意玩这种低档的游戏，此时不过是骑虎难下，不得已应付一下罢了。

第一轮先由那个小个子与赵匡胤上场，其余的都坐在四周观战。他们讲好，一个铜钱代一文，赌毕结算。赵匡胤"摊钱"，他把六枚铜钱放在手心里，双手合十晃了晃，看看众人，然后说声"顺"，一扬手撒出去。六枚铜钱骨碌碌满地乱滚，众人睁大了眼睛瞅着铜钱，口里则大喊大叫。待六枚铜钱都停下后，先是那小个子"啊呀"地惊呼一声，众人看时，六枚铜钱全是"字儿"，"摊钱"的行话叫"浑纯"，按规定赌金翻倍，赵匡胤一上手便赢了十二文。

接下来那五六个轮番上阵，赵匡胤一路过关斩将，连连得手，很快便赢了十几两银子。这些人本是一帮以此为生的职业赌棍，"摊钱"手法娴熟，从来是赢多输少。今夜不知为什么，却惨败在一个外地小伙子手里。一个个都输红了眼，愤愤不平，他们不相信这红脸小子手气会这么好。又轮到络腮胡子了，他像头被激怒了的卷毛狮子，干脆光着膀子与赵匡胤相对而坐，决计来个最后一搏。这次讲定的赌法是"背向"，即"字儿""馒儿"各一半为赢。也不知为什么，自从换了玩法，赵匡胤手气大背，约莫一个时辰，前面赢的钱全部倒输了回去。

这时候，赵匡胤站起身来，对众人说道："夜已深了，在下明日还要赶路，我们就此罢手吧。"玩了半宿，这帮人并未赢得半文钱，哪里肯罢休。那络腮胡子便高声说道："客官莫非怕输钱，怎么像个娘们似的？大丈夫处世，要赢得起，也要输得起才是。"其他人也在一旁极力鼓动，七嘴八舌地乱起哄，甚至夹杂着冷嘲热讽。

赵匡胤再一次被惹恼了，他轻蔑地扫了众人一眼，冷笑道："赌就赌，赵某平生还没怕过谁。就是输个精光，今日也要与尔等拼个鱼死网破。"

又一轮博戏开始了，赵匡胤小心翼翼地摊着钱，每摊一次，就在心里默默地祷告一番。随着铜钱在地上骨碌碌乱转，他的心也提起了老高，屏息等待。在他看来，这已不是在赌钱，而是在赌命运，赌未来，赌他赵匡胤的一生。对方那些人则在为络腮胡子呐喊助威，一阵阵连喊带叫，空气紧张得充满了火药味。

幸运之神又一次降临到赵匡胤身上，他顺风扬帆，连战连捷，对方的五六个人纷纷大败。待到天交四鼓，赵匡胤已赢了三十多两银子，对方多数人已经囊中羞涩。

这帮人本是以此为手段，靠盘剥过往客商为生计，哪里曾吃过这样的大亏？

这时，其中几个人已在悄悄地起身，准备对赵匡胤动武。络腮胡子看看赵匡胤包金银的小包裹，再看看旁边那条又粗又长的蟠龙棍，连忙向众人使眼色，起身对赵匡胤笑道："我们玩了一宿，还不知道客官尊姓大名，不知客官可否告知？"赵匡胤答道："我姓赵，名匡胤，家住东京汴梁。"那络腮胡子似是吃了一惊，口里喊道："啊呀，原来是京都来的赵公子，失敬失敬。赵公子手气如此之好，如有神助一般，日后定是大富大贵之人。今日我等输得心甘情愿，能与公子博戏一宵，也是三生有幸。眼下夜将向明，我愿做东，与赵公子痛饮一番如何？"赵匡胤见他虽输了钱，却仍如此大度，也是个豪爽之人，便连忙说道："既要饮酒，也不能让大哥破费。今夜我赢了钱，自然由我做东，与诸兄弟痛饮一番。"说罢，叫醒店小二，要了一桌上好的酒菜，与众人围桌坐了，开怀畅饮。

大家共饮三杯之后，那络腮胡子站起来，满脸堆笑地说："赵公子设此盛宴，我等不胜感激，愿敬公子一杯，以表谢意。"赵匡胤口里说着"客气、客气"，也不推辞，端起酒碗，与络腮胡子照了照，便仰起脖子一饮而尽。那络腮胡子却只喝了小半碗，早有一人过来为他重新斟满，也为赵匡胤斟满一碗。络腮胡子又说道："我看公子骨骼清奇，仪表不凡，非俗人可比。'龙非池中物，借雷可上天。'他日时来运转，说不定能出将入相。我再敬公子一杯，到那时我们这些人也好沾沾光。"这句话正说到了赵匡胤的心里，他一时心花怒放，痛痛快快地把酒喝了。

接着，其他人也都轮番敬酒，你一碗，我一碗，口里都是些溜须拍马、阿谀奉承之辞。赵匡胤虽说酒量好，但再大的酒量也有个限度。此时他只顾高兴，来者不拒，不一会儿便饮了十二三碗，已是舌根发硬，两眼发直，口里说着："诸位不能只……只劝……劝我喝，你……你们也要……要尽情喝……喝才是。"话没说完，便一头栽到酒桌上，顿时鼾声如雷。

络腮胡子向众人使个眼色，大家立马行动，来抢赵匡胤的包裹。不料那包裹的一角被赵匡胤坐着。他们一扯便把赵匡胤弄醒了。他睁着一双惺忪的醉眼，愣怔地看着众人问道："诸……诸位不……不喝酒，这是……是做……做啥？"络腮胡子却一下子翻了脸，阴森森地一笑，狞厉地喝道："你这狗头，大爷们的银子也是好赢的？快把包裹交出来，大爷们便饶你不死。"

一听这话，赵匡胤勃然大怒，原来这帮鸟贼是在变着法子收拾自己。他那烈火一般的性子怎容得这些小人明火执仗地欺侮？赵匡胤暴喝一声："找死！"话音未落，右掌疾出，便听"哎呀"一声，络腮胡子的口里鼻子内立时鲜血喷涌，杀猪似的嚎叫起来。众人见头儿被打，一齐拥了上来，拳脚相加，如雨点般向赵匡胤袭来。

赵匡胤已是十二分酒醉之人，若说平时，收拾这五六个人也许不在话下。但此时筋骨酥软，头晕目眩，脚下就像踩在一个棉花垛上，胳膊腿都像不是自己的。只勉强招架了一会儿，便被这帮家伙打翻在地。络腮胡子咬牙切齿地冲上去，拳打脚踢。其他人也你一拳，我一脚，照着赵匡胤的心窝、软肋、面部狠踢狠打，把一夜输钱的晦气、怒气一股脑儿发泄到了赵匡胤的身上，直到把他打得昏了过去。络腮胡子把赵匡胤的包裹拿在手里，将里面的那锭黄金翻出来，在手中掂了掂，放在嘴边用牙咬了咬，又重新包好。然后让众人把匡胤的周身搜了个遍，将所有零碎银子全都拿了。众人翻过墙头，很快便在沉沉的夜色里消失得无影无踪。

赵匡胤参与赌钱，终其一生也许只有这一次。可是，就是这一次经历，却使关西一带乃至全中国千百年来流传下了一句歇后语，叫作"赵匡胤赌钱——只准输，不准赢"。如此小事却流传得这么广，这么久，也算是古代的"名人效应"吧，亦或是因为中国的老百姓历来就对那种以强凌弱、仗势欺人的劣行深恶痛绝。

第二天日上三竿，赵匡胤才从昏昏沉沉的睡梦中醒来，他只觉得天旋地转，恶心欲吐。轻轻一动，四肢就像有千万只小虫子在拼命地啮咬，一阵阵钻心刺骨的剧疼。

他闭着眼睛，拼命地回想着，费了很长时间，才想清了昨夜发生的事。这群无赖、恶棍、社会的渣滓和败类、猪狗不如的东西，他恨不得立马便找到他们，活剥了他们的皮。

这种只许输不许赢的赌博完全是一种强盗行为，是一种蔑视道德、践踏公允，毫无天理、良心、人情可言，弱者被强者肉食的动物式的法则。可是仔细想想，在这个腐朽的国度里，在这个混乱的世道中，哪里不在泛滥着这样的赌博呢？为钱财而赌博，为名利而赌博，为命运而赌博，为权力而赌博，为谋求生存或穷奢极欲而赌博……从流氓盗贼与善良百姓混杂的社会底层，到清官廉吏与贪官污吏并存的官府，直到昏君奸臣与忠介清流共处的朝廷，到处都在进行着这种强盗式、动物式的赌博。

满腔的怒火变成了一种深深的悲哀和忧愤，赵匡胤的脸上显得平静和冷峻起来，陷入了更深沉的思考中。

现在他似乎才感觉到，脸上还在一阵阵火辣辣的疼，抬起手臂看看，上面布满了许多暗红色的血痂，有的地方还在渗着血。他凝视着从自己的体内流出的这些殷红的鲜血，突然感悟到：在这个充满欺诈、暴力和血腥的世界上，武力便是一切。谁拥有了最强大的武力，谁便是铁定的强者和永远的赢家。小民百姓为生存而与命运抗争是这样，最高层的朝廷权力斗争是这样，国家与国家的军事争夺更是这样。除了武力之外，其他一切都显得苍白无力。这才是在当今这个特定的社会能够立足、能够成就大事的最高法则。唐末以来连年混战，烽烟四起，乱纷纷你方唱罢我登场，胜者王侯败者贼，正是武力较量的结果，正是这一最高法则的演示。

就像一道闪电突然划过雾茫茫的夜空，他觉得心里一下子亮堂了。数月来闯荡江湖一路上的迷茫、彷徨，突然有了一个清晰而又极为简单的答案，自己苦苦追寻的其实就是要拥有武力。为了这辈子不再受昨夜那样的欺辱，为了做一个铁铮铮的强者，为了掀天揭地、再造乾坤的宏图大业，我赵匡胤必须不顾一切地去拥有最强大的武力。

心里渐趋平静，他又回到了现实中来。他感到口渴得厉害，五脏燥热，想挣扎着爬起来，一阵刀割般的剧疼使他又重新躺回了原位。

就在这时，听到房门"吱"的一声被推开，一个人走进来，十分关切地问道："伙计，你醒了，怎么样？"说着，那人走到床前，手里端着一碗热腾腾的鸡汤疙瘩面。

赵匡胤睁眼仔细打量这人，却十分陌生。见他穿一身粗布短夹袄，黑色的带补丁的长裤，头上扎一条青布巾，年约二十五六岁，中等身材。虽说穿着简陋寒微，长相也朴实敦厚，但眉眼之间却透出一股刚毅和精明之气。

他照顾赵匡胤喝下那碗疙瘩汤，转身就往外走。赵匡胤急忙喊道："这位大哥慢走一步，你我素昧平生，承您这般照料，在下实在感激不尽，请大哥留下姓名，以后也好相报。"那人听赵匡胤说完，又转回身来，笑着说："兄弟且安心养病。俗话说，帮人帮到底，我并不走。只是你现在伤势严重，急需看医吃药，我这就请大夫去。"说罢，对赵匡胤一笑，转身走出屋去。

赵匡胤这才有时间打量四周，原来已不是那间赌房，也不知道什么时候又回到了客房。他唤来店小二，问道："店家，昨晚那班人究竟是干什么的，跑到哪里去了？"店小二慌忙答道："客官有所不知，这帮人一直在这一带设赌行骗，敲诈过往客商。不过以往却从来没有出手打人。那些客商自愿聚赌，着了他们的套儿，输净了钱财，却只能是哑巴吃黄连。可万没想到他们昨夜会行凶劫财，将客官伤成这个样子。这些人来无影去无踪，居无定所，如今也不知道藏到哪里去了。这些挨千刀的，他们作了孽，却让我这开店的来背黑锅。"匡胤道："此事与店家无关，我并没有怪罪你的意思。只是我现在囊中空空，又远离家乡，举目无亲，恐难以付你店钱。"那店小二却也慷慨，当下说道："客官休要这般说，人出门在外，谁没有个难的时候？您现在身遭此难，我小店自应担待。您只管在此将息养伤，食宿费用一切由我承担。"

　　店小二的一席话竟让赵匡胤这个落魄异乡的年轻人从心底里感动，他深深地感激店主的慈悲和宽厚。在这个蛇蝎横行的世界上，毕竟还有好人。不，应该说多数还是好人。就像刚才那位送疙瘩汤的客官，素不相识，萍水相逢，照顾自己吃饭，又去为自己请医求药。这份情，这份意，这份纯真的不掺杂任何邪念和污秽的人性才是人世间最为宝贵的东西。

　　人性的善良和纯美就像一壶醇酒滋润着赵匡胤那颗受伤的心，使他感到浑身都暖融融的。与此同时，他却又感到了一种难以言喻的羞愧。初出家门时，自己认为从此便可以"天高任鸟飞，海阔凭鱼跃"了，可想不到闯荡天下会这样难，以至于困窘落魄到如此狼狈的地步。堂堂七尺男儿，竟要靠别人的怜悯和施舍来度日。在这一刹那，他的情绪降到了低谷。不知道为什么，他的眼前突然出现了父母亲那慈爱的笑容，妻子那纤弱的情影和弟弟妹妹们蹦蹦跳跳的憨态，甚至也出现了驼峰山下韩小姐泪眼婆娑、执手相送的情景。天涯孤客常常产生的那种挥之不去的乡愁第一次爬上了这个年轻游子的心头。

　　不过，这只是一会儿的事。当他听到店外大街上开始喧闹起来的叫卖声、说笑声，抬眼看看窗外那湛蓝的天空，那列阵南飞的雁群，那自由飘荡、任卷任舒的白云，心中那一丝细细的乡愁马上一扫而空，他一下子又振奋起来了。古往今来，世上的哪个伟人不是在穷困潦倒千难万险中磨砺出来的？与韩信的胯下之辱、勾践的卧薪尝胆相比，我赵匡胤这点磨难算得了什么？

　　他再一次抬起头来看看店小二，动情地说道："谢谢店家的盛情美意。想我赵某此生，决不会久居人下。待我出头之日，定当涌泉相报。"

　　二人正说着话，刚才出去的那位客官带着一名大夫进来了。那大夫仔细为赵匡胤号过脉象，检查了全身伤势，说是内脏和筋骨均无碍，吃几服药就好了。

大夫开过药方便告辞而去。那位客官替赵匡胤付了诊费又去抓药、煎药，服侍赵匡胤把药喝了，直忙得满头大汗，却始终少言寡语，不多说一句话。

赵匡胤默默地看着这位只比自己大四五岁的陌生人，为自己忙里忙外，心头一阵阵热浪滚过。喝完药之后，那人坐在床前的一条凳子上，对赵匡胤柔声说道："不妨事了，过几天就会好的，你只管静心将养就是。"俨然是一位慈祥的大哥哥。

直到这时，赵匡胤才有暇细问："这位大哥，我们从来不曾认识，您对在下如此尽心照料，无微不至。至今在下还不知您的尊姓大名，这叫小弟如何心安？"

那人淡淡地说道："都是出门在外的人，自然应该互相照应，些许小事，何足挂齿？我姓柴名荣，字君贵。"赵匡胤又问道："大哥因何事来到关西地面？"柴荣长长地叹了口气说："我家祖上也曾出仕为官，家道兴旺，为邢州大户。从七岁起，家父便为我延请塾师，教授经史。我寒窗苦读十几年，本想以诗赋文章博取功名，济世救民，青史留名，也不枉此一生。不料几年以前，家中连遭祸事，家道败落，父母也双双染病过世。我孤身一人，曾为人做佣工，也曾乞讨度日。不怕公子笑话，柴荣虽一贫如洗，人微身贱，却不甘久居人下，过着猪狗不如的日子。从去年开始，我借了些本钱，往关西一带贩卖雨伞。因为我有一个姑父叫郭威，已经快二十年没见面了，听说在西部军中做官，我便想沿路打听，投往他军中，也好谋个前程，熬个出头之日。昨晚投宿此店，早早歇了。今日黎明即起，准备赶路，却听得一间房内有人呻吟，其声甚苦。开门看时，却见兄弟满脸血污，昏迷于地，也不知出了什么事，我便忙唤来店家，将你抬至客房疗伤。也许这是缘分，让我们兄弟在此相聚。不知公子家居哪里，缘何只身到此，是寻亲还是访友？"

赵匡胤说道："小弟姓赵名匡胤，家住汴京。对大哥小弟不敢说假话，家父便是朝中护圣都指挥使赵弘殷。当今天子沉湎女色，荒淫无道，致使朝政糜烂，各地官府贪污成风，巧取豪夺，黎庶百姓饥寒交迫，嗷嗷待哺。汴京城里乞者如蚁，中原大地饿殍遍野。家父一片忧国爱民之心，犯颜直谏竟惨遭毒打，险些丧命。小弟气愤不过，便一把火烧了皇家妓院，杀死了两个乐女，连夜逃出汴京，四处闯荡。既是为了避祸，更是为了实现平生抱负。恕小弟狂妄，我真恨不得立时便砸烂后汉这个充满了腥臭的破罐子，再造一个清平世界，朗朗乾坤。"

赵匡胤离家数月，第一次遇到了一个知音，恨不得将胸中郁愤一吐为快。一口气说完后，激动得满脸通红。

柴荣吃惊地听着，眼睛睁得圆圆的，一眨都不眨。想不到眼前这个小兄弟竟是如此一位烈烈丈夫。听到最后，禁不住用手在大腿上猛然一击，"腾"地站起来说道："好兄弟！愚兄今日终于找到了一个志同道合的知己。你好好养伤，待伤好之后，我们兄弟同赴军营，今生今世，定要建功于社稷，救民于水火。"

五天以后，赵匡胤已经痊愈，他走到院子里，抡抡胳膊踢踢腿，只觉手脚灵便，通身舒泰，已是恢复如初。

第二天一早，他们拜谢过店家，轮番推着伞车离店而去。

车辕马踏的千年古道上尘土飞扬，那些来来往往的疲于奔命的人们几乎都是步履匆匆。柴荣看看那些面有菜色的男男女女，感慨地说道："古人云，'苍穹如圆盖，大地似棋局，世人黑白分，往来争荣辱'，也不知道咱们兄弟这一辈子究竟是黑是白，是荣是辱。"

赵匡胤说道："苍天不负有心人，你我兄弟既志存高远，只要矢志不渝，锲而不舍，他日定会一飞冲天。"

柴荣赞同道："贤弟说得是，我也常常这样想，眼下的穷困尴尬说不定是天欲降大任之前的有意磨炼呢。"

二人这样一边说一边走，不知不觉已走出了三十多里路。忽见面前横着一条河流，波涛奔腾喧嚣的轰隆声已听得清清楚楚。河上高高地架着一座木桥，桥头上聚了许多人，似是发生了什么事，拥拥挤挤，吵吵嚷嚷。

赵匡胤问道："大哥，你看前面桥上是怎么回事？"

柴荣头也没抬说："准是为了收过桥税的事。"

"过桥税？怎么还有过桥税？再说这里既无官府，也无衙门，谁来收税？"

柴荣苦笑了一声："这世道黑着呢，世上的事复杂着呢。贤弟毕竟涉世不深，有许多事还不知道。这桥叫董家桥，有个恶霸名叫董达，在桥上私设税棚，过往客商必须交纳过桥税，十两的货物就得交一两银子。"

赵匡胤又问："难道说大哥也要给他交税不成？"

柴荣道："我又不能插翅从河面上飞过去，怎敢不交？这董达家里养着一百多个恶奴，又与官府土匪相勾结。若遇了不肯交税的，轻则打个腿断胳膊折，重则打死，落个人财两空。"

赵匡胤听着，一股怒气陡然窜上了脑门，他把手中推着的伞车往地上一扔，怒声骂道："奶奶的，我看他找死也不看好日子。今天咱兄弟就是不交，看他能把我们怎么样？"

第四章　惩恶论政　各奔前程

这几天与赵匡胤朝夕相处，柴荣一直觉得他年轻老成，深沉平稳。想不到几句话竟惹得他暴跳如雷，怒火中烧，看来他也是个疾恶如仇、性如烈火的人。

柴荣唯恐他按捺不住惹出祸事，忙劝慰他，一边推起地上的伞车，一边说道："愚兄又何尝愿意交这税金？一年多来，我从这桥上来往数次，亲眼看到董达这个恶棍的斑斑劣迹，对他早已恨之入骨，过往客商哪个不是咬牙切齿？只是他们人多势众，又与官府声气相通，谁敢与他们作对？被他们平白搜刮去那么多税银，虽说都是血汗钱，就像剜了心头肉一般，但人们只能打掉门牙往肚里咽，忍气吞声，权当是花钱买个平安。再说了，小不忍则乱大谋，你我兄弟还有大事要办，万不可在此惹出事端，耽误了共赴前程。"

赵匡胤却说道："你我兄弟既然立志要扫除丑恶，拯救黎民。如今这横行不法之徒已撞到我们鼻子尖上了，岂能不管？"

柴荣笑笑说："愚兄之意不是不管，只是现在还不到时候。听说董达这厮武功甚是了得，手下的恶奴也都会些拳脚。愚兄又自幼读书，不曾习武，难助贤弟一臂之力。常言道猛虎抵不过群狼，倘寡不敌众，一时失手，遭其荼毒，岂不是因小失大？我看此事还是从长计议，暂且忍下这口气，待他日从军之后，手下有了兵将，再来剿灭这群恶贼不迟。"

赵匡胤鼻子里哼了一声，"嘿嘿"笑道："董达不过是地方上的一个恶霸，我不信他有三头六臂。他以为勾结官府就可以为所欲为，俺赵某皇家妓院也烧过，皇帝老子的乐女也杀过，还怕什么官府衙门不成？至于他那些恶奴，在小弟看来不过是一群乌合之众。我们且上桥看看，若是他们识相，不过分刁难，便依着大哥，留他们再蹦跶几天，若是刁蛮顽劣，不识进退，就怪不得俺赵某了。"

说着话，二人已经走上了桥头。这个时候，却见一对二十五六岁的年轻夫妇从桥西头走来。男的读书人打扮，青巾长衫；女的是个农家妇女，颇有几分姿色，臂弯里挎着个包袱，像是去走亲串友的。

一看来了个年轻女人，几个恶奴立刻像馋猫见了腥似的围了上去："喂，你这娘们儿，快交过桥税。"

那年轻夫妇愣了一下，男的忙上前施礼道："这位兄台，我们一不做生意，二不做买卖，不过是陪着家眷回趟娘家，交什么税呢？"

"胡扯，你当爷们儿眼瞎吗？你们分明是做生意的，说不定还是倒卖金银珠宝的大生意呢。"一个恶奴说着一把夺下了妇人手中的包袱，随手翻了翻，都是些女人衣饰之类的东西，往地上一扔，喊道："伙计们，仔细搜搜，准是藏到身上了。"

一听此话，几个恶奴嘻嘻哈哈地冲了上去。其中一个将那妇人拦腰抱住，一只手在她的前怀里、屁股上乱摸乱捏。那女人当众受辱，气得大叫大骂，拼命挣扎，衣衫顿时零乱，粉红色的肚兜和一片雪白的肚皮露了出来，一个家伙看得两眼发直。

那当丈夫的见妻子在光天化日之下遭人亵渎，立时发了疯一般冲了过来，口里骂着"畜生、王八蛋"，扑上去又撕又打。

一个高大凶悍的恶奴回过身来，当胸抓住了他的衣衫，狞笑一声，照着他的脸上狠狠地打了一拳。可怜这弱不禁风的白面书生立时满脸血污，"扑通"一声倒在了桥面上。

赵匡胤目睹了这一幕，看到了那书生一张血淋淋的面孔，一下子想起了客栈里那帮赌徒对自己的毒打，只觉得一股怒气直冲脑门，两眼中放射出火焰，喉结在骨碌骨碌地上下滚动。忙低声对柴荣道："大哥，咱们不能不管了，你推着伞车赶紧过桥，到西边寻家酒店，要好酒菜等着小弟，待小弟收拾了这群恶狗便去与仁兄相会。"

刚才发生的事也早让柴荣如乱刀剜心一般，恨不得将这些恶贼一刀一刀剐了。他不再阻拦赵匡胤，但自己不会武功，留在这里只能碍手碍脚，便嘱咐赵匡胤千万小心，推起伞车向桥西奔去。

那帮恶奴见有人要趁机过桥，便先放了那妇人，高声喊道："明白人莫做糊涂事，交了税银再走路。"由于柴荣常从桥上过，这些抽税的家奴都认识他。

赵匡胤已走到近前，对一个家奴说道："柴官人的税银在这里，给你！"随着话声，匡胤突然出拳，快如疾风闪电，那家奴还没弄清是怎么回事早飞出了三尺之外，重重地摔在地上。

众人见赵匡胤打了他们的伙计，这可是太岁头上动土，十年碰不着闰腊月的怪事，立时大怒，个个操刀持枪，蜂拥而上。

赵匡胤正积了满腔怒火，该是痛痛快快发泄的时候了。他当即挥动蟠龙棍，向四面八方抡得风车似的。一个家奴脑袋上挨了一棒，立时脑浆迸裂，死于当地。另一个被拦腰扫了一棍，闷哼一声坠落桥下，在汹涌的河水中挣扎了一阵便不见踪影了。其余有被打断腿的，也有伤了腰的，刹那间便倒下了四五个，哭爹叫娘地在地上挣扎。剩下的几个一看不是对手，"哄"的一声四散逃命去了。

赵匡胤也不追赶，抬头看看桥头一旁的那座税棚便走了进去。见有一个银柜，里面放着些散碎银子，一总儿包了，拿出来送给那对被欺辱的年轻夫妇，嘱咐他们赶紧离开这个是非之地。又把棚内的算盘等物统统扔进河里。回头再看看那个税棚，心中愈加恼怒："这些土豪恶棍、强盗无赖，靠着这么个破席棚，便能阻拦官道，榨取行人的血汗，这世道实在是可恨而又可悲。"他越想越气，便举起棍棒一阵乱戳乱打，只听"咔嚓""哗啦"一片声响，那税棚早成了一堆废墟乱草。

捣毁了税棚，赵匡胤便大步向西去追柴荣。走了三四里路，迎面遇上了一个集市。大路两侧赶集的人熙熙攘攘，拥挤不堪。他四处寻找，却不见柴荣的踪影。再往西走，便是一家酒店。靠街一座二层楼阁，酒旗临风，荡荡悠悠，一股浓浓的酒肉芳香扑鼻而入，十分诱人。柴大哥定是在酒楼上等着自己。赵匡胤紧走几步奔上楼来，却仍不见柴荣，心中好生纳闷。只得要了些酒菜，在外廊上凭栏独饮。一边喝酒，一边盯着路上的行人，等着柴荣从此路过。

那些在桥头上被打散的家奴像受惊的兔子似的狂奔回董达府上。他们直奔上房，找董达报信。可是上房里空荡荡的，只有董达的一个小妾在哭鼻子抹泪。一个家奴甚是奇怪，焦急地问道："三姨娘，董大爷呢？外面不得了了，出人命了。"那小妾擦了把眼泪，鼻子里哼了一声，把嘴向后边的房子一努。那个家奴知道董达是在后院，急忙一溜烟跑了过去，却见房门虚掩着，屋里悄无声息。这家奴一时匆忙，也忘了打个招呼便一头撞了进去。

进门后立时傻了眼，只见面前白花花的一团。一个小妇人赤条条的一丝不挂，手脚被用一根麻绳捆绑在床上。满头秀发披散着，嘴里堵着一块绢帕，两只眼睛惊恐地扑闪着，满脸挂着泪痕，嗓子里发出了闷哑的"喃喃"声。看得出来她仍在拼命地挣扎，但一切都是徒劳的，那细麻绳已经深深地勒进了她那莹白如玉的肌肤里。

这董达原本就是董家桥一带的财主,这几年靠着收取过桥税,每日里白花花的银子就像流水似的淌进董府,便愈加富裕。他仗着财大气粗便横行乡里,欺男霸女。为了让官府不来找麻烦,几年中他曲意与官府结好,不时地将金银珠宝、粮秣衣饰之类的东西送往府里县里。后来竟与那黄知州结为金兰之好。

昨日他从桥头回家,路上遇到了一个花骨朵似的俊俏妞儿,心中不禁一动。他深知他那位知州仁兄是个贪恋女色的老色棍,尤其是对那些十六七岁的黄花闺女更是嗜之成癖。若是把这个甜妞儿送上,岂不是一份比什么都珍贵的厚礼?还愁他以后对自己不言听计从?他向家奴们使个眼色,众人立刻心领神会,蜂拥而上,将那女子抢回府上。

待绑回家中之后,董达对这姑娘越看越爱。她那瓜子脸白皙娇嫩,杏核眼流波生辉,高高的胸部,纤细的腰肢,丰满得恰到好处的臀部,浑身上下都洋溢着一股青春气息,就像个掐一下都会冒水泡的嫩瓜儿。董达真有些垂涎欲滴、神不守舍了。

这一夜董达失眠了,四十多岁的他还是第一次这样骚动不安。这样一只肥羊羔儿不能白白地拱手送人。思来想去,他总是舍不得。自古以来,什么东西都可以相让,唯有江山美人没有相让的道理。虽说这些年来,自己在这方圆数百里内野花采了不少,野味尝了不少,可是眼前这个姑娘要眉眼有眉眼,要面相有面相,要腰身有腰身。说什么也不能就这样送出去,自己得先享用了,再送给那个老色棍,让他去喝自己的二茬涮锅水去吧。

一大早起来,他把家奴们打发走以后,便急不可耐地溜进了关押那姑娘的后房。谁知泡了半天蘑菇,那姑娘软硬不吃,死活不从。他实在按捺不住了,竟一拳将那姑娘打昏过去。

三把两把将她的衣服脱光,用麻绳将她的四肢绑在床腿上,仰面朝天躺成了一个"大"字。就在这个时候,房门突然被推开,一个家奴闯了进来。董达顿时火冒三丈,也不问青红皂白,扑过去"啪啪"一顿耳光,又飞起一脚,将那家奴踢出了门外。

刚才的兴致全被破坏了,就像在一面烧红的热鏊子上猛然泼了一瓢冷水,就像从云飞雾绕的疯狂的顶峰被一下子抛进了阴森冰凉的深谷。他情绪急速跌落,知道今天的好事算是彻底吹了。只得匆匆穿好衣服,怒冲冲地走到房外,对那个嘴角上还在流血的家奴咆哮道:"混账王八蛋,出了何事让你如此惊慌?"

那个家奴满脸委屈地回禀道："桥头税棚那边出事了，那个贩伞的柴荣勾引了一个红脸汉子前来有意找碴儿，不但不交税银，反而行凶打人。有两个弟兄丢了性命，大半弟兄受伤。我等几个侥幸逃脱，赶紧来报知大爷。求大爷快去捉拿柴荣和那红脸汉子，为兄弟们报仇。"

董达一听此言，直气得胡须倒竖，双目圆睁，脖子上的青筋突突乱跳。这柴荣一个土头土脑的伞贩子，是吃了熊心还是豹子胆，竟敢来找董大爷的麻烦。今日若不将这两个狗头剜心剔骨，碎尸万段，日后过往客商都来学样，岂不要断了董大爷的财路？董达命人牵来马匹，一边上马，一边对家奴说道："你们几个跟我去追，你赶紧召集所有弟兄随后赶来。"说罢在马腚上狠抽一鞭，向董家桥方向奔去。

董达在前，几个家奴随后，过了桥头向西追来。此时集市方散，剩下的人已经不多，见是董达这个恶霸来了，人们如躲避蛇蝎一般，"哄"的一声便都散了。董达正骑马飞驰，见前面一人推着伞车，正是柴荣，便厉声喝道："柴荣，你这个王八蛋，往日里董大爷不曾难为你，为什么要杀我家奴，毁我税棚？今日且留下你的狗命。"

原来柴荣刚才推着伞车，被集市拥挤的人群阻住了，便先到一旁歇了，待人少了再走。赵匡胤追得急，一时没有发现，因此错过，反而赶到前边去了。

柴荣见董达一伙凶神恶煞地追来，心中大吃一惊。暗忖道："完了，完了。匡胤兄弟准是因寡不敌众被这些恶贼杀害了。都是我这当大哥的没有极力劝阻他，害了兄弟一条性命。"想到此，心中一阵阵如刀剜锥刺般的难受。一边想着，一边推着伞车狂奔。但毕竟人走得慢，马跑得快，刚到酒楼之下，便被董达追上了。

到了此时，柴荣也便豁出去了。匡胤兄弟料已凶多吉少，自己也便任杀任剐罢了。他放下了车子，直视着董达，怒声骂道："董达老儿，你私设税棚，刮剥民脂民膏；纵奴行凶，当众凌辱良家妇女；横行乡里，鱼肉百姓，作恶多端。多行不义必自毙，你早已死有余辜。我兄弟路见不平，替天行道，此乃人人称快的千秋义举。可惜没有杀死你这个恶贼，实在是天大的遗憾。你柴大爷也是七尺男儿，不是怕死的孬种。砍头剖腹任你，柴某决不皱一下眉头。"

董达还不曾被人这般当众辱骂过，顿时恼羞成怒，举起手中的马鞭子，劈头盖脸雨点般地打下来。口里骂着："臭小子，想死也没那么简单，你董大爷得先出尽了这口恶气再送你上西天。"柴荣躲无可躲，脸上早暴起了一条条血痕，粗布夹袄也被撕开了几道口子。围观的人群先是远远地看着，渐渐地向里靠拢，一个个怒目相向。他们从心底里敬服和同情这个伞贩子，但却畏于董达的淫威，一时谁也不敢出头。

赵匡胤坐在楼上饮酒，忽听得人声嘈杂，往下一看，正是自己的柴大哥被人鞭挞，顿时勃然大怒，也不顾得从楼梯上下楼，炸雷一般大吼一声，一手扶栏，一手提着蟠龙棍，将身躯一纵，从楼上斜飞下来。将要落地之时，双腿一剪，早把董达踢毽子似的蹬于马下。

董达冷不防挨了一脚，"扑通"一声栽于马下。他情知不妙，忙一个鲤鱼打挺跃起身来，并随手将腰中的宝剑扯了出来。抬眼看时，正是一个红脸汉子怒冲冲地站在面前，心知就是此人坏了自己的大事，眼中立时射出一团毒火，狞笑一声，也不搭话，一柄银光闪亮的宝剑直指赵匡胤咽喉而来。柴荣在旁边看得真切，急忙喊道："兄弟当心。"

赵匡胤并不惊慌，待剑锋逼近，将身子轻轻一闪，避过一剑，却将手中的蟠龙棍拦腰横扫。董达吃了一惊，知道今日遇上了行家，急忙回剑将棍格开，又手腕一抖，挥剑翻削。赵匡胤举棍架住，二人便打在了一处。棍舞剑啸，呼呼生风。打到后来，只见银光闪烁，身影飘动，尘土飞扬，如烟如雾，连二人的面目都看不清了。此时董达是咬牙切齿，必欲报仇雪耻，恨不得一剑将仇敌劈成两半；而赵匡胤更是怒火中烧，要为民除害。在这激烈格斗之时，他的脑子里轮番闪动着桥头上那对青年夫妇当众受辱的惨景，客栈里络腮胡子对自己痛下毒手时那阴森森的目光，驼峰山下韩通那双倒三角眼里闪烁着的骄横和霸气，最后竟定格在皇帝那肥腻腻的既淫乱又残忍的胖脸上。上梁不正下梁歪，正是因为朝廷里有了个畜生不如的皇帝，下面才滋生了这些大大小小的畜生不如的恶棍。今日定要杀死这个畜生，就当是宰了一个为害四方的小土皇帝。

赵匡胤与董达一番惊心动魄的厮杀，围观人群不断发出的惊呼却引来了一个专好惹是生非的莽撞之人。这人姓郑名恩，是董家桥一带妇孺皆知的憨直粗鲁的汉子。他身材高大粗壮，面如黑炭一般。一圈络腮胡子硬扎扎乱糟糟，直连着又浓又密的黑色胸毛，冷眼一看，就像个穿了衣服的胖大猩猩。一双眼睛一个大，一个小，一个离鼻梁远，一个离鼻梁近，都是贼亮贼亮的。因为生得面貌丑陋，家中又穷，已经二十多岁了却讨不着老婆，至今仍是孤身一人。家里没有田产，只好靠卖香油勉强度日。

　　别看郑恩生得丑陋，却有一身大力气。场院里的碌碡他可以一手高举过顶，两个牛拉的粪车，他一个人就能拽着骨碌碌乱跑，又天生的一副侠肝义胆，专好打抱不平。若叫他碰上了看不惯的事，就算掉脑袋也得管到底。为此这一带的百姓都敬他三分。这些年，他挑着香油担子从董家桥上来来往往，是唯一的一个不用交税的人。董达的家奴们知道他是个不要命的，谁愿意招惹他？不但不收税还常常烫壶热酒款待他。对于董达的横行霸道，他虽说早就看不惯，憋了一肚子气，但人家好酒好肉伺候着自己，总不能吃了喝了，嘴巴一抹，就跟人家抢拳头、动家伙吧？

　　今天逢着集日，郑恩挑着香油担子来赶集，小生意做得挺红火，挣了一两多银子。心里着实高兴，还没等散集，便收了担子，在近处一个小酒店里喝酒。左一碗，又一碗，正喝得高兴，却听店外的人议论纷纷，说是前面打起来了，一个红脸大汉把董达打落马下。这可是个天大的新鲜事，这些年来，郑恩还是头一次听说有人敢跟董达交手。老虎嘴里拔牙，这是哪里来的英雄好汉？这个热闹不能不看。郑恩把杯盘往旁边一推，也不顾得香油担子，拔脚便往西跑。

　　他赶到的时候，赵、董二人已打斗了半个多时辰，董达渐渐不支，开始手忙脚乱起来。赵匡胤瞅个空当，猛击一棍，董达躲闪不及，肩膀上被扫了一棍，只感到火辣辣的疼痛，趔趔趄趄地倒退了数步。看看难以取胜，忙大喊一声，五六个家奴一齐挥舞着刀枪扑了上来。

　　赵匡胤正杀得兴起，一条蟠龙棍使得风雨不透，鬼愁神惊，棍到之处，早有两三个家奴惨叫着倒在地上。

　　可就在这个时候，董达的七八十个家奴各持兵器，气势汹汹地随后赶来，将赵匡胤团团围住，狂呼乱叫着向他狠攻猛打。格斗的场面立时大变，赵匡胤左抵右挡，已经由主动变为被动，险象环生。见这情势，手无缚鸡之力的柴荣急忙从街面上抢了一根挑菜的扁担，不顾一切地冲进了人群，没头没脑地乱抢起来。但他的加入就像在滚沸的热锅中加入了一盅凉水，毫不济事。

　　赵匡胤在七八十个家奴中左右拼杀，虽然显得形孤影单，随时都有凶险，到处危机四伏，但他却毫无惧色，一条棍上下翻飞，左右扫荡，已有十几个家奴横七竖八地躺在了街上。但是，当他看到柴荣居然也冲进了人圈，不禁万分焦躁起来。大声呼喊着："柴大哥，快撤出去，这里没有你的事。"一边抢动蟠龙棍，一边向柴荣那边靠拢。他要全力保护这位不会武功的柴大哥，不能因自己惹事伤了大哥性命。

　　然而，董达的家奴毕竟太多，尽管他棍法精熟，勇猛异常，仍像被潮水四面围困，杀退了一批又涌上来一批，却怎么也靠近不了柴荣。

　　这下坏了，柴大哥若因我赵匡胤枉送了性命，今生今世我如何心安？这当儿，他突然想起驼峰山上的王审琦、张令铎两位兄弟，倘若有他们二人带着数千人马到此，扫荡这些贼徒岂不易如反掌？由此看来，要做一个真正的强者，要干一番惊天动地的事业，光靠自己有一身超凡的武功还远远不够。必须有兵权，指挥千军万马，执掌百万雄师，才能够真正地呼风唤雨，倒转乾坤。赵匡胤觉得脑子里有一道电光闪过，他一下子真正找到了人生的目标。如果说前几天自己所悟到的做强者就要拥有武力的道理还是模糊的，那么现在突然变得十分清晰了：这一辈子，就是要千方百计地抓军权，掌兵柄，谋取干大事的真正资本。这些想法当然都是在一瞬间产生的。

　　赵匡胤自己也觉得有些怪：在如此紧张，如此凶险，眨眼之间说不定就会身首异处的激烈打斗中，自己怎么会想得这么多，这么远？其实，这事说怪也不怪。有的人在险恶的环境中会惊慌失措，脑子里会变成一团乱麻，一盆糨糊。有的人越是在凶险万分、九死一生的情况下，头脑却越发冷静和清醒。赵匡胤便是后一种人。

　　这个时候，站在人群里观战的黑大汉郑恩开始焦躁不安了。他亲眼看到赵匡胤武功超群，身形矫捷，愈战愈勇，心里早已佩服得五体投地。又见董达的那群家奴狐假虎威，仗着人多势众，气焰越来越嚣张，心中的火气便不打一处来。嘴里骂着："以多欺少算什么本事？俺郑恩最看不得这种仗势欺人的鸟事。"一边说着，就要冲上去抱打不平，但赤手空拳如何拼斗？他左顾右盼，忽见街角土墙下有一小片枣林，急忙跑过去，选了一株树身挺直的小枣树，狠狠地踹了几脚，又用双手抱住来回晃了晃，忽然大喊一声，将那小枣树连根带土拔了出来。拍掉泥土，扯去枝叶，在手中掂了掂，竟是件应手的好兵器。

　　郑恩倒抱着枣树向恶战的人群飞奔而来。董达手下的那些家奴大都认得郑恩，有几个高兴地说道："郑黑子也来助战了。我们常常请他喝酒，平时他有来无往，也不言谢。今天能挺身而出，也算是一条知恩图报的好汉。"

　　董达正与一群家奴夹击赵匡胤，忽见郑恩来了，知他力大无穷，是个好帮手，顿时喜出望外，兴奋地喊道："郑黑子，你要拿住那漏税的红脸贼，便算你立了头功。到时不仅多赏你金银，还一准给你娶一房如花似玉的俊媳妇。董某决不食言，我家里现在就有一个现成的美人等着你。"

郑恩心里骂道："狗娘养的，你郑爷爷不稀罕那些。"嘴里却嚷着："来了，来了!"直奔到董达跟前，抢起枣树，照着董达奋力打去。董达毫无提防，脑袋上结结实实地挨了一树疙瘩，早变成了一团碎骨烂肉，红乎乎白花花的脑浆顿时淌了一地。

郑恩抢着枣树横冲直撞，照着那些家奴们耕田锄地一般乱打。众家奴眼见主子死于当街的那副惨象，早吓得魂飞魄散。又见郑恩凶神恶煞的样子，急忙扔掉兵器，抱头逃命去了。

赵匡胤急忙奔到柴荣面前，幸亏众家奴都全力对付自己，谁也没把柴荣当回事，因此没受什么伤，也算是万幸。赵匡胤长舒了一口气，这才又来到郑恩面前深施一礼道："这位兄弟，赵某蒙您相救，请问壮士尊姓大名，家居何处？有朝一日，赵某定会登门拜谢。"

郑恩哪里受得了这些礼数，连连摇手说："先别说这些不打紧的。俺为了来凑热闹，连饭也没吃完。又打了这半日，肚子都饿扁了，好歹先弄些吃的再说。"

一句话提醒了赵匡胤，他也觉得肚子在"咕咕"叫，忙与柴荣、郑恩上了酒楼。柴荣唤店家置办酒席，自己却在一旁仔细打量郑恩，见他人高马大，面容狰狞，一身铁疙瘩似的黑肉，是个拔山扛鼎的角色。心想，西去的路上若有这么个人做伴，遇到点什么事，自有助益。若是能一块投军，不出几年，准是一员骁将。

郑恩却什么也不想，见酒菜上来了，便顺手抄起一个牛蹄子，头也不抬地大啃大嚼起来。风卷残云般地吃完两个牛蹄子，又去撕那个肥鸡，却忽然发现柴、赵二人正看着自己发笑，便问道："你们不吃，只看俺黑子做甚?"柴荣忙说："没啥，没啥，壮士好食量。来，俺柴荣敬壮士一杯。"郑恩端起酒碗，嘴里嘟嚷着："喝就喝呗，还啰唆个甚?"一仰脖子，把一碗酒咕嘟嘟灌了下去，又伸手撕了一条鸡腿大口吞嚼起来，不一会儿，一只整鸡被他吃了个干干净净。

柴荣与赵匡胤一面慢慢饮酒，一面吃菜。赵匡胤说道："我二人与这位兄弟素昧平生，偶然相遇便见义勇为，拔刀相助，可见是个重义气、讲交情的好汉。以后欲成就大事，少不了这样的兄弟。我意咱们三人就在此处结为生死之交，大哥以为如何?"柴荣"扑哧"笑出了声："我也正在琢磨这件事呢，贤弟就像看到我心里去似的。如今这世道，人们为求自保，壮大声势，到处都是金兰之好、结义兄弟。但多是酒肉之交，徒有虚名。我们可是患难之交，一旦结拜，今生今世就像亲兄弟一样永不相负。但不知这位朋友意下如何？"郑恩此时已吃得差不多了，见问他，便嘿嘿笑道："愿意，愿意，一日当中便凭空得了两位哥哥。"

柴荣让店家去置办香案，对赵匡胤说道："我们各人叙过年龄，方好结拜。"郑恩正在大把地抓着肉往嘴里塞，匆忙咽下一口道："你们也太啰唆，论甚的年龄，胡乱拜拜就是了。"赵匡胤笑道："这位壮士有所不知，我们叙了年龄，好排列称谓。不然谁兄谁弟，怎么称呼？"郑恩被逼无奈，便一口气说道："俺黑子姓郑名恩，人给起了个号叫郑子明，乳名黑娃子，今年整二十岁，腊月三十子时生的，这便是俺黑子的年龄。"听他赌气般地报说了一大串，柴、赵二人直笑得前仰后合。

三人叙过年龄，柴荣最大，自然是大哥。赵匡胤第二，是二哥。郑恩二十岁，当是三弟。谁知刚刚说完，郑恩却大声吵嚷起来："不可不可，要结拜兄弟，须依俺黑子的主意，要看本事大小。应是你姓赵的第一，俺黑子第二，你姓柴的第三。"柴荣见他如此粗鲁率真，只觉得好笑，也不多说。赵匡胤却正色道："老弟此话差矣，为人定要长幼有序。若无次序，有悖伦理，还如何处世为人？"

几句话，说得郑恩无话可说，他看看赵匡胤，忽然哈哈笑道："我的红脸哥哥，黑子拗不过你。就依着你，让那姓柴的做大哥。"

于是三人来到香案前，焚了香，烧了纸，拜过天地，又互相拜了八拜，喝了鸡血同心酒，结成了生死之交。然后又重新回到桌前，痛饮饱餐。柴荣对郑恩道："贤弟有一身好力气，非是等闲之辈，岂能老做这卖香油的小生意而耽误了前程？不若跟我们同去关西闯荡一番，说不定能干一番大事业，也不枉度了此生。"郑恩听罢，直乐得手舞足蹈，连声说："俺黑子正愁着与哥哥们分手呢。这下好了，黑子就跟着二位哥哥，走到天边都行。"

这天夜里，三人便宿在这家酒店。窗外秋风渐起，阴云四合，不一会儿便飘洒起了淅淅沥沥的冷雨。然而风声雨声雷声却与这三个累乏了的汉子无关，屋内鼾声四起，就像憋着劲儿要压过外边的风雨声似的。

一场绵绵秋雨洗涤了黄土高原上的风沙和干燥，使空气清新湿润了不少。但也带来了大西北特有的凄冷、肃杀和荒凉。霜重草枯，万木凋零，千里旷野，辽阔的荒原上已经看不到一点绿色。大自然的脚步匆忙而又坚定，是谁也阻挡不住的，它只按照自己的意志向着既定的目标挺进。

晨曦初露，雨过天晴，柴荣、赵匡胤、郑恩三人离开了董家桥酒楼继续向西赶路。一路上三人轮着推车，虽说千里迢迢，旅途艰辛，但兄弟三人情投意合，倒也不觉得十分辛苦。

七八天之后，他们终于到了宁州。柴荣每次贩伞都是到这个边陲重镇来。这里有许多老主顾，只要把伞送到，当即点清银子便可回程。

寻家熟悉的客栈住下，稍事休息后，柴荣便推了伞车，趁着天色尚早，去找一家老主顾。一方面给他把伞送到，另一方面也算是打个招呼，好让他告知其他主顾。

柴荣走后，赵匡胤、郑恩粗粗地洗了把脸，便歪在铺上歇着。郑恩直嚷着肚饥，说道："俺黑子这肚子早打鼓了，空荡荡的难受哩。柴大哥也不顾俺们的死活，只想着卖自己的破伞。二哥，不如俺们先吃饭吧。"

赵匡胤道："柴大哥这生意跑得久了，自然把时间看作金钱。我们还是再耐心地等一等，待大哥回来一块吃饭。"郑恩却不耐烦地嚷道："俺黑子最受不得饥饿，再等可要饿昏了。"赵匡胤知道这一天近百里路下来，这个大肚子汉子定是饿急了眼，便笑着说："你先去吃饭，只是酒不可过量，我在此等候大哥。"

赵匡胤躺在铺上刚要入睡，听房门吱扭一声，柴荣满脸兴奋地闯了进来，忙坐起身问道："大哥为何这么快就回来了，莫不是伞都卖完了？"

柴荣道："伞倒没有卖完，只是见到第一家老主顾，便听到了一个天大的喜信儿，赶紧跑回来告知二弟、三弟。三弟呢？"

"他肚子饿得紧了，先去吃饭了。"赵匡胤忙端来一盆洗脸水，让柴荣洗去满脸的灰尘汗渍，然后问道："是什么喜事让大哥这么高兴？"

柴荣道："那家主顾卸了二十把伞，然后对我说：'以后你不要只到宁州来贩伞了，有时间到邺都一带试一试，在那里说不定能发大财。'我说：'邺都紧邻契丹，契丹人常常纵兵袭扰，烧杀抢掠，终日兵荒马乱的，老百姓不得安宁，谁还有心思做生意？'那家主顾却笑道：'你说的都是之前的事了。这一年多来，邺都可是各业兴旺，市井繁盛，百姓们安居乐业，全是一片太平景象。前日才有客人从那边来，各种买卖行情都十分看好，你何不去试一试？'我甚感诧异，便问：'一年的时间，变化为何如此之大？'那主顾道：'听客人说，那里新去了一位邺都留守，是位德高望重的老将军，姓郭名威。既能靖边，又爱民如子，契丹兵不敢为患，老百姓才得以安居乐业。'"

说到这里，柴荣激动得脸颊发红，略停了下又说道："贤弟可曾记得，我前些日子跟你说起过，我姑父便叫郭威，而且久居军旅。我找了他多年，苦苦没有消息。只是天下重名重姓的人太多，也不知我柴荣的运气如何。"说着，脸上又浮起了一层怅惘。

听柴荣这么一说，赵匡胤也一下子兴奋起来了。在他的潜意识里，似乎已经感觉到一种企盼已久的机遇来了。就像在持久的大旱之后，听到了从远方传来的隐隐的雷声。离家出走数月来的蹩脚命运至此可能要出现转机了，自己苦苦寻觅了许久的人生坐标可能在不久的将来就要出现了。

他抑制不住内心的激动，急忙接口说道："不管是与不是，我们都该走一趟。我们兄弟既然立志要干一番大事业，这一辈子就注定要过戎马生涯，舍此再无更好的出路。纵使这位郭威不是你姑父，只要他像人们说的，有德有才，有勇有谋，又懂得治军爱民，便是个有前程有希望的主儿。这不正是我们投身军旅的最好去处吗？大丈夫处世，顶天立地，靠的是自己的拼搏奋争，岂能只靠裙带关系或祖上荫庇？"

赵匡胤的话让柴荣觉得有些耳根发热，但他又觉得赵匡胤说得在理。是啊，我柴荣倘若没有这么个姑父，难道就甘心庸庸碌碌了此一生？于是便说道："贤弟说得是，今夜权在此歇息一宿，明日把伞卖了，我们兄弟便直奔邺都。"正说着话，郑恩酒足饭饱，歪歪斜斜地走了进来，见二人还在干坐着说话，奇怪道："二位哥哥莫不是铁石做的，肚子就不知饿？有多少话路上还没有说够，偏在这里说个不住？"说完打个饱嗝，一头歪在床上，立时便响起了雷鸣般的鼾声。柴荣、赵匡胤相视一笑，也不说话，扯条被子给他盖了，自去外面吃饭。

这一夜，在郑恩的鼾声中，柴、赵二人各自想着心事，久久不能入睡。现在面临着人生的十字路口，要迈出成败荣辱的关键一步，他们不能不认真思索、仔细抉择。快到半夜子时了，两个人都没有丝毫睡意。

赵匡胤首先打破沉默，干脆披衣坐了起来，对柴荣说道："大哥，我反复思考，权衡利弊，总觉得我们三人不宜同去邺都，还是就此分手为好。"

这句话来得太突兀，太出人意料，柴荣几乎不相信自己的耳朵，他霍地坐了起来，急切地问道："这是为何？一路上我们兄弟三人栉风沐雨，同甘共苦，未曾有半点龃龉。如今刚看到一线希望，或许就要有了奔头，就该共赴前程才是，何以却要分手？"

赵匡胤笑着说道："兄长莫急，听小弟把话说完。我们兄弟今日分手，并不是从此诀别，恰恰是为了将来共举大事。"

"此话怎讲？"不等赵匡胤说完，柴荣又急着问道。

"不瞒大哥说，这些日子与大哥相处，见您气宇轩昂，胸存丘壑，沉稳干练，少年老成，定非池中之物，此一去前程不可限量，说不定将是方面大员、国之柱石。小弟若与您一同前去，充其量不过在您麾下增添一兵一将，并无大助。自古以来，成大事者一是要掌握兵柄，二是要延揽人才。唐太宗李世民要让天下英雄尽归其麾下，为他所用，这才是真正干大事者的气度。大哥此去邺都，若那郭威真是你的姑父，定会平步青云，扶摇直上。小弟与大哥分手后，自去另寻出路，再辟一方天地，交往更多的英雄，结纳更多的人才。若有幸能指挥千军万马，搜罗的战将如云，谋臣如雨，岂不都是大哥的人？说句掏心窝子的话，我看咱们这个昏君是个荒淫透顶、昏庸绝伦的蠢猪，这汉朝也是兔子尾巴长不了，必定是个短命王朝。说不定哪一天又会烽烟四起，干戈扰攘，各路英雄群起逐鹿。到那时，小弟将率领大队人马前往辅佐大哥，问鼎中原。或是南北夹击，桴鼓相应，和衷共济，摧枯拉朽，何愁江山不平，泰山不移，大事不成？"

赵匡胤说得慷慨激昂，柴荣却听得云山雾绕。一边听着只是摇头，心想："二弟今天是怎么了，净说些有头无尾、不着边际的话。我柴荣穷困潦倒，以至如此。虽说不甘心久居人下，但也不敢有大的奢望，今生若是能当个军校，顶多寻个刺史、防御使干干，也算是有了出头之日。何德何能，今生能有此富贵，做什么方面大员、国之柱石？"这样默想着，却突然想起了小时候邻家的一件趣事。

那时他的邻居父子二人度日。父亲已经五十多岁了，儿子只有十三四岁。一天晚上坐在院子里乘凉，父亲对儿子说："明天咱爷俩去锄豆子，你要卖力干，不许偷懒。今年豆子丰收了，槑了豆子，就去买一头黄牛。你不是早就想要头牛吗？"儿子一听乐了，忙说："我一定好好锄地。要买头母牛，回来好好喂着，让它生一群小牛犊。到时你带着老牛下地干活，我带小牛上山吃草。来回的路上，我便骑着小牛，做个牧童。"父亲说："不行，那牛犊太小，你不能骑。""不，山路那么远，我得骑着。""压坏了小牛腰脊怎么办？不准骑。""不，我偏要骑。"便听得一声暴喝，老子骂出了粗话："你姥姥的混账东西，不准骑就是不准骑。"接着又听"啪"的一声脆响，儿子挨了重重的一记耳光，号哭着跑到屋里去了。

柴荣在自家院里听了这父子的一场对话，直笑得肚子生疼。心想，这爷俩可真够憨的，豆子还没熟，牛毛还没见一根，就为骑不骑牛犊较上了劲。

柴荣此时此地想起这段往事，不觉竟笑出声来。心里想，我们兄弟如今

宋太祖赵匡胤

连个兵卒都没当上，居然就打起当方面大员的主意了，这不正如邻居父子一样，在痴人说梦吗？于是便对匡胤道："想我柴荣不过是一个伞贩子，既无德又无能，哪有当大官的命？试想那些在行伍中一刀一枪，出生入死，戎马毕生的军人，又有几个能侥幸做得拥兵百万的封疆大吏？岂不闻'一将功成万骨枯'吗？二弟休要说这些没头没脑的话来取笑为兄。"

赵匡胤却一脸正色地说道："大哥这话恕小弟不能苟同。虽说你我都是布衣之身，但自古乱世出英雄。我们所处的正是这样一个乱世。盛唐之后几十年来，藩镇割据，枭雄并起。谁手里能拥有几十万精兵，谁就可以为将为帅为王。胜者王侯败者贼，这就是咱们所处的时代。这可是一个盛产恶贼却也铸造英雄的时代啊。许多平庸无能之辈都能为将为相，难道我们兄弟就不能从血腥的混战中杀出一个光明的前程来？"

赵匡胤侃侃而谈，柴荣已开始屏息静听。这些道理他虽然也想过，但是从来没有这么深刻地思考过，他毕竟是个普通的小商小贩，这些事离他太遥远，今天听起来却是那么新鲜而又刺激。

赵匡胤见他听得认真，便又继续说了下去："梁、唐、晋，哪个不是短命王朝？兴冲冲粉墨登场，又急匆匆翻车覆船。何以至此？其实道理很简单，掌握了军权便夺得了江山；失去了军权便失去了天下。梁第一个皇帝朱全忠原来只是黄巢起义军中的一个小校，因战功拥有重兵。后又见机倒戈，投降大唐，被封为宣武节度使，权势显赫。于是拥兵自重，逼迫唐昭宗让位，自立为帝，改国号为大梁。你看，只要有了军权，想干啥就干啥，想有啥就有啥，真可谓为所欲为。

"到梁末帝朱瑱时，优柔寡断，军权旁落。而唐末的另一个藩镇首领李克用之子李存勖却悄然崛起。他注重训练军队，操演兵马，终于以精兵强将灭亡了梁，自立为帝，建立了唐。李存勖不注重修明政治，穷奢极欲，弄得四方饥馑，民怨沸腾。又不懂得抓牢军权，结果被敌兵害死，掌握着国内最大军权的李克用的养子李亶袭了帝位。至李亶之子闵帝即位后，也不懂得抓住兵柄，再次被握有重兵的李从珂夺取了帝位。

"李从珂即位不久，李亶的女婿石敬瑭借用契丹兵力攻灭了唐，建起晋，自己做了儿皇帝。不久，契丹人引兵长驱直入，攻陷汴京，灭了晋。契丹人凭什么大摇大摆入主中原？还不是靠着拥有强大的军事势力，靠着兵精粮足，弓劲马肥？

"契丹人遭到汉人的猛烈反抗，不得不撤回北国。此时，拥有国内最大兵力的河东节度使刘知远乘机率军南下，占领洛阳，自称皇帝，建立了如今这个汉朝。

"大哥你看，梁、唐、晋、汉，几十年的时间已经换了四个朝代，当皇帝的就像走马灯似的不停地变换。谁是真命天子？哪个是天生当皇帝的命？皇帝轮流做，兵多便登基。什么'人的命，天注定'，什么'天命论''宿命论'，都是扯淡的话。我看大哥英武天纵，只要敢想敢干，莫说是出将入相，就是南面称尊，做一代帝王也不是没有可能。趁此乱世，你我兄弟何不一试身手？"

听赵匡胤长篇大论，对四代皇朝的历史竟如数家珍，柴荣不能不对这位比自己小的金兰兄弟刮目相看。他第一次发现，这位兄弟的内心是如此深邃、浩瀚、难以窥测。同时，也被他那一腔干云豪情所感染，禁不住说道："听君一席话，胜读十年书。虽然我柴荣尚有自知之明，不敢希冀贤弟所说的那样的泼天富贵。但目下确实是风云际会、大展宏图之时。大丈夫处世，不敢苟且偷安，自当扬威奋志。不过，贤弟既不愿与为兄同去邺都，是否已另有去处？"

赵匡胤道："这几天我已想好了，我父亲曾有个军中故交叫王彦超，在复州做防御使。我想到他那里去撞撞运气。能在军中站住脚，结识一批军旅中的勇士，统率一支人马更好。若是不走运，也能广交江湖上的英雄豪杰。"

其实，赵匡胤内心的真实想法，除了跟柴荣说的这一层外，还有更深的一层。这些日子的接触，他总觉得柴荣有异乎常人之处，现在又有他姑父这位朝廷顾命大臣兼邺都留守郭威作为靠山，将来定非等闲之辈。二人若是同往一处军中服役，未必是件好事。俗话说一山容不得二虎，若硬要放到一起，二虎相争必有一伤。不但会伤了兄弟们的情义，更会影响各人的前程。另一方面，就像两棵大树挤得太近，彼此枝叶碰撞摩擦，势必互相妨碍生长。若是一棵长高了，自然会争去更多的阳光、空气，将另一棵盖住、压住，那就休想再长成参天大树。不用说，柴荣有他姑父这个靠山，定是那棵长得更高更大的树。因此，从长远看，二人还是分投两处军旅，各展所长，分头发展自己的羽翼，扩大自己的势力，将来是分是合，再看情势而定。但是这些都是内心深处的想法，不好跟柴荣明说。

柴荣已听出赵匡胤是下了决心不去邺都，也觉得他的话大有深意，是老成持重、深谋远虑之见，便只好说道："就依贤弟之见，我们兄弟分为两路，各自进取。只是你我兄弟要学那汉末刘、关、张，今生今世，不管荣辱成败，一定要互相提携，永不相负。"赵匡胤道："这个自然，大哥只管放心。"

第二天一大早，兄弟三人醒来，洗漱已毕。柴荣、赵匡胤便把昨夜商量的分头行动的事与郑恩说了。赵匡胤道："此次分手，我们兄弟各奔南北。我向南去复州，郑恩贤弟陪大哥去邺都，大家混个前程，然后兄弟相会。"谁知话未说完，郑恩早跳了起来，连连嚷道："黑子不去，黑子不去。让大哥自去寻他姑父，黑子愿跟着二哥往南走。"这一路之上，郑恩见柴荣斯斯文文，像个白面书生似的，遇事慢腾腾的也没个火性儿，自觉与他不相投洽。而见赵匡胤行侠仗义，敢作敢为，又有一身好武艺，早已佩服得五体投地，因而非要跟赵匡胤一路不可。赵匡胤只好耐心地劝说："贤弟莫要误会，不是二哥不愿与你同行。只因此去邺都数千里路，世道混乱，拦路截劫、杀人越货者时有出现。大哥身单力薄，又未习武，实在让人放心不下。三弟陪行，旦夕间也好有个照应。若遇上强盗，有三弟的神力，也可保大哥无事，万望三弟切勿推辞。"郑恩虽说心里一百个不乐意，但见二哥说得恳切，竟像是在求自己，也便不好意思再争。

当下兄弟分手，相互千叮咛万嘱咐，洒泪而别。赵匡胤背个小包裹，提了蟠龙棍，寻条向南的大道，径直往复州而去。

第五章　赌气逞强　郑恩落草

赵匡胤走后，柴荣与郑恩商量，先在宁州把一车伞卖了，好做去郏都路上的食宿川资。柴荣推车去找各家主顾，郑恩自在店中歇息等候。

柴荣在宁州城里劳碌奔波了一天，因为都是老主顾，又因为柴荣做生意历来诚实忠厚，老少无欺，伞卖得很顺利，伞银也都收上来了，并无一点赊欠。柴荣高高兴兴地回到店里，打算与郑恩痛痛快快地大吃一顿。谁知到了客房一看，郑恩早已喝得烂醉，和衣躺在床上，呼噜呼噜地进入了梦乡。

柴荣推了他几把，总也推不醒，只得独自来到店门上，哪还有吃喝的兴致？便让小二胡乱温了些剩饭剩菜填饱肚子了事，然后便回到客房睡了。

这一觉睡下去，也不知过了多久，肚子里突然一阵阵咕噜噜直响，肠子一阵阵地疼，跑了几趟茅厕，仍是疼痛不止，到最后竟疼得满铺打滚。几次呼唤郑恩，谁知那小子醉得厉害，怎么也叫不醒来。用手连连推他，推了几次，郑恩却不耐烦地说起了醉话，骂骂咧咧道："是哪个狗娘养的推俺，俺正睡得香哩，休要讨打。"说罢翻翻身又睡着了。柴荣无可奈何，只得双手捂着肚子，硬挺着挨着，一夜呻吟不止。

好歹挨到天明，柴荣才慢慢地睡着。此时郑恩却醒来了，一骨碌爬起来，大声叫道："大哥，你看天色都已明透了，还不快起来吃饭，也好上路。"

柴荣被他吵醒，便想挣扎着坐起来，不料头昏眼花，天旋地转，起了几次，总是撑不住身，扑通一声又跌了下去。郑恩觉得奇怪，走上前去，只见他脸色煞白，额头上全是密密麻麻的汗珠子，头发都湿透了。伸手摸了摸，身上竟如火一般滚烫，不禁吓得大叫起来："不好了，大哥是不是病了？在这人生地不熟的鬼地方，大哥可不能死，大哥死了，我黑子咋办？"说着便跑去喊店小二。柴荣听他嘴里乱七八糟地胡说，心里又好气又好笑，也不知该说什么。

店小二进来看了看，说道："不妨事的，想是昨夜着了凉，受了风寒，发发汗就好了。"说罢去烧了壶开水，熬了些面糊糊姜汤，服侍柴荣喝了几口。柴荣喝过之后，又昏昏沉沉地睡了，嘴里只是哼哼唧唧地呻吟不止。

　　郑恩听店小二说不妨事，也不再理会，把柴荣的银包往腰间一扎，自去街上闲逛。遇到酒店，便要些酒肉大吃大喝一顿。喝得有七八分醉意，便跌跌撞撞地回到店里。此时，柴荣正在铺上口干舌燥，气喘着喊道："三弟，快弄些水来给我喝。"郑恩摇摇晃晃地走进房来，哪里还听得清柴荣说了些什么，嘴里只嚷道："好酒好酒！只是俺黑子吃不下了，明日再吃吧。"说完，一头扑到铺上便呼呼大睡。

　　这边柴荣只有生闷气的份儿，本欲说他几句，又碍于兄弟情谊，难以启齿。转而一想，这不过是个粗人，何必与他一般见识。再说这世上的人，一人一个性情。"宰相肚里能撑船"，二弟说得对，将来要干大事，就得延揽天下英雄，到那时什么脾气的人碰不上？岂能婆婆妈妈，小肚鸡肠？

　　这样一连过了三五日，柴荣的病情不但不见好转，反而愈加严重了。

　　柴荣自知这场病来势不轻，便对郑恩道："三弟，你去找店家，让他在城里寻个郎中，给愚兄看看脉息，这得的到底是何病？"郑恩依言，与店小二说了，店小二慌忙去城里找了一位先生。

　　店小二将那先生延入客房，至柴荣铺前坐下，那先生举着三个指头，把柴荣的脉息挨次号了，心中已自明白，又周身诊视一番，但见他四肢冰冷，身上发烧，面带浮肿，唇干舌燥，便说道："贵客此病乃是夹气伤害，其势凶猛。理宜舒气消食，静心调理为宜。服药期间，切记不可生气。若是动怒，虽不至丧命，短时间内恐难以痊愈。"遂写了药方递与店家，嘱咐病人务必要小心保养，调气安神。柴荣躺在铺上连连道谢，让店家从郑恩身边称了三钱银子付与先生。那先生说声"保重"便告辞而去。

　　这边店小二依药方抓回药来，至傍晚对郑恩说道："药罐、火炉及柴草都在这里，郑客人可要用心煎药。先生说了，这药要用水两盏，煎至八分即可温服。我前面还有生意，就不奉陪了。"临出门时又回头叮咛道："一定要煎足八分，切记切记。"郑恩却不耐烦地挥挥手："不就是煎药吗，何用如此啰唆？"

　　当下郑恩把草药倒在罐里，加上药引，添上一瓢水，放在火炉上熬煎，自己便坐在一旁静静地守候着。

　　不料郑恩此时又喝了酒，醉酒之人哪里熬得住，开始还强自挣扎着，渐渐地两张眼皮粘到了一处，昏昏沉沉地睡去了。过了约半个时辰，一阵焦臭的气味扑入鼻息之中，郑恩忽然惊醒。一看那药罐里早烧干了水，罐底在吱吱地响着，一团一团地冒着青烟。郑恩一时着慌，这可如何是好？他也不敢跟柴荣明说，忽然心生一计，又舀了半瓢凉水倒在药罐里，胡乱熬了一阵，倒在碗里凉了凉，便端来让柴荣服用。

柴荣接过汤药，说声"辛苦三弟了"，便分几口喝了。喝完后忽然问道："贤弟，这药是甚味道，怎么尝着有些腥煳味？"郑恩一听此言，顿时便觉得脸上热辣辣的。幸亏他天生的一张黑炭脸，倒也看不出变色，便嗫嚅着说道："大哥，你没听那先生说吗，这药叫作柴胡散，自然有些煳味。岂不闻'良药苦口'，如今只要治好了病，管他什么味呢。"柴荣道："说得也是。"

郑恩不敢待在柴荣眼前，忙又去煎第二服药。这一次可加了小心，再也不敢睡觉，把那药搅来搅去，煎了多时，恰恰煎至八分，便端来又让柴荣喝了，仍复睡下。

如此又过了五六天，柴荣只是病热如常，缠缠绵绵不能痊愈。

那郑恩从小没生过病，身子就像铁打的一般，哪里知道这病人的苦恼。只把柴荣的病看成一般的头疼脑热，认为吃几服药自然会好，全没放在心上。整日到处乱跑，任性闲游，只在酒食上留意，撒开手地花费，十几天的时间，早把柴荣那一车子伞所卖的几十两银子花了个精光。

这日午后，郑恩闲来无事，忽然想起自己那棵枣树，心想这枣树自从那日救了二哥，随俺黑子打贼防身，立了大功，是件宝物。只是粗细不匀，弯曲不直，甚不好看，何不趁此空闲，将它打磨打磨，用着也好用，看着也威风。当下便拿着那枣树出了店门，跑了几条胡同，寻了个木匠铺，便叫木匠整治起来。不多一会儿，便刮溜成了一根莹润光滑、不粗不细的枣木棍棒，郑恩掂在手中甚觉合适，把仅有的一点碎银子给了木匠，转身回到客栈。

谁知刚进店门，却被店小二拦住道："郑客人且慢，小人有一言相告。"郑恩道："你有何话快说，不要啰唆。"小二道："依小人的愚意，想把这些日子的食用房钱算一算。账簿在此，客官可自己去看，您二人的食宿费用，加上之前那个红脸客官的花费，共是四两六钱。"原来店小二见这位黑脸客官每天外出，一天一个酩酊大醉。做小本生意的人怎经得起如此折腾？便多了个心眼想及时清账。郑恩听说要银子，脑袋"嗡"的一声，当场便龇牙瞪眼道："小二哥好不懂事，你跟我黑子算不着账，要算，得等大哥病好了，跟他算账就是了。"

小二苦苦哀求道："客官，您要体谅我的不易，我们开店的人，靠这薄利为生。如何有这么多的本钱来垫付？况且每日供奉客人的饮食多是赊来的，若是等你伙计的病好才能算账，谁知要等到何时？眼看着便没米下锅了，小人的店铺还如何开得下去？我知你伙计的银子都在你身上，你还是把这笔银子先清了，你们仍在此住着，也好服侍，岂不两全其美？"

郑恩越发暴躁，闷声闷气地道："两全其美只美了你了，实话跟你说，大哥的银子都被我花光了，哪里有钱与你算账？"说完把手一甩，扛着枣木棍回客房去了。

那店家一听没了银子，心中叫苦不迭，忙跟进客房找柴荣要账。那柴荣尚在病中，听店家要算账，便把郑恩叫过来，说道："三弟，我们在此已住了十几日，亏得店家跑前跑后伺候，也该与人家算算食用房费了，你就去前面与店家结了账吧。"

郑恩一听此话，心想：完了，这下完了。我黑子只顾自己吃喝，不该瞒着大哥把这银子全花光了。当初怎么就忘了还有店钱这一节呢？没有办法，只得实话实说："大哥，实不相瞒。黑子见大哥病在这里，十几日耽搁着，耐不住寂寞，每日到街上走走，见了好酒好肉又拔不动腿。也是昔日卖香油大手大脚惯了，身上放不住钱，不想把你的伞银都花费在肚里了。"

柴荣听罢，再也按捺不住，一口气堵在前胸，便觉眼前发黑，一阵昏晕，醒来后叹口长气说道："三弟呀三弟，你坑煞我了。我这趟贩伞，连本带利足有三十多两，本指望病好之后，算过店钱，你我兄弟拿余下的银子做盘缠，到邺都去寻个前程，这下如何是好？"说罢又一阵难受，竟剧烈地咳嗽起来。店小二见此情景，心中也有些过意不去，只好劝慰道："柴客官莫要着急，这财帛原是人挣的。今日用完，明日生意来了，自然又会有了。先将养身子要紧，等病好了再慢慢想法子。"说罢便讪讪地退了出去。

这边柴荣想想，事已至此也无可奈何，只得自我排解把气消了。回身看看那郑恩蹲在一旁，把嘴噘得老高，在那里兀自生着闷气。柴荣万般无奈，只得耐着性子说道："三弟，你也不要为这些小事烦恼生气了，也是我这场病害了咱们，遇上这些波折，想想也许是我柴荣命该如此。过去的事就别再提了，也别想了，如今为兄有话与你商量。"

郑恩听柴荣如此说，这才放下脸来，恢复了常态，对柴荣说道："大哥，如今是伞也卖完了，钱也用光了，就剩下我们两个光身子，还有什么可商量的？"

柴荣道："为今之计已无别策。我想天无绝人之路，幸好我们还有一辆车子，虽然旧些，却也是上好的木料打制的，明日你推着上街，也可卖得几两银子，算还了店钱，待愚兄病好之后，我们便可上路。"郑恩听了，一时又欢天喜地，二人胡乱吃了些饭，看看天已晚了，便各自安歇。

　　夜已经深了，客栈内外一片寂静。只有夜风不时地卷起满院子枯黄的落叶，发出一阵阵声响。天空中漫上了一层薄薄的云彩，将那一弯新月罩得朦朦胧胧。满天的星斗大都躲到云影后边偷闲去了，只有为数不多的几颗稀稀拉拉地分布在云隙之间，向这个黑沉沉的人间世界播撒着它们微弱的光。

　　客房里早就熄了烛火，郑恩正在不紧不慢地打着呼噜。柴荣却恍恍惚惚地似是已经上了路，他与郑恩一前一后推着伞车，离开宁州城，沿着一条弯曲的小路向北走着。也许是赶路太急，柴荣感到浑身燥热起来，腿脚无力，便对郑恩说："贤弟，你看前面那座树林绿荫如盖，青草满地。我们权且到树林中歇息一会儿，寻些凉水喝了再走，你看如何？"郑恩道："好嘞，俺黑子也正热得慌哩。"二人便推车进了树林，郑恩去寻凉水，柴荣便席地而坐。可不知为什么，这树林里也不觉得凉快，反觉更为闷热。柴荣浑身已经大汗淋漓，他把上衣脱了，打着赤膊，仍不顶事。只感到五脏六腑就像要被烤焦了，嗓子里冒出了一股股白烟。回头一看，不得了了，原来这树林里起了火，四面八方烈焰熊熊，浓烟滚滚，这火海眼看就要把自己吞噬。柴荣大惊失色，急忙高声呼救："郑恩贤弟，快来救我！"连叫数声，并不见人来。爬起身来欲往外跑，一双腿却像灌满了铅一般，怎么也挪不动。柴荣这可真急了，说什么也不能葬身这火海之中，拼尽全身的力气猛然一挣，一只手"砰"地抢在了墙壁上，突然疼醒，原来是做了一个噩梦。

　　梦是惊醒了，可是心中仍是燥热难当，真像有一团火焰在那里烤炙。口里干燥得没了一点唾沫，舌头都拉不动了。他心里明白，一定是昨晚又生了闷气，那夹气伤寒又加重了。他试着呼喊郑恩，自己的喊声还不如他的鼾声大，哪里能叫得醒？

　　柴荣心里一阵凄惶，完了，今日是死定了。一想到死，他只觉得脊骨发凉，一种莫名的恐惧袭上心头。关于死，这个二十五六岁的年轻人还从来没有认真思索过。尽管知道人总有一死，但总觉得那是十分遥远的事。万没想到死神会突然降临，而且是在这样一个偏远荒凉的异域他乡的小店里。我柴荣空有一腔热血和远大抱负，想不到一事无成，徒然到世上走了一趟，竟成了客死他乡的短命鬼。二弟啊，恕愚兄不能与你共创大业了，扫荡妖氛、再造乾坤的重任就落在你自己肩上了。又转念一想，大丈夫生又何欢？死又何惧？纵使要死，也不能这么干死，渴死。反正是一死，也得尽情地喝个痛快。他极力挣扎着，慢慢地挪到了铺下，周身哆嗦着向窗下走去。那里有一把大铜壶，昨夜店家送来的一壶白开水还没喝。此时已是秋末冬初，关西的气候与关内的冬季无异，那壶水早已冰凉冰凉的。柴荣此时再也顾不了这些，两手抱起那把铜壶，竟是鲸吞牛饮一般，咕嘟嘟喝了个痛快淋漓。

他摇摇晃晃地回到铺上，尽管心里觉得痛快多了，但他清楚，这种感觉只是暂时的。他知道今夜必死无疑。死生由命，富贵在天，管他呢。他拉过那床棉被，整整齐齐地盖在身上，静静地等待着飞升天国的那一刻的到来。

也不知过了多长时间，柴荣忽然听到几声响亮的鸡鸣，他猛然醒来，看看窗纸已经发白，天色已亮。他不相信自己还活着，伸手拧了一把脸颊，是活着，实实在在地活着。可是这时他才发现，自己的整个身子都泡在水里，被褥全都湿透了，用手拧一拧被角，竟能"滴滴答答"地滴水。他急忙爬起身来，找来衣服穿上。虽然身上还是酸软乏力，他却觉得有一种十几天来从未有过的轻松和舒适。

病好了，我的病好了，老天保佑，歪打正着产生了奇迹。他高兴地大声呼喊着："贤弟，郑贤弟，快起来，我的病好了，病好了！"

郑恩醒来，见柴荣病已大好，自然十分高兴。柴荣让他把湿淋淋的被褥全都拿到院里晾晒，又让店家做些面汤吃了，便对郑恩说道："贤弟可把那车子推到街上卖了，这是好木料做成的，能卖个五六两银子。把店钱还了，我们也该赶路了。"

郑恩高高兴兴地推着车子上街，嘴里不停地大声喊着："卖车子了，卖车子，上好木料做成的，五六两银子就卖啦。"一路喊来，从东城喊到西城，从南街喊到北巷，就是没有一个人买这车子，连个来问的也没有。郑恩心中焦躁道："宁州城里这些鸟人莫非都不会推车不成？"

其实，柴荣的这驾车子确实是好木料好做工，推上数百斤，走上几千里，不摇不晃，稳稳当当。宁州城里客商云集，何以就都不识货呢？原来也有不少人想买这车子，但见这卖车人是一条高大的黑汉子，面目凶恶，怪眼圆睁，谁也不敢招惹是非，于是便无人问津。

郑恩推着车子转来转去，看看已经午时，肚中早就饥肠辘辘，难受得很。忽见前面有一个酒店，那酒菜的香味儿老远便飘了过来，心中大喜道："该当不忍饿，天上掉饽饽。"急步奔过去，停下车子，进了酒店，找个座位坐了，高声嚷道："店家，快拣那好酒好肉，只管拿上来。"酒保连忙伺候，整鸡、肥羊、牛蹄等应有尽有。那郑恩已是饥不择食，哪管咸淡酸辣，埋头大嚼大喝起来。顷刻之间，狼吞虎咽，风卷残云，满桌的肉菜和一坛子烈酒早已扫荡了个精光。

待酒保前来算账，郑恩才记起身上已无分文，只急得抓耳挠腮。一扭头看见那辆车子，立时有了主意，便对那酒保道："店家，不瞒你说，俺黑子今日忘了带钱，就用这辆车子顶了吧。"酒保看看那辆车子，至少可顶十顿饭钱，自然应允。

郑恩出了酒店，一步三晃地回到了客栈。柴荣见他回来了，满怀希望地问道："贤弟，那车子可卖了？"郑恩哭丧着个脸，把手一拍道："大哥，休要再问，你那辆破车子，累得俺黑子满城里叫卖，这两条腿都快断了，任谁也不稀罕。只因俺肚子饥饿难当，没办法，便把那无用的东西换了酒食充饥，回来再做打算。"

柴荣听过此言，直气得浑身哆嗦，一股冷气直冲脑门。顿了半晌，才冷冷地说道："你，你怎么这般不识好歹，三番五次坑害于我？前番所有伞钱盘缠被你吃喝个精光，我们就剩下这辆车了，你也不管贵贱，一顿酒食就吃了去，我们可如何算还店钱，如何赶路？似你这样只管喝酒吃肉，自己快活，不管他人死活，如何成得了大事？如何交得下朋友？"

郑恩听了这番言语，心里一阵阵光火。他此时本有八九分醉意，立时暴跳如雷，破口大骂道："你这拉稀屎的软蛋，一路上俺跟你受了多少辛苦。你自己病了，俺给你煎汤熬药，俺不过花了你几两银子，就让你如此大呼小叫。说俺黑子不够朋友，你才不够朋友，全不似俺那红脸的二哥。算了算了，你既没情，俺也没义，大家趁早散伙。"说完，顺手抄了枣木棍，看也不看柴荣一眼，气咻咻地奔出大门，大步如飞地走了。

这里柴荣倒被郑恩几句话骂愣了，心里是又生气又懊悔。这三弟好吃贪睡，脾气急躁，但却是个直性子的好人，一路上也是自己连累了他。也是自己一时着急，为了银钱竟惹恼了自己的结义兄弟。他一个光身子人，身上并无分文，又性如烈火，好惹是生非，一个人能去哪里？想到此，急忙奔出店门，大声喊着："三弟，三弟，快回来。"但大街上人来人往，如川流一般，还哪里看得见郑恩的身影？他一个病弱身子也没法到处去寻。没办法，只得回到店里坐等，心想也许等他气消了，到晚间就能回来。

郑恩一怒之下走出店门，头也不回，大步流星地向城外走去。他依稀记得二哥去了复州，他要去寻找二哥赵匡胤。向人打听路径，说是复州在东南方六七百里。他出了城东门，选一条东南走向的大道，脚不沾地，行走如飞。

走了约七八十里，天已大黑下来，只得进了一个村子，敲开一户人家的房门，向人乞些吃的，借宿一宿。这户人家也是善良百姓，见这人一脸凶相，行事鲁莽，只得把家里仅有的几个糠饼子、菜团子热了热，供他吃饱，却借口家中人多屋少，不肯让他留宿。郑恩只好走到村子东首，见有座破旧的关帝庙便踅了进去，也不管蛛网灰尘，从院里抱了一堆杂草，蜷在上面埋头便睡。

第二日鸡鸣三遍，郑恩一觉醒来，也不洗漱，任着满身满头的草屑，拖了那根枣木棍又向东南走去。

走了六七十里，来到了一个集镇。此时已过中午，郑恩自从昨晚吃了几个糠饼子、菜团子，至今还粒米未沾，早已饥饿难挨，只觉得两眼发花，金星乱冒。见不远处有家小店，心想，俺黑子也是一条汉子，可不能饿死在这里，先进去寻些酒肉填饱肚子再做打算。想着便进了店门，见里面已坐满了人，便到墙角找了个座位坐下，高声叫道："掌柜的，有甚下酒的菜肴，拣好的来几盘。"店小二慌忙过来，见他蓬头垢面，满身草屑，衣衫零乱不整，便疑惑地说道："这位客官，俺这小店可从来不赊账的。"郑恩怒道："你这老儿，可是狗眼看人低？老子有的是银子，休要啰唆。"店小二连忙说声："是是是，这就上菜。"霎时间便整了一桌酒菜。那郑恩已是饥饿到十二分，扯了一条肥腻腻的鸡腿，又撕又啃，转眼间脚下便吐了一堆骨头。他喝了一碗酒，又将面前的那些牛肚、猪肝、羊排吃了个精光，一坛子酒也喝得一滴不剩。还觉不解馋，又向店家要了三盘肉包子，也一并吃了个干干净净，总算是心满意足了。

他将油晃晃的双手在布衫上擦了擦，拖起枣木棍便向外走。店小二急步赶过来，拱手说道："这位客官，您还没算账呢！"郑恩在怀里乱摸了一阵，嘻嘻笑道："掌柜的，实在对不起。俺黑子今日忘了带钱，先记账，改日定来算还。"

店小二一听急了眼，冲着郑恩嚷道："这位客官大爷，你不要耍笑，俺又不知您尊姓大名，家住何方，一个过路客人，我若记了账，到哪里讨账去？况且你一个人便吃了五六个人的东西，像俺家这个小店，本小利薄，如何赊欠得起？望客官大爷无论如何要算还饭钱。"

郑恩道："不是我故意要赊欠你，实在是没有带钱。若是不肯，俺把这布衫押在这里，改日带了钱再来赎还，你看如何？"

店小二看看他那件破衫子，油光光脏兮兮的，也值不了几个银子，便说道："你净拿些混话骗人。你吃了许多，却拿一件破衣服顶账，俺们要它何用？"

　　见他纠缠着不放，郑恩有些急了，把枣木棍在地上"咚"地一撞，瞪眼喊道："你这样也不行，那样也不行，到底怎样才行？俺跟你说了，今日没钱，改日再来算账。"说罢几步抢出店外。店小二哪里肯放，急忙跟了出来，拉拽着郑恩的衣襟不放。郑恩心头火起，欲待发作，却觉得理亏，便将他的手腕轻轻一捏。那店小二早杀猪般地嚎叫起来。郑恩也不说话，转身见旁边一个几百斤的废碾子，一弯腰把它给抱了起来，向远处一扔，竟扔出了十几丈远，在前面深深地砸了一个大坑。回头笑道："让你看看黑大爷的手段，若再纠缠，今日便砸了你的黑店。"

　　店小二见此情景，顿时惊得面色如灰，满店里吃饭的也都个个瞠目结舌，面面相觑。

　　那店小二一屁股蹲在地上，竟"呜呜"地哭了起来，嘴里"嘟嘟囔囔"道："这个年头还怎么活？净出了些欺负老实人的强盗。东山上出了个白吃大王，今日里又冒出了个黑吃大王，我这小店还不如关了门拉倒。"

　　郑恩见店小二忽然哭泣，心中老大不忍，正不知如何是好，猛听他说什么白吃大王，颇感怪异，又走上前去说道："店家休要如此，俺并非白赖你的饭吃，他日有了钱，若不来加倍还账，老天爷打雷把俺黑子劈了。只是你刚才说的'白吃大王'却是何人？"

　　店小二抹抹眼泪说道："打去年东山上来了一伙强人，到处打家劫舍，抢东夺西。每次路过这里，俺都得好酒好肉伺候，从来不算还饭钱。也不知他姓啥叫啥，乡亲们只叫他白吃大王。"

　　郑恩一听，不觉喜道："有这等事？既如此，俺黑子便去会会这位白吃大王，替你讨还公道，也顺便弄些银两，算还你的酒钱便是。"说完，拿起枣棍，对店小二及众人"嘿嘿"一笑，竟向东飞奔而去。

　　走了三四十里，便渐渐地进入了山地。秋末冬初时分，山中已是一片萧索，草木凋零，枯草败枝在风中瑟瑟抖动，飘落的树叶满山谷里到处乱飞。郑恩在坎坷不平的山路上疾步而行，翻过了三四座小山包，便见一巍峨高大的主峰横亘面前。山峰上松柏茂密，层岩叠石，雾气缭绕中隐约可见有一面杏黄大旗在迎风飘舞。

　　郑恩双手卷成个喇叭状，对着山峰放声吼道："白吃大王，你黑爷爷来啦。"吼声就像炸雷轰鸣，满山谷里顿时此起彼伏，到处回荡着他的呼喊。近处山林中的几只鹿被惊得蹦起老高，箭射一般向远处窜去。

郑恩连喊数声，未见人应，便又向前走去。走不多远，突然从两边松林中跳出了七八个汉子，一下子把郑恩围在中间，七嘴八舌地骂道："哪来的鸟贼，敢到俺莲花山咆哮。""他妈的，准是个掏窑的煤黑子，剥了他的黑皮，正好给大王蒙战鼓。"郑恩听他们骂得难听，不由得怒火中烧，暴喝一声道："我是你们的煞星黑祖宗，今日便来抄你山寨，端你老窝。"一边说着，那根枣木棍已向着众人劈头盖脸打去。

这七八个汉子不过是莲花山上巡山的喽啰，仗着人多势众不把郑恩放在眼里，其实根本不是郑恩的对手，不消片刻，早有四五个被打翻在地，剩余几个一看不是对手，早屁滚尿流逃回了山寨。

这莲花山寨主，姓张名永德，乃是关西一带的武界高手。他虽出身于豪富之家，却不满足于那钟鸣鼎食、花团锦簇的生活，从小练拳习武，一心要在这纷乱的世界上靠自己的真本事建功立业。在遍访了当地武界名师之后，又于十五岁时赴武当山拜师学艺，尽得武当派真传。这武当功夫乃是与少林正宗拳术截然不同的一套内家拳法，讲的是柔中带刚，不仅拳路好看，而且极为实用。具体可分为三门，即太极门、八卦门和形意门。张永德在武当山上苦练十年，三门拳法皆臻精熟。去年辞师下山，本欲投身军旅，在战场上一展身手，实现自己的宏图大志。但投奔了几处藩镇守军，那些所谓的将军们都是些鼠目寸光、尸位素餐、借职权谋取富贵的得志小人。他不屑于与他们为伍，更不想回家过那种安逸闲适的公子哥儿生活，碌碌无为了结此生，便来到莲花山招兵买马，占山为王，每日里在山中操练队伍，教授武功。他想，只要自己能掌握一支精锐之师，早晚有一天会有大用。

当然，要养活这支队伍需要大量的钱财粮物。这些东西自然要到山下去抢去夺。但是他们从来不去抢夺小户人家的东西，而是到那些富豪大户中强行借粮借银。对那些仗势欺人、欺男霸女、为非作歹的恶霸土豪尤为刻薄，金银钱财籍没，衣饰粮食运走，稍有不从便当场将其杀死。这便是那店小二说的打家劫舍。至于说张永德是白吃大王，那可实在有些冤枉了他。几次到那酒店里白吃白喝的不过是山寨中的一些小喽啰们所为，张永德并不知晓。

这日张永德正在山上与几位头领议事，忽见几个小喽啰慌慌张张地奔进大厅，结结巴巴地说道："报，报大寨主，大事不好了，山下来了个黑大汉，本领甚大，我们几个弟兄都被他打趴下了。还口口声声要来抄山灭寨，杀咱们个鸡犬不剩，鹅鸭不留。"

张永德听完禀报后问道："他带了多少人马?""就一个黑大汉子，未带一兵一卒。""那你们慌张个啥？莫非他有三头六臂八只眼不成？走，且去看看。"

郑恩正气昂昂地向前走着，猛一抬头，见一哨人马阻住了去路。为首一员战将看上去不过二十四五岁，生得英俊威武，四方脸片，白净面皮，剑眉虎目，鼻直口方，身着银盔银甲，手持一柄鱼鳞连环刀，直立在那里盯着自己。

郑恩站住脚，把枣木棍往地上一戳，开口问道："哪个是白吃大王？你黑爷爷今日来找你算账。"

张永德看看眼前这个丑八怪，不禁笑了："我说这位黑兄弟，你找错地方了，这里没有白吃大王。""胡说，你们去西边酒店里白吃白喝，还到处杀人放火，打家劫舍，还想赖账？今日你黑爷爷定要来讨个公道。"

几句话骂得张永德心中大怒，不禁剑眉倒竖，怒声喝道："你这丑鬼休要猖狂，识相点放你出山，再不知道好歹，立时叫你身首异处。"

郑恩听罢哈哈大笑："来吧，你黑爷爷正手痒哩。"说完，举起枣木棍没头没脑地扑了上去，照着张永德的脑门泰山压顶般地砸了下来。张永德并不着慌，举起鱼鳞连环刀向上一架。便听"砰"的一声，顿时觉得肩臂发麻。这一棍足有千钧之力，手中的钢刀险些给震飞了。张永德心中吃了一惊，想不到这黑汉子竟有这么大的力气。当下张永德不敢马虎，"唰唰唰"连进三招，招招都是避虚就实，直刺要害。郑恩一条枣木棍左格右挡，再也没有还手之力。打了不多一会儿，张永德心中暗笑："这黑大汉空有蛮力，论武功却甚是平平。"于是张永德卖个破绽，郑恩不知是计，枣木棍裹风挟电，向着空当猛击，指望将张永德一棍戳翻。谁知那棍却扑了个空，待要抽回，哪里还抽得动，一股巨大的吸力将郑恩连人带棍踉踉跄跄地吸了过去。

张永德左腋夹住郑恩的枣木棍，将郑恩猛地拖到面前，右手的钢刀就要劈下，可转而一想，此人力大无穷，是个将才，以后或可大用，且留他一条性命。一念及此，忙将刀刃换作刀背，在郑恩的后背上一砸，脚下使个四两拨千斤的绊子，早将那郑恩摔了个嘴啃泥。

张永德喊声："弟兄们，快将这黑贼给我捆了。"众喽啰一拥而上，将那郑恩五花大绑，牢牢捆了，推推搡搡地擒上山来。

郑恩自出生以来，都是他使气任性，打骂别人，哪里吃过这等大亏，心中别提有多么窝囊，多么恼怒。一路上还不断地吵吵嚷嚷："你们这帮徒子徒孙，捆得这等紧，把你黑爷爷的手臂捆得生疼哩。"

郑恩被绑回大厅，张永德自去后面卸掉铠甲，洗了洗手，净了净面，又换了一袭干净的布衫，这才不慌不忙地回到大厅。原来这张永德自幼好净成癖，每次出门回来都要洗浴更衣，何况经过了一场打斗杀伐，自然要洗去泥垢，换件新衣。

当下他居中而坐，见郑恩双臂被绑，还兀自站在那里生闷气，便嘿嘿笑道："你这黑贼，见了本大王为何不跪？"郑恩怪眼圆睁怒气冲冲地道："老子生来除了给爹娘下跪过，连神灵菩萨都不曾跪过，为何给你下跪？"两个小头目见他如此无理，一起冲了上去，口里骂道："真他妈的像茅厕里的石头，又臭又硬。"就要强按他跪下。

张永德说道："算了，这是个不通理的，何必与他计较。我且问你，今日被擒，还有何话要说？"

郑恩嚷道："我有许多话说，你让我说什么？"

张永德冷笑道："就凭你这点本事也敢独闯我莲花山，还打伤了我的诸多弟兄，口口声声说我们打家劫舍，杀人放火，要来踏平山寨。你到底是什么人？莫不是哪家恶霸豪绅看家护院的？"

"胡说！老子本是卖香油的，何曾给人看家护院？今日是路过此地，听得不平事，前来讨公道。"

"那你这公道是讨不成了，今日败在我手下，干脆说句痛快的，是想活还是想死？"

"你这话问得没意思，这世上的人有谁想死？"

"想活的话，你打伤了我的弟兄，又辱骂山寨，需向本寨赔礼认错，只要认了不是，即刻放你下山。"

"那想死呢？"郑恩瞪着一双眼睛问道。

"想死嘛，也容易，你敢再骂我一句，我便抽你的筋，剥你的皮，把你剁成肉酱，扔到山里喂老鹰。"

郑恩翻了翻眼睛想了想，笑着说道："这打了半天，我还没问你叫什么名字呢？"

"我乃莲花山寨主张永德。""那我就是张永德的爷爷郑恩。"说罢，郑恩将脖子一仰，放声大笑起来，笑得是那样酣畅淋漓，无拘无束，就像小孩子们打架捡了个大便宜似的，哈哈的笑声直震得大厅"嗡嗡"乱响。

张永德一张白净的脸皮"腾"地红了。他本想有意收留这黑汉子，只要他说句软话便把他放了。谁想这厮如此不识好歹，给他梯子不知道下，竟敢当着这么多部下的面把自己骂了个狗血淋头。张永德再也按捺不住心中的怒气，"啪"地把桌子一拍："来呀，把这黑贼拖下去，先剜眼割舌头，再剥下这张黑皮。"几个喽啰巴不得这一声喊，执着明晃晃的大刀冲了上来，架起郑恩便往外拖。

郑恩把身子一挺，高声嚷道："要杀便杀，何须你们动手？不过姓张的，你也太小家子气了，如此小肚鸡肠，如何当得寨主？"

张永德一听，好生奇怪，便问道："你这厮说的话驴唇不对马嘴。我张永德怎么就小家子气了？"

郑恩道："俺黑子走了多时路，又与你打斗了半日，肚子里饿得直打鼓，只剩张空肚皮了，你小子连顿饱饭也不管就要杀人。俺看唱曲中那些临上刑场的还给顿断头酒喝呢，你还不够小家子气吗？"

张永德一听又被他逗乐了，便说道："好吧，且放了他，让他做个饱死鬼。我说，你这黑贼，想吃什么尽管说，只要小寨里有的，保证让你享用一顿，免得笑话我小家子气。"

"大鱼大肉，鸡鸭鹅兔，越肥的越好，好酒来一坛子，酒性越烈越好，甭不舍得，俺黑子下辈子还你就是。"几句话，竟把满大厅里的大小头目和众喽啰惹得哄堂大笑。

不消片刻，大厅一角已摆好了一桌酒菜，什么牛蹄、羊腿、猪头，整鸡整鸭，摆放得满满当当。张永德命人给郑恩松了绑。那郑恩三脚两步奔到桌前，坐下就吃。一根羊腿放到嘴边，一眨眼的工夫便啃了个精光，顺手把骨头随地一扔，抱起酒坛子倒了一碗，一仰脖子灌进肚里。又抓起一只烤鸡嚼了起来，大骨头吐出来，小骨头干脆同鸡肉一块嚼嚼咽进肚里。不一会儿，桌子上那四盘八碗个个底朝了天，一坛子酒也喝得点滴不剩。

满大厅的人都惊得瞪大了眼睛，张永德也暗吃一惊，心想，世上竟有如此饭量之人，怪不得他有一身拔山扛鼎的力气。便走上前问道："怎么样，可吃饱了？"郑恩不好意思地笑笑："饱了，饱了，多日来没吃过这么饱了。走吧走吧，去砍头剥皮吧，俺黑子死也死得快活了。"说着站起身来，摇摇晃晃地向厅外走去。

见这人如此率真质朴，满身童趣，张永德连忙说道："慢着，这位壮士，我看你也是条汉子，这样死了岂不可惜？这样吧，我也不用你赔礼认错了，就留在这山寨中坐把交椅，同我一块练功习武，操演兵马，以后共举大事，你看如何？"

郑恩听说又不杀他了，大感意外，一下子站住了，回身问道："你这山寨里可天天有这样的好酒好肉？"张永德哈哈笑道："这个自然，保你餐餐如此。"

郑恩道："这样的好福气上哪里找？不过，还有两件事你得答应我。""何事请讲？""头一件要紧事，我有一位结义大哥叫柴荣的，现住在宁州城北的一家客栈里。我吃光了他的伞钱路费，赌气跑了出来，害得他孤身一人留在客栈里，上不着天下不着地，他原打算去邺都，现在恐怕难以动身。还望寨主送些银两盘缠与他。再一件事是下山西去三四十里，有一集镇，集镇西首有一酒店。今日中午我在那里吃了酒，却赖账跑了，需铜钱五六百文。"刚说到这里，满大厅里的人又一次哄堂大笑，几个嘴快的说道："还说我们是白吃大王，原来你才是白吃大王哩。贼不打三年自招，你连一天都没过就招了。"

张永德也笑道："壮士这两件事都好办得很。明日我便派快马给你柴大哥送去白银五十两。至于那酒店的饭钱，既然店主说我们是白吃大王，必是有些弟兄偷着干了这等好事，明日问明店主，一并把账算清，也算是你讨得了一个公道。"

郑恩听了这话，不禁愣怔了片刻。原以为山贼草寇都是些杀人放火的土匪流氓，想不到还有这么讲义气的主儿。便"嘻嘻"笑道："寨主，你豪侠仗义，够哥们儿，俺黑子倒愿意赔礼了。"说着"扑通"一声跪在当地，对着张永德就要叩头施礼。张永德连忙把他扶起来，笑着道："罢了，罢了，现在都是自家兄弟了，何须拘礼？"

当夜，山寨里大摆宴席，弟兄们开怀畅饮。张永德让郑恩当二寨主，坐了第二把交椅。众弟兄纷纷捧杯贺喜，大小头目依次拜过二寨主，再次入席饮酒，你敬我让，猜拳行令，乱纷纷直闹到鸡叫天明。

自此以后，郑恩便留在莲花山上，除了每日与弟兄们操演兵阵外，还抽暇向张永德讨教武当拳术，刀枪剑戟十八般兵器件件习练，武艺由此精进。拔山扛鼎之力，再加上武当内家功法，使郑恩如虎添翼，成了以后纵横沙场、叱咤风云的一代骁将。

第六章　兄弟分道　柴荣投亲

柴荣在客栈里等了一天一夜仍不见郑恩回来，心中十分懊恼。他后悔自己不该为了几两银子把话说得太重，把郑恩气跑了。这位三弟生性鲁莽，身边又不带银两，在外面还不定闹出什么事来，要是有个三长两短，自己将怎么面对二弟？

到第二天上午，还不见郑恩回来。自己欠着客栈里的食宿费用尚无着落，一时也难以上路。柴荣正在焦躁不安、坐立不宁的时候，忽听店外一阵急骤的马蹄声在门前停住，便见一人翻身下马，走进店内，对店小二说道："掌柜的，贵店可有一位姓柴的客人？"店小二道："有一位，正在后面呢。"说着便领那人向后面走来。柴荣急忙迎了出来，仔细打量来人，却不认识。便说道："在下姓柴，这位兄弟很是面生，找在下何事？"来人对柴荣轻施一礼，说道："我是莲花山上的人，奉二寨主之命，为柴大哥送来白银五十两。"说着将银子放在桌子上。看着这些白花花闪亮耀眼的银子，柴荣大为惊讶："莲花山上我并无熟人，为何送我这么多银两？"来人笑道："柴大哥有所不知，我家二寨主昨日刚刚上山，姓郑名恩，乃是您的结义兄弟。知道您囊中羞涩，特命我送来些许银两，以解一时之急。"

柴荣这才知道是三弟郑恩上莲花山入了伙，心想：这位三弟莫看性情粗鲁，却是个知恩图报、有情有义之人。但愿在莲花山上能站住脚，扎下根，广交绿林英雄，说不定以后弟兄们重逢，能成就一番大事。

当下柴荣对来人千恩万谢，又问了些山寨中的情况，并让来人转告自己对大寨主、二寨主及山上弟兄们的谢意。来人告辞，骑马离去。

这里柴荣欢天喜地，真如久旱逢甘霖一般。忙拿出十两银子交付店家。店小二道："哪用得了这么多？"柴荣感叹道："俺柴荣久病于此，店家请医送药，跑前跑后，从无怨言。欠了店钱不能偿还，店家仍一日三餐如故。这份恩情岂是几两银子所能买到的？他日俺柴荣若有出头之日，必当另行重谢。"

柴荣又在客栈中将养了几日，看看身体已完全恢复，这日起个大早，告别了店家，取路向邺都而去。

宋太祖赵匡胤

一路之上行人不绝，除了一些到北面跑生意、做买卖的，大多是一些流亡乞食的饥民，乱纷纷地向北涌去。可能是听说邺都一带社会安定，各业繁荣，便扶老携幼、争先恐后地跑去谋生路。想那郭威确是一个威震八方的英雄人物，不仅将叛乱平定，外夷不敢入侵，而且赢得了黎民百姓的真心拥戴，一个战乱频仍的地区能在短时间内便如此安定可真不容易。

想到郭威，柴荣不禁心头突突乱跳，但愿这个郭威就是自己的姑父。柴荣从小便听父亲屡屡说起自己这位姑父。他本来姓常，父亲早亡，母亲改嫁给晋王李克用的顺州刺史郭尚，便姓了郭。后来，燕军攻克顺州，郭尚被杀，其母也在忧愤中死去。从此，年幼的郭威便成了孤儿，由姨母韩氏收养。

在孤苦困窘中长大的郭威却长得高大魁梧，腰圆膀宽。他自幼争强好胜，不愿从事田业，一心渴望步入军旅，大展宏图。

十八岁那年，他听说潞州留守李继韬与晋王李存勖反目成仇，以重金招募各方豪杰，扩充势力。他觉得自己大显身手的机会到了，便毅然投军，成为李继韬帐下的一名牙兵。牙兵是藩帅的禁兵，虽然待遇很高，但是纪律却十分严格。为了防止他们逃跑，人人脸上身上都刻上字迹或花纹。郭威的身上刻有雀儿，因而队伍里的人都叫他郭雀儿。梁末帝龙德三年（923年），后唐庄宗李存勖灭梁，李继韬被杀，郭威便被编为李存勖的部下。

郭威能与柴荣的姑母联姻，成了自己的姑父，也是一桩巧姻缘。那李存勖本是一个昏君，灭梁后更加骄淫无度，日益腐败。他命令宦官、伶人到处采择民间的漂亮女子蓄于后宫，供其淫乐。后宫中几年的时间便广蓄美女数千人，有的人根本没来得及见他一面。

听父亲说，自己的姑姑柴氏自幼端庄秀丽，容貌十分出众，有一次伶人到家乡选民女，柴氏便被选入宫中。但她入宫不到几天，李存勖便在荒淫骄奢中死去，明宗李亶即位，李亶是个较为开明的皇帝，他极力革除庄宗朝的许多弊政。其中之一便是遣放宫人，姑母柴氏也在遣放之列。

柴氏跟随父母还乡的途中突然遇上大雨，便到附近的一家客舍避雨。不一会儿，客舍里又跑进了一位年轻英俊的军人，此人便是郭威。他因单独执行一项任务走到这里，也到客舍中避雨。郭威一见柴氏，眼前顿时一亮。他还从来没有见过这么美丽的姑娘，细眉大眼，樱口朱唇，肤如白雪，面若美玉，腰肢婀娜，双腿修长，含羞垂首而立，更显得楚楚动人，便忍不住多看了几眼。有一次恰恰与柴氏的目光相遇，一刹那间似是撞出了火花，两个人的脸都"腾"地红了。

柴氏的父母见了这种情况，心中已明白了八九分。他们也看中了眼前这位身材高大、举止稳健的英俊青年，便主动上前搭话，问这问那。当得知郭威自幼便是孤儿，无依无靠，已经二十一岁，尚未婚配时，便干脆把话挑明，愿将女儿许配给他。郭威自然满心欢喜，当即应允。不久，二人便在京城结为夫妻。

成亲后夫妻二人你亲我爱，相敬如宾。柴氏是个贤淑通情、知书达理之人。在她的帮助下，郭威从此力戒饮酒赌博、放荡不羁的不良习气，生活日渐检点，广结英雄豪杰，事业大有起色。

此后，郭威一直跟随石敬瑭东征西战，石敬瑭建立后晋，当了皇帝以后，郭威升为牙将，归于石敬瑭的部将刘知远麾下。

刘知远建立后汉，登基做了皇帝，便将功勋显赫的郭威擢升为枢密副使、检校司徒。刘知远病死之前，郭威与苏逢吉同为托孤重臣。隐帝即位后，拜郭威为枢密使，掌全国兵权。

不久，河中节度使李守贞据地而反，接着，又有赵思绾、王景崇先后据长安、凤翔反叛。三镇抗命，举朝震骇，隐帝让郭威率军西征，讨伐叛乱。

郭威不仅领兵有方，有大将风度，而且爱兵如子，从不盛气凌人。每逢战事，常常临矢石，冒锋刃，身先士卒。部属稍立战功，必给予厚赐，有微受创伤者，也必定亲往探视抚慰，以此深得三军将士的拥戴。

他很快便平息了三镇之乱，李守贞、王景崇兵败自焚，赵思绾被杀。郭威班师回朝后，隐帝厚赏其功。但郭威却推辞不受，把赏赐和功劳全部让给了他的部下，从而更得人心。

到乾祐二年（949 年）时，契丹人忽然发兵侵扰河北，隐帝便命郭威以枢密使兼邺都留守，掌管河北诸州事务。他很快便打退了契丹人的进犯，并极力维持社会安定，使邺都一带民众得以安居乐业，农桑得以恢复发展，呈现出一片前所未有的生机。

当然，这些事柴荣并不知晓，他只知道姑父郭威在率兵打仗，做了大官，究竟在哪里驻防，当了什么官职他却弄不清楚，因此在关西找了几年都不曾找到。这么多年来，姑父戎马倥偬，只在十几年前同姑姑到去过他家一次，那时柴荣还很小，已没有什么印象了。

十多年过去了，家中发生了很大的变故，不仅祖父母早已离世，父母也已先后病故。自己从一个富庶之家的公子哥儿变成了一个流浪四方、一文不名的伞贩子。

柴荣越想越觉得心中没底，这个郭威真是自己的姑父？还是与姑父重名重姓？就算真是自己的姑父，他这么大的官，能不能认自己这个穷内侄？

一路上，柴荣都在暗暗地祈祷上苍，但愿这个郭威真是自己的姑父，更愿他能接纳自己，给自己一个英雄用武、施展才华的舞台和机会。这也许是决定自己命运的关键时刻，不管前景如何，自己定要去撞撞运气。就这样一路走一路想，他正在胡思乱想着，猛一抬头，却见天色已经黑了下来。西方天际那落日旁的火烧云就像渐渐冷却的铁水似的，由火红色慢慢变成了铅灰色，暮云四合，天地间开始变成了一片黑黢黢的苍茫。路上的行人越来越少，最后只剩下了他孤身一人。眼下是个不太平的世道，大白天里都有强盗出没，何况是这四顾无人的黑夜？柴荣不禁浑身打了个冷战。他下意识地摸了摸行囊中的银两，脚下加快了步子。

幸好，又走了三四里之后，远远地发现了一个村落。他急忙向村子走去，打算找户人家投宿。刚到村头，便见路北一户人家，门首用竹竿挑着一个酒幌儿。柴荣大喜过望，想不到这村里也有客栈，便忙推门进去。却见里面冷冷清清的并无客人。一位三十岁出头的妇道人家笑盈盈地迎了出来，问道："客官可是住宿的？快里面请，俺家有上好的客房。"柴荣看时，见这妇人穿了一身打了补丁的碎花衣衫，身上瘦骨伶仃，面色灰白。虽说浓眉大眼，有几分姿色，头发也不合时宜地梳得贼亮，却让人有一种过于造作的不舒服的感觉。柴荣低头说道："在下正想留宿一宿，请大嫂先弄点饭吃。"不料那妇人却歉疚地一笑道："不瞒客官，小店本钱太薄，只能留宿，并不管酒饭。"柴荣大感意外，看看外面的酒幌儿，只觉得哭笑不得。天已太晚，也不能再到别处去，便把身上带的一个干烙饼取来，要了碗热水，草草地填饱了肚子。由妇人带着来到后边的客房，洗过脸，泡过脚，便上炕歇了。

柴荣走了一天路浑身困乏，一躺下便睡着了。也不知睡到什么时候，忽觉得有个热烘烘、软乎乎的东西钻进了他的被窝，攀上了他的身子，在他的身上摇晃着、蠕动着。一个湿漉漉的像是舌头似的东西在他的额头、眉眼、两颊和双唇间舔来舔去。他害怕极了，以为是遇上了什么妖怪。小时候听奶奶讲故事，那些鬼怪妖狐就是这样取人精髓，害人性命。他只觉得毛骨悚然，想拼力挣扎，可浑身软绵绵的，一点也动不得。

他又觉得像有一条凉飕飕的长蛇在他的胸膛上、肚子上、腹股间蜿蜒游动，缠绕不休，他感到了一种莫名的亢奋和冲动，更感到一种濒临灭顶之灾的恐怖和战栗。他大叫一声，霍地翻身坐了起来，被子被掀出老远，浑身冷汗淋漓。

　　他以为是做了一场噩梦，但却不是梦。他揉揉眼睛，见客房不知什么时候已点亮了灯烛。灯光下，一个女人赤条条、光溜溜地躺在自己身边，大睁着惊慌的双眼看着自己，正是那个三十多岁的老板娘。只见她浑身精瘦，几乎是皮包着骨头。

　　柴荣只觉得一阵恶心，他平生头一回遇上这样的事，慌忙扯过被子盖了自己的下身，对那女人怒吼道："你这妇人，还懂得什么是廉耻吗？怎能干如此少廉寡耻之事？还不快滚！"

　　谁知那女人并不感到意外，非但没走，反而爬起身来，赤裸着身子跪在床上，泣声说道："客官休要动怒。妾身并非不知廉耻，只是为生计所迫，不得不操此下贱营生。我丈夫在几年前的战乱中死于刀枪之下，撇下了个六十多岁的瞎眼婆婆和一个四岁的儿子。上有老下有小，今年又遇了蝗灾，坡里庄稼颗粒无收。家里只剩下奴家这个身子，不卖身怎么办？一家人还不得喝西北风？不瞒客官说，这个年头，俺们这里早就笑贫不笑娼了。全村百十户人家，操此皮肉营生的就有五六十户。万望客官成全，就让奴家侍奉您一宿，好歹留下几文买命钱。儿子，快过来给叔叔磕头。"

　　柴荣抬头一看，只觉得脑袋"嗡"的一声。原来，一个四五岁的小男孩正躲在屋门旁，眼巴巴地向这里瞅着，看着这两个赤身裸体的成年人。他心里一阵绞疼，只觉得无地自容。这算个什么世道？他的一腔怒气都消散了，他无法再恨眼前这个女人，只觉得她可怜，为了一碗饭，为了让儿子和婆母活命，她还顾得上讲什么廉耻？

　　他急忙穿上裤子，从包裹中取五两银子，送到那妇人面前，说道："大嫂快回房歇息吧，这么冷的夜，莫让孩子着了凉。"

　　那妇人凭空得了这么多银子，一时受宠若惊，慌不迭地磕头，千恩万谢地领儿子回房去了。

　　这边柴荣却再也难以入睡，他这才弄明白，自己住的不是客店，而是住进了一家私设的窑子。

　　世道混乱，百姓们食不果腹，乡下里冒出个把暗娼并不奇怪。令柴荣感到惊异的是，这个小村子里居然有一半以上的女人在卖淫。更令他感到不可理喻的是，当娘的与嫖客赤裸裸地扭在一起，公然淫乐，竟让小小的儿子大大方方地在一旁观看，甚至充当娘老子拉客赚钱的帮手，真是咄咄怪事。

　　柴荣一闭上眼睛便看到那个四五岁的小男孩瞪大了眼睛盯着他。那眼睛里没有愤怒，这么大的孩子还不懂得愤怒，也没有惊慌失措和诧异古怪的神色，只有一脸的麻木。他觉得一颗心在沉落，在紧缩。他翻来覆去地睡不着，一直折腾到天亮，见窗纸开始放白，便急忙穿好衣服，背了包裹，像躲避瘟神似的逃离了这家"客栈"。

柴荣晓行夜宿，经过十几天的长途跋涉，终于风尘仆仆地来到了邺都。走到邺都城内，柴荣顿时觉得到处是一派勃勃生机。大街两侧楼宇相接，亭阁毗连，鳞次栉比。街面上人流熙攘，摩肩接踵。卖绸缎布匹的、卖饮食的、卖杂货的、卖各种农具的，各式买卖摊点一溜儿摆了一街。演杂技的、打拳卖艺的、行医售药的、收古董的、遛鸟闲逛的，各色人等应有尽有。整个大街就像是一口偌大的响水锅，滚沸喧闹不止。与宁州城相比，与沿路所见的凄惨景象相比，这里显然是另一个世界。

柴荣没有心思看热闹，他随着拥挤的人群来到十字街口，逢人便问，数番打听，终于来到了帅府。但见建筑巍峨，大门两侧两尊石雕雄狮龇牙咧嘴，威风凛凛。两边站立的军卒一个个身强体壮，面目凶狠。柴荣拾级而上，走到近前，打声招呼问道："此处可是郭元帅府邸？"一个巡守官员斜眼打量了他一下，见他衣衫零乱，面容憔悴，满身都是油泥灰土，便冷冷地问道："何事？"柴荣道："我想求见郭大帅。"那个巡守官员暴喝一声："一个穷叫花子也想见我们大帅，这是什么地方你可知道？"柴荣心里一阵怒火上升，却只好强自按捺住，陪着笑道："知道。不瞒列位，我乃郭大帅至亲内侄，不远千里而来，还求列位代为通禀一声。"那巡守官员听罢不禁哈哈大笑，再看看柴荣，鄙夷不屑地说道："怪不得人说'穷立大街无人问，富在深山有远亲'呢，你们看，连这样的穷酸也来找大帅认姑父，真是天大的奇闻。"众巡兵一齐围拢过来，一个个放声大笑。柴荣一张脸涨得血红，顿时感到浑身血脉偾张，两只拳头攥得"咯咯"响，但却不便发作，人在矮檐下，不得不低头。他硬着头皮说道："列位兄弟，在下说的都是实情，还请……""混蛋，谁是你兄弟。再敢在此啰啰唆唆，胡搅蛮缠，小心讨几记棍棒。"说罢，众人七手八脚将柴荣推下台阶。

柴荣遭此羞辱，恨得咬牙切齿，眼下却无可奈何。他暗想道："我柴荣历尽艰辛来到此处投奔姑父姑母，倘肯收留，兴许可借此进身，建功立业。谁知这帅府连这些守门的都如此狐假虎威，狗眼看人低。真个是'侯门一入深似海，亲戚从此是路人'，这可怎么办呢？"

柴荣在帅府门前踟蹰良久，思来想去无计可施。转悠了半天，他猛地想起，这帅府既是大帅办公之处，又是居家之所，必定会有后门，我何不到后门再试一试？

柴荣沿着帅府高大的围墙向北走去，慢慢地踅到了帅府后面，走了没几步，果然有一座后门紧闭着，两边也有四个小军在把守着。刚在前面遭了羞辱，柴荣迟疑着不敢上前搭话，只是在这里来回徘徊。

忽然听到门响，向那边看时，却见一个六十多岁的老人倒背着手慢慢地踱了出来。柴荣赶紧走上前去，深施一礼问道："请问老人家，这里可是郭府后院？"那老家人看了看他说道："正是，这位小老弟有什么事吗？"柴荣问道："小的冒昧问一句，你家郭夫人是否姓柴？"老家人略感奇怪地问道："你是何人？从何处来？打问此事又是为何？"柴荣便说道："不瞒老人家，小的姓柴名荣字君贵。一向推车贩伞，流落他乡。你家夫人乃在下的亲姑母，多年不曾见面。因近日打听得姑父在邺都驻防，故不远千里特来投奔，万望通禀一声。"那老家人已在郭府多年，知道柴夫人实是邢州人氏，老家尚有亲人，当下不敢怠慢，慌忙说道："啊呀，原来你便是柴大官人，我家夫人常常念及，不能见面，今天能够相逢乃是喜事。你权且在此稍候，我这便给你通报。"说罢转身便走。

不多时，便见那老人带着两名丫鬟走了出来，满脸堆笑地说道："柴大官人，恭喜恭喜，夫人传你去相见哩。"柴荣闻言大喜，跟随众人进了郭府，转过一座仪门，沿着走廊穿过一个偌大的花园来到后堂。丫鬟上前禀道："柴大官人到了。"柴荣看时，见正面榻上坐着一位夫人，年约四十，仪态端庄，雍容华贵。那夫人也正在仔细打量着他，见其衣衫零乱不整，面黄肌瘦，塌肩耸背，竟如乞丐一般。再细看面相，却依稀辨出有其父的样子，不禁动容道："你果是我的侄子吗？"柴荣道："千真万确，侄儿焉敢冒认？"夫人道："你既是我侄儿，为何早不来投，直到今日才来？"柴荣道："侄儿一向不知姑父驻军何处，前些年听说在关西一带，便借着到关西贩伞数番打听都不曾找到。近来才偶尔得知姑父移驻邺都，便不远千里匆匆赶来。拜见姑母姑父迟了，还求姑母见谅。"柴夫人听罢，叹口气道："说得也是，前几年你姑父是在关西平叛来着，去年才奉圣命驻防邺都。如今兵荒马乱，音信不通，也难怪你无处寻找。"说罢深情地看了看柴荣，又问道："你父母在家中可安好？你怎么孤身到此，弄得这副形容？"柴荣听此一问，几年来特别是这一路上的酸甜苦辣一齐涌了上来，不觉心中发酸，喉头哽咽，双膝跪在地上，泪水顿时涌了出来，泣声禀道："姑母有所不知，五年前家乡遭了水灾，颗粒无收，死者枕藉。水灾过后，接着便流行瘟疫，父母先后染病身亡。侄儿侥幸逃得一条性命，孤身一人，无以为生，只好以贩伞糊口。这几年漂泊四方，实与到处乞食无异。想我柴家先人，也曾世代官宦，到侄儿一代，竟落魄至此，辱没门楣，侄儿万分抱愧，实在羞对祖宗。人生如此，真个生不如死。因此侄儿才千辛万苦来投姑父。侄儿并不想借姑父威势索取富贵，只想寻些机遇，凭自己的本事一刀一枪建功立业，闯个锦绣前程，也好光宗耀祖。"一边说着，竟是泪如雨下。

柴夫人坐在那里听着，开始时眼圈发红，渐渐地便泪水涌满了双眶，听到后来已是泣不成声。等柴荣说完，急忙走上前去将柴荣扶起，紧紧地拥在怀里，姑侄二人抱头大哭起来。哭罢对柴荣道："前些年在京里时，也曾差人打听消息，多说你父亲身安家盛，我亦觉放心。想不到几年的工夫，兄嫂双双弃世，阴阳暌隔，永无相见之日。"说着竟放声大哭起来。柴荣及众丫鬟又连忙劝慰夫人，多时方才劝住。

丫鬟端来热水，夫人洗了把脸，又说道："也是我这当姑姑的不好，让侄儿受苦了。你这次既然来了，就哪里也不要去。先去后房住下，沐浴更衣，好好歇息几天，待养好了精神，再与你姑父相见不迟。你这姑父生性高傲，最爱的是秀丽神俊之才，你这样蓬头垢面的不可与他见面，免得第一眼便让他生了轻慢之心。"

两个丫鬟把柴荣引到后房，原来是三间佛堂。中间供着观音大士，乃是纯金装成的尺余法身，面色庄严，前面摆列香案，供设香烛。左右两间为书房和卧室，极其幽雅洁净。柴荣一走到里面便觉闲趣洁逸，尘俗顿清。过了一会儿，丫鬟送来一盆热水和一套新衣服便告辞而去。柴荣在书房里尽情沐浴，换上新衣，梳发冠巾。

到晚间用饭时，又有小厮送来了酒饭，甚为丰盛。姑母柴夫人亲来作陪，姑侄二人慢慢地饮酒用菜，攀拉着家长里短。姑母让他安心住几日，不必急于去见姑父，趁此闲适，多读点书，好好想想见了姑父如何说话。柴荣都一一应允，谨记在心。

自此以后，柴荣就住在佛堂，要汤有汤，要水有水，每日安闲快活，不知不觉便过去了十几天。俗语道：心宽体胖，才十几天的将养，便把个肤黄肌瘦的容颜变成了一副润泽光滑的体貌，柴荣与来时竟判若两人。

这天一大早，柴夫人便来到佛堂，上下打量了一下柴荣，见他气宇轩昂，仪表非凡，眉宇间透着一股英气，不禁喜道："这才是我们柴家的儿郎。侄儿，你今日便可去见你的姑父了。"

早饭之后，柴夫人便让柴荣换上一身新衣，由一名小厮陪着，从帅府前门去见郭威。

来到帅府门前，把门的还是那班兵卒，小厮上前高声叫道："门上的官儿，快些通报，就说郭大帅的内亲柴大官人到了。"那些军校见柴荣身披锦绣，风度翩翩，再也不敢轻慢，一个个满脸堆笑说道："尊驾既是大帅内亲，权请稍后，容卑职进内通报过了便可与大帅相见。"柴荣见前几日这些狐假虎威、盛气凌人的军汉今日却如此奴颜婢膝，心中不禁暗叹："如今这世道，真正是人情薄如纸。军中士卒若都似这些谄上傲下、狗仗人势的奴才，将来如何面对强敌，打得硬仗？"当下也不理会，只站立一旁等候。

那兵卒进了帅府，报与郭威道："府外有一位公子，口称内亲，特意前来拜见元帅，专候严命。"郭威昨夜已听夫人说起此事，心中十分高兴。原来这郭威年龄已四旬开外，膝下只有一女，却无儿子。身为节钺重臣，又是封疆大吏，手中执掌数十万军队，却没有一个嫡亲心腹可倚为股肱，内心常常怏怏不乐。忽然来了一个亲内侄，又正值盛年，心中自然欢喜。但不知这年轻人胆识如何，才能如何，能否担当大事。

听兵卒报完，郭威沉吟半晌说道："传来见我。"不一会儿，柴荣随那兵卒来到帅府议事大厅，见一班将佐幕僚分列两边，中间虎皮交椅上端坐着一员武将，身材高大，体态微微发胖，四方脸盘，微黄面皮，颌下三缕黑须疏疏朗朗却十分齐整，堪称仪容雄壮，不怒自威。

柴荣知道这人便是郭威，当下长跪在地，对上叩首道："侄儿叩见姑父大人。"郭威打量了他多时，却突然喝道："何方刁蛮之徒，竟敢冒充本帅内侄？"声音冷冰冰的，且充满杀气，连两边的将佐幕僚们也不禁打了个冷战。柴荣大感惊讶："小人姓柴名荣，表字君贵，实是大帅嫡亲内侄，柴夫人便是小人的亲姑姑，望大帅明察。""胡说，本帅从未听说邢州有什么内侄，一班市井无赖、冥顽不化之徒都来找我认亲，还成什么体统？来人，将这歹徒拖出去砍了，以儆效尤！"

一听此话，柴荣就像被兜头浇了一桶冷水，浑身打了个激灵。紧接着，一股怒气从心头升起，直冲脑门。想我千里迢迢前来投奔，先遭守门人的凌辱，又被这亲姑父砍头，真是千古奇冤。看来"肩膀不齐不是亲戚"真是至理名言，自古以来哪有"苟富贵而勿相忘"这一说？想到此，既感到悲凉绝望，更感到怒不可遏，腾地一下站了起来。两个军校持剑在手，如狼似虎般冲了上来，架起他便往外走。

柴荣奋力甩掉二人，"嘿嘿"冷笑两声，厉声喊道："杀一个穷柴荣简单得很，何劳二位动手，我自己出去就是。"他冷眼看看郭威，悲愤地喊道："都说郭大帅带兵有方，求贤若渴，是个威震八方的英雄，原来却是个得志忘本的势利小人。我柴荣千里来投，却不是吃白食来了。原以为你是个英明之主，到你麾下亦可一展平生抱负。可惜我柴荣有眼无珠，撞在你这个昏庸之辈手里，枉送性命也是活该。"说罢转身向外大踏步走去。

"站住，"郭威又冷冷地喝道，"听你口气不小，莫不是有什么惊天动地的本领？是能擒龙还是能伏虎？或是能于百万军中取上将首级？"柴荣停下来，也冷冷地顶了回去："小人自幼不喜舞枪弄棒，也不习拳脚打斗。但请问大帅，治国平天下，只靠赳赳武夫是否可行？即使两军对垒，武场杀伐，只会冲锋陷阵，不会运筹帷幄，是否就能取胜？岂不闻汉初张子房、汉末诸葛亮，手无缚鸡之力，胸存百万雄师，常能决胜千里之外，让敌人闻风丧胆！"郭威定睛看着眼前这个年轻人，心里早有几分惊喜。但他仍是面色冷峻，不紧不慢地说道："听你口气越来越大，照你这么说，你是心有丘壑，胸藏锦绣，自是张良再世，孔明复生了？"柴荣轻哂道："小人不敢如此狂妄，适才不过打个比方，是说军中未必尽是舞枪弄棒之人。小人若及得张良、孔明十分之一，投到你帐下岂不是明珠暗投？"

这么多年来，敢以如此轻蔑的口气与自己说话的郭威还是第一次碰到，他也不禁有些微微动怒，便沉声说道："你小子如此狂悖，想必有些本事，可以留在我的帐下。不过，我可不管你是什么至亲内侄，我这里不收留酒囊饭袋，要想留下，须先过一道生死关。走，去后院。"

说罢，郭威已站起身来，众将佐簇拥着出了大厅向后院走去。柴荣不知他要搞什么名堂，只得随后跟了过去。

来到后院，郭威在一张太师椅上坐定，众人站立两侧。早有十几个亲兵从东边屋内推出了一个大铁笼。柴荣往笼内一看，不禁惊得汗毛直竖。原来笼内装着一只吊睛白额猛虎，身子比个驴子还大，正在龇牙咧嘴地打着哈欠，一条长尾巴摆来扫去，竟比木棍还粗。便听那郭威坐在椅上笑道："你若敢进此笼中，降得此虎，便留在我帐下，高官任做，骏马任骑。若是不能，趁早留条小命，到别处混饭谋生去吧。"

柴荣此时心中"咚咚"直跳，暗暗叫苦不迭。我这个姑父，官当大了，心肠怎么变得这么黑？莫不是嫌我这个亲戚穷，怕给他丢人，既要置我于死地，又不想留下杀害至亲的骂名，才想出了这么个毒招？让我去降伏猛虎，明摆着是拿鸡蛋往石头上摔，岂能不粉身碎骨？不过事已至此，再无退路，我柴荣宁愿葬身虎腹，也不能让这个嫌贫爱富的势利小人轻看了。

想到此，柴荣将心一横，把外面的长衫脱了往地上一摔，只穿着紧身内衣，蹭蹭几下爬到铁笼上边。这铁笼四面都已铸牢，只有顶部开了一个天窗。柴荣将眼一闭，心中念道："姑母大人，你可知侄儿不远千里而来，却被你这当了大官黑了心肝的夫君给老虎做了一顿美餐？"又遥向东南说道："匡胤贤弟，愚兄壮志未酬身先死，咱们只能来生再会了。"想罢，也不管三七二十一，纵身跳入笼中，此时他脑中一片空白，只是机械地握紧双拳，准备拼死也要与这恶兽厮拼几下。

可是奇迹却出现了，那老虎只是冲他张了张血盆大口，粗壮的尾巴晃了两下，便慢慢地趴下了，两只眼睛微闭着，看也不肯看他。

笼子外面，郭威突然放声大笑，周围的人也跟着放声大笑。便听郭威边笑边说："好样的，有种！是我郭威的侄子。快放梯子，请柴荣贤侄上来。"

柴荣攀着梯子出了铁笼，还在懵懵懂懂不知是怎么回事儿，身上的衣衫却早已被冷汗浸透。郭威走过来，轻轻地拍着柴荣的肩膀说："好了，贤侄，你过关了，从此你便是我郭威的部属了。傻孩子，这老虎是姑父多年喂熟了的，我哪能让你去跟野虎拼斗，白白送死呢？"柴荣看看郭威，这才突然明白这一连串的考验都是演戏，他不能不佩服郭威用人之严谨、小心和一丝不苟。

郭威让众人退去，把柴荣单独召到一间密室，侍从们端上茶点也便离去。郭威与柴荣一边饮茶一边细细攀谈，竟一直谈了四五个时辰，连午饭都是在密室里吃的。

第七章　势单力孤　四处碰壁

郭威与柴荣来到密室，一边饮茶，一边攀谈，话越说越投机，两颗心也越靠越近。此时似乎已不再是大帅与部属，也不是姑父与内侄在谈话，而像是一对亲密无间、久别重逢的忘年之交。

郭威对柴荣道："贤侄，你这些年一直在底层生活，流落江湖日久。如今的百姓对朝廷究竟是什么看法？据你看当今朝廷兴废如何？"

柴荣道："小侄虽一介布衣，日日为衣食糊口奔波。但俗语道，'国之兴亡，匹夫有责'，因而于军国大事未敢一日忘怀，对朝廷大政在民间的反响也时时处处留神，所谓'位卑未敢忘忧国'。据我所知，近来民间非议纷纷，怨声载道。新主登基以来，耽于酒色，荒淫无度，广蓄粉黛，百般取乐，大兴土木，刮民膏脂，致使四方民不堪命，英雄豪杰揭竿而起，地方豪强也乘机造反。从关东到关西，几乎是逢山有寇，无处无贼；干戈并起，天下扰攘。我看这大汉江山难保久远，恐几年内即生变故，甚至可能祸乱立至，姑父应未雨绸缪才是。"

郭威听罢，叹口气道："朝廷腐败，君昏臣庸，民心丧失殆尽，我又何尝不知。不过，我与先帝交情甚厚。先帝临终之时，又以我与苏逢吉为托孤大臣。眼看国势危如累卵，我却无可奈何。"

柴荣道："恕小侄冒昧直言，天下者，天下人之天下，非一家一姓之天下。以有道代无道，以有德替无德，自古常理，姑父为何要绑在这个昏君的战车上为他苦苦卖命呢？"

"贤侄话虽说得轻巧，但像我现在这种国之柱石的身份，要做出那不忠不义之事，岂不要留下千古骂名？"

柴荣接口道："姑父此言，小侄实在不敢苟同。如此瞻前顾后，乃是妇人之仁。姑父如今执掌军中大权，应天时而行，顺民心而动，救天下苍生于水火，不仅不会留下骂名，而且会青史留名。"

郭威默默地听着，心中不禁怦然而动。这些事以前他不是没有想过，在这动荡不安、朝代频频更换的年代，前代一个个拥兵自重、夺权称帝的君王早给他做了榜样。但是他始终下不了决心，周围又没有一个可以推心置腹、密商大事的人，因此只能深深地将这种不成型的想法埋在心底，不敢泄露半点心迹。如今柴荣的话与自己不谋而合，他禁不住心中一阵狂跳。帝王的宝座，权力的顶峰，古往今来无数英雄豪杰都在拼命追逐的人生理想的极致，他郭威岂能无动于衷？但是，他毕竟在官场上历练了数十年，不能太无城府，在一个年轻人眼前显得太猴急。他呷口茶，不慌不忙地说道："这些事以后再说，眼前最重要的还是如何治军。以贤侄看来，眼下我们应先做些什么？"问这话时，郭威的态度既诚恳严肃，又有点像是仍在考察柴荣。问完便直视着柴荣的双眼，静听他如何回答。

柴荣不慌不忙地说道："以小侄看，目前最重要的是八个字：'招兵买马，延揽英才。'"一言既出，郭威哈哈大笑："贤侄之言甚合我意，只是这天下英才到哪里去找，如何才肯为我所用？"

柴荣道："大泽草莽，卧虎藏龙。山野之中，多有大贤高能之士。侄儿此次到关西贩伞，便遇到了一位胸有韬略、文武兼备的少年英雄。与孩儿一见如故，已结为生死之交。"

郭威忙问："这位少年英雄是谁？现在何处？"

柴荣道："说来姑父可能会有所耳闻。此人姓赵名匡胤，其父赵弘殷也在朝中为官。匡胤志存高远，胆识非凡，又有一身上乘的武功，曾苦读兵书，对兵法战阵也甚为精熟，是个难得的全才。侄儿本欲邀他一块来投姑父，他却认为我们应该分南北两路行事，在各处广结豪俊，发展势力。若举大事，便可遥相呼应，成鼎足之势，因而便自己到复州去寻前程去了。侄儿还有一位结义兄弟，姓郑名恩，虽然性格暴躁粗鲁，却是力大无穷，有万夫不当之勇，如今已在莲花山落草，做了二寨主。侄儿常想，朝廷腐败，远贤近佞，许多人才被湮没于民间，姑父若能礼贤下士，派人四处张贴求贤榜，天下英才定会风涌云集而来。"

郭威听罢十分高兴，当即便说道："好，此事就依贤侄之意从速办理。从今以后，你要着意留神那赵匡胤的消息，一旦有了下落，定要请来共事。其父赵弘殷与我甚熟，确是一员纵横沙场的虎将。听侄儿所言，其子又胜乃父远矣。"

次日，郭威在帅府议事大厅升堂，接受了手下将领们参见之后，对众人说道："本帅谨奉王命，职守此地。每患兵微将寡，难当要冲。邺都北邻契丹强敌，武备不可一日松懈，平日扩军演武，方可确保战时有备无患。为此，特命我侄柴荣出任帐下参军，平日襄赞军务，协助本帅运筹谋划。同时四处广贴招贤榜文，招兵买马，选贤任能。此乃关系国家兴亡之大事，柴荣须恪尽职守，切勿有误。"这些话不过是郭威当众而言，假托为国家守疆域，御强虏，必须扩军买马。无非是了掩住众人之口，暗中欲图大事。柴荣自然心领神会，当下领命拜谢，挂了参军印，出了帅府，即派人到各地张贴榜文，招兵买马，挑选英雄。不出旬日，各地民众踊跃投军，四方豪俊云集而来，备载军籍，等候操演。

柴荣又派出快马，至复州一带打探赵匡胤的消息。谁知此时赵匡胤已离开复州数日，茫茫人海，漫漫旅程，哪里寻得影子？只好回来向柴荣复命，柴荣为此快快不乐，终日引颈企盼，渴望二弟能早日来会，兄弟们共同整治军旅，操演兵阵，也好干一番翻天覆地的事业。

柴荣派人去复州打探赵匡胤的消息，那人一无所获，空手而返，这事并不奇怪。因为赵匡胤在复州并未站住脚，总共住了不到十天便离开了那里。

自从与柴荣、郑恩作别，赵匡胤回头向东，又折向南，沿着一条黄尘滚滚的千年古道向复州城日夜跋涉。走了七八日，终于到了复州。其实，他这次到复州仍然带有很大的盲目性。因为赵匡胤并不知道他父亲当年那位同事王彦超现在是否还在复州。更何况他从来就没见过王彦超，这次就是见了，能不能收留或是帮忙都是未知数。赵匡胤心想，即使见不到王彦超，也算是到南方找找门路，反正在哪儿也是凭命运闯荡。

使赵匡胤大喜过望的是，当他风尘仆仆来到复州后，一打听，确是王彦超仍在此任防御使。他也没顾得到客栈里歇歇脚便径直来到了防御使的宅邸。他对两个守门的兵士施礼致意，然后自荐道："我乃东京护圣都指挥使赵弘殷老爷的长子赵匡胤，人称赵大郎。防御史王彦超大人乃家父世交，是我的世叔，烦二位通禀一声，就说晚辈赵匡胤路经复州登门求见。"

听他说完，守门兵士不敢怠慢，满脸堆笑说道："请赵公子稍候，我们这就进内禀知老爷。"急急忙忙地来到了后堂。

此时王彦超处理过公务，正在后堂品茶解闷儿，心中甚是无聊。他在这防御使的位子上已经多年，没有功劳也有苦劳，可是自己的同事甚至原来的下属都已纷纷升迁为方面大员，而自己却像用钉子钉在了这个职位上，甚至经过了一次改朝换代，职务也未变更。随着年龄的增长，他对于仕途渐渐地心灰意冷。他觉得，这辈子官运已到了头，再也不可能发达，只要能奉公听差，别出大的差错，保住这份俸禄也就行了。因此，每日里机械地处理完几件公事便再也无事可干，躲在后堂里品品茶，读读书，聊慰寂寞。

　　忽听守门兵士说赵弘殷的公子赵匡胤求见，王彦超大感惊讶。赵家公子有何事只身跑到复州来？对于赵弘殷的这位长子，王彦超虽然未曾见过面，但他的名字却早已耳熟能详。这个公子哥儿的出生及儿时的一些事曾因充满神秘的传奇色彩而在京城里一度流传。

　　那还是后唐天成二年（927 年）的事。那年的二月十六，在洛阳旧城东关的夹马营内，赵弘殷的宅第里突然传来了几声洪亮的银铃般的婴儿啼哭声，一个普通的男婴降落到了人世。这是赵弘殷的夫人杜氏第二次临盆，她第一次生下的男婴早已夭亡。婴儿出生本没有什么奇特的，在哪里都是一件平常事。可是几天之后，洛阳城里却在纷纷传言，说是夹马营里这个婴儿出生之时，杜氏的产房里红光绕屋，就像旭日初升时那种瑰丽的火红色经久不散。那个刚产下的婴儿通体闪耀着金光，一直持续了三天三夜才渐渐褪去。更为奇特的是，这个婴儿的身上散发着一种浓烈的奇香，经月不息。因此赵弘殷夫妇给儿子取了个乳名叫"香孩儿"。关于这个孩子体有异香一事，外界的传说就更加神奇。王彦超曾亲自听到一个术士对他说："这是个名副其实的'香孩儿'。此儿出生时，正值后唐明宗李亶在宫中焚香祭祀。这位沙陀族帝王四十多年都是在戎马倥偬、枪林剑树的战场上度过的，一直没有机会读书。因此直到他六十岁即皇帝位时还是目不识丁。

　　"这位文盲皇帝不懂什么古史、礼仪，但却很是关心民间疾苦，喜欢听鸿儒大贤们谈论治国之道，于是罢息兵戈，专事农桑，稳定政局，使黎民百姓们安享了几年丰衣足食的太平日子。这位宽厚寡言的皇帝非常相信神灵，经常在宫中的玉皇大帝神像前焚香祷告。'香孩儿'出生的那一刻，他正在自己最宠幸的一个十分美丽的人称'花见羞'的年轻妃子的陪同下，在玉皇大帝像前焚香跪拜，口中念念有词道：'朕本是一个外族人，逢此乱世被众人推戴为帝，原是不得已而为之。然而朕目不识丁，才疏学浅，断难担此重任，为江山社稷、黎民百姓造福，恐有负皇天济世救民之意。诚望上天早生圣人，替代朕躬，为万民之主。

　　"明宗皇帝的祷告真的应验了，'香孩儿'恰恰在此时呱呱落地。真龙天子祭祀神灵的香烟袅袅飘来，与夹马营这个婴儿的体香浑然交融。名门又沾富贵之气，骄子喜沐皇家嘉风。我敢断言，此子贵不可言，他年必定直步龙廷，君临天下。王兄可早与结交。"

　　当年王彦超听这术士说得神乎其神，心中便老大不以为然，对于那些所谓红光绕屋、体有金光等传说也是半信半疑。好在他与赵弘殷私交甚厚，那时也常常见面。有一天他与赵弘殷无事对饮，便有一搭无一搭地询问此事，赵弘殷却断然否认，说是绝无此事。甚至十分恐慌地说："此说纯属谣传，说不定是我赵某的仇人有意传播，想加害我家。王兄万不可信，更不可再提此事。"

从那以后，王彦超便渐渐把这事淡忘了。但过了几年，却又刮起了一阵传言。

那时已到了后晋初年，石敬瑭为了当儿皇帝勾结契丹军攻入中原。一股溃军逃回洛阳夹马营，趁机烧杀抢掠。此时赵匡胤已经十二岁，他的弟弟赵匡义刚刚满月。父亲征战在外，母亲杜夫人为避兵祸，便带着兄弟二人随着逃难的人慌慌张张地逃出了夹马营。当他们逃到郊外，在荒野里东一头西一头乱跑的时候，却遇到了一位童颜鹤发、银须飘飘的老道。那老道对杜夫人笑道："夫人休要惊慌，也无须四处奔命，只在此处歇息片刻，径自回府就行了，无人敢伤汝母子性命。"杜夫人道："乱兵如虎狼，刀枪亦无情，怎敢保妇孺无恙？"那老道仰天笑道："谁道乱世无天子，两个天子一担挑。"说罢扬长而去。

据说这位老道便是大名鼎鼎的华山隐士、得道仙翁陈抟老祖，道号希夷。传说他偶得龙蛰之法，在梦中得道，所以一生最喜睡眠，知道过去未来一切兴废之事。

对于这一传言，王彦超更觉得是无稽之谈，别人对他说起，他不过一笑置之。然而，今天这个充满神秘色彩的"香孩儿"居然来到了复州自己府上，他当然要亲眼看一看这个孩子究竟与常人有没有两样。

他忙让守门兵士把赵匡胤请进后堂，赵匡胤对王彦超行过晚辈之礼，站立一旁。王彦超让他坐了，命人献上茶来。他慢慢地品着茶，开口问道："你便是赵世兄的长子，乳名叫'香孩儿'的？"匡胤道："小侄正是。""复州离东京千余里路，贤侄缘何至此？"赵匡胤便把自己不愿蜗居京城，想独自外出闯荡天下的想法以及一路上的遭遇大致说了一遍，却把在东京大闹御勾栏、杀歌妓的事有意隐去不提。末了说道："侄儿此次来投世叔，愿效力军中，随世叔鞍前马后建功立业，莫枉过了男儿一生。"

王彦超听罢，沉吟良久，心想："原来是到我这里讨差事来了。"他抬起眼来，仔细地打量着赵匡胤，见他衣衫破旧，全身灰尘，面有菜色，一副落魄之相，若不是赵匡胤细道原委，他真不敢相信这会是累代官宦的赵家后人，当朝护圣都指挥使的儿子。他觉得自己不能长时间沉默，便忙满脸堆笑道："贤侄莫急，既然到了这里，就先沐浴更衣，一会儿为你设宴，接风洗尘，然后好好歇息几天。至于差事，这个好办，待为叔为你选一个合适的职位。"

赵匡胤见王彦超如此慷慨，心中自是欢喜，便随王府的侍从退出后堂，到东面的客房里歇下。

这边王彦超仍在饮茶深思，他觉得好笑：这就是那个传言中有大贵之命的"香孩儿"？这些江湖术士真是信口雌黄！看来，十几年前的那些传言确实是人云亦云，以讹传讹。

王彦超不信江湖术士胡诌，却很相信人的面相对一个人未来前途的昭示。当年他年轻时，因为避祸逃遁，曾在凤翔重云山僧房遇到一个道人，想皈依道人门下为徒。那道人给他相了一回面，说道："先生乃富贵之人，怎能久居深山？"遂给了他一些盘缠，让他出去求取功名。以后王彦超很快便交了好运，相当长一段时间仕途屡屡得意。

为此，赵匡胤一进来时，王彦超便紧紧地盯着他的脸面细看。他见这个年轻人虽然有几分英武，但却满脸晦气，便断定他不会有什么大的作为。又听说他浪迹天涯，居无定所，更是不相信他有什么大本事。若是有什么过人之处，在哪里还不能找到份差事，何用千里迢迢跑到复州来？又转念一想，他是都指挥使的公子，放着京城里锦衣玉食、前呼后拥的好日子不过，偏要四处流浪，自讨苦吃，究竟图什么？看他那副狼狈相，莫不是在京里闯了什么大祸，跑出来躲灾避难的吧？想到这里，他便拿定了主意，无论如何不能收留他，免得引火烧身。

但是王彦超毕竟与赵弘殷同事多年，他不能不顾及这个面子。因此，他一连十几天努力做出一种热情待客的样子，给赵匡胤换了套衣服，每天都好酒好肉地盛宴款待。抽时间也与他亲切地攀谈一阵，但谋差事的事却绝口不提。

有一天晚上，王彦超又设下家宴，与赵匡胤对饮。饮了一会儿，王彦超开口说道："匡胤贤侄，你来到复州已逾旬日，据我看来，你龙凤之姿，天日之表，将来必是做大事的人，前程未可限量也。但复州地处偏远，天地狭小，很难有所作为。贤侄既怀宏图大志，还是应该到中原去闯荡一番。"说着，让家人封了一包银子，放到匡胤面前说道："这里有纹银五两，贤侄权且收下，聊作旅途之用。"

匡胤听了此话，内心"咯噔"一下。这些天来，他已经从王彦超脸上那强挤出的笑容中看出了一些端倪，情知自己在这里并不受欢迎，但他却没料到这逐客令会下得如此之快。心里顿时像打翻了五味瓶，说不上是个啥滋味。这还是父亲的旧友故交，对自己都这样冷漠，世态炎凉竟至如此！

但以赵匡胤的性情，绝不会做强人所难的事，更不会向人乞怜。他端起酒杯喝了一口，显得不大在意地说道："既是世叔为难，侄儿明日便走。这些天多蒙世叔款待，您的好意侄儿将永生不忘。只是这些银子还请世叔收起，侄儿身边自有川资。"

第二天一大早，赵匡胤收拾行囊，告别王彦超，提了那根蟠龙棍，又一次踏上了浪迹天涯的行程，归宿在何处？目标在哪里？他仍是茫然不知。

那王彦超在当时的将帅当中也算是个能礼贤下士之人，在他的帐下也有不少贤良之士。可惜他迷信面相，轻率地当面错过了一个具有雄才大略、未来将成为经天纬地的一代帝王的人。赵匡胤在此后几十年一直没有忘记王彦超的盛情款待，但更没有忘记他不念旧情，对自己拒而不纳的浅薄和寡情。这便引出了赵匡胤登基之后，在上元灯节大宴群臣时，当着满朝文武的面，以开玩笑的方式对王彦超戏谑调侃的那番话。尽管赵匡胤说过此事以后永不再提，可是自那以后，王彦超每日总是战战兢兢，心有余悸。上元节后过了些日子，他终于上表请求致仕，退还了官位。并对儿子们说："吾累为统帅，杀人多矣，得免身死为幸，必无阴德及后，汝等当为善事以自庇。"结果在他死后，他的几个儿子尽皆平庸，其家渐败。这些自然都是后话，在此不再赘述。

赵匡胤走出复州城，在城外一个十字路口踯躅了许久。忽然又想起父亲的另一个老部下董宗本。此时董宗本正在随州刺史任上。赵匡胤决定再北上随州，找董宗本碰一碰运气，他不相信这世上当官的都是势利小人。

经过几天的跋涉，他终于来到了随州刺史行辕，他让门卫进去通报了姓名。董宗本在十几年前与赵弘殷交情不薄，他倒不是那种以暂时的得势、失势论高低的人，而是比较看重旧情，而且很有些怜悯之心。当他看到老上司老朋友的儿子落魄至此，心里很不是个滋味。他紧紧拉着赵匡胤的手，仔细端详了一阵，然后慨然说道："贤侄不用着急，就在我这里住下，我一定竭尽全力寻找门路，为你谋一件称心的差事。贤侄名将之后，定会前程似锦。"

董宗本当晚便在自己的府邸设下盛大的宴席，为赵匡胤接风洗尘，并专门派人把自己的儿子，年龄与赵匡胤差不多的董遵诲叫来作陪。以后的几天里，一直让儿子陪伴着赵匡胤，从各方面照顾他，以解除他远离家门的寂寞。

对于董宗本的一片好意，赵匡胤感激不尽。他离家出走已经大半年了，四处奔波数千里，这次能被收留，就像回到自己的家里一样，倍感温馨。

但是他却没有想到，这位公子哥儿董遵诲却十分高傲孤僻。他自恃是将门之后，又自幼研读兵书，便打心眼里瞧不起赵匡胤，不仅故意冷落他，还有意寻衅嘲讽，欺辱这个外地客人。

这天上午，董遵诲来到了赵匡胤的居室，高傲地往椅子上一坐，要与赵匡胤谈论兵法战策。他坐下不久，便劈头问道："听说贤弟雅好兵书，详知古之战事。愚兄有一事苦思不解，贤弟能否不吝赐教？"匡胤忙道："小弟不敢班门弄斧，但亦愿与仁兄切磋一二。"董遵诲道："唐代宪宗朝，削平藩镇作乱，曾有一场有名的奇袭战，贤弟可知是哪次战斗？"匡胤笑道："最成功最著名的，自然是'李愬雪夜袭蔡州'一役。"董遵诲道："李愬所率领的这支队伍，当时是屡战屡败，士气极为低落，何以能在大雪之夜出奇制胜？这又暗合了兵法哪一条？"匡胤应声答道："《孙子兵法·九地篇》云'投之亡地然后存，陷之死地然后生'，李愬深知自己所率领的是一支多次战败、士气低落的军队，便有意选择大雪之夜，将士卒置于环境恶劣、险象环生的死地，然后由'不虞之道，攻其所不戒'，从而使此役一举成功。"董遵诲又问道："既是'置之死地而后生'，三国时赤壁之战，曹操八十万人马被大火围困，可谓凶险无比，为何惨败？"匡胤道："那是因为周瑜、诸葛亮巧用孙子兵法《火攻篇》，'行火必有因，烟火必素具，发火有时，起火有日'。火攻前有充分的准备，尤其备好了各种火具，又选择了干燥有风的最有利的天气，放火后，乘混乱之时以主力配合进攻，其取胜是必然的。而曹操骄矜轻敌，舍陆战之长而就水战之短，又疏于戒备，面对奇袭惊慌失措，焉能不败？"董遵诲见正面提问难不倒赵匡胤，便又随口提了许多刁钻古怪的问题，想使赵匡胤出丑，借机加以羞辱。谁知赵匡胤虽于文章翰墨不甚精通，对于兵书却已烂熟于胸，仍是侃侃而谈，不仅对答如流，词锋甚健，而且还旁征博引，深有见地。结果倒弄得董遵诲非常尴尬，一时恼羞成怒，涨红着脸讥讽道："仁兄如此博学高才，胸有韬略，何以竟破衣烂衫，居无定所，形同乞儿一般？"

如此尖刻直露的嘲讽，赵匡胤怎能忍受得了？他冷笑一声，反唇相讥道："以贤弟的说法，你每日鲜衣华服，食不厌精，就该是经天纬地之才了。可惜得很，也不过金玉其外，败絮其中罢了。"说罢，独向一边坐着，不再搭理这个傲气十足的纨绔子弟。

董遵诲碰了一鼻子灰，直气得手指发抖。在这个小小的随州城里，他是

宋太祖赵匡胤

颐指气使惯了的"董衙内"，又仗着有些武功和小聪明，怎会甘心败在这个流浪汉的手下？二人沉默了好大一会儿，他又突然煞有介事地问道："小弟这几天夜里常常做梦。梦见登上一个高台，台下紫云如盖，有一深池，池中养着一条黑蛇，长约百尺。忽然风雨雷电大作，那黑蛇化作一条赤龙向东北飞去。以仁兄之见，此梦是凶是吉？"匡胤随口说道："龙可豢，非真龙；虎可搏，非真虎，此理甚明，何须多言？"董遵诲又问道："那么依贤弟看来，那条飞腾而去的赤龙是指谁呢？"闻听此言，匡胤抬眼看看他那已被怒火烧得变了位的五官，知他心怀不善，已生歹意。当下便冷冷地说道："智小者不可以谋大，趣卑者不足与谈高，赤龙为何物，日后自知。请转告世叔刺史大人，在下叨扰多日，不胜感激，容他日相报，赵某告辞了。"说罢，收拾行囊，提着蟠龙棍，头也不回地大踏步离开了刺史府，向随州城外走去。

这种寄人篱下的屈辱极大地伤害了赵匡胤的自尊心。他再一次强烈地感受到，人活在这个世上，没有权势，没有地位，就必定要遭人白眼。他在心里暗暗地叮咛自己，一定要闯出一条血路，干出一番惊天动地的事业，让这些势利小人们看看。

赵匡胤离开随州后，又一次沿着汉水向西北方向走去，他追寻的目标依然缥缈而又遥远，但他坚信自己一定能找到它。

但是，赵匡胤身上的川资已经所剩无几，又无亲友可投，真是穷愁潦倒，四顾茫然，一路上常常是饥一顿饱一顿，有时候还得饿肚子。俗语道，"一文钱难倒英雄好汉"，赵匡胤正面临着这种狼狈的境地。此时，他又一次过了黄河，双脚已经踏上黄河北岸的大堤。这里离故乡洛阳，离东京开封已经不远了。掉头向东，没有几天的路程便可以到家。一瞬间，赵匡胤的心里闪过了回家的念头。家里多好啊，有严父慈母、娇妻幼弟，有儿时的朋友，熟悉的邻里，日有美食，夜有暖席。他真想掉转头向家里大步飞跑。可是他并没有这么做。大丈夫"开弓没有回头箭"，功业不就，一事无成，何以见"江东父老"？他又想起了王彦超送他那五两银子，那时不该意气用事，若是带上，眼下或许不会这么狼狈。但一刹那间，他又为自己有这种想法而感到脸上发热。"饿死不食嗟来之食，渴死不饮盗泉之水。"堂堂七尺汉子，岂能向这般势利小人折腰？他勒勒腰带，又大步向前走去。

但越往北走，便越是满目凄惨。大地一片荒芜，蒿草比庄稼还高。百姓们大多背井离乡，纷纷逃难去了。满坡里看不到个种地的。沿路的客栈、酒肆都关门歇业，他们已没有东西可卖了。

　　好不容易碰到一个集镇，虽说赶集的人稀稀拉拉，但总算有了点人烟。他老远便闻到一股肉香，直往鼻孔里钻。见一圈人围着，便急忙跑过去。原来是个卖狗肉的。一打听，价钱高得惊人，五百文钱一斤。他兜里总共还有三百文，还得留着在最关键的时候救命。他迟疑了半晌，还是没舍得买，便继续向西走去。快出集镇了，又有一股香味迎面扑来，直往他的五脏六腑里钻。他走近肉摊，见那肉煮得细腻鲜嫩，十分诱人。忙问道："掌柜的，这肉多少钱？"卖肉的道："一百文一斤。"赵匡胤大感意外，刚才的狗肉五百文，这肉为何这么便宜？便又问道："是什么肉这么便宜？"卖肉的皱着眉头道："我说客官，这年头能救命就行了，你管他是什么肉干啥？"赵匡胤想想也是，管他死猫烂狗，先填饱肚子再说，别人也都在买，量也没有毒药。他狠狠心买了一斤，急忙蹲到墙角准备饱吃一顿。这时一位老者走过来问道："这位公子不是本地人吧？你可知道这是什么肉？"赵匡胤道："在下不知。"那老者看看卖肉的，对他小声说道："这是人肉！是从那些路过此地饿死的人身上割的肉。咳！这年头，人们饿急了眼，明明知道也不肯说破，自欺欺人。公子若是有一线生路，还是不吃为好。"听了这几句话，赵匡胤拿肉的手就像被蝎子蜇了，猛地一哆嗦，忙将肉扔在地上。虽说还没有吃，却像生吞了一条毒蛇似的，肚子里翻江倒海一般干呕起来。他爬起身来，疯了一般冲出了集镇。人吃人的事，史书上有过记载，小时候也听大人讲故事讲过，可万万没想到真让他赵匡胤碰上了。这个国家，这个朝廷，看来是非砸烂不可了。

　　赵匡胤独自一人继续赶路。他已经一天没吃东西了，肚子里咕咕乱叫，直饿得两眼发黑。傍晚的时候，他忽然发现路旁的地里种着莴苣，也是饥不择食，便急忙跑到地里，拔出几棵莴苣，用手擦了擦泥土，便狼吞虎咽地啃了起来。忽然，他听到身后有人说道："可怜，可怜。义士为何饿成这般模样？"他回头一看，原来是一位道冠破烂不堪、浑身灰土、蓬头垢面的道士正笑嘻嘻地看着自己。赵匡胤一时十分难堪，满脸羞得通红，不知说什么才好。

　　那位道士就住在不远处的一座道观里，这片莴苣正是这道观里种的。那道士并不怪罪他，反把他请到观内，做了上好的斋饭盛情接待了他。

　　这道士是个怪人，无名无姓。有时自称"混沌"，有时又说自己叫"真无"。虽是出家人，却嗜酒如命，每天都醉得一塌糊涂。看上去放浪形骸，行为怪诞，相谈之下却满腹经纶，对世事洞若观火，颇多真知灼见。他将赵匡

宋太祖赵匡胤

胤留于观内，每日酒肉款待，高谈阔论，相处得十分融洽。十几天以后，他对赵匡胤说："当今天下兵祸不断，干戈四起，而各地拥兵自重者却是泥沙俱下，鱼龙混杂。但真正有实力、有德望的中兴之主应在北方，义士可一直往北走，定会交好运的。"末了又神秘地说道："义士此去，鹏程万里，前程正未可限量。'龙非池中物，借雷可上天。'义士走后，贫道也要云游天下。几十年后，你我尚有缘再会。"第二天，这位神秘兮兮的道士在向北去的大道上为赵匡胤饯行。他在路旁草地上摆了几个小菜，在两个破碗中斟满酒，将一个递给赵匡胤，自己端了一个，对赵匡胤照了照说道："义士此番北去，如龙跃大海，鹰击长空。贫道若看得不错，山河将为之震荡，社稷将从此易姓。来，我们喝了这碗饯行酒。"说罢，将碗中酒一饮而尽。赵匡胤听他话说得太大，有些将信将疑。但却觉得这话暗合了自己之前在庙里抽的圣签，心中亦十分激动，也便把酒喝了。然后，两人你一碗我一碗，尽情纵饮。但不管赵匡胤再问什么，那道士都只笑不答。不一会儿，那道士又喝得烂醉，嘴里不停地哼着一首不知名的曲儿。这曲儿又轻又细，像蚊虫声嘤嘤传来。赵匡胤仔细听时，却听清了"金猴虎头四，真龙得其位"两句。哼完后，那道士一头躺在草地上大睡起来。

半个多时辰以后，道士霍然醒来。赵匡胤问他刚才唱的什么，他却笑嘻嘻道："醉话、醉话，不可当真。"说完，从袖里取出几两白银送给赵匡胤便催他上路。自己也不辞而别，飘然离去。这道士临行时的一番话使赵匡胤又像一只鼓满了风帆的航船，义无反顾地径直向前驶去。

第八章　剪除恶人　婉拒芳心

赵匡胤按照那道士的指点，一路径取西北方向而行。这日来到太原地面，忽觉得头晕目眩，两腿发软，周身酸疼难忍，一阵阵咳嗽不止。也不知得了什么病，难以继续赶路，只得到附近一座寺庙清凉寺借宿一宿。

那清凉寺的住持智真长老也是一位得道高人，面容清癯，双目矍铄。赵匡胤向他说明来意，那高僧见他面色灰白，知道病得不轻，连忙将他让进僧舍。先唤来一个小沙弥烧了开水，让匡胤喝了。然后扶匡胤躺下休息一会儿，便为他号脉。号过之后，也不说话，连忙去阁楼上取下几个陶罐，从罐里抓出几把草根树皮之类的东西放在一个砂锅里，倒上清水，以慢火煎熬。

匡胤躺在铺上，静静地看着他，心里只感到一阵阵莫名的感激和温暖，轻声问道："这位长老，不知在下得的是何病，是否有碍？"智真看看他说："你长期疲劳过度，又感风寒，未加及时调治，病入肺经。若再不治疗，恐要酿成大病。今日遇上老衲，也是咱们的缘分。服过几剂药，在此安心将养几日，老衲保你康复如初。"

药煎好之后，智真长老服侍赵匡胤将药喝下，二人又说了会话便各自安歇了。

赵匡胤在清凉寺将养了十几日，病已大愈。这日智真长老有事出门，便对匡胤说道："公子可静坐休养，你的病刚刚见好，切不可到处走动。"

智真走后，赵匡胤独坐禅房，哪里耐得住寂寞？心想：就是不到寺外街坊中游荡，总该在这寺庙内闲逛一会儿。来了这里数十日，一直足不出户，连这清凉寺是什么样子都不知道。慢慢地溜达溜达，谅于这病情也无碍。

想着，他便拽上房门，走到院内，绕殿游玩。先看了大雄宝殿和东西两廊，又穿过一个便门，但见一处处殿宇巍峨，规制宏大。院内苍松翠柏，粗可合抱，足见此处是一座千年古寺。大殿的石阶和院中的砖铺甬路上都长满了暗绿色的青苔，尽管已是巳时末刻，寺内仍不见一丝阳光，更显得森严肃穆，还略透着一种让人恐惧的气氛。

赵匡胤转到最后一排，见有一殿，上写"降魔宝殿"四个大字，殿门上着锁。他信步绕殿转了转，心想这里无非是传说中的阎罗、判官、小鬼之类，也没啥可看的。正要转身往回走，忽然隐隐约约听到一阵幽幽的哭泣之声，不禁打了个冷战。他怀疑自己听错了，光天化日之下，在这紧锁的大殿里，难道会真有鬼魂在哭泣？可就在这时，却又有哭声传来，而且分明是一位女子的哀泣之声，他不相信有什么鬼神作祟之事。这哭声实在蹊跷，清凉寺乃是出家人的住所，清静无欲的佛门净土，缘何会藏有妇人在此？其中必有见不得人的事情。且去向那小沙弥要来钥匙，打开殿门看看再说。

赵匡胤回身来到前房，找到那小和尚要降魔殿的钥匙，小和尚说道："施主有所不知，此殿门的钥匙由我师父亲自掌管。这里有机密大事，师父不准闲杂人等近前。"

赵匡胤一听此话，禁不住心中大怒，暗想道："好个智真长老，看他道貌岸然，慈眉善目，只道是位得道高僧，却不料背地里却干这些男盗女娼的苟且之事。怪不得三番五次嘱咐我只在室内静坐，不要外出闲逛，原来是干这等勾当。也罢，你想把俺蒙在鼓里，俺偏要打开殿门，弄出那女子，看你如何解释？"

想罢，赵匡胤转身走进自己房内，提了蟠龙棍趔出房来，正要向后走去，不料正碰上智真从寺外回来，当即怒冲冲地追了上去，厉声喝道："降魔殿内锁的是什么人？你身为出家之人，竟干下如此好事！"

智真出其不意，愣了一下道："我一个年近七旬的老头子，又是出家人，戒欲之身，能干什么事？"赵匡胤道："那降魔宝殿里为何有妇人哭泣之声？若不是见不得人的事，为何将她锁在那行人不去的地方？此事若不说个明白，我赵某与你没完。"

智真长老见事已暴露，再难隐瞒，只好低声说道："公子息怒，你错怪老衲了。"赵匡胤冷笑道："一个大活人被锁在那里，还说错怪了你。你且说，那殿内锁的是不是个女子？"智真道："正是。"赵匡胤道："这不就得了，你寺庙之中拘押一个良家女子，岂不是见不得人的事？"

智真长老这几日与赵匡胤相处，见他谈吐不俗，彬彬有礼，还道是个儒雅倜傥的后生。不料此时额上青筋暴跳，目中火光灼灼，竟是一个疾恶如仇、性情刚烈的汉子。一时不敢说出实情，怕他惹出祸端，便说道："虽是个妇人，但却不关本寺大小僧众之事。"赵匡胤听他说得闪烁其词，话中有话，便穷追不舍："你身为住持，乃一寺之主。现在这妇人就锁在你寺中，怎说与你无关？究竟是怎么回事，你须要说个明明白白，倘有半点欺瞒，休怪俺赵某翻脸。"

智真见这年轻人动了真火，满脸杀气，眼露凶光，知道此事再也瞒不过去，便只好如实说道："这女子乃是两个响马不知从何处掳掠而来，于一个月前寄放本寺，托我等替他好生看管侍候，若有半点差池，便要血洗本寺，杀个鸡犬不留。老衲为保全本寺，只好尽心看管。因公子一直在病中，此事便未曾对你说起。"

赵匡胤道："这两个响马现在何处？"智真道："那日放下这女子就走了，也不知此时去了哪里。"赵匡胤哪里肯信，以为是这长老在撒谎哄弄自己。便说道："岂有此理，快打开殿门，待俺亲自问过那女子才知真假。"说罢，单手提了蟠龙棍，大踏步向后走去。

智真料知难以阻拦，便只好随后跟来，将殿门打开。殿内那女子听到响声，以为又是歹人来了，吓得愈发大哭起来。匡胤性急，将殿门一脚踢开，迈步跨了进去。只见那女子哆哆嗦嗦，早躲在神像后面缩成一团。身上那件又脏又皱的绸缎衣裙竟像秋风中一片片树叶子在一个劲地簌簌颤动。

匡胤见她吓成这个样子，心中顿生怜悯。他放下蟠龙棍，慢慢走近这个女子。但见她不过十七八岁，眉扫春山，目横秋水，乌发虽然蓬乱，却是油泽光亮如漆。宛如凝脂滑玉般的脸庞上犹自挂满了泪珠。蹙眉含愁，哀怨凄切。匡胤温言说道："小娘子，你休要惊慌，俺并非那奸淫邪恶之徒。你且说家居何处，何人将你诱骗至此？如有不平，不管是天王老子，俺赵某也定要给你做主。"

那女子这才稍稍定了心，举袖拭泪，深深地向赵匡胤施了一礼，泣声问道："请问这位公子如何称呼？"智真长老在一旁接口道："这是东京汴梁来的赵公子。"那女子这才抽抽咽咽地向匡胤细道原委，还没说上两句，眼泪早又像断了线的珠子扑簌簌地滚落了下来。

原来这女子也姓赵，小字京娘，是蒲州人，今年才十七岁。月前跟随其父来阳曲县还香愿，在往回走的路上遇上了两个响马。在这个混乱动荡的年代，本是盗贼蜂起，强梁如蚁，拦路截劫者随处可遇，无非是劫掠行人的金银财物，一般不伤人性命。这两个响马，一个叫张广儿，一个叫周进。他们聚众起事才几个月，手下不过七八十个喽啰，尚未成大气候。一见京娘姿色出众，是个百里挑一的美人儿，便有心掳上山去做压寨夫人。因此便饶了她父亲的性命，将京娘抢到附近的一座山神庙中。

可是张广儿、周进此时都没有夫人，谁都想与京娘成亲，为此互不相让，争执不休。议论了两三天，又觉得为一个女人伤了兄弟的和气有失绿林义气，因此便决定把京娘暂寄在清凉寺，发誓再寻一个与京娘同样美艳绝伦的女子，兄弟二人同时成亲。那二人去了一个多月，至今未回，兴许是还未寻得美貌女子。

赵匡胤听她哭诉完，才知智真长老所言不虚，连忙向智真躬身施礼道："适才在下甚是粗鲁，冲撞了长老，还望海涵。不过这京娘既是良家妇女，被强人逼迫至此，俺赵匡胤却不能见死不救。"说罢又对京娘道："赵小姐休要惊慌，万事有俺赵某在此，此番定会让你重回故土，再见爹娘。"

京娘仍是满面愁容，轻声说道："虽承公子美意，将奴家释放出虎口。只是奴家离此尚远，沿途强人不绝。奴家一个孤弱女子千里跋涉，弄不好只会才出虎口，又进狼窝。"

赵匡胤笑道："小姐只管放心，俗话说，救人救到底，送人送到家。俺赵某并无大事在身，就一直把你送到家中。"京娘听罢，感激万分。她深情地看了赵匡胤多时，忽然双膝跪地，连连磕头道："若蒙如此，您便是京娘的再生父母。"赵匡胤慌忙将京娘扶起道："救危扶困乃是人之常情，何须行此大礼？"

他们这边说着，智真长老在一旁却像热锅上的蚂蚁，惶惶不安。他捅了下赵匡胤，把他叫到一边说道："赵公子，此事还要三思而行。那两个强人十分厉害，如今贼巢初创，气焰正盛，连官府都禁捕不得他们。你今日将这小娘子救走，这是大仁大义之举，按说我理应赞同。只是那响马回来时，向我要人，我等难辞其责。这满寺数十名僧人都要遭血光之灾，这可如何是好？"

赵匡胤却朗声笑道："如今这个世道是撑死胆大的，饿死胆小的。胆壮者横行天下，小心者寸步难行。长老放心，俺赵某一生见义必为，逢恶必除。那两个响马再厉害，也不过一个鼻子两只眼，我视他们不过虫蚁一般。既然你们出家人胆小怕事，我便留个记号在这里。那响马来时，你只管推在俺赵某身上就是。"说罢，突然抄起蟠龙棍，向着那殿里的窗户恶狠狠地打了下去。便听"噼里咔嚓"几声响，窗棂早被打得粉碎，接着又抡动棍子一阵乱砸，那四扇门也被打得东倒西歪，七零八落。

赵匡胤打完又对智真笑笑："响马来问时，你只说东京赵大郎打破殿门，救走了京娘。冤有头，债有主，他们若不怕死，就让他们往蒲州一路追俺便是。"此时，那个小沙弥早吓得战战兢兢，远远地躲到了一边。智真长老也惊得面如灰土，哪里还敢说别的？愣了半晌才说道："此去蒲州路途遥远，一路甚不平安，独马单行尚不安全。公子今日又有一个小妇人牵绊，须要小心才是。"

赵匡胤说道："多谢长老提醒。想那汉末三国之时，汉寿亭侯关云长千里走单骑，过五关斩六将，护送两位皇嫂，直到古城与刘皇叔相会。义薄云天，威震四海，是何等的英武！如此行事才算得真男儿、大丈夫。俺赵匡胤今日正欲学学这古人的千秋大义。"

智真听他说得豪气千丈，心中也不禁肃然。沉吟了半晌又说道："虽然如此，但还有一事须要审度。"匡胤道："还有何事？"智真道："古之圣贤立下规矩，男女坐不同席，食不共器。赵公子千里护送小娘子，虽是出于至诚，一片好心，但外人怎知实情？见你少男少女同行一路，朝夕相处，必生嫌疑，若被那搬弄是非的小人乱加议论，岂不辱没了公子的名声？"

赵匡胤听罢忍不住笑了起来："长老莫怪我说，你们出家人惯于造作矫情，里外总是不一。但凡是个顶天立地的汉子，只要自己行得正，哪管他人如何议论。岂不闻古人云：'岂能尽如人意，但求无愧于心。'"

智真长老见他主意已定，再多说亦无益，便问道："公子打算几时起程？"赵匡胤道："明早便行。"智真道："既如此，贫僧今晚略备薄宴，为公子和小姐饯行。另外，此去路途遥远，小姐弓鞋窄袜，不便徒步。贫僧为公子行侠仗义的古道热肠所感，愿出资雇一乘小轿，送小姐上路，也算本寺的一点心意。"赵匡胤和京娘都连忙道谢。

当晚，智真命僧徒们在清凉寺摆下酒席，赵匡胤和京娘一块入席。席间，匡胤对京娘道："赵小姐，适才长老说道一路上你我同行，恐生议论。我意欲借长老的酒席与小姐结为兄妹。俺姓赵，小姐也姓赵，五百年前本是一家，我们从此以兄妹相称如何？"京娘道："公子乃是贵人，奴家不敢高攀。"智真道："你二人既要同行，如此最好。"便呼来僧徒，摆下香案，铺设拜毡，京娘望着赵匡胤便拜，口中说道："兄长在上，请受小妹一拜。"匡胤慌忙还礼回拜。二人又一块拜谢了智真长老，大家再复入席，谈东论西，直饮至二更天，智真把自己的卧房让与京娘睡了，他与匡胤在外厢同宿一宿。

五更鸡鸣，东方欲晓，智真长老早早起身安排了早点，又备些干粮牛脯为路上之用。此时，一乘小轿早停在寺外大门口。匡胤扮作客商，京娘扮作村姑，不施脂粉，换了身粗布衣衫，戴顶雪帽，低低地遮了眉眼，款款走进小轿。两个轿夫抬了，径往蒲州大路而行。赵匡胤对智真长老及众僧人连连施礼，千恩万谢作别，紧随小轿赶路。

宋太祖赵匡胤

几日后他们来到了汾州介休县境内，天色将晚之时，走到一个黄土岗埠，地名叫作黄茅店。这里原来本是一座村落，因为世道混乱，盗匪四起，村人都逃散了，只剩下一家小店接待四方客人。

赵匡胤见再往前走尽是旷野，恐无歇肩落脚之处，便对京娘说道："贤妹，往前再无人家，就在此处安歇，明日再行如何？"京娘道："小妹只听恩兄安排。"店小二将众人接进店内，安排京娘一个房间，匡胤与两名轿夫一个房间，端来洗脸水让众人洗过脸。那店小二见京娘摘去雪帽，满头乌发如黑色瀑布一般，油光水滑，娇面含羞，眉清目秀，一时竟看得呆了，心里道："天下还有如此美貌的女子。"当下把赵匡胤叫到一边问道："这位小娘子是客官什么人？"匡胤道："是在下的妹子，小二哥有何话说？"那小二皱皱眉道："不是小的多嘴，山高路远，您不该带着这样一位美貌女子同行。"匡胤道："这是为何？"店小二压低声音说道："离此十五里，有一座介山，地广人稀，山高林密。近日新来了两个强人带着手下打家劫舍，扰害地方。这强人一个唤作张广儿，一个叫周进。听说正在到处搜寻年轻美貌的女子，单选那姿色十分出众的，要抢来做压寨夫人。适才我见客官所携小娘子容貌体态可算是惊世绝俗，若让那强贼遇上，恐遭不测。以此提醒客官，路途之上千万小心！"

赵匡胤听罢不禁哈哈大笑道："原来是这两个鸟贼在此筑巢，俺赵某恰要找他们算账，为地方除害，正愁找不着哩。这可真是'踏破铁鞋无觅处，得来全不费工夫'。明日碰不上算他们命大，若能碰得上，定叫他们去见阎王。"说罢，对店小二拱拱手说道："多谢店家美意，承教了。"接着来到京娘房中，嘱咐她饭后安心歇息，第二天一早上路。

这一夜，待两个轿夫睡下，匡胤因心中有事却睡不稳，不时地醒来，提着蟠龙棍在京娘的房外巡查几圈。第二日天刚放亮，便叫醒京娘和轿夫，趁早赶路。日上三竿时便走进了山地，远远地见一座松林拦住去路，密密层层如泼墨一般。匡胤对轿子内的京娘说道："贤妹，前面的黑松林是一险要处。若有变故，休要惊慌，自有为兄在此。"

话还没有说完，便见草丛里跳出一个人来，手执钢叉，朝着赵匡胤恶狠狠地刺来。赵匡胤忙用蟠龙棍架开，顺势进棍，直向那人脑袋劈去。那人慌忙跳开，开口骂道："你这红脸的泼贼，来到俺介山还敢撒野，看俺大王不将你碎尸万段。"说罢撒腿向松林深处跑去。原来此人是周进手下的一个小头目，专在外围望风。遇到软弱无能的客商便将财货劫了，若遇上武艺高强的，便去通报周进。赵匡胤被他骂得无名火起，对京娘道："你们在此处稍等片刻，切勿乱跑。待俺到前面林子里结果了这伙恶贼再赶路不迟。"京娘道："恩兄千万小心。"

赵匡胤大步向前追去，迎面正碰上周进手持长枪，带着四五十个喽啰从密林中钻出来，对着赵匡胤大声喝道："是何方贼人敢在你周爷爷的地盘上如此放肆？"赵匡胤知道来人便是恶贼周进，顿时怒火烧心，也不答话，举棒便打。周进挺枪来迎，二人打斗多时，那些喽啰见大王不能取胜，便一齐围了上来。赵匡胤高声喊道："不怕死的都来。"竟是愈战愈勇，一条棍棒舞得如金龙罩体，玉蟒缠身，棍影飘忽，风雨不透。那班喽啰哪曾见过如此武功，转眼之间早被打倒十几个，一个个嗷嗷乱喊，哭爹叫娘。那周进见此情状，早觉胆寒，枪法大乱，瞅个机会转身便跑。赵匡胤哪里肯舍，大步追上，蟠龙棍恶狠狠地向着周进后脑勺打去，便听"噗"的一声，周进的半个脑袋都被砸飞了，脑浆和污血溅了一地。众喽啰见大王已死，狂呼乱叫着四散逃命去了。

赵匡胤赶回原地，正要带京娘上路，一看眼前的情景，一时惊呆了。那乘小轿被打得稀烂，歪倒在地，京娘已不见踪影，两个轿夫早逃命去了。

赵匡胤心下着慌，急向四下里寻找，却见京娘远远地被五六个喽啰簇拥着已过了松林。赵匡胤急忙纵身赶上，大声喝道："你们这些贼徒，快放下京娘，饶你们不死。"众喽啰见这红脸汉子追来，知道来者不善，慌忙弃了京娘各自逃命去了。

赵匡胤扶住京娘在一株松树旁坐下，十分抱歉地说道："贤妹受惊了。"京娘此时惊魂稍定，大张着口喘息了一阵才缓缓说道："一路拖累恩兄，小妹实在于心不忍。刚才那些喽啰中有两个人曾跟随响马到清凉寺，因而认得我。他们方才说'周大王与那红脸汉子交手，以大王的手段必胜无疑，我们先送这小娘子去见张大王'，因此将小妹掳走。"

赵匡胤道："周进那厮已被剿除了。也不知那张广儿现在何处，本该一块杀掉，斩草除根，不留后患，方解我心头之恨。"京娘道："但愿恩兄不要遇上那贼才好，我们也能平平安安地赶路，免涉凶险。"匡胤道："我们快赶路吧。只是那轿夫逃散，贤妹只能辛苦些了。"

二人徒步上路，山路弯弯，坎坷不平，京娘又是小脚，走不多时便已经一瘸一拐了。按说，赵匡胤就是背起京娘也比这样走得快些，况且一路上寂无一人，并不会有谁说三道四。但那时男女讲究授受不亲，赵匡胤怎敢造次？

宋太祖赵匡胤

只能折根树枝交给京娘，权当拐杖。二人一路缓行，走走歇歇，直到日落西山才好不容易走到一个小镇。二人此时都已饥肠辘辘，疲惫不堪，便欲寻家客店早早歇了。谁知一连找了几家客店，都在忙忙碌碌地安排酒菜，却不肯接待行客。赵匡胤心中犯疑，却打听不出个究竟。因带着京娘，怕生是非，只好挨家投宿。但除了几个店门，其余百姓家家关门闭户。一直走到尽头，见有一小户人家也关着门。赵匡胤上前敲了多时，不见有人答应。转身走到屋后，又轻轻地敲了敲后门。里面一个老婆婆缓缓将门打开，向外探头探脑地看了看，脸上一片惶惧之色。赵匡胤慌忙一步跨入门内，向老婆婆作揖道："婆婆休要惊慌，我是个过路客人，因各家客店不肯收留，又带着女眷，露宿甚是不便。急求婆婆容留一宿，明日一早便走。"

那老婆婆连连做着手势让他小声说话，又把京娘叫进来，便急急忙忙地关了门。赵匡胤见她这样慌乱，便怪异道："老人家，那些店家都忙着安排酒宴，是招待何方官府？百姓们何以如此害怕？"老婆婆急忙摇手道："客人只管在此安歇，休要多管闲事。"

赵匡胤更觉奇怪，便愈发要问个明白："老婆婆，俺不过是个过路客人，不会惹什么祸事。烦请老人家跟俺说说，否则这一夜俺如何安睡？"

老婆婆上下打量了他一阵，这才叹口气道："今日是那山大王张广儿从此路过，乡村里便凑钱置酒，杀猪宰羊，也是为了买静求安。除了店家张罗，百姓们谁还敢出头？"

赵匡胤听罢，心中暗想："原来如此，这狗娘养的却跑到这里来了。也是活该命短，恰巧碰到他赵爷爷手里。干脆一不做二不休，今夜就结果了这鸟贼，也绝了地方的祸根，断了清凉寺智真长老的后患。"

当下赵匡胤也不说破，先与京娘在婆婆家吃了饭，与婆婆说道："这是俺妹子，怕被强人碰着，权在婆婆家中藏匿一宿，等这大王过去之后我们便走，还求婆婆多行方便。"那婆婆道："这个好说，姑娘就与我老婆子一屋歇着，客官可在外屋将息。"

那赵匡胤待二人歇了，却趄到院里，提了蟠龙棍，将身一纵，攀上了矮墙，翻身跳到街上，径往酒店走去。远远地便听到那里人声喧嚷。走到近前一看，但见店内灯火通明，当中一人胖墩墩的，衣甲闪亮，正在大口饮酒，已喝得满脸通红，旁边店小二还在一个劲儿点头哈腰地劝酒，知道此人定是张广儿。周围还有四五张桌子，坐满了他手下的喽啰，足有三四十人。

赵匡胤提了蟠龙棍，大大咧咧地走进店内，竟冲着张广儿奔去。口里嚷道："张大王，不好了，周大王在介山遇到贼人，被人打死了。"张广儿此时已喝得有些醉意，正扯了一条鸡腿在那里大嚼。闻听此言，惊得大张着嘴合不拢。愣了多时，才"呸"的一口把满嘴的鸡肉吐出来，厉声问道："你是何人？怎知我兄弟被人所害？"赵匡胤道："我是周大王新招的部下，此事乃我亲眼所见，望大王快些前往为周大王报仇。"说着已走到近前，那张广儿腾地站起来，怪目圆睁，喊声"备马"，便弯腰去取身旁的双刀。就在这当口，赵匡胤嗖地扯出蟠龙棍，突然向张广儿拦腰扫去。那张广儿猝不及防，腰间早着了一棍，闷哼一声扑倒在地。赵匡胤又纵身上前，照着他的脑袋再补上一棍，便听"扑哧"一声，那张广儿的脑袋早成了个烂西瓜。

众喽啰见大王被杀，呼啦啦围了上来，大呼小叫地要同赵匡胤拼命。

赵匡胤一脚蹬翻了面前的酒桌，将蟠龙棍抡得刮风一般，靠前的五六个喽啰早应声倒地。赵匡胤边打边喊道："我乃东京赵大郎，自与张广儿、周进有仇，与尔等无关。现在二贼已死，尔等若要活命就赶紧散去。若有不要命的，可前来送死。"那些喽啰见两个大王都死了，山寨中无主，谁还愿白白地枉送了性命？听赵匡胤这么一喊，你看看我，我看看你，纷纷逃回山寨抢分财物去了。

赵匡胤走出店外，见张广儿的一匹千里马拴在门前的槐树上，这马身躯雄健，四腿修长，浑身紫红闪亮，犹如一团烈火。当下心中大喜，往后千里跋涉，京娘也有了坐骑。便上前解开马缰，牵着向东走去。来到老婆婆家中，也不声张，仍从后院翻进，轻手轻脚地开了院门，将马牵进，悄悄地拴在院里，便进堂屋歇息。那老婆婆与京娘早已睡熟，竟是一点儿声息也不知。

第二天一早，赵匡胤正在睡着，忽听得院外一片叫门之声，他一下子惊醒，跳起身来，提着蟠龙棍抢出屋外。打开门一看，却是店家带着乡亲们前来道谢，并将贼人所遗财帛衣物一块送来。那为首的店小二向着赵匡胤一揖道："恩公昨夜杀了山贼，为我们除了一害，我等从此不再受抢掠之苦、惊扰之害，请受我等一拜。"说罢，众人就要下跪。赵匡胤慌忙拦住，笑着对众人说："如此害民之贼，人人得而诛之。赵某路见不平，剪除恶贼，不过举手之劳，何须言谢？"

此时老婆婆与京娘听见声音也都纷纷起床。众人与老婆婆、京娘相见，告知她们昨夜除害之事，大家一片欢喜。赵匡胤检点贼人财物，见有白银五百两及各类精细衣饰之物，从中取出白银五十两交给婆婆，作为一夜叨扰的谢礼。其余银两、衣饰等分文不取，全部散发给乡亲们，众乡亲自是感激不尽，千恩万谢而去。

吃罢早饭，赵匡胤告别婆婆，将京娘扶于马上，一路向蒲州走去。至晚来到一处集镇，寻家客栈歇了。匡胤仍与京娘分两房歇息。几天之内，京娘目睹了赵匡胤的一次次英雄壮举，心中甚是钦羡。又见赵匡胤对自己多方呵护，关心备至，更是十二分感动，对眼前这位英武过人的男子汉早已心有所许。这一夜京娘翻来覆去难以入睡，想起了赵匡胤的各种好，心内暗忖道："当年红拂虽是一侍女，尚能自择英雄，以托终身。切莫说我受他浩荡之恩，愧无所报，就是自己的终身大事，放着眼前这样一位真男儿、大丈夫不找，以后更托于何人？"她想到此，便翻身坐起，欲向赵匡胤说明。但转念一想，此事自古以来都是受媒妁之约，自己一个女孩子家，羞羞答答地如何启齿？若是不说，他一个粗直汉子，如何知道我的心事？这样左思右想，一夜不曾合眼。不觉五更鸡鸣，赵匡胤起身备马，欲与京娘趁早赶路。这京娘自昨夜添了心事，又不能明说，心中闷闷不乐，一路之上便推说腹疼难忍，几次解手。要赵匡胤扶她上马，又扶她下马，一上一下，将身体偎贴着赵匡胤，挽颈勾肩，十分亲昵。到了晚间宿下，又嫌寒道热，让匡胤替她减被添衾，无非是要引那匡胤动心。

人非铁石，面对这软香温玉，岂不动情？无奈赵匡胤生性刚烈，既已定了兄妹的情分，再也不敢胡思乱想。这一切都假装不知，只是尽心服侍。

如此又行了三四日，来到曲沃地界，离蒲州只有三百余里了。这夜宿于一家荒村小店，因投宿晚了，店内几乎客满，只剩下一个小房间，内设单床一张。实在没有办法，兄妹二人只好同宿一室。赵匡胤让京娘睡在床上，自己坐在椅子上假寐，打算这样挨过一宿。

京娘口中不说什么，心里却在不停地嘀咕："如今就要到家了，只是这样怕羞不说，坐失良机。一旦到家，赵兄定然离去。从此天各一方，两地茫茫，这事就算彻底吹了，此生悔之何及？"

看看天交二更，万籁俱寂，四宇无声。赵匡胤徒步赶了一天路，身子疲乏，虽说坐在那里不甚舒适，但却熬不住困倦，早已朦朦胧胧地睡了过去。睡了一会，忽然听到有抽抽咽咽的啜泣之声。猛地惊醒，抬眼望时，却见京娘犹自未睡，坐在昏黄的灯下低声哭泣。匡胤顿时慌了，忙走上前去问道："贤妹因何事如此伤心？"京娘泪眼婆娑地看着匡胤，凄然说道："小妹有句腹心之言，说来又怕唐突，憋在心中数日，还请恩兄莫怪。"匡胤道："你我既是兄妹，情同手足，有何话但说无妨。"京娘这才款款说道："小妹深闺娇女，从未出过远门，只因随父进香，误落贼手，险遭不测，幸亏遇上恩兄。倘若不遇恩兄，贼人相逼，小妹宁受刀斧，死亦不从。此身实乃恩兄所赐。恩兄不仅将奴家脱拔苦海，而且千里相送。又于途中杀死贼人，为妾报了血海深仇，也为地方永绝了后患。此恩诚如重生父母，无可报答。倘恩兄不嫌小妹丑陋，今生今世愿随恩兄铺床叠被，使小妹能稍稍报效大恩于万一。不知恩兄能否俯允，因此踌躇再三，羞于开口。"

匡胤听罢，不禁笑道："贤妹此话大谬。俺与你萍水相逢，所以挺身相救，不过出于恻隐之心，并非贪你美艳之貌。若是有觊觎之心，做苟且之事，又与那两个劫掠你的贼人有何区别？况且你我同姓，又结拜为兄妹。若再行婚配，岂非乱伦？此事万万不可，小妹切勿乱说，惹人笑话。"

京娘一时语塞，愣了半晌又说道："恩兄休怪小妹多言，俺并非那种水性杨花、淫污苟贱之辈。只因此贱躯余生，尽出恩兄所赐。此身之外，别无报答。不敢奢望与恩兄婚配，能做个妾婢，服侍恩兄一日，死亦瞑目了。"说罢又哽咽着哭了起来。

匡胤心中一阵热辣辣的，胸膛在剧烈地起伏，呼吸也急促起来。他知道，这京娘对自己是动了真情，但他不能自食其言。特别是在这种情况下，少男少女深夜独处一室，心猿意马稍一游动，便会像烈火干柴无法控制。因此他极力压制着自己的情绪，佯怒道："俺赵某乃顶天立地的汉子，一生正直，从不欺人。你把俺看成那班施恩望报的小辈，假公济私的奸人，成何道理？倘若你邪心不息，俺便撒开双手，再也不管闲事。那时休怪我有始无终。"

京娘见他突然变得声色俱厉，立时双颊绯红，又羞又怕，无地自容。战战兢兢地站起身来，深深下拜道："恩兄息怒。奴家乃一女流之辈，坐井观天。只知古时有个坐怀不乱的柳下惠，还未肯深信。不道今日真正的柳下惠就在眼前。万望恩兄恕妾身轻薄之罪。"

赵匡胤见京娘说得可怜，心中一软，息了怒气，又笑着说道："贤妹也休要过于自责，此事原无大错。只是俺赵某生性如此，本因路见不平，为义气二字才千里相送。今日若因私情坏了义气，前面的一片真心都成了虚情假意，岂不要惹天下人笑话？"

京娘叹口气道："恩兄高风亮节，俗人难及。只是妾身此生不能补报大恩，只有到来世再衔环结草了。"

匡胤又再三宽慰京娘，让她安心睡了。自己便坐在椅子上打盹，直至天亮。

自此以后，京娘愈加敬重匡胤，匡胤也如亲哥哥一般仔细呵护着京娘。数日之后，看看来到蒲州地面。又行十几里，京娘在马上遥遥看到自己的村子，禁不住伤感落泪。

再说村内赵员外，自从女儿京娘被贼人掳去，自己只身逃回村里，每日与妻子相对落泪，几番派人前去打听，却哪里有半点消息？眨眼之间，两个多月过去了。这日赵员外闷坐在屋里，正在长吁短叹。忽有一个庄客进来禀报说京娘骑马回来了，后面有一红脸大汉相随，手里拿着一条棍棒，甚是威武，现已到庄院门口。赵员外听说，忙起身往外走，忽又停下身来，口中嘟囔道："真是京娘回来了？别是那些响马来讨要嫁妆吧？"其妻子哭道："若是响马，怎会只一个人来？再说就是响马来了，也得见见我的女儿。"说着便摇晃着颤巍巍的身躯向外跑去。

赵员外又喊儿子出去相迎，儿子赵文却道："虎口里哪有吐出的肉？妹子既被响马劫去，岂有回转之理？想必是有那相貌相同之人被那庄客看走了眼。"话还未说完，京娘已经搀扶着老母哭哭啼啼地转至中堂。见了父亲、兄长，连忙施礼，父女、兄妹相对痛哭一场。赵员外这才问起女儿如何脱身虎口，平安回家。京娘便将贼人把自己锁禁清凉寺，幸遇赵公子挺身相救，认为兄妹，又不远千里护送，途中连诛二贼等事一一哭诉了一遍。赵员外慌忙将赵匡胤请于堂内，叫过儿子赵文，父子二人倒身便拜。匡胤哪里肯受，扶住二人道："我与京娘既结为兄妹，员外便是在下的长辈，焉能受此大礼？"赵员外道："小女之命乃英雄所赐，若非恩人仗义相救，我女必陷贼窟，我父女永无相见之日了。"说罢，便让妻子、儿子、女儿都来参拜恩人，匡胤也便一一还礼。

接着，便命庄上宰猪设宴，准备款待匡胤。

这边，赵文却把父亲叫到厢房内说道："妹子被贼人劫去，家门不幸。今又随赵公子千里迢迢归来。常言道：'人不利己，谁肯早起？'赵公子风尘仆仆，千里奔命，岂无缘故？必是与小妹有情。如今妹子经历了这许多风波，于'清白'二字再也说不清楚。'好事不出门，坏事传千里'，日后谁还肯来相聘？依儿子之见，不若就把妹子许与赵公子，省得外人议论嚼舌，岂不两全其美？"

赵员外本是个随风转舵并无主见的人，听了儿子的话，自然觉得有理，便让妻子去对女儿说。

那老太婆见赵匡胤气宇不凡，也自欢喜，便到女儿闺房中与她说道："你和那赵公子千里相随，朝夕相处，定是已把身子许过他了。如今你哥哥与你爹要将你许配给赵公子，不知你意下如何。"

京娘急忙道："赵公子生性耿介，正直无私。与孩儿结为兄妹，便与嫡亲一般。一路之上虽说照顾周至，却绝无轻薄之意，调戏之言。但愿父母留公子在家住上十天八日，盛情接待，此事却万不可提起。"

老太婆把此话与赵员外学了，赵员外却大不以为然。这世上哪有不吃腥的猫儿？少男少女如影相随，甚至共宿一室，到头来竟会一丝儿不染，他活了六七十岁还从来没有听说过。他认定女儿早已失身，此时不过羞于开口罢了。

一会儿，宴席摆好。赵员外请匡胤坐了上席，自己与夫人坐在下席相陪，赵文左席，京娘右席。一家人频频向匡胤敬酒，匡胤也似在家中一般，并不觉拘束，也不断向二老敬酒。

酒过数巡之后，赵员外说道："老汉今日借酒壮胆，有一言相告。小女余生，皆公子所予。老汉阖门感德，无以为报。幸亏小女尚未婚配，意欲许给恩人，为箕帚之妾，不知公子以为如何。"

匡胤正色道："老前辈，不是晚辈驳您面子。实因小侄已与京娘结为兄妹，名分相关，岂能涉乱？从此以后，我只把京娘当作亲妹妹便是。"

赵文一直坐在一旁喝酒，静观匡胤举止。见他如此说，只道他在假意撇清，便冷笑道："赵公子何必如此矫揉造作？想您孤男寡女，相依相偎数十个日夜，我妹妹恐早已将贞操付与你了。如今木已成舟，不久街坊邻居也会议论纷纷，你却始乱终弃，这岂是大丈夫所为？"

赵匡胤一听此话，一腔怒火陡然从心头升起，他如何受得这等羞辱？当下便破口大骂道："你这匹夫无赖，妹妹被贼人抢去，你却稳坐家中，不设法营救，与禽兽何异？今日俺为义气二字，千辛万苦将你妹妹送回家来，反用此言侮辱我，又凭空污你妹妹清白。俺赵某若有贪色之心，于路上早已成亲，带着京娘远走高飞便是，何必不远千里送她回家？似你这等不识好歹，枉费俺一片热心。"骂完了仍不解恨，越想越气，霍地站了起来，一把将桌子掀翻，径直往门外走去。

赵员外夫妇见赵匡胤动了怒，满脸杀气，早吓得战战兢兢。赵文惹恼了匡胤，自知言语冒失，也不敢上前。只有京娘跑上前去，拉住匡胤的衣襟，十分不安地苦劝道："恩兄且息雷霆之怒，就看愚妹之面，暂留几日再去。"

赵匡胤哪里肯依，一甩手摆脱了京娘，说道："贤妹好自保重，后会有期。"便提了蟠龙棍，直奔院外柳树下，解开了那匹千里马，纵身跃上马背，狠加一鞭，如飞而去。

这边京娘见匡胤受辱而去，心中就如刀割一般，一时哭倒在地。爹妈慌忙将她扶起，苦苦相劝，才勉强止了哭声，送回房去。又把儿子赵文数落埋怨了一顿，赵文又羞又恼，也赌气出门去了。

再说那赵文的媳妇，因有陌生男子到家，一直躲在内室不好露面。此时听到公婆为小姑子的事埋怨丈夫，心中甚是不快。当下便来到京娘房中，假装劝解，却暗含讥讽奚落道："妹子，虽说离别是苦事，也要想得开才是。想那红脸汉子与妹子相依相伴，共行共宿，无事也是有事。如今为了自己的清名，却不顾小妹苦衷，甩手便走，看来也是个无情无义之人，还想他做甚？小妹青春美貌，还愁没有好姻缘？何须自寻烦恼。"

京娘听了此话，直气得泪流不止，卧在床上，双眼紧闭，也不答话。待嫂子走后，关上房门，爬在被卷上号啕大哭了一场。哭罢又想道："这莫非就是命？既遭强人掳掠，又遇英雄搭救。实指望以身相托，既能报公子之恩，又使奴家终身有靠。不想好事不成，反涉瓜李之嫌。就连父母哥嫂都不能体谅，何况他人？赵公子大恩不能相报，却于其清名有污，可谓好心办了坏事，此皆奴家之罪。似此薄命，不如当初死于清凉寺中，也省去许多是非，大家都落得干净，如今悔之不及。千死万死，不过一死，今日奴家便以自己一死还赵公子一个清名，也表奴家贞节之心。"想罢，提笔在手，饱蘸浓墨，就在闺房白壁上题诗一首道：

> 天付红颜不遇时，
> 恶人凌辱亲人弃。
> 今宵一死酬公子，
> 彼此清白天地知。

题诗已罢，又哭泣了一会儿，"扑通"跪在当地，向着空中拜了四拜，口中念道："公子，京娘这厢有礼了。您的厚恩高情只有来生再报了。"拜毕，爬起身来，将白罗汗巾悬于梁上，投缳自尽。

京娘父母就住在女儿隔壁，开始听女儿哭哭啼啼，便在门外相劝。后来见里面声息皆无，忙去推门，那门却关着，再叫女儿无人应声。一时着慌，忙高声呼唤儿子媳妇，恰恰赵文垂头丧气地从外面回来，听父母叫得惶急，忙奔过来，奋力撞开房门，一见妹妹悬在梁上，大惊失色，慌忙搬过凳子将妹妹抱下来，平放于铺上。

此时赵文的老婆也跑了过来，见妹妹寻了短见，情知自己适才那些话火上浇油，酿成祸事，口里妹妹长妹妹短地又哭又叫，一双手在京娘胸口腹部又揉又按。幸好时间不长，经过一番折腾，那京娘终于长吁一口气醒了过来。睁眼看看父母兄嫂，"哇"的一声大哭起来。

赵文与老婆见妹妹醒来，这才把悬着的一颗心放了下来，抬头见墙上有诗，细品诗意，才知妹妹冰清玉洁，那赵公子人品贵重，二人羞愧难当，连连向妹妹道歉，并说日后定要千方百计打听赵公子去向，向他当面赔礼。

但京娘已经心灰意冷。自此以后，终日不言不语，天天在自己房里焚香祷告，口中念念有词，谁也不知她说了些什么。十几天以后，京娘提出要去离村五十里的净慈庵暂住，说是昨夜偶得一梦，只有去那里方能避灾躲祸。父母兄嫂百般劝说都无济于事，只得多捐些香火之资，把她送到了净慈庵。

第九章　华山问道　投身行伍

赵匡胤离开京娘家，向西南方向打马飞奔。走了一二日，便迎面遇上了一座高山，只见层峦叠嶂，峻石危峰。山上碧松翠柏，蓊郁浓密；惊湍飞瀑，如雷轰响。一卷卷白色的云团在半山腰里飘荡缠绕，刀削一般的山峰如一柄插天长剑直刺入云层深处，向人打听，才知道已到了天下有名的西岳华山。

赵匡胤见天色尚早，便想趁此机会游一游这名山大川。心想，古人云："山不在高，有仙则名。"这华山乃自古名山，定是卧虎藏龙之地，说不定会遇上几位英雄或高人，能得结识，也不枉此行。他下了马，缓步上山，一边走，一边四下观看。

这西岳华山真如一幅巨大的水墨画一般。翠峰如黛，涧流潺潺，似飘动的千丈白练。偶尔有麋鹿惊起，如利箭般远射而去。头上的树枝中时有猿猴在蹦跳嬉戏，远处又不断传来担柴樵夫那雄浑高亢的歌声。正走着，忽见远远的山洞之前有两个老人在下棋，一个是道长打扮，另一个却是年老樵夫，二人都须髯花白，已是古稀之人。赵匡胤想道：在这万山之中人迹罕至之处对弈，真乃旷世雅趣，千古高风。心里这样想着，脚下早不知不觉地向那边走去。

走到近前，却见松柏参天，遮蔽了日光。两个老人倚松靠石，对面而坐，中间是个石台子，台子上端放着一个白玉石做的棋盘。棋子也是白玉石做的，一边镌刻红字，一边镌刻黑字。二人执子对弈，正杀得难分难解。赵匡胤悄然走到樵夫身后观看。只见这棋已下到中盘，双方旗鼓相当，势均力敌。那老道思量了一阵，却用了一个舍炮取将之势。当顶炮被黑马踏着，他却不管，而把车摆到左肋。那老樵夫未及细看，就要拿马吃炮。赵匡胤一看樵夫上当，下面暗藏死招，不禁失口，猛地喊道："吃不得。"那老道听到有人说话，抬头看了赵匡胤一眼，甚是不悦。老樵夫听了赵匡胤之言，将马按下不动，又仔细将满盘棋子打量了一会儿，点头会意。原来对方在自己的底二线卧有一马，自己只得下士吃车。红马挂角，自己就得上将，那时将成死势。看到这里，不禁哈哈大笑："好啊，你这牛鼻子老道用上'掖车挂角'的狠招，这本是我常用的一招，今日险些被你赚了。"说罢不再吃炮，先躲过这一险势。二人又杀了一会儿，樵夫抓住对方破绽，猛冲猛打，环环相扣，不给对方喘息之机，终于将对方杀败。

那老道输了棋，侧身从旁边提过一个袋子，从里面取出五两银子交给樵夫收了，抬头对赵匡胤道："你这多嘴的小子，可知'观棋不语真君子'？我们下棋本是以银子做赌注，并非空自消闲。你若敢来与我下三盘，那样也算是条汉子，若是不敢，趁早走你的路，莫在这里讨嫌。"

赵匡胤的脾气哪里受得了这种言语？顿时觉得一股火气冲上了脑门，冷笑两声道："这位老者，你如此大的年纪，怎么能这样傲气？我就与你下三盘又有何妨？"原来赵匡胤自幼便爱下棋，这是一种较量智力、胆识和毅力的活动，正合了赵匡胤的脾性，因此一有空闲便与人对弈，常常乐此不疲，也曾在东京城找高手对弈过，竟能互有胜负，当下被那老道几句话一激，自然不肯服输。

那老道却说："我可没闲心陪你玩耍，你是赌金子还是赌银子？"

赵匡胤道："我一个过路之人，身边哪有真金，就赌银子吧。"老道笑道："也好，就赌银子，一盘五十两，无欠无赖，就请这位老兄做见证人，你看如何？"

赵匡胤此时身上哪有这么多银子，但一来他已说了话，此时岂能临阵退缩？二来他认定这老道是在拿银子压他，输赢还是未知之数，想这深山老林中，未必就有象棋高手，便应声答道："就五十两一盘，一言为定。"

于是双方开始下棋。老道说赵匡胤是客，让他先走。赵匡胤也不客气，便坐至红方一边。为了摸清对方的开局，赵匡胤不急于架炮或跳马，却先上了一个士。那老道似是知道赵匡胤的意图，也不以为意，径按着自己的想法走飞象局。赵匡胤又走当头炮，意在中路猛攻。老道跳左马护住顶卒。赵匡胤亦跳马，准备出车。老道却不管他，又跳右马。至此，明显的当头炮对屏风马的开局已形成。赵匡胤顺手出车，略占优势。

但是棋下到中盘，局势却变得扑朔迷离。老道招招阴险怪戾，看似谱中的普通招法，但他却是变中有变。居然连丢三个大子，使赵匡胤堕入骗局之中。最后居然车占中宫，以小卒吃将，赢了第一盘。

赵匡胤痛失第一盘，心中大为不服，就说道："第二盘我和你赌一百两如何？"老道微微一笑道："就赌一百两，我还怕你不成？"二人把棋子重新摆好，该是赢家先走。老道不跳马不走炮，却上来先挺一象肩卒。赵匡胤思来想去，也便走了一个稳健的飞象局。这一局，老道绵里藏针，步步缜慎绵软，却暗藏杀机。赵匡胤也是稳扎稳打，步步为营。二人一直酣战了两个时辰，双方都杀成了残局，仍不见谁占先机，一旁观棋的老樵夫看得如痴如醉，连连称叹不止。杀到最后，老道竟以多一卒的微弱优势又赢了一局。

第二局败北，赵匡胤大为焦躁。心里寻思："我在汴梁城里下棋，向来胜多负少，怎么到了这偏远的大山里倒连连失利？输了财帛倒是小事，坏了名声岂不被人耻笑？这一盘定要与他拼了，把本儿翻过来才好。"想至此便对老道说："我这一盘定与你见个高低，把前两盘的一百五十两合并，做这一盘的赌银如何？"老道知他求胜心切，便激他道："一百五十两也行。只是这一盘下来，你若赢了还好，若是输了，总共三百两银子，你可拿得出来？到那时若要赖账，怕要讨羞。"

赵匡胤听了此话，胸中阵阵无名火起。待要发作，又想翻本，只好忍气吞声道："你这老者也太小看人了，我们既赌输赢，自然有个结果，只管放心下棋就是。"

那老道把棋子摆好，刚要走棋，又忽然说道："也罢，论规矩本该赢家先走，如今让你先行。"赵匡胤认定这是老道在有意奚落自己，不觉动怒道："该谁先走谁就先走，我岂用你让？"

老道不再客气，开棋便用当头炮、盘头马，挺中兵展开了大刀阔斧的凌厉攻势。

但凡下棋的人都知道，二人弈棋，最重要的是心静如水，最忌讳的就是焦躁冒进。第三盘，赵匡胤恰恰犯了这一大忌。一方面对这老道如此倨傲心中生气，另一方面又翻本心切，开局不久便轻失一马，遂成劣势。此后又连连失算，露出破绽，被那老道乘虚而入，很快便轻而易举地赢了第三盘。

赵匡胤满面羞惭，心里直气得烟生火冒，但又无可奈何，只得说道："这位老者，我独身赶路，身边并无这么多银两。能否宽限我几天，待我下山后找到朋友，借得银两再来相还。"老道一听此话，顿时铁青了脸道："你这汉子怎能出尔反尔，你一个行路的，就如过山鸟一般，今日走了，我到哪里找你？开始为防你反复，才设了监局。你果然输了棋要赖，还要这位老兄做监局何用？"

一直在旁边观棋的老樵夫似是也在抱不平，微微冷笑道："红脸的君子，古语说得好，'好汉挨打不叫疼'，我们在此下棋，又不是设局坑骗。你自己愿意来赌，既然输了，就该痛痛快快地拿出银子，似这样强词赖账，岂是须眉男子所为？我们年老之人已是风中之烛，骂也骂不过你，打也打不过你。这些银子，就算是救济了孤老，布施了穷汉，做一件好事罢了。倘若你赖账而去，我们也无可奈何。只是可惜了君子这堂堂仪表，凛凛一躯。若是顶了这不正之名，传扬出去，不光自己遗羞，还会让天下人笑话。"

这一席话说得不冷不热，句句暗中带刺，真让赵匡胤羞臊难当，无地自容，恨不得寻个地缝立时便钻进去。

赵匡胤与老道赌棋，连输三盘，却拿不出三百两银子交给人家，正在万般窘急。又被那两个老者冷嘲热讽地数落了一顿，真如当了回小偷被人捉住一般，又羞又愧，说不出是个什么滋味。只得低声下气地赔着不是："二位长者，在下赵匡胤在东京也算是象棋高手，实以为能赢几盘，不至于输掉这么多银子。没想到在这深山中遇上高人，三盘皆输，可见人外有人，天外有天。但在下确实没带那么多银两，身边只有这匹宝马，名曰千里追风赤麒麟，也值得二三百两。只好暂以此马抵债，待日后再以银两来赎，二位意下如何？"

那老道说："我们都是古稀之人，既不远征，又不上阵，要你这马何用？要不这样吧，你家可有什么房产土地，写下一桩与我，才能依允。"赵匡胤道："我家住东京，房屋皆是官家的，又无田产庄院，如何写与你。"老道微微一笑道："既是如此，也不难为你。你就随便指一条大河或一座名山，立下一张卖契也就算了。"赵匡胤心里道：这老道莫不是个痴癫之人，谁家能有大山大河？也罢，你既愿要，我便敢卖，先脱开这个困窘之地再说。便连忙笑道："老人家，你既要名山，我便将这座华山卖与你如何？"老道说："我正想要你家这座华山。"说着便去洞中取了纸笔，收去棋盘。赵匡胤问老道："老人家高姓？"老道答道："老朽姓陈。"赵匡胤便就着石墩挥笔写道：

> 东京赵匡胤，因无钱还债，情愿将华山一座卖与陈姓，言定价银三百两，永远为陈姓之业，并永无租税。恐后无凭，亲笔写卖契为证。

赵匡胤将卖契写完，待墨迹干了之后，老道将它叠起来，小心收入袖中，看了看赵匡胤，又看看老樵夫，忽然"哈哈"大笑，直笑得胡须乱颤。边笑边说道："这位公子，你的棋艺不错。不瞒你说，敢与老朽对弈的，能下至中盘也算是高手了。你这人也还仗义，再受难为也不赖账。要你卖座华山与我，不过开个大玩笑罢了。好了好了，请到敝山洞一叙。"赵匡胤忙施礼道："承老人家高情，在下不胜感激。"

当下赵匡胤顿觉十分轻松愉悦，认为这不过是一场儿戏，岂料在数十年之后，他这一张卖山契却引发了一场令宋室朝廷十分尴尬的风波。

据说后来赵匡胤陈桥兵变，登上大宝，这华山一带的地亩钱粮从不上缴一分一文。地方官上报朝廷，赵匡胤记起这卖山一事也无可奈何。

到宋太宗临朝时，这老道已一百多岁，仍身体健朗，精神矍铄，道行越来越高深莫测。原来他便是名满天下的陈抟老祖。宋太宗闻知陈抟大名，敬他是有道之人，便派出使者召他入京，欲委以朝中要职，要他辅佐自己署理朝政。那陈抟哪里肯应，坚辞不受道："贫道一生漂流江湖，闲云野鹤之性，断不敢奉诏。"太宗与朝臣们再三劝说，陈抟就是不肯答应。太宗怒责道："荒山尽属皇朝管，不许陈姓老道眠。"陈抟却大笑道："江山原属皇朝管，卖与荒山老道眠。"说罢，便从袖中取出赵匡胤的亲笔卖山契递与太宗。太宗看罢，哑口无言。华山既是先帝卖的，自己怎好食言？只好放他归山，任其高卧，此是后话。

当下赵匡胤随二位老者进到山洞之中，陈抟让他坐了，泡上一壶山茶，端来一盘野果，三人品茶畅谈。

陈抟问道："公子高姓，因何事到这深山中来？"

赵匡胤答道："我乃东京护圣指挥使赵弘殷之子，姓赵名匡胤。因欲闯荡江湖，寻求前程，故此浪迹天涯，至今未遇明主。一路行来，路过此山，权且观赏名胜，不意冲撞了二位长者。"

陈抟笑道："我们能在此相遇乃是缘分。如今朝廷腐败，天子昏庸，连年政事不修，兵戈不息，以致天怒人怨，生灵涂炭，天下之势混乱不堪。据老道看来，赵公子天资聪颖，胸有韬略，又久蓄凌云之志，日后必成大事，万不可明珠暗投。"

赵匡胤听这老道见识不凡，忙问道："以老人家之意，在下应投往何处？"

陈抟道："眼下天下扰攘，群雄割据，豪杰并起。表面看来，各操兵柄，都雄心勃勃。老朽留意数年，在这诸多枭雄之中，真正德才兼备，能成就大事者，独数邺都郭威一人，公子不妨去邺都一试。"

赵匡胤闻言大喜。心里道，邺都正是向北走，暗合着那位"真无"道人的指点。况义兄柴荣已先行前往，自己与柴荣大哥分手之后，绕了一个大圈，终无所遇。白走了些冤枉路，徒劳无功，最后还得到邺都投郭威去，这也算兄弟殊途同归吧。当下站起身来，向二位老人深施一礼道："赵某谨受二老教诲。日后倘有寸进，定当厚谢。"说罢，向二人告辞，骑马下山，朝着邺都飞奔而去。

赵匡胤却不曾想到，早在他到邺都之前，他的仇家韩通父子却已先投奔了郭威。韩通父子在驼峰山下韩秀英家中被赵匡胤、王审琦、张令铎兄弟三人一顿好打，自觉羞愧万分，无颜在当地立足。第二天便变卖家产，收拾金银细软，带着家人远走高飞。一家人往西走了七八百里，来到一个叫平阳镇的地方，见这里山水如画，土地肥沃，空气清新，便落下脚来，在镇子中置买了一座庄院暂住。

平阳镇一带自来有尚武风气，青年男子多数习武，喜欢舞枪弄棒。但因这个地方太小，并没有武功超群的武师。韩通来到此处以后，论武功自然是鹤立鸡群。当地的几个武师都先后败在他的手下，反拜他为师。那些附近的青年子弟也都闻名而来，纷纷拜师。没几个月，便收下徒弟数百名，在庄院内设下教场，每日里教这些子弟刀枪剑戟，长拳短打，闲时便到庄外游山玩水，日子过得倒也逍遥。

但这韩通也是个胸存丘壑的主儿，多少年来他都梦想出人头地甚至出将入相，青史留名，但是一直苦于没有机遇，碰不上高人提携。虽说家中饶有资产，妻妾成群，吃的是鸡鸭鱼肉，穿的是绫罗绸缎，但这些都拴不住他的心。

那个人称韩橐驼的儿子虽说每日里寻花问柳，看似是个不务正业的浪荡公子，其实却是个极有心计之人。闲来无事，常常读一些兵书战策、经史子集，对于历朝的政治争斗也都十分留心。但由于他天生是个半残废，深知自己这一辈子难以在政坛军界抛头露面，只能靠着父亲的庇护生活。他知道父亲武功高强，在这个弱肉强食、武力便是权力的乱世之中，像父亲这样的人完全有突然崛起的希望。因此，他便经常撺掇父亲留心政事，投身军界，在这方面父子二人十分投洽，一拍即合。有一次夜深人静，父子二人掌烛对酌，饮过数杯之后，韩橐驼忧心忡忡，感叹唏嘘。韩通问道："我家资产百万，不缺吃，不愁穿，欲得娇妻美妾亦不为难事，我儿还有何事如此烦心？"韩橐驼答道："人生在世，岂能只贪图眼下的享乐？大丈夫处世，当循时而动，施展雄才，做顶天立地之人，为轰轰烈烈之事，也图个封妻荫子，竹帛垂名，上不愧祖宗，下不负一己。只恨儿子是个残废之身，此生休矣。而父亲正值壮年，胸藏雄才大略，岂可贪图安闲，苟且存身，如此平庸地老死林泉草泽之间？"

　　韩通素知自己这个儿子胸藏大志，平时眠花宿柳，醉生梦死，不过是一种表面现象，是身体残废造成的一种心理变态，一时烦恼的破罐子破摔。他的内心却像大海的深处一直掩藏着奔涌的狂涛和呼啸的巨浪，因此对他平时放浪不羁的行为从来不加管教。

　　但是这晚听了儿子的话，仍觉得有些吃惊，心中不禁怦然而动。看着儿子动情地说道："我儿所言极是，为父亦非那班安于饱暖的庸夫俗子。只是良禽择嘉木而栖，贤臣择明主而事。我徘徊了半生，却至今未见可做凭依的明主。眼下我广招徒弟，教习武功，并非为了挣他们那几两银子，不过为蓄势待发而已。"儿子闻言甚为高兴，父子二人痛痛快快地醉饮了大半夜。

　　这日韩通教习之余，漫步于庄院外的青山碧水之间，忽见南北大道上涌来了七八十人，一个个手执刀枪棍棒，向北急行。心中纳闷道："这帮人莫非是山贼草寇？要去哪里打家劫舍？"但见部伍零乱，毫无纪律，又觉得不像。便急步走上前去问道："列位手拿兵刃，结伙而行，这是往哪里去？"

　　众人抬头一看，见他虽五短身材，却浑身透着精干之气，话音如洪钟般响亮，知是非常之士，不敢怠慢，一齐答道："我等都是近处百姓，因为在家度日艰难，听说邺都郭令公招兵买马，故前去应募，并非为非作歹之人。"

　　韩通又问道："如今各处多有军旅，大都招兵，何以不惮路途遥远，独往邺都？"人群中一个青年书生模样的人文质彬彬地走上前轻施一礼道："壮士有所不知，这位郭令公治军有方，爱兵如子，每遇战事百战百胜，其麾下军旅乃是当今华夏第一仁义之师。我等既为活命而去投军，岂能投身那些败军之将或暴戾不仁之人，枉替他人卖命？"

　　韩通闻言心中暗想："这个郭威平日也听说过，看来确实是个人物。我何不将这些青年收留，壮大实力，也去投奔郭威？多带些人去，也好做晋见之礼。"便拱拱手说道："列位要去投军，何不跟我一道？我韩通与那郭威郭元帅原是亲戚，在此处招得二三百人，日夜习武，正欲前往郭元帅帐下投军。尔等可先到我庄上集训几日，我们一同前往如何？"

　　众人闻言，一个个喜出望外，便随韩通来到庄院住下。韩通招集众徒儿道："我韩通数日之后便欲去郭令公处投军。好男儿四海为家，愿效命疆场，凭一刀一枪拼个晋官加爵，封妻荫子者，可随我韩通一块前去。"众徒弟一齐呼道："愿终身追随师父，唯师父马首是瞻。"

　　这样，韩通共集起三百余名青年子弟。又将庄院拍卖，收拾了各种贵重衣物家具，分装了几辆大车。几天以后便带了家中老小和这三百多名青年浩浩荡荡地向郏都进发。

晓行夜宿数十日，这日来到郏都城。先在城外找个去处将众人安置下，自己打马进城，打听消息。只见郏都城内人流熙攘，十分热闹。除了平日在此经商的和城内居民，也有许多外地人，多是前来投军的。随便找个人一问，便都知道，凡是来投军的，必须先到监军府去报名，然后到郭元帅处验看，才有职事。

韩通听了此信，急忙回到城外店中，写好了投军的手本，加了一个礼单，又换了一身新衣裳，重又回到城里随了那四方投军的人群来到监军府门前。他对一个守门的军校说明来意，那军校翻眼看了看他，不禁失声笑道："我说这位老叔，你这是开的哪门子玩笑？像你这个年纪该是在家抱孙子的时候了，还来凑这个热闹。闪开闪开，莫误了后面的事。"

韩通听罢，冷笑一声道："娃子，你是嫌我年纪大了？这行军打仗，真刀真枪，要的是身板和力气，你管我年纪大小干啥？"说着，走到大门旁的一个石狮子前，双手抱定狮身，左右晃了晃，说声："起！"竟把那七八百斤的石狮拦腰抱了起来，前行五步，后退五步，又把狮子稳稳地放回原地，他却色不改，气不粗。门前那些等着报名参军的一齐高声喝彩。那个小军校被惊得目瞪口呆，舌头吐出老长。

韩通走上前去，拍拍他的肩膀问道："小伙子，我这个年纪可能报名？"那军校忙频频点头说道："能报，能报。"便接过韩通递上来的手本，一溜烟跑进府内，交与主管招军的柴荣。

柴荣接过手本看了，心中暗忖："莫非就是那个韩通？"原来柴荣当年在贩伞之前，曾在驼峰山一带倒贩过茶叶，便听过韩通的大名，知他武艺高强，力大无穷。只是常干些横行乡里的事，名声不好。自己那时是个穷茶叶贩子，与他虽见过面，却没有什么交往。眼下招兵买马，正是用人之际，此人虽有劣迹，但可用其所长。想罢，便说声"有请"，起身离座，随那军校迎至大门。那军校高声喊道："投军人韩通，监军老爷柴大人亲自来迎，快请里面参见。"

韩通闻报，抬头看时，见里面走出一位年轻军官，锦袍玉带，英气勃勃。便急忙跨进门内，就要大礼参拜。柴荣拦住，将其请入内室，分宾主坐下。韩通反复端详着柴荣，觉得十分眼熟，却想不起在什么地方见过。便拱手问道："请问监军大人尊姓大名。"柴荣道："敝人姓柴名荣，表字君贵。"韩通道："在下与大人从未谋面，却不知为什么，总觉得眼熟得很。"柴荣哈哈笑道："说来惭愧，柴某当年穷愁潦倒，曾到驼峰山一带贩卖茶叶，还曾到贵府上送过几次茶叶，韩兄可真是贵人多忘事。""岂敢！岂敢！"韩通确实是一点印象都没有了，只好尴尬地笑笑，说道："真可谓三十年河东，三十年河西；花有三落三开，人有三胜三败。大人以一介布衣而一跃执掌重兵，荣宠如此，实在令人钦羡。您也算是韩某旧交，这次还请多多关照。"柴荣道："无须客气。我久知仁兄武功精绝，勇略过人，本欲差人寻请，不期今日相遇，诚三生之幸也。如今正是英雄用武之时，况郭元帅乃小弟姑丈，俟明日引见，得睹贤兄如此英才，何愁不得大用？"韩通听罢，心中一阵阵狂喜。初次投军便遇贵人，这是个好兆头，也许我韩通从此要平步青云了。当下，他向柴荣告辞，说是城外还有三百名弟兄，一块带来，柴荣愈加高兴。送走韩通，柴荣命军校传各路投军人等进堂，查验载册，送进帅府，以备编伍操演。

到了次日早晨，柴荣将韩通引入帅府，参见了郭威。郭威见韩通虽已壮年，却仪表不俗，又有柴荣在旁极称其才，大力推荐，心中已十分欢喜，便问道："尔既有如此勇略，何以到今天才想起投军？"韩通道："凤飞千里，非梧不栖。如今天下执掌兵权者虽多，却无一人能像郭公这样德高望重，知人善任。可惜韩某相知太晚，故而匆匆来投。"这几句话说得十分得体，郭威觉得很是受用，也知此人非等闲之辈，当即便赏了一张委牌，命他权领五营团练使司之职，仍同柴荣一道，招纳四方豪杰，每日操演兵马。韩通受命，拜谢出来，与柴荣同归监军府。自此以后，一心供职，竭力协助柴荣，帮办招军练兵各项事宜。

等赵匡胤到达邺都城时，已经是韩通投军半年之后的事了。赵匡胤到了监军府，让军校报进名去。这日正是韩通当值，听说是赵匡胤前来投军，心内先是一惊，当日被打遭辱的往事一下子涌了上来，不由得心中怒气升腾。正要喝令将他轰走，但转而一想，郭元帅求贤若渴，眼下正是用人之际，赵匡胤又是个难得的将才，若此事将来传到郭公和柴荣耳朵里，说自己因私废公，挟嫌报复，岂不坏我前程？不如借此机会羞辱他一番，也好雪我心头之愤。想到此，便对军校说道："请他进来。"

赵匡胤走进监军府大堂，也未细看，便行揖拜之礼。却忽听到堂上一阵哈哈大笑，直震得满大堂里"嗡嗡"直响。笑了多时，才听一个粗重的嗓音问道："赵匡胤，你可认得我是谁？"赵匡胤抬头细细打量，心中暗自惊讶，这不是韩通吗？这小子啥时候发达了，到这里耀武扬威起来了？想着便冷冷地说道："怎么不认得，你不是那个被我打得屁滚尿流的韩通吗？想不到如今发达了，做起大官来了，这可真是冤家路窄啊！"想不到赵匡胤一开口便让自己下不了台，韩通一张脸一下子便涨红了。堂下的军校闻听此言，顿时大惊失色，一个前来投军的无名小辈怎敢如此说话？一个个对赵匡胤怒目而视。

韩通强按下心头的怒火，平了平心气说道："赵老弟此话差矣，我们这不是冤家路窄，而是不打不成交。你今日前来可是要投军？""正是。""我知你身怀绝技，非同凡响，但是……"韩通有意停顿了半晌，看了看赵匡胤的脸色，见他面无表情，冷冷地站在那里，便又不紧不慢地说道："但是，你纵有千般武略，万般骁勇，眼下却只能在我帐下当个军校，这未免太委屈了，你可愿意？"

赵匡胤道："我来投军，是慕郭元帅之名而来，做个小卒也是郭元帅的部下。你不也是他的部下吗？你若已经弃恶从善，我们可从此不计前嫌，共保明主。若是仍如从前胡作非为，我赵某的拳头可不认你官大官小。"

韩通笑道："说得好，我们就该同心协力，共保明主。不过，眼下你只能在我的帐下听差，每日按我的将令行事。你看如何？总不能你刚刚投军，就把我的这把交椅让你坐吧？"

赵匡胤见他越说越不像话，显然是在有意奚落自己，不禁勃然变色，怒声喝道："韩通，你小人得志，休要张狂。你那把破交椅赵爷爷还不稀罕呢。"说罢将手一甩，转身走出大堂，冲出监军府大门向西而去。

刚走几步，却见前面一人骑着马缓辔而来，马后簇拥着十几名兵丁。马上一位锦袍玉带的官员走到赵匡胤面前忽然翻身下马，直扑到赵匡胤身上，双手紧紧搂住赵匡胤，高声喊道："啊呀，二弟，你总算来了，可想死为兄了。"赵匡胤仔细看时，却是柴荣。分手将近一年，突然相见，恍如梦中一般，赵匡胤内心十分激动，刚才的一股怒气早化为乌有。

柴荣拉着赵匡胤的手道："二弟这是刚来吧，先到我府中歇息歇息，我们兄弟好好叙谈叙谈。"赵匡胤随柴荣来到他府上，见屋宇高敞，布置豪华，不禁惊喜道："一年不见，大哥居然如此发达。从今往后，定会一路荣升，鹏程万里。"柴荣摆手道："二弟休要取笑。柴荣何德何能，不过碰上郭元帅真是我的姑父才至此。往后的前程可不能光靠别人的施舍，还得我们兄弟同心戮力，建功立业，共创锦绣前程。"

说完，也不管天色早晚，便命人安排宴席，为赵匡胤接风洗尘，兄弟二人久别重逢，要痛饮畅谈，一醉方休。

吃盏茶的工夫，早摆上了一桌丰盛的下酒菜肴：一盘煮得通红的螃蟹，

宋太祖赵匡胤

一盘蒸鸡，一尾糖醋黄河鲤鱼，一小盆甲鱼汤，一盘鲜嫩的蒸羔羊，还有几个素菜碟儿搭配其间。二人坐下，赵匡胤笑道："大哥风光，真个今非昔比了。"柴荣叹口气道："是啊，当年推车贩伞，常年奔波，却常常食不果腹，哪想过会有今日。不过安乐容易丧志，为兄时时告诫自己，大丈夫当以天下事为重，岂能耽于眼前的一时富贵？来，咱们兄弟先干一杯，为二弟解解旅途疲劳。"

二人一连干了三大杯，柴荣问道："分手一年多来，二弟都去了哪些地方？大事办得如何？"

赵匡胤将面前的酒一饮而尽，手里攥着杯子道："说来惭愧，小弟千里跋涉，投了几处父亲的故交，皆不见容，竟是四处碰壁，一无所获。后来，经高人指点，还是来到邺都投奔郭大帅，一年来白白走了许多弯路。"

柴荣忙起身又给他斟上一杯，安慰他道："贤弟休要烦恼。世态炎凉，人情薄如纸，为兄早就领教了，世情如此，休去怪他。也是那些人不具慧眼，难识英雄。这次到邺都就好了，郭元帅可是个知人善任、礼贤下士之人。"

赵匡胤笑道："这也未必，小弟今日初来，便吃了个闭门羹，坐了回冷板凳。"柴荣大惊道："此话从何说起？"

赵匡胤便把在驼峰山如何与王审琦、张令铎痛打韩通，今日前来投军却撞在了韩通的手里，韩通如何挟嫌报复，冷言冷语羞辱自己，自己又如何盛怒之下离开监军府——说了一遍，最后说道："若不是在大街上巧遇仁兄，小弟此时早远离邺都城了。"

柴荣听罢，不禁顿足道："韩通这厮，险些坏我大事。不过贤弟放心，韩通其人的德行为兄早有所闻，郭元帅不过是用其所长罢了，这里却不是他说了算。其实，早在愚兄刚来不久便向郭元帅推荐过贤弟才堪大用，也曾几番派人去寻找过贤弟，可惜没有找到，这也许是好事多磨吧？"

赵匡胤满斟一杯酒，敬柴荣道："多谢仁兄美意，苟富贵而未相忘，仁兄确有君子之风。"他忽然想起一事，急忙问道："只顾说我自己，倒忘了问郑恩贤弟。他同仁兄一道前来，现在任何职事？"

柴荣叹口气道："郑恩三弟并不在邺都，已在莲花山上落草，也不知现在怎样了，我正想忙过这段时间派人去招他前来，也不知他肯不肯来。"接着他便把赵匡胤走后，自己在客栈里突然病倒，屡治不愈；郑恩只顾贪杯，大吃大喝，把所有的伞钱甚至小推车都吃喝光了；自己一时气愤，便狠狠地说了他几句，不料他却赌气去莲花山落草为寇，还当上了山寨的二大王之事述说一遍。"不过，三弟还是个侠义之人，落草之后，还派人到客栈给我送去了五十两白银，我这才算还了店钱，有川资来邺都。说来也是为兄不好，不该为几两银子跟他发火。"

听了这一席话，赵匡胤又好气又好笑，说道："这黑子就是牛性子，仁兄别跟他一般见识，过几天我们去请他来，他一定会来的。"

柴荣道："二弟说得甚是，我们三人既是生死兄弟，就该风雨同舟，荣辱与共，岂能撇下三弟一人流落草莽之中？今日且吃酒，明日我便带二弟面见郭元帅，以二弟的才识定可得以重用，到那时再去招请三弟不迟。"

赵匡胤却摇摇头道："明日不能去见郭元帅。匡胤初到邺都，未建尺寸之功便去讨封，纵使执掌兵权也会被那韩通耻笑，为众将士不服。我情愿从一兵一卒当起，靠杀伐征战建功立业，到时论功行赏，得到拔擢重用才是为弟的初衷。"他看看柴荣，又说道："我在东京和驼峰山上各有两名结义兄弟，手下也有些人马。这四位兄弟都是志大艺高之人。明日我便写几封信，仁兄派人前去下书，他们必定前来投效郭元帅，共举大事。至于郑恩兄弟那里，我想过几天亲自去一趟莲花山，把他与山上众兄弟都请来，仁兄意下如何？"

柴荣十分高兴，说道："贤弟若能招来这许多英雄，实是郭元帅之福，我等兄弟也如虎添翼，这便是立了大功一件。俗话说'千军易得，一将难求'，你的这些弟兄将来说不定皆是将帅之才。来来来，为郭大帅军旅的兴旺我们再干一杯。"二人同时举杯，一饮而尽。

第十章　寻弟入伍　促成良缘

几天之后，赵匡胤便向柴荣辞行，前往莲花山找郑恩。柴荣亲自送到城外，兄弟二人拱手作别。柴荣频频叮嘱道："此去路途遥远，关山千里，贤弟一路多加小心，不管事情成与不成，都要早早赶回，勿令为兄望眼欲穿。"赵匡胤道："兄长放心，只在此处静候佳音便是。千万别忘了派人去东京和驼峰山征请那几位兄弟，来到后好生安置，莫让韩通那厮再冷了弟兄们的心。"柴荣连连答应道："这个自然，贤弟就放心去吧。"

此时正是七月天气，天地间就像个大蒸笼，闷热得一丝儿气不透。太阳不断地升高，就像在天上悬挂了一个白炽的燃烧物，烤炙得大地热气灼人。路面上的浮土就像热锅中的炒面，马蹄每踏上去，就会冒出一溜热腾腾的白烟儿。赵匡胤打马飞奔，不多一会儿这马已经大汗淋漓，呼呼地喘着粗气，渐渐地放慢了速度。

赵匡胤驱马离开大道，沿着一条田间的林荫小路继续前进。走了约二百里，转过一座绿树环绕的小山丘，忽觉得一阵清凉之风袭来，通体松爽舒泰。打眼向前看时，只见有一座村庄背山面水而建，草木蓊郁，竹林环绕，村前是一片浩瀚的平湖，湖内水光潋滟，碧荷平铺，真如远离尘世的神仙去处。赵匡胤勒马看了看，便揽辔进村，想找个人家讨些茶吃，正好避过正午的酷热，待天凉时再赶路不迟。

刚进村头，便听到一阵悠扬清脆的操琴之声，按马细听，那琴声正是从临街的一座房子中飞出，其声时而激越高亢，催人昂奋，时而袅袅如缕，悠然动听。赵匡胤虽于音律器乐不甚精熟，但也略知一二，一听便知这是瑶琴。据传这瑶琴乃是昔年帝尧所制，内分宫、商、角、徵、羽，按清浊定高低，随弹琴人的性情弹出声响。刚愎之人，声亦刚暴；柔弱之人，声亦柔弱；心高志大之人，其声必定清扬悠远。听此琴声，此人必是个怀才不遇、暂屈林泉的高人隐士，便想进去会他一会，看看究竟是何许人。

赵匡胤翻身下马，正欲上前叩门，却听里面和琴而歌曰：

　　　　天下荒荒黎庶苦，

　　　　饥者翘盼及时雨。

　　　　何当大乱复大治，

　　　　一统江山逢真主。

　　唱罢停琴，拊掌而笑。继而又高声吟道：

　　　　十年寒窗习孔孟，

　　　　铁砚磨穿纯功夫。

　　　　青灯伴我度长夜，

　　　　黄卷遗人尽玑珠。

　　　　章句吟熟白首短，

　　　　经纶满腹待价沽。

　　　　自知豪情能干云，

　　　　不见旌旄侍聘书。

　　赵匡胤听他口气如此之大，大有三国时南阳卧龙之风，知其必非常人，欣然上前，轻叩房门。里面那人正在吟唱得意之时，忽听门外马嘶，又闻叩门之声，料是有人来访，便整顿衣巾，出来迎接。开门看时，见一人立于门首，身形魁梧，英气勃勃，不敢怠慢，忙施礼道："不知贵客驾临寒舍，未曾远迎，多有简慢。请到草堂品茶。"

　　在他开门之时，赵匡胤早留神细看。见这人二十五六岁的年纪，戴方巾，着儒服，身长玉立，面如冠玉，目若朗星，言谈举止儒雅倜傥，文质彬彬，果是出类高人。上前一揖道："在下路经此地，闻琴驻马，特来相访，有扰尊斋。"

　　二人一齐进了房门，来到书房，各人叙礼坐下。那人忙着泡茶待客，赵匡胤便打量这书房。但见一溜书架摆满了经史子集、诗词歌赋各类书籍。墙上挂着一幅长卷，写的却是诸葛亮的前出师表，一笔狂草大气磅礴，其势如飞。赵匡胤不禁走上前去观看，一时竟看得出了神。

　　献茶已毕，那人在小几旁摆放了两个蒲团，邀赵匡胤席地而坐，品茶畅谈。赵匡胤问道："先生尊姓大名，仙乡何处？"那人欠身答道："小生姓赵名普，此间人氏。因见世情纷乱，政局不稳，无意仕进，隐居林僻之间，耕读自娱。今蒙台驾枉顾，不胜荣幸！敢问壮士尊姓，来此何干？"赵匡胤答道："在下亦姓赵，名匡胤，东京汴梁人氏。"又将自己这几年闯荡江湖，后投军郭威处，现欲往莲花山找朋友的话说了一遍。

赵普听罢，心中暗自高兴。想此人气度恢宏，抱负不凡，正可引为同调。便说道："人之一生如白驹过隙，稍纵即逝。大丈夫处世，正该如壮士一般，四海为家，轰轰烈烈干一番大事。"

赵匡胤道："适才小弟在院外窃听，琴声清妙，词意高远，先生一定是壮志不酬，怀才不遇吧？"

赵普忙摇手道："村野狂愚，一时失口，惹足下笑话了。"

赵匡胤恳切地说道："非也，先生抱济世之志，歌中已见其大略。只是当今君昏臣庸，致使贤能隐迹山林，不能显用。在下想请教先生，当今乱世将何去何从？还请先生不吝赐教。"

赵普见赵匡胤情辞恳切，也便坦诚说道："说赐教实不敢当，但小生虽身居乡野，却也时时心忧王事。天下大势，治久必乱，分久必合，此乃千古不易之理。如今兵戈纷争，枭雄四起，烽烟不绝，民不堪命。黎民百姓谁不盼望江山一统，安居乐业，从此不再受兵锋战祸之苦？民心思定，这便是大趋势，大前景，顺之者昌，逆之者亡。神州分崩、四海震荡已四五十年，以小生之见，这种局面就要结束了，也早该结束了。现在就缺少一个既有雄才大略，又能上应天意、下顺民心的人来收拾这个乱局了。"

这一番话说得慷慨激昂，剀切入理，直让赵匡胤听得怦然心动，他感到一种从未有过的强烈的震撼。想不到这个看似纤弱的年轻书生对如此纷乱的世界和扑朔迷离的未来竟能洞若观火。

此人不得了，腹藏锦绣，口若悬河，将来必是张良、孔明一类的人物，如何才能与他结为至交，引他出山呢？这样想着，赵匡胤便说道："邺都留守郭威元帅便是当今唯一能戡乱致治、匡世救民之人。其侄子柴荣乃赵某生死之交。赵某当引荐，愿先生不惜珠玑，出山拯世，也好一展平生抱负。"

赵普道："虽承公子谬奖，但小生不过章句之徒，并无实用之学，恐难以担当重任，有负大望。"赵匡胤道："先生何必过谦，在下已经领教多时。况郭元帅与柴仁兄都是求贤若渴之人。以小弟看来，时下军旅之中能征战拼杀者多，能运筹帷幄者少。像先生这样的人更是凤毛麟角。倘先生不弃，待我从莲花山回来，我们一路同行如何？"

赵普沉吟半晌，然后说道："公子如此诚意相邀，赵普不胜感激。不过实不相瞒，对郭元帅其人我知之甚少，尚须探询一二。况我一介书生，既要置身行伍，光靠书本上这点东西何堪大用？我这些年足不出户，对于山川地理形势一无所知。我正想用几年的时间周游华夏各地，尤其是那些兵家必争之地。到那时再投身军旅，也不至尸位素餐，或许能有所建树。"说到这里，他见赵匡胤沉默无语，似有些怅然若失，便把话锋一转道："不过赵公子请放心，我们终有一天会聚首的。我看赵公子绝不会久居人下，到您节钺在手之时，赵某自会前往襄助。"听了这话，赵匡胤才略觉心安。

赵匡胤本欲在村中讨杯茶吃便赶紧上路，不期遇上赵普，话说得十分投机，倒舍不得马上分手了。赵普也殷殷相留。当晚赵匡胤便在草舍中住下，赵普预备了几个简单的小菜，二人边饮边谈，说古论今，讲武谈兵。那赵普随问随答，滔滔不绝。赵匡胤亦是见识不凡，常常语出惊人。二人一直谈到深夜，大有相见恨晚之意。

第二天吃过早饭，赵匡胤与赵普依依相别，打马向莲花山进发。行不几日，来到了莲花山上，有巡山喽啰拦住。赵匡胤道："我乃赵匡胤，是你们二寨主郑恩的结义兄弟，今日特来相见，烦请诸位通禀一声。"

喽啰去不多时，便听一通金鼓响罢，一彪人马从山上直奔下来，为首的是一员年轻的战将，盔甲鲜明，威风凛凛，在马上向赵匡胤打一拱说："请问壮士如何称呼？来敝山寨有何贵干？"赵匡胤亦在马上施礼道："我乃郑恩郑贤弟的结义兄弟，东京赵大郎。今日前来，一是来看看郑贤弟，二是奉郭威元帅之命，特来请诸位义士下山，前往郭元帅军中共举大事。请问将军怎么称呼？"旁边一个小头目喝道："这便是我们的大寨主，汝还不下马来见，何以如此倨傲？"那年轻将军摇手将其止住，轻斥"休得无礼"，又转身对赵匡胤道："在下姓张名永德，久有投军报国之意。只是如今执掌兵权之人多是蝇营狗苟的庸碌之辈，不愿为他们驱使，空误前程，故而暂居山寨。不知这郭威有何德何能，我山寨中这数千人马岂能轻易投靠？倘那郭威乃朝廷鹰犬，助纣为虐之徒，我等岂不是自投罗网？"

赵匡胤早已端详了张永德多时，见他长相英俊，气宇轩昂，又听言谈之中透着一股凛然之气，心中早已十分欢喜。心想，若能将此人及其部下数千人马招至军中，也不枉负了柴大哥相托之意。但不知这人武艺如何，可别是个外表织锦刺绣，内里尽是糠秕的绣花枕头。我何不激他一激，试试他的身手？当下变了脸喝道："寨主也太过轻狂，莫非这天下带兵之人都是昏庸无能之辈？我们郭元帅乃世上少有的仁义之主，麾下谋臣如云，武将如雨。尔等若只是些打家劫舍的小贼小盗，一遇上高手就会拉稀的酒囊饭袋，想去投靠我们元帅还不收留呢！"

张永德闻听此言顿时大怒，在马上冷笑一声道："曾听二寨主说过，他有个红脸的二哥武功了得。今日幸会，在下倒要讨教一下，看看究竟谁是只会拉稀的酒囊饭袋。"赵匡胤道："好，这话倒有些丈夫气，赵某愿陪寨主走几圈。"

二人拍马来到一个山坳的开阔之处，张永德命众喽啰退到一边，且不让任何人上前助战。然后持枪在手，对赵匡胤说声"请"。等赵匡胤准备停当，再不搭话，将马缰一纵便利箭一般冲了过去。一条长枪如蛟龙出水，向着赵匡胤雨点般地袭来，招招狠辣，直取要害。赵匡胤舞动手中蟠龙棍，左格右挡，上遮下掩，先将其凌厉的攻势一一化解，然后瞅个空当，一棍扫来，想着将张永德扫落马下。岂知那张永德乃是卖了一个破绽，诱敌深入。待那棍扫到，却突然伸出左手，顺势将棍抓住。右手举枪向赵匡胤刺来。赵匡胤一棍扫空，知是中计，便料到张永德会操枪欺进，便将上身轻轻一闪，那枪已刺了个空。张永德待要收枪时，却被赵匡胤以腋窝夹住。二人各持枪棍一端，在马上较力，你进我退，我进你退，谁也无法脱身。两匹战马急得刨蹄甩尾，引颈长嘶，双双都已大汗淋漓。这场比武，一时竟似是一场臂力较量。

赵匡胤心中暗想道："想不到这山寨里竟有如此高人，此人枪法纯熟，一招一式尽出内家传授。若能招得此人，郭元帅又添一骁将。"张永德也在思量："我自武当山出道以来，从未遇过如此劲敌。此人武功看不出哪门哪派，但棍法精熟，变化多端，也算得当今一流高手。也不知那郭元帅帐下像这样的战将还有多少。"想到这里，便高声说道："赵公子，我们光是胶粘在这里相持不下，终难见高低。不如我们同时放手，重新再战如何？"赵匡胤道："赵某也是此意。"二人喊声"一二"，同时松手，各自倒退出十丈开外。然后又各自拍马冲上前来，二马盘旋，枪来棍往，直战到一个多时辰，终不能分胜负。一次次险象环生，又一次次化险为夷，众喽啰的喝彩之声山摇地动，这是他们有生以来所见到的最激烈、最精彩、最惊心动魄的一场激战。

此时，赵匡胤已探得虚实，心中有数，不愿再战。便虚劈一棍，突然勒马跳出圈外，说道："寨主枪法尽得名家真传，身手不凡，赵某承教了。"张永德哈哈大笑道："赵公子不愧将门之后，棍法出神入化，让张某大开眼界。"二人同时下马，张永德热情相邀："请赵公子移步山寨，我们好好叙谈一番如何？"赵匡胤欣然同意，二人并肩向山寨走去，众喽啰替二人牵了马，远远地跟在身后。一路之上，赵匡胤又把郭威如何贤德仁义、爱兵如子，如何礼贤下士、知人善任等说了一遍，希望张永德能率领众兄弟前往共图大事。张永德道："见赵公子如此英雄豪侠，郭令公之为人可想而知。张某占山立寨本是权宜之计，愿与公子一道，助郭公成就大事。"二人来到山寨，张永德命人献上茶来，宾主品茗畅谈。赵匡胤忽然问道："我来此多时，怎么不见三弟郑恩出来相见？"张永德笑道："今日山中无甚大事，天又炎热，二寨主耐不得寂寞，欲到山下走走，至今尚未赶回。赵公子少安毋躁，谅二寨主不久便会回来。"

二人又聊了一个多时辰，看看到吃饭的时候了，张永德命人设下盛宴为赵匡胤接风。可是郑恩仍然未归，这宴席也开不了。正在着急之时，却见小喽啰来报，说是山下陶家庄陶员外的家人求见大王。张永德甚觉奇怪，这位陶员外也是这一带有名的武界高手，但因年纪大了，早已退出江湖，与山寨从无来往。今日突然派人来到山寨，不知为了何事。当下便让来人进寨，问道："陶员外派你来有何见教？"那人道："小人不是陶员外派来的，而是奉小姐之命前来。我家小姐今日在瓜园中擒得一个偷瓜贼，说是这山寨中的二寨主，叫你们快去领人。"张、赵二人闻言大惊。张永德怒喝道："胡说，定是哪里的小贼冒名顶替，败坏我山寨的名声。"赵匡胤也不肯相信，凭三弟的勇猛异常和一身蛮力，一个乡村女孩子怎能擒得住他？便问道："此人姓甚名谁？"来人答道："这人生得肤黑如炭，面目凶恶，奇丑无比，自称姓郑名恩。"赵匡胤跌脚道："坏了，定是三弟无疑。"张永德道："不管是与不是，我们且去看看再说。"

张永德忙命喽啰备马，二人各持兵器，翻身上马，急如星火般地向山下陶家庄直奔而去。

陶家庄是一个离莲花山十余里的小村。村里只有百十户人家，以耕种为生。陶员外姓陶名龙起，家有资产，又为人豪侠，武功不凡，自然被推为村长。因为陶龙起名声在外，多少年来兵匪官府皆不敢惹，因此村子虽小却平安无事，村民们得以自种自食，安居乐业。

这日郑恩因天气燥热难当，在山上又闷得慌，与大寨主张永德说了声，便到山下闲逛。谁知越走越热，臭汗淋淋，欲寻条河流下河洗浴。但越往前赶，越不见河流。忽见前面一个小村绿树环绕，翠竹掩映，是个凉快去处，便径直奔了过去。将近村子，忽见路北一片瓜园。满地的瓜叶碧绿欲滴，在烈日下熠熠闪光。一个个大西瓜在瓜叶下时隐时现，园门也未上锁。郑恩一看大喜过望，这西瓜正可解渴消暑，饱餐一顿，岂不比下河洗澡更好？想着，便大步如飞地奔了进去，在园中一棵柳树下席地而坐，就近拣了一个十几斤重的大瓜，一拳头砸成四五块，捧起来便啃，瓜瓢瓜子弄得满嘴满腮都是，嘴里还不停地嚷着："好瓜，好瓜，今日老子是大过了瓜瘾了。"

正吃得高兴，一个看园子的老头哼着小曲儿走了进来，这老头儿也是因为天气闷热无聊，便去外面小店里买了两个猪耳朵，打了一壶黄酒，打算独个儿抿他几口，借酒解闷儿。他提着酒肉向瓜棚走去，正走着，却冷不丁地发现瓜田里坐着个黑大汉，正在光着膀子头不抬眼不睁地啃西瓜。是谁如此大胆，陶员外的瓜园里还从来没遇到过这档子事儿，不禁心中火起，便走上去大声喝道："哪里来的黑贼，敢到陶老爷的瓜园里偷瓜吃？"郑恩正吃得痛快，抬眼看看这个老头，也不理他，继续埋头大啃大咽，满地的碎瓜皮，东一块西一块，一片狼藉。那老头见这情景，不由得更加恼火。这哪里是在吃瓜，简直是在糟践。便上前去拉扯郑恩，嘴里还嘟囔着："你这不要命的黑贼，来找死来了？走，跟我去见我家小姐。"郑恩把满口的西瓜咽下去，咧开大嘴笑道："吃你个烂西瓜也这般嚷嚷，要是老子偷了你家小姐该咋办，难道还要下油锅？"那老头儿听他不光蛮不讲理，还出言不逊，更加怒不可遏。上去抓了他的头发便往起拉。这一下可把郑恩惹火了，腾地站起来，把手里的西瓜照着那老头儿面门摔去，接着抡开小蒲扇似的巴掌，当脸便是一掌。那老头儿哪里经得起这一掌，一头栽到地上，早已鼻青脸肿，打落了两颗门牙。他挣扎着爬起来，拔腿便跑，边跑边骂道："黑贼，你莫走，待俺找个能治你的。"

郑恩也不追赶，任他跑去。一看地上歪着一把酒壶，还在往外淌酒，慌忙抓过来，"咕嘟嘟"灌到肚里，又从瓜叶上拾起那两个猪耳朵，三口两口嚼了。这才又坐在地上，砸开一个西瓜继续吃着。

那老头儿跑回家去，要向陶员外告状。谁知陶员外到外村赶集去了，只好去告知小姐。

这小姐名叫陶三春，是陶员外的独生女儿。陶员外中年丧妻，不曾再娶，独守着女儿过日子，将女儿视为掌上明珠。说起小姐，人们都以为不是大家闺秀也是小家碧玉，总是生得如花似玉，妙曼温柔。即使不能倾国倾城、闭月羞花，也自有迷人之处。但是咱们说的这位小姐与戏文小说中的小姐却大异其趣。她生得扁平大脸，淡眉细目，面色黝黑，卷发焦黄，一副大厚嘴唇下面是满嘴的大板牙。身材又高又粗，也分不出个腰胯三围，那两条胳膊比别家小姐的大腿还粗。

别看这小姐形容丑陋，但却深得其父陶龙起欢心。她人高身壮，力大无穷，又加上从小喜爱武功，随其父习武，早起晚眠，从不知累。又爱看兵书，十八般兵器件件皆能，骑马射箭形同玩耍。凭你再勇猛也难以挨近其身，因而远近村庄闻听她的威名真个连头脑儿都疼。人们背地里送她一个绰号，叫作母夜叉。

这日陶三春正在房中翻看兵书，有丫鬟上来报说："看瓜的老头来报，有一个黑大汉在瓜园里偷瓜吃，那老头劝了几句，便被他打得满脸开花。老爷又不在家，请小姐做主。"

陶三春听了此言，顿时大怒，高声喊道："哪里来的刁徒！如此大胆无礼，快传叫庄丁，带了绳索，跟我去捉拿这厮。"即时起身，出了书房，带着几个丫头径往瓜园而去。

那老头上前说道："姑娘此去可要小心，这偷瓜的黑贼力大无比，两只手张开如同小簸箕一般。老汉着了他一掌，就像挨了一杠子。小姐千万莫吃了他的亏。"陶三春也不理他，径直往前走去。老头还要赶着唠叨，后面的丫鬟却扯了他一把："你这糟老头子无用，难道咱小姐也怕他不成？不记得去年大雨淋塌了碾台子，要重新砌，那碾盘七八百斤重，五六个人都抬不动，却被姑娘轻轻地搬了上去。以姑娘的勇力，多几个黑贼也不是她的对手。"

说话之间，三春已来到郑恩面前。以手指着郑恩，厉声斥道："你这黑汉子好没道理，人家费钱费力种的瓜，你也不问生熟，强吃白摘，还要动手打人，可还懂些王法人情？"

郑恩定睛看了会儿三春，心中一下子乐了：这世上怎么还有这么丑陋的人。都说俺黑子长得丑，这女娃子比俺还丑三分。便爱搭不理地说道："女娃，你这是说谁？老子吃个烂西瓜还犯了王法？那管园子的好不晓事，硬是动手动脚，俺给他一掌也只用了三分力气，若是用上十分，这会早见阎王去了。"说罢，不再理睬三春，只是埋头吃瓜。一个瓜砸开只吃了几口，便嚷道不甜，又去砸另一个。

陶三春在一旁直气得五内冒火，七窍生烟，怒声骂道："好个无礼的黑贼，偷瓜打人不说，还敢欺负本姑娘，你要做谁的老子？今日便让你尝尝你姑奶奶的厉害。"说着冲上前去，飞起一脚，便将郑恩蹬了个嘴啃泥，背朝上，面朝下，扑倒在地。郑恩并没将这个女孩子放在眼里，冷不防被打倒，正要爬起身来，不料那陶三春却一屁股骑在他身上，就像压了一座小山，有千钧之力。郑恩拼力挣扎了一阵，还哪里能挣得起？陶三春左手按住郑恩，右手攥紧拳头，向着他的脊梁上、头上一连几下，直打得郑恩金星乱冒。那些庄丁、丫鬟们还在一旁一个劲地助火。这个说："姑娘，使劲打，让他知道咱陶家庄的厉害。"那个道："小姐，索性往死里打，看他还敢不敢再来撒野。"

郑恩在底下拼命挣扎，两只手把瓜地挖出两个大坑，就是挣不脱身，直被打得连声怪叫，嘴里嚷道："你这女娃心也太狠，老子今日吃大亏了。"三春听他嘴里还在骂人，拳头雨点似的打了下来，郑恩便干脆把眼一闭，尽力挨着，再不吭声。老头见郑恩不动不吭，忙过来劝道："姑娘快住手吧，气也出了，火也消了，可莫闹出人命。"

陶三春仍然狠命按住郑恩，唤五个庄丁一齐上前，将郑恩捆了个结结实实。然后吩咐庄丁道："给我抬到前厅去。"庄丁们不敢怠慢，拿了一条扁担，穿了绳索，一头一个，像抬了一头二百余斤重的大肥猪径往前厅走去。陶三春带着众使女尾随其后。来到前厅，将郑恩放到廊檐下，再不理他。陶三春对众庄丁说道："好好看住他，等老爷回来发落。"说完便要回房中。郑恩心中暗暗叫苦，咱黑子自出生以来只有以拳头收拾别人的份儿，哪曾吃过这等大亏？如今却败在一个女娃娃手里，明日若被莲花山上的弟兄们知道了，还怎么见人？这手脚上的绳子只是一个劲地往肉里勒。欲高声大骂，又怕她的拳头厉害，白被她打一顿；欲低声下气地哀求讨饶，又怕被她看轻了。想到此，便大声喊道："你这女娃娃，咱黑子吃你几个瓜，该要几贯钱，咱黑子回去拿来赔你便是。实话跟你说，咱黑子乃是莲花山上的二大王。若被咱大王知道，带来众弟兄，还不踹了你的庄子，杀你个鸡犬不留？"

听他这样一说，陶三春却停住了脚步，仔细看他一阵问道："你果然是莲花山上的人？""果然是，快放咱回去，便饶你无罪。"陶三春突然放声大笑："莲花山上的响马，别人怕他，你姑奶奶却不怕。咱听说莲花山上的人都是些劫富济贫的好汉，并不骚扰山民百姓，你怎么倒做起偷瓜贼来了？陶柱儿，去，到莲花山通禀一声，让他们大王来庄上领人。"说完，头也不抬地回自己房中看兵书去了。

郑恩被五花大绑成一堆扔在地上，谁也不来管他，廊下又闷又热，一会儿工夫，浑身上下都已经汗水淋淋了，就像刚从水里捞起的一般。可恨这地方竟连一阵小风也没有，这些混账家丁们，也不知送瓢水给咱黑子喝。几次要挣扎着爬起来，谁知越挣那绳扣儿勒得越紧。

这样也不知待了多长时间，大门外传来"嘚嘚"的马蹄声。接着便听有人问道："敢问老丈，这里可是陶家庄？"另一个又问道："我郑恩贤弟被你们庄上拿了，可有此事？"郑恩一听这说话的声音，便觉得脑袋"嗡"的一声，坏了，坏了，这分明是大寨主张永德寻人来了，另一个声音如此耳熟，却像是咱二哥赵匡胤。分别许久，想不到在这种场合下相见，岂不让人臊煞？想咱黑子也是一条好汉，在这一带也是有名的角儿。大江大河经了多少，却在死水里翻了船，败在一个女孩子手里，辱没了咱的名声。如今跑又跑不了，躲又躲不得，这可如何是好？

想到此，身子往墙角靠了靠，回面朝里，两眼紧闭了，打定主意，任谁来也不睁眼，丢人也得丢出个样儿来。

张永德、赵匡胤闻听郑恩被人逮住，恐他吃亏，心下着急，催动坐骑飞马奔至陶家庄。刚近庄院门首，适逢陶龙起老汉赶集归来，连忙下马打听郑恩的消息。陶员外对此事并不知晓，便问道："二位这是从哪里来？"张永德上前施一揖道："在下张永德，是莲花山上的人，这位是我的朋友赵匡胤。"

陶员外听说是莲花山上的人，平日便敬他们是一帮行侠仗义的英雄，当下不敢怠慢，忙让他们进家叙谈。张、赵二人随陶员外进了院门，马匹自有庄丁们牵到一边照料。

三人刚转至大厅，赵匡胤眼尖，早见郑恩被麻绳捆了，闭着两眼躺在那里。心中暗笑道："这黑厮性喜惹事招祸，这次也算遇上了主儿，让他受些磨难，也好收敛些。"当下便对张永德使个眼色，让他且莫说破，只当没有看见，晚些再去救他，让他多吃些苦头。三人来到厅上，叙礼已毕，分宾主坐下，陶员外命人献茶。三人品茶叙谈，陶员外道："二位都是贵人，能到敝庄一坐，实是庄院之幸。今日天色已晚，就请二位在舍下用过饭再走。"二人连忙推辞，陶员外是个极豪爽之人，并不多说，只让下人赶紧预备酒席，招待贵宾。

那郑恩被捆在廊下，开始只是闭紧眼睛，唯恐赵匡胤、张永德看见自己这副模样。后来听他们只管说话，又是品茶，又要摆酒。心下纳闷：莫非二哥与这家有亲戚？他们既来到这里，怎么只管说话，却不来救俺黑子？想他们定是还没有看见我。欲张开口叫他，实是羞口难开；若是不叫，这浑身捆绑，疼痛难忍，躺在这廊下，又闷热难当。思来想去，忽然想出一个主意：既是二哥、大寨主都在此，我便索性大骂一顿，那女娃子莫非还敢打我不成？这样既能让二哥他们知道我在这里，也不失了英雄好汉的威风。想罢，便破口大骂道："你们这些女人，不分青红皂白把黑子捆在这里，连水也不给一碗，饭也不给一口，莫非要渴死你黑爷爷不成？俺黑子若得脱身，定让你们一个个性命难保，让你们见识见识俺的手段。"

这炸雷般的大嚷小叫让陶员外大吃一惊，他打眼细看，见西廊下捆着一个黑大汉子，急忙问庄丁道："那边捆的是何人？"庄丁回答："这厮是个偷瓜贼，被小姐拿下，捆在这里。他自己说是莲花山上的二寨主，小姐已命人去莲花山送信，单等他们来领人。"陶员外这才记起张、赵二人在门外打听郑恩的消息，想此人必是郑恩无疑，一时慌了，怒声喝道："我这闺女真是胡闹，我几次说她，总是拗着这等性儿。这炭火一般的天气，就是吃几个瓜，又有什么大不了的？还不赶快放人？"几个家丁你看看我，我看看你，却不敢上前去松绑。其中一个说道："老爷，这黑汉子力气大得很，又十分粗野，倘若放了，再动手打人，闹出人命可不是耍的。"

这时赵匡胤才站起身来，走到郑恩面前，俯首看了看，失声惊道："啊呀，是郑恩贤弟。许久不见，你怎么成了这等模样？是谁把你捆了？"几句话把郑恩说得羞愧难当，一张脸不知往哪里放才是。口里嘟囔道："是个黄毛女娃把俺黑了捆了。"赵匡胤惊讶道："女娃娃？贤弟也是一条有名的好汉，力大无穷，武艺高强，怎么倒被个女娃娃拿了？""二哥有所不知，这女娃娃力气比俺黑子还大。冷不防将俺踢倒，一屁股蹲在身上，俺再也挣不起来。她那屁股大的像个碾盘，压在身上像座小山。二哥若不信也去试试，保管让你也爬不起来。"几句话说得满屋的人都大笑起来。

陶员外一边笑一边跑过来，亲自为郑恩松绑，口里说道："得罪得罪，小女子甚不懂事，还望各位义士海涵。"郑恩被捆了半日，松绑之后觉得浑身轻松，一张脸却早羞成了紫色，站在一旁低着头一言不发。

张永德知他窘迫，忙上前解围道："二寨主受惊了，都是为兄的不是，早知如此，山寨里多买些西瓜就是了，何必跑出这么远来吃这苦头？你二哥千里迢迢来访，我们快回山寨吧。"说罢众人便欲告辞，陶龙起哪里肯放，一定要他们吃过饭再走，说是三位英雄大驾光临，小庄蓬荜生辉，理应设宴庆贺。

当下摆上酒宴，请张永德、赵匡胤、郑恩等坐了，陶员外在下位相陪。众人举杯，连饮三巡。那郑恩被折腾了半日，早已饥肠辘辘，也不与别人搭话，只顾埋头大喝大嚼，狼吞虎咽。

酬酢之间，赵匡胤问道："敢问陶老英雄家中上下还有何人？"陶龙起答道："夫人早年去世，我膝下无子，只有一个女儿，唤作陶三春，今年十八岁，尚未嫁人。自幼爱看兵书，喜习武艺。只是性多高傲，爱管不平之事。仗了几分勇力，常常打人招事。今日我不在家，又闹出这等事来，得罪了尊友，甚是荒唐。"

赵匡胤听说，心中暗想道："这陶三春年龄不大，却勇力无比，又懂兵书，定是个女中丈夫，巾帼英雄。若能将其收入军中，将大有益处，所起作用非男儿能比。但陶员外就此一个女儿，断不会放她投军，况如今军旅中亦不收女人。除非能许配哪位将军，方能随军前往。"想至此，便对陶员外说道："在下有一言相告，不知老英雄能否见允。"陶龙起欣然道："壮士有何见教，但说无妨。"赵匡胤道："在下足迹遍历关西、关东、大河上下，广结天下英雄。如今识得豪杰无数。只是像老英雄令爱这样的女中英雄尚未见过，欲请一见，不知可否。"

陶员外听罢，沉吟半晌道："壮士吩咐别的事情无有不遵，只是我这小女自幼太过任性，需要与她商量后才能复命。"说罢站起身来，向众人暂时告辞，走入内室。

陶三春正在自己房中，听见外面乱糟糟的，便问丫鬟道："老爷现在外边与何人饮酒？那黑贼可曾发落？"丫鬟道："莲花山上来了两个响马，老爷同他们一块进门。现已放了那偷瓜贼，正设宴与他赔礼。"三春一听，不禁怒道："可笑我这老父亲，真是越老越糊涂了。偷瓜贼不打也罢，赶出门去就是了，怎么反倒置下酒席与他赔礼？"正说着，陶员外走进门来，三春在一旁把嘴噘得老高，也不吭声。陶员外道："女儿又有何事不高兴，在这里跟谁怄气？"三春道："还能跟谁，都是爹爹糊涂，与那贼人设酒赔礼，岂不是灭咱家威风？"

陶员外笑道："女儿有所不知，莲花山上的这二位英雄都十分了得。老父年近古稀之人，一生阅人多矣。这二位气宇轩昂，相貌不凡。言谈之间底气雄厚，举手投足皆见功力，必非寻常之人。就连那位黑汉子我看也非凡人可比。如今那红脸的汉子在席间赞女儿是女中豪杰，欲求一见。为父想人家慕名求见，若当面拒绝，反添物议。况为父看这些人都是正人君子，见见何妨？因而便进来与女儿商议。"

那陶三春虽是女儿之身，却是男儿性格，一生最佩服的就是那些擒龙搏虎的英雄好汉，平日深锁闺中，居住乡里，难以见到一个真正的英雄男儿，如今果有英雄到了家中，自然想出去一见。当下也不扭怩，并说道："爹爹既已允他，女儿安敢不从？"说着便随陶员外走至内厅。

宋太祖赵匡胤

陶三春大大方方地走到席前，对着赵匡胤、张永德轻轻下拜。赵匡胤忙起身回礼，偷眼暗看时，不禁大为高兴。看她眉淡眼小，唇厚齿大，肤黑如炭，乱发如草，这副尊容，与郑恩贤弟岂不是天造地设的一对？想到此，便不禁笑对郑恩道："郑贤弟，还不来谢过三春小妹手下留情之恩。"

陶三春进来时，郑恩正在局促不安，只顾埋头饮酒吃肉。听赵匡胤这么一说，不禁一阵光火，狠狠地瞪了陶三春一眼道："还手下留情哩，她那拳头像把大铁锤，险些把俺黑子的骨头砸碎了，至今还生疼哩。"一句话，说得众人捧腹大笑，张永德忍俊不禁，一口酒险些儿喷在桌子上，连忙跑到屋外吐了。

三春也"扑哧"笑了出来，忙端起一杯酒走到郑恩面前说道："这位黑大哥，都是小妹不知轻重，多有冒犯。其实也是大哥不曾防备，若有防备，恐小妹还不是对手哩。请满饮此杯，就算小妹赔礼了。"郑恩听这几句话还有些顺耳，心里有些得意，我若有防备，还能吃这大亏？便端起一大杯酒，低着头向上举了举，算是回礼，然后一饮而尽。三春也把那酒喝了，众人也各自端杯陪着饮了。

赵匡胤要陶三春也坐下来，三春不肯，向众人告辞后自回房去了。又饮了一回，赵匡胤心中有事，不敢大喝，便把陶员外叫到外面，轻声说道："令爱武艺又高，又懂兵法，有如此雄才，必须得其所配才不负其才。"陶员外道："只因小女有愿在前，须遇英雄之士才肯许配。我们这小乡僻壤，哪里去找英雄？故此蹉跎至今，老朽正日夜为此事着急哩。"赵匡胤道："我这郑恩贤弟也是个天地不怕、敢作敢为的英雄。况且就要去邺都郭元帅处投军，其前程不可限量。如老英雄不弃，在下愿意为媒，将令爱许配与郑恩，甚为相合，久后定会夫荣妻贵，名扬天下。请问老英雄意下如何？"

陶员外听罢，拈须沉思道：这婚姻大事非同小可，我若应了，恐女儿嫌那郑恩丑陋粗鲁，埋怨为父；若是不应，又恐赵公子面子上不好看，左右寻思，并无定见，一时难以回答。犹疑多时才说道："承公子美意，本当依允。但小女性拗，又是关系她终身大事，还当与小女相商，观其心志如何再做决定。"赵匡胤道："这是自然，只是老英雄与令爱商量时，还须善言曲成，谅令爱识见高远，不致见绝。"

陶员外又一次进入内室，与女儿说知赵匡胤之意，心中忐忑，唯恐女儿一口拒绝。不料陶三春却欣然同意，说道："我看那郑恩也是个面恶心善的主儿，嫁与他女儿可终身有靠。郑恩又豪侠仗义，宁死不求饶，是个硬骨头汉子，也算是个英雄。只要爹爹乐意，女儿并无二话。"陶员外一听此言，心中大喜，急忙到外间告知赵匡胤。

再说赵匡胤见陶员外进入里间，这才回到席上说了方才的事。张永德道："赵公子办了件大好事，适才见了三春姑娘，我心中也想到了此事，本想待会儿便提出来，不想赵公子已捷足先登了。这可是一段郎才女貌的绝好婚姻。"郑恩却连连摇手："不行不行，那母夜叉厉害，俺郑恩可不敢招惹她，要娶你们娶去。"

赵匡胤道："黑子又胡说。你莫嫌三春貌丑，我看她广读兵书，精练武艺，有些丈夫胸怀。今日贤弟与她成婚，日后定会助益不少。愚兄依理而行，还能坑害贤弟不成？"郑恩听后不再多说，只是垂头闭口而已。

就在此时，陶员外回到厅内，赵匡胤赶紧站起来，问道："老英雄，那事如何？"陶员外道："事已成矣，小女欣然同意。"

张永德说："好了，我们共饮一杯。"于是，陶员外、张永德、赵匡胤、郑恩各举面前酒杯各自饮了。张永德道："这事定了，乃莲花山之福，我们就此告别，明日山上装饰洞房，后日迎娶上山。"

赵匡胤又对陶员外道："陶老英雄，不过在莲花山上，我们最多只待三天，然后我们就要开拔邺都，希望老英雄与我们同行。"

陶员外道："我是老了，到时候看看再说吧。"

于是张、赵、郑一起辞行，三人两匹马，无法乘坐。陶员外命家丁牵来一匹马，送三人上马，大家互相道别，三匹马直奔莲花山而去……

第二天，莲花山上如过年一般，大家忙忙活活，红红火火，兴高采烈。装修新房的，布置大厅的，杀猪宰羊的，下山雇轿的，大罐装酒的，请吹鼓手的，一直忙活了一天，直至深夜，山上众人才各自歇息。

第三天，两抬大轿在吹鼓手的导引之下下了山，两名伴郎分别是张永德、赵匡胤，各骑一匹骏马，跟在轿子两旁，一行数十人吹吹打打向陶家庄走去。

刚近陶家庄，便听到敲锣打鼓，鞭炮齐鸣。陶家庄的人都走上街头，要看看新郎何等英武。大街上人头攒动，有老的，有小的，有男的，有女的。

两抬大轿落于门前，从蓝轿内跳出一位黑大汉，头戴方巾，胸配红花，人群内顿时爆发出一阵大笑，有人小声说："夫妻像兄妹，果然不错，郎才女貌，天作之合，人家黑也黑的福相。"

这时候，陶三春在两个丫鬟的搀扶下大步走了出来，也不穿红袄，也不披霞帔，也不戴凤冠，也不蒙红盖头，径直走进大红轿内。

陶员外随后跟了出来，双手端着一碗水泼在当街，然后说道："嫁出的女，泼出的水，以后就全凭你们担待了。"说罢，向张永德、赵匡胤深深一揖，两只眼内居然老泪纵横。

赵匡胤、张永德向陶龙起老汉深深拜下去，齐声说道："老英雄请放心，三春既是我们的亲弟妹，也是我们的亲妹妹，若有半点差池，请您老人家找我们问罪。"

张永德向郑恩又使眼色，又做手势，郑恩这才理会，急步走到陶员外面前，"扑通"一声双膝跪下，连磕三个响头道："岳丈大人在上，请受郑恩一拜。俺黑子虽然粗鲁，但还知道好歹，三春跟着黑子不会受委屈，请岳父大人放心……"说到最后，竟也有些哽咽了。

这时候，吹鼓手班内笙笛齐鸣，鼓乐大作，长杆喇叭呜呜长鸣，起轿的时辰到了。郑恩快步走进蓝轿之内，赵匡胤、张永德双双翻身上马。一红一蓝两乘轿子缓缓抬起，众人簇拥着向庄外走去。赵匡胤骑在马上，却听到后面庄民们当中一群孩子乐哈哈地唱起了当地的民谣：

> 高秋秋地，两条道，打发闺女上了轿……
>
> 爹也哭，娘也哭，女婿回头拜岳父。叫岳父，你别哭，您闺女，
>
> 到俺家，享大福。
>
> 铺红褥子盖红被，绣花枕头一大对。
>
> 武也会，文也会，杀伐征战不嫌累，
>
> 将来沙场走一遭，夫妻英名留后辈。
>
> 十年以后再还乡，孙儿孙女来一对……

来到山上之后，众喽啰铺毡，从山底一直铺到山顶，陶三春大步流星往山上走去。到了山顶，鼓乐齐鸣，吹鼓手们尤为起劲，山上的飞禽走兽从未经过这样的场面，四散飞奔而去。

议事大厅里点上红烛，摆下香案。莲花山的第三把交椅杨凌权当司仪，高声唱道"一拜天地"，郑恩、三春跪下磕头，又唱道"二拜高堂"，郑恩自幼失去父母，郑陶二人只向北面磕头；司仪再唱道："夫妻对拜，送入洞房。"还没等郑恩、三春互拜完毕，早被一群喽啰簇拥着向洞房走去。

郑恩羞臊的脸色如同猪肝一般，回过头来求助于二哥赵匡胤。赵匡胤笑着安慰道："三弟，'洞房花烛夜，金榜题名时；久旱逢甘霖，他乡遇故知'

乃为人生四大喜。今天是你大喜的日子，放心进去。三春的拳头虽然厉害，今夜不会再让你吃苦头了。"众喽啰顿时一片大笑，直笑得山摇地动。

接下来，外面摆下宴席，整个山上不管寨主、喽啰、大王、兵卒，皆开怀畅饮，一醉方休。

正当喝得热闹，郑恩跑了出来，对张永德、赵匡胤道："只你们在此过瘾，却把俺黑子忘了，俺有一天多没捞着酒喝了。"说着，从桌子上端起一个大碗，"咕嘟嘟"灌进肚里，又端起第二个大碗，便欲再喝，赵匡胤道："三弟，你只顾在这里喝酒，冷落了新娘子如何是好？快搬进一坛子酒去，你们夫妻对饮吧。"喽啰们说声好，搬起一坛子酒，拥着郑恩再次送进洞房。

这边宴席上更热闹了，人们大呼小叫，高声喧哗，又说又笑。斗酒的，划拳的，你敬我让的，大厅内乱成了一锅粥。赵匡胤正与张永德饮酒说话，却听邻座的一个喽啰说道："咱二寨主是个粗人，平日不谙男女风月之事，今日是他洞房花烛之夜，也不知会不会干那件事。"

话还没说完，满大厅里早已哄堂大笑。张永德、赵匡胤也被逗得忍俊不禁，哈哈大笑起来。这样大家一边说笑，一边喝酒，看看差不多了，张永德站起来说道："弟兄们，这几日咱山寨里双喜临门。二寨主新婚是一大喜，还有一喜，就是赵公子来邀咱们去郏都，投在郭元帅帐下，为国家、为天下黎民百姓建功立业。弟兄们愿去的，明天咱们便一起开拔，不愿去的，发给川资，各人回家各安其业。"话音未落，下面一片高喊："我们生死都跟着大王！""愿为大王牵马坠镫！""大王走到哪儿，俺们就跟到哪儿！"

赵匡胤在一旁听得明白，端起一碗酒，对张永德道："张大哥的文才武略赵某已经领教过。今日见张大哥能被众弟兄如此衷心拥戴，您的为人更让赵某感佩莫名。张大哥是我赵匡胤的楷模，我敬大哥一杯。"说着，自己先将一碗酒一饮而尽。张永德也连忙把酒喝了。又斟一碗，对赵匡胤道："在下承蒙赵公子指点，从此走上正途，这一天我已渴盼许久，为此，我敬公子一杯。"两人同时开怀大笑，各自端起碗来，一口气喝了个底朝天。

洞房里，郑恩与陶三春正在相对饮酒，你一碗我一杯喝得痛快淋漓，全无新郎新娘洞房花烛之夜那种忸怩和羞涩。

喝过数碗之后，郑恩看看陶三春，突然咧开嘴"嘿嘿"地笑了。三春嗔怒道："傻蛋，笑什么？还不上床。"说着，早已大大方方地先钻进了被窝。

第二天，山寨里将马匹、车辆、粮秣及金银财物打点齐备，数千人在张永德、赵匡胤、郑恩夫妇的带领之下浩浩荡荡向郏都进发。

宋太祖赵匡胤

十几天之后，来到邺都城。赵匡胤先去告知柴荣，柴荣大喜，忙命部下将这一哨人马整编入伍，分头安顿。却在府中设下盛宴，为赵匡胤、张永德、郑恩、陶三春接风。将要开席时，忽然从外面走进五个人来，赵匡胤一看，顿时喜出望外。这五人正是东京汴梁的韩令坤、石守信，驼峰山上的王审琦、张令铎，自己的亲弟弟赵匡义也从东京跟来了。五人一齐上前，向赵匡胤施礼，赵匡胤回过礼后，便把他们向众人一一介绍。柴荣对赵匡胤道："这五位义士接到你的书信之后，当即催马上路，于前日赶来邺都，驼峰山上的人马也都已编列入伍。今日是各路英雄风云际会，八洞神仙齐集邺都。柴某在此略备薄酒，望大家开怀畅饮。"

席间，匡胤小声问匡义道："父母大人可都安好？你嫂嫂在家可守孝道？"匡义道："父母身体俱各安好，前几年不知你的下落，两位老人家十分思念，母亲几乎日日以泪洗面。嫂嫂恪守妇道、孝道，尽心侍候，非常贤惠。听到你在郭元帅帐下，二老十分高兴。父亲便让小弟也来随大哥共投郭元帅，自创前程。"匡胤听后始觉心安。

当日大家尽心欢饮，直至红日西坠方才散席，各回住处安歇。

大家出了柴府，王审琦、张令铎却一把拉住赵匡胤，非让他先到他们的住处坐坐不可。弟兄们分手已近两年，赵匡胤也巴不得与他们彻夜长谈，便随他们向西走去。穿过大街，向南趱进一条胡同，走不多远，便来到一座独门小院。进门后，但见西厢房里烛火甚亮。张令铎轻轻敲敲房门说道："嫂嫂开门，你看是谁来了。"房门"吱扭"一声打开，王审琦、张令铎将赵匡胤推了进去，却将房门带上，各自安歇去了。

赵匡胤被稀里糊涂地推进房内，一时愣住了。灯烛之下，一位丽人身着薄衫，淡施脂粉，正含羞带娇地垂首坐于床上。见赵匡胤进来，忙站起身来，款移莲步走近身前，深施一礼道："公子别来无恙。"赵匡胤抬眼看时，原来是自己在驼峰山下韩家屯的定情之人韩秀英。心中顿时滚过一阵热浪，忙冲上前去，双手扶住她的肩头，柔声问道："是秀英？你怎么到这里来了？二位老人可好？"

韩秀英本已双眼潮红，经这一问，再也抑制不住，伏在赵匡胤胸前嘤嘤哭泣起来。一边哭，一边向赵匡胤倾诉着这几年的经历。

原来，赵匡胤离开韩家屯之后，驼峰山一带便流行瘟疫。韩百万夫妇不幸染病，相继身亡。家中只剩下两个丫鬟和一个老仆与秀英相依为命。一年多来，附近许多名门大户的公子少爷倾慕秀英的姿色，多次携重金登门求婚。丫鬟们也劝秀英择个好主儿过门，说是赵公子当时的许诺不可轻信，不过是一时的戏言，这个年头，男人们的话岂可当真？但秀英却坚信赵公子是个一诺千金的真男儿，宁死也不肯嫁人。也亏得王审琦、张令铎二位多方照顾，这几年才得以平安度过。这次听说王、张二人要到邺都投奔赵匡胤，秀英说什么也要跟随前来。

赵匡胤听秀英说完，也不禁连声感叹唏嘘。自古以来，英雄气短，儿女情长。赵匡胤纵是个铁石之人，也早被这纤弱女子那火辣辣的痴情焐热了，感化了。他拥着秀英的娇躯，双双坐在床上，抚着她的满头秀发说道："秀英，你这几年为我受苦了。从此以后，我们再不分开。明天我便让弟弟回东京禀明父母，有了回信我们便可完婚。"秀英含着泪道："若是你父母不同意，那我该咋办？"赵匡胤双手捧着她的脸道："放心吧，看你都快变成惊弓之鸟了。我父母都是极通情达理之人，这事他们定会同意。"秀英紧紧地偎在匡胤的怀里，口里喃喃道："就是二老不同意，我也要做你的丫头、婢女，反正韩秀英生是你赵家的人，死是你赵家的鬼。"

赵匡胤只好再三劝慰她，让她放宽心，直说到夜深了，才让她关门睡觉。自己却走出西厢房，敲开了王审琦、张令铎的门，兄弟三人又说了会话才联榻而眠。

天明之后，他们一起吃过早饭，便有柴荣派人来传，说是郭元帅要召见他们。

柴荣带着赵匡胤、张永德等一行九人来到元帅府议事大厅。郭威居高而坐，向下仔细打量，但见这九人个个龙睛虎目，猿臂熊腰，透着英雄气概。又听柴荣仔细介绍过众人的经历和身手，都是少年英雄，人中豪杰，心中十分高兴。他知道，帐下陡然增添了九员战将，这对于自己这支军队来说无异于如虎添翼，对以后的事业也是举足轻重。但他并不想马上任命他们高位，他认为一员真正的战将必须是在战场上一刀一枪杀出来的。因此，他只任命众人至各军中任个低级军官小校。唯把赵匡胤、张永德留在自己身边，也是任小校之职，并让他们跟随柴荣每日练兵习武，准备在日后的战事中杀敌立功，然后再论功行赏。

对于郭元帅的这种安置，这班人大都于心不服，柴荣也甚觉不安。走出帅府议事大厅，郑恩憋不住高声嚷道："这郭元帅也太小气，就给我们这么个

宋太祖赵匡胤

苍蝇屎大小的鸟官，哪如俺在莲花山当二寨主痛快？"旁边陶三春听夫君这般说，不仅不加阻拦，反而火上浇油道："你们都说这郭元帅知人善任，俺看这份小家子气还不如个娘们儿。当家的说得是，俺陶三春宁愿回莲花山当个压寨夫人。"其他人也都你一言我一语，七嘴八舌地发着牢骚。柴荣跟在后边，脸上一阵青一阵红，却无言以对。

赵匡胤赶紧拦住人们的话头说道："弟兄们休要这样说话。大丈夫立功扬名，凭的是疆场拼杀，岂能靠别人恩赐？我们初入行伍，未建一功，未进一策，如何敢讨厚封？纵使封个大官，能不感到脸红？好在我们已走上正路，以后疆场扬威，杀敌报主，建立赫赫功业，定会高官任做，骏马任骑。"众人这才不再言语，随柴荣至军中安置停当，每日随军演习阵法，操练武艺。

赵匡胤抽暇与柴荣说知韩秀英来寻之事，为匡义请了假，让他回家与父母及妻子贺氏禀告此事。半个月之后，匡义快马奔回，说父母及嫂子俱各同意，匡胤大喜。众弟兄也都忙忙活活地帮匡胤和秀英筹备婚事。

虽说是在军旅中完婚，匡胤又是娶妾，但婚事仍办得红红火火，热闹非凡。柴荣亲自主持，他与众弟兄商议，一定要按照北方的风俗，让婚事越风光越好，不准有半点简慢之处。他说："秀英一个弱女子能如此痴情，父母双亡仍苦守闺房，又千里迢迢赶来军中，咱不能慢待了人家。"

柴荣让人专门给匡胤准备了一套住宅作为新房，又让风水先生择了吉日，定在九月初八给二人完婚。

九月初八这天，新娘韩秀英披红戴绿，绣花红巾蒙头，由陶三春陪着暂住在郑恩夫妇房中，权当是在娘家等待迎娶。

一大早，赵匡胤便脱下军衣，披红插花，乘坐一顶蓝轿，另有一顶红轿相随，由众弟兄簇拥着来到女家迎娶。

在一片鼓乐声中，新娘由两名伴娘搀扶着款款走上花轿。一时鼓乐大作，喇叭长鸣，花轿缓缓升起。一路上灯旗引路，鸣锣开道，遇户则笙笛齐鸣。直转了三条大街，迎婚队伍才在闹哄哄的人群中进入了新宅。

新娘由伴娘扶着下轿，踩红毡步入门庭。然后便是设香案、拜天地，送新娘入洞房。至晚间便是年轻的弟兄们和邻家的男男女女们"闹洞房"，人们尽情调笑戏谑，你拥我挤，直闹得欢声笑语，沸扬盈翻。

夜深了，闹洞房的人们才渐渐离去。赵匡胤送了最后一批客人，急匆匆地向新房走来。他在极力压制着那颗怦怦乱跳的心，尽量平息心中燃烧的情欲之火。这是他第二次婚娶，但他觉得比第一次结婚时更加激动，更加躁动不安。那一次他只有十七八岁，还是个不谙情事的大男孩，只是被动地例行公事，为秉承父母之命，履行传宗接代的义务而行周公之礼。这一次却不同了，他已是过来人，几天以来，他只觉得时间过得太慢，有点度日如年，常常感到一阵阵莫名的亢奋和燥热。这一天终于来了，那令人神往的美妙的一刻就要到了，他恨不得立刻就把自己心爱的女人抱在怀里，让她熔化在自己身上。

新娘韩秀英独坐在床沿上，心里慌乱得像有只小动物在狂蹦乱跳。她听见赵匡胤的脚步声越来越近，这是她多么渴盼的声音啊！但此刻却让她心惊肉跳，浑身都开始微微颤抖，牙关也有些"咯咯"作响，竟然像打摆子似的。她想尽力控制，但是却无济于事。

他终于进屋了，走到了自己的身边。他还穿着那套新婚缎子礼服，显得更加高大，迷人。他就是我的丈夫？是真的，他从此真的是我的丈夫了。韩秀英只觉得一股幸福的暖流在她的全身荡漾，在她的四肢百骸流淌、冲击。苍天有眼，我韩秀英终于苦尽甘来，从此有了靠山，有了自己的家。

她微微闭上眼睛，再也不敢睁开，却明显地感觉到他已贴近了自己，他嘴里呼出的热辣辣的气息虽然略有点酒味，但却是那样温和而馨香。他在自己额上吻了一下，便抱起自己的身子，轻轻地平放在床铺的里边。他又离开了床铺，似是在将房内的几支大蜡烛一一吹灭，只剩下一支小蜡烛闪烁不定，明明灭灭。

在幽暗的似有若无的烛光中，秀英听到他极为迅速地脱掉了衣衫，爬上床来，钻入了锦衾之下。那个强健火热的身躯终于与自己紧紧地依偎在一起了。

新婚几天之后，赵匡胤又投入了招兵买马和练兵演阵的繁忙事务中。一天，他又与柴荣说起了到莲花山的途中曾路遇赵普。说此人如何满腹经纶，乃当世诸葛亮。柴荣急忙派人前往迎请。但数日后派去的人回来复命，说赵普已举家搬走，村里的人只知道他要四海云游，却不知去向。与一代大贤失之交臂，柴荣不胜叹惜，但也无可奈何，只好嘱咐众人留心打听此人的踪迹。

第十一章　东窗设计　自毁长城

当郭威在加紧招兵买马、网罗人才、各路英雄纷纷投奔邺都的时候，后汉的朝政却愈加糜烂。那汉隐帝听谗贪色，嗜酒远贤，广蓄女乐，大兴土木，种种劣迹竟是愈演愈烈，早已惹得朝野物议纷纷，百姓怨声载道，人们的愤怒已到了极点。

宰相苏逢吉与郭威、史弘肇、王章、杨邠等本都是先帝临终时任命的顾命辅政大臣。为了排斥异己，独揽朝纲，他先是借平叛之机，鼓动如簧之舌，将执掌全国兵权的枢密使郭威派去平叛，接着便说服隐帝命郭威留守邺都，将他挤出朝廷最高权力的圈子。随后，他又借赵弘殷犯颜直谏、忤逆龙鳞一事，添油加醋，频进谗言，诋毁史弘肇、杨邠等人，说他们结党营私，恃功傲主，让隐帝渐渐疏远了这些朝廷重臣。他自己却一升再升，坐上了太师的高位，成了朝廷中说一不二的人物。

那日赵匡胤大闹御勾栏，杀死了南唐进贡的乐女，火烧了撷芳楼，隐帝如同被摘去了心肝一般，终日哭哭啼啼，茶饭不思，一切朝政全委与苏逢吉。苏逢吉曾严令缉拿凶手，但因赵匡胤是在深夜行事，来无影去无踪，终于没查到半点蛛丝马迹，此事只好不了了之。

苏逢吉为了博取隐帝的欢心，把几个心腹召到太师府密议："近日以来，皇上忧愤交加，神思恍惚，诚非社稷之福。为人臣者，当忧君之忧，解君之难，尔等有何良策，可令万岁恢复如初？"供奉官孟业道："心病还需心药医。万岁眼下的情状，无非是因他百般宠爱的乐女被杀。以卑职之见，太师应下令大选天下美女，挑那绝色者充塞后宫。我不信中国之大，竟挑不出几个比南唐进贡的乐女更为美艳的女子。"

孟业此言正合了苏逢吉的心思。第二天他便下令各郡县在民间广选美女。一时间，全国上下，凡姿色上乘的女子都被选中，经过逐级筛选，最后由苏太师亲自把关，选定三百名绝色女子，年龄都在十四岁至十八岁之间，经过短期的宫廷礼仪的调教便一块献于宫中。

隐帝一看这三百名娇娃，个个丰润鲜活，如同娇嫩的花骨朵一般。其中有十几个面容娇艳，体态妖娆，绝不在南唐进贡的乐女之下，顿时龙颜大悦，一腔忧思愁绪早飞到九霄云外去了，当时便觉得天也蓝了，草也绿了，眼前一片明媚灿烂。于是重赏苏逢吉黄金千两，其他在选美中出过力的也各有重赏。

自此以后，隐帝不分白天黑夜，一直在后宫中宴饮作乐。三百美人轮番侍酒。隐帝一边左搂右抱着这些美女，一边纵情饮酒，欣赏着丝竹美乐。酒力发作，欲火炽盛，便当着众人恣意宣淫。事毕之后，亦不回房，就地酣睡。一觉醒来，又要饮酒，又要听乐，又要乘兴交合。

为了恣情纵欲，隐帝突发奇想，在后宫内花重金建造了"裸游宫"。宫内四壁全是汉白玉装贴，重要部位镶金嵌银。宫内建一泳池，池内碧波荡漾，深有丈许。扔几枚铜钱到池底，在岸上看得清清楚楚，连铜钱上的字样都清晰可辨。一入夏季，隐帝便从这三百名美女中挑选五十余名精通水性的，每日陪他泡在裸游宫里。

今日隐帝正在裸游宫里玩得兴起，正在此时，一名太监匆匆走进来，双膝跪在隐帝面前禀道："万岁，苏太师有要事求见。"

隐帝正在兴头上，哪里肯穿衣出去，便不耐烦地摆摆手道："让他先等着。"直到这场独出心裁的游泳比赛结束，这才对那名太监挥挥手说："让苏太师进来见驾。"

那太监看看满屋子里那些白花花的裸体，不禁迟疑道："这……就在这里？""怕什么，苏太师是见过世面的人，还怕几个光身子的女人？""是，奴才这就去宣旨。"那太监倒退着走出裸游宫。

不一会儿，苏逢吉硬着头皮走了进来，这老头子尽管经多见广，但这么多皇上的美人妃嫔的裸体他还是第一次见，早吓得垂首低眼，急步走到隐帝跟前，颤声奏道："启禀陛下，大事不好了。臣刚得到密报，说郭威在邺都招兵买马，似有谋叛之心。乞陛下早为剪除，以防后患。"

隐帝一听此话，早惊出了一身冷汗。这几年隐帝一直沉湎于酒色之中，数千名后宫佳丽如利斧快剑，早把他的身子掏空了。也许是阴虚火旺的缘故，越是精亏肾虚，他越是离不开女色，床笫之欢在他身上已成了恶性循环。而且性情愈加暴戾乖张，猜忌、多疑、恐惧、嗜杀，几乎成了个精神变态者。听苏逢吉奏完，隐帝冷汗淋漓，一阵昏晕，险些跌倒在地，苏逢吉忙扶他坐到池边的龙床上。休息了半晌隐帝方才说道："郭威阴蓄不臣之心，朕早有所虑，太师有何良策降此奸贼，为朕分忧？"

　　苏逢吉看看满池子里的裸体美女，面有难色道："陛下，如此机密大事，这里不是说话之处。"

　　隐帝突然对满池的裸体女人们发起了无名之火，大声喊道："滚，统统给朕滚出去！"这群女人都不知发生了什么事，丈二和尚摸不着头脑，一个个吓得心惊肉跳，连滚带爬地跑了出去。

　　偌大的裸泳宫里就剩了这君臣二人，彼此之间连呼吸声都听得一清二楚。看看再无他人，苏逢吉才奏道："陛下也不必太过惊慌，以臣愚意，可差官颁旨，往邺都宣郭威进京。同时阴携密诏，令邺都行营马军都指挥使郭崇威、步军都指挥使曹威杀死郭威和监军王峻，取而代之，则此事可平。臣所虑的是朝廷之中有不少郭威的党羽，应及早除掉，以免他们内外相应，形成不可收拾之势。"

　　隐帝说道："朝中的这几个老儿终日蛙鸣蝉噪，朕早就不胜其烦了。不过要杀他们却不好找口实。"苏逢吉道："这次明里宣调郭威进京，又不说任何官职，明眼人一看便知是在削其兵权。这帮人向来以清流自居，必定起而反对，那时便可一网打尽。"隐帝闻言大喜："太师所言，真乃老成谋国之策，朕就依卿所奏。"

　　第二天早朝，文武大臣齐集，山呼舞拜，分左右立于丹墀之下。隐帝已连续数月不曾上朝，今日却端然坐于朝堂之上，众人知道其中必有大事，大家心内打鼓，却不敢多言，都惴惴不安地站在那里，你看看我，我看看你，大殿里鸦雀无声。

　　这时，却见太师苏逢吉手持笏板走出班列，俯伏于丹墀之下奏道："启奏万岁，臣近闻郭威在邺都一带大肆招兵买马，不知何意。为防不测，应将郭威宣调回京，另行委任。"

　　隐帝佯装吃惊道："有这等事？如今四海安宁，何须招兵扩军？如此大事也不奏闻朝廷，着实可疑。当即拟旨，命郭威进京听宣。"

　　他话音刚落，顾命大臣杨邠、史弘肇、王章同时出列，跪地上奏。史弘肇道："陛下万不可听信谗谮之言，误了国家大事。自古用人不疑，疑人不用。郭威乃国之柱石，手握重兵。即使就地招兵买马，也是他分内之事，为地方靖乱，固守边防，他完全有权这样做，无须向朝廷奏闻。若以此事见疑，必定冷了将士之心。若为此而革除其兵权，更无异于自毁长城。"

　　杨邠也道："臣与郭威同佐先帝，披坚执锐，创业开基，成就大汉社稷。先帝知郭威忠勇无比，勋劳卓著，故而不次擢拔，托以顾命重任。郭公平定三叛，镇守邺都，乃国家之屏障。今陛下听信奸人之言，无故调其进京，君臣疑忌如此，分明要逼反重臣。事关重大，还望陛下三思。"

三司使王章尤为激烈，以头碰地道："此事关系国之命运，万万不可。郭公手下拥兵数十万，猛将如云，谋臣如雨。若逼之甚急，必激成大变。更会使各镇诸侯人人自危，若群起效之，齐动干戈，到那时陛下当何以处之？愿陛下勿听奸言，圣断明裁。倘若不然，忠臣义士寒心，乱臣贼子称快，大汉江山自此危矣。"说罢又以头碰地以致流血。

隐帝听三人奏罢，已勃然变色。苏逢吉见火候已到，又出班奏道："启禀万岁，此三人乃郭威同党，今日当朝咆哮，妖言惑众，全无君臣之礼，莫非要内外勾结，通同谋反？"

史弘肇听到此处已是忍无可忍，破口大骂道："误国欺君的奸贼，这几年多是你蛊惑圣聪，颠倒朝政，以致民怨鼎沸，藩镇离德，这锦绣江山非断送在你手里不可。"

苏逢吉进一步煽动道："皇上明鉴，此三人私通郭威，反心已露，今若不除，必生大患。"

一句话似是提醒了隐帝，隐帝顿时怒火中烧，一张脸铁青着，手在龙案上用力一击，厉声喝道："朕看尔等才是乱臣贼子，若再容你们任意横行，恐怕朕的龙椅也坐不稳了。来人，将这三个反贼拿下，绑赴市曹，候旨斩首示众。"

两边文武个个心怀不平，但此时人人惊骇，身颤腿抖，生怕一言不合便遭杀身之祸，谁也不敢说话，唯有心中叹息而已。

苏逢吉又上前奏道："此三贼私通谋叛，应将其满门抄斩，以使后人尽怀敬畏。"隐帝当下准奏，命殿前校尉带领禁军将三位大臣的府邸前后围住，不分男女老幼，足有五百余口，尽行押赴市曹。

可怜史弘肇、杨邠、王章三位顾命大臣忠公体国，耿耿为民，却落了个满门抄斩的下场。行刑那日，汴京城里万民空巷。平民百姓们潮水一般涌向刑场，有带香纸的，有携酒菜的，都主动来为这三位老臣送行。当千万堆纸钱点燃的火苗开始闪烁，无数只灰蝴蝶在刑场上空飘舞时，也不知是谁突然高声喊道："三位老爷在上，我等百姓平日多蒙抚恤，无可报答。今日老爷为奸人所害，小的们无以孝敬，聊备些纸钱，伏乞老爷当面生受。"说罢放声大哭，引得整个刑场哭声四起，其响如雷。

这一日，东京城里日月无光，阴风惨淡。五百多颗人头在锋利的鬼头刀下纷纷落地，鲜血像溪水一样在刑场上流淌。这是汴梁城里千百年来未曾见过的一幕惨剧。善良的百姓们都不忍目睹，在行刑的那一刻，人们忽然齐刷刷地面向三位大人跪下，把头深深地埋了下去。一位老者流着泪道："天下才得几年太平，朝内又生此大变。这三位老爷是何等为国爱民，今日朝廷无辜将他们杀了。只怕刀兵就要起于眼前，多是我等百姓无福，又要遭受大劫了。"

行刑之后，监斩官回朝复命，隐帝和苏逢吉这才放心。接着隐帝问道："苏爱卿，可命谁前往邺都宣调郭威回京？"苏逢吉道："供奉官孟业可当此任。"隐帝传旨，让孟业进殿，拟完宣召郭威进京的圣旨交与孟业，又对他说道："一些具体事宜你可去太师府与太师商量，此行务要谨慎从事。"散朝之后，孟业随苏逢吉来到太师府。苏逢吉又从袖中掏出一卷密诏，对孟业说道："此次前去，召郭威回京是假，那不过是为了暂时稳住他，以防兵变。你可持此密诏去见郭崇威与曹威两位将军，命他们就地杀死郭威，接替他的职位。事成之后，速回京复命，朝廷定会重用你。"孟业觉得自己出人头地、平步青云的时候到了，心头一阵狂喜。临走时，苏逢吉又神秘地嘱咐他："史弘肇、杨邠等人都已满门抄斩，这个郭威更是谋逆之首，他的家眷也不能留有活口，免得养虎贻祸。不过不必再绑赴刑场，兴师动众了。"孟业点头会意，唯唯领命而去。

这天深夜，郭威在东京的府邸四周被孟业悄悄地布满了禁军，一个个挎刀持剑，杀气腾腾。

郭威在邺都建衙开府才一两年的时间，除了柴夫人和一个女儿跟在身边，大部分家眷都留在东京，上有养育他长大成人的姨父和姨母韩氏，下有他的几个侄子、侄女；姨父家的祖孙三代，还有郭威的几个爱妾及爱妾的家人，连同管家、童仆、婢女、厨子、马夫等等，共计一百二十余口。这些男男女女，老老少少，此时都已沉沉地进入了梦乡，他们做梦也没有想到巨大的灾难就要临头了。

忽然一声惊心动魄的锣响，埋伏在郭府四周的禁军一下子点燃了火把灯笼，天地间一时照耀如同白昼。"咢唧"一声大门被撞开，这些禁军野兽一般冲了进来，在各个房间乱闯乱钻，逢人便杀，见好东西便抢……

郭府中的人从睡梦中惊醒，还来不及穿好衣衫，有的赤身裸体被杀死在床上，有的被刺死于当地。有些妇女披头散发，赤着脚满院里乱跑，被这些野兽般的禁军追来追去，追上后肆意袭辱，然后一刀杀死。

孟业骑马走进府内，见十几个禁军押着一串衣衫不整的男女从后面走出来，便勒住马头，厉声喝问道："为什么不杀？别他妈的婆婆妈妈的，杀，快杀！"说着从腰中抽出宝剑，照着最前面的一个男人的前胸就是一剑，那人惨叫一声扑倒在地。十几个禁军一齐举刀，这一群人顷刻间便全都躺在血泊里。

一个老婆婆被人押着走了过来，冲着孟业大声骂道："孟业，你这条苏逢吉的狗，禽兽不如的东西，我外甥回来后，看不活剥了你的皮。"

有人告诉孟业，这便是郭威的姨母韩氏，也是他的养母。

孟业跳下马来，走到韩氏面前，"嘿嘿"狞笑一声："你还等你外甥回来吗？今日让你死个明白，你外甥谋逆反叛，明日也要做无头鬼了。来人，将这老刁婆子给我点了天灯。"

两个禁军架起韩氏向近处的一个火堆走去。老人家被活活地推进了大火里，浑身立时烈焰熊熊，还在挣扎着大骂不绝。

孟业继续向里面走着，看着这昔日威风凛凛的枢密使府邸到处是火光与血水，到处在杀人，他感到一种说不出的快意：自己昔日与郭威有仇，郭威曾数次挡住了自己的仕进之路，今日活该落到自己手里。

前面押着一群人，正在准备处死。孟业走了过来，他见其中一个年轻女子亭亭玉立，肤白如雪，虽说乌发蓬乱，衣衫不整，仍遮不住她的花容月貌。

孟业走了上去，把这女人拉了出来，问道："这是郭威的什么人？"

有人告诉他："这是郭威的第三房小妾。"

"哼，他倒艳福不浅。"他歪头看看这女子，禁不住生出了一股醋意，淫笑着说道："人说这世上有三件好东西，你们知道是什么吗？"

在这种场合下，众人不知道他要说什么，谁也没有说话。他忽然哈哈大笑："那就是官位、金钱、美人，这三件郭威一样不少，还想谋反，真是找死。"他突然手腕一抖，用剑尖将那女子的衣衫前襟挑破，随着一声凄厉的尖叫，那女子早已昏死了过去。孟业犹不解恨，扑上去照着前胸恶狠狠地刺了一剑。

人群里爆发出一阵大骂："孟业、苏逢吉，你们这些人面兽心的魔鬼，总有一天，郭大帅会千刀万剐了你们，替我们报仇。"

"杀，快杀，一个不留！"孟业狂叫着，禁军们刀剑齐挥，郭府的人纷纷倒地。

不到一个时辰，郭府上上下下尽被杀死，婴孺皆无幸免。横七竖八的血淋淋的尸体从屋内到院子里到处都是。孟业看看再无人可杀，便命人四面放火。霎时之间，这座富丽雄伟的郭府大宅便变成了一片火海，火光冲天，浓烟滚滚，映红了半个汴京城。

几天以后，孟业这个双手沾满了郭家鲜血的刽子手又以钦差大臣的身份堂而皇之地到了邺都。他大摇大摆地来到了郭威的帅府。郭威听说钦差大臣到了，不知出了何事，慌忙率左右出来迎接。

孟业高声喊道："邺都留守郭威听宣！"待郭威等人跪下之后，孟业将圣旨宣读一遍，大意是说，目下四海升平，外夷臣服，边陲平安无事。着令郭威接旨后即刻返京，朝廷另行任用，邺都一带的军政事宜由邺都行营马军都指挥使郭崇威、步军都指挥使曹威暂时署理。

郭威听完圣旨，只觉得头脑中"嗡"的一声。他几乎是本能地觉察到这是朝廷对自己的极不信任和严重猜忌，开始动手削自己的兵权了，下一步等待自己的将是什么现在还不得而知。由于邺都离东京路途遥远，消息闭塞。前几天京城里史弘肇等人被杀，自己满门惨遭屠戮的事尚未传来，但是，从这道圣旨里他已经闻到了山雨欲来的隐隐雷声。

当下他不动声色，口中高呼万岁，叩首接旨。然后便客客气气地把钦差送入驿馆歇息，并派人暗中严密监视其动向。

当天夜里，郭威把监军王峻和侄子柴荣等心腹亲信召到官邸，在一间密室中与他们密议道："朝廷圣旨已下，命我即刻进京。你们认为这是何意，我等应何去何从？"监军王峻说道："郭公乃国之大臣，功名素著，又握重兵，据强镇。当今圣上性多猜忌，身边又有苏逢吉等佞臣摇唇鼓舌，蛊惑圣心。此番进京，恐怕凶多吉少。一旦为群小构陷，则百口难辩，末将以为不可轻蹈险地，望郭公慎思而行。"

柴荣则道："今日钦差宣读圣旨时，我暗中观察，见他面带奸笑，眼露凶光，一团杀气。据孩儿看，朝廷所疑忌的无非是大帅手中这几十万大军，所害怕的也正是您部下的这些精兵强将。如今叛乱平息，外夷臣服，西北边境平安无事，该是兔死狗烹的时候了。一旦交出兵权，必将大祸临头，到那时恐怕想做个平民百姓都不成了，等待我们的只能是身首异处的血光之灾。大帅万不可轻放兵柄，坐以待毙。"

郭威叹口气道："这道圣旨暗藏杀机，本帅也早有察觉。无奈圣命在上，违之即为不忠；抗旨不遵即为乱臣贼子，为万世唾骂，为之奈何？"

柴荣愤然道："将在外，君命有所不受。况明知前面是一座火坑，哪有硬要往里跳的道理？此事不仅关系到您一人的身家性命，恐怕跟您多年出生入死的千万将士都要人头落地，岂能为了愚忠虚名置千万人的生死于不顾？"

听柴荣说着，王峻心中的怒火不禁越烧越旺，突然"砰"的一掌拍在桌子上，怒声说道："此事必系苏逢吉等人所为。圣聪为奸贼蒙蔽已非一日，朝政糜烂，忠良寒心，我等徒死何益？不若顺应民心，拥兵南下，荡涤鼠辈以清君侧，此乃天赐良机，望郭公切勿迟疑。"

郭威正在沉吟之时，忽听有人敲门。柴荣打开门，一个前去监视孟业的小校进来禀报，说是钦差大人晚饭后便换下官服，只着便装，到马军都指挥使郭崇威府邸去了。

郭威道："看来，这位钦差大人已急不可耐，在磨刀霍霍了。"

王峻道："不若立即点兵前往擒拿孟业，郭崇威若与他狼狈为奸，则一并除之。"

郭威却摇摇头说："此时动手尚嫌太早。想我郭威带兵数十年，对部下广施仁爱，还不至于这么快就众叛亲离吧？此时发兵，若引起冲突，死伤的全是自己的弟兄，岂不让亲者痛，仇者快？柴荣，你速去各营传令，今夜加强戒备，若有异常，即迅速行动。特别是马军行营那边要多加留意。韩通不是在马军做指挥副使了吗？告诉他，这几天要多留些神。还有你那些新来的弟兄们，把现在的情况告诉他们，就说他们立功的时候到了。"转过头来又对王峻说道："今夜我们还是安心睡觉，天塌不下来，且静观待变吧。"

柴荣按照郭威的吩咐，到各处一一安排妥当，正要回衙，却见赵匡胤急匆匆地追了出来。柴荣知道赵匡胤有话要说，便放慢了脚步。夜色渐浓，行人敛迹，邺都城的大街小巷都空落落的。这是说话的最好场所，无须担心隔墙有耳，不用害怕走漏风声。两个人肩挨着肩，在这漆黑的大街上蹒跚而行。"大哥，情势不对呀，钦差来到邺都之后，我怎么闻到一股血腥味？"匡胤压低嗓音说道。"贤弟看得不错，这孟业确实来者不善。""郭大帅有何打算？""现在尚未明说，只是要我们做好应变的准备。"匡胤一下子急了，焦躁地说道："大哥，事情很明显，朝廷已经开始动手，就要大开杀戒了。今天收了兵权，明天就会有无数的人头落地。在这生死存亡的关键时刻，郭大帅可千万不能优柔寡断，心慈手软。"柴荣沉默了片刻，幽声问道："以贤弟之见该怎么办？""在这千钧一发之际，必须当机立断，拒不奉诏，擒杀钦差。"匡胤抬头看看柴荣的脸色，但天色太暗，什么也看不清。他又继续说道："当今朝廷已经腐朽糜烂透顶，你我兄弟久有改天换地的雄心大志，此其时也。朝廷的诏书正是点燃天下炸药的火种，是天赐良机。我们无论如何要说服大帅，以天下事为重，以一己名节为轻。乘机举义旗，挥雄师，直捣汴京，推翻刘汉这个罪恶累累的小朝廷。以大帅的威望，只要登高一呼，必能令天地变色，乾坤倒转，再创一个清平世界。"柴荣激动地频频点头："贤弟所言正是愚兄心里想的。只是如何才能劝得大帅痛下决心呢？"匡胤道："郭大帅英明盖世，这样的凶险不会看不到。就怕当局者迷，或被愚忠所误，一着不慎，铸成千古大错，我们兄弟务必极谏。"柴荣忙道："好吧，我连夜再去帅府，无论如何也要说服大帅。"

此时，钦差大臣孟业已到了郭崇威府邸多时，他让郭崇威屏退左右，连心腹近侍也不留一个。看看屋内只剩下他们两个人了，孟业对郭崇威道："恭喜大将军。"郭崇威甚感讶异，不解地问道："钦差大人何出此言？"孟业说道："将军深得皇上器重，将不次升迁，我今日给将军带来了喜信儿。"说着，从贴身的衣襟里取出了一方绢帕，正是皇上的密诏。

郭崇威接过来，就着烛光仔细观看，看着看着，脑门上早渗出了一层细密的汗珠，脊梁上也已经冷汗直流，只觉得一阵阵凉飕飕的。密诏命他与邺都行营步军指挥使曹威联手杀死郭威，接管军队，接替郭威做邺都留守，执掌一切军政大权。

郭崇威看看孟业，问道："白天不是刚宣过圣旨，让郭大帅回京复命，另有任命吗？"孟业狡黠地笑笑："那只是表面文章，意在稳住郭威，好让将军容易得手。"郭崇威不无担忧地道："郭威手下猛将甚多，心腹亲信到处都是，要除掉可不容易，此事得十分谨慎，缜密筹划后方可行动。"

孟业笑道："那就看你郭将军的了。这可是到手的泼天富贵。"郭崇威道："要除掉郭威，必须调虎离山，让他离开自己的帅府方可动手。"孟业道："这个好办。明日由老夫出面，宣他到你这里办理交割事宜。他来到之后，剩下的事就该你办了。"郭崇威道："这个自然。钦差大人且回去歇息，我这就与步军都指挥使曹威详加部署，明日就请钦差摔杯为号，我等则一举擒拿叛贼。""好，祝大将军早日升迁。"孟业满意地看看郭崇威，起身告辞。

送走孟业，郭崇威的心头仍在"咚咚"乱跳。他急忙派人请来曹威，将皇上的密诏给他看了，曹威亦大感惶骇，说道："此事干系重大，弄不好便是塌天大祸，我等切勿鲁莽。""正因如此，在下才火急地把将军请来，何去何从，是祸是福，只在你我一念之间。"于是二人坐下来，详细地计议明天的行动，又招来了十几个铁杆心腹，亲自安排，千叮咛万嘱咐，一直忙活到天近五鼓，二人才在郭崇威府中草草歇息了一会儿。

第十一章　东窗设计　自毁长城

第二天一早，钦差大臣孟业便派人来宣召郭威，让他和监军王峻一道去马军都指挥使处议事，商量办理交接事宜。送走孟业之后，监军王峻急切阻止道："大帅今日万不可去，这明摆着是没安好心。据韩通手下的人密报，那郭崇威府里一夜中人来人往，烛火通明，其中定有诈谋。"

郭威道："郭崇威、曹威二人跟我多年，本帅待他们不薄，谅不至加害于我。此二人也不是那种见利忘义的势利小人。当然，人心隔肚皮，也不可不防。柴荣，你通知赵匡胤、张永德等人随我前去。再告知韩通，让他暗中部署人马在外等候接应。我郭威今日就去闯闯他这个虎穴。"

一切安排停当，郭威与王峻升轿，赵匡胤、张永德、石守信、韩令坤、王审琦、张令铎、郑恩等扮作亲兵紧随左右，一路向马军都指挥使处走去。

第十二章　君昏臣佞　逼反邺都

郭威等一行来到郭崇威府邸，郭崇威、曹威等早迎在大门口。见郭威、王峻二人走出大轿，急忙走上前去打拱施礼。

郭威与他们略一寒暄，便随二人昂然来到议事大厅，举步入内。赵匡胤等随从正要跟进去，却被门卫挡住了："今日是大人们密商大事，随从人等一律不得入内。"郭威回头向他们摆摆手，示意他们留步。赵匡胤、张永德等只好留在厅外，他们一个个手持兵器，紧紧地守候在门口，一步也不肯离开。

郭威等人走进厅内，见钦差孟业早已倨傲地坐在正北，见了郭威等人，只把头微微点了点，算是打了招呼。

众人落座，郭崇威命属下献上茶来，郭威平静地喝着茶，却用眼角扫了扫四周，见左右拉着帘幕，便知其中有伏，也不说破，一只手却紧紧地按在剑柄上。

孟业首先开口，他说："今日请诸公前来议事，无非是要办理交接事宜。请郭崇威将军先说一下。"

郭崇威站起身来，看看曹威，然后走到郭威面前深施一礼说道："郭大帅，末将随你南征北战多年。今日王命在身，不敢自专。这里有当今圣上的密诏，请您老过目。"说着从怀里掏出密诏，送到郭威面前。郭威看罢密诏，虽然心有所料，仍不免感到一种强烈的震撼。这昏君果然绝情无义，心狠手辣，想不到这么快就要杀戮功臣。一股悲愤之情陡然涌了上来。他强自忍下，把密诏递给王峻，缓缓地说道："皇上既要杀我，我自当引颈就戮。但请问钦差大人我郭威所犯何罪？总要让我死个明白吧。"

孟业突然脸色一变，冷笑一声道："郭威贼子，休要再装糊涂。你擅自招兵买马，拥兵自重，谋反之心路人皆知，又与朝中史弘肇、杨邠、王章等乱臣贼子密谋策划，内外勾结。身犯这谋逆大罪还不该死吗？实话告诉你，你的那些同党史弘肇、杨邠、王章等人已于几天前在东京斩首示众！"

一听这些老臣都被处死，郭威如同五雷轰顶，他仰天长叹一声，声泪俱下道："我与史弘肇、杨邠、王章诸公跟随先帝东征西讨，披荆斩棘，夺得大汉天下。我等又同受先帝临终托孤，誓保幼主，共扶江山社稷。招兵买马，实为江山永固、边防靖安之计，岂敢有私？若说谋反，实是诬枉之辞。不过，如今诸位大人已被构陷身死，我郭某独生何益？郭、曹二位将军，就请你们奉行诏书，取郭某之首以报天子。"

郭崇威、曹威听郭威一番慷慨陈词，忠烈侠义，有理有情，不禁动容。那孟业怕夜长梦多，忙将面前茶杯举起，猛然摔在地上。郭崇威腾地站起身，以手按剑，厉声喊道："刀斧手何在？还不给我将此贼拿下。"

话音甫落，左右帘帷中埋伏的十几名刀斧手一拥而出。郭威正待拔剑，却见刀斧手们并不是冲自己来的，而是一齐涌到孟业面前，将他死死地按在地上，以粗大的绳索捆了个结结实实。

在刀斧手冲出的同时，赵匡胤等人也早已纵身而入，紧紧地护围在郭威身边。郭威再次摆摆手，让他们退出厅外等候。

变起仓促，只在转瞬之间，郭威、王峻大感惊异，一场不可避免的刀剑相拼、血腥格杀霎时间化为乌有，他们不知道这是怎么回事。那孟业此时被捆得像个野鸭子，双手反剪，伏俯在地，拼力抬起脑袋，瞪着疑惑不解的眼睛，怒声喊道："郭将军、曹将军，这是怎么了？他们抓错人了。"郭崇威几步踱到他面前，面呈狞厉，"咯咯"一笑道："没错，今日抓的就是你这个奸贼。""我是钦差，你抗拒皇命，擅抓钦差大臣，莫非也要谋反不成？"此时曹威也走了过来，在孟业身上狠狠踢了一脚，怒喝一声道："住口！你们这帮佞臣奸贼，几年来把持朝纲，蛊惑圣心，杀害忠良，作威作福，我大汉江山被你们糟践成什么样子了？今日又要谋害郭元帅。郭元帅乃大汉栋梁，国之柱石，我们跟随郭元帅征战多年，是忠是奸，心中自然清楚，几十万将士心里也如明镜一般，岂容尔等鼠辈颠倒黑白，指鹿为马？实话告诉你，我与郭将军昨夜所商量的，就是要借这个机会擒你这个老贼，以定军心。"

曹威说完，与郭崇威双双来到郭威、王峻面前，"扑通"一声跪倒在地，泣声说道："郭大帅、王监军，让二位大人受惊了。现在奸贼已经抓获，如何处置，请二位大人定夺。以末将之见，此事定是那昏君听信奸臣之言，蓄意谋害忠良，毁国干城。君昏臣佞，国事日非。如今能重振国运、力挽狂澜者非郭公莫属。请郭公早拿主意，回师汴京，我等愿随大帅入朝，杀奸贼以谢天下。"此时，柴荣、赵匡胤、张永德连同韩通及郭崇威的诸多部将一个个义愤填膺，呼啦啦跪了一地，监军王峻也早已激动得热泪盈眶，起身走到郭威面前，双膝下跪道："郭公，事不宜迟，是痛下决心的时候了，莫为妇人之仁而冷了将士们的心，失去这千载难逢的大好时机。"众人一齐高呼："杀回东京去，诛灭奸贼，我等愿随大帅赴汤蹈火。"

郭威静静地坐在那里，表面上不动声色，内心里却早已掀起了千尺狂澜，一浪高过一浪。他知道，这确实是一个千载难逢的机会。史大人等人的鲜血已激怒了这些戎马半生、出生入死的将士们；昏君奸臣把刀架在自己的脖子上，等于拱手送来了一个让他起兵的绝妙口实，军心可用，民心可用，此时不动，更待何时？他正要说话，门口却跌跌撞撞地扑进一个人来，满身血污，蓬头垢面，进门后歇斯底里地喊了一声"大帅"便放声大哭。

郭威仔细看时，却认出是自己留在东京府上的老家人郭茂。见他这副模样，众人都大吃一惊。郭威急抢上去，将他扶起问道："怎么了？你这是怎么了？"

郭茂声泪俱下，边哭边说，把郭府惨遭血洗、老老幼幼全被杀害，只有他一人背上挨了一刀，昏迷半宿，醒后从死人堆里逃出来，冒死赶来报信的事从头说了一遍。郭威一边听着，脸色渐渐煞白，两腿不停地抖动。听到末了，猛叫一声，一口血从嘴里狂喷出来，顿时昏倒在地。

众人慌忙冲上去，柴荣双手抱住郭威，大声呼喊。王峻轻轻地为郭威揉着胸部，忙乱了多时，郭威才悠悠醒来，他看看众人，一跃而起，双眼中放出火光，"唰"的一声抽出宝剑，指天发誓道："不杀灭奸贼，我郭威誓不为人。"

这一天，郭威进行了紧急部署。着柴荣留守邺都，分拨十万人马，以韩通为防御使，辅佐柴荣镇守于此，警惕契丹人趁机骚扰。其余二十余万人马分为前、中、后三军，随郭威杀奔东京。

第二天早上，熹微初露，天色微明，二十万大军齐集邺都城外校场，数不清的大纛在晨风中猎猎飘舞。校场正中，一根粗大的旗杆高高挺立，上面悬挂着一面巨大的帅旗，旗中一个硕大的"郭"字赫然醒目。几十万大军在校场四周庄严肃立，群情振奋，士气高昂，却鸦雀无声。赵匡胤站在自己的队列里，情绪十分亢奋。他虽然还只是个小校，但是这几天来邺都城里的刀光剑影，从东京城里传来的骇人听闻的血案，使他对朝廷中君臣之间的矛盾和朝政的黑暗与腐败有了更深的更直接的了解。他知道，正义在郭威一边，郭威便是正义的化身。在他的身上闪烁着整个国家的希望之光，也寄托着自己光辉灿烂的未来。这是他投军后第一次真正投入战斗，他没有一点畏惧感，坚信此行必胜无疑。他渴盼着郭威能够旗开得胜，因为他的命运已经与郭大帅联系在一起了，郭威的成败关系着他的荣辱和前程。

正当赵匡胤遐思冥想的时候，忽听到一阵急骤细碎的马蹄声响，郭威带领王峻、郭崇威、曹威等一班将佐从东北方向飞驰而来，一个个戴盔披甲，威风凛凛。众将领走上点将台，郭威居中而立，其他分列左右。刚刚站定，便听到惊天动地三声炮响。王峻高声喊道："杀贼祭旗。"

便见两名刀斧手像拖死狗一般从后台架出了那位钦差大臣孟业。孟业此时早变成了一摊稀泥。面色蜡黄，腿脚瘫软，脖子就像被挑断了筋似的，脑袋耷拉在胸前。只有那支亡命旗直挺挺地插在身后，显得尤为惹眼。

他被半架半拖地弄到帅旗下面，浑身瘫软已经跪不住了，一个刀斧手只好架起他的一只胳膊，这才勉强跪住，王峻再喊一声："祭旗开始。"刀斧手正要挥动大刀，却听有人大声哭喊道："大帅，让我亲手宰了这个畜牲，我要报仇哇！"众人看时，却是郭大帅的老家人郭茂，只见他须发花白，满脸泪水，正提着一把宝剑向这边跑来。郭威闭上眼睛，两行热泪扑簌簌滚了下来。他以手示意，就让这老家人行刑。

郭茂走到孟业面前，一只手指着孟业骂道："恶狗，王八蛋，老天总算开眼，你也有今天。"说着，恶狠狠地举起宝剑，"扑哧"一声捅进了孟业的胸膛，随着一声惨叫，一股鲜血飞溅而出。这老头子还不解恨，拔出剑来，在孟业的腹部、两肋、胸口，左一剑、右一剑，疯了一般刺进去再拔出来，拔出来再刺进去，一连刺了几十剑，孟业的身体顷刻间便成了个血刺猬。

此时正是十月末，天高云淡，秋风送爽。邺都兵马浩浩荡荡向南进发。郭威以郭崇威、曹威领前军，做开路先锋，魏仁浦、赵修己率后军，以为殿后；自与王峻坐镇中军，居中指挥。并拜王朴为军师，随军赞划军务。这王朴原为郭威帐下参谋，年龄虽不大，却是个饱学之士。他自幼苦读，又天分甚高，十五六岁时各类经史子集就读了个遍，投到郭威军中，被收为帐下参谋，每遇事剖解深刻详透，预言多中，深得郭威倚重。因此，这次举兵南下，郭威让这个年轻人出任军师，有意让他在这场大事变中进一步历练一下。

此次出兵，其顺利程度出人意料。或许是因为后汉王朝已经彻底朽烂，到了摇摇欲坠的地步。大军所到之处几乎是摧枯拉朽，风卷残云。沿路州县并无抵抗，不是弃城而逃，便是箪食壶浆，开门迎降。也许是郭威平时带兵以德服人、爱兵如子收到了意想不到的效果。当年长安、河中、凤翔三镇叛乱之时，郭威受命前往平叛。行前曾去向老太师冯道问策，冯道说："叛臣之一李守贞自以为是资格最老的大将，平素深得士卒的拥护。愿你不要吝惜财物，应像李守贞那样，能赐给士卒的全部赐给士卒。这样便会使他得到士卒拥护的优势不再独存了。"

郭威听取了冯道的建议，在战事中与士卒同甘共苦，士卒有功必赏。每战中哪怕士卒受点小伤，他也一定亲往探视。不论什么样的士卒，也不论因什么事对他不满，他都能热情对待，虚心接受。士卒犯了小过，指正后也就罢了，并不苛惩。因此得到全军上下的一致拥戴。

三镇平定之后，郭威立了大功。汉隐帝一时高兴，决定给他特殊重赏。但郭威却说："全面筹划，出自朝中君臣；发兵馈粮，赖之天下藩镇；闯阵杀敌的是军中广大将士。而把大功独归于我，我怎能承受得了？"坚辞不受。郭威"不专有其功"的美誉很快便在朝野上下不胫而走，广泛流传。他自己心里十分明白，这个美誉的价值要比皇帝的重奖不知高出多少倍。

不管郭威是本意如此，还是在有意笼络人心，但无论在军人心中还是在百姓心中，他已经是一个人心所向的救世主。这次进军超乎寻常的顺利，这无疑是一个重要因素。

十一月十六日，郭威的大军便顺利地到达了澶州。澶州是邺都到汴京之间的一处军事重镇，倘朝廷在此设重兵把守，大军将要费很多周折，郭威不能不预做准备。

此时澶州节度使是李洪义，侍卫步军都指挥使是王殷。王殷过去曾是史弘肇的部属，与史弘肇关系密切。孟业去邺都路经澶州时，曾将隐帝的另一份密诏交给李洪义，要李洪义设法杀死王殷。

李洪义当着孟业的面满口应承，等孟业走后，他却与心腹们反复计议。大家都认为隐帝诛戮忠臣、滥杀无辜必会惹得天怒人怨，众叛亲离，后汉政权恐怕气数已尽。为今之计，必须为自己预留后路，不能被绑在朝廷这架破车上，随其驶向覆亡。

李洪义赞同大家的意见，遂将密诏交给王殷。二人深感事态严重，决定投靠郭威，反叛朝廷，共举大事。恰在此时，朝廷派开封府尹侯盈前来督军拒敌，李洪义、王殷只好表面应付，静观待变。

郭威率大军兵临城下。李洪义、王殷邀侯盈到行辕商议拒敌之策，乘机将侯盈拘押。接着便命人打开城门迎接郭威入城。

澶州城里顿时锣鼓喧天，鞭炮齐鸣，百姓们既从心里欢迎郭威的大军，又为李洪义主动献城迎降，使一城百姓免遭刀兵之灾而十分感激。大家都自觉地杀猪宰羊，犒赏大军。郭威重赏李洪义、王殷，将其所部编入前军，准备率大军渡过黄河南下，直捣汴京。

郭威举大兵南下的消息很快便传到汴京，隐帝闻讯惊慌失措，急忙召集文武群臣商量拒敌之策。此时朝中大臣多已离心离德。奸臣擅权，陷害忠良，对朝廷重臣满门屠戮，终于引火烧身，在这个时候，谁还肯认真进言？多数人都在观望等待，有的甚至在翘首企盼郭威的大军早日还京，剿灭奸贼，解民倒悬。

只有苏逢吉和他的几个亲信如热锅上的蚂蚁一般坐卧不宁。隐帝问群臣道："郭威擅杀朝廷钦差，举兵谋反，尔等有何平叛良策？"在一片难堪的沉默之后，苏逢吉只好出来说话："陛下请勿忧虑，臣愿保一人，命他领兵退敌，定可马到成功。"隐帝急忙问道："卿所保何人？"苏逢吉道："臣所保荐的就是天下闻名的潼关节度使高行周。此人精于用兵，智勇双全，麾下战将云集，令他前去平叛必定成功。"

隐帝听了苏逢吉的话，就像沉溺在汪洋大海中的人忽然发现了一根救命稻草，立时兴奋起来，即刻传旨，以三百里加急驰奔潼关。高行周接旨后，迅即点齐五万精兵，整备攻战之具，昼夜兼程往关内进发。及至过了黄河，正欲北上，却有哨马来报，说是澶州已失。高行周急催人马进驻滑州，加强守备，准备与郭威在此决战。

十七日，郭威率军来到滑州，离城十里扎下营寨。前军郭崇威、曹威率部到城下搦战。高行周在城上看得明白，他想，郭军不远千里来到滑州，正是师老兵疲之时，又加上沿路州县不战而降，必定滋长了其将士的骄矜之心，趁机一战，定可取胜，也好灭其威风，遏其势头。于是便顶盔贯甲，上马提枪，率领三军出城迎敌。

高行周来到两军阵前，老远看到对方阵中一面巨大的帅字旗下正是郭威端坐马上，便勒住马头，以枪相指高声骂道："郭威反贼，你身为社稷重臣，国之柱石，朝廷待你恩重如山，先帝授你托孤重任。如何一朝翻脸，举兵谋反，兵犯皇都，犯下这千古唾骂的弥天大罪？今日你遇着俺，算是你活该倒霉。识相些下马受降，尚可饶你不死。倘若执迷不悟，依着国法，定把你锁拿进京，碎剐示众！"

郭威却拍马上前，拱手向高行周笑道："高将军别来无恙，如今朝廷昏暗，奸臣当道蒙蔽圣聪，擅杀国家大臣，史弘肇、杨邠、王章三位大人赤胆忠心，共扶幼主，却落得身首异处，满门抄斩。高将军若有点正义之心，难道不为这些忠臣义士的亡魂洒下一掬同情之泪？想俺郭威跟随先帝南征北战，九死一生，打下这大汉江山。幼主即位，俺以托孤大臣之身忠心事主，率军远征，荡平反叛；又挥戈北上，驱除外敌，屯兵邺都，靖绥北疆，此心耿耿，天日可鉴。虽不敢言功，但又何罪之有？今上受奸贼媚惑，妄加罪名，必欲置郭某于死地。退一步说，纵使郭某有罪，也罪不及妻室，奸贼们却将俺满门一百余口尽行杀戮。如此血海深仇，凡是个血性男儿怎能不报？俺此次举兵实出无奈，不过是为国除奸，扫荡奸贼，以清君侧，也是为了汉室江山千秋永固，何言谋反？高将军乃深明大义之人，还请三思。"

一番话说得义正词严，荡气回肠，高行周及身边将士们听得悚然动容，两军阵前一时沉默。高行周又说道："食君之禄，忠君之事。郭元帅，俺高行周今日奉皇上圣旨，身负守土之责，要想过得此关，须得先胜得俺手中这杆长枪。"

郭威知道一场恶战在所难免。这高行周乃将门之后，世代累为骁将，行周更是勇猛异常。因他身上刻着一只鹞鹰，人称高鹞子。过去有人曾说，郭威虽勇，却不及高行周。郭雀儿遇上高鹞子，还不是其口中食，腹中肉？当时听到这种传言，郭威只一笑置之。他与高行周同朝为官，怎么会反目成仇呢？二人武艺究竟谁高谁低也无从分晓。今日却真的狭路相逢，成了战场上的敌对双方。郭威不能不谨慎从事。他嘱咐郭崇威的前军万勿轻敌。

那高行周回身问道："哪位将军先打头阵，建此首功？"便见阵中抢出一员小将，高声喊道："末将愿往。"说罢拍马持枪，飞驰阵中叫道："叛贼中不怕死的出来一个。"

郭崇威正欲催动坐骑前去会他，身边却闪出一员战将说道："杀鸡焉用牛刀，待末将前去擒此乳臭未干的小儿。"崇威看时，却是澶州守将李洪义，当即应允。

李洪义近日本来正窝着一肚子火，昏君奸臣将他逼到这条路上！可是开城献降后，郭大帅对自己没有半点疑忌，反委以先锋重任。现在正是建立首功以报知遇之恩的时候了。他催马来到阵前，举目观看对面小将，但见此人不过二十多岁，头戴银盔，上有红缨微微颤抖。身着素袍，袍角闪动处，黄金锁子甲灿烂耀眼，确是一员英武异常的小将。便笑着说道："娃娃，快报上名来，本先锋手下不杀无名之鬼。"那小将却反问道："反贼，连我也不认识吗？说出来别吓得你尿了裤子。我乃潼关大元帅高行周的长子高怀德。"听说是高怀德，李洪义也不敢大意。曾听人说，高行周膝下二子，个个武功不凡。其长子更是勇猛绝伦，不输乃父。

正想着，高怀德已纵马迫近，挺枪刺来。李洪义忙举大刀荡开，便听"当"的一声，二人都觉两臂发麻。双马驰驱，各冲出三丈开外，都拨转马头抢先发招，二人顿时混战在一处。那高怀德枪法尽得家传，又经昆仑山上高人指点，一条铁长枪疾风骤雨般上下左右向李洪义刺来。李洪义也是一员名将，一柄大刀在沙场上纵横挥舞了十几年，鲜遇对手。靠着这柄大刀的神威，才从一名普通士卒直坐到节度使的高位。

当下二人正是棋逢对手，将遇良才，直杀得飞沙走石，天昏地暗。酣战多时仍不分胜负。两边阵中战鼓紧擂，呐喊助威之声惊天动地。

高怀德见遇上了劲敌，暗中思忖：今日父亲在阵中观战，我若再与他相持，必令老父担忧，还是智取为好。一边紧刺几枪，暗伸左手从腰中取出打将钢鞭。李洪义挥刀砍来，高怀德右手挥枪架开，骑马冲了过去。待拨转马头，高怀德挺枪猛刺，李洪义急忙接招，却没注意他左手举鞭向着自己的脑袋狠命打来。李洪义大叫一声"不好"，把头向旁边一伏，便听"砰"的一声，那鞭已打中后背。李洪义只觉得喉头一阵发热，一张嘴吐出了一口鲜血，不敢再恋战，拨马伏鞍而走。高怀德拍马挺枪随后追来。

李洪义驰至门旗，早有王殷接住。王殷见先锋负伤，心中大为光火，手提双斧冲至阵中，高声喊道："高家小儿休得猖狂。"抡起双斧向着高怀德砍来。高怀德挥枪架开，二马盘旋，两人又战到了一处。在双方的呐喊助威之下，二人越战越勇。高怀德双手拧枪，做了个猛刺的动作，却忽地将枪抽回，王殷用力太猛，双斧砍了个空，身躯前倾。就在这一刹那，高怀德将手中枪一拧，照着王殷心窝刺来。王殷措手不及，急忙把马向旁边一扯，便听"咔嚓"一声，那锋利的枪尖已穿在左肋甲页上。吓得王殷高喊一声，面色惨白，冷汗津津，兜回马头拖斧而逃，连袍襟都撕去了一块。

郭威军中连输两阵，士气沮丧。前军主将郭崇威大怒，正欲亲自来战高怀德。却见本阵中一员小校挺枪驰马飞入阵中，众人看时，多不认识。原来此人正是莲花山上的张永德。张永德身为小校，按说兵对兵，将对将，他并没有资格与敌将交手。但见前面两员战将连连失手，早已怒不可遏，也不请战便冲了出去。

高怀德见来了一个小校，不禁哂笑道："本将军不杀无名小辈，快回去换一名战将来。"张永德笑道："杀鸡焉用牛刀，看你张爷爷取你性命。"挺枪便刺。高怀德举枪来迎，两枪相遇，火星四溅，高怀德只觉得对方力道深沉，不禁大吃一惊，再不敢小看这个小校。那张永德长枪挥舞，如刮风泼雨一般，

宋太祖赵匡胤

一枪紧跟着一枪，竟把高怀德杀了个手忙脚乱。高怀德拿出看家本领来对付这个小校，二人直战了半个多时辰仍不分胜负。郭威阵中一片喝彩之声，那郭威站在帅旗之下瞭阵，起初见自己的两员战将连吃败仗，心中懊恼。忽见小校张永德出马，竟是如此神勇，枪法纯熟，招招都是内家枪法，不禁大为振奋，带头高声叫好。

二人正在激战，这边阵中早惹恼了黑大汉郑恩。他见昔日山大王出了马，久战不下，哪里还按捺得住？大吼一声，就像晴天打了个霹雳。手持枣木棍，箭射一般徒步冲入敌阵中，左一棍右一棍，也不论招式，也不讲章法，照着高怀德没头没脑地乱打。一个张永德已让高怀德感到吃力，忽又来了个力大无比的黑汉子，一个马上，一个地下，高怀德渐渐不支。稍一分心，马腚上早着了一棍。郑恩力可扛鼎，这一棍下来如泰山压顶一般，那马的尾骨早已粉碎，惨叫一声便瘫软在地。高怀德滚落马下，郑恩抢上前去就要取他性命，却见高行周阵中抢出两员战将，截住张、郑二人，将高怀德救起。高行周唯恐有失，急命收兵回城。郭威率军乘机掩杀，直追至滑州城下，高行周部死伤无数。

第十三章　皇位易主　周代汉廷

高行周父子二人回城之后，高怀德点检三军，命各处注意巡防，加强守备。高行周独坐临时行辕，秉烛夜思，暗道："今日阵上，那郭威说得在情在理。如今天子年幼，为苏逢吉等奸臣蛊惑，将史弘肇等三位朝廷重臣杀死，又满门抄斩，实在惨无人道。这郭元帅有何大错？不过屡建勋劳，功高震主，便将其全家尽行屠戮，老幼不遗，想来也实在令人发指，终于逼反了郭威。今日我看他阵中人才济济，同仇敌忾，恐这汉朝气数已尽。就凭我高行周这点人马，如何能挽狂澜于既倒？明知不可为而为之，我何必为这些昏君奸臣卖命？不过，要投靠郭威，倒戈一击，落个谋逆反叛之名，岂不玷辱了我高家累代清名，遗羞后人？此事亦万万不可。不如及早撤兵回潼关，保住这点看家的本钱，到时候见机行事，亦可进退自如，左右逢源。"

想到此处，高行周觉得心里轻松了许多。当即把儿子高怀德叫来，与他说明此意。高怀德道："儿子也深有同感，这个仗真没有打头，愿遵父亲将令行事。"父子二人计议停当，立即传令下去，五万人马当夜便悄悄地退出滑州城，径回潼关去了。

第二天一早，郭崇威、曹威又带领人马前来搦战，却见城头遍插白旗，城门大开，原来是滑州地方官员献城投降。派人告知郭威，郭威大喜，率军进城。郭威将滑州城的官库打开，其中历年积蓄的金银布帛全部分给部下所有将士，让部队在城内休整一天。近二十万人马从将官到士卒一片雀跃欢呼。郭威又向士卒许诺，待攻下汴京之后，允许他们任意抢掠十天。此言一出，上上下下群情激昂，欢声雷动，人人摩拳，个个擦掌，恨不得插上双翅立时便飞到汴京。

过了滑州，又顺利地渡过黄河，到汴梁之前再无屏障，大军兵不血刃，几乎是排着队急行军来到了汴梁城下。郭威的大军兵临城下，汉隐帝居然还在裸游宫里与那些裸体美人左拥右抱。苏逢吉如丧家之犬一般，跌跌撞撞地跑了进来，也顾不得这是什么场合，"扑通"一声跪在地上，放声哭道："陛下，大事不好了。那高行周不战而退，率军回了潼关。郭威的二十万大军已经兵围城下，这可如何是好？"

隐帝闻听此言，犹似头顶上响了个炸雷，惊得浑身哆嗦，面如土色，痴呆呆地站在水里，不知如何是好。苏逢吉看看这样也不是个办法，还是赶紧上朝，召集群臣商议对策，也好解这燃眉之急。

朝钟"咚咚咚"地轰天震响，满朝文武慌不迭地跑来上朝。那汉隐帝懵懵懂懂地坐在龙椅上，也顾不得等群臣行完三跪九叩大礼，拖着哭腔问道："郭威贼兵已到城下，卿等有何退敌良策？"连问数声，大殿里却一片沉默，竟无一人出班答话。那班平时搬弄是非、诌媚生事的奸臣，遇上国难当头都当了缩头乌龟。那些忠良之士，这些年早为朝廷的所作所为寒透了心。再说他们也看明白了，如今的汴京已势同累卵，再抵抗也是徒劳，等于拿着鸡蛋往石头上摔，只能让士兵们白白送死，使满城百姓生灵涂炭。因此大家你看看我，我看看你，谁也不肯说话。直到这个时候，隐帝才深深地后悔，悔不该当时不听史弘肇的话，听信了苏逢吉的谗言，平白无故地调郭威进京，惹火烧身，自取其祸。

但此时后悔也没用了，还得想办法渡过面前这一难关。便又对群臣哀求般地说道："众位爱卿，都怨朕平时行事错乱，致有今日。尔等该看在先帝的面上为国家出力，为朕分忧，怎能如此畏缩不前？"

众人仍是鸦雀无声，苏逢吉只好上前奏道："陛下，京城中如今尚有十万禁军。为今之计，只有万岁御驾亲征，率兵出城拒敌，或可令郭威退兵。微臣食君之禄，当与君分忧，定然陪侍皇上左右，寸步不离。"这苏逢吉毕竟老奸巨猾。他见汴京城已经在劫难逃，与其坐以待毙，做瓮中之鳖，不如劝皇上率军出城。纵使不能击退郭威大军，十万禁军保护皇上逃命还是绰绰有余的，自己跟随皇上左右，自然也能保住老命。留得青山在，不怕没柴烧。只要保住这条命，总有一天靠着皇上这杆大旗能够东山再起。

可是这一次苏逢吉的如意算盘却打错了。当他们打开大门，隐帝乘坐一匹高头大马，率军走到城外之后，他们身后这十万大军忽然哗变。有人高声喊道："弟兄们，别再为这昏君奸臣卖命了。"一句话石破天惊，兵士们立即四散奔命，有的干脆倒戈，跑到郭威军中，有的则扔了兵器，向城内和乡下跑去。十万大军一旦溃散，真如决堤的河水一般，汹涌澎湃，不可阻挡。不到半个时辰，居然跑得不剩一兵一将。那隐帝此时真个成了孤家寡人。苏逢吉开始还跟在他身边，一看这个情形，觉得再跟下去只有死路一条。三十六计，走为上策，便把坐下战马一拍，向着城西北方向的一片野地里狂奔而去。

苏逢吉陪着隐帝一出城时，郭威在马上便看了个清清楚楚。此时见他要逃命，郭威哪里肯放，于马上挽弓搭箭，"嗖"的一声，那箭镞正中苏逢吉后心。便见他在马上晃了两晃，一头栽于马下。早有兵士们蜂拥而上，挥刀砍了其首级献于郭威马前。

那汉隐帝的十万大军顷刻瓦解，作鸟兽散，身边连个护驾的亲兵都没有，心中万分苍凉。只好单人独骑，随着一批散兵游勇向北跑去。一直跑出十几里路，见前面有个村子，便跑到村内，叩开一户农家的门，想在这里暂避一时，再打探京城方面的消息。正在这时，农家的大门被"哐啷"一声推开，十几个溃逃而来的禁军拥了进来。

隐帝一见大喜，以为是专程来护驾的，急忙说道："尔等今日保驾有功，待朕回朝之后，定当从重封赏。"

这些散兵本是要趁这兵荒马乱之时入户抢劫的，不料进门却碰到皇上在此。这些人平时在宫禁之内没少受这个暴君的斥骂欺凌，今日见面，如仇人一般，哪里还有君臣之义，尊卑之礼？又见隐帝龙袍玉带，满身的珠宝玉佩，件件价值连城。一个个眼睛都发了直，眼珠子差点突了出来。其中一人冷笑一声道："你这昏君，平时作威作福，荒淫无道，杀人如麻，今日已成丧家之犬，还想让我等为你卖命？弟兄们，大富大贵就在眼前，何必再等以后？"说完冲上前去，一刀将隐帝砍死。众人一齐围了上去，七手八脚将隐帝身上所佩珠宝和一切值钱之物抢夺一空，然后一哄而散，各自逃奔回家去了。

郭威见中央禁军已经溃散，也不追杀，急命重整部伍，率大军浩浩荡荡进城，径往宫中而来。这日正是十一月二十四，从邺都起兵至今还不到一个月的时间。

朝中百官诚惶诚恐，在宰相冯道的率领下到皇宫大门外恭迎拜见郭威。郭威一见了冯道和朝中群臣，急忙下马，向着冯道躬身下拜，竟与平常一般，毫无倨傲之态。群臣见状，恐惧之心立时烟消云散，人群中发出一片欢呼。

郭威对冯道等众大臣说道："你我皆朝中同仁，以后还需同舟共济，辅佐明君才是。郭某此次兴兵，实为奸贼所逼，意在清君侧，安天下，共保社稷，望诸公谅之。"说完，便命人搜捕苏逢吉的同党，勿使漏网。

不大一会儿，王殷来报："苏逢吉、孟业杀了大帅及史大人等全家，二贼虽死，不足以伏其罪。末将已命人将苏、孟二宅团团围住，请大帅下令，抄斩苏逢吉、孟业全家以谢国人，为数百口冤魂报此血仇。"

郭威闻听此话，大吃一惊道："养家千百口，犯罪一人当。当初杀我与众位大人全家者唯苏逢吉与孟业二人，与他们的家人无涉。若把他们全家尽行杀戮，我等又与苏、孟二人的禽兽之行何异？况大军初进城，民心不安，大肆屠戮必会引起黎民百姓恐惧，于安定大局不利。"王殷听了，心中很是不服道："大帅及三位大人的全家老少就这样白白地被杀了不成？"郭威道："纵使杀人再多，我们那些屈死的家人也不会再起死回生。他们杀我全家，我再杀他们全家，这样杀来杀去，冤冤相报何时了？不要再说了，赶紧去撤回围宅的兵士，苏、孟二府若有一人被无辜杀害，我定拿你是问。"

见郭威如此行事，满朝文武无不动容。老宰相冯道激动得眼里噙着泪花，对郭威一躬到地道："郭元帅有此胸襟气度，真乃汴京城之福，国家之福也。"

王殷领命前往苏、孟二府，将围宅兵士撤走，对二府中人宣谕了郭威不杀之恩。这两座府邸中的上上下下本已成为砧上之肉，虎口之食，自觉必死无疑，忽然绝处逢生，皆念郭元帅以德报怨之大恩，呼啦啦一齐跪在院中，望空而拜，有的竟忍不住放声大哭起来。不久以后，苏、孟二府为郭威立了长生牌位，要世世代代感念其大德并供奉香火。

随后，郭威与冯道率百官去后宫，谒见先帝遗孀李太后。李太后满脸泪痕问道："皇帝现在何处？"郭威垂手答道："启禀太后，万岁率军出城，因大军不战而散，被乱兵裹胁，不知跑向何处，微臣已命人四处查寻。"

太后又问："郭元帅此次进京意欲何为？又想把我们母子如何处置？"

郭威慌忙跪倒，叩首涕泣道："太后明鉴，这些年奸贼当权，蒙蔽圣聪。弄得朝政败落，民生凋敝。朝中有功之臣被无辜冤杀，又有密诏要杀微臣。微臣万不得已才带兵进京，扫荡奸佞，以正朝纲，对太后与皇帝，当然仍尽臣子之礼。郭威此心，天地可鉴。"

太后听他这么说，稍觉心安，脸色已变得温和。但就在此时，有士卒来报，说皇上已在汴京北郊一农家被溃散的禁军杀死，并抢走了身上的珠宝玉器。太后闻听儿子被杀，顿时号啕大哭起来。

听说隐帝已死，而且又是被他自己的禁军所杀，郭威心头一阵轻松。如今既除掉了这个大汉朝的首恶，自己又不落弑君之名，真可谓天佑神助。但是郭威却不能流露出半点喜色。这场戏他还得演下去，于是便陪着太后放声大哭，一边哭一边说："这都是我郭威的罪过啊，在城外时，为什么不设法保护皇上呢？"说罢又哭，涕泪俱下。众人见状也不禁恻然，都纷纷上前劝解，连李太后也止住了哭声，相劝道："郭爱卿，人死不能复生，还是商量以后的大事吧。"

郭威这才止住哭声，擦了擦满脸的泪痕，对李太后道："太后，国不可一日无主。如今最主要的莫过于赶紧册立嗣君，请太后定夺。"

李太后道："皇上年轻，并无子嗣，就让先帝之弟刘崇的儿子刘赟继承皇位吧。"

郭威、冯道等大臣连连称诺。于是派宰相冯道马上去徐州奉迎新君。

郭威又对太后说："新君年幼，不谙国事，为江山社稷计，还请太后临朝听政。"李太后点头应允。自此以后，军国大事皆以李太后名义对外发布。实际上一切军政事宜均由郭威裁夺。

不久以后，隐帝的尸体运回汴京，敛于梓宫。许多大臣深恨隐帝生前荒淫误国，贪虐害民，纷纷提出行葬时以公侯的规格出殡。郭威断然拒绝，正色说道："先帝虽多有过失，但毕竟是一代君王。在城外突发的一片混乱中，我没来得及保护好皇帝，结果被弑。这已是我郭威的大罪了，如今怎么能再贬低先帝的地位呢？"众人无言以对。第二天，隐帝仍以帝王的规格隆重下葬，满朝举哀。

这几天，郭威一直忙于军国大事的处置。闲暇之时，他忽然想起一个人来。当年在征讨三镇时，他每次拜读皇帝的诏书，都感到写得十分得体，用语严谨，气势不凡，行文布局皆超群绝伦。他问这是谁写的，属下告诉他，这是翰林学士范质所写。当时他便说："范质乃宰相之器。"

可是进京已经数日，在群臣之中却没看到范质。这日京中大雪，闲来无事，他便派人满京城里寻找范质，终于在一家小酒馆里找到了他。当时范质对郭威的为人不甚了解，见他举兵返回京城，便有意回避。现在既被找到了，说不得就要一见，任杀任剐都由他去吧。当范质来到郭威府上，郭威却早已迎候在大门口。见范质穿得单薄，有不胜寒冷之状，郭威忙脱下身上的紫袍，亲手给范质披上。范质不过一介书生，在宫中仅是地位很低的翰林学士，忽受如此荣宠，简直感激涕零，从此与郭威结下了深厚的交情。

郭威果然兑现了他的承诺，进入汴京之后，除了少数当值的人员，所有将士放假十天，任其四处抢掠。士兵们欢呼着冲上街头，开封的大街小巷都布满了散兵游勇，大商号、小店铺、富商巨贾、殷实之家，凡是能到的地方都被洗劫一空。汴京城里一片乌烟瘴气，人心惶惶。

赵匡胤没有卷入这其中，士兵们一放假，他便带着夫人韩秀英和弟弟赵匡义回到了阔别数年的家中。见到父亲赵弘殷和母亲杜夫人，心中一阵阵热辣辣的，眼圈都有些潮红了，慌忙跪倒在地，泣声说道："不孝儿子匡胤叩见父母大人，父母大人安好？孩儿不能在家中尽孝，却让父母终日担忧，儿子深感有愧。"说完趴在地上，结结实实地磕了三个响头。母亲早抢过来把儿子拉起，一把抱住，放声大哭。

父亲赵弘殷却端坐在那里没有动，他仔细地打量着匡胤，见他脸膛更加黑红，身躯更加壮硕，嘴巴上已长出了短短的髭须。孩子长大了，确实长成了一条铁铮铮的汉子，心里感到由衷的欣慰。便缓缓说道："好男儿志在四方，不经磨难不成长。出去经经战阵，见见世面，这是件好事。如今平安归来，该好好地庆贺一下，你母子何须哭哭啼啼？"

杜夫人这才止住哭声，反悲为喜。匡胤忙拉过韩秀英，让他拜见过公婆大人，又领他到内室拜见了妻子贺金婵。韩秀英就要跪下行大礼，被贺金婵一把拉住说道："你我共事夫君，情同姊妹，今后只以亲姊妹相待，休分尊卑贵贱。"韩秀英想不到贺金婵如此贤淑大度，十分感激地说道："秀英谢过大姐的高情大德，今生今世，能遇上您这样一位贤德的姐姐，实在是小妹的福气。"金婵笑道："这几年夫君一人在外，亏有妹妹照料起居，该是我感谢妹妹才是。"

自此以后，赵匡胤夫妇和睦相处，相敬如宾。

赵匡胤在家中只住了一夜，第二天便向父母辞行，欲回军营。虽说军中放假十日，但他却感到一天也离不开这军营，更离不开他那些朝夕相处、生死相依的弟兄们。吃过早饭，匡胤与匡义双双离家，大步向军营走去。汴京城大街上开始变得冷冷清清，兵士们大肆抢掠，已经给市民们心头上罩上了一片巨大的阴影。人们谁也不敢随意上街，沿街店铺和大小人家都关了门。

匡胤与弟弟并肩走着，他感到心里很不是个滋味，更对自己从心里敬佩有加的郭大帅大惑不解。在他的心中，郭威是那样高大、睿智和英明过人，怎么会做出这么个纵兵劫掠的荒唐决定呢？他已经模模糊糊地感觉到，这样做虽能暂时取悦兵士们，却会失去民心，长期下去将会非常危险。

这样一边想一边走，眼看到了酸枣门一带。这里却一下子变得热闹起来，街上的行人多了，沿街两侧也零零星星地摆着一些卖杂货、吃食之类的摊点。原来今日是酸枣街集日，小商小贩们为了谋生不能不出来赶集。忽见前面围了一圈人，不时地传来一阵阵叫好之声，兄弟二人不由得信步走了过去。

隔着人群一看，原来里面是一男一女在沿街卖唱。男的弹着弦子，约有四十岁，衣衫破旧，脸色青黄。女的却是一个只有十六七岁的小姑娘，衣衫单薄，打着补丁，长得却十分水灵秀气。赵匡胤对这些弹啊唱啊之类的东西从来不感兴趣，拉拉匡义便要离去。

就在此时，却听人圈内弦声骤起，接着一个十分圆润亮丽的童稚之声应弦唱道：

> 长啸梁甫吟，何时见阳春？
> 君不见，朝歌屠叟辞棘津，八十西来钓渭滨。
> 宁羞白发照清水，逢时吐气思经纶。
> 广张三千六百钓，风期暗与文王亲。
> 大贤虎变愚不测，当年颇似寻常人。
> 君不见，高阳酒徒起草中，长揖山东隆准公。
> 入门不拜逞雄辩，两女辍洗来趋风。
> 东下齐城七十二，指挥楚汉如旋蓬。
> 狂客落魄尚如此，何况壮士当群雄！
> 我欲攀龙见明主，雷公砰訇震天鼓。
> 帝旁投壶多玉女，三时大笑开电光，倏烁晦冥起风雨。
> 阊阖九门不可通，以额扣关阍者怒。
> 白日不照吾精诚，杞国无事忧天倾。
> 猰貐磨牙竞人肉，驺虞不折生草茎。
> 手接飞猱搏雕虎，侧足焦原未言苦。
> 智者可卷愚者豪，世人见我轻鸿毛。
> 力排南山三壮士，齐相杀之费二桃。
> 吴楚弄兵无剧孟，亚夫哈尔为徒劳。
> 梁甫吟，声正悲。
> 张公两龙剑，神物合有时。
> 风云感会起屠钓，大人𪩘屼当安之。

这小女子唱的竟是唐朝大诗人李白的《梁甫吟》。以纤弱女子的曼妙清音，却把这曲子唱得如此悲壮惨烈，荡气回肠，赵匡胤不能不驻足细听。

当时的人们都知道，《梁甫吟》是古代为死人送葬时用作葬歌的一支民间曲调，音调悲切凄苦。三国时诸葛亮隐居隆中，曾作过一首《梁甫吟》，写春秋时齐相晏子"二桃杀三士"的事，通过对死者的哀悼，谴责谗言害贤的阴谋。李白的这首诗显然也袭用了诸葛亮的原意，抒发自己受奸臣阴谋排挤，被"赐金放还"的痛苦和对实现理想的期待。当小姑娘唱到"力排南山三壮士，齐相杀之费二桃"时，在场的人们自然便又想起了前些日子因奸臣苏逢吉谗害，史弘肇、杨邠、王章三位大臣被满门抄斩的那腥风血雨的一幕，禁不住感叹唏嘘。

再看那卖唱的小姑娘，早已唱得满腮泪水，曲子唱完了多时还在那里呜呜咽咽，泣不成声。那弹弦的男子也是泪流满面，拱着手向四周连连揖拜道："请诸位发发慈悲之心，这姑娘全家亲人皆死于非命，孤身度日，已是衣食不继。还望诸位施舍，帮姑娘凑些路费，也好让这孩子去大名府投靠远亲度日。"听他这么一说，人们尽皆恻然。当下这个三文，那个五文，纷纷解囊，把些散碎银子扔到小女子身前的筐箩里。赵匡胤只觉得喉头发紧，也不说话，只在身上摸银子，倾囊而出，也不过五两有余，又让匡义把身上所有的银子都摸了出来，兄弟二人凑了十二三两银子送到小姑娘面前便转身欲走。

那弹弦的男子见赵匡胤如此慷慨，一下子拿出了这么多银子，忙趋前一步说道："恩公慢走，请受我与这姑娘一拜。"说着拉着姑娘跪下就要磕头。赵匡胤慌忙将他们扶起来说道："区区小事，如何能行此大礼？人在危难之时大家都伸手帮一把，这不是天经地义的吗？"那男人道："既如此，请恩公留下尊姓大名，容我等日后图报。"

赵匡胤正要开口，却见围观的人们突然惊慌失措，四散逃离。十几个禁军兵士手持兵器，醉醺醺地闯了进来，一个个满脸绯红，酒气熏天。

一个军校打扮的人走到小姑娘面前，见筐箩里有那么多银两，突然两眼放光，哈哈大笑道："弟兄们，我们跑了半天也没见到这么多银子。该当我们有福，天上掉下元宝来了。"说着便弯腰去抓那些银两。那弹弦的男子忙跑过来央告道："这位军爷，求您行行好，这些都是姑娘的救命钱。""放屁，老子千里征战，刚刚回京，正憋得要命，要到花楼里包个粉头出出火，这也是爷们的救命钱哩。"说着又去拿银两。那男子用身子护着筐箩，一再哀求。那个军校顿时恼火，突然飞起一脚，恰恰踢在那男子腰眼上，便听得"哎哟"一声惨叫，那男子一头扑在地上，嘴角里鲜血直流。

赵匡胤默默地把这一切都看在眼里，心里一阵阵绞痛。这些明火执仗的强盗，身上穿的是与自己一样的军服，这就是郭大帅的部属，是自己视作正义之师的弟兄？他已经忍无可忍，却见另一个军校走到小姑娘面前，伸手在她脸上拧了一把，色眯眯地淫笑道："这小妞真嫩哪，一掐一包水，就用这花骨朵给爷们出火，比花楼里的粉头强多了……"话音未落，便听"啪"的一声，脸上早挨了狠狠的一掌，肥腻腻的腮颊上顿时显出了几条血红的指痕。他愣了片刻，回头一看，见赵匡胤两眼冒火，正死盯着自己。便冷笑一声道："是哪个林子里飞出的鸟儿敢找爷爷的麻烦？莫非她是你家妹子不成？"说话间，突然出拳，向着赵匡胤当胸打来。赵匡胤以左手将他的拳头轻轻架开，右手疾出，挟着一股劲风向他的面门打去，那军校惨叫一声，踉踉跄跄退出了一丈开外，"咕咚"一声栽倒在地，早已鼻青眼肿，五官错位。

抢银子的军校正欲起身逃跑，赵匡胤身躯一纵，早已扑到面前，右手像一把大铁钳子抓住了他的后颈，稍一用力，那家伙便杀猪般地惨叫起来。赵匡胤厉声喝道："把银子掏出来！"那家伙只好乖乖地把装好的银子摸出来，老老实实地放回管笋里。赵匡胤将手一甩，又跟上一脚，那家伙腾空而起，重重地摔倒在地上。其他十几个禁军见同伙被打，一齐大嚷怪叫，挥舞刀枪冲了上来，围着赵匡胤乱砍乱刺。赵匡胤在闪转腾挪之间，右腿横扫，早撂倒了三四个。此时，赵匡义见十几个人围住大哥，唯恐有失，也大喊一声纵身飞到场内。兄弟二人收拾这十几个禁军无异于猛虎驱群羊，三下五除二，没多久，早一个不剩地打倒在地，横仰竖趴地躺了一片。赵匡胤对他们怒喝道："王八蛋们，想要命的快滚，别在这里给郭大帅丢人现眼。"那帮人哪里还敢还嘴，慌忙爬起身来一瘸一拐地逃命去了。

赵匡胤让那弹弦的男子收拾好银两赶紧离去。他说："如今这东京城里也不安宁，你二人务必小心。"说完向他们拱拱手便欲离去。

那男子带着小姑娘"扑通"一声跪在地上，连连磕头道："恩公，无论如何也要受我们一拜。你助我们银子，又救了我们一命，史大人在天之灵也会对恩公感激不尽。"

一听"史大人"三个字，赵匡胤顿感讶异，忙将二人扶起，问道："哪个史大人？你们到底是何人？"

那男子边哭边诉，说了这姑娘的身世，却让赵匡胤兄弟二人大吃一惊。

那男子告诉赵匡胤，他叫史玉柱，是史弘肇大人府上的家丁。而那位姑娘却是史大人的长孙女，名叫史菱。史大人府上大祸临门那天，史菱姑娘住在她的外婆家，而外婆家远在大名府。出事的头一天，少老爷让史玉柱到大名府去接史姑娘回家，才侥幸躲过一场灾难。待史玉柱领着史姑娘回到东京，史府已经遭了灭门之祸。史家阖府老少都成了冤魂野鬼，史菱姑娘从一个名门望族的大家闺秀突然变成了一个无依无靠、孤苦伶仃的乞儿。她怎能经受住这样残酷的打击，终日哭得昏天黑地，三番五次要寻死。幸亏有史玉柱这个家丁跟在身边，总算把她好说歹说地劝住了。

但他们再也不敢住进史府，唯恐被奸贼们发现，只好隐姓埋名，沿街乞讨。直到苏逢吉、汉隐帝这些昏君奸臣死了，郭元帅的大军进了城，这才敢出来卖唱，想凑足盘缠，再送姑娘到大名府她外婆家。不料却又遇上了这群蛮不讲理的禁军，险些闹出大乱子。史玉柱一边诉说着，史菱姑娘早在一旁哭得声哽气咽，面如死灰一般。

赵匡胤听说这姑娘是史大人的孙女，元勋重臣仅存于世的一点血脉，却落得这样一个下场，心里说不出是个什么滋味。他与匡义暂不回营，先送二人回史府安顿下，让匡义守候在那里保护他们，自己径往郭威府邸跑去。

匡胤本是郭威帐下的军校，与那些守门的兵士自然相熟，打个招呼便来到了后堂。

这日郭威在朝中没有什么大事，便早早退朝回到府中，正在书房里看书。一个卫士进来禀报说，小校赵匡胤有要事求见。郭威心里纳闷，这个赵匡胤在他心里是有位置的，柴荣初投军时便向自己重点举荐了这个人，在他的心里便留下了深刻的印象。等到他来投军之后，又策动了数千人马和好几员大将之才前来投军。更重要的是，在孟业去邺都宣诏的那天晚上，柴荣正是受他鼓动在自己府衙纠缠了一夜，粗说细说，力劝自己起兵举事。这个年轻人是块未经雕琢的璞玉，是难得的好材料，不仅文武双全，而且有头脑，有城府。就这几件事，按说他已经立了大功，应该封赏，但郭威有意不赏，只让他与其他人一样仍做个小校。一是要他磨砺磨砺，在实战中进一步看看他的真才实学；二是要有意看看他会不会自己来邀功请赏。而这么长时间了，他却一直不声不响，郭威已经从心底里喜欢上了这个年轻人。可是，他今日却突然来见自己，能有什么事呢？他对卫士摆摆手说道："让他进来吧。"

赵匡胤走进书房，毕恭毕敬地施礼参见，然后垂手而立，说道："大帅，卑职有一事不明，特来讨教！""何事？"郭威合上手中的书本，指指旁边的凳子，笑着说道："坐下来慢慢讲。"

匡胤仍然站在那里，动也不动地说道："大军进城是为了扫荡奸佞，清除蠹国之贼，意在保国安民。不知大帅为什么要让兵士们抢掠十日，卑职百思不得其解。"

郭威突然纵声大笑，笑罢说道："年轻人，问得好，是块有头脑有见地的材料。其实，让将士任意抢掠十天，我也知道有利有弊。可是几十年来，藩镇割据，战乱不止。每攻占一个城池，纵兵劫掠已成为鼓励士兵的一条不成文的规矩。将帅们都在战争中发了财，要让兵士们舍生忘死，冲锋陷阵，不给他们点好处怎么成？何况我的部下平日跟着我这个穷元帅只有吃苦的份儿，没有半点油水。这次打进开封，便让他们放开手脚，吃吃大户，又有何妨？"赵匡胤道："可是大帅，这些兵士们吃红了眼，并不是只吃大户，这样下去，不出几日恐怕汴梁就会变成一座空城了。更为严重的是，弄不好便会怨谤四起，人心丧尽。"

接着，赵匡胤便把今日所遇的事情从头到尾详细说了一遍。当他说到那小姑娘便是史弘肇的孙女时，郭威惊得几乎从座位上蹦了起来，瞪大了眼睛问道："那史姑娘现在何处？"匡胤说道："我已将她主仆送回史府，并让小弟赵匡义在那里保护着。"郭威这才长舒一口气，重重地坐回座位上。屋内陷入了一片难堪的寂静，只听见郭威从胸腔里发出了粗重的喘息。

郭威的脸色越来越苍白，他的眼前浮现出了自己府上一百余口惨遭屠杀的情景，他的姨父、姨母，他的爱妾，还有那些未成年的孩子，一个个呻吟着躺在血泊里……他不敢再想下去，使劲摇了摇脑袋，才又回到了现实中来。他看看赵匡胤，痛苦地闭上了眼睛，两行热泪纷纷滚落，口里喃喃地说道："我郭威自以为带兵有方，想不到却铸成了大错。史大人功高如泰山，忠心比日月，他的一丝血脉却险些毁在我郭威的手里，我郭威差点成了千古罪人。来人。"门外的卫兵慌忙走进来请示："大帅，有何吩咐？""传我将令，所有将士即刻停止抢掠。不听军令者，格杀勿论。"卫兵答应一声飞跑而去。

郭威见卫兵去了，缓缓站起身来，对赵匡胤说道："走吧，咱们去看看史姑娘。"

令赵匡胤感到十分欣慰的是，郭威亲自来到史府，将史菱姑娘接进了自己府中，并收为义女，自此以后，像对亲生女儿一样抚养、呵护着她，忠良之后终于有了一个较好的着落。

更让赵匡胤惊讶和佩服的是，郭大帅将令一下，汴京城里的抢掠之风戛然而止，再无一人敢于违抗军令，肆意妄为。三四天之后，东京便恢复了当日的安定和繁华。郭威在军队中、在将士们心目中的崇高威望是无与伦比的，他的话比圣旨更具权威。

动乱的局势很快平息了，新皇帝即了位，太后临朝听政，郭威、冯道等一班朝臣尽心辅佐，后汉似乎要过一段太平安静的日子了。

树欲静而风不止，好景不长。

宋太祖赵匡胤

时间过了还不到一个月，一日早朝，北部边境传来了十万火急的奏报：契丹军大股入侵，骚扰边境，许多百姓被杀被逐。这一下子又引起朝臣们的一片慌乱。李太后虽说临朝听政，但遇上这样的情况却手足无措，一筹莫展，只好请郭威再统率三军北上拒敌。

十二月十六日，郭威率十万大军渡过黄河，进驻澶州。此时正值隆冬季节，北风怒号，扑面如刀，地冻似铁，呵气成冰。兵士们都不愿意继续北上，那契丹军不过在边境进行骚扰，又没有大举南下，何必如此兴师动众？

赵匡胤对于这次北征也毫无斗志，岂止是毫无斗志，简直是充满着消极和抵触情绪。本来以为，郭威自邺都起事，率大军直捣汴京，自然会一举推翻后汉小朝廷，面南称帝，建立一个众心所望的新王朝。万没想到，江山还是刘家的江山，朝廷还是后汉的朝廷。如今又要为这个腐败的朝廷去流血、卖命。赵匡胤感到沮丧、茫然，大惑不解。

几个月来，他直接参与了兵变的全过程，亲身经历和耳闻目睹使他进一步认清了武力对于权力的强大制约作用。谁拥有了最强大的武力，谁便拥有天下，拥有一切。如果说过去对于这一点自己只是一般意义上的理论上的认识，那么现在却是有了切身体会，事实已经雄辩地证明了这一点。隐帝刘承祐贵为天子，身居高位，但却在一夜之间身首异处，大权易人。而俯首称臣的郭威却能凭借武力将皇权玩弄于股掌之中，兴风云，转乾坤，实际上操纵了整个国家。郭威这个人真算得上是一位成就大业的风云人物。他不仅重兵在握，富有韬略，而且具有控制局势的超凡能力。诸军大肆抢掠，如狂风巨浪，他一声令下，竟能顷刻平息，足见人心所向，军心所向。就凭这些，郭威要推翻后汉朝廷取而代之简直如囊中取物，易如反掌。可是他为什么不取而代之呢？难道这汉朝腐败残暴的还不够吗？难道这万里江山非姓刘不可？是"君君臣臣"的伦理束缚他，还是他有更深层的用意呢？赵匡胤一路上思来想去，却总也理不出个头绪。但是他却隐隐约约地发现，这次出征，从将官到士兵情绪都有点不对劲。不对劲在哪儿却又一时说不出个所以然。

这日晚饭后，赵匡胤在军营中漫步，无意中听到许多兵士在议论纷纷："我等随大帅攻陷京师，已犯大罪，刘氏小皇帝复立，往后还有我们的好处？""我们凭什么为刘氏卖命？他刘家朝廷给了我们什么好处？""隐帝刘承祐虽说是被他自己的乱兵所杀，但毕竟是因我等攻城所致，他刘家岂能不记此大仇？""依我这老兵看，还不如拥立郭大帅，咱这兵当的也安心，仗打的也踏实……""嘘，小声点，你不要这吃饭的家伙了？"

听到这里，赵匡胤急步走开，他的心中突然闪过了一道亮光。对啊，这些兵士的议论焉知不是郭大帅心里想的？甚或是有人有意安排传播的。怪不得这几天大帅与王朴等形影不离。咳！我怎么没有想到这一层，被大军拥戴当皇帝，比弑君篡位要体面得多，也更得民心，得民心者才能得天下啊！拥立郭威当皇帝，我赵匡胤要带这个头。无论是从国家的昌盛，百姓的安定，还是自己这帮弟兄们的出路考虑，都应该以郭氏代刘氏。一念及此，赵匡胤心中狂涛骤起，他决定推波助澜，在这个非常时期建立首功。

他马上把张永德、韩令坤、王审琦、张令铎、石守信、郑恩众弟兄叫来密议。当赵匡胤把自己的想法一说，众人无不极表赞同。当晚，他们便分头到各个军营中积极参与到这场纷纷扬扬的议论中去。赵匡胤在各营中频频走动，到处煽风点火，当人们议论的热火朝天的时候，他便乘机说道："我们既与刘氏为仇，已经不共戴天，又去为他卖命，不在战场上战死，将来也必为刘氏所害。为了身家性命和自身前程计，何不拥立郭大帅为天子？"话说得慷慨激昂又明明白白，众人一片欢呼，情绪尤为激愤，简直要沸腾起来。

这场风暴在士兵们当中悄悄地刮了三四天，将官们似是在装聋作哑，谁也不加制止。风暴愈刮愈烈，已经蔓延到十万大军的各个角落。

十二月二十日凌晨，天刚蒙蒙亮。黯淡的星月渐渐退去，黎明的曙光就要照亮整个宇宙。在凛冽的寒风中，成千上万的兵士大声鼓噪呐喊着向郭威的住处蜂拥而去。

有人大声呼喊着："我们再也不能为刘氏卖命了，请郭大帅自立为皇帝！""郭大帅若不答应，我们决不再北进一步，我们要解甲归田，大家就此散伙！"高呼之声此起彼伏，直冲云霄。

郭威似是不知出了何事，急忙披衣走出来，一见万头攒动群情汹汹，赵匡胤带领众弟兄们拼力挤到前面，对郭威说道："大帅，军心不可违，天意民心若此，请大帅不要犹豫。"匡胤说完，见郭威仍沉默不语，心中着急，一抬头，猛地发现附近高竖着一面黄旗。原来郭威这次是代天子出征，所以军中打着黄旗。匡胤灵机一动，招呼弟兄们来到旗杆下，郑恩力气大，用膀子抵住旗杆，大喊一声，便听"咔嚓"一声，旗杆轰然倒地。匡胤等三把两把扯下黄旗，来到郭威面前，也不管他同意不同意，硬是给他披在身上，这就算"黄袍加身"了。历代王朝约定俗成，只有皇上才能穿黄色的龙袍。黄袍加身便意味着登上了帝王宝座，从此便是威加四海的皇帝了。数万大军不约而同地一齐跪倒在地，连连叩首，山呼万岁。

事情已发展到这种地步，郭威便也不再矫情，当即下令回师开封。

十二月二十七日，郭威在十万大军的簇拥之下又一次回到了汴京城。

郭威回朝之后，立即上书李太后，说道："十万大军哗变，必欲拥立，此事实出于万不得已。自此以后，愿仍奉刘氏宗庙，且永事太后为母。"

李太后见刘氏江山大势已去，事亦不可为。又见郭威上书情恳意切，待自己优礼有加，便做了个顺水人情，宣布废帝刘赟封湘阴公，由郭威监国。朝中的大臣们也颇识时务，他们对郭威本就深有好感，现在大势所趋，木已成舟，谁还肯当绊脚石？于是争先恐后，纷纷上表劝进。几天以后，李太后将传国玉玺交给郭威，宣布郭威入继大统。

郭威正式登基坐殿，以冯道为首的文武大臣一齐行三跪九叩大礼，口称万岁，山呼舞拜。郭威自称是周室后裔，于是废除后汉，建立后周，改元广顺。他逝世后，庙号为周太祖。

动荡纷乱的五代十国中的最后一个王朝就这样勃然兴起了。

郭威乃五代时期的一位励精图治、革故鼎新的开明皇帝，他代汉称帝之后，赵匡胤一直在他身边，仔细地观察着这位新皇帝的一举一动，一言一行。郭威所做的三件大事对赵匡胤震动极大，影响极深。

第一件事是在郭威登基伊始，便下旨革除弊政。后汉时期，在赋税收取上有两种做法给民众增加了极大的负担。一是"称耗"。所谓"称耗"，就是在民众缴纳赋税称斤两时，额外加上一部分耗损额。从朝廷到地方，掌管税收的官吏都收取"称耗"，明文规定收一斗，但实际上就可能收到一斗二升甚至一斗半，这些多余的税额哪里是为了补偿损耗，其实都被各级官吏侵贪了。二是"羡余"。所谓"羡余"，就是地方官吏向皇帝缴纳贡赋时的多纳部分。本来缴纳一石就够了，但这些官员为了讨好皇上，显示政绩，好更快地往上爬，便谎称由于本地大丰收，民众愿意多缴纳一些，故而美其名曰"羡余"。其实这些所谓的"余"完全是地方官员从民众手里强取豪夺而来的。

郭威当皇帝之后，很快颁布了一道严旨："不得以任何借口多收赋税，彻底废除'称耗'、'羡余'等做法，违者严惩不贷。"另外，以前几个朝代，刑法十分严苛。常常是一人犯罪，全族被杀，郭威便曾深受其害。于是下令将此法彻底废除。

第二件事是提倡俭约。他与群臣几番商讨，颁布了一道诏令，发到全国各州县。诏令规定："车舆服饰，不得过于奢华；大官常膳，要予减损；奇禽异兽鹰犬之类玩物，不得再向朝廷进贡。"并把原来后汉宫中许多珠宝玉器堆积于庭院之中，命人统统打碎，下令从此以后，不准向宫中进贡这类东西。

第三件事是祭拜孔子。广顺二年（952 年）六月，周太祖郭威到曲阜祭拜孔子。郭威正要下拜时，臣下急忙劝止，说道："孔子只是一个陪臣罢了，天子不应该拜他。"郭威却道："孔子是百世帝王师表，怎能不拜？"于是，拜了孔子像位，又拜孔子墓。下令修葺孔子墓，并规定不准到孔林樵采。此后，又召见了孔子、颜渊的后代，让他们做了曲阜令及主簿。

郭威的这些做法在历代帝王中是难能可贵的，这些美行受到了广大黎民百姓和朝中诸臣的尊崇。对于郭威的这些做法，大多数人只是觉得可敬可佩。但对于赵匡胤来说，他不仅觉得可敬，而且每天都在琢磨着周太祖这样做的目的是什么。应当吸取些什么？摒弃些什么？这些做法对其以后的政治生涯，特别是赵匡胤当皇帝之后的帝王之术都产生了十分深远的影响。

在拥立郭威的活动中，赵匡胤表现得十分活跃，立下了汗马功劳。周太祖没有忘记这位小校，即位之后，立即下令，将他擢升为东西班行首，成了皇家禁卫军中的中级军官，时隔不久，赵匡胤又获重用，被任命为滑州禁军的副指挥使。

当然，郭威对于他的妻侄柴荣更为看重。他觉得柴荣有韬略，有城府，对自己忠心耿耿。因为郭威膝下无子，便将柴荣收为养子。由妻侄到养子，他们之间的关系便更近了一层。郭威代汉称帝之后，先后任命柴荣为澶州刺史、镇宁军节度使、同中书门下平章事等。那柴荣果然不辱皇命，他精明能干，志气恢宏，内政、军事都卓有成就。广顺三年（953 年），又被授为同宰相平级而且比宰相更有实权的开封尹兼功德使，封晋王。

柴荣走马上任开封尹，听说赵匡胤要去滑州任禁军副指挥使，便急忙去找太祖，请命让他留在开封府，招为自己的属下。周太祖准旨，于是，赵匡胤便当上了开封府统属的骑兵长官马直军使。同时，赵匡胤的一帮弟兄们也因为拥立有功，纷纷得到擢升。

在赵匡胤的一帮小兄弟中，最幸运的当数张永德。在张永德投军之初，郭威见他相貌英俊潇洒，武功卓尔不群，且又为人忠诚宽厚，少言寡语，对这个年轻人便十分喜欢。在攻取滑州时，张永德以小校身份力战高行周麾下大将高怀德，大战百余回合，难分伯仲，是个难得的将帅之才。

郭威膝下无子，家中又被苏逢吉满门抄斩。只剩下柴夫人所生的一个女儿郭莲，因一直随柴夫人跟在身边，郭威自然将这女儿视为掌上明珠。登上皇位之后，便在年轻诸将中挑选驸马。张永德恰恰未曾婚配，便成了周太祖的乘龙快婿。当了驸马，立时身价百倍，很快便被封为邺郡节度使。

原来后汉的一班旧臣尽皆各居原职。另外，郭威又加封军师王朴为昌邑侯、大将军，兼理军国大事。封范质为右丞相，窦贞固为左丞相，窦仪为翰林学士。

唯有军师王朴不肯受封。他伏俯于阶前奏道："臣本无功，反蒙陛下委以重任。臣伏念德微命薄，不堪拜受。愿陛下收回成命，放臣归乡，以成全臣之素志。"周太祖听了，甚觉诧异，说道："朕自得先生以来，南征北战，屡建奇功，多得先生赞划之力。今朕得以九五称尊，君临天下，亦多是先生之功。区区爵禄，未足言报。望先生勿惜勤劳，匡扶社稷，则天下幸甚，黎民幸甚。"

王朴急忙叩头禀道："陛下，臣略通相术，实是自知命薄，福禄难安，若受显职，必然损寿。况家有老母，年逾八旬，理宜侍奉。望陛下放臣得还故里，则臣母之余年皆陛下恩赐之年也。"周太祖道："先生虽然笃于孝道，但朕新得天下，枕席未安，倘有变端，使朕如何措置？"王朴道："方今国运初兴，君臣致治于朝堂，天下自然向化，何须如此多虑？"

周太祖见王朴去意已决，料再也难以挽回，只好退一步说："先生既不肯留，朕便成全汝志。但朕日后倘有军国大事难以委决来请先生时，切勿推诿。"王朴忙道："臣受皇上天恩眷念，焉敢不受诏？"太祖于是准奏，传旨摆设御宴，给王朴送行，命百官陪饮。王朴谢了恩，御宴之后，便来辞驾。太祖依依不舍，又无计可留，便命多赐金银彩缎。王朴叩头谢恩，返乡而去。

这王朴是个十分精明之人，他虽辅佐郭威取了天下，但见郭威年事已高，又身后无子，恐在位不长，又要易主，弄得不好又要引起一番动乱，权臣互相残杀。况自己原对功名一事十分淡漠，因而便学了古人的功成不居、全身而退的做法，自去退隐林泉，与闲云野鹤、松竹麋鹿为伴，过起了悠闲自得的隐士生活。

这日郭威临朝，文武大臣叩拜已毕，分立左右。郭威说道："朕今初登大位，境内粗定。但尚有几处刀兵未宁。卿等皆怀经邦济世之才，必有定国安民之策，可向朕直谏。所谏合宜，朕即采纳。纵使不合，朕亦决不加罪。"

当下便有翰林学士窦仪出班奏道："目下虽有个别郡县有些小乱，但却不足为虑。唯晋阳刘崇是废帝刘赟之父，乃我大周心腹之患，不可不防。彼见陛下登基，未必心甘，倘联合契丹妄举入寇，人心一动，为祸不浅。以臣愚见，我朝应未雨绸缪，选派有勇有谋之名将于禅州、百铃关两处据守，扼住咽喉。臣料刘崇必定前来寻衅，到时迎头痛击，挫其锐气，使其不敢轻举妄动，北部边疆可保安定。"

郭威听窦仪奏完，说道："卿所奏甚是。朕近日来所忧虑者也正是晋阳刘崇，为大周长治久安计，此人不可不防。"当下，便以柴荣、张永德为正副元帅，带领赵匡胤、王审琦、石守信、韩令坤、张令铎、郑恩等一班年轻将校，率十万大军开往禅州、百铃关驻守。同时派老将史彦超前往监军。

周太祖亲点的这批年轻人在当时朝中并非宿将，多是无名小辈。但是从这几年的实战中，郭威深知这帮年轻人个个都是大将之才，韬略武功皆不同凡响，将来必是国家栋梁。便有意不派昔日名将，而将这些年轻人推上前线。一是要在残酷的战争中锻炼他们，二是要给他们创造立功晋升的机会。朝中诸臣对太祖这样调兵遣将虽觉得有些草率，但郭威用兵一向不曾有失，大家也不敢妄议。

第十四章　刘崇称帝　图汉伐周

那晋阳刘崇原是刘知远的亲弟弟，也就是汉隐帝的叔叔，一直任晋阳节度使，执掌重兵。当郭威自邺都发兵，大军南下直逼汴京，隐帝被乱兵杀死之时，刘崇闻讯大怒，便亲率十万大军向汴京进发，要与郭威决一死战，以匡扶大汉江山。

大军行到半路，忽有探马来报，说是郭威奉刘氏为帝，而且所迎的新皇帝便是自己的儿子刘赟，顿时大喜过望。自己的亲儿子当了皇帝，当老子的还有什么奢求呢？于是便下令撤军，率兵仍回晋阳驻守。

但是过了不久，忽又听说儿子被废为湘阴公，那郭威到底急不可耐地篡位称帝，而且改了国号，夺去了刘氏的江山。刘崇哪能咽得下这口恶气，他咬牙切齿地对部将们说："郭威奸贼，久蓄不臣之心，如今其狼子野心暴露无遗。我刘崇与他郭威今生今世势不两立。只要有我刘崇在，我刘氏的大汉江山便不能亡。"于是便在晋阳称帝，建立了一个新王朝，国号仍叫汉，史称北汉。所辖之地有并、汾、忻、代等十二州，厉兵秣马，伺机报仇。并且派人频频前往契丹与其通好，企图借助契丹的力量报仇雪恨。

刘崇开始时忙于称帝，未及南侵。待朝中一切安顿就绪之后，便决意举兵南寇，找郭威算账了。刘崇以北汉皇帝的身份御驾亲征，率领十五万大军，浩浩荡荡地向南进发。

柴荣、张永德率十万大军，进驻禅州、百铃关一带，每日操练兵马，踏勘地形，忙于备战。这日忽有兵士来报，说是刘崇亲率十五万大军南犯。柴荣忙召集诸将商量对策。老将军史彦超道："刘崇尽起北汉国内精锐，号称十五万，气势汹汹而来，兵锋甚盛。我们应避其锋芒，寻隙打击，只可智取，不可力敌。"赵匡胤道："史老将军所言甚是。末将来此地之后曾各处察看，见百铃关北去五十里之处地势十分险要，层峦叠嶂，山高林密。有一谷叫雁鸣谷，两侧夹山，涧谷幽深，逶迤曲折，长约十里，又是汉军南下的近捷之路。若在此处设伏，诱敌深入此谷，定获全胜。"众人都认为此计可行，柴荣便调兵遣将，速往雁鸣谷两侧山林中设伏，自率一支大军，北行六十里安营扎寨，单等刘崇兵到。

不几日刘崇率军赶到，见周军已有准备，不敢大意，忙列阵搦战。柴荣在马上看时，见那汉军阵中刀枪林立，盔甲鲜明，布阵有条不紊，也不敢大意。当下命人擂动战鼓，将士们杀声震天。三通鼓罢，柴荣问道："哪位将军愿打头阵？"言犹未了，一将催马出阵，高声说道："末将愿往。"赵匡胤看时，却是他的好友韩令坤，便急忙趋到身边，低声对他说道："韩将军须谨记'诱敌深入'四字，不可求胜心切。交战时既要拼力厮杀，把戏演足演真，勿使他们看出破绽，又要适时佯败。若能将刘崇诱入谷中，便是立了头功。"韩令坤道："兄长放心，小弟一切依计而行。"

韩令坤飞马驰入阵中，高声喊道："反贼刘崇听着，你一个无能庸碌之辈，竟敢忤天违道，妄称天子。今日又不自量力，犯我大周天朝，自来送死。若是识相，赶紧下马投降，我便饶尔等活命。若执迷不悟，你韩爷爷定叫你有来无回，尸骨难收。"

刘崇立马于对方阵前，被韩令坤骂了个狗血喷头，顿时勃然大怒，高声吼道："这厮狂妄至极，谁去与我拿下，将其碎尸万段，好叫这些逆贼也知我大汉的厉害。"便听一将厉声答道："主公勿怒，待末将前往擒此小贼献于麾下便是。"却是帐前大将王涛，此将手使一柄方天画戟，十分勇猛，有万夫不当之勇。当时拍马冲入阵中，也不搭话，舞动长戟恶狠狠地向韩令坤刺去。韩令坤抡起大刀将长戟荡开，便听得乒乒乓乓一阵兵器撞击之声。交手十几个回合，韩令坤已觉出对方功力深厚，非等闲之辈，只得打起十二分精神拼力厮杀。但终是技逊一筹，渐感不支，只得拨马向西南方向而去。那王涛正欲追赶，却听得阵中鸣金收兵，只好退回阵中。原来这刘崇多年带兵征战，老奸巨猾，他知道西南方有一条雁鸣谷，地形复杂，于大军不利，深恐中敌埋伏，于是急命鸣金，将大将王涛召回军中。

柴荣、张永德、赵匡胤等见刘崇不肯上套，心下着急。张永德道："想不到刘崇老贼如此奸猾，待我再去搦战。"

说罢拍马挺枪，冲至阵前，高喊道："刘崇奸贼，往日听说你骁勇善战，今日怎么成了缩头乌龟？若有些真本事，且出来与你张爷爷会会。"

刘崇见周军阵中今日全是些面孔陌生的娃娃将校出马，且个个如此狂妄，心中甚是不屑。还未搭话，那王涛早已按捺不住，说道："待末将再去生擒此贼。"话音未落，坐下战马早扬蹄振鬃，利箭一般冲出阵中。张永德持枪在手，说道："来将通名，你张爷爷枪下不杀无名鼠辈。"王涛大怒道："小子，我是你家祖宗王涛，接招吧。"说着挺戟向张永德前胸刺来。张永德举枪架开，手腕一拧，顺势刺进，王涛急忙收招，以戟杆拨开枪头。二人立时拼杀成一团，各自抖擞精神，使出平生所学，两边阵中金鼓齐鸣，喊声震天。二人直战至一百五十多个回合，仍不分胜负。张永德寻思道："今日若不杀这厮，难以触怒刘崇。只有将刘崇激怒，才能令他失去理智，落入我军圈套。"一边想着，一边与王涛竭力拼杀。忽见王涛长戟猛力刺来，张永德"哎呀"一声高呼，身躯向后仰折，腹朝天，头向地，险些坠落马下。那王涛一看得手，心中大喜，挺戟向张永德腹部刺来。此时张永德腰身柔若无骨，看似坠马，实则取势。见王涛长戟刺来，张永德以枪杆轻轻一磕，用了个"四两拨千斤"之术，那长戟早斜刺里刺了个空。张永德乘机回枪，狠力一刺，便听"哧"的一声，枪头早齐齐地没于那王涛胸腔之中，一股鲜血如涌泉般喷射而出。张永德一跃而起，铁枪一拧，将王涛甩于马下。回头向着刘崇哈哈大笑道："刘崇老匹夫，你手下都是这些无用的酒囊饭袋，还敢来犯我大周？快回家守好门户，不然的话，你张爷爷就要马踏晋阳，扫平残汉，让你老贼死无葬身之地。"

那王涛本是刘崇麾下第一爱将，见他被张永德刺死马下，已觉痛彻肝肺，怒火烧心。又听他如此肆意辱骂，哪里还按捺得住？这刘崇也曾纵横疆场，身经百战，几时受过这等羞辱？当下大吼一声，催动坐骑，挥舞着八十余斤重的大砍刀，也不顾左右的劝阻，发疯一般冲入阵中。

张永德拍马接住，二人枪来刀往，拼力厮杀。刘崇刀法老辣沉雄，左右遮拦，上下挥舞，竟是风雨不透。张永德年轻力壮，枪法出自名家真传，招招诡谲，神秘莫测。二人又战了一百余合，张永德渐渐不支，且战且退。

刘崇阵中大将见主公亲自出马，已稳占上风，急挥动令旗，指挥大军掩杀了过来。北汉兵如潮水一般，漫山遍野地向着周军涌来。柴荣见火候已到，急令退军。于是后军变为前军，仓皇逃遁。一时兵败如山倒，阵势大乱，辎重、粮秣、刀枪扔的满地都是，一派溃不成军的惨象。

刘崇此时仍恐中计，跳下马来亲自检点周军所弃物品，都是货真价实的军中必需物资，又看那些逃散的周军兵士，惶惶如丧家之犬，有向西南的，有向东南的，也有向东向西的，终于放了心，"嘿嘿"冷笑道："竖子岂懂用兵之道。"便下令大军向着周军的帅旗方向奋力追杀。

汉军终于追进了雁鸣谷中，前面的周军仍在乱哄哄地胡跑乱窜，旗帜、兵器零乱地丢弃在峡谷之中，两军的距离越来越近了。帅旗之下，主帅柴荣骑在马上正在慌忙逃跑，身边的人已经不多了，充其量不过一二百人，看来在这大难临头之时，将士们谁也顾不了主帅，各自逃命要紧。

刘崇用大刀向前一指，高声喊道："有擒得贼军主帅的，加官晋爵，赏金千两。"将士们一片踊跃，激情就像被一把火点燃了，发狂一般向前奋力冲去。距周军最多还有两箭之遥，那面摇摇晃晃的帅旗突然倒地，掌旗的兵士为了逃命，把这面碍手碍脚的旗帜扔掉了，只顾抱头鼠窜。峡谷开始斗折蛇行，转过一个急转弯，前面的周军不见了，一下子消失得无影无踪，只有十几匹战马在峡谷中惊慌地走来走去，两边密密的丛林里发出了一阵阵"沙沙"的风吹树叶的声音，偶尔有几声凄厉的鸟鸣兽叫，让人听得毛骨悚然。

刘崇看着这条空寂的峡谷和两边那壁立千尺的山峰，突然意识到不好，身上顿时打了个寒战。立即传令，后军变为前军，急速退出峡谷。

但已经晚了，军令尚未传完，便听到惊天动地三声号炮，两边树林中顿时喊声大作，一下子钻出了无数的周军士卒，密密麻麻，数不胜数。随着令旗的摆动，兵士们弯弓搭箭，一齐放射，箭矢如飞蝗急雨般劈头盖脸地泼了下来。汉军士卒鬼哭狼嚎，一批一批地中箭倒毙。箭雨刚停，两边山上的滚木礌石又轰隆隆地直泄而下，顷刻间如山崩地裂一般。那石头大者如斗，小者如球，急速滚动，愈滚愈快，一齐向着谷底倾泻。汉军兵士被砸断腿的，碰断腰的，撞烂脑袋的，甚至被砸成一摊肉泥血浆的已无法计数。雁鸣谷一下子变得狰狞而又可怖，成了一条死亡之谷。将士们你碰我撞，东奔西逃，四处寻路逃命。可是十几万人马拥挤在这条狭长的谷底，除了上天一条路，哪里还有路可寻？人已经失去了控制，战马更失去了控制，拥塞慌乱的人群中，数千匹受惊的战马狂蹦乱跳，兵士们被踏翻了一批又一批，而这些狂躁不安的马匹仍在那些尸体上和伤而未死的人身上弹跳践踏，峡谷里一片血肉狼藉，惨不忍睹。

滚木礌石和飞箭已令汉军心惊肉跳，魂飞魄散，然而更可怕的事情还在后头。正在汉兵们上天无路、入地无门的时候，两边山壁上周军的飞箭上突然绑缚了火种，千万支箭矢拖着长长的火尾纷纷飞坠谷底。此时正是初春时节，绿草嫩芽尚在萌发，满谷里尽是枯草败叶，经过一个冬季的日晒风耗，早没有了半点水分。烈火干柴，一点就着。霎时间烟柱冲天，烈焰腾空，雁鸣谷成了一片火海。士兵们在大火中哭喊奔命，衣服着了，头发着了，皮肉着了，一群一群地被浓烟窒息倒地，又迅速地被大火吞噬，很快就成了一具具木炭似的黑尸。

宋太祖赵匡胤

刘崇身边的卫士换了一批又一批，这些忠心耿耿的心腹亲信用自己的肉身遮挡着飞箭，抵挡着滚石，死命地保护着这位真命天子往外撤。他们终于撤到了峡谷的入口处，此时刘崇的龙袍已经着了火，脊背已烧出了一片大水泡。几个卫士三把两把给他扯掉了龙袍，扒掉了内衣，刘崇光着膀子爬上了一匹战马，没命地向谷外冲去。

北汉的真龙天子毕竟命大，从一片火海之中得以脱身。可是当他检点人马时，不禁号啕大哭。几天前刚刚带出的十五万人马，不到几个时辰便死伤大半，所余残兵败将已不足六万。

经此一战，北汉军精锐尽失，元气大伤。刘崇再也无力南征，只得收拾残部，垂头丧气地返回晋阳。看来，只能重新招兵买马，养精蓄锐，待羽翼丰满时再报这国恨家仇了。

柴荣在雁鸣谷大获全胜，歼灭刘崇北汉军精锐之师近十万人，从而使北汉在短时间内再不敢纵兵侵扰。他留下少量人马驻守禅州即率大军班师回朝。

周太祖早已得到百铃关大胜的捷报，心中十分快慰。他欣喜的是，北汉的军事实力受到了严重打击，其举兵南寇的野心得到遏制。自己在有生之年可以从容地致力于国内各种事务的处置。他要革除种种弊政，建立一个政治清明、国力强盛的泱泱大国；他要与民休养生息，奖励农桑，使国民丰衣足食，安居乐业；他要革新吏治，铲除贪贿，创立一套朝野同心、上下合力的国家机器；他要悉心经营，滋养百业，开拓一个祚运兴隆、文明昌达的中兴之局。这许许多多需要他办的大事现在终于有机会去办了。更让他高兴的是，这次大捷全是一些年轻人凭自己的勇武、智慧和胆略取得的。年轻人成熟了，他的军队不乏能征善战的将才了，他的国家后继有人了。

周太祖的兴奋和喜悦是难以言喻的，他觉得比自己登基坐殿那天更高兴。因此，当柴荣率军还朝时，他亲率文武百官直迎至开封城外，亲自向将士奖赐御酒。

几天以后，他颁旨擢升柴荣为枢密使领开封府尹，总掌内外兵柄。张永德、赵匡胤等所有将士皆得赏赐。

从此以后，周太祖抓住这海内升平、边陲安宁的大好时机，全力开始了振兴国力、造福民众的各项军国大事的处置。几年之中，大周朝上上下下一片熙和，农工商各业繁荣兴旺。盗匪敛迹，社会安定，黎民百姓路不拾遗，夜不闭户。又加上天公作美，几年来一直风调雨顺，粮谷贱，仓廪盈，天下民众颂声大起。家家焚香，户户供奉，男女老幼都在日夜祷告上天，让自己这位好皇帝万寿无疆。

有句俗话说道："好人不长寿，祸害万万年。"起码，后周的百姓们当时就是这种感觉。好日子才刚刚过了三年，到后周显德元年（954年）正月，他们的这位好皇帝周太祖郭威突然身患重病。他自觉病势来得甚猛，恐将一病不起，只好在病榻上认真地考虑后事。

他没有亲生儿子，但却有一个好养子，一个好女婿。柴荣和张永德都是出类拔萃的人才，论与自己的亲密关系也难分伯仲。这片锦绣江山到底应该传给谁？他颇费了一番思虑。柴荣在政治经验方面更加成熟，从大周长治久安的大计考虑，还是应传大宝于柴荣。但是，前面几个短命王朝的教训他不能不重视，老皇帝驾崩，后辈们兄弟反目，同室操戈，经过一番血腥的残杀，终于导致国力衰败，外敌入侵，最后国破家亡。他郭威惨淡经营的这个大周朝无论如何不能出现这种局面。

于是，他在弥留之际单独召见了柴荣和张永德。当柴荣和张永德走进太祖的寝宫，太祖已经躺在龙床上喘成了一片。看着他那枯瘦、苍白的脸颊和那双混浊的眼睛，二人简直不相信这就是那位挥戈纵马、叱咤风云的郭威。他们"扑通"一声跪在太祖床前，呆呆地看着这位为万民仰戴的皇上，泪水早已扑簌簌地滚落了下来。

周太祖看着他们，大口喘息着说道："朕自知病将不起。人生百年，总有一死，这是谁也躲不过去的……"话还没有说完，柴荣、张永德早已泣不成声。周太祖勉强挤出了一点笑容说道："现在不是哭的时候，朕有大事要说。"二人止住哭声，屏息静听。周太祖又说道："朕走之后，晋王柴荣可于枢前即位。"柴荣闻听此言，忍不住放声大哭起来，边哭边说道："父皇何出此言？您老人家春秋正盛，这病总能医好……"太祖摇摇头，不让他说下去。又转脸对张永德说道："晋王即位之后，你要好生辅佐，你二人要同舟共济，保我大周江山永固，使黎民百姓永保平安。"张永德垂泪道："皇上尽管放心，皇上百年之后，永德定如侍奉万岁一样侍奉新主。若有二心，苍天不容……"

周太祖道："既如此，今日趁朕清醒，你二人便可在朕面前行过君臣之礼，以定名分。"

柴荣大惊，哭拜于地道："父皇尚在病中，孩儿如何能做此事，岂不是陷孩儿于不仁不义？"太祖知道现在不能与他细说，便勃然变色道："柴荣，莫非你要抗旨吗？"

柴荣无可奈何，只得按照周太祖的旨意，在一张椅子上面南而坐。张永德像对新皇帝一样行了三跪九叩大礼，从而定下了二人之间的君臣名分。郭威躺在病榻上，见此情景，总算放心了，说道："你二人若能君臣和睦，精诚团结，实是我大周之幸，天下黎民之幸，朕自然也会含笑于九泉之下。"

几天之后，周太祖驾崩，大周全国举哀十天。不管是朝廷大臣、州县命官，还是国内的百姓，人人都沉浸在一片发自内心的哀戚之中。

按照周太祖的遗诏，柴荣入承大统，登基即位，做了大周的第二代皇帝，是为周世宗。

柴荣继位后决心继承其养父周太祖的宏图大业，励精图治，继续进行国内各项经济、政治改革，使后周的政权更加巩固和强大。

对朝中大臣，周世宗仍沿用太祖时的任命，不做大的变动，避免了那种一朝天子一朝臣所引起的动荡和内耗。只是对一批出生入死多年、战功卓著的年轻将领们破格擢拔。

张永德乃前朝驸马，又是周太祖当着柴荣的面钦定的辅政大臣，自然要加以重用。周世宗颁旨，擢升张永德为殿前都指挥使，这是中央禁军中位置仅次于殿前都点检的高级将领。

周世宗更加赏识的还是他的结义兄弟赵匡胤。这几年的相处使他对赵匡胤的文韬武略十分了解。他认定赵匡胤英武机智，才能超群，是自己南征北伐、完成统一大业和定国安邦的一位难得的有力助手。因此便破格擢拔赵匡胤为宿卫军指挥使。

与此同时，周世宗还有意起用了一批在后汉朝被压制的至今仍年富力强，饶有政治、军事经验的老将，其中便有赵匡胤的父亲赵弘殷。这样，赵匡胤父子兄弟三人便同在禁军任职。

柴荣登基不久，便让满朝文武刮目相看。他们惊喜地发现，这位新皇帝既精明强干，又老成持重；既有宽容恢宏的胸怀气度，又果决强硬，决不优柔寡断，是一位在各方面都不输先帝的杰出的政治家。

这日早朝，柴荣正与文武百官商讨如何进一步革除弊政，治理国家。忽然从潞州传来紧急情报：北汉与契丹联合陈兵边境，意欲大举南侵，情势危急。

柴荣听臣下奏过敌情，平静地看看众人，冷冷地说道："北汉乃我大周宿敌。刘崇贼子屡败于我，吃过大亏，自然不肯善罢甘休。其亡我之心不死，原是意料中事。目下见先帝驾崩，朕临朝不久，以为我国内不安，有机可乘，便想来讨便宜。以众卿之见，我朝当如何处之？"

张永德立即出班奏道："启禀万岁，以臣之见，北汉贼兵联合契丹有备而来，其势汹汹，我朝不可掉以轻心。微臣愿领一支人马北上边境，拒敌于国门之外。"

柴荣笑道："张将军忧国忧民，忠勇可嘉。但此次汉兵来势既猛，朕意欲御驾亲征，以扫其凶焰，扬我国威。"

众臣闻言，大出意料，一齐奏道："刘崇联合契丹攻打潞州，虽说气焰嚣张，然只命一大将往救足矣。陛下初登大宝，人心未定，岂可亲征？"

周世宗道："不然，刘崇欺朕年少新立，乘我国丧大动兵戈，欲让国人知朕非苟且偷安之辈，安能不身冒锋镝，亲临前线？"

此时，太师冯道出班切谏道："千金之子，坐不垂堂。陛下以万乘之尊亲临不测之地，臣以为不可。"

世宗却道："唐太宗马上得天下，凡有征战，未尝有一次不亲临战阵。以唐太宗之英睿天纵尚且如此，何况朕还是年轻的新君？"

那冯道乃是四朝元老，资深望重，说话便不那么拘谨。天子亲征又是关系国家命脉之大事。为了劝止世宗，便率直奏道："唐太宗千古一帝，文治武功皆百代帝王师表。陛下虽亦英武过人，恐终难与唐太宗相比。"此言一出，众臣大感惊讶。这等于是当面表示了对新皇帝的轻视。言外之意无非是说你这个年轻皇帝也太自不量力，怎敢将自己与唐太宗相提并论？你还差得远呢！

柴荣闻听此言，心内有些激愤。他知道自己即位不久，朝中一些老臣还把自己当个娃娃对待，对率军征伐，又是面对如此强虏，自然放心不下。心中不服，又不敢明言，只能由冯道出面婉言劝谏。当下只笑了笑说道："刘崇以十二州之地，兵力单弱，所倚仗者，无非借契丹以为援救。朕以为那契丹与北汉不过互有所图，貌合神离，岂肯死力相助？以我大周士马之众，兵甲之强，破刘崇当不为难事。"

冯道又说："战场之上瞬息万变，胜负成败常在一念之间。如此大事，还请陛下三思而定。"

柴荣以冯道乃元老勋臣，也不与他深较，只淡淡地说道："朕意已决，卿等无须多谏。"

满朝文武之中，唯有赵匡胤劝驾亲征。他奏道："陛下若亲临战阵，可激励士气，振奋军心，必能一举取胜。但陛下初登大宝，朝内将士较少。其他将领各守藩镇，不可轻调。那北汉勾结契丹，兵甲正利，当此用人之际，陛下可以校场演武的形式招揽天下英雄，选贤任能，以补军中将才。可以最勇猛者充任先锋之职。也可借此机会检阅我禁军的实力，让汴京军民亲眼看一看我大周卧虎藏龙，人才济济，从而激发全军上下必胜的斗志和士气，以保收取全功。"周世宗道："赵爱卿之言甚当。"即颁下旨意，于次日在校场比武，挑选先锋官。

那北汉帝刘崇自雁鸣谷大败，损兵折将，元气尽伤。回到晋阳之后，日日食不甘味，夜夜寝不安席，朝思暮想的就是要寻找时机再次举大兵伐周，以报此深仇大恨。

但他深知北汉国小力弱，地狭产薄，要想灭亡后周实非易事。因此几年之中他带头克勤克俭，厉行节约，集蓄物资，以供军需；同时又天天练兵演阵，抓紧备战，伺机南下。

周太祖郭威驾崩的消息传来，刘崇大喜过望。他认为后周此时必定是主丧国疑，人心惶惶，正是起兵灭周的天赐良机。但是仅靠北汉自己的兵力终嫌不足。他正在迟疑不决之时，忽然想起了后晋皇帝石敬瑭给契丹当儿皇帝，勾引契丹兵犯中原的往事，不禁心中一动。为了报仇，他决定学学石敬瑭。于是便派出使者，带上重礼前往契丹，对契丹主以侄子身份事之，从而投靠了契丹。

显德元年（954年）二月，刘崇在经过一番精心筹划和准备之后，亲率举国之兵，在契丹的支援下对后周展开了强大的攻势。他指天发誓，定要攻占汴京，推翻后周，为大汉报仇雪恨。

北汉军由晋阳开拔，气势汹汹地一路南下，首先来到潞州。潞州节度使李筠率军于城外拒敌，两下里摆开阵势展开了激战。这李筠也是一位久经沙场的老将，虽说骁勇异常又极富谋略，但是以潞州弹丸之地对抗北汉举国之兵终是寡不敌众，力量相差过于悬殊。结果李筠初战失利，知道自己兵微将寡，难以正面抗衡。便当机立断，迅速撤军回城，四门紧闭，吊桥高挂。一方面组织军民严密守城，一方面派出快马驰报京师。

刘崇率大军把潞州城围了个水泄不通，日夜轮番攻城。无奈城内防守严密，准备充分。汉兵攻至城下，架起云梯往上爬时，城上滚木砖石齐下，箭矢飞射，滚沸的开水兜头浇来，使汉兵死伤无数。汉兵暂时撤退，城上守军亦借机休息。民众则纷纷向城头运送砖石滚木和其他守城物品。这样一直持续了七八天，潞州城攻不下，刘崇不敢轻进，他生怕陷入前后夹击的绝境，再上演一次雁鸣谷的惨剧，那么北汉就永无崛起的希望了。因此，他只好屯军于高平一带，商议破城之策。

东京汴梁城内的校场上人山人海，观者如云，既有禁军士卒，也有城内百姓。开封城里已经多年没有这样规模盛大的比武赛事了，消息一旦传开，人们便像逢年过节一般，扶老携幼，纷至沓来。他们既想观看当今世上最顶尖的武界高手的雄姿，更想一瞻新登基的年轻皇帝的风采。

周世宗柴荣在一班朝臣的簇拥下静坐在演武厅的看台上。他的心里也非常激动，这场比武大赛不仅仅是要挑选先锋官，更重要的是这是一次战前检阅。他要亲眼看一看他的禁军将领们擒龙搏虎的本领、拔山扛鼎的神力和生死不惧、随机应变的胆识。

这次赛事选定以张永德为擂主，谁能击败张永德，谁再当擂主，依次类推，直至选出最后一个擂主，便摘取先锋印。

大赛就要开始了，赵匡胤走到世宗面前奏道："斩将破敌，以勇为先；定取高下，以箭为最。陛下可取箭高者为正先锋，力勇者为副。"世宗准奏。

三通鼓罢，大赛正式开始。便见殿前都指挥使、驸马张永德金盔银甲，骑一匹白色骏马冲入场内，就像一股旋风，在校场内团团飞奔。左手弯弓，右手搭箭，在骏马四蹄翻飞、如流星般驰奔之中，冲着箭靶"嗖"地射出一箭，不差分毫，接着连射三箭，箭箭俱中红心。校场内的千万观众一片喝彩，张永德向四周的观众拱拱手，微笑着下马见驾。

接着出场的是石守信，他弯弓盘马，绕场三圈，人们还没有看清他的动作，已经"嗖嗖嗖"连发三箭，也是三箭全中靶心，场内又响起了雷鸣般的欢呼声。

走马射箭，不分高下，二人便要比武。周世宗传旨道："二位爱卿皆朕虎将，比武点到为止，勿伤对方。"二人遵命，走上赛台。

石守信久知张永德武功超群，但二人从未交过手，这次有意打擂便是要试试他的功力到底有多深，也算是借机切磋武艺。

二人分东西站定，相视一笑。石守信说声"承让"，便欺身进掌。掌风凌厉，快如电掣。张永德也不退避，举手接招，两股巨大的力量撞击在一起，砰的一声，二人都觉得似被电流猛击了一下，踉跄倒退数步。

张永德暗想："人云石守信自幼练武，尽得高人指点。今日一试，果然身手不凡。须要小心提防才是。"一边想着，一边进招，但招招都被石守信化解。二人你攻我防，我进你退，战至半个时辰，石守信已退至赛台边缘，张永德横腿一扫，石守信来个旱地拔葱，腾空而起，落地时已到了张永德身后，一下子变被动为主动。他双掌并出，使了个螳螂捕蝉之势，满以为可将张永德打下赛台。谁知掌出之后，眼看着已击在他的后背上，却击了个空。耳边只闻衣袂飘动之声，张永德已飞至他的身侧，以右手在他肩头轻轻一拨。石守信此时已收身不住，两腿往前急迈数步，却一脚踩空，轰然掉下台去。

校场内一片叫好之声，也有许多人为石守信大感惋惜，发出了尖声惊叫和感叹！

擂主张永德取胜，挑战者在继续上场。

韩令坤、王审琦、张令铎、郑恩等人相继上场，却相继败北。

周世宗在看台上看得眼花缭乱，他的臣僚中有这么多武林高手，让他感到由衷的喜悦。张永德终是技高一筹，更让他欣喜万分。他对陪侍于左右的大臣们说道："看来这北伐的先锋官非驸马莫属……"话未说完，却见台下人群中一阵骚动，一位又黑又高又胖的将军分开众人，飞身冲上台来，先向看台上施了一礼，然后高声嚷道："陛下，你不能偏心于驸马，这擂台还没打完呢，末将倒要看看张永德到底有多大能耐。"

世宗听声音有异，仔细看时，却是一员女将，乃郑恩夫人陶三春。顿时大喜道："好，我大周巾帼不让须眉，朕但愿此次出征能有一个女先锋开路。"

二人先比箭法，又是难分高下，双方各驰马张弓，连发三箭，箭箭皆中红心。接下来便是比武，二人各列门户，正要发力交手，却见赵匡胤走到世宗面前奏道："启禀陛下，二人动不得手。"世宗问道："为何？"赵匡胤小声道："这位三春弟妹性烈如火，必不肯点到为止。况男女交手，多为不便，驸马若手下留情，必受伤害。臣见赛台下有一对石狮子重约千斤，陛下可命二人，能将石狮子提上台，提下台者，可为先锋。"世宗道："此主意甚好。"便对二人道："两位爱卿，男女交手甚为不便，难以看出汝等真正的本领。汝二人谁能将下面的石狮子提举上台再提下台者，便可担此先锋重任。"

二人得旨，一齐下了赛台。张永德围狮子转了一圈，见那狮子高有五尺，入地半尺。他端详了一会儿，将金甲解下，双手扳着狮背晃了两晃，大吼一声，将狮子拦腰抱起，用尽周身之力将石狮抱上台来，又回身下台，放归原处，已是满脸通红，气喘吁吁。

陶三春冷笑一声，说道："待我提与你看。"遂将衣襟操起，掖入腰内，走到另一个石狮子前，俯身用力，大吼一声"起"，也将那狮子抱上台去，又抱了下来，复归原位。看台下成千上万的军民的喝彩声、鼓掌声响成一片。

世宗见二人终难分高低，看看赵匡胤道："贤弟一向武功不凡，今日何不下场一试？也让朕一饱眼福。"赵匡胤笑道："与驸马和三春相比，微臣的身手恐也平平，岂敢献丑。我料今日数万人云集于此，定有高手尚在后头，请陛下拭目以待。"

言犹未了，却见台下闪出一位少年壮士，头戴方巾，身穿素服，昂然走至台前，也不说话，将那狮子提在手中，就像单臂挽了个篮子，缓缓绕场一周，然后放回原处，竟是气不喘息，面不改色。全场顿时爆发出雷鸣般的欢呼声，人们的情绪仿佛被点燃了，到处是一片交口称赞之声，偌大的校场似乎一下子变成了一口达到了沸点的开水锅。

周世宗一看又有高人出现，心中大喜，忙命宣至台前，笑着问道："这位壮士真大将之才也，请问汝何方人氏？"

那人答道："小人姓高名怀德，乃潼关守将高行周之子。因父亲已丧，流落江湖。今闻圣上演武特来献技，聊充步卒，以酬平生之志。"

一听是高行周的儿子，看台上君臣们尽皆大吃一惊，那张永德、郑恩曾与高怀德在战场上交过锋，仔细看时，果然是他。不过彼时金盔银甲，如今却是头巾布衫，一时难以认出。

赵匡胤心中更为惊异。他暗想道："高行周乃是后汉重臣，至死不肯降周。周太祖时将其视为仇寇。如今其子前来打擂，虽是勇武异常，世之虎将，恐皇上不肯录用，这可如何是好！"

赵匡胤正在紧张地思考着如何说服世宗和众大臣让高怀德担此先锋重任。

赵匡胤为什么如此着急呢？这里面的原因尚需向读者交代。

原来高行周父子自从在滑州城与郭威大军交锋之后，连夜弃城回军潼关。一路上高行周忧心忡忡，他想，这刘氏社稷恐气数已尽，江山易主看来为时不远了。但我高行周一世英雄，多受大汉国禄皇恩。食人之禄，忠人之事，若是贪生怕死，变节求荣，不惟贻笑于天下，而且千秋史笔也会留下骂名。我身为柱国大将，理当为国尽忠。但儿子怀德尚且年幼，况未受职，却不能让他跟着遭受牵连。不如打发他母子二人回山东务农度日，一则全了我威名大节，二则不致覆灭我高氏宗嗣。

一路上拿定了主意，回到潼关以后，便连夜将儿子叫到自己书房，说道："怀德，有一事在我心中想了多日。我乃大汉重臣，先帝在时对我恩重情深。虽说如今朝廷腐败，为君者不仁，但为臣者不能不义，当为国守土，以尽臣节，生死荣禄，皆看天意而定。而你还年轻，未受君恩，更无职封，在此久留无益。你可收拾行装，与你母亲同回山东老家居住，自耕自食，也可度日。日后倘你兄弟回来，须兄弟和睦，孝养汝母，以尽天年，便如孝敬为父无异了。若在你有生之年能遇明君，亦可凭自己的本事出将入相，造福江山黎民，使我高氏基业得以传承。"

高行周本来生有二子，长名怀德，次名怀亮。那怀亮年幼时便在一次混战中失散，至今未能寻得踪影。怀德听父亲说完，心下凄然，回禀道："父亲既要保守潼关，为汉主尽忠，孩儿理当在此，以助一臂之力，怎么在这用人之际倒让孩儿回乡？况父帅年事已高，又常抱病，正需调养。孩儿与母亲去了，谁人侍奉？父亲在此举目无亲，儿子难尽人子之孝。此事恐怕不妥，还请父亲三思。"

高行周叹口气说道："我儿的话虽也有些道理，但却与大义相悖。为父为君守土乃是尽忠；你为人子的不背父言便是大孝。况那郭威虽然兵势正盛，也未必就敢贸然举兵来犯，为父这里无须担忧。吾意已决，明日你便同你母亲收拾回乡。"

怀德不敢违拗父意，只得于次日收拾行装，备了车马，辞别父亲，出帅府上路。夫人乘车，怀德骑马，母子二人径往山东故里进发。

不久，郭威登基即位，建立大周，四方藩镇纷纷上表称臣，唯独潼关节度使高行周不肯奉旨。开始为了集中兵力对付北汉，郭威也无暇顾及潼关。待百铃关一战重创北汉之兵，使其在短时间内不敢来犯。此时，始终不肯臣服的高行周便成了郭威的一块心病。

郭威夜不能寐，辗转思索，决定对高行周先礼而后兵。因为周朝初创，若是连年大动干戈，使百姓生灵涂炭，必定消耗国力，动摇国基。最好是能说降高行周，避免武力征伐。他在满朝文武中物色能担当说降重任的人，思来想去，最后选定了赵匡胤。

郭威考虑到，在后汉众大臣中，赵匡胤的父亲赵弘殷与高行周私交最深。二人戎马半生，经常在战场上并驾齐驱，出生入死，建立了深厚的感情，因此赵、高两家也算是世交，派赵匡胤去易于通融感情。同时，赵匡胤见识、谈吐不俗，可把天下大势、成败得失向高行周说个明白。更重要的是，在郭威的心目中，赵匡胤是个文武兼备、粗中有细的人物。既可前往说降，晓以大义，又可领兵打仗，运筹帷幄。说得成则说，说不成则打，说、打两手皆可独当其任。

因此，郭威便选派赵匡胤率一万人马与韩令坤前往潼关。并嘱咐他要千方百计说服高行周前来归顺，若能不动刀兵收复潼关，为上上之策。后周朝廷决不亏待高行周，封侯拜相，任其挑选。万不得已才可武力围剿，到那时可飞报朝廷，再发重兵以为后援。

赵匡胤率军来到潼关，离城十里下寨。匡胤命韩令坤留于营中守寨，自己欲单人独马入城去见高行周。令坤与副将们都觉吃惊，苦苦劝阻。令坤道："大哥如今乃三军主帅，岂可独身前往虎狼之地。倘有不测，我等如何向万岁交代？"

匡胤笑道："既要劝人归顺，岂能不待人以诚？自古以来，两国交兵，不斩来使。况高行周也是条铁铮铮的硬汉子，一生坦荡磊落，绝不会做那种暗下毒手的卑鄙勾当，我此行绝无凶险。"众人只得怀着一颗忐忑不安的心送他出寨。

匡胤匹马单人来到城下，不着盔甲，不携兵器，头戴方巾，身着素袍，对城上守将高声喊道："请速速禀知你家元帅高行周大人，就说东京汴梁赵弘殷之子赵大郎求见。"

不料此时高行周已重病缠身，正卧病于帅府之内。自送走儿子高怀德，他便日夜忧思，寝食不宁。后来又听说汉隐帝已死，郭威面南称帝。后汉不复存在，皮之不存，毛将焉附？自己这个潼关节度使算是谁家的臣子？自己所部数万人马将何去何从？他自知以自己现有的兵力难以挽狂澜于既倒，但是又绝不能向郭威俯首称臣，自坏名节。终日在两难之中焦虑不宁，常常是整夜整夜地难以成眠。一天夜里实在打熬不过，刚刚迷迷糊糊地睡去，却突然感到胸口像压了块千斤巨石，憋闷异常，怎么也喘不过气来。接着又是一阵刀绞锥刺般的剧烈胸疼。他大叫一声，猛然醒来，周身已是大汗淋漓，额头上豆粒大的汗珠不停地往下滴。身边的士兵们慌忙请来军中大夫，号脉服药，精心调治，病情虽有缓解，却终不见大好。

高行周在病榻之上听人来报，说是赵弘殷之子前来求见，且又是单身一人，便已知来意。即传令放他入城，传来府中相见。

匡胤走进高行周卧室内，见他躺在病床上，面色灰白，形容枯槁，正在大张着嘴喘粗气，不禁心下恻然。忙跪倒在床前行过大礼，轻声说道："侄儿赵匡胤叩见世叔大人。"

高行周让他起身，坐在一旁，微笑着问道："贤侄此来是不是受郭威所遣劝我投降的？"

匡胤忙站起来又施一礼道："小侄不敢。顺势而行，怎能言降？是圣上命小侄前来搬请高大帅入朝辅政，共保江山社稷，造福天下苍生。圣上有旨，大帅若肯入朝，拜相封侯，任凭您自己挑选……"

高行周摇摇头不让他再说下去，却淡淡一笑说道："可惜我高行周无此大福。高某平生只信一句话，'好马不配二鞍，良臣不事二主'。平民百姓尚懂得'受人之恩，替人消灾'，我高行周世受汉主之恩，岂能再去向汉主的仇敌俯首称臣？此话休再提起。"

匡胤又说道："可如今汉祚已亡，周室初立，天下归心，四方豪杰纷纷来投。世叔何不上应天意，下顺民心，而必欲守此愚忠？况潼关弹丸之地，数万之军如何能独撑危局？以太祖之雄才大略，不肯容一城一关独立于周室版图之外。倘若兵锋骤起，干戈扰攘，一城军民势必玉石俱焚。世叔是个明白人，岂能为了一己之名节眼看着部下数万将士和满城生灵惨遭不幸？"

高行周长叹一声说道："贤侄莫要再说，这些道理高某岂能不知？此事甚大，容我再细思之。汝可先回营，明日便见分晓。"

匡胤还要再劝，高行周已示意送客。匡胤无奈，只好施礼告辞，驰马回到营寨。

这一夜，高行周毫无睡意，心中只是千思百虑：想我高行周空有百战之功，万夫之勇，纵横天下数十年，如今却像断梗飘萍、败叶残荷一般，无根无基、无着无落。再加上重病缠身，欲战不能。如今这天下已是大周的，自己已无力挽狂澜于既倒。要说献城投降，只要自己有一口气，那是断不可行的。行将就木之人，万不能再落个贪生怕死、晚节不忠的骂名。若是下令死守，诚如赵公子所说，数万将士和满城百姓都会玉石俱焚、生灵涂炭。思来想去，他忽然想到了一个两全其美的主意。

于是，他屏退左右，勉强支撑起病体，来到案前烛下，提笔修书一封，然后封好，在书皮上写道："高行周留书，付于赵公子匡胤手拆。"写罢立起身来，向着山东老家方向说道："夫人，儿子，我与你们再难相逢，好生保重。"说罢，踉跄几步奔到墙下，取下墙上宝剑，将明晃晃的剑身抽出剑匣，以手试锋，苦笑道："伙计，从我高行周十四岁纵马上阵，你随我身历百战，驰骋万里，也不知会过多少英雄上将，想不到你今天却做了我的对头！"说到此，不禁心中一酸，双眼流下泪来。忽又自己骂自己道："高行周你这软蛋匹夫，一生中你的枪尖上也不知挑死了多少生灵。今日轮到你死，却做如此儿女之态。大丈夫生亦壮哉，死亦壮哉，岂能落个柔弱庸陋之名？"

一念及此，再无悲思。将剑横斜，凑到脖子上，回手一勒，顿时血染青锋，扑地而亡。

到了天明，有手下人进来服侍，却见元帅项吞宝剑，血染衣衫，横卧于当地。惊得目瞪口呆，慌忙跑去禀知副元帅岳元福。

　　岳元福听报，急忙带副将们跑来，一看元帅如此惨死，禁不住号啕大哭。众人哭了多时，岳元福拭泪道："列位将军，今元帅已亡，潼关无主，正如茫茫天地之间、滔滔洪水之中的一叶扁舟，何处是岸？以我愚见，不如归顺大周，免了一郡生灵涂炭。况闻周天子宽宏大度，谅不至加罪我等。不知诸位意下如何。"

　　到了这般田地，那些副将还有何主见？便一齐打拱道："岳大人所见乃生民之福，末将们焉敢不从？"

　　岳元福又见案上有高行周留给赵公子的书信，不敢擅拆，料其中定有隐情。便对众人说道："大帅此处有给周军营中赵匡胤的书信一封，不知何意，可命人速去请赵公子入城，元帅卧室内暂勿稍动，待周军到来再行安置。"众将领命而去，准备迎接周军入城。

　　再说赵匡胤自潼关回到大营也是一夜未曾睡好。不是心神不宁，便是噩梦不断，自己也不知是什么原因。

　　第二天一觉醒来，已是日上三竿。急忙洗漱更衣，准备再去潼关城内见高行周。忽闻大帐外人声喧嚷，一名亲兵带着潼关的使者来到帐中，见到匡胤后双膝跪地，泣声说道："我家高元帅已经归天，今奉岳副帅之命恭迎赵将军入城受降。"

　　赵匡胤闻言大吃一惊，高元帅昨日还好好的，怎么会一夜之间就突然亡故？当下招来韩令坤，二人骑马先自入城，让副将们率领大军随后而来。

　　匡胤、令坤来到帅府，已见大门上灵幡飘飘，众将官缟衣素服，跪伏于大门外相迎。赵匡胤让众人起来，自己与令坤急步跨入府内。进入卧室之后，见高行周仍项上饮剑，横卧于地上，身下一片血渍，简直惨不忍睹。立时眼中含泪问道："这究竟是为什么？高大人何以如此？"

　　岳元福趋前一步泣声答道："回赵将军，高大帅为何自寻短见，末将等也不知就里。这里有高大帅留给赵将军的书信一封，请赵将军过目。"

　　赵匡胤接过信来，拆开看时，却见上面写道：

　　　　汉潼关节度使高行周，尽节临亡，亲笔遗书，奉上赵公子台下：昔日某与尊翁有一拜之交，同为汉廷之臣。不意汉运告终，有周当代。适公子领兵至此，行周重病难支。此乃天意，亦公子之造化也。昨日某观公子之相及言行，知久后必成大器。今行周全忠报国，亦可成全公子之功。望公子携我首级，报于周廷，定可大用。

惟望公子顾念遗孤，常怀慈悲。某所生二子，长子怀德，次子怀亮。怀亮失散已久，不必言矣。怀德少年勇力，颇有智谋，亦定国安邦之器。他日公子大贵，倘能引荐重用我子，必不有负也。行周虽在九泉，感恩匪浅，亦可瞑目矣。专此布嘱，余不赘絮。

行周顿首

匡胤看罢书信，再看看高行周自刎之惨状，心中十分悲凄。想高行周一生英豪，却落得如此下场，实在可叹可悲。他能忠心事主，至死不渝，也算得是人中雄杰，烈烈丈夫。我赵匡胤若以英雄的头颅去邀功请赏，换取自己的富贵，岂不为万人耻笑，后世唾骂？想到此，他便命人将高行周的尸首以棺木盛殓，厚葬于高原之上，并立石碑以记之。

第二日，匡胤把潼关总帅印绶交给岳元福代掌，一应军民大小事务都由其权行管理。自己却与韩令坤等将领率师回朝。

匡胤回到汴京，即入朝交旨。他将收复潼关的过程详细奏过。太祖闻听此次西征未动刀兵，不伤一兵一卒便收取了潼关，甚是高兴。当下便颁旨，授岳元福潼关节度使之实职，以奖其献城之功。但听到高行周宁死不肯归顺，却十分震怒，说道："高行周冥顽不化，必与我大周为仇，至死也要让朕背个逼死名将的恶名，着实可恶。此贼乃我大周世仇，罪不可赦！"

匡胤本欲趁机向太祖保荐高怀德，一看太祖如此盛怒，不禁出了一身冷汗，再也不敢提怀德之事，唯恐太祖下令缉捕，给怀德母子带来不测。

这事一晃便过去了好几年，匡胤私下里几次派人打探，却未得怀德消息，也便渐渐地把此事淡忘了。

想不到今日校场比武，这高怀德却突然自己冒了出来，而且诚如高行周所言，勇力过人，确实是安邦定国之器。他偷眼看看世宗，却见世宗面无表情，似在思索着什么。正在这时，却听张永德奏道："启禀万岁，高怀德力大无穷，在臣之上。几年前也曾与臣在阵上交锋，武功精湛，勇冠三军。臣意先锋印非此人莫属，我朝自此又得一上将矣！"

周世宗柴荣犹豫再三道："先帝在时，曾言高行周乃我朝世仇，此子又曾在战阵中与我大军兵锋相争，我怎能用仇人之子为先锋？"

匡胤急忙说道："万岁，当年管仲曾箭射齐桓公，后来被俘。齐桓公爱其大才，不念私仇，折节拜相，终成霸业。况古人云'罪不及孥'，昔日行周与先帝有仇，彼已自决，足可释其怨。怀德虽也曾与我等对阵争斗，但那时他只知有汉，不知有周，人各保其主，何罪之有？况怀德从未受汉廷职封，汉亡之前已退归乡梓，如今不过是大周的一个普通百姓。既能前来比武，足见其有事周报国之诚意。如此世之虎将，陛下不用，恐天下英雄皆束手回避，谁还肯与陛下共创太平？如今我们欲举兵北伐，正在用人之际，'千军易得，一将难求'，望陛下三思。"

匡胤说完，陶三春已耐不住了，急步趋前嚷道："万岁，赵大哥说得有理。臣妾平日自恃力大，以为世无对手，不料这小子勇力远胜臣妾，俺陶三春愿保这小子当先锋官，万岁爷可莫要婆婆妈妈的，拿着和氏璧当顽石，弃之不用。"一席话，竟把世宗说得"扑哧"笑了，文武大臣也都一片大笑。

世宗不再犹疑，笑对怀德道："朕之义父与汝父有仇，本当不用。但念上代之仇，也是各为其主所为。为国家用人，天下之公也。朕岂可以私愤而废公事？朕观汝神力，足堪胜任，但未知骑射之技如何。"

怀德忙回奏道："小人自幼习武，诸般兵器皆说得过去。况射箭乃将家首技，岂能不会？"世宗传旨，给副鞍马弓箭，让怀德试射。

高怀德翻身上马，一纵马缰，便如飞矢一般冲入场内。那马绕场飞驰一周，当马头对着箭靶相反方向时，高怀德突然弯弓搭箭，从肩部向着背后"嗖嗖嗖"连发三箭。众人看时，三支箭不偏不倚，恰中红心。满场子里顿时爆发出一片欢呼喝彩之声，喊声如雷，响遏行云。

周世宗大喜，即命取先锋印付于怀德，并命陶三春任副先锋，当场赐了金花御酒，以示显荣。高怀德与陶三春叩头谢恩，众将官都纷纷向怀德、三春道贺。大家热闹说笑了多时，世宗才摆驾回宫。

次日早朝，世宗传旨：请太后监国，太师冯道、平章事范质参理政事。以赵匡胤为亲军使，张永德为监军，随驾左右，赞划军事。点选十万大军，择吉日出征。

不几日，各镇诸将陆续到齐。号炮三响之后，十万雄师离开汴京，浩浩荡荡向北进发。但见旌旗蔽日，剑戟凝霜，黄尘滚滚，车辚马嘶。

这日大军行至高平之南，世宗命安营扎寨，准备与北汉、契丹联军决战。

此时北汉与契丹联军约十五万人，正驻扎于高平一带，刘崇亲领中军，大将张元徽领左军，契丹大将杨衮领右军。

刘崇听说周世宗柴荣亲率周军前来，且只有十万人马，不禁冷笑道："柴荣黄口小儿，不知死活，竟敢率师亲征。周军就这点人马，又远道而来，师劳兵疲，今日之战，只用我汉军即可取胜。早知如此，何必把契丹兵请来。"

周世宗安营扎寨之后，探知刘崇的布阵情况，也便针锋相对地迅速部署。侍卫马步军都虞侯李重进领左军居西，侍卫马军都指挥使樊爱能、步军都指挥使何徽领右军居东，宣徽使向训与先锋官高怀德、陶三春等率军居中路，殿前都指挥使张永德与亲军使赵匡胤负责保卫周世宗。

周世宗率众将领骑马缓行，仔细视察了这里的地理形势。只见远处是几座不高的山，光秃秃的，草木不生。中间却是一片广袤的无边无垠的开阔地，既无山岭，也无河流，到处是丛生的杂草和裸露在阳光下的砂砾。真是一个好战场，一个宜于大军团纵横拼杀的天然战场。几十万人马聚集在这里，仍显得非常空旷。

周军在南，汉军在北，各自布好战阵，东西横亘着有四五里长。各色军旗在微风中簌簌地抖动着，出鞘的刀剑和将士们的铠甲在阳光下熠熠闪光。

除了偶尔传来的几声战栗不安的战马的嘶鸣，整个战场上出奇的安静。人们都屏住了呼吸，等待着那即将到来的浴血拼杀。

可以想象，这将是一场空前惨烈的恶战。对峙的双方，一方是新皇帝刚刚即位，敌人便挑起边衅，牧马南寇，将士们同仇敌忾，要为保卫新主，保家卫国而杀敌立功。另一方则是凝聚了千仇万恨：刘氏政权被颠覆，大汉皇帝被弑、被废，再加上几年前雁鸣谷几乎全军覆没的奇耻大辱还历历在目。他们胸腔里都燃烧着复仇的火焰，要为洗雪国耻而破釜沉舟，决一死战。

大战一触即发，战场上的气氛紧张到了极点。空气在这一刻似乎凝滞了，到处死一般的沉寂。人们只能听到自己胸膛里那颗心在"咚咚"乱跳。

突然，北汉阵中螺号响起，接着便是金鼓齐鸣。其左军主将张元徽率领数万名步骑向后周的右军阵地扑来。成千上万匹战马如一股巨大的狂风铺天盖地般卷来，随后便是黑压压的蚁群般的步卒，挥刀舞枪，嗷嗷乱叫着往前涌。

后周右军主将樊爱能、何徽急忙指挥周军迎敌。草地上立时展开了一场短兵相接的肉搏战。刀剑相撞，"砰啪"作响，人喊马嘶，乱成一团。

北汉大将张元徽十分骁勇，他身躯高大，虬须倒竖，满脸横肉，骑在一匹乌骓马上，手中挥舞着两柄板斧，一马当先冲了过来。后周三名将官拍马迎战，却难以抵敌。只见板斧抢动，一道白光闪过，一名将官惨叫一声，整条胳膊被齐齐地剁于地上。另一将官刚一愣神，半个脑袋早斜飞出去，一声不吭栽落马下。

汉军见主帅如此威猛，一时军心大振，人人奋勇，个个争先，向着周军的帅旗方向拼命杀来。

樊爱能、何徽骑在马上，远远地看到了刚才那血肉横飞的一幕，早已心中发怵。又见张元徽率领一支骑兵，疾风迅雷一般向自己这边扑来，一时心下着慌，掉转马头便跑。他们是想暂避锋芒，避过敌军凶猛的势头再寻机击敌。但是，此刻他们却犯了一个致命的错误。"狭路相逢勇者胜"，这是最基本的兵家常识。由于临阵怯战，主帅带头逃跑，立刻引发了军心大乱，士气崩溃。周军将士纷纷避敌逃命，整个阵势立即乱了套。

严整的阵线一旦溃乱，那是十分可怕的。就像一座巍巍堤坝被冲决了一道口子，排山倒海般的巨浪立刻便汹涌地冲击过来，再也无法阻遏。洪水猛兽似的北汉兵乘势掩杀，挥刀舞枪，乱砍乱戳。周兵被成批成片地杀死，人和马的尸体横七竖八躺了一地。

有一千多名周军跑得慢了一点，被汉军的马队从四面包围，看看无路可逃，干脆扔下兵器向汉军投降，前面惊慌失措，四散逃逸的周军，一面跑还一面喊着："不得了了，北汉军中有神人相助，可百步之外取人首级。"不知道是被汉军的来势汹汹吓昏了头，还是为自己的临阵脱逃寻找借口，这谣言竟不翼而飞，一传十，十传百，很快便像瘟疫一样在周军中播散，形成了一股更为可怕的涣散军心的无形力量。

右军的溃散立即牵动了后周的中军和左军。张元徽不再追击向南逃散的周军，而是催动兵马，掉头向东面冲来。北汉皇帝刘崇也乘势驱动千军万马向着中军方向打着黄旗和伞扇的地方猛烈攻击，口里狂呼着："活捉柴荣者，赏金封侯。"

周世宗柴荣所处的中军一下成了前沿阵地，将士们挥刀抢剑，拼死抵御。可是，数万名敌军兵锋正盛，士气正旺，以泰山压顶之势汹涌而来，难以阻挡。周军的后队开始站立不稳，缓缓向后移动。有的士兵已掉头向南，准备逃跑。

情势万分危急。周世宗心急如焚，已亲自披挂上阵，冒着矢石督战。

以保护皇上安危为主要职责的赵匡胤此时就像被推上了面临万丈深渊的悬崖峭壁，只觉得一阵阵毛骨悚然、怒发直竖。他一下子意识到：生死存亡的关头到了，一着不慎，将会沦入万劫不复的死亡之谷！这是关系到皇上生命安危，关系到十万大军的胜负存亡，甚至是关系到大周朝荣辱成败的关键一仗。

宋太祖赵匡胤

他突然暴喝一声，顺手将腰中的宝剑扯了出来，横身挡在了准备溃逃的士卒面前。一个军校猛一抬头，只见赵匡胤面色铁青，双眼赤红，脸上布满了杀气，一柄光闪闪凉森森的剑锋已横在了自己的脖子下，只觉得浑身打了个哆嗦。他毫不迟疑地掉过头挺枪向着敌阵冲去。

另一个士卒却被战斗的惨烈吓破了胆，不顾一切地从赵匡胤的身边挤过，夺路而逃。赵匡胤勃然大怒，几乎是不假思索，手腕一抖，剑光闪过，那士卒的头颅早被从脖子上齐齐地砍落，滚出了四五步远。没头的尸身喷出一股鲜血轰然倒地。赵匡胤看也没看他一眼，厉声喊道：“有敢临阵脱逃者，便是这个下场。”溃退的兵士们一下子被镇住了，猛地收住脚步，掉转头向回杀去。

溃逃之势暂时扼住了。赵匡胤命高怀德、陶三春、石守信等一步不离地护住柴荣，却将张永德拉到一边，急切地说道：“张将军，仗不能这样打。只是一味地兵来将挡，水来土掩，咱们只能处处被动。”

张永德忙问：“有何高见，赵将军请快说。”

匡胤说道：“敌军虽然暂时得势，但他们已有骄狂之心。而万岁的宿卫禁军都是忠于皇上的精兵强将，虽然人数不多，却个个能够以一当十。我等在这千钧一发之际，必须利用这支忠勇无比的禁军带动其他军队力挽败势，扭转战局。”

“具体该如何打法，赵将军直接吩咐就是。”

“将军麾下多有善射者，请您率领三千名神箭手，”匡胤用手指了指左边的一块高地又说：“在那边居高临下，以箭矢压住敌人骑兵的攻势。射人先射马，务求一箭中的。我自引兵出右翼，与敌血拼。国家安危在此一举。”

张永德连连点头，自引一军飞奔至左侧高处。立时万箭齐发，飞蝗急雨般向着汉军飞驰而来的马队射去。几乎是箭无虚发，排头的上百匹战马中箭倒地，后边的马队收不住，凭着一股惯性冲到了前面倒卧的人马身上，也被纷纷绊倒，一时人仰马翻，乱成了一锅粥。凌厉的攻势被暂时化解了。

赵匡胤突然跳上了一个高坡，挥剑大呼道：“弟兄们，我们的皇上现已身临险境，同我们一样挥戈上阵了。我等安能不拼死一战？不怕死的，跟我与贼兵拼了！”喊罢，竟像一头发了疯的金钱豹狂怒地冲入敌群，一手挥舞着蟠龙棍，一手抢着宝剑，横扫竖劈，左砍右荡，眼前的汉兵像谷捆似的纷纷倒地……

随着喊声，郑恩、韩令坤、王审琦、张令铎等各率部下箭射一般冲向了敌群，没入了短兵相搏的旋涡。

双方的激战已经进入了白热化的阶段。战场上到处是死尸，到处是伤兵，到处是胡乱丢弃的兵器和残肢断骸。刀剑的碰击声、厮杀的呐喊声、伤员的哀号声、战马的悲鸣声，在战场的上空久久地回荡、弥散。

此时是真正决定战争胜负的关键时刻，周世宗柴荣见自己身边仍围着高怀德、陶三春、石守信三员骁将。马上厉声命令道："当此关头，汝等怎能只顾朕一己之安危？还不快去拼杀！"高怀德等还在犹豫，周世宗怒道："朕身边尚有禁卫士卒上百人，可保无虞，汝等再不去，便是抗旨。"

高怀德、陶三春、石守信说声"遵旨"，旋即飞身冲入敌阵。

高怀德一杆长枪左刺右挑，泼雨一般，挡其锋者，非死即伤，霎时间便杀开了一条血路，刮旋风似的冲入了敌阵深处。陶三春挥舞着大刀上下劈砍，憋了半天的一股无名之火随着大刀向敌军泼去，直如斩瓜切菜一般。几员汉军偏将被砍飞了脑袋。一名汉将见这黑女人凶悍异常，吓得腿都软了，转身欲跑。三春赶上，大刀如疾风般劈下，那汉将竟被从右肩到左跨斜劈成两半，周围的兵卒更是死伤无数。

韩令坤、王审琦、石守信、张令铎、郑恩等将领都在敌军中杀红了眼，一个个神勇无比。这是他们自投军以来所遇到的第一场恶仗，人人都施展了平生所学，使出了浑身解数，枪刺刀劈，剑削斧剁。那些遇上的汉军士卒一群群应声倒毙。掉了脑袋的，断了腿的，飞了胳膊的，死尸一个叠一个，乱七八糟横了一地。

将领们如此骁勇，周军士卒大受鼓舞，群情振奋，一个个抱定必死之心奋勇直前，同敌军格斗拼杀，有的干脆搂抱到了一起，在地上翻滚厮杀。

汉军终于抵挡不住这股突如其来的凌厉攻势，从势如破竹的进攻到双方胶着的相持，此时不得不转入撤退。

赵匡胤越杀越勇，在敌阵中纵横驰驱，如入无人之境。一名汉军将领见这红脸汉子像发了疯一般，接了他两棍，便不敢再战，拔腿要跑。匡胤怒吼一声，一棍打去，正中那人后脑，脑浆迸溅，扑地而亡。但就在此时，旁边一名受伤的汉军小卒冷不防从地上跃起，向赵匡胤恶狠狠地砍来一刀。匡胤躲闪不及，左臂着了一刀，立时血流如注。他顿时大怒，回身一棍，结果了那个小卒。此时，匡胤属下的几名兵士见主将受伤，急忙跑过来，撕下袍襟，要为他包扎。匡胤暴喝一声："滚开！"甩开众人又冲入了敌阵。

敌将张元徽眼看着优势将要变成劣势，心中焦躁，抢动手中双斧，再次拍马冲了上来，他想重新掀起冲锋的第二次高潮，好压住开始溃败的阵脚。

他正拍马冲杀，却迎面被一员又黑又丑的女将拦住，便不屑一顾地喝道："周朝无人，连泼妇也上阵了？"当头一斧剁来。陶三春闻言怒火中烧，破口骂道："叫你这兔崽子满口喷粪，且吃老娘一刀。"便听得刀斧相击，"砰啪"作响。十几个回合之后，张元徽便觉得双臂酥麻，力怯不敌。又见自己的部下纷纷溃败，便无心再战，寻思脱身。他右手举斧向三春脑门虚晃一下，想趁她躲闪之际拨马逃走。谁知陶三春自恃手中是长兵器，既不躲闪，也不招架，却于同时操刀欺进。张元徽大惊，忙左手举起斧头来架，还哪里架得住，早被一刀砍飞了半条胳膊。

张元徽疼得"嗷嗷"叫着，却一时火起，不再打算逃走。抱定来个鱼死网破，右手抡动板斧，一夹马身，利箭一般向周世宗柴荣冲去，眨眼间已到了柴荣身边。变起仓促，只在瞬息之间。陶三春大惊失色，急忙拍马来追，却听到一声凄厉的惨叫，一支飞箭如流星般射去，深深地没于张元徽的后背。三春回头看时，却是赵匡胤及时地补了一箭。那骄狂一时的张元徽一声未吭便栽于地下。

汉军主将一死，群龙无首，军心浮动，如山崩墙倒一般，四散逃窜。周世宗指挥部下乘势追杀。契丹军主将杨衮见此情势，不敢来救，率领自己的人马全师而退。

在后面督师的北汉皇帝再也阻挡不住如大海退潮般的溃兵，连杀了四五个逃兵仍无济于事。最后也被这股溃军裹胁着没入了逃跑的人流。

后周将士愈杀愈勇，狠打猛追，汉军死伤无数，一路留下了无数的死尸、伤员、兵器和辎重。年老力衰的北汉皇帝刘崇狼狈地伏在马上，在一群亲兵的保护下昼夜狂奔，几不能支。最后总算带着几万名残兵败将逃回了首府晋阳。检点人马，所剩不足十之三四。刘崇以手撕着自己花白的头发，禁不住号啕大哭："列祖列宗，不孝子孙刘崇无能，此生再难报家仇，雪国耻，复我刘氏江山了。"

第十五章　励精图治　除弊固邦

周世宗指挥大军乘胜追击，一举攻克高平。为了不给北汉残军以喘息之机，进一步扩大战果，周世宗马不停蹄，挥师北上，欲趁机攻取北汉首府晋阳。北汉各州县已成惊弓之鸟，慑于周军声威，纷纷献城投降。五月，周世宗亲率大军将晋阳团团围住，发起了猛烈的攻坚战。但因进军太快，粮草不继。周军的许多将士为解燃眉之急，便又一次祭起了过去常用的法宝——大肆抢掠。一时间闹得乌烟瘴气。那些已经归顺的州府纷纷改变了态度，又组织人马，聚集山林抵抗袭击周军，使周军陷入了既缺乏粮草，又腹背受敌的困境。周世宗见攻取晋阳已经无望，只好下令班师回朝。

高平之役成了关乎后周生死存亡的关键一仗。毋庸置疑，赵匡胤是确保这一仗大获全胜的关键人物。他在紧急关头大智大勇的出色表现已令周军上下刮目相看。大军返回汴京的第二天，殿前都指挥使张永德专折奏报世宗，盛赞赵匡胤，认为周廷欲削平四海必须固国强兵，而要固国强兵，就要大胆重用像赵匡胤这样的智勇双全的将才。

周世宗看罢永德的奏折，认为所奏甚当，赵匡胤在此次出征中的超人胆识和果断机智的军事才能已经给他留下了深刻的印象。于是立即降旨，擢升赵匡胤为殿前都虞侯，与都指挥使同掌殿前班值，并兼领严州刺史。

至此，赵匡胤终于从一名普通士兵跻身于后周高级将领的行列，高平之战成了他以后"肇基皇业"的开始。同时，他的那些弟兄们也因战功卓著而纷纷得到擢拔。

高平之战的胜利使周世宗的威望大为提高。朝中的一班元勋老臣曾极力反对皇上御驾亲征，因为此次出征取胜的希望极小。但到此时，他们不能不对这位年轻的君王刮目相看，认为这是一位比先帝郭威更为杰出的政治家和军事家，在五代十国的所有帝王中也是绝无仅有的。

周世宗柴荣回朝之后，面对所取得的巨大胜利和朝中大臣们的交口赞誉，却怎么也高兴不起来。反之，他却每日闷闷不乐，有时候甚至显得忧心忡忡。他自己也不知道为什么，心里总觉得有东西堵着，让他一阵阵地发慌和不安。

胜利固然是辉煌的，但这胜利的背后却潜伏着危机，隐藏着祸水。胜利不过是暂时的，但这背后的隐患如不能及时消除却是致命的。

连续几个夜晚，世宗都难以入睡，他的心里在反复地掂量着自己的这支军队。通过这次出征，他已经清晰地意识到，要想成就一番大事，最根本的就是要有一支能担当大任的军队。这支军队必须号令一致，纪律严明。而要造就这样一支钢铁般的劲旅，自己作为最高统帅应该干些什么呢？

他首先想到了"赏罚严明"四个字。

首先是要赏，论功行赏。做好这一条不难。自己作为拥有四海的一代天子，手里攥着大把大把的实职和虚职，只要根据每个人在战场上的表现和所建功绩的大小公平赏赐就是了。这一条自己已经做了，像赵匡胤、张永德等大小将领都得到了擢拔和赏赐，而且效果不错，满朝文武都心服口服。

其次便是要罚。这一条要真正做好可就不那么容易了。他又想起了樊爱能、何徽在战场上惊慌失措，带头逃跑，以致造成了全线崩溃，连自己这个当皇帝的都险些丧了命，大周的基业差点葬送在他们手里。脑海里再次浮现出那惊心动魄的一幕，脑门上又渗出了一层冷汗。

对这些人应该怎么办？临战逃脱，贪生怕死，自古军法不容。按说樊爱能、何徽及其部下几十名带头逃跑的将士都应该抓起来，统统绳之以法。可是，像樊爱能、何徽这样的老将，就要死在自己的刀下，他又觉得于心不忍。特别是何徽，乃是名声显赫的累朝宿将，曾跟随先帝出生入死、东征西战几十年，如今须发皆已苍白，何忍对其下手？但倘若不杀他们，只杀别人，又何以服众？

周世宗独自躺在御书房的大床上，翻来覆去睡不着。夜近子时，万籁俱寂。他突然翻身坐在床上，大喊一声："来人。"一名值夜太监不知出了何事，慌慌张张地跑进来。世宗道："速传殿前都虞侯赵匡胤前来见朕。"

深更半夜突然召见，赵匡胤也丈二和尚摸不着头脑。他随值夜太监走进御书房，小心翼翼地叩首问道："陛下，您召见臣有何事吩咐？"

世宗还没有下床，正坐在床边深思。见赵匡胤问话，叹了口气说道："爱卿平身，朕有事与你相商。"等匡胤坐好，世宗劈头便问："以卿看来，应如何处置樊爱能、何徽才好？"赵匡胤并未觉得这话问得突兀，他看看世宗，稍一思索，便朗声答道："这两个人平时作威作福，尸位素餐，并无资格担此重任。高平之战，他们望敌先逃，自乱阵脚，险些招致大祸，死有余辜。陛下如今正想平定天下，若是军法不立，纵使有雄兵百万，也不过纸马草兵而已。"

世宗闻听此言，顿时心情激愤，抓起身边的枕头狠狠地摔在地上，高声喊道："好！就这样办！"

次日早朝，文武百官齐聚，世宗当众宣布樊爱能、何徽等七十余人贪生怕死、临战脱逃、险些丧师辱国的罪行，传旨立即绑缚市曹斩首示众。

此旨一下，满朝文武就像遭了雷击，一个个呆若木鸡，冷汗直流。他们多是先朝旧臣，从汉到周，多少年来还从来没有这样的先例，一次竟杀戮七十多名战将。想不到这位看似文静柔弱的年轻皇帝竟是如此一个心狠手辣的铁腕人物。但是这些人罪行凿凿，铁证如山，依军法确实该杀。因此，整个大殿里鸦雀无声，谁也不敢求情。

樊爱能、何徽位列朝班，已被当场拿下。二人被绳捆索绑，筛糠一般跪伏在地。世宗说道："你二人还有何话要说？"二人自知已无生望，哆哆嗦嗦地说道："臣等罪孽深重，理应伏法，并无话可说。"世宗看看二人，尤其是何徽那已经花白的须发，心中一阵发酸，眼圈也有些潮红。他强自忍住，说道："事已至此，朕也救不了你们。不过，你们放心，你们的家眷子女，朕一定妥为安排，确保他们衣食无忧，不受歧视。子女成人之后，仍可为官。朕也知何徽家中有八十老母，朕将像奉养自己的亲人一样为其养老送终。你们可放心去了。"

樊爱能、何徽听世宗这样说，早在下面叩头如捣蒜，边哭边说道："罪臣在九泉之下亦将永远铭记万岁天高地厚之恩。"大殿里的朝臣中早有人在暗暗垂泪，此时禁不住呜咽成声。也不知是谁带的头，众人呼啦一声跪倒在地，齐声高呼："吾皇万岁！大周朝万岁！万万岁！"

周世宗觉得双眼酸涩，泪水一阵阵直往上涌。他感到快控制不住了，急忙挥挥手，让太监宣布退朝。

几个时辰以后，樊爱能、何徽等七十余名大小将领被押到刑场。随着三声炮响，一个个被砍掉了脑袋。

这件事就像二月里的一声惊雷，震天动地。在满朝文武的心中滚动，在数十万禁军将士的心头滚过，在大周朝的每一个庶民百姓的心头滚过。这雷声让有些人心惊胆战，让有些人惴惴不安，让有些人感到绝望和恐怖。但是，对大周朝的绝大多数军民来说，他们却似乎从这一声惊雷中看到了一支崭新的军队和一个崭新的王朝就要崛起。

在处死樊爱能、何徽之后不久，右屯卫将军薛训因为纵容吏卒敲诈百姓被免官放逐。左羽林大将军孟汉卿因放纵部下向百姓勒索正税以外的"耗余",激起民愤,周世宗毫不留情地将他处死。一些朝臣为他求情,认为罪不当死,周世宗却愤然道:"不杀不足以平民愤,不杀不足以戒同列。"

在处死了这批有罪之臣后,周世宗又开始考虑这支军队在高平之战中暴露的另一个严重问题,那便是围攻晋阳之前的大肆抢掠,因为这次抢掠,使周朝军队丧失了人心,激起了民愤,迫使那些已经投降归顺的州县又纷纷倒戈,从而白白地失掉了攻克晋阳的大好时机。

一天退朝之后,周世宗单独召见张永德和赵匡胤,向他们征询处理这件事的意见。

对于纵兵抢掠一事,赵匡胤思虑的并不比周世宗少。自从征伐北汉归来,这场可怕的抢掠风波就像鬼魅的影子似的,无时无刻不萦绕在赵匡胤的脑际。作为一个关心国家大政,以国事为己任的职业军人,他几乎是本能地察觉到了这件事的巨大危害。它对于国家和军队的侵蚀和毒害丝毫也不比临阵脱逃的危害小。这是一把杀人不见血的软刀子,不过杀的是自己,它可以在人们不加警觉的情况下摧毁一支军队,毁灭一个国家。

但是,它又是一种难以治愈的顽疾、痼疾。自从唐末藩镇割据之后,直至梁、唐、晋、汉、周,没有一支军队不是在征战之余疯狂地对百姓进行抢掠和烧杀。士卒靠抢掠自肥,军官靠抢掠发财,军队靠抢掠生存。

在浪迹四海的那段日子里,赵匡胤曾经耳闻目睹了兵锋战祸给老百姓带来的深重灾难。

黎民百姓直接死伤于两军交战的情况并不多见,而战前或战后的乱兵、溃兵如虎狼一般的抢掠和洗劫,却使千千万万的百姓家破人亡,流离失所,以致冻饿而死,抛尸荒郊。

赵匡胤又一次想起周太祖郭威第一次攻占汴京,纵兵抢劫十日的事,想起了汴京城里满目凄凉、人心惶惶的景象,想起了史弘肇的小孙女史菱卖唱时遭乱兵抢劫的一幕……

以周太祖郭威的圣聪睿智、远见卓识都免不了重犯这样的错误,足见纵兵抢掠这一恶习在军队中是何等的沿袭日深,积重难返。

但是,不管这一痼疾多么难以治愈,大周朝要兴旺,要强大,要祚运昌隆,就必须痛下狠心,坚决地革除它。就像对身上一颗可以致人死命的毒瘤,必须用锋利的手术刀,及时地毫不留情地将它彻底割掉。

赵匡胤多么想拿起这把利刃,当这个操刀的人。但是他不能主动请缨,因为这是在要权，尤其是在要可以操纵全部禁军的军权。这可是要遭大忌、要冒大风险的事儿。尽管自己与皇上曾经是患难与共的结义兄弟，但现在毕竟一个是君，一个是臣。当皇帝的哪个不怕臣下兵权过大？当臣子的不能不避嫌。

他只好耐心地等待，尽管心里已经像火烧水煎一样着急。

现在好了，皇上终于提出了这件事儿，要同自己商量了。自己必须详尽地将多日来的想法和盘托出。

当他们行礼已毕，各自坐好之后，周世宗问道："对高平之战中禁军各部多有纵兵抢掠一事，二位爱卿认为应当如何处置？"

赵匡胤抬头看看张永德，见他仍在低头思索，便字斟句酌地说道："以微臣之见，我大周的军队必须进行彻底的整顿革新。当务之急，朝廷要重新制定和颁布军队中的法规律令。纵兵抢掠，残民害民者，与贪生怕死，临阵脱逃者一样，都罪不容赦，都应定为死罪，严重者可处以极刑。纵兵抢掠相沿日久，遗患无穷，已成当今百姓恨入骨髓的一大祸事。不采取极端手段和措施就难以迅速制止，从根本上彻底解决，此所谓'重典治乱世'。因此，新的律令一旦颁布，就是铁律。不管是平时还是战时，也不管他职位多高，功劳多大，谁一旦触犯了它，都必须毫不手软地依律处决，杀无赦……"

一边说着，赵匡胤已发现自己的情绪渐渐激愤起来，声音越来越高。便赶紧停住，抬头看看皇上。见周世宗听得十分专注，一边听一边轻轻地点头，便又放胆说下去："其次，我们这支禁军是累朝留传下来的，已经历了几次朝代更替。多年来，部伍中老少相伴，强弱不分。臣以为，军队是用来灭强虏、荡贼寇、安天下的工具，而不是老人'养济院'和'病弱收容所'。而且这些年来，军队中骄兵横行，悍将难制，一言不合即可起兵相向。今日'连横'，明日'合纵'，翻云覆雨。如此军队别说俯首听命于朝廷，有时恐怕连皇上的安危也难保证。鉴于这种情况，臣以为必须在禁军中裁汰老弱，选留精壮。对有些军旅，甚至不惜'大换血'，此所谓'兵不在多而在精'。再次，唐末以来，骁勇之士多隐没于山林草莽之中。臣当年飘零江湖，亲眼所见由于朝廷腐败，政事不修，官逼民反，致使'盗匪'蜂起。大批英雄豪杰和仁人志士铤而走险，占山为王。"说到这里，他忽然意识到什么，对张永德微微一笑，补充说道："像张将军，还有王审琦、张令铎将军这些难得的大将之材、栋梁之才，当年不都是因为朝政黑暗而举旗造反吗？大泽林莽，藏龙卧虎，人才济济。因此，应以朝廷名义诏告国内。不以草泽为阻，不以'盗贼'为嫌，招募天下豪杰。四海文武贤人、济世之才必定望风来投。到那时，何愁军旅不强悍？大周不兴旺？"

这一席话，洋洋洒洒，滔滔不绝，赵匡胤说得痛快淋漓，周世宗、张永德也听得耳目一新，兴奋不已。周世宗两眼放光，连连点头说道："爱卿所言，可谓剀切入理，语语中的。这也正是朕近日来昼夜思虑的。禁军的整顿革新势在必行，时不我待。以爱卿之见，谁堪当此大任？"

张永德赶忙奏道："陛下，赵将军对于军旅整顿一事已深思熟虑，成竹在胸。以微臣之见，满朝文武中能担此大任者非赵将军莫属。"

话音刚落，周世宗哈哈大笑："张爱卿所言极是，朕也正是这个意思。整顿禁军之重任就由赵爱卿承当。近日便可施行。具体如何进行，爱卿可放开手脚便宜行事，不必拘泥于成法，朕也决不掣肘。"

见皇上说得恳切，殷殷期盼之情溢于言表，赵匡胤慌忙跪伏在地，领旨谢恩。整顿禁军的重任责无旁贷地落在了赵匡胤的肩上，他一下子忙起来了，成了禁军中的第一个大忙人。

他首先下令，不管是中央禁军还是地方禁军，士卒、军校中，凡是年老体弱、怯懦无勇者，一律裁减和黜退，由国家发给一定抚恤，解甲归田，放归故里。无论哪一级禁军将官和行政长官，都不准徇私舞弊和私通人情，违者严惩不贷。

多年以来，一直混迹于禁军中领兵饷混饭吃的冗兵弱卒被大批大批地裁去，全军按规定该裁减的兵员竟多达十几万。这一下子就像捅了马蜂窝，军中一片骚动不安，议论纷纷。这也难怪，这么多人的饭碗一夜之间被打碎，他们怎么会无动于衷，俯首帖耳呢？

这些人谁没有三亲六故，七大姑八大姨，谁没有点根子门子？

于是赵匡胤感到了一种巨大的压力，一种从未经受过的人情压力。来自军中将佐的，来自地方官员的，来自朝中大臣的求情说项者，每日都络绎不绝，几乎要把门槛踏烂了。甚至连老太师冯道都出面了，他的一个小妾的远房亲戚这次也在裁减之列，他托人求赵匡胤予以关照。

赵匡胤不能不有所顾忌。以自己的身份，不过是朝中新进，与那些资深望重的朝廷大臣相比还是后生小辈。这些人不能轻易得罪。还有禁军中的那些中高级将领，有的曾是自己的上司，有的是自己的战友，按说这些人也不能随便得罪。

但是，赵匡胤此时却顾不得这些了。他认准了禁军不是"养济院""收容所"，而必须是战必胜、攻必克的威武雄壮之师。要想彻底整顿革新，就不能稍加姑息宽容。此例一开，局面将不可收拾，军队改革的大计将毁于一旦。

他下令闭门谢客，说情者一个不见，不管是亲朋故交还是朝中权贵。尽管有人骂他是铁石心肠，有人讥他不通人情，有不少人已经在递折子参他搞乱了军心。他统统不为所动。

整顿在大刀阔斧地进行，而且卓有成效，所有尸位素餐的军中冗员尽被裁掉。

接着，赵匡胤建议朝廷向全国发布诏告，不拘一格招募兵勇。无论是平民丁壮、山贼海寇、草莽英雄、绿林好汉，只要是孔武有力、长于技击、英勇善战者，皆可应召入伍。诏告一发，四方英雄立即纷至沓来，云集京师。匡胤与张永德及众弟兄每天忙着到各募兵司巡视检查。不出旬日，大批精干勇武之士迅速被编入禁军，填补了裁员之后的空缺。

这些日子，赵匡胤忙得晕头转向。白天忙，夜里忙，数不清的大事小事缠着他，等着他处置，这都是推脱不掉、非他不能定夺的麻烦事。白天忙活了一天，晚上还得熬夜，一宿能睡上两个时辰就算多的。须发长了、乱了，眼睛红了，人整个儿瘦了一圈，脸上明显地浮着一层疲倦憔悴之色。

但是，他心里却是十二分的惬意，如饮甘露，如沐春风。

这不仅是因为他终于如愿以偿地担当了整顿禁军的重任，这更是他多年的夙愿，他要亲手为大周缔造一支能征善战、举世无双的军队。现在，他可以名正言顺、理直气壮地按着自己的意志大干一场了。

这当然使他高兴，让他兴奋。然而这还不是最让他高兴的原因。还有一层原因是不能为外人道的，是深藏在他内心里的一个秘密。

皇上把整顿禁军的大权交给他，就等于送给了他一个可遇而不可求的绝妙机会。紧紧地抓住和利用好这个机会，就会从此奠定他在禁军中不可动摇的权力和无人企及的威望。

这是他作为一个职业军人多年来梦寐以求的事情，是一桩天遂人愿的美差，是通往人生理想极致的关键一步。

赵匡胤不知想过多少次了，自古至今，手握军权者大都可以出人头地，谋取一时富贵。"沙场万里觅封侯"，要比"学而优则仕"快捷得多。但是这些人有几个能够青史留名呢？

他不稀罕那种浮云虚烟般的一世荣华和灯红酒绿、纸醉金迷的终生富贵。他应该是挺立于天地之间，享誉于千秋万代的大英雄、伟丈夫。

　　而要达此目的，就不仅要具有军事家的才能，更要具备政治家的素质。他不屑于做那种四肢发达、头脑简单、只知道冲锋陷阵的一介武夫。

　　借这次整顿禁军之机，他要不遗余力地在军中扩大自己的影响，树立自己的威望，建立自己的势力范围和心腹圈子。当然，这些都要做得含而不露，不动声色才好。

　　为此，赵匡胤在裁汰老弱和招募精壮之后，又果断地采取了第三条整顿措施，那就是为皇上精心筛选皇家卫队——殿前诸班。从全国各地的禁军中逐级进行筛选，把那些体魄最强健，武功最娴熟，最勇敢善战，最忠于皇上的将士一个一个挑选出来，组成殿前诸班。

　　对于这项工作，赵匡胤毫不客气地大权独揽，任何人不得插手。他拥有优先权，必须在他全部挑选完了之后，其他将帅才有权挑选骑兵和步兵。他更拥有决定权，谁合格谁不合格，必须由他最后定夺，无一例外。

　　这是赵匡胤的得意之作。他在冠冕堂皇地为圣上挑选卫队。可是被选入殿前诸班的禁军官兵却自然而然地成了他赵匡胤的亲信和嫡系。赵匡胤觉得很是有趣，自己倒有点像个科举考试中的主考官。凡是参加科考的士子一经金榜题名，便都是自己的门生故吏。自己的这批门生故吏可不只是几十人几百人，而是整整一支皇家御林军。殿前班值不仅仅是负责皇上和皇宫的安全，而是负责保卫整个京师的安危，是全国禁军中的精华和中坚，足有四五万人呢。

　　不言而喻，经过这次"选兵"，他在禁军中的地位已经今非昔比了，他的威望和影响正在扶摇直上，这是一种比临时的军权更重要更珍贵的东西。因为军权可以随着一纸任免令而拥有或丢失，而威望和影响却挥之不去，抹之不尽，会长期地存在下去，随时随地发挥作用。

　　不过，赵匡胤这几年中也隐隐地感觉到，皇上一直只让自己参与"军事"，而从不让自己参与"政事"，国家一些大政方针从不征询自己的意见。是因为自己不懂政治呢，还是忌讳军人"参政"，有意戒备和防范？这就不得而知了。

　　为此，自己必须处处小心谨慎，决不表现得太热衷政治。不能让任何人，尤其是让皇上认为自己有政治野心。这几年他正是这么做的。因此，在皇上的眼里，在朝中百官的眼里，他只是个出色的军人，是一员对政治不感兴趣的骁将。

第十六章　深谋远虑　锋芒渐露

在这次整军的过程中，赵匡胤始终都在不动声色地网罗人才。他心里十分清楚，孤家寡人、单枪匹马永远办不成大事。成大事者都必须有一个和衷共济的势力圈子，有一帮人，有一帮生死不渝的兄弟和铁杆心腹，古今中外都是一样的道理。他决定在禁军中建立一个由他的心腹们组成的个人势力核心圈子。

他模仿周太祖郭威的做法，在军中结社。除了原来的结义兄弟韩令坤、王审琦、石守信、张令铎、郑恩之外，在选拔殿前诸班的过程中，他又发现和有意结好了侍卫步军都指挥使李继勋、铁骑指挥使韩重赟、铁骑左厢都指挥使刘光义和侍卫司虎捷左厢都指挥使张光翰。周世宗过去虽说也是拜把子兄弟，不过如今已贵为天子，自然不能称兄道弟。张永德虽说与自己情深意笃，但他是驸马，皇亲国戚，也不好结拜，只要不断与他增进友谊和感情就是了。还有一个侍卫亲军指挥使李重进，此人是周太祖郭威的外甥，身居高位，手握重权，为人十分倨傲。对他只能十分小心谨慎地结交，万不可随意开罪。再就是高怀德，此人不仅武功精湛，而且德才兼备，与自己也情投意合。但因为他父亲高行周与先帝郭威的那种关系，使他无形中总是蒙着一层阴影。与他可以是亲密的朋友，但不能结拜兄弟。朝廷的事，历来都是翻手云覆手雨。不一定哪一天，再翻起了高行周的老账，结义兄弟很可能就会受到牵连。

一天夜里，赵匡胤将韩令坤、王审琦、石守信、张令铎、郑恩、李继勋、韩重赟、刘光义和张光翰九人请到自己府上，置酒款待。酒至半酣，赵匡胤说道："赵某今日能请到诸位兄弟，甚感荣幸。如今我等皆禁军将领，朝廷干城。当今皇上乃一代明君，志趣高旷，雄才大略，久蓄削平四海之志。我们兄弟共事明主，应同心协力，和衷共济。为此，匡胤愿与众位将军共结金兰之好，从此以后，各以同胞手足相待，一荣俱荣，一损俱损，风雨同舟，生死与共，不知众位意下如何。"匡胤正在春风得意之时，这些人巴结还来不及，谁能不乐意？大家都一齐叫好。郑恩此时早已三四碗酒下了肚，一时高兴得手舞足蹈，哈哈大笑道："妙极，妙极。俺郑恩原有两个哥哥，一个当了皇帝，就剩下一个。这下可好了，一下子便冒出了八九个哥哥。"说罢，又端起一碗酒，对众人嚷道："众位哥哥，喝！喝！今夜喝个痛快。"众人大笑，都举碗一饮而尽。

李继勋喝罢酒说道："我们今夜结义，也该有个名堂才是。"匡胤道："我等恰是十人，我看就叫'义社十兄弟'如何？"众人都说甚好。

于是匡胤命人摆设香案，十人在香案前共拜天地，也不论职位高低，只按年龄大小排了序次。大家共饮了鸡血酒，对天盟誓。然后重新入席，直饮至夜半方散。

"义社十兄弟"的结拜，无疑使赵匡胤如虎添翼，一个以他为核心的派系势力正在悄悄地形成和日渐扩大。匡胤十分看重这个他精心构筑的势力圈子，小心翼翼地维系和保护着它。他已经感觉到，在他今后漫长的人生征途上，"义社十兄弟"将会发挥不可估量的作用。

拥有精兵强将的周世宗已开始不满足于只据有中原了。

本来，在他登上皇位不久，便为自己定下了十年之内平定四海，一统华夏的计划。现在是开始实施这一计划的时候了。他命令臣僚们各写一篇《为君难为臣不易》和一篇《平边策》，群策群力，向朝廷提供治国方略和进取大计。许多有见地的大臣都建议首先攻取江淮及江左的南唐。周世宗采纳了这一建议。

在大举进攻南唐之前，为了试一下这支经过整顿的禁军实力究竟如何，周世宗决定先向西进军，攻取后蜀占领的秦、凤、成、阶四州。

秦、凤等州本是中原领土，晋时被后蜀占领。后蜀主孟昶为政苛暴，民怨沸腾，许多流离失所的难民纷纷涌入后周，甚至派出代表到汴京，要求后周派兵攻打后蜀。这四州正是周世宗选定的绝好的试金石和磨刀石。

周世宗立即调兵遣将，派大将王景、向训率军从宝鸡西南的散关出发，直趋秦州。周军一鼓作气，首先攻下了秦州以东的黄牛寨等地。但是由于长途跋涉，久宿于外，加之地形复杂，粮秣转运困难，周军在黄牛寨一带陷于停滞。

是进是退，朝廷之中意见分歧很大，罢战之声四起，很快占了上风。

此时周世宗心里也很矛盾，既担心劳师无功，又不甘心放弃攻占四州的机会，一时拿不准主意。

他决定派赵匡胤亲赴前线视察战局，拿出真知灼见，以便朝廷早做决断。

赵匡胤领命出征，即刻起程西行。

一路上他都在盘算。与整顿禁军的美差相比，这可是一个出力不讨好的苦差使，甚至冒着很大的风险。无论他反映的情况是真是假，所提的建议是对是错，总会有人不满意。如果附和罢兵之议，固然可以博取朝廷重臣的好感，获得他们的信任，但却会使主战的皇帝不满；要迎合皇帝，虽可得一时之宠，但却会得罪一大批朝廷重臣和军方人士，今后有许多事情就会跟你过不去。万一军事失利，这些人会趁机攻讦，皇上一旦怪罪，也许要灾祸临头。

要办大事就得冒风险，赵匡胤决定按自己的判断向朝廷奏报。他来到前线之后，并不过多地听取王景和向训的意见，而是仔细察看山川地势，深入了解当地的民情，根据多年来的实战经验和这次整军对禁军的详尽了解进行综合分析，终于理出了自己的思路。十几天后回到朝廷，赵匡胤面见周世宗奏道："蜀军虽顽强据守，但士气不振，军心不稳，四州之民不满于后蜀暴政，痛恨后蜀君臣，渴盼回归中原，民心可用。此前我军进攻受阻多因部署不当、进攻不力所致。若调整兵力部署，选择适当时机，秦、凤四州定可一鼓荡平。"

赵匡胤的话顿使世宗为之一振，就像有一股强劲而又清新的东风吹来，把到处弥漫着的罢战之议的沉闷空气一扫而光。

周世宗立即调整兵力部署，再下诏令，重新组织对后蜀的进攻。

三个月以后，前线的捷报频频传来。

八月初，重振士气的周军又擂响了进军的战鼓，一战而败蜀军。后蜀主孟昶大惧，急令大将李廷珪、高秀俦前往救援，均被周军击败。后蜀秦州节度使韩继勋见周军势大，弃众逃回成都，其部下随即献城投降，成、阶二州守军见秦州已降，也相继投降。

十一月，凤州也被攻克。至此，秦、凤四州尽入后周版图。

收复秦、凤等四州只是周世宗一统大计中的第一步棋，是小试锋芒。他统一天下的真正战略中心和进取大策是先取南唐之江北，而后再鞭及江南，其次再定岭南巴蜀。基于这种想法，周世宗没有乘胜入川，而是把兵锋转向了南唐的淮南地区。

显德二年（955 年）十月，周世宗任命大将李谷为淮南行营都部署，率领侍卫马军都指挥使韩令坤等十二员战将征伐南唐。

李谷率军沿颍水而下，至淮水重要渡口正阳，火速架设浮桥渡过淮水，将南唐重镇寿州团团包围。

宋太祖赵匡胤

寿州守将乃是南唐名将刘仁赡。此人熟读兵书，治军有方。见周军围住寿州以后，他下令部属坚守不出，以逸待劳。偶尔以小股部队出击骚扰，企图咬住周军，等待驻守在淮水下游涂山的一万名南唐军前来支援，尔后分水陆两路夹击周军，以求全胜。

寿州久攻不下，刘彦真又率领南唐援军浩浩荡荡地赶来，周军陷入了被前后夹击的困境，情势十分危急。刘彦真扬长避短，企图用水军进攻，毁掉周军架设的浮桥，截断周军的粮道和退路，造成其孤军深入之势乘机围歼。刘彦真的老谋深算使李谷大吃一惊，他担心腹背受敌，急忙退保浮桥，将辎重粮草付之一炬。

前方的战事牵动着周世宗，他再次决定御驾亲征，赵匡胤责无旁贷地跟随世宗征战淮南。

正在路上的周世宗听到刘彦真企图围歼周军的消息，心急如焚，火速命令侍卫亲军都指挥使李重进星夜兼程，带兵绕道唐军背后，突然发起进攻。唐军猝不及防，阵脚一时大乱，兵败如山倒。主帅刘彦真在混战中被乱兵杀死，唐军被斩首万余级，周军缴获军资器械三十余万件。南唐将领皇甫晖、姚凤退保滁州清流关。

周军取得了出师以来的第一次胜利，本来应乘胜追击，不给敌人以喘息之机。但主帅李谷却主张周军应厉兵秣马，等到来年冬天将唐军拖垮后再图寿州。

周世宗对此主张深为不悦。赵匡胤也极力反对这种做法，他对世宗道："正阳一战，仅使唐军小挫，未能伤其筋骨。此次陛下御驾亲征，攻克寿州仅是第一步，真正的目的是要吞并南唐。目标未达，岂能出此'缓图'之语？"

周世宗立即下令，罢免了李谷的主帅之职，由李重进取而代之。将正阳浮桥向东移五十里，设在下蔡一带，自己也直接移至寿州城下，重令诸军围攻寿州城。

南唐朝廷见寿州危急，又派出万余援军，在涂山安营扎寨，于淮水中系舟，从北面和西面形成对周军的反包围。一时间双方陷入了胶着状态。

要打破这种僵局，必须首先消除来自北面和西面的威胁，尤其要设法消灭拥有许多战船、战斗力较强的涂山驻军。

在此胜败攸关的关键时刻，周世宗起用了赵匡胤。

一月二十六日，赵匡胤领命出击。这日阴风呼啸，日色无光。赵匡胤带着几名亲兵来到前沿阵地仔细察看地形和敌情，认真估算形势，敌众我寡，强攻难以取胜。他决定采取引蛇出洞的战术。

他亲自挑选了一百名精锐骑兵，由高怀德率领，对唐军实施佯攻。他对高怀德说道："进攻声势愈大愈烈愈好。待与敌军交战之后，便伪装怯战而仓皇逃跑，将敌军引至涡口一带。"

随着三声炮响，周军大营中金鼓齐鸣，杀声震天。高怀德率一百战骑呐喊着，狂呼着，疾风迅雷般向唐营杀去。

唐军见周军前来劫营，立即组织反击，一看周军只有少量骑兵，便要从四面包剿，将周军聚而歼之。

高怀德一条铁枪左突右刺，一连挑了十几名唐军将士，竟如猛虎进了羊群一般，唐军望风逃遁，纷纷躲避。但唐军毕竟人多势众，眼看着就要从四面合拢，形成包围态势。高怀德一边力战，一边盘算，见敌人已经咬钩，便大喊一声，周军迅速撤离，且战且退。

赵匡胤早利用涡口一带复杂的地形设下伏兵以逸待劳。

唐军追击而来，全数进入伏击圈。高怀德所率骑兵忽然掉头，四面八方的周军一齐杀来，战鼓紧擂，刀枪齐出。唐军猛然遭到伏击，军心大乱，兵马都监何锡被高怀德一枪刺入左肋，挑于马下，其余唐军死的死，降的降，悉数被歼。停泊于淮水中的五十余艘战船也全被周军缴获。

涡口一役，把唐军反包围的圈子撕开了一个大口子，解除了来自寿州北面的威胁。周世宗顿时感到了一阵由衷的喜悦和轻松，多日来萦绕在心头的忧虑减轻了不少。他当着许多大将对赵匡胤说道："烈火识真金，患难见英雄。爱卿真虎将也。"匡胤不敢居功，慌忙答道："涡口小胜，也全赖万岁洪福和将士用命，匡胤岂敢自专。"

三天以后，周世宗又把肃清寿州东面滁州守敌的任务交给了赵匡胤。

滁州西南面是清流关，这里山势险峻，层峦叠嶂，山涧中水流湍急，地形十分复杂，是一个易守难攻的关口。因而皇甫晖、姚凤率十万大军驻守于此，把这里作为把守滁州的最坚固的天然屏障。十万大军依山背水，严阵以待。

赵匡胤率领五千人马，从涡口向东南急速进军，准备攻打清流关。他知道，不夺取清流关，攻克滁州只能是一句空话。

但当赵匡胤来到清流关之后，不禁瞠目结舌。且不说周军只有五千，而唐军多达十万，敌我双方兵力相差过于悬殊。就只清流关如此天险，要想在短时间内攻克也是不可能的。

宋太祖赵匡胤

赵匡胤第一次犯难了。他骑马离开营寨，独自在野外转来转去，眉头紧蹙，思绪翻滚，却总是无计可施。看看红日将要西坠，西边天空中的晚霞烧成了一片大火，又在渐渐地变得灰暗。匡胤的心里也像空中的火烧云一样，烈焰升腾，五内沸煎，却一点破敌的办法也想不出来。

正面强攻，简直是飞蛾扑火，以卵击石。看来非出奇兵不能取胜。兵法云："凡战者，以正合，以奇胜。故善出奇者，无穷如天地，不竭如江河。"道理虽是这样，但此时此地，这奇兵该如何出呢？这里根本不可能侧面迂回，清流山上自古只有一条大路，其他地方都是悬崖峭壁，飞鸟不渡，猿猴难攀。再用"引蛇出洞"之计，唐军刚在涡口之役中吃了大亏，显然不会再次上当。这可怎么办？

就在这个时候，却见一个十五六岁的男孩从对面慌忙赶来，走到匡胤面前，大大方方地施了一礼，说道："这位可是赵将军？"

匡胤上下打量了一下这个孩子，心中有些纳闷，便笑笑说道："在下正是赵匡胤，你找我有何事？""我家先生知道将军正为用兵犯愁，想请将军去家中一叙。"匡胤大感惊讶，急忙问道："你家先生何许人也？"那男孩道："就是在本村教书的学究，将军去了便知。"

匡胤闻言大喜，他相信，在这山林草莽之中，常常隐居着一些学识渊博、多谋善断的高人奇人。此人既肯主动来邀，说不定会有些破敌的法子，不妨前往一试。想罢，立即将那男孩抱在马背上，向山下的一个小村子疾驰而去。

那孩子引匡胤来到村内一处草堂前，刚要叩门而入，却见里面早迎出一位书生模样的人，方巾布衫，潇潇洒洒，老远便向匡胤打了一拱，朗声笑道："将军别来无恙。"

匡胤急步趋前，仔细打量了一下那位先生，不禁失声惊呼道："啊呀，是你？怎么会是你呢？"二人紧紧拥抱在一起，接着又同时放声大笑。

这位学究不是别人，正是赵匡胤几年前从邺都去莲花山，在途中所遇的那位满腹经纶的书生赵普。

赵普将匡胤引入室内，命书童献上茶来。匡胤喝着茶问道："赵兄何以在此居住？"

赵普答道："那日我们兄弟分手，我曾说过到时候自会相见。分手之后，我浪迹江湖，遍历大江南北，览尽名山大川。今日该是我们兄弟见面的时候了。"

匡胤道："赵兄当日若同我一起到邺都投军岂不更好？"赵普笑道："不

然。那时我不过一介书生，手无缚鸡之力。虽饱读经史，却足不出户，不谙世事。将军投军，自能纵横疆场，建功立业。我若同去，武不能驰驱杀敌，文不能建言献策，岂不成了跟着吃闲饭的酒囊饭袋？"

匡胤怪道："赵兄如今不仍是一介书生吗？"赵普神秘地一笑道："今日之赵普，与彼时略不相同。譬如今日之见，也算是赵普报效周主的毛遂自荐，但却不是徒手求见，而有一宗'见面礼'相送。"

匡胤道："皇上现在富有四海，怎肯收受你的重礼？"赵普突然哈哈大笑，反问道："我若把一座滁州城，甚至是南唐的江北之地拱手相送，难道周主也不肯收受？"

赵匡胤听赵普说要把滁州城拱手相送，双眼顿时睁得雪亮，他紧紧地盯着这位稳健且有些矜持的读书人，知道这绝非戏言。急忙站了起来，重新施礼道："小弟固知赵兄乃卧龙、凤雏之类的人物。不瞒赵兄说，小弟正为难以攻取滁州心急如焚，有何奇计，请赵兄赐教，匡胤愿洗耳恭听。"

赵普让匡胤坐下，重斟一杯茶说道："将军莫急，且听赵普细细说来。这几年我到处游历，并非为观览青山秀水和名胜古迹，而是留神察看山川形势、风土人情和各藩镇诸侯的军事政治。这可是任何书本上都学不到的东西。我若只是坐在书斋里，就是皓首穷经，读尽天下书，今日也无从献策。我见周太祖及当今皇帝皆人中雄杰，抱宏图大志，便知他们必不肯安居一隅，故步自封。而要一统天下，建立霸业，上上之策莫过于先取南唐及江南诸地。因而我在游遍西川、湖广之地以后，便于两年前来到此地，以教读为业，定居下来，为的就是等待我们兄弟相见的这一天。"

匡胤一边听着，对这位教书先生的高瞻远瞩和非凡见识愈加钦敬，便问道："那这滁州城将何以破之？"

赵普笑道："滁州城前有清流关为其屏障。清流关山高涧深，形势险要。自古以来只有一条路可通关下，皇甫晖以大军屯守，可谓一夫当关，万夫莫开，自以为有天险可凭，可以高枕无忧。"说到这里，他喝了口茶，看了赵匡胤一眼继续说道："要破清流关，非出奇兵不可。前年我来到此地，便注意到这里的地形复杂，是个易守难攻的地方。便利用教读余暇，在清流山背后踩探。用了半年的时间，攀崖穿林，缘青藤越涧，终于直穿至清流关后侧。连我这个文弱书生都能过去，料将军的部属个个生龙活虎，走此山路自然不成问题。这条路恐怕这世上只有我赵普一人走过，连当地的百姓也无一人知晓。从此路过去，飞兵天降，夺取清流关岂不易如反掌？我料南唐军在清流关失守之后，必然退保滁州城。那时将军切勿陆路追击，而应乘战船和木筏，趁涧水大涨，浮水而下，直抵滁州城，可比敌军早到两个时辰，切断唐军后路，定可大获全胜。"

听赵普侃侃道来，匡胤早已喜形于色，连声说道："赵兄真乃诸葛再世，夺取滁州之后，我定向皇上为赵兄请得头功。"说罢，也不顾赵普再三挽留，立即策马返回营中。

赵匡胤回到营中，马上进行周密部署。他留下少数人马，从正面摆开一副与唐军决战的架式。将军中战马、营帐及多余的辎重全部留在这里。老远望去，仍是寨栅毗连、旌旗飘动、人马满满的一座军阵。并派快马报知周世宗准备战船接应。另一方面，却集结四千余名精壮兵士，轻装简从，多带铁钩、绳索、软梯等攀山越涧的器具，绕过唐军的正面防线，由赵普引路，悄悄地从清流山上向唐军的背后摸去。

夜色苍茫，万籁俱寂，清流山上到处是黑黢黢的一片。满山都是参天的松柏、水杉，一丛一丛带棘刺的乱蓬蓬的酸枣、荆丛等灌木和互相盘结缠绕的藤葛。夜风不大，却一阵阵吹得树叶子"哗啦啦"作响。偶尔被惊飞的宿鸟发出刺耳的尖叫，让人毛骨悚然。脚下根本没有路，全是腐烂的树叶和青苔覆盖的碎石。整个队伍的行进仅靠赵普一人的记忆。他在前面左转右拐，爬上爬下。后面的人便一个跟一个亦步亦趋，真正的不敢越"雷池"一步。因为一步不慎，就可能跌入深不可测的山涧，粉身碎骨。队伍在迟缓地行进着，攀过七八处峭壁，涉过十几条溪流，来到一处山涧。山涧不算宽，只有三四丈，却黑洞洞的深不见底，从脚下传来了隐隐的闷雷一般的水流声，两边则是刀削一般的悬崖绝壁。在赵普的指导下，几名短小精悍的兵士身系麻绳，荡起崖边古树上盘绕多年的葛藤，先后飞向对岸，用麻绳和软梯搭成了索桥，将士们像轻猿似的爬伏在索桥上渡过涧去。到天蒙蒙亮的时候，队伍终于到达唐军背后的山头上。赵匡胤命他们分散隐蔽在密林中，耐心地等待一天，静候日落时分的到来。

等到酉时末刻，清流关前的周军阵营中突然金鼓齐鸣，鼓噪呐喊之声四起。皇甫晖这几日一直在紧锣密鼓地上下布阵，准备与周军正面交战。此时，皇甫晖正在帐中劳宴将士，养锐待战。听到周军已发起进攻，他严令部下道："待周军靠近时，先以强弩射之。敌阵一乱，即可出击。敌军撤退，不可追击，以防中伏。只要我军如此以逸待劳，清流关定然固若金汤。"

话还没有说完，忽听得大营背后喊杀之声惊天动地，震耳欲聋。接着便有十几座营帐起火，浓烟滚滚，火势汹汹。赵匡胤带领四千多将士乘着夜幕发起了攻击，逢人便砍，遇帐就点火。唐军一时大乱，他们弄不明白自己的背后怎么会突然来了周军，更弄不明白周军究竟有多少人马，一个个惊慌失措，抱头鼠窜，整个阵线立时乱成了一锅粥，人喊马嘶，争相逃命。

皇甫晖更是惊心动魄，他做梦也没有想到周军会从背后杀来。变起仓促，唐军上上下下都乱了套，人马相踏，你碰我撞。到处是火光，喊杀之声四起，却一时找不到敌军在哪里，这便更加可怕，更加慌乱，完全成了一群没头苍蝇。皇甫晖见乱军已无法控制，又怕后方根据地滁州有失，便急忙与姚凤收拾残军向滁州城退去。

赵匡胤也不追赶，急令将士们登上从洞水上游驶来的战船，顺流而下，疾如迅雷奔马，转眼间已至滁州城下。待到皇甫晖率军退回，周军已等候多时。一声鼓响，千万只火把同时亮起，照耀如同白昼。赵匡胤在众将官的簇拥下昂然坐于马上，高声叫道："皇甫将军，我等在此恭候多时，识时务者，赶紧下马投降。"

皇甫晖大惊失色，这周军莫非是神兵天将？就是插上翅膀也飞不了这么快。但此时他已恼羞成怒，被逼无奈，决意孤注一掷。他勒住马头，对赵匡胤说道："人各为其主，愿容列阵而战。"

匡胤听得明白，皇甫晖的意思无非是说，偷偷摸摸搞突然袭击这一套算不上真本事。要打，就摆好阵势，光明正大地打上一仗，那才见大将军的真本事。他在心中暗笑，这个身经百战的皇甫晖怎么会出此下策？你自以为堂堂正正，光明磊落，岂不知兵法云"趋其所不意"，"攻其所不守"，"进而不可御者，冲其虚也"。自古以来，"兵不厌诈"，不熟练掌握伸缩虚实之法，何以在变幻莫测的战场上取胜？

赵匡胤决定将计就计。他低声对紧跟在身边的高怀德说："乘其不备，我这就冲过去。'擒贼先擒王'，出其不意斩杀了皇甫晖，彼军不战自乱。将军可率军随后掩杀，集中兵力向帅旗方向冲击。"高怀德点头领命，却用手指了指赵匡胤的马头说："还是把它们卸下来，这样太惹眼。"原来赵匡胤的马头上饰有十分亮丽的红色璎珞，又有几颗亮灿灿光闪闪的夜明珠，在千军万马中目标极为醒目。高怀德在为他的安危担心，赵匡胤却笑道："我有意如此，正是要让敌军从此认识我赵大郎。"说罢，长剑向对方阵中一指，对皇甫晖冷笑一声道："就依将军之言，列阵而战。"话还没有说完，趁皇甫晖立足未稳之际，匡胤突然跃马而起，手抱马颈，腿夹马腹，直扑敌阵。那匹千里追风赤麒麟，真如疾电飞矢一般，径向皇甫晖冲去。赵匡胤在马上高声呼喊着："我只取皇甫晖的脑袋，与他人无干。"

主将如此骁勇，周军军心大振。在高怀德的率领下一个个如饿虎扑食，奋勇直前。皇甫晖毫无防备，他正在指挥他的军队从容布阵，心里盘算着，以他的骁勇和多年的征战经验，只要两军对垒，列阵而战，赵匡胤区区黄口小儿根本不在话下。正在这么得意地想着，不料赵匡胤早一马当先，旋风般扑至皇甫晖面前，手挥利剑，如电闪一般，皇甫晖还没弄清是怎么回事，脑袋上便中了一剑，"哎呀"一声惨叫便一头栽于马下。

后唐兵见主帅落马，个个心惊胆战，各自逃命，一哄而散。另一唐将姚凤本来就对抵抗周军的进攻没有信心，见事已至此，大势已去，只得带领残兵败将向周军投降。

匡胤命人将受伤落马的皇甫晖放在担架上，抬去献给周世宗。皇甫晖曾是后晋时戍守瓦桥关并多次与契丹交锋的悍将，也是一员在沙场上爬滚了多年的宿将。没想到今日败在一名年轻人手里，到头来身负重伤，又当了俘虏，躺在担架上来见周世宗。为了挽回一点面子，他对周世宗说道："臣非不忠于所事，但士卒勇怯不同耳。臣向日屡与契丹战，未尝见有兵精如此。这位赵将军不仅勇武过人，且谋略非凡，极善用兵，以五千人马击溃我十万大军，实为千百年战史上闻所未闻。"

周世宗见皇甫晖也是个直汉子，又身负重伤，便不想再难为他。宽宏地笑笑道："人各为其主，将军也算尽心了。朕今日放你回去，可好好疗伤。"但皇甫晖受的是致命伤，放归后不久便去逝了。

周军攻克滁州，解除了周围的威胁，切断了南唐都城金陵与寿州之间的联系，将寿州变成了一座孤城。战场上双方的形势对比发生了根本性的变化。

消息传至金陵，南唐满朝文武大为震恐。南唐皇帝李璟更像热锅上的蚂蚁，惶惶不可终日。

李璟本是一位风雅皇帝。他的文学天赋甚高，写诗填词在江南堪称一流。他所写的《摊破浣溪沙·菡萏香销翠叶残》一词，不仅在当时江南的文人墨客中到处吟诵，就是千百年后仍传唱不衰。这首词写道：

> 菡萏香销翠叶残，西风愁起绿波间。还与韶光共憔悴，不堪看。
> 细雨梦回鸡塞远，小楼吹彻玉笙寒。多少泪珠何限恨，倚阑干。

但是，这样一位才华横溢的儒雅诗人却是一位糊涂皇帝。与他的父皇李昪相比，简直是天壤之别。

李昪临死时一再嘱咐自己的儿子，一定要把军事部署的战略重点放在北方的中原王朝，千方百计处理好与南方诸小国的睦邻友好关系。

李昪在时，为了对付中原的后晋政权，曾在德昌宫储存大量的戎器金帛，准备一旦中原有变，便大举北伐，一统天下。

可是在李昪死后不久，李璟便按照自己的想法，开始向闽、楚等南方小国用兵，一时扩疆拓土，使南唐领地由原来的二十八州增加到三十五州，成为仅次于中原后晋的江南第一大国。然而，这位南唐皇帝只知道在江南恃强凌弱，横行霸道，对中原大国却一直视若畏途，不敢问津，数次失去了北伐的战机。

当年契丹军大举南侵，攻陷汴梁，后晋灭亡。后晋将领皇甫晖、王健等不甘心奴事契丹，率兵归附南唐。淮北一带的许多抗辽起义军也纷纷请命北伐。李璟非但置之不理，还派使臣向契丹国主道贺。

后汉隐帝刘承祐在位时，荒淫暴虐，内乱不止，中原已十分衰弱。此时，淮北地区爆发了农民起义。农民起义军为反抗暴政，屡屡请求南唐出兵北伐。但此时李璟正在用兵湖湘，对后汉却赠以重金美女，刻意讨好，结果坐失良机。

后周建立之后，李璟因连年伐闽征楚，损失惨重。所积库存消耗殆尽。他又一下子对征伐之事失去了兴趣，对大臣发誓要终身不言兵，不用兵，只图"保境息民"，好好地过完这一辈子。

可是树欲静而风不止，周世宗亲率大军南下，使他的一厢情愿化为泡影。前线不断失利的消息让他每日如坐针毡。当他得知滁州失守，寿州已变成一座孤城，便感到大势已去，彻底丧失了抵抗的信心。他派出使臣，持函到滁州去见周世宗，声称"愿陈兄事，永奉邻欢"，表示愿意向周朝缴纳财货以助军资，最后干脆愿奉表称臣。

但周世宗此次举兵的目的在于全部收复南唐的江北之地，区区小恩小惠岂能满足周世宗的胃口？便毫不客气地一口回绝了。

李璟想向周世宗奉表称臣而不能得，一时间乱了方寸。实在无计可施，便想到了贿赂周世宗手下的战将，想让他们在攻伐中手下留情。他首先选中的便是在此次南征中声威远震、让南唐军上下谈之色变的赵匡胤。

宋太祖赵匡胤

此时的赵匡胤正率军驻守于滁州城外，这天入夜，暮色沉沉，繁星闪烁，一轮圆月在漫天飘移的云层里缓缓穿行，田野一片空寂。

赵匡胤依例巡查过各处哨卡之后，回到中军大帐仍无睡意。一方面前几天连连取胜的大捷仍让他亢奋，另一方面，对下一步如何行动他要做全盘部署。他现在已不再是一个冲锋陷阵的普通士卒，也不再是一员奉命行事的普通将领。他已经感觉到了，皇上正在逐步将自己视为心腹，倚为肱股，自己已开始跻身于后周的最高决策圈。对于今后的战事，就必须有独到的见解，切不可人云亦云。

他把赵普邀入自己帐中，与他详细地分析和商量今后的战局以及周军该如何行动。二人正在密谈着，忽有一个亲兵进来报告，说是大营之外有一人求见，自称是赵将军的故交。

赵匡胤甚感惊讶，自己在这里哪有亲朋故旧？

那人被带入中军大帐，匡胤上上下下打量着，却不认识，便问道："足下何方人氏，缘何说是赵某故交？"那人却笑道："鄙人与赵将军原不相识，不说故交何以相见？"匡胤道："既是素昧平生，又黉夜相访，必有见教。"那人抬头看看赵普，欲言又止。赵普识趣，就要起身回避。匡胤却摆摆手，又对那人说道："此乃我自家兄弟，无论何事，但说无妨。"

那人稍加迟疑，然后说道："我乃南唐廷臣李嘉，深夜造访，为向将军献上一箱奇书。"

匡胤、赵普听说是南唐廷臣，都感到吃惊。匡胤问道："那书在何处？"李嘉道："就在将军帐外。"

匡胤命人将书箱拿进来。两个亲兵抬着一个白色的樟木箱子走进来，看起来十分吃力。匡胤打开箱子，招呼赵普来看是何宝书，翻了几本，不过是兵书战策、四书五经之类的普通书籍，正在纳闷，又翻出一本，却忽见书下全是黄澄澄耀眼灼目的金条，顿时恍然大悟。便问道："这是何意？"

那人从容答道："我家皇上要向贵邦奉表称臣，被周主拒绝。为保全境内万千苍生不受荼毒，特欲结好将军，献上黄金三千两，略表心意。万请将军在攻伐之时手下留情。"

赵普在一旁连连向匡胤使眼色，要他拒收。南唐君臣这点小伎俩，赵普一眼便看得明明白白，无非是一石二鸟之计。重金贿赂，一方面可收买赵匡胤，另一方面又可离间赵匡胤与周世宗的关系，造成君臣不睦。因此他心里着急，恐匡胤一着不慎便会前功尽弃。

谁知赵匡胤对他的暗示却视而不见，满面笑容地对李嘉说道："好，这兵书我全收了。请回复你家皇上，对南唐黎庶，我的部属自会尽力呵护，决不伤害无辜。待见到我们万岁，赵某也一定会为你家皇上说好话。"

李嘉没想到赵匡胤如此痛快，喜不自胜，心想："到底这金银是好东西，既可通神，又能驱鬼。"当下连连称谢，慌忙告退。

李嘉走后，赵普正要说话，匡胤却哈哈大笑道："赵兄的心思匡胤明白。想我大周以后少不得要连年征战，国库并不充盈。这黄白之物正可暂充军资，岂可拒而不收？赵兄放心，我这就去见万岁。"

匡胤让两名亲兵带上金条，随自己连夜进城。

周世宗也未睡下，听匡胤求见，以为必有大事，连忙召见。

待匡胤将南唐主行贿一事详细奏完，周世宗笑了。他深情地看着眼前这位年轻的将军，心里有一种说不出的舒畅。他对自己的一片赤胆忠心，与他的勇猛威武和富于韬略一样，都是无与伦比的。天赐其人与大周，正是大周兴旺的标志。

一边想着，周世宗对匡胤说道："贤弟能清廉自守，朕心甚慰。南唐李璟出此下策，无非要离间你我君臣之睦，兄弟之谊。其实，贤弟就是收下这三千两黄金，亦不为过。滁州大捷，功高南岳，岂是三千两黄金能够补偿的？你想自唐末至今，战乱不断，国人何以尚武成风？虽说战场上多有伤亡，年轻力壮者仍争相从戎，趋之若鹜。无非是有两大好处：可以升官，可以发财。贪财受贿在各级将领中屡见不鲜，相沿成习，这已算不得什么大事。"

赵匡胤忙接口道："臣所以连夜求见陛下，所虑正在于此。历代朝廷的腐败多是从贪财引起。武将打仗只顾发财，谁还会用命王事，效死疆场？南唐主既要贿赂臣下，就可能也贿赂其他将领。前段日子，臣奉命整军，严禁军中将士抢掠，自然也包括贪贿。这正是此次整军的主要内容，千万不可放纵。臣以为陛下应速颁一道严旨，任何将士不得贪赃受贿，中饱私囊。战后论功行赏，朝廷自有恩赐。"

周世宗频频点头，连声说道："贤弟所言极是，明日朕即颁旨。"

匡胤又道："臣尚有一事欲奏。此次滁州大捷，臣以五千兵马破敌十万之众，陛下可知臣下所赖何事？"

世宗笑道："这还用说吗？贤弟谋略过人，勇猛绝伦，这在三军上下早已传为佳话。"

匡胤连忙摇头否认道："以匡胤之浅识陋见，滁州之役万难取胜。此次大捷，全赖一异人所献奇计。"

周世宗大感惊讶，忙问道："是何人？"

匡胤道："陛下还记得当年在邺都时，我曾对陛下说起一个叫赵普的书生吧。他早已料定以陛下的雄才大略定要一统天下，因而两年前便来此地定居，对这一带的山川地理、风土民情了然于胸。正是此人教我奇计，我才得以以少胜多，顺利攻克滁州。"

周世宗兴奋得双颊发红，两眼放光道："高人来佐，天助我也。明日便将赵先生请进城来见我。"说罢看了看赵匡胤道："贤弟将城外军务安排一下，让高怀德在外驻守，你与赵先生一并进城。以后还有许多大事我们也好早晚相商。"

次日早饭后，赵匡胤将营中诸事与高怀德交割完毕，同赵普缓辔入城。

周世宗在临时行宫召见二人。听说赵普到了，世宗亲迎至行宫大门之外。赵普急忙跪于当地，叩首道："山野之人赵普叩见万岁，吾皇万岁万万岁！"

周世宗紧走几步，双手将赵普扶起，高兴地说道："今日能得先生相助，周室之幸，江山社稷之幸也。"说罢，与赵普挽臂步入行宫。

当日，周世宗当着张永德、李重进、赵匡胤、韩令坤等众多将领，下诏封赵普为滁州军事判官。以赵匡胤为戍守滁州主将，临时兼理各种军政事务，赵普随军赞划。

从一名乡野布衣，一下子升为军事判官，擢拔可谓神速。但当众将领知道了滁州大捷皆出赵普赞划，不仅心悦诚服，而且为周世宗不拘一格大胆任用贤能的做法称道不已。

滁州大捷之后，周军便紧锣密鼓地筹备着下一步的行动。

这日匡胤正在衙中理事，忽有军校来报，说是驻守城外的军队捕获了一百多名"盗贼"。这一百多人在夜深人静之时到周军存放军粮的临时仓库里偷窃粮食。盗窃军粮，按规定应当一律处死，匡胤下令，将"盗贼"斩首示众。一百多人正要被押往刑场，赵普匆匆赶来，对匡胤说道："大战在即，人心浮动。一下子处死这么多百姓，倘有冤情，必然引起当地民众的怨恨，与周军离心离德。此案不能简单地照搬律条，应该先详审案情，然后再判决，倘若证据确凿，这些人罪有应得，百姓们也会心服口服。"

匡胤听他说得有理，便说道："好吧，此案便由你来审理。"

赵普用了一天的时间突击审案，终于使案情大白。原来这一百多人中，只有张三石等十几个人才是真正的盗贼。张三石乃是清流山一带的惯盗，平日便一直干些翻墙入室、偷鸡摸狗的勾当。这次他见滁州城外有一座粮库守兵不多，戒备松懈，以为有机可乘，便纠集了平日一块作案的弟兄们前来打劫。为了一夜之间将粮食全部运出，他们欺骗当地的百姓，说是协助周军转运军粮，运送一夜，可得稻米五百斤。于是，一百多名群众便推车的推车，挑筐的挑筐，蜂拥而来。

张三石等十几个盗匪悄悄摸近仓库，将看守粮仓的三四个守兵打死或打昏。打开仓门，招呼一声，一齐拥进去，七手八脚地装粮外运。

正在此时，一队巡夜周兵发现了情况，报警的锣声一响，周围营帐中的驻军迅速赶来，将这一百多名"盗贼"悉数擒拿。

案情问明了，除了少数知情者外，其余人等均属无辜。赵普把审案结果报知匡胤，匡胤惊出了一身冷汗，连连说道："好险哪，这一百多民众若无辜被杀，周军将何以服众？"

于是赵匡胤下令将张三石等十几人斩首弃市，其余人众全部当场释放。这些无辜百姓家中都拖儿带女，有老有少，本以为此番必死无疑，没想到凭空捡了一条性命。一个个泪流满面，跪在当地向周军连连磕头，口里高声喊着："大周皇上万岁，大周军爷万岁。"那些周军士卒也都感动得热泪盈眶。

周军士卒暂作休整，赵匡胤却忙得不亦乐乎。每日军务政务缠身，从早到晚焦头烂额。幸亏有赵普从旁协助，各项事务都处理得井井有条，滁州城里鸡不飞，狗不跳，很快便恢复了昔日的平静，百姓安居乐业，社会秩序井然。

这日入夜，匡胤巡查完各处城防，难得无事，便早早上床安歇。

刚睡了一个时辰，忽然有戍守城西门的士卒来报，说是他的父亲赵弘殷老爷带领一哨人马要入城见见儿子。听说父亲来到城下，匡胤慌忙披衣赶往城西。

原来周世宗即位以后，见赵弘殷虽然年事较高，但体魄健壮，精神矍铄，便重新起用了这位沙场老将，封为马前都指挥使。这次南征，赵弘殷也率军随驾，主要负责粮草押运等后勤供应方面的事情。

今日赵弘殷向前线送完粮秣，经过滁州城已是深夜。听说儿子在守城，便想入城见见自己已数月不曾见面的儿子。

匡胤登上城楼，见城下一员老将骑在马上，火把照耀之下，已经两鬓染霜，满脸征尘。在高声向自己喊话时，还不停地剧烈咳嗽着。

匡胤只觉得心里一阵阵酸涩。这几年中，做儿子的忙着东奔西跑，南征北伐，很少与父亲见面，更谈不上略尽人子之孝。老父戎马一生，如今只做到个马前都指挥使，不过是个禁军中级将领，比自己这个投军才七八年的儿子还差一截子，却仍然勤于王事，随军征战。他忽然觉得父亲老了，老得有些陌生，好像十几年不曾见面。自己这个当儿子的欠父亲的太多，多得难以负载。他真想马上打开城门，把父亲请进城来，好好地叙一叙父子之情。

但是按照朝廷的规定，战时不得擅开城门，除非皇上驾到。当然，赵匡胤知道，以自己现在的身份和威望，又是亲生父亲深夜到来，即使开门迎纳，皇上也不能怪罪。但是此例一开，以后自己将何以号令三军？为了江山社稷，为了朝廷法令，自己只好夺情。

赵匡胤强忍住内心的疼痛，在城楼上向父亲拜了三拜，泣声说道："父亲大人在上，请恕儿子不孝之罪。朝廷有令，夜半不能开门。王法在身，儿子不敢自专，虽是父亲至此，也不能破例，只好请父亲在城外暂宿一宿。"

赵弘殷听罢，哈哈笑道："这才是我的儿子，这才是大周朝的忠臣良将。都怨为父一时糊涂，好吧，我就在城外扎寨，歇息一宿。"

第二天天刚破晓，赵匡胤便打开城门，迎至父亲寨中，见了父亲，倒地便拜。赵弘殷让他起来，父子二人边说着话，边向城内走去。却见城门外兵马跑动，随着一阵笙簧乐声，旗罗伞扇相伴，周世宗来到城门吊桥处。原来昨夜匡胤为国夺情、拒老父于城外的事，一大早便传到周世宗耳朵里。周世宗感叹良久，喟然说道："倘臣下都如赵匡胤，大周安能不千秋万代？"即命摆驾。

赵弘殷、赵匡胤父子一见皇上来到城外，不知出了何事，慌忙紧跑几步，伏俯在地，口呼万岁。

周世宗也连忙走下御辇，亲手扶起赵弘殷，十分激动地说道："老将军年事已高，战场之上何须行此大礼？昨夜委屈老将军在城外风餐露宿，要怪就怪朕吧。"

赵弘殷慌不迭地说道："微臣不敢。再说匡胤本该如此，作为人臣，先忠后孝，自古至理。微臣能有这样的儿子，高兴还来不及呢！"说罢开心地笑了起来，笑声未止，却又引来了一阵剧烈的咳嗽。

周世宗急忙来扶，匡胤的心里却一阵发酸，眼圈内有股热辣辣的东西直往外涌。

第十七章　壮志未酬　英主憾逝

南征战事在向纵深发展。

周世宗一方面命周军继续实施对寿州的包围，另一方面在探知南唐的江北重镇扬州兵力空虚之后，立即派韩令坤率军前往，奇兵突袭，一举攻克了扬州城。韩令坤挟攻取扬州之余威，一鼓作气，乘胜扩大战果，又连续攻克了泰州等地。

南唐朝廷一片慌乱。现在周军与国都金陵只有一江之隔，一旦渡江，南唐将从根本上动摇国基，甚至会从此不保。为了保证国都的安全，只有拼死相搏。南唐主李璟派大将李景达在国内挑选精锐之师六万，出扬州方向迎战周军。

五天之后，南唐将领陆孟俊率领一万兵马攻打泰州，经过一天一夜的激烈搏杀，泰州重新落入南唐军手中。李景达乘胜进击，六万精兵锋芒直指扬州。此时，镇守扬州的韩令坤只有两万人马。他见敌强我弱，众寡悬殊，便准备弃城而退。消息传到滁州，周世宗焦躁万分。眼看已经取得的战果就要付诸东流，如何才能变被动为主动？

紧急关头，周世宗又一次把重任交给了赵匡胤。他命赵匡胤带领两千人马迅速赶往扬州西北的六合镇，任务十分明确：迅速扭转战局。一是要立即阻止从扬州溃退的周军，保住扬州城；二是相机攻打唐军，遏制唐军猛烈的进攻势头。

赵匡胤接到命令，必须立即出兵。可此时老父赵弘殷却在滁州城身染重病，卧床不起。匡胤到父亲病榻前辞行，心中万般不忍。赵普在旁劝道："自古忠孝不能两全，赵将军且放心前往督战，为国尽忠。你我兄弟情深，汝父便是我父，自有赵普在此代将军尽孝。"

匡胤走后，赵普每日守候在赵弘殷床前，亲侍汤药，朝夕不倦，在他的精心照料下，赵弘殷的病情渐渐好转。从此以后，赵匡胤出于感激之情，完全将赵普看成了一家人。后来，当匡胤被封为匡国军节度使兼殿前都指挥使时，他立即上表推荐赵普做节度使推官，协助匡胤处理军政事务。再后来赵匡胤移镇宋州时，又表荐赵普为掌书记。终其一生，赵普一直充当他的谋臣，几乎始终不离左右。

赵匡胤率两千人马来到六合之后，已有部分驻守扬州的周军溃退至此。俗话说："兵败如山倒。"赵匡胤看得十分清楚，溃败的势头不迅速遏止，战局将无法收拾。在此非常时刻，不采取非常手段不足以成事。他必须将自己带来的两千名督军的士兵变成冷酷无情的执行军法的机器。

他将刚刚驻扎下来的两千士卒召集起来，将周世宗临行时交给他的尚方宝剑抽出来，高声喝道："天子宝剑在此。"士卒们立即齐刷刷地跪倒在地。

赵匡胤脸色铁青，双眼冒火，话声冷得像结了冰："扬州周军有敢越过六合者，不论何人，一律斩断双腿。有敢擅放一人者，斩！"

一时间，肃杀之气弥漫到了整个军营。两千士卒持刀仗剑，严阵以待。

与此同时，匡胤又火速修书一封，派快马交与他儿时的伙伴、如今的同事韩令坤。书中以报国效忠、气节名声和友情乡情晓以利害，敦促韩令坤改变主意。韩令坤见信后，既被赵匡胤的兄弟情谊所感染，亦为匡胤决心代天子行事的冷峻和严酷所震慑，心中一层层热浪滚过，脊骨却一阵阵发冷。他已明确地感到，撤退只有死路一条。

于是，韩令坤急下严令，将出扬州城的周兵全部收回。又破釜沉舟，在扬州城外与陆孟俊部拼死一战，终于使唐军大败溃逃，总算保住了扬州城。赵匡胤得到捷报，又赶紧修书为韩令坤请功求情。周世宗准予将功补过，不予深究。

赵匡胤在六合成功阻止了周军的溃退，扬州一带暂时归于平静。

可是他却万万没有想到，李景达亲率两万唐军绕过扬州城，自瓜步渡江，直逼六合而来。一时黑云压城，险象陡生。

赵匡胤手下只有两千人马，本来只是为阻止溃军而来，现在却面临着十倍于自己的敌军，由原来的执行军法成了正面交锋。这支数量极少的孤军一下子被推入了凶险万分的绝境。

两千人对两万人，正面交锋无异于以羊搏虎，以卵击石。

面对突如其来的险情，赵匡胤却显得异常冷静。当探马报知敌军距六合尚有二十里路时，赵匡胤命兵士们将营帐后撤，紧靠一片小树林下寨。部分营帐设于树林之中，若隐若现。又命士卒们在大帐外席地饮酒，一个个赤手空拳，敞胸露怀，狂呼滥饮，东倒西歪。同时派快马飞驰扬州，让韩令坤派兵增援。

李景达由瓜步渡江后，本欲直取六合。但先头部队派哨作来报，说周军在树林中安营扎寨，不知兵力究竟有多少。又有士卒在帐外饮酒作乐，又歌又舞，有的甚至醉如烂泥。

李景达听了大吃一惊，急忙传令停止进军，在距六合二十里处扎下营寨。部将们都感到诧异，纷纷前来请战。李景达说道："赵匡胤用兵诡诈，多有奇谋。在林中设寨，兵家大忌，临战纵酒，更属荒唐。赵匡胤乃大周名将，这些普通常识岂能不懂？这是明摆着设下钓饵，诱我上钩。我料他必有重兵伏在四周，切不可中计。"于是他下达严令，没有军令，任何人不得擅自进军。

李景达部由攻转守，一连几天都在等待观望。

赵匡胤手下的一些将领们信心大增，纷纷要求主动出击。赵匡胤笑道："敌军设营扎寨，停滞不前，是摸不清我军底细而产生畏惧。此时若主动出击，让敌军知道了我们人数不多，势必拼命进犯。我们只能待敌军主动进犯时凭借此处的复杂地形相机杀敌，切不可盲目出击。"

两军相持数日，在这种忍耐力的较量中，唐军终于沉不住气了，开始鼓噪呐喊，蜂拥而至。赵匡胤下令反击。郑恩从左侧岗埠中率五百人杀出，张令铎率五百人从右侧树林中杀出，赵匡胤自率一千人马迎面截击。一时间金鼓齐鸣，杀声震天，双方杀得难分难解。这一带场地狭长，不适于大兵团作战，唐军失去了人马众多的绝对优势，只能与周军单兵较量。

"两军相遇勇者胜"，对这一点赵匡胤深信不疑。他亲自在战场上来回督阵，指挥冲杀。见到有怯战退却的士卒，便以督战为名，在他的皮斗笠上以剑划上记号。主帅就在身边，将士谁不用命？周军个个以一当十，越杀越勇。郑恩抢着大刀片子，在敌阵中杀进杀出，每劈倒一个，便炸雷似的大吼一声。他浑身上下已经沾满了鲜血，一条战袍早染成了红色，脸上、手上都溅着血点，两只眼睛也变得血红，简直像凶神恶煞一般。每到一处，唐军便躺倒一片，剩下的人像见了魔鬼似的，嚎叫着四处乱窜。

张令铎挥动长枪从西边杀入敌阵，遇者身亡，挡者丧生。与郑恩相遇之后，二人又率兵分头向南北杀去。激战约一个时辰，唐军已死伤五千余人。其余的成了惊弓之鸟，节节溃退。就在这时，扬州的五千名援军杀到，一齐鼓噪呐喊，从背后向唐军发起了猛烈攻击。李景达见势不妙，慌忙带领残兵败将渡江逃遁。士卒们因争抢上船落水而死者不计其数。

六合一战，赵匡胤以两千人马击败了南唐两万余人的精锐之师，又一次创造了五代时期战争史上罕见的以少胜多的奇迹。周军将领们对此无不交口称赞。周世宗对于赵匡胤忠勇可嘉的精神和炉火纯青的战术大加表彰。不久之后，即颁诏擢升赵匡胤为殿前都指挥使和匡国军节度使。从此，赵匡胤跻身于节钺大将之列，成为大周的朝廷重臣之一。

但人们发现，面对如此重大的胜利和朝廷奖掖，赵匡胤却没有一点喜色。

他在六合之战的第二天，便集合所有参战的周军，仔细验看他们的皮斗笠，发现被他以剑划了记号的竟有数十人之多。现在他要执行军法了。他又一次召集了所有的将士，阴沉着脸怒声说道："兵不畏死，乃取胜之本。这些斗笠上划有记号的，都是在激战之时畏葸不前的怯阵者，不杀难以整肃军纪，即刻推出去斩首。以后凡贪生怕死、临阵脱逃者，皆依此例。"

十几名活蹦乱跳的年轻士卒霎时间成了无头之鬼。赵匡胤只觉得一颗心在下沉，士卒们更是身颤股栗，心胆俱裂。

江淮一带进入了梅雨季节，每日阴云密布，淫雨霏霏。这里到处是湖沼地，道路泥泞，难以行军，再加上淮河水急速上涨，形势对于周军明显不利。

周军虽然屡屡重创唐军，但由于长期在外征战，士卒疲惫，粮秣不继。进入雨季之后，粮草供应尤为困难。

周世宗审时度势，决定留向训坐镇扬州，李重进继续围攻寿州。自己则率领张永德、赵匡胤等将领班师回京。

返京的第二天，赵匡胤求见周世宗，奏道："臣观淮南均为湖沼地带，河流交错，池沼纵横。南唐水军锐敏，周军无以敌之。若求速胜，当务之急需建立一支强大的水师，实施水陆夹击。"周世宗深以为然，立即下令，在开封城西汴水岸边建造战船数百艘，并命令南唐降卒训练水军。数月之后，这支新生的水军已经能纵横出没，水上作战如履平地。接着，便命右骁卫将军王审琦率水师转入淮河，准备对南唐实施新的进攻。

周世宗返京之后，南唐主李璟因议和不成，便倾全国之力派李景达率军实施反攻，居然收复了不少失地。

李重进指挥江淮之间的周军全力攻打寿州，但由于寿州守将刘仁赡有勇有谋，治军有方，不轻易出击，全力据守，寿州城久攻不下。

李景达所率援军全速北进，并遣大将边镐、朱元、许文慎等领兵数万驰

宋太祖赵匡胤

援寿州。援军在寿州城南的紫金山扎营，与城内刘仁赡遥相呼应，并打通了一条运粮夹道，不断将粮食供应城内军民，寿州城更加固若金汤。

周军与唐军在寿州城下形成对峙状态，相持旷日。形势对周军更加不利。前线的奏报纷纷传至东京，不少大将上书世宗，请求罢兵。

周世宗不为所动。他不相信大周朝的钢牙铁齿啃不下寿州这块硬骨头。

次年二月，周世宗再次御驾亲征淮南地区。

周世宗披坚执锐，带领张永德、赵匡胤等几员大将，亲临寿州前线，考察形势，研究战况。决定首先切断城外唐军给城内的输粮通道，实现对寿州城的铁壁合围。

赵匡胤领命进攻紫金山下南唐的先锋营及山北的另一座营寨，目的在于掐断敌军通道，造成其首尾不能兼顾。

赵匡胤率军出击，果然不辱使命。他在赵普的全力协助下，犹如天赐神助一般，连破唐军两座营寨，斩首三千余级。寿州城顿时变成了一座孤城。

粮道切断，危局立现，唐军内部一片慌乱，一时间谣言四起，将士们纷纷传言，说南唐气数已尽，周天子注定要一统华夏。大将朱元首先倒戈，率万余士卒向周军投降。其他部队愈加惊慌。

周世宗抓住时机，指挥大军发起全面进攻。张永德在北，李重进在西，赵匡胤在东，三面合围，直把唐军杀得人仰马翻。敌主将边镐、许文慎为周军所俘，其余残部纷纷乘船沿淮河溃逃。周世宗在汴京训练的水军此时发挥了作用，在王审琦的指挥下，鼓足风帆奋起直追。整个淮河千帆齐发，战鼓雷鸣。水陆并进，多路夹攻，唐军支援寿州的外围部队几乎被扫荡殆尽。此一战，杀死和俘虏敌军四万余人，缴获战船、兵器不计其数。

此时，坐镇寿州城的南唐老将刘仁赡已身染重病。闻知城外援军惨败的消息，禁不住扼腕叹息，如坐针毡。他把麾下诸将召至府中，坠泪说道："食君之禄，忠君之事，我等世受朝廷厚恩，无以为报。今日寿州已是危城，陷落敌手恐在旦夕。吾意已决，誓与此城共存亡。尔等跟随我多年，素知吾志。若有心生二志，做出不忠不义之事者，"说到这里，他眼中放射出两道凛然的冷光，从每个人的脸上扫过。突然抓起身边的一把刀，狠狠地砍在厅内的柱子上。随着那刀的微微颤抖，他又一字一顿地说道："到那时，休怪老夫翻脸无情。"

众将官扑通跪倒在他面前，唯唯称诺，齐声说道："我等愿与寿州共存亡。"

当天夜里，城内军民加紧守城。天空中阴沉沉的，零星地飘洒着小雨，除了守城士卒们手里举着的火把，到处一片漆黑。一队巡夜的士兵在城墙上巡逻。正走着，却见前面一个黑影在城墙垛口处晃动，以为是周军有人偷偷地爬上城来，呼喊一声围了上去，拿火把一照，不禁大吃一惊，原来是主帅刘仁赡的小儿子刘崇谏。他腰间绑了长长的绳索，正欲缒城而下。这几天惨烈的激战早使他心惊胆战。寿州城必破无疑，一种强烈的求生欲使他想要逃离这座鬼城。他当然不敢告诉父亲，便趁这夜深人静之时，想偷偷地缒下城去，泛舟夜遁。

巡城兵士们虽认得这是主帅的儿子，但王法无情，谁也不敢做主，只好把他押去帅府，听候主帅发落。

虽已深夜，刘仁赡并未入睡，疾病折磨着他，城池将破的忧虑煎熬着他，已经好几宿不曾成眠。忽听亲兵来报，说是抓到了一个企图缒城逃跑的人。他来到大厅一看，居然是自己的小儿子，顿时怒火中烧。

刘仁赡坐在那把虎皮交椅上，已经气得脸色灰白，"呼哧呼哧"地大喘不止。喘息多时，他才将一颗心稳下，看看儿子，又看看众将士，他突然冷冷地说道："临阵逃脱，腰斩之罪。你虽是我儿子，为父也救你不得，拖出去！"

一听这位铁面将军要拿自己的儿子试法，而且是施行腰斩之刑，厅内众人就像脑门上炸响了一个惊雷，顿时将一颗心提到了嗓子眼里。监军周廷构带头跪倒在地，叩头谏道："将军手下留情！念崇谏年幼，又是初犯，且饶他一条性命，让他在军前效力。"刘崇谏此时早吓得三魂去了两魂半，放声哭道："爹爹饶命！儿子再也不敢了……"

刘仁赡听着小儿子的哭喊，心里就像有几十把钢刀在乱捅乱插。但他知道，今日放了儿子，明日将有许许多多的将士会弃城逃跑，后果不堪设想。他面色冷峻，沉声断喝道："行刑！"

刘崇谏又哭又喊地被拖出去按倒在门外的一盘大铜铡之下，仍在呼喊着，挣扎着。随着一声炮响，锋利的铡刀按下，这个年轻人被拦腰铡为两段，鲜血淌了满地，连行刑的军校也不忍目睹，紧紧地闭上了眼睛。

行刑的炮声一响，刘仁赡只觉得一颗心被人生生地挖去了，他嘶哑地喊叫了一声，猛地吐出一口鲜血，便一头栽倒在地，不省人事。

刘仁赡执法如山，大义灭亲，使全城将士和百姓受到了强烈的震撼。上上上下下斗志弥坚，决心在这位主帅的统领之下尽忠王事，固城据守。

但是城外援军已被消灭，周朝大军如潮水一般涌来，将寿州城团团围定。周世宗趁热打铁，驻兵寿州城北，向刘仁赡下达了最后通牒，让他自择祸福。

此时的刘仁赡却昏卧在病床上，已神志模糊，不省人事了。

监军周廷构见这座孤城已危如累卵，主帅又病入膏肓，知道大势已去。便以刘仁赡的名义递上降表，大开四门，率领万余名守城将士投降，寿州城遂告失陷。

周军入城之后，周世宗下令寿州城周围五十里内免交两年赋税，并开仓赈济，实行大赦，借以稳定占领区。同时，周世宗还亲自颁旨，旌表刘仁赡的忠贞勇烈，赐官天平节度使兼中书令。但刘仁赡病已不救，周世宗的圣旨刚刚颁布，这位老将军便含愤而死。

攻克寿州是征战淮南的核心，此城一下，淮南战局马上发生了根本性的变化。此后，周世宗驱动大军乘胜进击，连克濠州、泗州、楚州等淮南重镇。并于淮水之上全歼南唐驻淮水军，缴获战船百余艘。

南唐皇帝李璟迫于形势，再次遣使请和，愿意划江为界。至此，南唐江北的全部土地，共十四州，六十县，二十二万六千五百户，全部划入后周。

这年十一月，周世宗率领几十万大军凯旋回朝。

周世宗尽得南唐江北之地，胜利不可谓不大。但对于这位雄才大略的年轻君王来说，这只是他统一大业中的一小步。

当年周世宗初登大宝不久，曾微服私访隐居山林的前朝谋臣王朴。因知王朴精于术数，便问道："以先生推算，朕在位当得几年？"王朴素知世宗有一统天下之志，不忍打击他，便说道："陛下用心，以苍生为念。天高听卑，自当蒙福。臣因识陋，辄以所学推之，三十年后非所知也。"话说得虽然有些含糊，但周世宗已听出自己可在位三十年。当下十分高兴，对王朴说道："若如卿言，朕当以十年开拓天下，十年养百姓，十年致太平足矣。"

现在，周世宗又想起了自己对王朴说的话，按照这一构想，南征既已取胜，该是举兵收复燕云十六州的时候了。

燕云十六州分布在今天的河北、山西的北部，历史上一直是中原疆土。后晋时石敬瑭为了当"儿皇帝"，拱手让给了契丹。从而使中原王朝无险可守，一直处于契丹铁骑的威胁之下。这一直是周世宗的一块心病。周世宗即位之初，曾有人建议修筑屯戍点，驻兵防守，以抵御契丹的随时入侵。但周世宗认为这是治标不治本的下策，要彻底解除这一边患，就必须集中全力进行北伐，夺回燕云十六州。

南方已靖，收取燕云，此其时也。

显德六年（959 年）三月，北伐的计划开始实施。各路兵马先至沧州集结，周世宗亲率步骑数十万直趋契丹边境。周军分水陆两路并进。韩通任陆路都部署，赵匡胤为水路都部署，周世宗乘龙舟由水路北上。

为确保水路畅通，赵匡胤命人打开三十六个游口，对被破坏的堤防进行抢修，从而使水势浩荡，船行无阻。进军之时，舳舻数十里相接，樯帆遮天蔽日，你追我赶，直抵益津关。

此时的契丹主是耶律德光之子耶律述律。此人嗜酒如命，好色成性，狩猎无休，不修政事。加之连年用兵，使契丹国力衰弱，民怨沸腾。臣下及军中诸将多有怨恨之心，只是敢怒而不敢言罢了。

益津关契丹守将经延辉早对朝廷的腐败极为不满，今见大周挥军而来，其势甚盛，立即修书送入周营，举城投降。

从益津关往北，水道渐窄，大船难以行进。勉强行驶了数十里，周世宗命兵士们舍舟登陆，于村野中驻扎。当时大军尚未赶到，随驾的侍卫兵士不足五百人，周围时有契丹的骑兵出没。还行进在后面船队中的赵匡胤闻报大惊，急忙分拨三千名骑兵弃舟登岸，由他亲自率领，风驰电掣一般赶来。

四周的契丹骑兵见这里黄旗飘荡，旗罗伞扇簇拥，知是大周皇帝在此。正在等待时机，渐渐围拢，企图劫持周主，建立不世之功。

忽闻南边大路上马蹄嘚嘚，烟尘四起，大队周朝铁骑火速赶来。当先一匹枣红马上，一个红脸大将手持潘龙棍，金盔银甲，威风凛凛。老远便大声喊道："陛下休要惊慌，我大队人马已到。"契丹骑兵一闻此言，情知事不可为，忙勒转马头，悄悄退去。

大军到齐，由赵匡胤率领杀奔瓦桥关，正欲分兵攻打，却见城头上高竖降旗，城门大开。守将姚内斌率手下众将出城献降。周世宗驻跸瓦桥关，晓谕将士，严禁劫掠扰民。瓦桥关城内秩序井然，百姓各守其业，就像没发生什么大事似的。

数日之后，契丹莫州刺史刘楚信等也都纷纷献城归顺。

至此，周世宗从汴京发兵算起，才短短的四十二天，便兵不血刃，收复了益津关、游口关、瓦桥关等三关三州十七县，一万八千余户。

这一意想不到的辉煌胜利使周世宗喜不自禁。

当夜，他在瓦桥关临时行宫内摆下盛宴，大宴诸将，庆贺北伐的重大胜利。行宫大厅里，碗口粗的大蜡烛排成两列，一齐点亮，熠熠生辉，照耀如同白昼。

众将领在张永德的带领下步入宴客厅，见周世宗已高坐在龙椅上，便一齐跪倒在地，山呼万岁。

世宗命众人平身，大家分头入席。厅内十二张八仙桌子，山珍海味琳琅满目。众将坐下之后，周世宗高举起一杯酒，满面春风地说道："这些年来，我大周军队上应天时，下顺民心，南征北伐，志在一统。赖上苍庇护，将士用命，南征大获全胜，北伐出师顺利，为此，朕先敬诸位将军一杯。"便听呼啦一声，众人纷纷起立，举杯在手，跟着周世宗一饮而尽。

韩通趋前一步说道："南征北伐战绩辉煌，全赖陛下洪福齐天。我等跟随陛下，鞍前马后，南征北伐，为建不世之功虽肝脑涂地亦在所不辞。"其他将领也都纷纷盛赞世宗登基以来的文治武功，频频敬酒。

世宗大喜，遂命众人开怀畅饮。一时间，大厅内觥筹交错，欢声笑语不绝。酒至半酣，周世宗笑谓众将曰："此次北伐，我大军所向披靡，兵不血刃，连下三关三州十七县，除我军骁勇，让敌将闻风丧胆这个原因之外，众卿以为还有哪些缘故？"众人一时不知皇上要说什么，便没人吭声。世宗正色说道："皆因契丹为君者昏，为臣者嬉。朝廷腐败，政事糜烂，赋税苛急，民不聊生，自古以来，这都是败亡之象。朕意我军在此休整一日，后日即发兵幽州，一鼓作气收复燕云十六州。"

张永德素来稳重，他认为应该稳扎稳打，先巩固新收复之地，缓图进击。便起身谏道："陛下，以微臣之见，幽州之北多有契丹骑兵驻守，而且形势险要，地势复杂，若贸然深入，恐有闪失，请陛下三思。"

张永德此时已是殿前都点检，大周禁军首席统帅，又是顾命大臣。听他意见与自己相左，周世宗心中稍有不悦。但今日是喜庆宴会，他不想多说什么，便继续与将士们喝酒，把话题岔开。酒宴在喜庆热烈的气氛中继续进行着，将士们喝得满脸通红，一个个极度亢奋，高谈阔论，猜拳行令，直饮至深夜方散。

张永德在席上的谏言就像在周世宗热血沸腾的胸膛里浇了一瓢冷水，但却无法遏止这位年轻天子为巨大胜利激起的进取之心。十年统一天下，要实现这一宏图伟业还有几年的时间，时不我待，他决意排除一切阻力，乘胜进击，挥师北上。

第二天一早，他在将士们的簇拥之下登上了瓦桥关北面的一座山岗，满山遍野集合了他的十几万将士，旌旗猎猎，盔甲鲜明，刀枪剑戟在朝阳的映照之下闪闪发光，灼目耀眼。这是一支战无不胜、攻无不克的威武之师，周世宗看着他们自豪地笑了。他今天就是要有意视察他的全体士卒，鼓舞士气，为继续北伐做好精神和心理上的准备。

随着周世宗健步登上山岗，山谷中此起彼伏的高呼万岁的声浪犹如山呼海啸一般，一波接着一波，一浪高过一浪。

周世宗摆摆手，欢呼之声戛然而止，四野一片寂静。他清清嗓子，高声说道："大周的将士们，燕云十六州自古以来就是我们汉人的疆土，被胡人抢占了数十年。我们的家园被强盗抢夺，我们的兄弟姐妹在天天遭受强盗凌辱，你们能答应吗？"

满山遍野爆发了山崩地裂般的吼声："不答应！绝不答应！"

"有人说，契丹人的铁骑十分厉害，我们大周朝的将士恐难取胜，对这些强盗你们害怕吗？"

山谷里又一次响起了掀天的声浪："绝不害怕，杀死胡人！消灭契丹！"站在众将领中的郑恩早忍不住了，突然暴雷般喊道："契丹骑兵算个啥，俺郑黑子早想宰几个契丹人剥皮剜心耍耍。陛下，快下令吧，俺愿做前锋。"

周世宗欣慰地看看他，又回头对士卒们说道："好，这才是我大周朝的将士。各部速做准备，明日发兵幽州。"这时候，一直站在他身后的三军主帅张永德却如芒刺在背，一颗心怦怦直跳。他觉得皇上的每一句话似乎都是冲自己说的，一张脸早涨得像蒙了一块红布。他局促不安地站在那里，一句话也说不出来。

周世宗正欲下山，却见有一百多名当地百姓抬着酒缸食盒迎了上来。这些百姓听说周世宗前来，便相约来献酒，以慰王师。一位七十多岁的老人双手捧着酒碗，脸上挂着热泪，在世宗面前双膝跪下，抖抖地将酒碗高举过顶，泣声说道："我等身陷番邦数十年，仰人鼻息，生不如死，愿陛下早日救我等于水火之中。"周世宗连忙接过酒碗，一饮而尽，然后扶起老人，对众将领说道："燕云百姓盼归中原如大旱之望云霓，我等敢不努力？"

百姓们随着世宗等人缓步下山，世宗见这里到处山势险峻，树木繁茂。

却只有半山中一个平台草木不生，光秃秃的全是一片暗红色的石板，觉得奇怪，便随口问道："那个地方为何名？"那老者答道："自古相传，此台叫病龙台。"

说者无意，听者有心。世宗闻听此言，顿觉心里"咯噔"一下，就像被人在心上猛戳了一刀。当下不悦，也不再言语，与众百姓作别，上马离去。

原来周世宗自来笃信天命，听说"病龙台"三字，便觉不祥。回到行宫以后，直觉心中隐隐作痛，有时像有锥刺一般，胸闷气喘，四肢软弱无力。手下人忙传随军太医诊脉煎药。服药后仍不见效，当夜便病倒了。其实，这种心口闷疼的毛病近两年来周世宗已犯过几次，只是发作并不频繁，来得快，去得急，他便没太在意。近来连续南征北战，鞍马劳顿，身心高度疲惫，引得旧病复发并不奇怪。听说"病龙台"三字，精神上受了刺激，病情便加重了。

赵匡胤闻知皇上染病，心如火焚，忙与赵普同来行宫探视。

世宗平卧在病榻上，额头冒汗，面容憔悴，强打起精神对匡胤笑道："爱卿勿忧，朕不过偶染小恙，将养几日就好了。看来明日进兵幽州之事只好暂停。汝可传令三军，这几日抓紧练兵，养精蓄锐，切勿懈怠。"赵匡胤顿首领命，忧心忡忡地告辞出来，与赵普径回大营。

赵匡胤满面忧戚，正欲回中军大帐，赵普却拉了他一把，邀他到自己营帐中坐坐。二人来到帐中，赵普屏退左右，亲自为匡胤泡上一杯茶，低声问道："将军以为，此次北伐还能继续进军吗？"匡胤道："当今圣上向来雄心勃勃，收复燕云志在必得，待龙体康复定会发兵直捣幽州。"赵普却摇摇头道："以我之见，我大军不久将要班师回朝。"匡胤大惊道："汝何以知之？"赵普道："适才去见圣上，我细观其面色，见其病势凶猛，此病已非一日，只是平时不发作，并无什么症状，一旦发作，甚难治愈，北伐之事如何继续？"

匡胤着急地说道："在万岁身边时，先生何不明讲？早请医家高手，或能早愈。"赵普慢慢地说道："万岁正值盛年，壮志未酬，我怎敢轻言如此不吉利的话？况万岁身边的御医个个医术精湛，万岁病情凶危，他们岂能不知？虽不说破，但肯定在竭力调治。但良医也只能治病，不能医命。"说到此，他略一停顿，抬头盯着匡胤道："事出突然，恐大变在即。眼下最要紧的是将军要有准备才是。"

匡胤因毫无思想准备，心里一时乱糟糟的，有些茫然地问道："我需做何准备？”

赵普把凳子向前靠了靠，声音压得更低，说道："一朝天子一朝臣，古来如此。在当今天子眼里，将军功高盖世，荣宠备至。倘若天不假其寿，新君登临大宝，将军还能保住今日的荣宠吗？"

听了此话，匡胤竟如醍醐灌顶，浑身漾起一层鸡皮疙瘩。皇上年富力强，体魄素健，怎会有此大祸？但赵普心细如发，交往以来，大小事情所料毫厘不差。若真有这一天，现在可真的需要未雨绸缪，早做打算。

于是赵匡胤便低声问道："以先生之见，应如何准备？"赵普道："我曾听将军说过，当今之世，武力便是权力，有军队便有一切，这确实是入木三分的真知灼见。将军现在虽备位节钺，身居朝班，但毕竟不是禁军最高统帅，事事受制约。虽只一步之遥，却是天壤之别。"

匡胤问道："那如何才好？"

赵普笑道："将军应该发现殿前都点检张永德现已失宠，万岁对其不满已形诸于色，"说到此处，赵普突然阴沉着脸，眼露凶光，以手在颈上做了个抹脖子的动作，阴阴地笑道："无毒不丈夫，此时乘机去掉此人，殿前都点检之职非将军莫属。到那时手执全国兵柄，进退自如，左右逢源，谁做天子也需仰仗将军。"

赵匡胤又一次大惊失色，他甚至不相信如此凶残阴毒的话会出自这个文弱书生的口中。他凝视了赵普多时，突然斩钉截铁地说道："此事断不可为。张将军乃前朝驸马，两朝功臣，且为人宽厚，处世平和，有君子之风，与你我及众将领皆情同兄弟。我赵匡胤岂能为一己之私而下此毒手？此事休要再提！"

赵普见匡胤如此果决，知道此计不成。沉吟半晌又道："将军慈悲之心令赵普汗颜。但论将军之战功，亦早该位居点检之职。此时不下决心，将来祸起萧墙，悔之晚矣。我尚有一计，既可保全张将军，又能让将军顺利地坐上殿前都点检的交椅。"

匡胤道："是何计，可道来计议。"

赵普却神秘地笑笑："此计早说无益，将军权作不知即可。"

匡胤却满脸肃穆，定定地审视着赵普的双眼，沉声说道："先生若是敢动张将军一根毫毛，你我兄弟之谊便从此一刀两断。"

当天夜里，赵普将赵匡胤的弟弟赵匡义召至他的住处，将自己的想法一一详告，二人一直密议至深夜，然后分头行动。赵普一再叮嘱匡义，此事连赵匡胤也不能说，只能他二人知道。倘事机泄漏，与赵匡胤无涉，罪名由他二人承担。

周世宗在瓦桥关已卧病四五天，他本以为不过是偶感风寒，吃几服药就好了，然后发兵幽州。谁知这病缠缠绵绵，一日重似一日，只好暂时驻军于此，等待病愈。

这日清早起来，他感到病情似乎有些减轻，不再那么头晕目眩，胸闷气喘。他略吃了些早点，便抱病阅看四方文书。宽大的书案上，各地文书堆积如山。他一份一份地翻看着，不太重要的顺手扔到一边，紧急奏报则大略看看。翻着翻着，他突然发现在文书底下压着一件东西，黑乎乎油光光的。仔细一看，却是一个鹿皮包裹，一层又一层包裹甚严。他将皮囊打开，竟是一块长约一尺有余的木牌，木质虽好，却已朽烂，可见年代已久。木牌上用秦时李斯的小篆体刻着五个赫然醒目的大字："点检做天子。"

像突然遭到雷击一样，周世宗一下子呆了。这不是谶符吗？它来自何处？其意何在？他手里反复掂量着这块木牌，一种不祥之感陡然涌上心来，莫非这是上天示警，自己病将不治，来日无多？

他一遍又一遍地暗自思忖着：点检乃禁军最高统帅张永德，难道他要图谋篡位不成？也难怪，人家是先帝的女婿，当年论战功并不低于自己，功高威重，誉满朝野，辅佐自己未必心服，如今自己又疾病缠身。倘若自己一病不起，幼子宗训只有七岁，幼年即位，难保此人不利用兵权取而代之。

想到这一层，世宗立时惊出了一身冷汗。只觉得一阵天旋地转，差点昏晕过去。他强打精神把木板藏起，立即着人传旨，即日班师回朝。

张永德、赵匡胤、李重进、韩通等将领立即点检兵马，除留下部分将佐兵马镇守新收复的州县关隘外，其余全部撤回。兵士们默默地行走在回汴京的大道上，人人都不知道发生了什么事，但突然撤军必有缘故，又不能随便打听。队伍里气氛沉闷，远没有从淮南凯旋时的那种热烈和喜庆。

周世宗微合双眼，昏昏欲睡地躺在八抬大轿里。

其实他没有入睡的意思，头脑极为清醒。一层又一层的巨浪正从他的心头不停地滚过。他觉得五内煎沸，心如刀绞，情绪坏到了极点。这倒不全是因为疾病，而是因为壮志未酬，抱憾而归。自己还能不能再次挥师北伐？上天容许在自己手里将燕云十六州收归中原吗？恐怕是"来生未卜此生休"了，这样想着，双眸中一股热辣辣的东西不禁涌流而下。

他深深地叹口气，耳边又响起了一个声音。就在大军刚刚拔营回归时，他躺在大轿里，听着前来送行的当地百姓中有人在私下议论着："此不足怪，天子姓柴，幽州燕地，燕者烟火之谓也，木柴入火乃不吉之兆，北伐焉能成功？"听着这些话，他的心在战栗，在滴血。苍天啊苍天，莫非你真的就赐给柴荣这三十多年的寿限，让朕空有壮志，抱憾此生？

一想到寿享不永，世宗浑身打了个哆嗦。儿子才只有七岁，继位后难掌国政。他回京后必须选几名忠心耿耿的顾命大臣，辅佐儿子共创大周的未来。这时周世宗才清晰地认识到，皇位的继承、辅臣的选择比什么都重要。他要让自己未竟的事业继续下去，他要让自己亲手缔造的强大步骑踏入幽州，要让失陷的中原领土回归大周，让多年猖獗的契丹俯首称臣，朝拜纳贡。

他又一次想起了张永德，既然上天已经示警，此人再不能位居殿前都点检之职。尽管他对张永德多年来的功过得失一再进行全面权衡，尽管他觉得张永德其人宽厚仁德，看不出有什么不臣之心。但是人心隔肚皮，那令人忧虑的谶符使他认定，张永德在宽厚虔诚的表象下，包藏着欲谋皇位的祸心。他柴荣决不允许这种危及大周江山的事情发生，哪怕是仅有一点点蛛丝马迹也不能疏忽。他要把这种潜在的危机解决在他离开人世之前。

周世宗就这样一路颠簸，一路思索，病情愈来愈重。回到京师以后，他已饮食难进，连走路的力气也没有了。当侍从们将他抬入后宫，他一刻也没有停，马上吃力地却是果断地向侍臣口授诏令：解除张永德的殿前都点检之职，让他交出所有军权，改任检校太尉、同平章事之职。

接着，他不顾皇后和众妃嫔的激烈劝阻，不顾一切地让侍从们将他抬入万岁殿，传旨召赵匡胤火速入宫。

赵匡胤急步来到万岁殿，见周世宗歪在龙椅上，形销骨立，容颜枯槁，心中一阵酸疼，如乱箭穿心。他急忙俯伏在地，泣声奏道："万岁病恙在身，应于后宫精心调养。您抱病理事，让臣于心何忍？"

周世宗让匡胤平身，凄然说道："朕自知病已不治，年寿将尽。平生以来戎马倥偬，志在一统天下。然天不假年，中道撒手，朕死难瞑目。贤弟与朕自关西路上结识，患难与共，情同手足。这些年南征北战，贤弟屡建奇功。高平之战力挽败局，清流关大捷、六合歼敌、扫平紫金山敌营，贤弟皆功不可没。而贤弟能功高不骄，谨慎自律，实大周难得之栋梁之臣。今召贤弟前来，是欲请贤弟接任殿前都点检之职，善掌军权，辅佐皇子，使大周帝业永固。"

匡胤听着早已泪流满面，泣不成声。

平心而论，他自从跟随周世宗以来，披肝沥胆，出生入死，对得起皇上对自己的信任，也对得起都点检这一职事。自己所以那样忠心耿耿，是因为世宗皇帝是一位励精图治、雄才大略的圣明天子，值得他去效命尽忠。但是眼下，皇帝却身染重病，行将就木，临终向自己托付重任，他怎能不感激涕零，泪如雨下？

赵匡胤再次双膝下跪，以头碰地哭道："万岁正值盛年，些须微疾焉能不治？倘真有一天陛下百年之后，臣弟定当尽力辅佐皇子，秉承陛下宏图大志，誓让华夏一统。"说罢伏地而泣，世宗亦忍不住，君臣二人放声大哭，殿中侍臣皆纷纷垂泪，呜咽成声。

显德六年（959年）六月，一代英主周世宗柴荣驾崩，年仅三十九岁。

巨星陨落，山河为之改色，日月因之无光，朝野震荡，举国同泣。

第十八章　雪夜谋定　扭转乾坤

柴荣在位时间虽短，却功业显赫，政绩辉煌。他初登大宝时，唯恐寿命不永致使功业不就，难以实现自己大一统的雄心壮志，曾请王朴为其卜命，王朴预言他执掌国柄最少三十年。后人根据他执政五年六个月的事实，便说五六乃三十之数，正合王朴预测。此说虽然牵强，但也属巧合。不管怎么说，周世宗的文治武功在五代史上乃至在中国的历史上都堪称卓著。他是一位让大周子民长期怀念的好皇帝，也是后来的宋太祖赵匡胤一生尊崇和学习的楷模。

朝臣薛居正对他的评论可谓至允至当："世宗顷在仄微，尤务韬晦，及天命有属，嗣守鸿业，不日破高平之阵，逾年复秦、凤之封，江北燕南，取之如拾草芥，神武雄略，乃一世英主也……而享年不永，美志不就，悲夫！"

在举国上下一片哀痛的气氛中，周世宗七岁的皇子梁王柴宗训即位，是为恭帝。

按照世宗的遗诏，赵匡胤与宰相范质、王溥同为顾命大臣，成为朝廷最高决策圈子中的核心人物。

现在，大周朝的国柄已有一大半紧攥在赵匡胤的手里。虽然他还不是首辅大臣，但是他既有顾命大臣的身份，又执掌着全国禁军的最高指挥权，比那些文人宰辅们更具实权，真正成了位极人臣、说一不二的人物。他现在的位置很像当年枢密使兼顾命大臣的郭威。不过，这并没使他飘飘然，他的头脑反而显得异常冷静和清醒：权力和地位并不能代表一切，最根本的还是人心向背。他必须得到朝廷大臣特别是禁军将领们的广泛拥戴，最大限度地网罗人才。因此，他在与范质、王溥一起谨慎地辅佐幼主处置各种军政事务，确保在新君即位期间国内安定、边境安全的同时，把大部分精力都用在了收拢人心、网罗人才、巩固和发展自己的势力圈子的活动上。为什么要这么做，这么做的真正目的是什么？此时连他自己也说不太清楚，或许是一种本能或天性，或许是潜意识里的一种尚不成熟的动机使然。

宋太祖赵匡胤

其实，赵匡胤天生是一个网罗人才的天才，他本身就是一块吸附人才的具有巨大磁力的吸铁石。要想成就大事，就要有军权，就要得人心，就要有一批具有各方面天赋的经天纬地的人才，这一点是早在若干年以前他就已经认识到了的。近几年来，他在戎马倥偬之暇，一直在不动声色地笼络人才，悄悄地建立着自己的嫡系力量，准备牢牢地控制禁军，控制政局，主宰沉浮。

除了前文已说过的"义社十弟兄"之外，他还有意结交了殿前副都点检慕容延钊，二人成了莫逆之交。在文臣方面，除了足智多谋的赵普之外，他还在自己的幕府中聘用像王仁赡、楚昭辅、李处耘等一批智囊人物。

王仁赡是后周大将、永兴军节度使刘词的主要幕僚，刘词临死时曾向周世宗推荐"其才可用"，赵匡胤也素知其名，便将他延纳到自己门下。

楚昭辅也是刘词的幕僚之一，《宋史》本传称他以才干著称，甚得赵匡胤的青睐。刘词死后，楚昭辅也被赵匡胤收留。

李处耘是潞州人，文武全才，尤以军事才能见长。曾是后汉及后周大将折从阮的幕僚。显德年间，折从阮病死之前，将其推荐给担任殿前都指挥使的赵匡胤。

另一个是宋州人刘熙古，善骑射，文武全才，曾任后周秦州观察判官，赵匡胤任宋州节度使时，出任节度判官。

还有开封人沈伦、幽州人吕馀庆等人，皆为当时才干卓越之士，都纷纷进入了赵匡胤的幕府。

赵匡胤作为一个从普通士兵成长起来的高级将领，他看得很清楚，在那个动乱的年代，并非只靠打打杀杀就能成就大事，往往要倚重手下的幕僚们出谋划策。因此，许多才能之士在其名位未达之时往往蛰居于各藩镇的幕府之中，朝廷中有真才实学的人未必很多。因此，从藩镇中千方百计吸纳各方面的人才是一条捷径。

赵匡胤"有心栽花"，终于使得身边人才济济，当然，他也深深地懂得，"木秀于林，风必摧之"，自己越来越功高位显，必须处处谨言慎行，千万不能引起皇上的猜忌。因此在延纳这些名流英才入自己幕府时，他都一一奏报周世宗，得到了皇上的恩准。

如果说，那个时候网罗人才还需要瞻前顾后地谨慎从事，那么现在大权在握，就完全可以放开手脚大干了。

世宗崩逝不久，赵普曾对赵匡胤说道："目前朝廷大臣中，能够与您相抗衡的唯余张永德，虽军权已削，却仍居高位。目下您已入值机枢，应趁机将其逐出朝廷。"赵匡胤却摇摇头道："恰恰相反，张驸马为人笃诚，若能与其交厚，正好借其威望以号召四方。他身为太祖驸马，事世宗皇帝忠心不二。在跟随世宗皇帝南征北战时屡建奇功。高平之战，他与我各领精兵三千，励兵分进、反败为胜；攻打寿州之时，南唐军列十八寨于紫金山，战备严整。他登高垄以观敌阵，选劲弓强弩伏于垄旁，待我诱敌出寨后，亲率伏兵冲锋陷阵，这才大获全胜；他每战皆出生入死，奋力破敌。为了战胜南唐水军，他亲解金带赏给习水者鼓舞士气，终致南唐水军惨败于淮水。就是在北伐时谏阻世宗不可轻进，也完全是一片赤诚，并非贪生怕死之辈。先帝解除了他的军职，无非是为那不知何处飞来的符谶木牌所惑……"说到这里，他有意看了看赵普，意思是说，我当然明白，那不过是你赵先生的杰作。接着又说道："先帝临终解除张驸马的军职已失之公允，如今我接替了他的都点检之职，再乘人之危，落井下石，岂不寒了天下将士的心？"

赵匡胤滔滔不绝，说起张永德的战功如数家珍。赵普静静地听完，连连点头赞许。他不能不佩服赵匡胤在这件事的见识更高一筹。

其实，赵匡胤所以坚持这样做，除了看准张永德为人有君子之风，什么时候也不会与自己为敌这一点外，还因为他与张永德有一份深厚的情义，虽然他们不是结义兄弟，也不是心腹死党。

当年匡胤千里迢迢去莲花山招兵买马，劝张永德投军郭威帐下。后来他们在多次战役中并肩战斗，出生入死，建立了深厚的友情。

两年前，赵匡胤的结发之妻贺金婵因病去世，匡胤痛不欲生。他禀过母亲，准备将韩秀英扶为正室。但韩秀英因为自己不能生育，又出身微贱，为了让丈夫多子多福，她坚辞不就，自愿仍做侧室，一辈子服侍丈夫。后来经人介绍，赵匡胤又续娶了王饶将军的女儿为继室。但匡胤家几代清廉，积蓄无多，又蒙丧妻之痛。这时，张永德不仅多方宽慰匡胤，而且慷慨地馈赠绢帛数千匹，以为喜庆之助。

对于张永德的情义，赵匡胤牢记于心。尽管由于周世宗的安排，匡胤取代了张永德的殿前都点检之职，由原来的下级一下子变成了上级。过去，由于重要职务易人，往往会造成前任和取代者的嫌隙，甚至反目为仇，水火不容。但是赵匡胤自接替了这一职务后，时时处处表现出了对张永德的极大尊重，遇上大事总找永德商量，二人仍是亲密无间的挚友。赵匡胤坚信自己看得不会错，无论在什么时候，张永德都会站在自己一边。现在，他正在前后左右、上上下下编织着一个巨大的关系网，怎么能把张永德这样一个重要人物排斥在外呢？

目前，所有朝臣之中，职位在自己之上的只有范质和王溥两位宰相。这两个人都是书生出身的文臣，不谙军事。在"大将拥立"、武人当国的年代，一旦风云突变，战乱骤起，这些人只能束手无策，徒呼奈何。因此，对这两个人完全可以不予理睬，听之任之。但是，赵匡胤却不这么认为，他觉得此二人毕竟是先朝元老、顾命重臣，且满腹经纶，颇有影响和威信。

范质曾任弘文馆大学士，是本朝最负盛名的文臣。他博闻强识，学识过人。入朝之后，仍然手不释卷。当时有人曾劝他不要过于劳苦，他却很自信地说道："有善相者，谓我异日备位宰辅。今日不学，他日何以处之？"在跟随世宗征伐淮南之时，诏令多出其手，文采斐然，吴中文士莫不惊服。

王溥同样是一个博览群书的大才子。他的兴趣都放在读书著文上，曾辑《唐会要》百卷，又撰写《五代会要》三十卷，有文集二十卷。

现在范质的官职为开府仪同三司，封萧国公，与王溥同为宰相。对这样两个人，赵匡胤不敢因手掌军权而生轻慢之心，相反，每临朝班或在平时相遇，他总是执后辈之礼，敬重有加。范、王二人见这位年轻的将军功高不倨，谦恭有礼，对他也颇有好感。因此，双方关系相处得还算不错。

显德六年（959 年）腊月二十七，浓云密布，朔风呼啸，纷纷扬扬的大雪就像大团大团的棉絮，在劲厉的北风中打着旋儿，拧着劲儿，一刻不停地下了整整一天，入夜后仍不见有稍微减弱的趋势。

汴梁城大街上积雪已有半尺多，屋顶上、墙头上、树杈上到处一片洁白。"丰年好大雪"，春节之前普降瑞雪，人们普遍认为这是个吉祥兆头，为普天同庆的传统节日——新春佳节的到来又平添了几分喜庆气氛。

人们都躲在家中，围着熊熊的火炉闲话，或已早早入睡，大街上早无人迹。这时候，从御街西头的一个巷子里匆匆地走出两个人，他们的身上、帽子上都落满了雪花，几乎变成了两个在游动的雪人。他们走到都点检府邸大门，两个卫兵正要上前阻挡，一看是他们，急忙致礼放行。二人也不客气，轻车熟路，无须导引，经过了七弯八拐的回廊，穿过两栋房子，便来到后院，径直向殿前都点检赵匡胤的书房走去。他们笃定赵匡胤此时断不会睡觉，一定在书房里读书。

　　猜得不错，此时赵匡胤确实正在伏案苦读。宽大的书案上零乱地摆满了书籍，案前一支粗大的蜡烛正在熠熠燃烧，红枣大小的火头上冒着袅袅的青烟。旁边放置着一个铜质手炉，里面的木炭燃得正旺。赵匡胤上身披着一件皮衣，手里拿着一本书正看得入神。

　　以前赵匡胤确实不愿读书，而且打心眼里瞧不起那些皓首穷经却胸无一策的书呆子。但此一时也，彼一时也。在长期的戎马生涯中，特别是在与那些学富五车、满腹经纶的幕僚的频频接触中，赵匡胤开始感受到，打仗不仅仅靠武功和力气，战争里面有政治，是一门深厚的学问。不知从什么时候起，他的志趣和爱好悄悄地发生了变化。他开始愿意与幕僚们攀谈，谈政治、谈历史、谈治军之道和治国之术，甚至对于历代帝王和名臣的权变之术、驭人之术也颇感兴趣。

　　在征战南唐的日子里，他于战争余暇收集各类书籍千余卷，以便随时拿出来阅读，有时到了爱不释手的程度。这对于历来笃信武力、鄙薄诗书的赵匡胤来说实在反常。那时他已朦朦胧胧地意识到，勇武之人最多能冲锋陷阵，要得天下还得文武兼备。他已经不满足于统兵作战，而开始把目光投向了不可知的未来。

　　当时，赵匡胤这一微妙的变化却被精明的周世宗发现了，曾当面问他："既为将帅，应以治戎装、磨刀剑为正事，怎么忽然读起诗书来了？"赵匡胤闻言大吃一惊，忙道："臣受陛下恩重，常感力不从心，因而欲广学多闻，增长见识，以不负陛下圣望。"周世宗不再追问，也未说其他话。

　　但赵匡胤并未因此改变初衷。他不仅留意经史，而且对兵书战策等各类书籍都广泛涉猎。赵匡胤本就具有雄才大略，现在又变得嗜书如命，尽管他对世宗一直唯忠唯谨，他的这一变化还是一度在周世宗的心里蒙上了阴影。有一次周世宗召赵匡胤一起饮酒，到醉意朦胧时，半开玩笑地说道："爱卿方面大耳，一派帝王之相，说不定日后会居九五之尊。"匡胤一听，顿时吓出了一身冷汗，只觉得内心"咚咚"乱跳。他猛喝了几口酒，才将慌乱的心情压住，镇定地说道："臣不仅方面大耳，而且体魄健硕，力大如牛。不过这躯体乃至生命完全属于陛下所有。莫说是面耳，就是这副心肝，若陛下需要，可随时操刀来取，臣决不皱一下眉头。"听他这样说，世宗也觉得尴尬，便纵声大笑道："朕不过酒后戏言，爱卿何必当真呢？"

　　凭着随机应变，总算躲过了这一关。不过自此以后，赵匡胤更加小心谨慎，不敢有丝毫的懈怠。而周世宗见匡胤对自己时时事事忠心耿耿，他在位时又常年戎马倥偬，南征北战，战场上的刀光剑影、枪林箭雨使他无暇仔细琢磨这些事，渐渐地便把它淡忘了。

应该说，不管是对后周的创始之帝郭威，还是对继任的贤明之君柴荣，赵匡胤都是发自内心的至忠至诚。他敬仰他们的雄才大略，钦佩他们的文治武功，心甘情愿地效命于他们的麾下，他只想通过自己履艰险、冒锋镝、万死不辞的忠勇来得到他们的擢拔，攀登高位、晋身富贵，其他倒没多想。

可是，随着职务的擢升，权力的膨胀，特别是当周世宗突然驾崩之后，赵匡胤内心深处长期潜伏的一种意识，即问鼎中原、主宰天下的一种强烈欲望则一下子冒了出来。当他的心里突然升起了这种念头时，连自己都吓了一跳。且不说篡逆之心自古以来都能招致灭门之祸，就是单从周世宗对自己情同手足、恩重如山这份情义上说，自己有这种想法也是不忠不义之事。他不得不极力地压抑着，尽力地掩饰着。但是每当夜深人静的时候，他的脑海里便不断地闪现出当年在高辛庙里求卜，所得的那个上上大吉的圣卦，那可是上天示意自己当做天子。他也不时地想起关西路上遇到的那个"真无"道士，他的话闪闪烁烁，若隐若现，似乎也在暗示自己将来可登大宝。以自己现在的权力、势力和人心向背，足以左右一个王朝的命运。只要略有动作，万里江山便唾手可得。自己欲一统天下，让苍生脱离苦海、富足安康的平生宏愿便可实现，这可是天予神授、千载难逢的良机。

自我压抑和掩盖显得苍白无力，跃登大宝的欲望与日俱增，就像地下的大火在运行，随时都可能化作滚滚翻腾的岩浆，突然喷出地面，射向高空，凝聚成一座岿立于天地之间的巍巍巨峰。这些天，他几乎不敢早睡，每天忙碌一天，晚上便躲在书房里苦读，让那些自己从未涉猎过的知识来慢慢地冷却自己那熊熊燃烧的滚烫的胸膛。

他正在出神地读着，书房的门被"哐啷"一声推开，随着一股冷风的袭入，两个"雪人"闯了进来。

匡胤把手里的书放下，抬头一看，原来是自己的弟弟赵匡义和赵普来了。他赶紧立起身来，有些奇怪地问道："这样的天气，如何想起串门子来了？"

赵普一边把帽子和披风脱下来抖着雪，双脚在地上乱跺着，一边笑嘻嘻地说道："雪大天寒，年尽腊残，特来讨杯好酒暖暖身子。"赵匡义把赤红的双手放在嘴巴上哈着，却随口说了一句："晚来天欲雪，能饮一杯无？"赵匡胤被他们几句话逗乐了，也一下子来了兴致，哈哈大笑道："好！我们兄弟三人就来个绕炉赏雪，竟夜长谈。"

他吩咐下人赶忙把木炭火炉拨旺，让厨子准备了几个菜肴。也不用大桌子，就在炉旁摆下一个小圆桌，三个木墩，三人围桌而坐，浅斟慢酌，边饮边谈。

说过几句闲话，赵普忽然把话锋一转，说道："一元复始，万象更新。新的一年就要开始了，将军可有什么新打算？"跟随匡胤这几年来，不管匡胤的职务如何变化，他一直沿用"将军"这个称呼，简单而又亲切。

几杯老酒下肚，赵匡胤那张棱角分明的枣红色脸膛显得更加赤红。他淡淡地一笑，说道："边陲无事，四海晏然，国内大事自有两位宰辅和那班朝臣们拿主意，我这个殿前都点检能确保幼主平安无事也就行了，还能有什么新打算？"

"可是，将军曾经在先帝临终之时向他保证要一统华夏。据我所知，这也正是将军您的平生大愿，长此下去，饱食终日，安享太平，恐怕要壮志消磨尽，雄心付流水，先帝的宏图大愿将无从实现，将军岂不要愧对先帝的在天之灵？"说罢，赵普看着匡胤，他看到匡胤的双目中一团灼人的火花跳跃了一下，瞬息而逝。

匡胤长长地叹了口气道："主上年幼，尚不懂事，几位执掌国柄的宰辅大臣又都是求稳怕乱的文人墨客。朝廷中已没有了先帝在世时那种意气风发的气象了。我可真成了掉在枯井里的一头老牛，有劲也没处使。没有法子，只能等少主长大，但愿他能子承父志，再图统一大业。"

"人生在世如白驹过隙，电光石火，稍纵即逝。将军已届中年，如何能等得起？"赵普将一杯热气腾腾的老酒喝了，夹了口菜吃着，又慢慢说道："倘若少主成人之后不思进取，贪图安逸，将军将何以处之？难道要饮恨含羞，空老此生？"

几句话，刺得匡胤心里一哆嗦。是啊！他赵匡胤何尝不是这样想的。倘先帝健在，英主贤臣，志同道合，纵横天下，共图大业，自可青史留名，自己也不用想别的，一心事主就行了，可现在呢？

他还没开口，赵匡义在旁边早忍不住了，高声嚷道："一个七岁的孩子，他懂得什么？还不是事事听范质、王溥那帮老腐儒的。值得这样为他效忠么？谁说大周的江山只能姓柴，就不能姓李、姓王、姓赵？"

"住口，你少不更事，休得胡言。"赵匡胤厉声喝止了他。

赵普却说道："匡义虽说年轻，此话却不无道理。心里怀着这种想法的恐怕大有人在。天下者，天下人之天下，国家者，有德者居之。将军若只是如此一味愚忠，恐冷了天下志士的心。再说，主少国疑，政局并不平稳，大周江山并非平安无事。国家大器，觊觎窥伺者恐尚有人在。"

匡胤闻言大惊，急忙问道："先生何出此言？"

赵普道："朝廷中手掌军队大权的不只将军一人，马步军副都指挥使韩通、在外领兵执掌节钺大权的李重进难道就没有非分之想？若彼等捷足先登，我等将悔之晚矣。"

匡胤默然良久，以手抚额，似恍然大悟道："闻先生此言，如醍醐灌顶，匡胤实是愚不可及。不过，我等究竟该怎么做，请先生赐教。"

赵普深知赵匡胤的心事，但这场"劝进"的戏还是要认认真真地演。只有如此，才能让这位既雄心勃勃，又心细如发，把面子看得比什么都重要的都点检顺情合理地转舵。见匡胤终于松了口，赵普知道火候已到，这场戏该推向高潮了，便一字一顿地说道："取而代之，黄袍加身。"

赵匡胤道："可是，先帝对我恩重如山，情深似海。他刚驾崩不久，留下孤儿寡母，又托孤于我。我若乘机夺位，岂非大奸大恶？这样既愧对先帝，又为千秋万代唾骂，为之奈何？"

赵普胸有成竹地道："忠于先帝，首先要秉其遗志，抚四海，平胡虏，一统锦绣江山，结束数十年来天下动荡、烽烟四起、白骨累累的惨痛局面，拯救天下黎民苍生。此乃大忠、真忠、万古不朽之忠义，千秋万代，只能是丰碑巍巍。至于先帝的遗孤，只要您善待周宗室，让柴氏一门世世代代荣华富贵，也就对得起先帝了。"再说，倘若将军迟疑不决，别人捷足先登，国家神器为奸险小人所窃，天下庶民将再次陷入水深火热，神州大地将再次沦为满目疮痍。周世宗的遗愿不仅会化作泡影，甚至连其子孙后代恐怕也难以保全。将军岂不因一念之差而铸成千古大错？"

赵匡胤频频点头，脸上终于绽出了笑容："好，就这样。"他用手指在桌面上轻轻一敲，继续说道："此事惊天动地，干系重大，必须缜密筹划，你们认为何时行动为宜？"

赵匡义道："事不宜迟，夜长梦多，新春佳节便是绝好的时机。"

赵普接口道："对，就在新年期间，朝野上下忙于欢庆佳节，于京城举事，生米煮成熟饭即诏告天下。"

赵匡胤却摇头道："不，不能在京城。眼下虽说掌握军权的多是我们的弟兄，但仍有韩通那厮手握重兵，且这里还有一批忠于皇室的大臣。弄不好就会刀兵相加，禁军自相残杀，兵祸殃及百姓。那班文臣不明真相，摇唇鼓舌，一旦不能成功，便会身败名裂。"

"那该怎么办？"赵匡义急忙问道。

"前朝有现成的故事，值得我们效仿。"匡胤道。

"将军莫非是说周太祖黄袍加身的故事？"赵普问。

"对！当年河北涿州驰报契丹深入，时任枢密使的周太祖率军北征，兵至澶州哗变，太祖黄袍加身，自立为帝，这是五代以来拥兵自立最成功的一例，足堪为我等典范。不过，那契丹人何时来犯可不是我们说了算的。"匡胤说完，又看了看赵普。

赵普会意地笑了，此事看来将军已深思熟虑多日了，何愁大事不成？他赶忙接口道："此事不劳将军费心，一切具体事宜自有我与匡义办理。将军只思谋如何调兵遣将就是了。"

匡胤道："此事只能我们三人知道，不得泄露给外人。好了，我们三人同干此杯，你们也该回去睡觉了。"

二人饮罢后起身离去，屋外的碎琼乱玉还在漫天飞舞。

送走赵普、匡义，赵匡胤也没有回后面的卧室去睡。他和衣躺在书房里间的大床上，两眼盯着火红的炭炉，心里却在翻江倒海。

现在是万事俱备，只欠东风了。但他还要重新梳理每一个细节，仔细搜寻每一个漏洞，这样的大事必须做到万无一失。

先看民心。先帝在世时，就有"点检做天子"的舆论在民间传播，现在恰巧是为自己这位殿前都点检做了舆论准备。朝廷中的情况是，小皇帝只有七岁，还是个穿开裆裤的孩子。符太后既不是小皇帝的亲生母亲，又是刚策封的太后，权位并不稳固。孤儿寡母充当后周国主，最高权力实际出现了真空。"主少国疑"作为一种失望情绪的宣泄，正在京城的各个角落里弥漫。周世宗创造的那个鼎盛强大的后周正在消逝，周王朝何去何从，百姓和大臣心中都一片迷茫。民心可用！

再看军界诸将，这是决定大事成败的关键。

殿前司系统的高级将领已经全部换成了自己的人。自从自己出任殿前都

宋太祖赵匡胤

点检以后，人事安排发生了重大变化。原来一直空缺的副都点检一职由自己"素以兄事"的慕容延钊出任；殿前都指挥使和殿前都虞侯之职则由义社兄弟石守信、王审琦出任，这都是自己势力圈子内的核心人物。

侍卫司系统的五个高级将领，有三个是自己的嫡系和亲信。韩令坤升任侍卫都虞侯。空出的马军都指挥使由高怀德接任。原由与自己有矛盾的袁彦担任的步军都指挥使一职则由张令铎担任。剩下的两个是与自己关系一般甚至有些冷漠的李重进和韩通。

韩通有勇无谋，毫无城府，并不足惧。真正能对自己形成威胁的只有李重进。想到李重进，赵匡胤暗自笑了。对于李重进的安排，是他在神不知鬼不觉的情况下暗中运作的最得意的一笔，这事连赵普也毫不知情。

弟弟赵匡义的妻子和符太后是亲姊妹。符太后是先帝柴荣的结发之妻，虽然长得淡眉细眼，姿色平平，又是小户人家的女儿，但因为是原配夫人，当柴荣继位做了皇帝之后，便顺理成章地被封为皇后。她有个比她小十几岁的妹妹，本就与她姐姐一样长得平平常常，没有什么姿色，又因病在右眼上落了一块明晃晃的疤，就更显得有些丑陋了。但是，赵匡胤却认定这是进一步结好周世宗柴荣的绝好机会，便鼓动弟弟赵匡义娶这个女人为妻。匡义开始时甚不乐意。匡胤对弟弟道："自古以来，凡做大事者，哪个不把男女联姻当作政治联盟的手段？只有那些凡夫俗子才讲什么郎才女貌。常言'妻贤妾美才是福'，大丈夫处世，自会有三妻四妾，正室丑一点又有什么？"匡义同意之后，赵匡胤又多次找周世宗为弟弟求亲。周世宗也正欲笼络大将，自然一拍即合，终于促成了这桩婚事。周世宗突然驾崩，年幼的恭帝即位，朝中的任免大权实际掌握在符太后也就是赵匡义的大姨子手里。赵匡胤暗中指示弟弟，让他的妻子不断入宫，在符太后面前游说。匡义的妻子鼓动如簧之舌，终于把她的姐姐符太后说服，将李重进调至淮南扬州任节度使，理由冠冕堂皇：淮南刚刚收复，需要有资望的大将领兵驻守。虽然他仍兼任着侍卫司的最高职务马步军都指挥使，但这只是一个空衔罢了。

这样，在京都汴梁就只剩下一个韩通以马步军副都指挥使的身份署理侍卫司的职事，孤掌难鸣，已无大碍。

赵匡胤这样仔细地思索着，诸事都已妥当，心中渐渐地平静下来。他向里翻了个身，很快便沉沉睡去。

在这个大雪之夜，在这夜深人静的时候，汴京城里还有两个人在为同一件事思虑着、密商着。这两个人便是侍卫马步军副都指挥使韩通和他的儿子韩橐驼。

父子二人相对而坐，面前的酒盏已空，杯盘狼藉。韩通喝得醉醺醺的，大咧咧地半躺在太师椅里，上眼皮耷拉着，似睡非睡。韩橐驼早已说得口干舌燥，唇焦齿酸。他反复地跟父亲说，赵匡胤自任都点检以后，暗中拉拢势力，邀买人心，他的党羽、亲信已遍布禁军，羽翼丰满，倘有不臣之心，举兵起事，撼动大周王朝易如反掌，对此不能不防。倘江山易姓，韩家与他赵匡胤历来不睦。到那时不仅富贵不能长久，弄得不好，恐怕连身家性命亦难保。

尽管韩橐驼说得危言耸听，把前景尽量描绘得黯淡而恐怖，韩通却总是不以为然，他一边大口喝酒，一边心不在焉地说道："你也太多虑了。赵匡胤与先帝原是结义兄弟，先帝与他情深义重，如同手足。这赵匡胤又素讲忠义，怎么会做出如此大逆不道之事？虽说他与我们韩家有隙，柴家可没有亏待他。再说纵使他举兵谋逆，我侍卫司十万马步军还怕他不成？"

"防人之心不可无。依孩儿看，那赵匡胤决非池中之物，已久蓄南面称王之心，只是时机不到罢了。如今新主年幼，不谙世事，满朝文武除爹爹握有重兵，可与之抗衡，别人谁还是他的对手？爹爹万万不可掉以轻心。"韩橐驼还要再说下去，韩通却站起身来，长长地打了个哈欠，说道："行了行了，我心中有数就是了。时候不早了，快回去睡觉吧。"韩橐驼心犹不甘，张了张口，却被韩通挥挥手制止了，只得怏怏不乐地退了出去。

显德七年（960年）正月初一，汴京城沉浸在一片节日的欢乐气氛中，满城的官民们都在尽情庆祝这一年一度的新春佳节，家家户户悬灯结彩，张贴对联，鞭炮爆竹的鸣响炸成了一片，到处一片喜气洋洋。

后宫之内更是热闹纷呈。刚刚八岁的恭帝还是个孩子，正是贪玩的时候。他让太监宫女都穿了崭新的衣服，陪着他尽情地玩闹嬉戏。符太后坐在绣榻上，笑吟吟地看着他们玩乐，也觉得十分惬意。小皇帝虽说不是自己的亲生儿子，但毕竟是周世宗的骨血，但愿他能像父亲一样，顺顺利利地长大成人，早掌国柄，成为一代有为明君，把大周治理得繁荣昌盛。

就在这时，宰相范质和王溥慌慌张张地跑进宫来，双双跪在符太后和恭帝面前，颤声说道："启禀皇上、太后，臣有紧急军情要奏报。"符太后道："是什么军情让宰相如此惊慌？"范质奏道："臣等刚接到边关军情的紧急警报，契丹兵与北汉兵自土门东下会合，向我疆土大举进犯，请朝廷赶快发兵拒敌。"

符太后一听，早吓得脸色发黄。她一个妇道人家，周世宗在时，从来不过问政治，于军事更是一窍不通。这样的大事哪曾经过？只是看着两位宰相问道："这可怎么办？你们看该怎么办？该派谁去？"那小皇帝正玩得高兴，见两位大臣闯进来，已觉得扫兴，又听说契丹发兵来犯，早吓傻了，呆呆地站在那里，一句话也不说。

范质忙安慰道："皇上、太后休要惊慌，敌兵尚在边关，离汴京还远着呢。自古兵来将挡，水来土掩。以老臣愚见，殿前都点检赵匡胤智勇双全，派他前往拒敌，可保无虞。"符太后忙点头道："说得是，可速传旨，着赵匡胤速速发兵。"

范质、王溥急忙拟旨，诏匡胤与众朝臣即刻上朝。

小皇帝高坐在御座上，符太后坐在他身旁，满面肃穆。文武群臣依仪礼拜毕，王溥简单介绍了契丹入侵的军情急报，范质宣读了恭帝的诏旨，命殿前都点检、归德军节度使赵匡胤率领宿卫禁军前往御敌。

赵匡胤毕恭毕敬地来到恭帝柴宗训的御座前，俯伏在地，行三跪九叩大礼毕，从恭帝手中接过诏令，口呼万岁道："万岁与太后放心，臣赵匡胤定然不负圣望，纵使断头流血，也一定要御敌于国门之外，使大周江山社稷固若金汤。"

范质、王溥等一班文臣深受感动，连连轻声赞叹。符太后激动得频频点头，双眼满含热泪亲切地注视着这位擎天保驾的柱石大臣。小皇帝走下御座，亲手扶起赵匡胤，感动得不知说什么好。

这一刻，赵匡胤也为这种气氛所感染，只觉得五内翻滚，一种深深的不安霎时袭上心来，眼眶酸酸的，险些掉下泪来。他慌忙离开大殿，口里连呼万岁，向恭帝告别。

朝会很快便散了，恭帝又继续陶醉在佳节的欢乐之中了。那么多太监和宫女变着法子让他高兴，他感到十分快活。刚才金殿之上，一纸诏书便能调动千军万马，让那叱咤风云的禁军统帅俯首听命，他已经模模糊糊地感受到了天子的威严和至高无上的权力。现在，他要尽情地享受这至尊之乐，用最有趣最热闹的方式度过当皇上以来的第一个春节。

赵匡胤回到点检司之后，立即对部队进行了周密部署。赵普、高怀德、张令铎、郑恩、陶三春等随大军出征。殿前都指挥使石守信、都虞侯王审琦留在开封，配合韩令坤等人控制京城局面，以对付韩通可能采取的行动。

他的莫逆之交，也是他的副手殿前副都点检慕容延钊则率领前军先行，于正月初二便离开汴京，开赴北部前线。他自己率大军于初三随后出发。

当天夜里，赵普及"义社十兄弟"同时行动，从各种渠道分头在汴京城里散布舆论。很快，汴京城的百姓之中便沸沸扬扬地传出了"将以出军之日策点检做天子"的消息。士民百姓对这一传闻十分敏感，因害怕抢劫而纷纷搬家躲藏。

这是赵匡胤精密策划的又一得意之作。他有意把这一消息捅出去，投石问路，要看看东京的市民有什么反应。很显然，百姓们并不关心政事，谁做天子对他们来说无关紧要，他们只关心自己的身家性命和财产家业的安全，赵匡胤放心了。但是，这些传言对皇宫和朝廷却严加封锁，后周宫廷对这一骇人听闻的消息竟然一无所知。

初二凌晨，殿前副点检慕容延钊为前锋，率领一支精锐部队先期出发。赵匡胤对敌情的反应如此敏捷，发兵如此迅速及时，直令朝野哑舌，朝臣们对这位新任都点检的忠心效主称颂不已，惊恐不安的市民也略觉放心。

赵匡胤又认真地筹划准备了一天，为了把这场戏演真做足，晚饭之后，他带上高怀德、郑恩等人到侍卫司公署向留守京城的侍卫马步军最高统帅韩通辞行。

韩橐驼听说赵匡胤前来辞行，认为这是天赐良机。他急忙去见父亲，说道："赵匡胤自己送上门来，这是千载难逢的机会，天不灭周。孩儿已自作主张，在府内伏下三百刀斧手，只听父亲一声令下，即可将此贼擒而诛之，望父亲早下决断。"韩通听过，也觉得机不可失，但他仍犹豫不决。赵匡胤奉命出征，抵御契丹，一身系着大周安危。眼下其反迹未露，自己在证据不足的情况下擅杀朝廷命官，乃灭门之罪，因此他对儿子断喝道："胡闹！没有我的命令，不准乱动，到时候看看情况再说。"

赵匡胤来了，身后跟着高怀德、郑恩几个将领。匡胤满面春风，轻松自如，不着戎装，只穿便衣，向韩通拱拱手笑道："韩兄可好？末将明日将奉诏北征，今晚特来向老将军辞行。以后朝廷的安危和京师的安宁全赖老将军一人支撑了。"说罢，上前亲切地挽住韩通的手臂，双双向室内走去。

二人攀谈多时，韩通一边交谈，一边暗中察看，见赵匡胤从容自若，谈

宋太祖赵匡胤

笑风生，像平时一样毫无戒备，怎么也看不出有半点想谋逆的迹象。韩囊驼借进来献茶之机频频向韩通递眼色，让他下令，韩通只是不为所动。

谈了有半个时辰，高怀德进来道："赵将军，时辰不早了，府中还有许多事情等你安排。"赵匡胤起身告辞："韩老将军，恕末将君命在身不敢久留，容北征归来之后再来详谈。"韩通忙答礼道："好！待将军大获全胜凯旋之日，韩某定当于府中设宴为将军接风。"

韩通一直把赵匡胤送出府外，高怀德、郑恩一左一右按剑随行。出得府门，匡胤与众人翻身上马，揽辔徐徐而去。韩通回府，儿子韩囊驼一脸懊丧，忍不住埋怨道："爹爹妇人之仁，坐失良机。此人一去，龙潜大海，虎归深山，大周从此危矣，我韩家亦应早做准备。"韩通闻言大怒，厉声斥道："竖子足不出户，懂得什么军国大事，休要在此胡言。"

就在赵匡胤前往拜访韩通的同时，赵匡义等人也在悄悄地行动。他们将母亲杜夫人及匡胤的妻妾儿女、匡义的妻室及全部家人在神不知鬼不觉的情况下偷偷地送到了城西一座寺庙定力院中。住持智奥亲自等在庙门之前，将众人接到寺中，妥善安顿。匡义向智奥深施一礼道："家母及全家安危皆托付于长老，异日定当重谢。"智奥于胸前双掌合十，说道："阿弥陀佛，施主放心，老夫人及家眷在本寺院自可安然无恙。"

匡义等人向智奥告别，打马回城。老远见一黑影沿小路急行。深更半夜，四野无人，这个人却踽踽独行，是干什么的？匡义纵马疾驰几步，追上一看，却是个衣衫褴褛、蓬头垢面的驼背乞丐。问他几句，只是摇手摆头，原来还是个哑巴，便不再多问，放他去了。

他哪里料到，此人正是韩通之子韩囊驼。他见父亲固执己见，冥顽不化，不肯早做准备，料知大祸已经临头。为避灾祸，便化装成乞丐模样，乘夜缒城而下，潜出城外，却碰上赵匡义等人从定力院方向赶来，亦觉惊诧。亏他已经化装，与平时判若两人，又在夜间，匡义一时难以辨认，这才得以脱身。

第十九章　陈桥兵变　黄袍加身

正月初三卯时，赵匡胤率宿卫禁军主力从汴京开发。他号令三军，严肃纪律，大队人马部伍整齐，随着撼天震地的三声炮响，浩浩荡荡地开出汴京城，向北进发。

前几天那种寒冷刺骨的天气有所缓和，蓝天白云，风和日丽，路旁的积雪正在慢慢地融化，恰是个宜于行军的好天气。

可是不知为什么，大队人马出了京城之后就开始放慢了速度，完全不像前方有紧急军情，需要快马加鞭、火速驰援的样子，也不像赵匡胤历来雷厉风行的作风。

士兵们开始窃窃私语，连他们也觉得这次军事行动有些蹊跷，甚至有点让人琢磨不透。行军的步伐越来越慢，渐渐地队伍里开始有说有笑，人们一边慢腾腾地走着，一边海阔天空、漫无边际地谈论着各种趣事。

忽听得有人高声叫道："你们快看，这天上怎么出了两个日头，一个在上，一个在下，已经互相冲撞了许久。"众人看时，原来是一个叫苗训的军校在说话。兵士们素知这苗训通晓天文，谙熟占卜，观天测地无不灵验。听他一说，队伍顿时有些乱了，人们纷纷驻足，以手遮目向天上张望着。虽然冬日的太阳不那么刺目，但他们仍看不到有两个太阳，便你问我，我问你："哪里有两个日头，我怎么看不见？""怎么没有？你看那日头下面不是还有一团暗光？"这消息一传十，十传百，很快传遍了整个队伍，就像大风迅速掠过水面，掀起了一阵阵涟漪和细浪。

这时候，赵匡胤的幕僚楚昭辅匆匆从后面赶上来，问苗训道："你看清楚了，确是有两个日头吗？"苗训急得脸红脖子粗，急忙争辩道："禀楚大人，千真万确。刚才太阳下面又出现了一个小太阳，周边一团黑影。光明与黑暗已经磨荡掩映了好久。你看，你看，那小日头正在慢慢下沉。"

楚昭辅抬起头，随着苗训手指的方向向天上看去，忽然惊诧道："可不，真是千古奇事，还真的出现了两个日头。"他放下手，与苗训并肩走着，故意

宋太祖赵匡胤

大声问道："我早就听说你小子有两下子，自幼善观天象，但这天象预示着什么？"

"一日克一日，这是大变之兆，是天命。天无二日，国无二主，这是自古以来的常理。至于是祸是福，恕小人不敢直言。"苗训说到这里，看看楚昭辅，随即又与他咬着耳朵说了几句。

没过半个时辰，一日克一日、大变在即、就要改朝换代的说法就像瘟疫一样在军中迅速地蔓延传播开来。许多浮想联翩的流言也随之四起，众口相传。

士兵们开始惊惧，继而骚动不安，很快却变得兴高采烈，精神亢奋起来。联系到京城里百姓们流传的"策点检做天子"的谣言，他们马上想到了都点检赵匡胤。能策立自己的主帅当天子，对他们这些部属只有好处，没有坏处。况且每次兵变和改朝换代，当兵的都可以趁机抢掠，发一笔小财。谁当皇帝无关紧要，他们都是当兵吃粮，扛枪打仗。他们并不指望出将入相，这样的福分永远落不到他们这些士卒头上。只要能够趁乱抢些金银钱财之物，捎回家去置地盖房，让家人们享点温饱之福，对他们来说也就心满意足了。

部队就这样在议论纷纷、有说有笑的气氛中缓缓行进，直至日暮黄昏之时，才来到离汴梁城只有四十里的陈桥驿。

陈桥驿坐落在汴京东北方，紧傍黄河，位于陈桥与封丘门之间，是汴京通往北方大道的第一驿站。唐朝时始设驿站，称上源驿，后来又改称班荆馆，是迎接北方小国的使臣之处。多少年来，这里一直车行马奔，征尘飞扬，行人塞路。

赵匡胤率大军经过一天的奔波，虽说行动迟缓，但到此也已经人困马乏，于是便传令各部，就地安营扎寨，驻足暂歇，待明日再行。夜色如墨，将陈桥驿浸泡在一团漆黑里，夜风开始变得凛冽无情，将白天残留的一点温热驱赶得干干净净。寥落的寒星在冰凉的夜风中瑟瑟抖动，就像一只只躲躲闪闪的惊恐不安的眼睛。

赵匡胤坐在自己的房间里，似乎是为驱寒，让手下人给他准备了几个下酒菜，独自一人埋头豪饮。部下们大惑不解，他们跟随自己的主帅这么多年，还从没见他在大战前夕这样饮酒。只见他一碗接一碗地牛饮鲸吞，盘子里的菜不多时便扫荡尽净，一坛子酒也只剩下了半坛子。待他酒足饭饱之后，嘴里打着饱嗝，站起来伸了个长长的懒腰，便步履踉跄地爬到铺上睡下了，待亲兵们给他脱靴的时候，他早已鼾声如雷，沉沉睡去。

夜深了，一些士兵已进入了梦乡，但大多数士卒将校却没有入睡，还在三个一堆两个一簇地议论不休。赵匡胤的幕僚李处耘的帐篷里聚集了十几名将官，帐外围拢了许多士兵，他们正在听李处耘慷慨激昂地说道："当今主上年幼，未能亲政。我辈今番北上，为国家破贼，就是身首异处，血染沙场，又有谁能知道？不如先立点检做了天子，然后再北征不迟，建得战功，必有重赏。即使死伤也值得。"听了李处耘的话，众将领一片哗然，都高声嚷道："大人说得是，点检做天子本是天意，我等愿听您的。"

人们一面大嚷着，一面向掌书记赵普的大帐涌去。

这夜晚饭后，赵普约了匡胤的几位义社兄弟和幕僚密商，安排他们去各营四处点火，煽动将士们的情绪，以观察他们的拥护程度。他却与赵匡义躲在自己帐中，静等好戏开台。

忽听到一片喧闹之声由远而近，许多将领手持兵器闯了进来，大声嚷道："我等于军中议定，欲策立大帅为天子，愿听听掌书记的高见。"人们所说的大帅自然是指赵匡胤。

赵普不慌不忙地站起身来，扫视了众将一眼，正色说道："大帅对后周皇室忠心耿耿，一片赤诚，天人共知。而今你们却逼他反叛，置他于不忠不义之地，大帅岂能饶过你们？快快散去，此事休再提起，可饶尔等无罪。"赵普深懂欲擒故纵之术，为了再激他们一下，有意把话说得坚决果断，大义凛然。

众将听了此话，顿时一愣，默然良久便悄然散去。可是当他们回到自己的帐前，却见李处耘迎面走来，俯在几个将官的耳边低声说了几句，众人恍然大悟，又纷纷聚拢起来，返回赵普帐中，吵吵嚷嚷非要立赵匡胤为天子不可。一位身材粗壮的将官竟把腰刀拔出来，明晃晃地举在手中，大声喊道："我等今日的作为按军法已是灭族之罪。今已议定，大帅若不从，我等决不退而受祸。"

赵普见众人义愤填膺，群情汹汹，心中暗自高兴。他一手策划的这场兵变正在按计划进行，而且其进展的速度比他预料得还要快。几颗火星会如此迅速地燃成熊熊大火，足见人心向背，他们的行动无疑会得到大多数官兵的支持和拥护。

但是，处事一向十分缜密的赵普也发现，此时诸将出入，众说纷纭，情绪高涨，行动唐突，他又不能不有所担心。目前的情况，当务之急必须迅速控制局面，将兵变引入稳妥的轨道，确保万无一失。否则，骄兵悍将，尾大不掉，易生变乱，也会招致其他藩镇的反抗。若京师方面得到消息，也会给兵变带来许多意想不到的麻烦。这些想法瞬息之间闪电一般在赵普的大脑里闪过，他迅速地调整着自己的思路，对众将大声喊道："策立天子乃是天地间第一大事，必须周密谋划，不得乱来。"众人的喧哗停止了，都在静静地听他说下去。赵普继续说道："如今外寇压境，大敌当前，我们不能自乱阵脚，依我看，不如先发兵北上，待击退了契丹贼寇，班师回朝后再议。"这又是个欲擒故纵的激将法。赵普心里比谁都清楚，兵变便是谋逆，贵在神速。若等退敌后再议，时局一变，自成泡影，这些首倡变乱者恐怕要成无头之鬼了。

将士们自然不会答应，一个个狂呼乱叫："如今朝廷政出多门，莫衷一是。若等班师再议，必置我等于死地。我们今日非立大帅为天子不可，若大帅不答应，恐大军无法指挥，我等宁死也不北行一步。"

赵普见人心如此，知道火候已到，便长叹一口气说："兴王易姓，虽为天命，实系人心。昨日慕容将军率领的前军已渡过黄河，其他节度使又各据一方。京城若出现混乱，不但外寇会借机深入，四方也会发生变故，到那时，策立不成，反酿大祸。因此，为谋大计，众将领务必严格约束自己的部属，稳定秩序。只要都城人心不乱，四方也会安然无事。到那时，诸位方可共保富贵，我赵普也愿与众位共图此事。"

众将领见都点检的心腹掌书记赵普已站到了自己一边，一片欢呼雀跃。各自回去整顿自己的队伍，军队里的混乱被迅速制止了。

赵普、赵匡义命将士们环列于赵匡胤的大帐外面，静候命令。

接着，赵普又把卫队军使韩重叫来，嘱他快马加鞭，连夜急驰汴京，向留守京城的殿前都指挥使石守信、都虞侯王审琦报告情况，让他们做好里应外合的准备。

天快要亮了，东方天际露出了一线曙光，天上的星星月亮都已暗淡褪色，渐渐隐去，整个天宇刹那间变得鲜明亮丽起来。

在赵普的授意下，十几名将领手执兵器，身穿铠甲，一齐鼓噪呐喊，冲向赵匡胤的大帐。各处营帐也都同时响起了欢呼之声，其响如雷，声震原野。

赵普、赵匡义进入赵匡胤的卧室，向他报告外面的情况，诸将则全身披挂聚集到赵匡胤的门前，在瑟瑟的寒风中伫立呐喊。

赵匡胤闻声披衣而起。昨夜的酒喝得太多，觉睡得太死，至今仍满脸通红，嘴里散发着酒气。他醉意犹在，步履蹒跚地走出大帐，惊愣地看着全副武装的将领们，满脸狐疑地问道："你们……这是干什么？"

将士们群情激昂，高声喊道："我等无主，愿立大帅做天子。"匡胤却醉醺醺地连连推拒："不可不可，你们把我赵某看成什么人了，此事万万不可。"将士们却又一齐喊道："大帅若不应众人之请，我等绝不撤离！"

正在争执不下的时候，赵普忙向众将连使眼色。便见张令铎、高怀德、郑恩三人从人群中窜了出来，几步冲到赵匡胤面前，不容分说，将手中一件早已备好的龙袍硬是披在了赵匡胤身上。紧接着，赵普、赵匡义与张令铎、高怀德、郑恩等率先双膝跪地，高呼万岁。众将领见状，齐刷刷地跪了一片，四处的将领、士兵们也都闻讯赶来，纷纷跪伏在地。万岁之声直冲云霄，声震数里。

此时，一轮红日正从东方天际的一片云海中升起，万道金光喷薄四射，照亮了万里长空，照亮了山川大地，陈桥驿沐浴在一片灿烂的霞光之中。

赵匡胤盼望已久的时刻终于来了，这一切来得是这样突然，又似乎是一种历史发展的必然。黄袍加身的赵匡胤胸中充满了将要振翅九霄的豪迈，他的脸上仍泛着醉酒后的微红，这微红下面隐含着难以自抑的狂喜。

他凝望着东方的旭日，忽然想起了十几年前他离家出走，浪迹天涯时写的那首诗：

> 欲出未出光辣达，千山万山如火发。
>
> 须臾走向天上来，逐却残星赶却月。

此时此刻，赵匡胤是真醉了，千千万万的将士也醉了。

在惊天动地的欢呼声中，赵匡胤被扶上了他那匹千里追风赤麒麟。身边是书记官赵普、胞弟赵匡义和他的一班亲信。千军万马跪伏在他的身前，等待着他发号施令。

这些日子，他一直深藏不露地躲在幕后，现在不能不粉墨登场，到前台向他的部下们亮相了。

赵匡胤显得十分冷静。他深知，欲举大事必须号令统一，军纪严明，毫无秩序的乌合之众难成大事。他将内心的喜悦深深地包藏起来，面色冷峻地看着众人，突然朗声说道："汝等为贪图富贵，拥立我做天子，陷我于不仁不义。我有号令，汝等能够遵从吗？若不遵从，我赵某决不当这个天子，愿众位另请高明。"下面立刻响起排山倒海般的呼喊："我等愿遵号令！"

匡胤略一停顿，长舒一口气，仍是面色严肃地说道："少帝与太后都是我赵匡胤北面臣事过的，朝中大臣也都是我比肩共事之人。尔等进入京师之后，不得侵犯皇室，凌辱朝贵；近世帝王起兵，每每放纵兵卒大肆抢掠，祸乱京师。我今入京，绝不允许此类事情发生。倘有劫掠百姓、抢劫府库财物、滥杀无辜者，立斩不赦！若能听命，必有重赏。"赵匡胤一边说着，又想起当年周太祖在澶州兵变后，一面撕裂的黄旗加身，进京后却纵兵抢掠十日，自己目睹了史弘肇的孙女卖艺被抢的情景。他无论如何不能允许这种悲剧重演。想着这些，他的目光变得冰冷而又狞厉，话音里充满了杀气。将士们听着，不禁心中凛然，那些准备进京后抢掠发财的士卒们不觉打了个冷战。众人急忙连声应诺，一齐高呼道："唯陛下之命是从。"

匡胤见众心归一，这才命令整集部伍，掉头向汴京进发。

在大军开拔之前，赵普已按预先的计划步骤，派客省使潘美先期回汴京去会见朝里的执政大臣，通报兵变情况，要求他们采取合作态度。同时，又派楚昭辅率领一百余骑快马加鞭驰往京西寺庙定力院，去抚慰和保护赵匡胤的家人。

此时的定力院中，一队禁军官兵正将智奥禅师团团围住，逼他交出赵匡胤的母亲杜氏及其他家眷。原来那日晚间，韩橐驼逃出城外，路遇赵匡义等人从定力院一带回城，且有车辆轿舆随行，顿生疑窦。待匡义等人走远之后，他即奔往定力院。经多方打听，终于探知是赵匡胤的家人藏匿寺中，心中又惊又喜。惊的是自己的猜测和预感一点不错，赵匡胤的反迹已暴露无遗，看来兵变巨祸就要来临；喜的是幸亏自己逃离汴京，在无意中窥破了赵匡胤的秘密，抓住了他的狐狸尾巴。倘若能把他的家人一网打尽，或许能以此为要挟，制止这场可怕的兵变，最起码也能以赵匡胤家人的生命换取他家一门生命财产的安全。

韩橐驼顾不得多想，急忙又返回京城。他不再去找自己的父亲韩通，他对父亲的勇而寡谋和刚愎自用已彻底绝望。

他敲开了父亲的部下、自己的好朋友欧阳松的大门，告知他赵匡胤已举兵反叛，其家人就藏在定力院，若能将他们一举擒获，当作人质，制止了这场兵祸，便可建立安邦定国的不世之功，加官晋爵，永保富贵。

第十九章　陈桥兵变　黄袍加身

一听能加官晋爵，欧阳松眼睛放光，激动得脸色绯红，立即点齐五十余名骑兵，叫开城门，向定力院飞驰而来。

"快说，你把赵家的那些狗男女们藏在哪儿了？"欧阳松横眉立目，满脸杀气，以剑尖指着智奥的鼻子吼道。

智奥单掌立于胸前，双目微闭，说道："阿弥陀佛，这里乃寺院，只有大小僧众，哪有什么赵家李家，男的女的。"这八十多岁的老僧一开口却声如洪钟，满院里嗡嗡直响。

韩橐驼挪动一双短腿，快步冲到智奥面前，阴阴地笑道："老秃驴，休要装疯卖傻，我亲眼看到赵匡胤的家眷藏进寺中，快把他们交出来。不然的话，叫你定力院立时化为乌有。"

智奥低头看了看这个其貌不扬的矮个子，忽然哈哈大笑道："定力院乃佛门净土，动不得刀枪。老衲平生吃软不吃硬，我劝施主们放下屠刀，立地成佛。若要撒野，恐性命不保。"

欧阳松闻言大怒，断喝一声："把这秃驴给我拿下！"四五个士卒挥舞刀剑冲了上来。只见那老僧身形未动，双臂微举，衣袂飘荡之处，劲风陡起，四五个禁军士卒眨眼间被抛出了三四尺外，仰面倒地。

欧阳松大吃一惊，仗着有些武功，挺剑向智奥迎面刺来。眼看剑锋到了胸前，智奥不慌不忙，双掌合十，将那柄寒光闪闪的利剑轻轻夹住。欧阳松待要拔剑，却像被一把巨大的铁钳牢牢地钳住了，任凭他使尽吃奶的力气，气喘吁吁，满脸涨得通红，那剑却纹丝不动。

智奥笑道："年轻人，听老衲一句话，滥杀无辜，罪莫大焉，放下屠刀，便可成佛。"说着，双腕一抖，便听"咔嚓"一声，掌中的剑早齐齐地断成两截。

欧阳松目瞪口呆，但在众目睽睽之下，又觉得下不了台，便怒吼一声："弟兄们，一起上，先将这老秃驴剁为肉泥，然后搜庙。"

见他如此冥顽不化，智奥只觉得一股怒气直冲脑门，杀心顿起。眼看着这定力院马上就是一场腥风血雨的恶战，就在此时，一名士卒从门外慌慌张张地跑进来，高声喊道："欧阳大人，有大队人马从东北方向杀过来了。"

韩橐驼闻言大惊失色，他知道，此时有兵马杀奔定力院，必是赵匡胤派来的无疑。看来，赵匡胤已经举事，大周朝就要寿终正寝了，不禁仰天长叹道："完了，完了，此乃天命！"

　　说完，急忙与欧阳松率众人奔出寺外，翻身上马，直奔西南方向而去。

　　楚昭辅带领百余骑兵风驰电掣般赶至定力院，急趋入寺，智奥长老已迎在院里。楚昭辅上前施礼，然后问道："老夫人他们可安好？"智奥道："他们能吃能睡，安好如初。"接着，便把刚才一队禁军前来剿捕一事说了。楚昭辅听着，吓得心头"突突"乱跳，忙对智奥深施一礼道："多谢长老舍身呵护。如今赵点检已做了天子，他日定当重赏。"智奥却微微一笑道："一入佛门，四大皆空。好生之德乃我佛门弟子天职，何敢言赏？"说着便领楚昭辅来到大雄宝殿。

　　楚昭辅进殿之后四下张望许久却不见一个人影，正在疑惑，却见智奥走到一座泥塑金身神像后面，轻轻按动机关，便听"吱扭"一声，那神像缓缓移开，却是一个四尺见方的洞口。

　　智奥领楚昭辅缘梯而下，下至洞底，向右一拐，顿觉豁然明亮。原来这是一个极为宽敞的地洞。当面是正厅，四周全是卧室，赵匡胤一家数十口安置在这里还显得绰绰有余。

　　大厅里亮着灯烛，杜老夫人正坐在一张木椅上双目微合，手持念珠，口中轻轻地嘟囔着什么。

　　楚昭辅急步趋近，跪下磕头道："恭喜老夫人，老夫人万福。"

　　杜老夫人睁开双目，看看楚昭辅，又看看智奥，轻声道："你们来了，有啥话起来慢慢说。"

　　楚昭辅立起身对老夫人说道："都点检已于今日凌晨在陈桥驿黄袍加身，荣登大宝，成为当今天子。小人特来接老夫人回城，向老夫人贺喜。"

　　杜老夫人却并不觉得意外，也看不出有多大欣喜，只淡淡地说道："吾儿素有大志，今日果然遂其心愿。那就让他们收拾收拾，准备回城吧。"说完，感激地看看面前这位八十多岁的老僧，又说道："这几日我们一家打扰老禅师了，多亏老禅师鼎力相助，照料周详，使我等寝食无忧，平平安安。老身在这里先替我儿谢过禅师，他日我儿自当重谢。"

　　智奥微笑着答道："老夫人言重了，些许小事不足挂齿，本寺能为老夫人效力已不胜荣幸，不敢再有其他奢望。"

　　杜老夫人回到汴京后把此事告知了赵匡胤，赵匡胤非常感激，亲至定力院会见智奥长老，当面道谢，并以三千两黄金相赠，智奥坚辞不受。赵匡胤便命人以此金重新修缮定力院，为众神像再塑金身。后来，智奥长老一直活到九十多岁，无疾而终。

赵匡胤率领宿卫禁军返回东京汴梁，正在把守城门的王审琦立即打开城门放大军入城。赵匡胤再次下令严明纪律，秋毫无犯。将士们秩序井然地行进在京城大街上，市井店铺和百姓之家皆安然无事。这次兵变虽说是五代以来历次兵变的延续，但士卒不抢掠、秩序不混乱却是绝无仅有的，惊恐万状的市民们很快便平静下来，京城又恢复了常态。

赵匡胤率大军进城时，例行公事的早朝还没有退。当负责向执政大臣通报拥立消息的潘美说明情况之后，满朝大臣无不惊愕。宰相范质和王溥既惊且悔，惊的是兵变如此突然，朝廷上下一无所知；悔的是不该轻信军情急报，仓促派赵匡胤出兵。范质就像热锅上的蚂蚁，急得团团乱转，一把抓住王溥的手臂，带着哭腔说道：“仓促遣将，吾辈之罪也。”因用力过大，竟将王溥的手腕掐出了血。王溥却浑然不觉，两眼定定地看着范质，呆愣良久竟不能对。

最为惊恐和后悔的还是韩通，听到这消息，就像当头挨了一闷棍，只觉得脑袋“嗡嗡”直响，双眼金星乱冒。直到此时，他才明白儿子韩橐驼是对的，悔不该当初不听儿子的，在自己府内下手，为朝廷剪除这一隐患。

韩通毕竟是行武出身，愣怔片刻之后，急忙从朝堂飞奔而出，匆匆忙忙集合了几千名侍卫亲军，鼓噪呐喊着奔向赵匡胤的殿前司公署。早有防备的石守信已在这里设下伏兵，见韩通率兵攻来，石守信一声令下，万箭齐发。

侍卫亲兵们见这里早有防备，又寡不敌众，谁还肯为这个气数已尽的王朝卖命？便“轰”的一声四处奔逃，作鸟兽散。

只剩了韩通孤身一人，无可奈何，于绝望中只得打马向家中狂奔。恰被首批进城的殿前司将领王彦升遇上。王彦升立即率军追杀。韩通回府后还未来得及关门，王彦升便带着兵马一拥而入。韩通举剑相拼，但毕竟众寡悬殊，又年高力弱，哪里还抵挡得住，战不多时，便被王彦升一枪刺入胸腔，兵士们蜂拥而上，将其乱刀砍死。

也是韩通活该倒霉，偏偏遇上王彦升这个魔头。

王彦升素以勇武著称，善击剑，人称“王剑儿”。他性残力大，心狠手辣。在担任原州防御使期间，曾抓到一名犯法者。他不对此人用刑，却召集僚属们宴饮。酒至半酣，他将罪犯叫到面前，竟恶狠狠地用手将该犯的耳朵硬撕下来。然后当着众人，把一只血淋淋的耳朵放在口里大嚼，用以佐酒。

那罪犯血流不断，他却像品佳肴一般，吃得津津有味。几年之中，被他吃了耳朵的竟有数百人。

此时，面对韩通那被乱刀砍得血肉模糊的尸体，王彦升"嗜杀成性"的兽性又突然发作了，他早把赵匡胤"不得滥杀无辜"的约法抛到了九霄云外。挥舞着手中的宝剑，大声命令着："乱臣贼子韩通，罪大恶极，全家抄斩，鸡犬不留。"

一声令下，兵士们就像发了疯的野兽，把韩通府邸翻了个底朝天。韩通的妻子儿女、丫鬟侍女、仆妇家人，除韩橐驼潜逃外，一百余口悉数被杀。一时间，屋内屋外，尸首杂陈，血流遍地。浓烈的血腥味在韩府的上空弥漫着，让人一阵阵恶心欲吐。

兵变以来唯一的一点小小的反抗被平息了。

兵变过程中唯一的一次流血事件也发生了，而且是一桩完全可以避免的让人惨不忍睹的血案。

文治彬彬开盛世 武功赫赫震幽燕

宋太祖赵匡胤

（下）

刘清越 著

山西出版传媒集团 山西人民出版社

目　录

第二十章　破除古训　广纳旧臣

赵匡胤率领大军顺利入城，他被众位将领簇拥着登上了明德门。这是历代天子的登临之处。赵匡胤站在这里，居高临下，俯瞰京城，心中荡漾着巨大的成功的喜悦。此时，他充满了自信。他知道，他的部队已完全控制了局势，大周的权柄已握在了他的手里，兵变已获得成功。

于是，他下令兵士们解甲归营，自己也在亲兵的护卫下回到了殿前都点检的公署小憩。

此刻，他不再担心敌对势力的反抗，京城里已不可能再发生战乱。他的脑子在急速地转动，在思考着如何登基称帝。他必须顺顺利利地从小皇帝的手中接过皇权，风风光光地、冠冕堂皇地举行登基大典。

就在他陷入沉思的时候，忽听到公署外面一片喧哗。他收起飞驰的思绪，正自疑惑，却见宰相范质和王溥被一群将士推推搡搡地拥了进来。

赵匡胤慌忙站了起来，向二位宰相问好。范质怒目注视着他，忽然厉声说道："先帝视你亲如手足，恩宠有加。今先帝尸骨未寒，你却兴兵背叛，是何道理？"

匡胤满脸呈现内疚之色，眼中垂泪答道："我受世宗厚恩，怎敢忘怀？今日发生此事，全是为六军所迫，身不由己，不得已而为之。赵某亦深觉有愧于天地，有负于先帝。事已至此，以宰相之见，我该怎么办？"

范质面显鄙夷之色，讥讽地一笑，正要说话，站在旁边的郑恩却将黑脸一沉，怒目圆睁，大声喝道："我辈无主，须得天子，这是全军将士的主意。"

赵匡胤佯怒道："郑恩休得无礼，还不退下？"

郑恩不仅不退，反而"刷"的一声将剑抽出，一步步向范质、王溥逼近。

王溥早吓得浑身颤抖，冷汗直流。他看看赵匡胤，再看看满面怒气的众将士，赶忙退至门前阶下，双膝跪下，伏地磕头道："臣王溥愿拥立点检做天子。"

范质见状，知大势已去，自己孤掌难鸣，更无力挽狂澜于既倒，不如顺水推舟，做个识时务的俊杰。于是他也只好屈身下拜，从喉咙里艰难地挤出了一句"万岁"。

宋太祖赵匡胤

匡胤忙将两位宰相扶起，让他们坐下。范质毕竟是混迹官场日久的老臣，他明智地调整着自己的思路，迅速地转舵。经过一番深思熟虑，他开口说道："事情既已到了这个地步，木已成舟。不过，要即位也不可太过仓促潦草。自古帝王便有禅位之礼。以老臣愚见，今日新君即位，可行古代禅位之礼，于国人于朝臣都好说话，亦可堵小人之口，防藩镇之乱。"

匡胤大喜，忙问道："这禅位之礼该如何进行？"

范质道："您以礼受禅以后，事太后如母，养少主如子，无负先帝旧恩，则天下归心，万民臣服。至于禅位细礼，自有我等操办。"

匡胤应允。范质、王溥即入后宫，向恭帝和太后禀明禅位之事。

不多一会儿，两位宰相归来，年幼的恭帝和不谙政事的符太后自然不敢不依，诸事皆愿听新君吩咐。

当天下午，禅位大典在崇元殿举行，范质、王溥召集百官齐集崇元殿，依序排列，各就各位。

大典就要开始了，一切安排就绪，可是恭帝的禅位诏书却迟迟未到。没有诏书如何举行禅位大典？众人都十分着急，匡胤更是心急如焚。

就在此时，却见翰林学士陶谷急匆匆走进殿来，高声喊道："禅诏在此。"这消息来得突然而又及时，大殿里紧张的气氛顿时缓和下来。

原来这陶谷最会揣摩情势，见风使舵。他见赵匡胤率兵进城，便料定这位既胸存大志，又十分看重脸面的都点检必行禅位之礼。因此当别人都在这场纷乱中无所适从的时候，他却躲在府中草拟了这份禅诏。在这紧急时刻果然派上了用场，无异于雪中送炭，雨中送伞。

只见陶谷双手捧着禅位诏书快步走至丹墀之上，以周帝柴宗训的名义朗声念道：

> 天生蒸民，树之司牧，二帝推公而禅位，三王乘时而革命，其极一也。予末小子，遭家不造，人心已去，天命有归。咨尔归德军节度使殿前都点检赵（匡胤），禀天纵之姿，有神武之略，佐我高祖，格于皇天；逮事世宗，功存纳麓，东征西战，厥绩懋焉。天地鬼神享于有德，讴歌狱讼附于至仁，应天顺民，法尧禅舜。如释重负，予其作宾，呜呼钦哉，祗畏天命！

陶谷不愧是大手笔，一篇禅诏写得词情并茂，荡气回肠，真个字字珠玑，句句锦绣,连他自己也陶醉了。他满以为在满朝文武急需而不能得的情况下,突然献上禅诏,定可得到新皇帝的赞赏、感激和垂青。

可是他的算盘打错了,聪明反被聪明误。尽管他在关键时刻帮了赵匡胤的大忙,可赵匡胤却在心里暗自思忖:"这人太精明,太善于投机钻营,以后务必要多加提防。"

禅诏宣读完毕,太监们服侍赵匡胤换上一袭新制的龙袍,那件在陈桥驿仓促穿上的显得有些简陋的黄袍早在点检公署便脱了下来。

在宣徽使的导引下,赵匡胤先就龙墀北向而拜。宰相范质、王溥一面一个扶他升殿,神采奕奕地端坐在皇帝的御座上。在两位宰相的带领下,文武百官山呼舞拜,"万岁"之声此起彼伏,禅位仪式进入了高潮。

赵匡胤曾任归德军节度使,治所设在宋州,因而诏定国号为宋,改元建隆。从此刻开始,赵匡胤便成了绵延了三百余年的大宋王朝的开国之君,是为宋太祖。

此时此地,赵匡胤高坐于御座之上,看着满朝文武,见这些昔日的同僚们臣伏于自己的脚下,心中一阵阵激浪翻滚。这一天他等得太久了,从高辛庙占卜开始,他便模模糊糊地产生了跃登大宝、统驭四海的想法。今日,君临天下的梦想终于变成了现实。这天是正月初四,从酝酿兵变到登基只有短短的三天。他已经成功地使这场不流血的兵变没有再染上鲜血的颜色。这才是开始,他要向着更加辉煌的未来迈进。他要结束唐末以来小朝廷频繁更迭、割据政权犬牙交错、政治经济混乱不堪的分裂局面,创立一个像唐太宗"贞观之治"一样的升平盛世。

这一切应该从哪里做起呢?

宋太祖赵匡胤的心情渐渐地平静下来,头脑变得异常冷静。他首先想到了周帝和后周的皇室。他不能像历代新主那样,将前朝皇子斩尽杀绝。他们误以为那样做可以斩草除根,不留后患,其实恰恰相反,残忍和暴虐会失掉人心,种下最大的祸根。一个英明的君主就要有包容天地的大度和大海般的胸怀。

基于这种想法,宋太祖以极为平静的语气宣布,周帝柴宗训封为郑王,周世宗的其他三个尚在怀抱中的幼子也都封王,符太后封为周太后,迁居西宫奉养,生活上确保尊荣富贵。同时,当着满朝文武的面,宋太祖立下了祖宗家法:"柴氏子孙,有罪不得加刑。即使犯有谋逆大罪,也只能在狱中赐死,不得在市曹杀戮,亦不得连坐家眷。"

宋太祖赵匡胤

立于丹墀之下的文武百官多是后周旧臣，此时正怀着一颗忐忑不安的心，观望着这位新皇帝的态度。看到宋太祖对后周宗室如此宽容和曲意保护，他们的心里一阵一阵地泛起了热浪。他们不再疑虑，不再恐惧，人人都在庆幸自己又遇上了一位宽厚仁爱的好皇帝。

朝臣们原来紧张凝重的脸色渐渐缓和下来，绽出了笑容。当宋太祖宣布对后周宗室的敕封后，也不知是谁领的头，"吾皇万岁""大宋朝万岁"的欢呼声在崇元殿里久久地回响。

接下来便是如何处理后周旧臣的去留问题。"一朝天子一朝臣"，这是千古不变的皇家成法。

但是，宋太祖从黄袍加身那一刻起，对此事便已进行过深思熟虑。他要一反历代开国之君的这种褊狭做法，偏要做到"两朝天子一朝臣"，他认为，怀柔政策要比一刀切的罢黜甚至杀戮高明得多。

于是他高声宣布："原有的后周官员全部录用，重臣权相还要加官晋爵。"

这一决定简直如石破天惊，满朝文武都呆了。自古以来，历朝历代，还没有一个帝王有如此恢宏不凡的气度，有如此惊世骇俗的举措。

深恩大泽首先降临到范质、王溥、魏仁浦的头上。这三个人在后周皆为平章事之职，位列宰辅，是后周政权的核心人物，对周世宗忠心不渝。宋太祖兵变还京后，虽然迫于形势不得不接受这一既成事实，但恐怕内心深处未必服气，与新王朝仍然貌合神离。特别是范质，听到兵变消息时悔恨得把王溥的手腕都抓出了血，甚至当面诘责过宋太祖。

他们心中有数，朝代更替，新君即位，像他们这样的人大都要变成阶下之囚，甚至可能身首异处或夷灭三族。今日来上朝，三个人都已做好了入狱的准备，就没打算再回家，哪里还敢奢望高官继做，富贵安享？

他们做梦都没想到，宋太祖不仅不对他们加罪，而且决定让他们官居原位，并加赐新职。范质加兼门下省长官侍中，王溥加兼三公之一的司空，魏仁浦加兼尚书省长官右仆射。

三人感恩戴德，慌忙跪倒在地，叩头谢恩，连呼万岁不止。当宋太祖让他们平身时，人们发现，范质这位以端正矜持著称的老臣，脸颊上已挂上两行热泪，众大臣也不禁感叹唏嘘，为之动容。

当然，宋太祖对这些老臣的重用也不是毫无节制。他们三人原来共同参知枢密院事的职责被罢免了。枢密院执掌全国军务，与中书门下省共掌文武大权。在军权的分配上，宋太祖不能不格外谨慎。

后周的旧臣们没有被新王朝抛弃，大都官居原职，有的还得以升迁，人人皆大欢喜。

那么，对于拥立赵匡胤登基称帝的元勋故交，赵匡胤当然更加重视。他论功行赏，分别授以官职。

他封自己的书记官、佐命有功的智囊人物赵普为右谏议大夫，充枢密直学士；封自己"素所兄事"的慕容延钊为殿前都点检，领昭化军节度使、同中书门下二品；高怀德擢升为殿前副都点检，领义成军节度使；韩令坤为马步军都指挥使、天平节度使、同平章事；胞弟赵匡义封睦州防御使，为避讳不再叫匡义，而赐名光义；王审琦升为殿前都虞侯，领泰宁军节度使；石守信升为马步军副都指挥使，领洪州防御使；张令铎擢为龙捷左军都校，领永州防御使；郑恩擢为控鹤左厢都指挥使，领眉州防御使。其余义社兄弟和拥立功臣也都得到了封官加爵。

接下来便是对家人的分封。父亲赵弘殷已于两年前病故，当时赵匡胤正随周世宗南征北战，奉命夺情，未能于床前尽孝，此时想起来心中一阵阵酸楚。按宗法规定，谥父弘殷为昭武皇帝，庙号宣祖，陵曰安陵，祭祀皆遵古制。

母亲杜氏深得赵匡胤敬重，下诏尊其母为皇太后，居滋德殿。

妻子王氏封为皇后，侧室韩秀英等封贵妃。

大小分封结束，诸事妥当，第一次朝会便告结束。文武百官面带喜色，正欲散去，宋太祖却又传旨，让他们随自己去拜见杜太后。

宋太祖得意地率领百官向后宫走去，转过几处大殿，刚步入后宫，便见一年轻宫女怀抱婴儿，慌里慌张地正欲回避。太祖甚觉蹊跷，便将她叫住。那宫女吓得面色发黄，跪在太祖面前，周身抖动竟如风中秋叶一般，甚是可怜。匡胤问道："何事如此慌乱？这孩子是怎么回事？"后宫中除了皇帝，别无一个真正的男人，恭帝只有八岁，当然不会有孩子，那么这婴儿是从哪儿来的？连众大臣也觉得不妙。

那宫女见瞒不过，只得结结巴巴地告知太祖实情。原来这婴儿出生还不到三个月，乃是周世宗柴荣与这宫女暗中交合的遗腹子。这宫女还未来得及册封，周世宗便猝然驾崩。对这孩子该怎么办，宋太祖也觉得为难。要加封没有名分，人们都不知道世宗还有这么个儿子，其母又是个宫女，不加封又该怎么处置呢？

他回头问跟在身边的赵普，赵普却力主杀死此婴，认为可省去许多麻烦。

宋太祖赵匡胤

宋太祖迟疑片刻，轻轻摇了摇头，对赵普悄然说道："继人之位，杀人之子，朕不忍为。"便又回过身来问潘美道："爱卿看朕应如何处置?"潘美正色道："臣与陛下曾北面共事世宗，若劝陛下杀死此子，自觉有负世宗；若劝陛下不杀，又恐陛下生疑。倘若陛下天恩浩荡，赦免世宗遗子，则天下称颂，千古明君也。"

太宗看着潘美，微微一笑道："好！此子就交给爱卿收养，可为其改名。但要好生抚育，勿愧对先帝。"潘美急忙跪地接旨，将孩子抱回家，为其改名潘维吉。后来，此子长大成人，官至刺史，不枉为周世宗之后，亦永感宋太祖赦免之恩。

宋太祖率百官来到太后宫室，杜太后正在与几个侍女亲亲密密地交谈着，就像一个普普通通的老妈妈与儿女们娓娓谈心。儿子匡胤登基做了皇帝，自己一夜之间成了皇太后，成了天底下最风光的女人。但是，这位老夫人并未因此而兴高采烈，也没有惊慌失措，而是处之泰然，好像这件事早在她的预料之中，是本应如此的一件平常事。

宋太祖长跪在地，向母后磕头，群臣一齐跟着太祖双膝跪下，行臣子大礼。

杜太后只淡淡地让儿子和群臣起来，却不多说一句话。众人看时，只见太后满面忧郁，愀然不乐。太祖看看母后，深感疑惑不解，站在那里有些不知所措。群臣也都摸不着头脑，一个个面面相觑，局促不安。赵普因与杜太后较熟些，便上前问道："臣尝听说母以子贵，今太后之子已贵为天子，乃天大的喜事，太后缘何闷闷不乐?"

杜太后深情地看了一眼太祖，这是她素来十分看重的大儿子，他从小胸怀大志，她知道儿子久后必成大业。当这一天真正到来之时，做母亲的却又忧心忡忡，怎么也高兴不起来。她叹口气，徐徐说道："古之圣贤有言：'为君难。'天子位在万民之上，若统驭有方，治国有道，能造福黎民百姓，便可博得万民爱戴，当这个皇帝自然是尊贵无比；若是稍有不慎，便会身败名裂。到那时，别说是泼天富贵，恐怕想做个普通老百姓也难了，我之忧虑，正在于此。"

谁也不曾料到杜太后能说出这么一番话，一个个听得悚然心惊，他们深为太后洞悉治道、深明大义而感佩，满宫室里鸦雀无声。

宋太祖听罢，心中怦怦乱跳。他觉得母后提醒得太及时，太重要了，自己这个初登大位的儿子确实获益匪浅。他恭敬有加地再次跪在母后面前，发自内心地再次拜谢，连声说道："谨遵母后教诲，儿子今生今世当永远铭记于心。居安思危，不稍懈怠。"

拜望过杜太后，群臣纷纷散去，宋太祖独自在御书房里慢慢地品尝着值勤太监泡上的一壶西湖龙井。几片散溢着清香又略带苦涩的茶尖在他嘴里被反复地咀嚼着。他觉得，自己似乎不是在咀嚼茶叶，而是在咀嚼母后"为君难"三个字的深厚内涵，他陷入了苦苦的思索之中。

从离家出走到现在，这艰辛备尝的岁月，如今想来恍如梦境。他深知今日的跃登大宝来之不易，更真切地掂出了"为君难"这三个字的分量。

但宋太祖积半生的经验认识到，一切都事在人为。为君难与不难，关键看怎么"为"法。为君难的核心和根本是当明君难，驭臣使民难，大治天下难，扫除积弊难。他忽然想起了唐太宗李世民的名句："创业难，守业更难。"如今天下初定，百废待举，有多少大事和难题等着自己去处置？如不能尽快地稳定局势，安定人心，刚刚取得的天下就有可能得而复失。

那么，眼下最要紧的是什么？"君犹舟，民犹水，水可载舟，亦可覆舟。"为君难与不难，关键是看人心的向背。要做唐太宗李世民那样的明君圣主，要创"贞观之治"那样的盛世伟业，眼下的关键是先收服人心。

想到这里，一个熟悉的名字跳进了他的脑海里，他便是张永德。今日朝堂上宋太祖没有格外封赏。他要单独召见他，格外施恩。张永德不管是在先朝旧臣中，还是在拥立功臣中，都是一个举足轻重的人物。他战功赫赫却从不恃功自傲，为人谦和，人缘甚好，对这样的人绝不能冷落，若能彻底地笼络住此人，无论对取悦朝臣还是对安抚藩镇都会产生重大的影响。

想到此，他忽然喊道："来人！"

值勤的太监们冷不丁被吓了一跳，慌忙跑过来跪下问道："万岁爷有何吩咐？"

"传朕旨意，请张驸马即刻入宫。"

太监传旨去了，宋太祖这才发现天已大黑，早到了晚膳的时候。他也不回宫，就在御书房里命人摆上一桌精美的酒席，等待着与张永德对酒夜谈。

散朝之后，张永德回到府上，心里七上八下，深感不安。新的王朝建立了，自己当年的部下一夜之间成了当今天子，他对自己将怎么安置呢？尽管这些年两人相处得不错，在一些事上自己也曾真心实意地帮过他。但自己毕竟是后周的皇亲国戚，两朝重臣。宦海浮沉多年，他深深地知道，政坛之上风云变幻莫测，官场上的敌友常常因利益关系而重新确定，与新君关系密切的人往往难逃被诛的厄运。

想到这里，张永德不禁打了个寒战。他开始思谋着全身而退的法子。他想效法古人的先例，急流勇退，主动上一道奏表，请求辞去一切官职，退隐林泉。可是，他又怕那样更会引起宋太祖的怀疑。究竟是去是留，何去何从，他真有些难以定夺了。

就在这个时候，宫中太监前来传旨，让张永德入宫觐见。接旨以后，张永德只觉得心惊肉跳。这个时候召自己进宫干什么？莫非这么快就要对自己下手？反正是凶多吉少。他把心一横，是福不是祸，是祸躲不过。到了这个时候，就是火坑陷阱，也得去走一遭。

张永德来到御书房，宋太祖已立等在那里。永德口中说着"臣张永德叩见皇上"就要双膝下跪，大礼参拜。宋太祖抢上前去，一把将其拉住，笑道："张驸马休要行此大礼，今晚是我们私下叙旧，免去一切繁文缛节。"说着，便拉张永德坐在酒桌旁。

听太祖对自己仍以驸马相称，并不直呼其名，说明这位新天子对自己这个后周旧臣并不过于拿大，还是念旧情的，张永德觉得心里一阵热乎乎的。忙欠身问道："陛下连夜召微臣入宫有何吩咐？"

宋太祖哈哈笑道："你我多年故人，患难之交，今夜无事，不过找驸马来叙叙旧而已。"

说罢，便命人斟酒，与张永德相对而饮。边饮边谈，宛如平时。至此，张永德总算一块石头落了地，言谈举止也就自然得多了。

赵匡胤举杯道："万事开头难。如今江山初创，百业待兴。朕欲建太平盛世，造福黎民，还望驸马能鼎力相助。为此，愿与驸马共饮此杯。"

张永德慌忙答道："皇上天姿英睿，宽厚仁爱，降尊纡贵于臣下，广施恩泽于万民，微臣感佩莫名。为了大宋的江山社稷，臣张永德愿誓死效忠，虽鞠躬尽瘁、肝脑涂地也在所不辞。"说罢将杯中酒一饮而尽。

宋太祖大喜，也将杯中酒喝了，动情地说道："好！有驸马这番忠肝义胆，何愁大宋不兴，江山不固？自今日起，驸马便加官侍中，并领武胜军节度使。"

张永德闻言，心中直如狂澜翻滚，感慨万千。节度使已是节钺重臣，封疆大吏，再加官侍中，等于备位宰辅。自己何德何能，得受如此荣宠。他连忙离席，再次跪倒在地，十分激动地说道："万岁如此信任微臣，微臣余生唯皇上之命是听，上刀山，下油锅，万死不辞。"

　　宋太祖将永德扶起，君臣二人重又坐下饮酒畅谈，直至深夜，张永德方告辞出宫。

　　这一夜，宋太祖几乎又是通宵未眠。他仍在反复地思考着如何争取民心。要想真正收服人心，让他们永远心悦诚服地忠于大宋王朝，就不能只是大封功臣，还应该多想想广大百姓的利益，再就是那些明的暗的敌对势力。

　　他想起了韩通，这位后周臣僚中唯一敢于用武力抗击兵变的人物。

　　对这个人他是既恨又爱。恨其不识时务，却爱其忠心事主。回想当时大军回京，后周官员皆望风归附，却唯有韩通敢于逆天而行，率兵抵御，与自己过不去。对此，他恨得咬牙切齿。但是不知为什么，他的心底深处却又升腾着一种对韩通莫名其妙的敬重，这是十几年相处期间从来没有过的。

　　当时大军入城，成败得失一目了然。"主少国疑"的后周政权危若累卵，赵氏代周已成必然。在这个时候逆潮流而动，只能是自取灭亡。韩通再糊涂，也不会不清楚这一点。可是他却不肯为保全自己而归降新朝，甘愿以身殉主。以前还真看不出来，韩通会有此忠义立身、宁死不事二主的气节。这种忠君报国的精神，难道不是大宋新王朝每个臣僚都应该具备的吗？

　　他要以韩通的忠义教诫大宋的文武百官，为大宋社稷永固和帝业长久造就众多的忠臣义士。再说了，忠孝节义乃古之圣贤所教，连普通民众也历来看重和信仰。若能旌表和彰显韩通的忠义，足可符天下之人望，取得万民拥戴。

　　从这点出发，韩通的形象便在宋太祖的脑海里突然变得高大起来。对，这又是一篇绝妙的文章，一定要大加嘉奖，封官晋爵，并为他举行隆重的葬礼。

　　为君难，难亦不难，倘人心向宋，何难之有？

　　宋太祖躺在龙榻上，又一次得意地笑了。

第二十一章　恩威怀柔　除弊立新

建隆元年正月十五，宋太祖赵匡胤自登基至今已经十一天了。初登大宝、君临天下的那种巨大的喜悦、汹涌澎湃的激情和内心里一时难以适应的骚动不安都在慢慢地消退，他已经逐渐趋于平静。

曾几何时，那高居万民之上，抚四海、御六极、统驭八方、主宰天下的万乘之尊；那出则御马，入则高堂，一呼百诺，威势煊赫的帝王气象，是他久久地藏匿于内心深处的一个不可企及的梦。但是，当这个瑰丽的梦想变成了现实，泼天富贵、至荣至尊一下子降到了他身上之后，他又觉得有些淡漠了。世上的事情就是这么怪，不管是多么珍奇宝贵的东西，当它还在虚无缥缈之间，可望而不可即的时候，常常让人心驰神往，爱之弥深，念之弥切，必欲得之而后快。但一旦得到了它，兴奋和激动一阵子之后，便会觉得也不过平平常常，如此而已。

以现在的宋太祖赵匡胤看来，在这个纷乱动荡、群雄逐鹿的年代，只要胆识过人，雄才大略，自然会捷足先登，当个皇帝也不会太难。最难的是要成为一个让万民景仰爱戴的明君、好皇帝，成为能创立千秋伟业、煌煌盛绩的一代明主。

此时他正在冷静地缜密地构思着大宋王朝未来的蓝图。赵氏江山绝不能再步五代乱世后梁、后唐、后晋、后汉、后周这些短命王朝的后尘，而应该是一个四海一统、祚运长久、帝业永固的鼎盛王朝。应该像历史上的强汉盛唐一样，创立一个像"文景之治""贞观之治"那样繁荣昌盛、河清海晏的升平盛世。

而要实现这个宏伟而又绚丽多彩的梦想，仅靠过去那种任侠豪气、义薄云天或是披坚执锐、纵横拼杀是远远不够的。自己必须像唐太宗李世民那样，既要做个"马上征战得天下"的皇帝，更要做个精于治道，善于"守成"，振百年颓风，开万代鸿基的英主明君。

而眼下的当务之急就是：他要扶正朝纲、革新吏治、严肃法纪、惩治贪暴、宽刑推恩、轻徭薄赋；他要整饬军队，振奋士气，厉兵秣马，扫荡叛乱，平定诸侯，削平四海，恢复像大唐帝国那样幅员辽阔的神州版图；他要劝课农桑，奖励垦耕，让天下百姓家给人足，仓满囤溢，再无冻馁之虞；他要振兴文教，倡办儒学，奖掖士子，擢拔人才，使大宋上下文风炽盛，才尽其用，野无遗贤；他要抑制豪强，消灭盗匪，赈济贫弱……

他要做的事实在太多了。而要把这些事都做到、做好，又谈何容易？

他需要满朝文武同心戮力的辅佐，需要朝野上下和衷共济的努力，需要黎庶百姓心悦诚服的拥戴。

登基当皇帝十几天来，他劳形案牍，宵衣旰食，把绝大部分精力都用在了治国平天下这盘大棋上。他赐官行赏，宽宏推恩，对后周老臣和宋廷新进一视同仁，雨露均施，就是为了君臣同舟共济，每一个人都能充分发挥自己的专长，把所有急需办理的大事都一件一件处置好，让这盘大棋有一个好的开局，有一个辉煌的未来和必胜的结局。令他欣慰的是，这种不避亲疏、任人唯贤的怀柔政策的效果已初步显现。旧臣们大都归心，新秀们奋发努力，自己的新朝廷已经崭露出了一种君臣和谐、朝野同心、昂扬向上的勃勃生机。

今天是大宋开国后的第一个上元灯节。宋太祖的心情像这明丽晴朗的天气一样，高兴而又舒畅。

自隋唐以来，民间便把上元灯节看作是一年当中最盛大的节日。官民士子，不分尊卑贵贱，都要尽情狂欢三天三夜。但是，经历了五代时期动荡和战乱的劫难，上元灯节的欢乐气氛已经落寞和寡味多了。汴京的市民乃至全国的百姓已经多年没有享受那种彩灯高悬、火树银花、万头攒动、龙腾狮跃的喜悦和狂欢了。

现在好了，一个崭新的王朝诞生了，兵锋已息，四海平安，一定要过一个热热闹闹、红红火火的上元灯节。要君臣同乐、朝野同乐。他要以此向饱经战乱的天下黎民展示，大宋朝已经进入了一个国泰民安、万民乐业的时代。只要跟定他赵匡胤，保住大宋的锦绣江山，这样的好日子将会千秋万代，永无尽期。四邻那些敌邦处于水深火热之中的子民一旦归入大宋版图，也会同宋朝的百姓们一样，福泽绵绵，永享太平。更重要的是，这正是自己与朝中群臣和四方节镇官员们进一步通融关系、缔结同心的绝好时机，也是他初登大宝所施行的驭下用人的帝王之术的小小演习。为此，宋太祖在前些日子便已经颁诏，今年的上元灯节举国欢庆五昼五夜。

十五日正节夜里，也就是今天夜里，他要在玉津园的集贤殿里大宴朝臣，各地节度使、汴京周边郡府的防御使、刺史也都一并参加。

宋太祖赵匡胤

他乘坐一个简单的步辇，也不要旗罗伞扇、前呼后拥的烦琐仪仗，只有十几个便衣禁军卫士跟随左右，悄悄地走出皇城，向玉津园方向缓缓行进。

走不多远，一座长数百步、宽百余步、高十余丈的大型彩山赫然映入眼帘。彩山上苍松翠柏青绿欲滴，红梅怒绽，摇曳生姿。无数面彩旗在料峭的寒风中猎猎而舞。千万只各式形态、各种颜色的彩灯明灭闪烁，流光溢彩，构成了一个硕大无比的长龙逶迤、金凤翻飞的图案。整座彩山气势巍巍，金碧辉煌，横亘于街衢之上。

穿过彩山长长的门洞，便见汴京街市上已经家家张灯，户户结彩，数十里长的东西御街上灯景遍悬，如繁星垂落；烟火怒放，似落英缤纷。市井中各大商号、沿街店铺和那些殷实富庶之家更是将自己精心准备的千姿百态的金灯银盏张挂到大街的显眼处，诸如双龙戏水灯、丹凤朝阳灯、国泰民安灯、五谷丰登灯等等，不一而足。此时汴京城东西南北已经爆响了乱哄哄的炒豆般的鞭炮之声，喜气洋洋的庶民士子们开始扶老携幼，倚男伴女，如潮水般熙熙攘攘地涌上了街头。

宋太祖坐在御辇上，一路走一路张望。看着这摩肩接踵蜂拥而至的人流，打量着这些红男绿女们脸上绽放着的舒心的笑容，听着从四面八方传来的响水锅般的欢声笑语，太祖心里就像喝了蜂蜜似的甜滋滋的。不，此时他就像喝了一壶香醇甘洌的美酒，从心底里醉了。汴京城终于笑了，初步显露了它应有的繁华和祥和。这笑声，这笑脸，是天下子民对自己的认可和接纳，是对他亲手缔造的大宋王朝的认可和接纳。

街上的人越来越多了，有的路段开始拥堵得水泄不通。宋太祖不敢再细赏灯景，他怕赴宴的大臣们已经早在玉津园候驾了，便催动车夫们加快了脚步。步辇赶至玉津园，文武百官果然已经到齐。今夜参加御宴的有中书门下省、枢密院、三司、御史台、翰林院等朝廷主要机构的官员，以及从汴京以外赶来的节度使、防御使、刺史等，足有三百余人。见皇上驾到，立时黑压压地跪了一片，山呼万岁。

宋太祖满面春风，笑容可掬地说道："众爱卿平身，随朕入席吧。"诸大臣按序排列，随着太祖昂首阔步地进入了集贤殿。

集贤殿内外，数十盏彩灯高悬着，照耀如同白昼。六十名精挑细选的年轻女郎一律着男装，袍靴玉带，排列于殿前廊下。又有六十名娇艳婀娜的宫女，华装盛服，粉黛轻匀，亭亭玉立于大殿各个角落，准备侍宴。

大殿内，三排数百支粗大的花烛一齐点燃，焰光如炬，莹煌明彻，香雾袅袅升腾，氤氲弥漫。

盛宴开始了，大内教坊的乐工们各显神通，各种乐器一齐鸣响，立时仙乐缭绕，清音袅袅，太平盛世的钧天大乐在集贤殿里盘旋飞舞，瞬间便飞出大殿，飞出玉津园，飞向那玉盘高挂、深邃如海的茫茫夜空。

宋太祖与宰相范质，副宰相王溥、魏仁浦，右谏议大夫兼枢密直学士赵普以及睦州防御使皇弟赵光义等坐于首席。

其他如张永德、慕容延钊、高怀德、韩令坤、王审琦、石守信、郑恩等三百余名文武大臣，依品秩顺序而坐。四五十张油光漆亮的八仙桌疏密有致地排满了整个大殿。山珍海味、果脯肴馔将每张酒桌摆放得满满当当。

宋太祖神采奕奕，居中端坐，不时地与同桌的范质、赵普他们谈笑着。

凤鸣龙吟般的仙乐接近了尾声，随着当值太监将拂尘一挥，乐声戛然而止。

宋太祖缓缓地站了起来，端起面前的酒杯。满大厅里哗啦啦一阵声响，三百多位大臣肃然起立。便听太祖朗声说道："今日欣逢上元佳节，朕特设此御宴，与众位爱卿饮酒赏月。欲君臣同乐，与天地共醉。"说罢，将第一杯酒高举过顶，对众人一照，一饮而尽，众大臣赶紧把杯中酒喝了，满大殿里立时爆发出了山呼海啸般的"吾皇万岁万万岁"的欢呼之声，将集贤殿的屋顶震得"嗡嗡"直响。

待众人坐稳之后，三朝元老、首辅宰相范质颤巍巍地站了起来，对宋太祖说道："臣等久经离乱，半生颠簸，如今欣逢盛世，又遇明君，实乃三生有幸。臣愿借此盛宴敬陛下一杯，愿陛下万寿无疆，愿我大宋江山社稷永固！"大殿里立时又腾起了"祝皇上万寿无疆"的掀天声浪。

这范质已年近花甲，在前朝周世宗时便是朝廷首辅，资历深，人望高，是个极有影响、举足轻重的人物。就在十几天前，当赵匡胤陈桥兵变、黄袍加身、率军返回东京的时候，他是第一个公然反对自己称帝，并在大庭广众之下当面斥责自己的人。在那种场合下，众将领盛怒难犯，旧朝廷土崩瓦解，自己要杀他不费吹灰之力，要将其罢官夺职更是易如反掌。但自己没有那么做，不但未予加罪，而且仍任他为当朝首辅宰相，终于使他感激涕零，臣服于自己的脚下。不过，这位老臣刚才的一席话是真正心悦诚服的肺腑之言，还是站在矮檐下，不得不低头的逢迎之词，这就很难说了。不管怎么样，在今晚这盛大的御宴上，当着满朝文武的面，毕恭毕敬地率先敬酒，对于一个自命清流、博学多才的当代硕儒亦实属不易，也算是为朝臣，特别是为那些后周旧臣做出了一个榜样。想到这里，宋太祖心里热乎乎的。他高兴地把这杯酒喝下，笑着说道："说朕躬能活到千秋万岁，那是没有的事。但是，要想让我大宋锦绣江山千秋荣昌，百世兴旺，却是完全能够办到的。"几句话说得谦和得体而又自然，听起来像是平平常常的几句客套话，但细心的赵普却已察觉到，皇上已经不露声色地把话题拉到了他今晚要说的大事上来。

"自古以来，君臣雍睦，朝廷和谐，国家便有了中流砥柱，有了兴旺发达的根本。为君者要戒骄戒奢，不耽于安乐，不荒淫怠政，不阴刻，不猜忌，不嗜色，不贪虐。为人臣者要文不贪财，武不怕死，忠心事主，勤政爱民。'众人一心，力可断金'，倘我大宋君臣能做到这些，和衷共济，励精图治，何愁祚运不永，江山不固？"

宋太祖说得慷慨激昂，十分动情。众大臣也都听得心潮鼓荡、热血沸腾，每个人都挺直了腰板，睁大了眼睛，静静地聆听着，唯恐漏掉一个字。满大殿里静得出奇，连有人粗重的喘息声都听得清清楚楚。

宋太祖刚刚说完，赵普"霍"地站了起来，激动地说道："聆听万岁教诲，一字千金，如沐春风。为我大宋朝的千秋大业，臣等敢不竭忠尽智，肝脑涂地？"其他人也都纷纷站起身来，大声喊道："愿为皇上效死！""臣等永生永世效忠皇上！"

宋太祖等这激动人心的风暴平息之后，摆摆手让众人坐下，然后说道："有众爱卿这份忠心义胆，朕复何忧？朕虽不贤，却愿效创立'贞观之治'、缔造大唐盛世的唐太宗李世民，亦愿众卿中多出魏征、房玄龄那样的忠臣直臣，咱们君臣共创'建隆之治'，大宋盛世！"说到这里，宋太祖用那电光般的双目扫视了众人一眼，突然将话锋一转，声音变得严刚凌厉："不过，要想让我大宋变成或超过强汉盛唐，却不能只靠几句空话。需要征战，需要杀伐，需要一生一世甚至世世代代地艰苦奋斗。朕生逢乱世，天命让朕收拾残局。周边的强敌要一个一个地消灭，神州华夏的国土要一片一片地收复，国内的弊政要一条一条地革除，祸国殃民的蠹虫要一个一个地清洗，嗷嗷待哺的饥民们要一方一方地拯救。这就需要我们君臣同心同德。众爱卿要有心理准备，跟着朕这个皇帝，尔等休要攫取富贵，贪图荣华。要准备好吃苦，准备好拼斗，准备好流血。从今以后，倘若有人敢于逆天行事，阻碍和破坏朕的治国大计，"说到此处，宋太祖骤然变色，脸上充满着杀气，眼中闪射出两道令人战栗的寒光："那就休要怪朕不仁不慈。贪赃受贿者，徇私舞弊者，扰民害民者，结党营私者，不论亲疏，一律严惩不贷；贪生怕死者，临阵脱逃者，阴谋篡逆者，里通外国者，不分贵贱，杀无赦！"闪电霹雳般的一番话，直让群臣悚然惊惧，一颗颗心脏都在"怦怦"乱跳，几乎要蹦到嗓子眼里。刚才还一团和气，忽然就变得狞厉可怖。是明君还是魔鬼？正当人们在惴惴不安地猜度时，却听宋太祖又把语气缓和下来，笑蔼蔼地说道："当然，朕今日只是把丑话说在前面。朕相信，我大宋朝的臣属们定会洁身自好，与朕共创盛世，青史留名。好了，现在开始尽情喝酒，今日盛会，不拘君臣细礼，能者多饮，一醉方休。"

众大臣一时还没回过神来，见宋太祖已经满面春风地与范质等人频频举杯饮酒，也便各自相互敬酒。过了一会儿，大殿里的气氛终于变得热烈欢快、轻松火爆起来。人们觥筹交错，你敬我让。牛饮鲸吞的，细斟慢酌的，娓娓交谈的，大声喧闹的，什么样的都有。六十名侍宴宫女蜂飞蝶舞一般，在酒席间来来往往，运酒斟酒。

宋太祖心内舒畅，端着酒杯逐个酒桌"赐酒"，每到一桌，便引来一片欢呼之声。当他走到大殿西端一张桌子上时，却忽然发现了须发斑白的老将、当年的复州防御使、现已升为中书令的王彦超。王彦超似乎有些不好意思，有意地低下了头，避开了他的目光。这反而使太祖猛然想起了自己曾前往复州投靠王彦超，而王却不肯收留的一段往事。也是乘着酒兴，太祖有意要开玩笑调侃一下。在同这桌上的人共饮一杯酒之后，太祖突然开口问王彦超道："卿当年在复州时，朕前往投靠卿，卿为何不接纳朕？"一听这话，王彦超惊得浑身一哆嗦，差点儿将酒杯掉在地上，额头上立时渗出了一层细密的汗珠，心口突突乱跳。他愣怔了多时，突然急中生智，跪地答道："勺水岂能止神龙耶？当日陛下未留于小郡，乃天意使然耳。"

宋太祖忙一把将王彦超拉起来，哈哈大笑道："朕不过酒席间戏言耳，卿何必当真？自此以后，此事休要再提。好了，饮酒吧，诸位继续痛饮！"

闹哄哄的宴会直至深夜方散，许多人已喝得东倒西歪，步履蹒跚，但他们必须恭送皇上走后才能各自回府。

宋太祖也酒意微醺，在两个太监的搀扶下缓缓地乘上步辇，正要起驾，却见王彦超又急步趋至辇前，泣声说道："微臣当年忤逆天意，冒犯陛下，实是有眼无珠，请陛下治臣大不敬之罪。"太祖忙慰抚道："王爱卿何出此言？朕适才说了，此事从今以后永不提起。"

太祖回到后宫，夜漏已过子时，王皇后及宫女们服侍他洗盥就寝。

王皇后是宋太祖的第二任妻室，此时，她依偎在宋太祖的怀里，感到幸福而又踏实，很快便甜甜地睡过去了。

上元灯节大宴群臣之后不久，一天早朝，宋太祖先让众大臣就开国之初应该先把哪些急事大事作为当务之急大胆建言，在群臣纷纷奏对之后，他归纳众人的意见，连下几道旨令：

一、轻徭薄赋，与民休养生息。下令将全国民众每年上缴官府的税银减免三成；每年开浚河渠需民工自备粮食的规定废除，改由各级官府发给粮食。

二、惩恶除奸。首先下令大规模搜捕缉拿在兵变时趁火打劫、骚扰劫掠民众的"闾巷奸民"，悉数斩杀，毫不留情。同时由朝廷出面，赔偿受害民众的一切损失。

三、开科取士。这是争取全国文人学士和士大夫阶层与新朝合作的一项重要举措。太祖降旨，此事不得迟延，要加紧筹备。立即通告各级官府，下月即行开考，务求将那些有真才实学的饱学之士全部录用。

几道旨令一下，文武百官不仅看到了这位新皇帝软硬兼施、恩威并济的极为娴熟的政治手腕，更领教了他那种从善如流、兼听并蓄的大政治家的风采，一个个都从心底里升腾起了一种敬畏之感。

就在大家议论纷纷、交口称赞的时候，宋太祖突然说道："朕昨夜未曾成眠，念及一人，乃故马步军副都指挥使韩通，对此人朝廷该如何处置，众爱卿可各抒己见。"

这个问题提得太突然，大臣们谁也不曾料到。大家都知道，韩通乃兵变期间唯一敢于以武力抗击，坚决反对赵氏代周的人，是大宋王朝不共戴天之仇敌。但他已死于乱刃之下，且满门遭戮，已得了报应。皇上突然又提出此人，究竟有何深意？人们都坠入五里雾中，谁也不敢多说。

唯有赵普听皇上一说，已猜到几分意思，但也不敢唐突，见众人沉默，只好出班，模棱两可地奏道："陛下圣聪独断，自有成竹在胸，臣等愿唯命是从。"

宋太祖哈哈大笑道："汝等皆以为此事干系重大，因而不敢擅言，怕逆龙鳞而明哲保身，缄默不语。此做法大不可取。朕平生敬服唐太宗，愿虚心纳谏。自此以后，朝堂之上言者无罪。汝等皆应坦诚对朕，知无不言，犯颜直谏。纵使所言谬误，朕亦决不降罪。"说到这里，他看看下面的大臣们，一个个面带羞愧之色，便把话锋一转，说道："韩通之事，朕亦有诏在此。"便冲值班太监点点头，那太监手捧诏书，趋前几步，尖声尖气地念道：

　　易姓受命，人臣之所期；临危不苟，人臣所以全节。故周天平节度使、检校太尉、同中书门下平章事、侍卫亲军马步军副都指挥使韩通，振迹戎伍，委质前朝，彰灼茂功，践更勇爵。夙定交于霸府，遂接武于和门，艰险共尝，情好尤笃。朕以三灵眷佑，百姓乐推，言念元勋，将加殊宠，苍黄遇害，良用忱然。可赠中书令，以礼收葬。遣高品、梁令珍护丧事。

　　这一诏命，对韩通的忠义之心和征战之功褒奖有加，评价甚高。死后又赠中书令，敕令厚葬，可谓哀荣备至，风光异常。

　　诏书一念，满朝震惊。大殿里一片哗然，议论纷纷。大臣们尤其是像范质、王溥这些后周的元勋重臣们对皇上此举感动得五体投地。褒扬忠义乃治国之本，人间正道，皇上的决断堪称圣明。其容人之大度，简直如大海，如苍穹，即使古之圣君也不过如此。跟着这样的明君圣主真是三生有幸，就是上刀山，下火海，亦心甘情愿。

　　三天以后，朝廷为韩通举行了盛大的葬礼。宋太祖特别指令，要以显宦重臣的规格进行厚葬，墓地要选择开阔高敞、山清水秀的风水之地，墓前要立石碑，镌刻其功德盛绩，以示旌表。金银器、玉器、瓷器等随葬品要务求丰厚，陵墓建造要务求高大宏伟。

　　送葬这天，鼓乐喧天，旗幡蔽日，送葬的队伍浩浩荡荡绵延数里，宰相以下的文武大臣几乎都参加了葬礼。汴京城的百姓争相围观，以至万人空巷。当这些普通百姓得知死者竟是本朝逆臣，仅因对前朝的忠义得到如此隆重的褒奖，立时对新皇帝产生了一种深深的敬意。

　　为韩通举办的规模宏大的葬礼结束数日之后，一天深夜，汴京城里的军民们都进入了沉沉的梦乡，鸡不鸣，狗不叫，到处一片静谧。晚饭之后，一团团的阴云便在悄悄地集合，渐渐地浸染弥漫了整个天空，将那轮妩媚柔弱的新月和无数善良无辜的星星都一股脑儿吞噬了，天地间一片墨染般的黑暗。

　　这个时候，开封府的巡夜禁军却忽然听到，从韩通的墓葬之处传来了一阵阵哀哀的哭泣。开始是一种声哽气塞的呜咽，随后便是声嘶力竭的号啕大哭，再后来竟变成了歇斯底里的狂笑。哭罢便笑，笑罢又哭，到了最后，完全分不清是哭还是笑，让人听得头皮发麻，汗毛直竖。天子敕封的御葬之地竟发生了这样的怪事，巡夜的禁军不敢大意。他们不由分说，一拥而上，却见是一个身高不足四尺的小个子男人一身素白跪伏在韩通坟前，头不抬眼不睁地哀号着。有人认出，这是韩通的儿子韩橐驼，便将他一索子绑回了开封府衙。

韩橐驼自从那日在定力院剿捕宋太祖的家眷未果，与欧阳松等人快马逃离之后，原打算去投驻军扬州的李重进，准备极力劝他举兵反宋，自己也好为家人报仇。后来听说宋太祖对其父优礼有加，父亲作为唯一举兵反宋的逆臣，却能哀荣备至。尽管他也知道这是新皇帝、新朝廷邀买人心的手段，是一种政治权谋，但他却一下子明白了，这宋太祖毕竟是一位开明之君，是千百年来历朝历代少有的一代英主，当今各藩镇势力根本没有一人能够与之抗衡。大宋朝已经根基扎牢，稳如磐石了。他顿时觉得那腔沸腾的反宋热血冷却了下来，一下子变得心如死灰。于是，他决定偷偷地潜回汴京，跑到父亲的坟墓上焚化纸钱，大哭一场，然后悄然离去，遁入深山老林，从此不问世事，不料却被巡夜禁军当场捕获。事已至此，也就只求一死了。开封府不敢自专，第二天早朝，忙将此事奏知宋太祖。宋太祖却不以为然，说道："韩橐驼横遭灭门之祸，一家百余口死于乱兵之下，还不够可怜吗？他不顾自身安危，冒死前来哭祭，于天理、于良心、于人情，皆属可悯。多赐些金银，放他走吧，让这个半残之人好好地度过余生。"

几天以后，韩橐驼离开了汴京。他再一次来到父亲的坟前碰地有声地磕了三个响头。他想了想，又转身向北，朝着宋太祖皇宫的方向深深地拜了三拜。

韩通的丧事办得如此风光，朝野上下无不对宋太祖刮目相看。但却有一个人对此极为不满，甚至是盛怒难抑。此人便是血洗韩家、使韩宅尸陈遍地、血流成河的王彦升。

王彦升违背了赵匡胤在陈桥驿的约法，触犯了不得滥杀的铁令，依律当斩。若不是宋太祖念他开国有功，更为了维护建国之初的安定局面，他早就成了刀下之鬼。

但是，王彦升并不感激皇上对他的宽宥，反认为自己先入京师，力斩敌将立了首功，皇上有功不赏，只封了个京城巡检官，与原来的职位级别相等。反而偏袒韩通，封赏罪臣。

王彦升愈想愈生气，平时敢怒而不敢言。这日散朝之后，回到府中喝了几杯酒，以酒壮胆，决计去面见宋太祖，讨个公道。

宋太祖忙里偷闲，正在后宫小憩，与韩贵妃亲亲热热地叙着往事。韩贵妃正在力劝太祖广纳妃嫔，充实后宫，一来也有个皇家气象，更重要的是当皇上的历来是子嗣越多，香火越旺越好。太祖却认为眼下江山初定，诸事不谐，应先办大事，后宫的事待以后再说。

二人正说着话，忽有太监禀报，说是京城巡检官王彦升求见。

听王彦升这个时候要见自己，宋太祖马上意识到了他前来的目的，便起身到御书房接见了他。

王彦升来到御书房，跪地磕头之后，立起身来仍面显愠色，满嘴里喷着酒气道："陛下，恕臣大胆，臣今有一事不明，请陛下垂教。"宋太祖看了一眼王彦升，不动声色地问道："什么事，说吧。"

王彦升激愤地说道："韩通乃大宋逆臣贼子，不共戴天之仇敌。今朝廷对他不大加挞伐，却特施恩封。如此厚爱，岂不是功过颠倒，是非不分吗？"

一个臣子对皇上如此问话，实属大不敬之罪。当值太监已在宫中历经几朝，还没见一个臣下敢如此狂悖，直吓得心口乱跳。

宋太祖却没把王彦升的愤怒之词当回事，他平静地说道："韩通乃后周旧臣，素富勇力，尤重臣节。当年周太祖统兵伐河中，他奋勇杀敌，率先登城，身上受了六处伤，不惜以鲜血报答周太祖的器重，世宗即位，韩通奉命至博野、安平筑城，夜宿古寺，昼披荆棘，不辱使命；世宗征淮南，韩通留京师。他督使京畿之民筑新城，拓街道，无怨无悔，半年而竣其功。此人为将帅后，常存仁义之心。在束鹿驻军时，见兵燹之后遗骸遍野，便派将士将遗骸收葬并筑万人冢，为百姓所称颂；当我大军初入城时，后周百官束手归附，独韩通举兵抵抗，虽说不识时务，但人臣各为其主，其忠可悯。"

王彦升见皇上一一历数韩通往日的功绩，赞赏有加，心中很不是滋味。但宋太祖说的都是实话，自己也难以反驳，只有默默地听着。

却忽见宋太祖面色严肃起来，口气也变得强硬："当初兵发京师，朕曾严令不得滥杀，不得有秋毫之犯，卿可还记得？"

王彦升只觉得浑身打了个哆嗦，脑袋一下"嗡"的一声，额头渗出了冷汗。暗忖道："我杀韩通全家，有违当初约法，皇上莫非要治我的罪不成？"

他越想越怕，脸色渐渐苍白，双腿抖动，一句话也说不出来。

宋太祖忽然又笑了："朕听说卿善击剑，但剑术再好，也不能滥杀滥砍，伤害无辜。卿妄杀韩通全家，有违朕之约法，本应治以弃市之罪。朕念你有功于国，又值本朝初建，赦尔之罪。卿当好自为之，信守忠义，慎言谨行，勿负朕望才是。"

这一番话，直让王彦升浑身冒汗，吓得心头如擂鼓一般"咚咚"乱跳，再也顾不得邀功请赏，慌忙跪伏在地，连声说着"谨遵圣命"，然后爬起身，十分狼狈地退了出来。

王彦升犯的是"滥杀无辜"之罪，依律本该斩首，宋太祖却破例赦免了他。但他并不思悔改，仍以功臣自居，常怀怨恨之心。

不过，他再也不敢在太祖面前发泄，却把满腔的愤怒都发泄到了宰相王溥的身上。

王溥任后周宰相时，在对王彦升的提拔上曾提过反对意见，王彦升对他本就有气。如今大宋朝建立，王溥却仍任宰相，宋太祖对他恩宠有加，这让王彦升简直不能忍受。

自古以来，前朝旧臣在新王朝建立之后便成了丧家之犬，不是被杀头便是被流放，家产自然要被抄没。可是，这王府的万贯家财，官府未取走一个铜钱，一丝绢帛，这皇上也不知打的什么主意。看着这个富丽堂皇的王府，王彦升直恨得牙根疼，他真想一把火把王家烧个一干二净。

几天来，怒火中烧的王彦升寝食不安，他决定上本弹劾，不参倒这个老家伙他不甘心。

他利用几个夜晚与几个亲信起草了一份详细的奏折，状告王溥心怀不轨，以举荐后进为名培植党羽，妄图组织王家势力，窥伺时机，恢复周家王朝。还煞有介事地说，王溥与范质当初派宋太祖领兵抵御契丹，是经过精心策划的，目的在于调虎离山，好控制后周幼帝，挟天子以令诸侯，以拥兵叛逆之罪将皇上杀死。后来皇上领兵还京，王溥阴谋未能得逞，还后悔不迭，慨叹痛失良机云云。

这一纸煞费苦心编织的奏折一递上，王彦升便天天盼着看好戏，谁知等了数日，却如泥牛入海。宋太祖好像根本不知道这回事，对此事一字不提。

王彦升又一次打错了算盘，他还不甚了解自己遇上的这位新皇帝是何许人。

宋太祖倒是看到了这份奏折，但草草看过之后便把它扔到了一边，根本没拿它当回事。王溥其人他还不了解吗？一个手无缚鸡之力、胆如芥菜粒大小的儒生，别说让他官居原职已万分感恩，就是将其罢官贬职，再借给他几个胆子，他也不敢谋逆。

这份自信来自于对人的了解。宋太祖既了解王溥，更了解王彦升。他知道，嫉妒之心常常会使人失去理智，丧心病狂。就凭这点小伎俩，小权术，岂能让自己中了圈套？

这事只能冷处理，不能因一纸不实之词弄得鸡飞狗跳，人心惶惶。

十几天之后，奏折的事仍然石沉大海，杳无音信，王彦升终于绝望了。但是，他心里那股邪火却仍在熊熊燃烧。

一天夜里，王彦升借巡逻京师的职务之便来到了王府。

王溥已经睡下，忽听得府邸大门被擂得山响，而且十分急促。不知出了何事，他慌忙带着几个家人前去开门。打开门一看，王彦升带着五六个巡逻兵士站在门外。对这位深夜来访的客人，王溥大感意外，也有些心慌，急忙陪着笑脸，强装镇定地将王彦升等人延入厅堂，命侍婢们赶紧献茶。待王彦升大大咧咧地坐下之后，这位老宰相满脸堆笑道：“王大人夜巡京师，身冒风寒，实在太辛苦了，且喝杯热茶暖暖身子。”

王彦升双目中充满着傲慢和挑衅，趾高气扬地说道：“若说辛苦，倒是实情。更深天寒，人皆安睡，独我率众巡逻，就今夜而言，我等几乎巡遍全城，难得片刻歇息，疲惫不支，可否在贵府小憩，讨杯酒喝？”说完，直直地盯着王溥，嘴角上挂着一丝狡黠的微笑。王溥明白了，说是讨酒喝，其实是在借机敲诈求贿。心中不觉升腾起一股怒气。但他毕竟在官场多年，练就了含而不露、能忍自安的功夫。当下抑住怒气，假装不知，十分客气地让人快摆酒席，山珍海味应有尽有。老宰相亲自把盏斟酒，恭恭敬敬地对坐陪饮。

谦恭待客乃是王溥家的家风，在东京汴梁是出了名的。其父王祚一直主张客为尊，主为卑。多年来，凡有客到，不管其职位高低，王祚都让他身居相位的儿子亲自出迎并陪待左右，常常弄得那些来客很不好意思，坐不安席，告退而去。

可是，今夜这位不速之客却毫不把王溥的谦卑待客放在心上，反而自鸣得意地认为王溥害怕他，愈加狂傲，简直有些目中无人。心里道，你这个前朝降臣，岂能与我这个开国功臣平起平坐？能让你陪酒已是抬举。于是在这万籁无声的深夜，愈加放肆地大声说笑，无所拘束地开怀畅饮。直到酒足饭饱，见王溥仍不提送些金银，欲待发作，又觉得毕竟是在相府，便勉强忍下，一甩袖子扬长而去。临走时，居然以手拍着宰相的肩膀，满嘴里喷着酒气，阴阳怪气地笑道：“王大人的酒醇香甘冽，肴馔亦精美绝伦。今夜王某公务在身，不得尽兴，以后要常来叨扰，该不会被拒之门外吧？”意思表露得十分明显，你这老家伙既不肯拿银子来孝敬，以后我便让你夜夜不得安宁。

王溥此时早气得浑身哆嗦，但他还是强自咽下这口气，满口应承着：“那当然，那当然，王某随时恭候。”

王彦升率众兵士出府，也不告辞，翻身上马，头也不回地很快消失在夜色中。

王溥独自回到前厅里，泥塑木雕一般地呆坐在那里，面对着满桌子的残肴剩酒，心里充塞着难以言喻的羞辱和愤懑。

王溥久居官场，像王彦升这样顽劣不法的骄兵悍将他并不是没见过，拥兵自傲，横行无忌，这几乎是五代时一些军人的通病。可是现在是大宋朝了，宋太祖乃朝臣们公认的有为之君，开明之主，眼下正在矢志革除朝廷弊政，开创一代新风，怎能允许像王彦升这样的禁军将领如此胆大妄为，恶习不改？

第二天早朝之后，群臣散去。王溥对太祖说他有密事要奏，随宋太祖来到御书房。他以平静的口气，不紧不慢地将昨夜的事从头到尾说了一遍，末了，却面带忧色地说道："大宋初创，陛下锐意革故图新，实乃众望所归。然五代以来，积弊甚深。尤以军纪废弛、军风败坏为烈。王彦升滥杀无辜已铸成大错，陛下法外施恩，他却不思悔改，仍然我行我素，实不可取。昨夜私闯臣宅，敲诈索贿，恶劣至极。纵使臣不怪他，亦会引起众怒。臣最为担心的是他今日闯东家，明日闯西家，扰民不止。其他将领再起而效之，必将乱我民心，坏我社稷！"

宋太祖闻奏，早已眉头紧皱，满面怒容。他尽力抑制着，没有当场发作。只安慰王溥道："卿之所奏，出于忧国忧民之至诚，其情可悯。此后若再有这类事情发生，可直接面奏，朕一定为汝等做主。"

王溥拜谢而退，刚走出屋外，便听到宋太祖长长地叹息了一声，接着便传来了"咚"的一声，是一只拳头狠狠地砸在御案上的闷响。他知道，宋太祖决心已定，王彦升完了。

果然，第二天早朝，宋太祖传旨，将王彦升贬官为唐州团练使，并明令终生不得"授其节钺"。太祖看得很明白，像王彦升这样的人，得志便猖狂，决不可授以大任。自此以后，直到王彦升死去也没有得到重用。

《宋史》曾就此事评论道："王彦升杀韩通，太祖虽不加罪，而终身不授节钺，是足垂训后人矣。"

第二十二章　御驾亲征　平叛李筠

登基以来的这些日子，宋太祖勤于政事，宵衣旰食，不敢稍有懈怠。为了大宋政权的稳固，他要尽力排除种种不利因素，稳妥处置兵变之后的善后事宜，力求迅速站稳脚跟，为下一步甩开大步开创大一统新局面夯实基础。

眼看着朝中局面大致稳固，新臣旧臣多已归心，他便把目光投向了里巷市民的身上。京城的稳定是全国稳定的关键，京城的人心向背是全国人心向背的一面镜子。

他要车驾出巡，亲眼看看京城的社会秩序和市民的生活状况，这些东西不能光听大臣们奏报。

这日早朝之后，宋太祖决定巡查京师。当时的出巡仪仗还比较简单：仪仗之前是由几十名禁军组成的"驾头"，"驾头"之后便是太祖的步辇。步辇后面是擎着伞扇的方队，方队后面跟着公卿百官，再后面才是训练有素的"劲骑护卫"。

太祖的步辇缓缓行过御街，跨上大溪桥，他东张西望，察看着市井街肆的行人和生意摊点。当看到来来往往的人群脸上都挂着宁静的表情，各种买卖都显得十分红火，市井一片繁荣时，他心中感到特别欣慰。改朝换代，市民百姓们不仅未受刀兵之苦、战火之灾，甚至连平常的生意往来也未受到什么影响，各方面的生活秩序迅速趋于正常。这是历史上任何一次江山易姓时都少有的现象，也正是自己成功地发动了这次兵变未带来任何负面效应的有力佐证。显而易见，这是自己匠心独运、巧妙地夺取天下的一篇杰作。

就在他这样喜滋滋地沉思着的时候，却听到"嗖"的一声，一支利箭闪电般向着自己的脑门射来。太祖大吃一惊，来不及思索，几乎是本能地将头一歪，那箭紧贴着太祖的耳边疾飞而去，深深地插入了后面的伞扇之上。

变起仓促，仅在瞬息之间。这突如其来的偷袭让人防不胜防，几十名"驾头"禁军大惊失色，纷纷亮出刀剑，扑向围观的人群搜索刺客，百姓们都吓得仓皇退避。后面数百名"劲骑护卫"反应迅捷，在高怀德的指挥下一个个飞驰而来，迅速地将街衢两端和各个巷口截住，将现场的百姓一个不漏地

宋太祖赵匡胤

团团围住，接着便开始不分男女老幼，挨个搜身。街上顿时大乱，菜篮子倒了，果筐翻了，几百名被围的市民百姓就像一群被网进笼里的小雀儿，瞪着一双双惊恐不安的眼睛，你碰我撞，尖声叫嚷，更有孩子和妇女的哭声夹杂其中，熙宁安详的市井一下子遇上了塌天大祸。

后面的公卿百官早已围拢过来，一个个惊慌失措，忐忑不安。看到皇上并未受到伤害，有惊无险，这才稍觉放心。

范质作为前朝重臣，又是当朝首辅宰相，深感责任重大，难辞其咎。此时仍惊魂未定，脸色灰白，大张着嘴巴，胡须簌簌地抖动着，却一句话也说不出来。

随侍在御辇一旁的赵光义只觉得一股怒气直冲脑门。新朝才建立不久，有人就敢在光天化日之下谋杀皇上。仇家是谁？如此穷凶极恶，胆大妄为。此人对当今天子，对他赵氏王朝，必定有着不共戴天的深仇大恨。无论如何也要缉拿住这个凶犯，斩断这一祸根。

一念及此，他便对卫士们厉声喝道："凶手就在人群之中，谅他插翅也难飞走。现场的一干人众不准放走一个，不分男女，无论老幼，全部抓捕入狱，逐个严加审讯，不信这凶犯会上天入地。"

皇上的御弟一声令下，虎狼一般的护卫们立即开始抓人，绳捆索绑，拳打脚踢，哭喊之声响成一片。

宋太祖一直坐在御辇里，变故发生得太突然，令他着实吃了一惊。但他很快便稳定了情绪，恢复了平日的宁静，面色安详，神态如初，静静地观察着事态的进展。

然而，他的大脑却在快速转动，心里已掀起了万丈狂澜。

同弟弟赵光义一样，最先闪入他脑海里的第一个问题便是：这凶手能是谁呢？

很显然，这不是他赵匡胤的私人仇家，也不是他赵家的宿仇。这是大宋王朝的仇敌，是仍在深深地眷恋着那个已经寿终正寝了的旧王朝的敌对势力。那支向他飞来的利箭不仅仅是要置他赵匡胤于死地，更是要置大宋王朝于死地。那箭镞上凝聚的是你死我活的无法调解的仇恨。

宋太祖感到一颗心在下沉，心底里泛起了一股凉气。他的怀柔政策、他的宽容大度、他的以德报怨等种种做法看来并不能感化所有的人，不能化解所有的仇恨。自己是不是太妇人之仁，太心慈手软了？这样会不会铸成千古大错？

　　自古以来，朝代更替，江山易主，都充满着杀戮，充满着血腥，哪有这么风平浪静、鸡不飞狗不跳的？平常百姓们都讲"无毒不丈夫"，何况是一代开国君王。想到此，宋太祖不禁杀心顿起，眼睛中射出两道寒光。不错，一定要逮住这个凶手，再顺藤摸瓜，盘查出他的同党和幕后指使者，将他们一网打尽，处以极刑。

　　但就在此时，一声尖利的撕心裂肺般的哭喊冲进了他的耳鼓。循声望去，只见一个妇人被捆得像个粽子，正在披头散发地挣扎着。一个三四岁的小男孩死死地抱着她的双腿，已哭得声嘶力竭。

　　太祖的心像被蜂蜇得哆嗦了一下。凶手只有一个或是几个，真想查个水落石出，这几百名老老少少都得投入大狱，然后一个个严刑拷打。霎时之间，就不知有多少人要筋断骨折，多少人要血肉模糊，多少人要含冤死于无情的酷刑之下，而这一切都在自己的一念之间。

　　宋太祖犹豫了。他又想到了人心向背。这次出巡，一个很重要的目的就是要收服民心，稳定秩序。一下子把这么多无辜百姓抓进监狱，汴京的市民乃至全国的黎庶百姓会怎么想，怎么看？他们会对自己这个皇帝、这个朝廷感到心寒，感到齿冷。

　　再说了，就是查出凶手，查出他们的朋党，挖出幕后操纵的主谋，也必定会拔出萝卜带出泥，牵连出一大批官员甚至朝臣。况且在严刑峻法之下，又有谁能保得住这些凶手不会像疯狗一样胡攀乱咬？到那时大狱迭起，冤案丛生，风声鹤唳，人人自危，朝野上下一片震荡，这个新生的王朝如何经受得起？

　　想到这一层，宋太祖禁不住打了个寒战，一怒之下，他险些酿成不可弥补的过失！

　　宋太祖又一次平静了。他此时的心境就如一湾微风不动、细浪不起的静水。他突然站起身来，下旨停止搜捕，将所有人众全部松绑释放。然后用手指着自己的胸脯，大笑着说道："让他射，朝这里射，看他能把朕怎么样？有天命者任自为之，岂惧几个刺客？这么多黎庶，皆朕子民。朕怎忍心为查凶手而株连无辜，殃及良善？你们各自回家去吧，此事到此为止，朕决不为难你们。就是放走一两个逆臣反贼，岂能撼动我大宋江山？"

　　说罢，宋太祖命车驾起行，也不准改变路线，继续向前巡查。

　　数百名百姓一时被弄得晕头转向，转眼之间便经历了命运的大起大落。刚刚被抛入了危亡的深谷，大难临头生死未卜，又忽然被救上了安全的堤坝，烟消云散，转危为安。

脱离了险境的百姓们本该匆匆逃离这个是非之地。但不知为什么，他们谁也没走，竟不约而同地跪在当地，朝着宋太祖远去的御辇连连磕头，一声接一声地高呼着："皇上万岁，万万岁！"

宋太祖的车驾在文武百官的簇拥下在主要街市和居民区巡行了一圈，直到太阳偏西的时候才回到皇城。

一路上，宋太祖的心里很不平静。这次谋杀事件虽未成功，但它却是一个危险的信号。新王朝的反对势力尽管已经非常微弱，但是这并不能说明大宋王朝与后周旧臣之间的矛盾已完全消除。前几天，翰林学士王著在一次宴会上酒后显真情，因怀念周世宗而失声痛哭。恐有更多的人表面上虽不说什么，但与新王朝只是貌合神离，还没有真正站到赵宋政权一边来。新旧之间的矛盾仍在潜伏着，继续着，随时都可能演变为兵戎相见的对立。

然而，对于这些看不见的反对势力却不能大加挞伐，那样就会殃及无辜，扩大矛盾，只能起到为渊驱鱼的作用。太祖还是坚信，自己登基以来所实行的怀柔之术没有错，冲突会渐渐缓和，矛盾会逐步化解，敌对势力掀不起能让宋王朝翻船的大浪头。

几个月来，精于治道的宋太祖为了迅速安定形势，使新王朝能正规有序地运转，采取种种措施，千方百计地怀柔安抚，处心积虑地防微杜渐。但是，树欲静而风不止，藩镇反宋的事情还是难以避免地发生了。

首先发难的是昭义节度使李筠。

对于李筠，宋太祖深知其人。他勇武有力，善于骑射。历任后唐、后晋、后汉将校。后周建立时立有大功，被郭威视为创业功臣之一，授官昭义节度使，加检校太尉。世宗时加兼侍中。

他以昭义节度使驻守潞州，领有泽、潞、邢等数州，统辖河东、河北两个重要财赋之区，是势力最强大的藩镇。

此人性格复杂，既飞扬跋扈，颐指气使，遇事又优柔寡断。平时把谁都不放在眼里。一言不合就能把朝廷派去的监军官员关押起来。这些年在辖区内恃勇专恣，常常任意截留朝廷税赋，连周世宗都让他三分。

像这样骄横暴戾的赳赳武夫，能够俯首帖耳地归顺新朝吗？宋太祖对他不敢抱太大的希望，但还是尽力采取拉拢的政策，希望能取得他的支持。

为此，太祖敕封李筠为新王朝的中书令，其他职务不变。并派出使者前往潞州慰抚李筠。

使者来到潞州节度使官邸，向李筠宣示诏书。李筠高坐在太师椅上，脸色铁青，因为愤怒，脸颊上的肌肉一搐一搐地抖动。听完诏书，他连眼皮也没有抬一下，便冷冷地说道："你们这个中书令，我李筠不干。"说着，右手竟握住了腰中的佩剑。依着他的脾气，立时便要扣押使者，发布檄文，起兵反宋。

众谋士一看不好，连连向他抛眼色，要他切勿鲁莽，看看风向再说。

李筠总算没有当场发作，幕僚客客气气地将使者请进镇署，千方百计劝说李筠于当晚摆设盛宴，款待来使。

当夜，节度使公署的厅堂里烛火辉煌，在幕僚们的安排下摆下丰盛的酒席。李筠居主座，使者坐客位，随从官员们依序陪酒，气氛显得融洽而又和谐。为了表示隆重，幕僚还命乐班奏起了音乐。各种乐器一齐鸣奏，仙乐飘飘，宴席上其乐融融。

可是酒过三巡之后，李筠突然让人取出了周世宗的画像，悬挂于厅堂之上。他捧起一杯酒，走到画像前面，双手把酒杯高举过顶，凝视画像良久，突然放声大哭："先帝啊先帝，您在世之日何等英武神勇，大周何等鼎盛兴旺！一旦驾鹤西归，周室立时倾颓。国祚不永，乃微臣之罪。臣李筠辜负了先帝的手足之情，天地之恩。"说罢又哭。

酒宴上气氛陡变，奉命陪酒的官员们面面相觑，显得十分尴尬。几个幕僚慌忙跑到使者面前，打着圆场道："李公酒醉，有失常态，还请大人多多包涵，多多谅解，天子面前，尚祈美言。"宴会不欢而散。

使者回到汴京，自然将事情的来龙去脉一五一十地禀告宋太祖。太祖似是早有所料，并不感到奇怪，平静地说道："朝廷对他仁至义尽，他定要一意孤行，朕也没有法子。天作孽，犹可赦，自作孽，不可活！"

发生在潞州的酒宴风波很快便传到了北汉。此时北汉皇帝刘崇已死，其子刘承钧继位。北汉朝廷对高平之战的耻辱记忆犹新，刘承钧继位后子承父志，无日不在思谋着如何报仇雪恨。大宋初建，本欲举兵报仇，无奈北汉兵力薄弱，正在犹豫不决，忽听到李筠有反宋之心，刘承钧喜出望外，急忙修密书一封，用蜡丸封好，派人火速送给李筠欲联合李筠共同伐宋。

可直到这个时候，李筠仍然举棋未定，首鼠两端，究竟是反宋还是归宋，一直拿不定主意。

就在这个时候，忽然又传来了朝廷的诏书。除了给李筠加官中书令外，宋太祖还赐以亲笔诏书加以抚慰。同时，诏命李筠的儿子李守节进京，出任皇城使，也就是将掌管宫门禁令、宿卫的要职交给了他，以示信任。

这天夜里，李筠一手拿着诏书，一手拿着蜡丸，陷入了深深的矛盾之中，何去何从，这是关键时刻，一失足便成千古恨。突然他心生一计，何不把蜡丸献上，以麻痹朝廷。再派儿子进京上任，详细观察动静，通报消息，然后伺机行事。对，就这么办，谁说我李筠有勇无谋，这岂不是一着绝妙的好棋？

第二天，他先派人将北汉的蜡丸密书送往朝廷，为了表示自己的诚意，他连蜡封都没有打开，根本没看信的内容。接着，又打发自己的儿子李守节上路，向京师进发。

李守节昼夜兼程，风尘仆仆地来到汴京，宋太祖特意在崇元殿接见了他，还让文武大臣参与了这次接见。

李守节怀着忐忑不安的心情行三拜九叩大礼，口里说道："臣李守节叩见陛下，吾皇万岁，万万岁！"

李守节叩过头之后，多时听不到宋太祖说话。他俯伏在地，连头也不敢抬，心里一直在打鼓。父亲李筠的心思做儿子的最清楚，虽然他将蜡丸原封不动地呈交朝廷，又派自己进京赴任，但这不过是制造归宋的假象，其实，父亲的心里是谋反已定。李守节临行之时还在反复地涕泣切谏，劝父亲不要与朝廷为敌，可父亲却不为所动。

一路上，李守节的心里感到极为矛盾，左右为难。他实在不愿当这个奸细，冒险进京。但他又不能违抗父命，只有服从父亲的安排。来京的路途中，他很少与随从讲话，一直在思索着如何才能既不逆朝廷又不违父命的两全之计。可是，在这冰火不容、势不两立的两大集团之间，哪有两全之计可寻？

李守节正在胡思乱想，猜测着皇上会怎样发落自己，却忽然听到宋太祖冷不丁地劈头问道："太子，汝何故而来？"

这一问，不啻一个千钧霹雳在大殿里炸响，满朝文武都心中一惊。李守节更吓得魂飞魄散，脑袋上顿时冒出了冷汗，后脊骨一阵阵发凉。

公然以"太子"称呼自己，说明宋太祖对父亲欲反叛称帝的阴谋了如指掌，自己做任何辩解都是苍白无力的。

不错，李守节猜对了，宋太祖对李筠阳奉阴违、蓄谋反叛的想法洞若观火。他所以要诏命李守节入朝，不过是顺风扬帆，让李筠放松戒备。同时也让李守节进一步看清其父的真面目，以分散李筠的力量。

尽管如此，李守节也不能束手待毙，他还要极力辩白。当下他不停地以头碰地，连声说道："陛下何出此言？这一定是小人进谗，从中离间陛下与父亲的关系。"

宋太祖的双眼里射出了两道锋利的亮光，如两束闪电直射到李守节的脸上，神秘地一笑道："朕听说，你在潞州曾多次劝谏汝父，让他勿怀异图。但汝父拒不听从。他此次派你前来，不过是让朕杀你，他好有起兵反叛朝廷的借口。"

这几句话更如五雷轰顶，李守节早已面无人色，双腿战栗不止。他觉得死期已到，却仍做着最后的挣扎，话音变得结结巴巴，断续不清："微臣断……断然不……不敢反……反叛朝廷……臣父也……也不会心……心怀异图，望陛……陛下明……明察。"

宋太祖见他如此惊慌，也觉可怜，便把语气放缓和了说道："你不要害怕，朕不会杀你。汝父谋反，与你无涉。朕现在便放你回去，告诉你父亲，朕未做天子时，任其自为之。朕今日既做了天子，难道他就不能让我几分吗？他若肯来臣服，高官任做，富贵任享。但你要让他知道，这是为了江山不遭战火，百姓不受荼毒。朕岂会怕他？若他一意孤行，恐有灭顶之灾。好了，你可以回去了。"

李守节如同捡了一条命，感激不尽地叩头应诺，退出殿去，再不敢停留，即刻飞马奔归潞州。

当他回到潞州，发现这里早已弓上弦，剑出鞘，大战在即的紧张气氛已弥漫在每一个角落。他急忙跑进父亲官邸，力劝父亲不要轻举妄动，免遭杀身之祸。李筠只从鼻孔里哼了两声，沉声喝道："软骨头，滚出去！"

四月十四凌晨，星光渐暗，曙光初露。宋太祖派来的监军周光逊刚刚起床，还未来得及洗漱，突然房门被咣啷一声推开，一群手持刀剑的兵士气势汹汹地涌了进来，二话不说将他按倒在地，捆了个结结实实。兵士们将他拥出屋外，见李筠傲然站在那里，阴沉着脸冷笑道："周监军，对不起了。我李筠决定联汉灭宋，只好委屈你做个进献北汉的见面礼了，带走！"

周光逊被绑缚在一匹战马上，几匹快马风驰电掣一般向北汉驰去。

潞州城内的校场里，一面大书着"李"字的军旗在晨风中簌簌抖动，漫卷飘舞。数万人马齐集校场，人人手持兵器，身披铠甲，面色严肃，看不出是兴奋还是恐惧。

李筠高声宣读了讨宋檄文，列举了数十条乱臣贼子赵匡胤的篡逆之罪，并将檄文传布天下。

三声惊天动地的炮响之后，大军向就近的泽州开拔。泽州兵微将寡，难以抵敌。不到一日城破，刺史张福被杀。李筠占了泽州，气焰更加不可一世。自此，西北藩镇反旗高树，熊熊战火冲天而起。

李筠起兵反宋的消息传到汴京，举朝震惊。文武官员纷纷上表要求发兵平叛。但宋太祖却显得极为平静。这本是意料中的事，用不着大惊小怪。以大宋的势力，要对付这个勇而寡谋的李筠绰绰有余。此时他最担心的倒是他的另一个对手——淮南节度使李重进。他深恐李重进趁机起兵，与李筠联手，那时将会南北受敌，首尾难以相顾，若其他藩镇受其煽惑，也趁机起兵，大宋就岌岌可危了。

对于像李筠、李重进这样一些飞扬跋扈、暗蓄不臣之心的藩镇将领，不能有半点的心慈手软和侥幸心理，但又必须十分慎缜。要设法先将他们分化瓦解，勿使其串通一气，形成军事联盟，然后再一个个分头吃掉。

李筠已经公开扯旗反宋，现在的关键是要先稳住李重进，争取各个击破的时间。

如何才能稳住李重进呢？宋太祖想起了一个人，那就是李重进的监军安友规，心里一下子便豁亮了。

将安友规安插到李重进的身边做监军，这是宋太祖随手走出的一步好棋。

还是在陈桥兵变、黄袍加身之前，宋太祖暗中指使弟弟赵匡义，让他的夫人劝说符太后，将李重进从京城调去镇守扬州的时候，便已经想到，日后自己一旦代周称帝，这位骄横一时的淮南节度使必不肯俯首称臣，甚至会起兵相向。在他的身边，应该安插上一个"自己人"，埋下一个伏笔，设置一颗关键时候能"绊马腿"的定时炸弹。

这个人肯定不能用自己的那些"义社兄弟"，也不能用平时与自己太过密切的人。那样李重进便会起疑心，处处戒备。经过反复的比较和筛选，他选中了安友规。此人少言慢语，与人寡和，却十分精明而有城府。他一直标榜自己信奉"君子不党"，与朝中权臣们表面上都是若即若离，保持着等距离关系，而实际上对自己却是言听计从，无话不说，与义社兄弟们没有什么两样。于是，宋太祖当时便利用自己殿前都点检兼顾命大臣的身份，建议符太后派稳健持重的安友规做李重进的监军。

现在，该是起用这颗棋子的时候了，必须让他死死地绊住李重进的马腿。

宋太祖经过深思熟虑，立即派人扮为普通士子潜往扬州城，暗访安友规，向他传达自己的命令：要千方百计缠住李重进，瓦解他的部属特别是那些心腹们的斗志。

宋太祖对于李重进可能与李筠联手起兵的分析和判断是十分准确的。

李重进作为后周的开国元勋，两朝重臣，他打心眼里瞧不起赵匡胤。当得知赵匡胤利用兵变禅代登基的消息后，只觉得心内如焚，怒火中烧。当时便要发兵进剿汴京。监军安友规和他的一批幕僚对他极力劝阻，认为他们身居外地，一时还摸不清朝中虚实，同时也弄不清其他藩镇的态度。若是仓促起兵，孤军深入，弄不好会落个全军覆没、身败名裂的下场。

李重进不能不承认他们的分析颇有道理，只好强按住心中的怒火，一边对朝廷虚与委蛇，一边思谋对策。

这日李重进听说李筠已经在潞州起兵，禁不住心头一阵狂喜，这可是天赐良机，便准备立即举旗响应。安友规又劝他道："潞州距我们数千里之遥，消息是否确凿尚不可知。李筠兵力能有多少，胜算能有几何，我们也都心中无数。这样大的事岂能如此草率？俗语说'好饭不怕晚'，将军可派一得力之人先去潞州与李筠联络，探得虚实以后再做决断也不迟。"对于安友规，李重进虽十分信任，但毕竟不是自己的亲信。因此，他又找心腹幕僚翟守珣密商，翟守珣认为安的建议是稳妥的。于是，他便派翟守珣作为密使前往潞州，扬州这面也开始秘密地做着起兵的准备。

当天夜里，安友规悄悄地来到了翟守珣的住所。翟守珣见他深夜来访，便知有密事要谈，忙将他让进一间密室，开门见山地问道："监军大人深夜躬临寒舍有何见教？"

安友规正色道："我与先生相处几年，颇为友善。今见先生大祸临头，安某不能坐视不管。"

听了这话，翟守珣并不吃惊，只是长长地叹了口气说道："谋逆反叛，自古都是凌迟灭门之罪，翟某焉能不知？只是箭在弦上，不得不发。我跟随李将军多年，出则同车，食则同席，人人都知道我乃将军心腹。此次再去潞州联络李筠，就等于在我们二人身上又捆了一道绳索，就更加脱不了身了。"

"眼下便有现成的立功赎罪的机会，先生何不一试？"

"什么机会？"

安友规凝视翟守珣多时，却不想直接说破，又试探着问道："依先生之见，二李联手起兵反叛朝廷能有多少成功的机会？"．

"这明摆着是以卵击石，飞蛾扑火，必败无疑。李将军是当局者迷，翟某心里却如明镜一般，大宋皇上素有包举天下之志，如今兵多将广，万众归心，莫说二李，就是天下诸侯迟早也要被其翦灭。"

"既如此，先生何不在去潞州的途中绕道汴京求见皇上，早做归顺之计？"

翟守珣神色黯然道："我一个小小的藩镇幕宾，又是叛臣心腹，当今天子怎肯轻易召见？到那时归顺不成，又落个不仁不义的背主之名，岂不为天下人诟笑。"

安友规神秘一笑道："我这里倒有一块敲门砖。先生到汴京后先去谒见此人，他乃大宋皇上的宠臣，见到他必能见到皇上。"说着，从怀中掏出一封密信交给了翟守珣，嘱咐他千万藏好。

几天之后，翟守珣来到了汴京。当天夜里，他敲开了李处耘的府门。

李处耘与安友规既是同乡又是挚友，看罢安友规的信，他心中一阵狂跳。这事儿分量太大，关系着大宋王朝的命运，他丝毫不敢迟疑，连忙将翟守珣安顿好，骑上一匹快马，急匆匆地向皇宫飞驰而去。

这天，宋太祖整整忙活了一天，他带着一身疲倦回到了韩贵妃的寝宫里，在宫女们的服侍下洗漱了一下，吃了点夜宵，便与韩妃秀英上床就寝。

登基以来，百事缠身。李筠公开反叛之后，他便更加繁忙，一天到晚有数不清的军政要务等着他处理，几乎把他压得喘不过气来。他每天夜里最多能睡两三个时辰，多数时间便在御书房那张御床上将就一宿，已经好久没到秀英的寝宫里来了。

宋太祖觉得有点冷落了她，心里涌上了一股深深的歉意。作为补偿，又像是在赎罪，他把她轻轻地揽在怀里……

然而，就在这个时候，一个轻轻的声音从门外传了进来。这声音尽管那样轻柔和谦卑，却依然让人万分遗憾，万分沮丧。

"陛下，陛下，李处耘大人来禀，说是淮南节度使李重进的幕僚翟守珣有要事求见。"是值夜太监的声音。

听说是李重进的幕僚求见，宋太祖"霍"地爬了起来，他特意在崇元殿偏殿里接见了翟守珣，除了李处耘之外，还命人传旨将赵普连夜招来，参与了接见。待翟守珣行过参拜之礼以后，宋太祖问道："爱卿深夜来见有何急事？"

翟守珣慌忙答道："微臣冒昧觐见，惊扰圣驾，怎敢言教？但此事非同小可，臣不得不连夜求见。"

"是何事，爱卿直言无妨。"

"淮南节度使李重进久蓄不臣之心，今日见李筠在潞州举起叛旗，便决定反叛。今派微臣去潞州联络李筠，准备不日起兵，南北响应，与朝廷为敌。"

宋太祖只觉得心头"咯噔"一下，他最担心的事终于发生了。两股邪恶的大火同时从南北方向烧来，弄不好，火势还要蔓延到四面八方，扩散到其他藩镇，大宋的万里江山顷刻之间将被置于熊熊战火的炙烤之下，他的子民将又一次沦入兵锋战祸之中。他的心像被谁狠狠地揪了一把，感到一阵剧痛。但是在翟守珣面前他不能表现得惊慌失措。

宋太祖静静地看着翟守珣，突然"哈哈"大笑起来，笑罢说道："二李连叛，与大宋为敌，无异于蚍蜉撼树。以大宋的精兵强将，扫荡二李易如反掌，只是可惜了朕的淮南数十万子民。"说到这里，他突然话锋一转，问翟守珣道："你既是李重进的多年心腹，为何不去潞州，却跑来汴京，莫不是向朕邀取富贵来了？"

翟守珣没想到宋太祖会突然问这样的话，一时吃不准他是什么意思，只觉心中惊悸，身上一下子冒出了冷汗，慌忙跪地说道："若说微臣是为个人的富贵而来，万岁实在是冤枉微臣了。微臣多年来一直鞍前马后跟随李将军，这是实情。但是，当此生死存亡悬于一念之间的时候，微臣却深恨李将军的愚顽寡陋，识见不明。四海一统，平息战乱，乃是众望所归，大势所趋。当今天下能担此大任者，非陛下莫属。臣不过看清了这一点才冒险前来禀报，好让朝廷早做准备，让天下苍生少受荼毒。这也是安监军的一片苦心。若说为了谋取个人富贵，臣宁愿在平息二李之后重归山林，终生为一布衣。"

宋太祖赶紧离座，双手将翟守珣扶起，亲热地说道："爱卿休惊，考虑到你与李重进的特殊关系，当此大战一触即发之际，朕不能不格外小心。今见先生深明大义，以天下苍生为念，朕就放心了。其实大丈夫处世，谁不愿求取功名富贵？立大功，建伟业，让子孙后代永享荣华富贵有何不好？朕正有大事与爱卿相商，要送给你一个建立不世之功的机会呢。"

太祖说完又静静地看着翟守珣，翟守珣却猜不透他的心思，一脸茫然。

一直默默地坐在旁边的赵普此时却听出了一点弦外之音，忙插嘴说道："依先生之见，李将军还有回头的可能吗？"翟守珣摇摇头道："恐无此可能。"

"倘若朕赐铁券给李重进，他能相信朕吗？"太祖又问道。

翟守珣仍是摇头："微臣知李甚深，彼终无归顺之志。"

铁券是什么？这可非同小可，乃是皇帝颁赐给立有特殊功勋的大臣，使其世世代代都享有免罪特权的契券。用丹书写在铁板上，分左右两块。左赐功臣，右藏内府。如果功臣或其后代犯了罪，可取铁券与内府所藏合之，推念其功，即予赦免。自古以来，历朝历代，即使那些位极人臣的宰辅元勋，又有几人能享此殊荣？

既然铁券都失去了信用价值，这个李重进是不可救药了。宋太祖与赵普对视了一下，心里同时想道：那就只能按照既定方针，在适当的时机消灭李重进了。

宋太祖脸色变得严肃起来，对翟守珣一字一顿地说道："朕欲派卿重回扬州，完成一项特殊使命，卿可敢前往？"

翟守珣双膝跪下，以头碰地，一字一顿朗声答道："圣命在上，臣万死不辞。"

"好！"宋太祖兴奋地说道："卿可速回扬州，千方百计劝说李重进缓图其谋。若能让他延迟几个月举兵，便是爱卿为大宋朝建了大功，到时朕将不吝封赏。具体该如何行事，你回去以后可与安友规再详细计议。"

几天以后，翟守珣驰返淮南。他与安友规密商之后去见李重进，极言李筠军中纪律如何松弛，军心如何涣散，断言李筠此次举兵定然不会成功。他鼓动如簧之舌，终于说得李重进放弃了举兵的打算。

宋太祖长长地舒了一口气，他终于可以腾出手来全力以赴地对付李筠了。

他立即召集谋臣们商议讨李大计。

赵普说道："潞州居太行之脊，又有天井关险隘，一夫当之，万夫莫开，自古为战略要塞，易守难攻。其辖地横跨河东、河北，皆税赋充裕之区，久守绝无粮草匮乏之忧。但李筠素来恃勇轻慢，目空一切。应火速派兵搦战，千方百计引他离开潞州这个战略要地前来迎战。到那时就像猛兽离开山林，游鱼离开大海，破之不难。"

话刚说完，原后周旧臣、现任枢密使的吴廷祚脱口说道："好计，引蛇出洞、调虎离山应为此次出兵的基本战策，李筠的死期不远了。"

宋太祖对此计亦深为赞许。立即调兵遣将，周密部署。首先派石守信、高怀德统率前军，于当日发兵，西向洛阳，然后由孟津北渡黄河，昼夜兼程，直插太行。临行时太祖又再三叮咛："渡过黄河之后切勿停留，直扑天井关，扼住险隘，勿使李筠越险袭怀州，动摇我军的粮草补给之地。"

兵马未动，粮草先行，这是兵家常识。宋太祖特意挑选三司使张美调集军粮。太祖关键时候起用张美，可谓知人善任。

张美其人，年少时便善于算计，以精明强干著称。周世宗时连年征战，粮饷不乏，多赖张美之力。很早以前，张美便发现李筠驻守潞州倨傲难制，便认定他久后必定作乱。因而暗中在怀州、孟州一带秘建仓廪，储积粮谷，以应急需，想不到现在派上了大用场，军粮可以就近供应。

同时，派宣徽使昝居润担任北部边境的澶州巡检，严防契丹南下；升河北邯郸团练使郭进为防御使，授予其军事指挥权，以抵御北汉。

五月初二，又派慕容延钊与王全斌率军从东路进击，前往潞州以东，与石守信、高怀德夹击李筠。与此同时，积极准备御驾亲征。

新朝初立便御驾亲征，京城的安危至关重要。宋太祖命吴廷祚为汴京留守，由吕馀庆协助，新任殿前都虞侯、自己的亲弟弟赵光义为大内都点检，控制侍卫禁军，确保京师不发生变故。又派自己的好友、侍卫马步军都指挥使韩令坤率兵驻守河阳，进可策应大军进攻李筠，退可防京师有变。宋太祖的所有军事部署可谓缜密严谨，滴水不漏。难怪赵普见了这种井然有序且大有深意的军事部署，对人叹道："皇上用兵深谋远虑，当今之世无人能出其右。"

再说李筠将大宋派来的监军周光逊绑缚献于北汉之后，北汉主刘承钧马上派人以诏书、金帛、良马赐予李筠。并于几日后大阅军队，倾全国之兵驰援李筠。

这日一早，刘承钧率大军出团柏谷南下，群臣在汾水岸边为其饯行。左仆射赵华跪在刘承钧马前谏道："李筠有勇无谋，事必无成。陛下率全国之兵而赴之，臣以为此行很不妥当，尚望陛下三思。"刘承钧见有人泼凉水，大为不悦，怒目相视道："朕意已决，卿安知其必然无成？卿若有长策，可言来教朕。"赵华无言以对，沉默良久，刘承钧率军策马而去。

北汉大军行至太平驿，与前来迎接的李筠会合，双方互赠战马、金玉，气氛本来很是融洽。但李筠见北汉主仪卫寡弱，不似王者，便生轻慢之意，心中狐疑道："北汉兵虽倾国而出，却无强将劲卒，怎能战胜宋军？"心里疑惑，表面上却不能不应付。当下摆下酒席，为北汉主接风。二人边饮边谈，李筠说起了当初周世宗对他的恩德，表示不忍负周降宋。他的本意无非是说他与大宋势不两立，反宋之心如何坚定。但是这个鲁莽汉子却忘了一个基本常识。那北汉与后周有不共戴天之仇，而周世宗指挥的高平之战更是让刘承钧刻骨铭心。平平常常的一句话却引起了北汉主的疑虑之心。

两军会盟之后，刘承钧提出派卢赞率数千骑兵入李筠军中，名为援军，实则是要监视李筠的一举一动。李筠不好拂其意，但内心大为不满，双方于是便有了嫌隙。

石守信、高怀德率领大军马不停蹄，日夜兼程。经过怀州时，遵太祖之嘱，并不驻足，而是兵分两路。石守信与监军李崇矩率一支人马避开大道，沿山间小路疾驰，在人不知鬼不觉的情况下直插泽州后方，一下子掐断了泽州的后方补给线，使泽州顿时成了一座孤立无援的孤城。这个时候，大宋前军的另一统帅高怀德也轻装奇袭，出其不意地占据了战略要塞天井关，堵住了李筠的西下之路。

在泽州通往潞州的大道上，有一要冲叫长平，另有一地叫大会寨。这两处都是李筠的军粮囤积之所。

石守信与部下商议道："要引蛇出洞，就必须攻其必救，长平、大会寨皆李筠粮仓，大举攻之，李筠必派兵救援。我等再于半途设伏，定能大获全胜。"

众将领命，依计而行。石守信率军一支，乘夜进袭长平，一举攻克。之后立即将草垛放起大火，引李筠来援。

石守信奇兵突袭，无异于背后插刀，李筠一时慌了手脚，立即分兵一部前往救援。这支队伍离开泽州城悄悄地向长平一带摸去，本想乘守军不备，反夺长平。谁知离城数十里，刚走入一条沟壑，忽听得一阵锣响，火把四起，杀声震天，千万支利箭劈头盖脸地射来，前面的兵士被成批连片地射杀，后面的不敢恋战，扔下三千多具同伴的尸体仓皇逃回泽州。

石守信占领长平之后乘胜进击，他一面派兵急攻大会寨，一面派人告知天井关的高怀德，准备合兵一处，在泽州城南大败李筠，重创其主力。

大会寨是泽州驻军最大的一座粮仓，倘若失守，泽州城内的兵马别说进击大宋，就是死守孤城也难以持久坚守。李筠再也坐不住了，说什么也要保住大会寨。他亲率数万大军欲前往救援。

这时，却见谋士闾邱仲卿急匆匆地赶来，拦住马头极谏道："公孤军举事，其势甚危！虽倚河东之援，恐亦不得其力。宋军兵甲精锐，士气正盛，难以争锋，此时千万不可出城。"

李筠问道："依你之见，我难道就应当死守孤城，直至草尽粮绝，坐以待毙不成？"

闾邱仲卿说道："为今之计，上策莫过于趁宋兵尚未围城之时，弃城而出，西下太行，直抵怀、孟，塞虎牢，据洛邑，东向而争天下。"闾邱仲卿的意思再清楚不过，就是要李筠从潞、泽一带撤军，西下太行。这样就会据有黄河上游，进而控制黄河沿岸的战略要地，从而断绝东京汴梁的漕运之路，使大宋王朝陷于粮草匮乏的险境。而李筠军则可凭借仓廪充实巩固后方，招兵买马，然后与大宋王朝一争高低，到那时，鹿死谁手还不一定呢。

闻邱仲卿的话确实是颇有战略眼光的上上之策，与宋太祖的看法恰恰一致。太祖命石守信、高怀德"急引兵扼其隘，勿纵筠下太行"　正是怕李筠西出太行，纵虎归山，遗患无穷。

好计归好计，无奈主帅不听。李筠一生狂傲不羁，哪里把这点宋军放在眼里？听了闻邱仲卿的话，竟在马上哈哈大笑："我有'儋圭枪''拨汗马'，纵横天下亦无忧，岂惧石守信小儿？"

原来李筠手下有一爱将，名叫儋圭，力大无穷，善用枪，多年征战鲜有对手。他有一匹坐骑，名曰"拨汗马"，号称日驰七百里。堂堂三军主帅，居然把生死攸关的大兵团作战寄托在一人一骑身上，简直如同儿戏。

闻邱仲卿力劝无效，知李筠必败无疑，只好怏怏而退，连夜潜出城外，远遁而去。

李筠率大军来到泽州西南五十里，看看前面已是大会寨，并不见一个宋军的影子，还以为石守信惧他，已望风逃遁，便下令将士们就地安营扎寨。他带着几个偏将和数十名亲兵急匆匆地打开粮仓验看粮米情况。拆开几条米袋一看，竟全是装着碎木乱草，甚至有硫黄等易燃易爆物品。李筠大惊，情知上当，急令将士们往外撤。刚刚走出仓廪，便听得"轰隆隆"几声闷雷似的爆炸，几十座粮仓几乎同时起火，到处浓烟滚滚，火蛇狂舞。几个走在后面的亲兵早被炸成碎片，残臂断腿飞起了老高。李筠走在最前面，也被一股巨大的气浪推出了几丈之外，踉踉跄跄地跌倒在地。就在这时，又听到号炮连声，宋军漫山遍野，如同潮水般四面涌来，前有石守信，后有高怀德，皆为骑兵，左为郑恩，右为陶三春，都是步兵。

李筠有些慌了，但毕竟统兵多年，急令将士们弃掉营寨，占据高地。此时，高怀德一马当先，已旋风般冲来。那儋圭认为大显身手的时候到了，持枪在手，催动"拨汗"神驹，迎头截住高怀德。二马盘旋，双枪并举。儋圭本以为以自己的骁勇神力，最多三五回合便可枪挑来将，哪知今日恰恰遇上了克星。高怀德十几年沙场征战，什么样的战将不曾会过？

二人大战近一个时辰，仍然不分胜负，两边阵中兵对兵，将对将，也早已杀得难分难解。高怀德见遇上了劲敌，不想和他过多纠缠，虚晃一枪，拨马便走。儋圭大喜，催马紧追。"拨汗"马疾如飞矢，瞬间已经追上，儋圭操枪在手，照着高怀德的后心狠狠刺去。便听"哎哟"一声，高怀德已倒挂在马身一侧，儋圭冲上来正欲再补一枪，不料倒挂在马身上的高怀德长枪一拧，朝斜上方猛然刺出。儋圭防不胜防，"扑哧"一声，枪头尽没于喉咙，顿时鲜血似箭，喷射而出，一头栽于马下，当场毙命。

李筠见爱将已死，所谓"儋圭枪""拨汗马"的神话霎时化为泡影，顿时魂飞魄散。只好挥舞着大刀，率领数百名亲兵拼命往北冲杀。石守信、郑恩、陶三春从南、东、西三面掩杀，势不可当。北汉派驻李筠部的监军卢赞企图夺路而逃，正遇上郑恩赶到。那黑汉子正杀得兴起，大吼一声："王八蛋，哪里跑？"大刀一抢，竟将那卢赞拦腰斩为两段。

北汉河阳节度使范守图正与陶三春交手，见卢赞被杀，一时走神，被陶三春挑飞手中大刀。刚欲逃跑，陶三春纵身掠至，一把抓住其袍带，狠狠地将其摔于马下，他只好乖乖地当了俘虏。

李筠好不容易冲出重围，如惊弓之鸟、漏网之鱼一般，带着残兵败将慌慌张张地逃回了泽州城。但是检点部下，却损失了三万人马，泽州城精锐尽失。

北汉主刘承钧屯兵太平驿，听说河阳节度使范守图被俘，监军卢赞战死，李筠大军遭到惨败，顿时心灰意冷，也不再发兵救援，竟悄悄地将全部军队撤回了首府晋阳。

刘承钧回到晋阳，这才想起左仆射赵华。当时他极谏不要发兵，自己还认为不过是书生之见，不足为信。现在看来，读书人亦不可小觑。自此以后，刘承钧开始重用赵华及一帮儒生，朝政略有起色。

五月十九，宋太祖下诏亲征，二十四日抵达荥阳。西京留守向拱迎至汜水，拜谒后进言道："李筠逆节久蓄，兵力日盛，陛下应乘其未集而诛之，缓则势张，难为力矣。"

赵普亦说道："贼意国家新造，未必能御驾亲征，若日夜兼程，攻其不备，可一战而胜。"

宋太祖于是挥师疾进。大军行至太行山区，道路险峻，乱石横陈路面，大军不得不放慢了速度。为了尽快与前军会师，宋太祖以帝王之尊，亲自带头以战马驮石，文武臣僚和三军将士大受鼓舞，立即人抬肩扛，奋勇争先。当日便把崎岖的山路平整为通衢大道，大队人马顺利通过。

六月初一，宋太祖所率大军与石守信、高怀德率领的前军会合于泽州城南。这日正是石、高二人大败李筠的第三天。

宋太祖立即亲自部署对泽州城的围攻。

第二十二章　御驾亲征　平叛李筠

李筠逃回泽州，下令紧闭城门，运集木石，并将余部分成数队，组织城内百姓坚守城池。泽州城虽不算大城，但城防设施十分坚固，又加李筠拼死守城，一时难以攻下。

宋太祖听说李筠的部下汾州团练使王全德前几日被俘，便让人将他押至大帐。王全德被绳捆索绑押来，宋太祖急忙离座，亲为解缚，晓以大义，劝其归顺。见当今皇帝如此降尊纡贵，平易近人，王全德深受感动，愿意归降，并愿前往潞州，劝说留守潞州的李守节来降。宋太祖大喜，马上亲书书信一封，说明形势，讲清利害，要李守节以自身前途和潞州城百姓的生命安危为念，弃暗投明。

王全德拜辞而去，石守信率军随后。两天以后，本无斗志的李守节再也顾不得父命了，大开潞州城门，率众投降。

潞州一破，泽州城彻底孤立，军心震动，拼死的防守渐渐松懈下来。宋军攻城愈急，泽州城破在即。

夜深了，微风徐徐，繁星闪闪，宋军的进攻早已停下来，泽州城里显得死一般寂静，只有草木丛中虫声唧唧。李筠眉头紧锁、满脸忧戚地躺在床上，怀里搂着他那个只有二十六七岁的爱姜刘氏。

刘氏突然问道："主公，城中尚有多少战马？"李筠大感意外，以怪异的眼神看着刘氏问道："你问这事干啥？"刘氏道："妾虽妇人，也已看得出泽州已是孤城，危在旦夕，行将不保。此时若有战马数百匹，乘夜色，与心腹突围而去，出保上党，求援河东，说不定尚有东山再起之机，总比这样坐以待毙强得多。"

想不到这样一个柔弱女子在生死关头竟有如此豪迈的丈夫气概，李筠听得频频点头。当下便披衣起身，命人清点战马，竟然仍有战马一千余匹。

李筠大喜过望，便召集亲信战将集至府邸，决计突围。谁知几个部下却极力劝阻道："未经帐前计议，万不可轻率行事。当今军心不稳，一旦将军打开城门突围，倘有人劫持将军以降宋军，将悔之晚矣。"听了此话，李筠又动摇了，突围的计划被暂时搁置起来。

宋军的攻击越来越激烈，一连数日仍未攻下泽州城。宋太祖见如此多的部队围困一座孤城久攻不下，在这骄阳如火、暑气蒸腾的盛夏，若旷日持久，宋军将面临许多困难，心下十分焦躁。

就在这时，郑恩、陶三春闯入大帐。郑恩一进来便高声喊道："皇上，一座破城，攻了这么些日子，太丢人了。俺郑黑子愿带一百名死士冲上城去，剁下李筠的驴头来见。"

宋太祖深嘉其勇，说道："速战速决，这也正是朕的想法。只是贤弟千万小心。"

郑恩于是挑选了一百名精壮骁勇的敢死队员准备登城。宋太祖命人抬来御酒，每人赐酒一碗。郑恩接过碗来，一饮而尽，把上身的衣服一扒，打着赤膊，黑炭一般的脊背在阳光下油光闪亮，大吼一声："李筠，你黑爷爷来了!"挥舞着大刀刮风一般向城下冲去。陶三春紧随其后，众勇士也都奋勇争先向前冲去。

宋军队伍里鼓声大作，杀声震天，城上箭矢礌石像急雨冰雹一般落下来，郑恩等人全然不顾，架起云梯急速往上爬。十几名勇士先后中矢，或被礌石砸中，倒栽葱一般从高高的云梯上跌落城下，顿时七窍流血，变成一摊肉泥。郑恩终于率先爬上城墙，两名守城兵士挺枪来刺。郑恩一手扶梯，单臂挥刀，只见白光一闪，两颗人头同时飞落城下。郑恩纵身跳上城头，立刻杀开了一条血路，后面的敢死队员纷纷登上城头，泽州城终于被撕开了一道口子。

守城兵士们一齐向这边涌来，郑恩、陶三春率众勇士拼死厮杀，据守住这片阵地，好让后续部队上城。正杀着，突然飞来一支利箭，深深地插于郑恩的右臂，立时血流不止。郑恩愣了一下，嘴里骂着："奶奶的，你黑爷爷也能流血?"左手握着箭杆，用力一拔，竟带出了一块肉来。郑恩也顾不得包扎，疯了一般向敌群冲去，双臂抢动，如快刀斩乱麻，守军一片片倒地。

这时宋军大批将士涌上城头，打开城门，放下吊桥，石守信、高怀德率领千军万马呐喊着冲入城中。守军见大势已去，纷纷跪地缴械，泽州城终于被攻破了。

李筠无路可逃，慌忙跑回官邸，在室内放起大火。霎时间，烈焰腾空，浓烟如柱。李筠仰天长叹一声，狠狠地骂道："赵匡胤小儿，我李筠今生不能杀汝，来生定要食汝肉，扒汝皮!"说罢，他看了看刘氏，他真不忍心让她陪着自己白白送死，说不定她身上已经有了自己的骨血。他想放她走，让亲兵们保护着她远走高飞。但转念一想，覆巢之下岂有完卵……他觉得心里像被刀扎了一下，一阵剧痛。他二话没说，弯腰抱起刘氏，转身冲进了熊熊的大火中。刘氏没有挣扎，也没有哭嚎，脸上非常平静，在火光的映照下，就像一朵盛开的十分美艳的杜鹃花。但这花朵瞬间便被大火吞噬了……

第二十三章　欲取淮南　先礼后兵

李筠的叛军势力被全部扫灭，潞州、泽州等地真正纳入了大宋版图。宋太祖入城之后，命人广贴安民告示，严禁士兵骚扰百姓，泽州城很快便恢复了平静。

宋太祖下诏，封郑恩为潞州节度使，以陶三春副之，然后大宴有功之臣，犒赏三军。休整数日后班师回朝。

这次平叛的胜利使宋太祖显得愈加自信和踌躇满志。

李筠被灭，只剩下一个李重进了。消灭李重进只是时间问题，只要找好理由，等待时机就行了。

宋太祖在每日处理朝政的时候，同时也在谋划着如何处置李重进。他非常清楚，历史上每一个杰出的政治家都是一手操纵着战与和两个开关。既要开战，先要高唱和平。对李重进也必须这样，只有把战争的责任推给对方，自己才能更广泛地争取民心，巩固政权。

宋太祖正在为此事苦思冥想的时候，却听弟弟赵光义来报，说是殿前副都点检高怀德的妻子故去。高怀德与妻子从小青梅竹马，情深意笃，妻子骤逝，直如乱箭钻心，痛不欲生。怀德是太祖的心腹爱将，太祖自己也经历过中年丧妻之痛。如何才能抚平爱将心头的创伤，让他迅速振作起来？这个时候，抚慰好一员大将，就等于笼络住一批将领的心。这比剿灭李重进更为重要。因为李重进已是瓮中之鳖，兴不起风浪，何时擒拿完全由自己说了算。

太祖突然想到了一个绝妙的主意，既可让高怀德凭空得一佳丽，更能把自己与高怀德的关系拉得更近一些。

他想起了一个人，那就是他的义妹赵京娘。在登基之初，他便派人打听过，知道京娘因为对自己一往情深，离家出走，在一尼庵中修行，他心中很不是滋味，因为自己耽误了这个柔情似水的女子一辈子。便决意将京娘接入宫中，封为公主。但因朝廷初立，诸事纷繁，还没来得及将这一想法付诸实施。

现在好了，高怀德文武双全，料京娘不会不依。他将自己的想法报知杜太后，杜太后极表赞许。宋太祖便派出使者，前往蒲州地面寻访京娘。

却说京娘自赵匡胤千里迢迢送自己回家，又因父亲提亲，哥哥语言冒犯，心上人绝情而去，她万念俱灰，便辞别家人，到慈净庵修行。从此青灯黄卷，一晃就过去了十几年。

这日吃过早斋，京娘又与平时一样，静坐庵中，读经悟道。忽见庵中老尼慈真法师慌慌张张地走来，说是有皇上诏书，宣京娘听旨。

京娘大吃一惊，自己一个乡间女子，与皇上无亲无故，又未曾触犯朝廷法纪，何故会有圣旨来宣自己？原来这蒲州地处偏僻，京娘又蜗居庵中，不问世事，并不知道已经改朝换代，当年搭救自己性命，又千里迢迢送自己回乡的义兄赵匡胤已登基做了皇帝。她满腹狐疑地随慈真法师走出屋来，那使者告诉她，当今天子乃她的义兄赵匡胤，已册封她为德义公主，着她立即进宫面君。一听赵匡胤三字，京娘立时热血奔涌。十几年的尼庵生活，本以为自己已经心静如水，谁知一道圣旨又搅得波涛汹涌，狂澜万丈。她并不想去那繁华富贵之乡，只想在这里布衣粗蔬，了此一生。但一是圣命难违，不得不去；二是她在心灵深处也深深地系念着那个救命恩人，到他身边，虽是御妹，能经常见到他也就足慰平生了。

京娘随使者上路，一路上官府迎送，好不风光。不几日来到汴京，送入公主宫中，由宫女服侍着沐浴更衣，一袭缁衣换成了珠饰霞帔，更显得艳光四射，风情万种。

当日下午，宋太祖抽暇来探视御妹。闻听太监喊道："万岁爷驾到！"京娘慌忙跪伏接驾，口中轻声说道："小女子赵京娘叩见万岁，吾皇万岁，万万岁！"说到末了，已是声音颤泣，双眼潮红。宋太祖也觉心中酸涩，忙说道："御妹平身！"命宫女们将京娘搀起，扶于绣墩之上坐了，太祖也在一把椅子上坐下，又说道："这些年御妹受苦了，家中二老还康健否？"京娘告诉他，父母已于几年前分别辞世，哥哥赵文却不学好，兄妹二人早已断绝关系，形同路人。十几年来，自己茕茕孑立，只以佛经为伴。太祖听着，也不禁感叹唏嘘。最后劝慰她道："御妹既进得宫来，自此以后，只把朕做亲哥哥看待，太后便是你的母亲，万勿生分。"京娘眼含热泪谢过太祖，兄妹二人又攀谈多时，太祖方起身离去。

晚饭之后，杜太后前来探望这位新接来的女儿，灯烛之下，但见京娘黑发飘飘，如乌云罩顶；面色白皙，似凝脂滑玉。杜太后越看越喜欢，待京娘行过大礼之后，一把将她搂在怀里，亲亲热热地问长问短，真像见到了多年不见的亲生女儿一样。京娘见杜太后如此慈祥仁爱，只觉得一股暖流在周身流淌。多年来清冷的尼庵生活使她早忘记了什么是母爱。现在，这种久违了的母爱又骤然降临，她觉得心中一热，眼泪早吧嗒吧嗒地滴落下来。杜太后劝道："我们母女相见，要高兴才是，我儿莫要心酸。"京娘忙擦泪笑道："女儿见到太后，真如见到生母一般，这是高兴的眼泪，一时失态，还望母后原谅。"

母女二人说说笑笑，不觉已是二更天气。杜太后最后将欲把她嫁给高怀德的打算告知京娘，又说道："那高将军德才兼备，英俊倜傥，在满朝文武中是数一数二的人物。此事如何，还要女儿自拿主意。"京娘忙下跪道："自古儿女终身大事但听父母之命。此事京娘唯听母后决断！"太后见京娘如此柔顺听话，知情达理，心中十分高兴，从此对京娘更加疼爱，真比亲女儿还亲。

几天以后，高怀德操办喜事。虽说是二次婚娶，但因为迎娶的是公主，又是当今天子当的大媒，因此婚事办得十分红火。朝中文武百官都送了贺礼，纷纷去高府祝贺。汴京城的老百姓都知道了这件事，听说新娘子原是民间女子，因与皇上陌路相逢，患难结交，一夜之间成了公主。因此娶亲那天，高府门前人山人海，观者如云，都争着一睹新娘的芳颜，看一看这段天子促成的好姻缘。

宋太祖对此事尤为得意，历经千般磨难的义妹京娘终于脱离苦海，终身有靠。自己当年救她，千里相送，却险些将她推上绝路。现在得到一个圆满的结局，也算是救人救到底了。更重要的是，通过这次联姻，高怀德从原来的朋友变成了自己的至亲，完全投入了赵氏集团的核心圈子，这是宋太祖最感欣慰的。

朝中诸事顺利，宋太祖又开始考虑如何消除自己的心腹之患——淮南节度使李重进了。

夜深人静之时，宋太祖不时地想起翟守珣送来的李重进给李筠的那封密信，信中说道："赵氏无道，篡位称君，人神共怒，天理难容。吾等受周帝之隆恩，常怀报国之志，思效前贤之忠。公念念不忘周帝恩德，举义旗而诛无道，实众心所向，民意所归。吾虽不才，愿效公之义举，合力同心，捣宋复周！"每想起这封信，太祖便觉得有些后怕，翟守珣所言不错，李重进终无归顺之心。好险啊，倘若此信落于李筠之手，二李勾结，同时起兵，其他正在观望风向的藩镇如果也趁势举事，眼下又该是个什么局面呢？现在好了，李筠叛乱已全部平息，李重进孤掌难鸣，该是收拾他的时候了。

宋太祖赵匡胤

扬州城仍处在一片平静之中。淮南节度使李重进的心情有些沉重，此时此刻，他仍在犹豫不决，举棋未定。究竟是反还是降，几个月来他反复权衡，却始终难以决断。

李重进身材高大，脸膛黝黑，一脸络腮胡，人称黑大王，看起来完全是一个粗鲁莽撞的汉子。其实他的性格和为人却与他的外形相反。他不像李筠那样锋芒毕露，咄咄逼人，而相对比较善于韬光养晦，与人相处也常常显得谦恭和气。

赵匡胤篡夺皇位，以宋代周，使他恨得咬牙切齿，本想立时起兵，但又犹豫观望，下不了决心。待李筠起兵之后，他极度兴奋，听信安友规的话，派翟守珣前往潞州，以密信相约，准备南北策应，共举大事。翟守珣走后，他在家厉兵秣马，磨刀霍霍。

但几天以后，翟守珣风尘仆仆地赶了回来。他急不可耐地询问翟守珣此行的情况，翟守珣将情况禀报之后，委婉地说道："下官此去潞州，观李筠情势，窃以为其举兵伐宋，颇有些轻举之嫌。人轻举则智虑疏，智虑疏则筹事不密，筹事不密则事不可成。且李筠军中人心不齐，士气不振，如此看来，前景可忧。"

李重进平素本就优柔寡断，遇事好左思右想，听翟守珣这样一说，一腔热血顿时冷了下来，不禁眉头紧锁，忧心忡忡。翟守珣又趁机进言："古人云'行成于思，毁于随'，依下官之见，莫如暂缓起兵，先静观形势之变。若李筠能操胜券，我则举旗响应；若其取胜无望，我则按兵不动。这样，进可攻，退可守，左右逢源。若贸然与其联成一气，一旦事败，必将殃及自身。"

李重进哪里会想到，自己十分信任的这位亲信幕僚此时已做了大宋王朝的奸细，还以为他是忠心事主，在为自己打算，献了一条万全之策。李重进按照翟守珣的建议打消了起兵的打算，采取了隔岸观火的态度，静观潞州方面的动静。

当然，李重进的内心里还是渴盼着李筠能旗开得胜，直捣汴京。他更希望李筠能摧毁宋军主力，二虎相斗，两败俱伤，然后由他李重进坐收渔人之利。有些日子他甚至显得极为兴奋，他在喜悦地幻想着有朝一日能够入主开封，重续后周社稷。这位"黑大王"开始晕晕乎乎地做起了皇帝梦。

但他只想着鹬蚌相争，却忘了唇亡齿寒。

就这样，李重进焦躁地等待着，等来等去，等到的却是李筠兵败身亡、数万大军灰飞烟灭。他有些后悔了，悔不该当时不迅速出兵，若是当时起兵，南北夹击，或许可以覆灭宋室。但转而一想，他又暗自庆幸，多亏没有起兵，自己与大宋朝廷没有翻脸，以后还有回旋的余地。

就在这时，宋太祖派来了使者，诏命李重进为平卢节度使，移镇青州。李重进心里明白，这是赵匡胤对自己不放心。淮南节度使驻防扬州，据长江淮河之险，又随时可与南唐诸国联手，一旦有变，立成肘腋之患，因此才将自己徙于内地青州。

李重进顿觉大势不妙，一方面规规矩矩地奉诏，表示愿意接受新的任命。一方面却急忙上表，要求进京朝见太祖，感谢皇帝恩封。

宋太祖此时却不愿见他。李重进的心思他摸得一清二楚，朝见是假，以此为名窥探虚实是真。于是他把翰林学士李昉叫来，让他起草诏书，婉然拒绝李重进入朝。其实，宋太祖并不怕他入朝，他来窥探虚实怕什么？他只是在显示当今天子的“天威”，即你李重进没有资格向朝廷讨价还价，只能老老实实地听命，规规矩矩地就范。若不肯去青州赴任，你也可以起兵造反。现在已经不是三个月以前了，你敢轻举妄动，正是送给朝廷一个彻底消灭你的极好的借口。宋太祖把这封诏书看成是催这颗毒瘤迅速熟透的一剂猛药，他准备执刀割瘤了。

李昉乃五代时有名的大才子，他应诺而退，苦思良久，精心起草了一份措辞委婉的诏书，其中几句写道：“君为首，臣为肱股。卿虽将远去青州，如同一体。望卿体谅朕之厚望，尽心所事，善治州镇，永得君臣之分，共图帝业永固。修朝觐之仪，来日可也，何必匆匆？卿之忠心朕已知之，卿其勉矣。”

李重进读着这份诏书，心里说不出是个啥滋味。诏书文辞优美，但读起来心里总感到有股苦涩味。字里行间似乎隐藏着什么，让人难以琢磨。

入京觐见的请求不被恩准，李重进心里郁郁不乐。他心想：“赵匡胤定是对我生疑，或是有小人告了我的黑状。不管怎么样，我李重进不能束手就擒，坐以待毙。”他唯恐宋太祖先发制人，以迅雷不及掩耳之势将他置于死地。便暗中拿定主意，要抓紧做好起兵反叛的准备。

就在这个时候，朝廷又一次派来了使者。这一次派的是陈思海，他带来了皇帝赐给李重进的铁券。

当时太祖征询翟守珣的意见，翟守珣认为就是赐予铁券亦于事无补，太祖便没有马上颁赐。

但此一时彼一时，如今李筠之祸已除，太祖下了决心要摘除李重进这颗毒瘤，何不让他先高兴几天，稍消忧虑之心，毫无戒备，让宋军的进攻更容易些？

李重进拿着铁券反复把玩观赏，上面的丹书仍是当代著名文士、翰林学士加中书令李昉所写，文辞既精美又平实，似是在表示海枯石烂铁券不变的盟誓，又像是对子孙后代的铿锵有力、掷地有声的许诺。可是李重进仍在迟疑，他还是不相信宋太祖会真的赐他铁券，更不相信太祖会拿他当亲信近臣看待。对于一代君王来说，朝令夕改、翻云覆雨的事古往今来屡见不鲜。

陈思诲见李重进仍是满面疑惑，犹豫不定，便解释道："新朝始建，百业待兴。当今圣上力行安定为本之国策，对前朝旧臣一概录用。将军乃国之柱石，欲求安定非重用将军不可，故而特降殊恩于将军。皇上胸襟宽广，深仁博爱，古来鲜有。此前发兵潞州征讨叛逆，实因李筠所逼，万不得已。尚望将军早下决心，奉事新主，共扶大宋。"陈思诲还告诉他，皇上已经恩准，在他去青州的途中可顺路入朝觐见，以叙君臣之谊。李重进感到奇怪，前些日子的诏书还断然拒绝自己入朝，这才几天，怎么又允准自己入朝了呢？他当然弄不明白，宋太祖正是有意这样安排的。这就是大宋皇帝的脾气：我让你来可以，你自己要来偏偏不行。你当臣子的就得学会言听计从，俯首帖耳。

陈思诲一席话终于使李重进的顾虑烟消云散。他开始高高兴兴地打点行装，准备跟陈思诲入朝，向皇上表达忠顺之心，然后去青州上任。

就在李重进就要成行的时候，他的帐内却突然闯进了七八个心腹将佐，这些人七嘴八舌，大呼小叫，基本意见却是一致的：皇帝所赐的铁券不过是自欺欺人的表面文章，绝对不可能兑现，万不可轻信。说白了，这不过是个圈套或陷阱，若贸然进京势必身陷囹圄，自食其果，给我们这些部属、兵吏也带来灭顶之灾。有人更加露骨地说道："李节度乃周室至亲，早已见疑于赵氏，岂能得全？若此番随陈思诲前往汴梁，无异于飞蛾扑火，自投罗网，恐今生永无相见之日。"

李重进又一下子乱了方寸，像从暖煦煦的阳光下突然掉进了冰窟窿里，只觉得周身寒彻。一时心乱如麻，头涨得老大。他呆呆地看着这些老部下，摆摆手说道："诸位的好意李某心领了，请容我再细思之。"

众人应诺退去，李重进却一夜未眠，第二天破晓，他终于下了决心：立即拘捕陈思诲，遣人求援于南唐，与大宋分庭抗礼，一决雌雄。他把亲信部下全部招来，同饮血酒盟誓，齐心协力，同生共死！

陈思诲住在驿馆里还未睡醒便被一群闯进来的兵士从床上拖下来，不容分说五花大绑，扔进了一间黑暗的密室里，紧紧地锁上了屋门。

各部将领分头行动，招募亡命之徒扩充部伍；组织民工加固城墙，运送木石；现有兵士紧急集合，进行战前操练；武器库的兵器全部搬出来发给新兵。兵器不够用则连夜打造，粮秫官马上清点粮仓，并派人立刻下乡征集粮食，运进城内。

扬州城里弓上弦，剑出鞘，紧锣密鼓，雷鸣闪电，肃杀之气已弥漫到了每一个角落，就像一场暴风骤雨即将来临，空气沉闷紧张得就要爆炸。就连普通百姓都闻到了火药味和血腥气，开始忙忙乱乱地做着逃命的准备。

朝廷派来的监军安友规自然也闻到了一种"山雨欲来风满楼"的怪味，但他毕竟不是李重进的亲信，这几天李重进小圈子内的秘密集会都将他排除在外，因此，他还拿不准李重进是否马上就要反叛，迟迟下不了是去是留的决心。这日晚间，他听到屋外有脚步声，出来看时，却见一个人影一闪而逝，门前留下了一封信，告诉他李重进已经不可逆转地要公开反叛了，他若再留在这里只能被李重进用来祭刀，为今之计，应该火速离开扬州，回朝廷报信。安友规读过信后心里一阵阵激动，他十分感谢这个暗中相助的朋友。他估摸此人十有八九是李重进的心腹幕僚翟守珣。当天夜里，安友规与亲信数人决定出城。李重进得知消息，急忙派兵追赶。安友规来不及走城门，只好缒城而下，急匆匆奔向汴京，向宋太祖报信。

宋太祖听完安友规的禀报，叹口气道："毒疮早晚要出脓，现在好了，该是我们动刀子的时候了。朝廷待他仁至义尽，他定要找死也没办法，只可惜陈思诲不知现在怎么样了。"他立即把赵普招来，商量立即发兵扬州。

李重进虽然仓促起兵，但他心里清楚，自己手下只有七八千人马，大军一到根本无法抵挡，就是死守孤城也不可能持久。他把希望寄托在南唐主身上，有了南唐的相助，便有取胜的可能。他觉得，李筠的失败一个重要的原因就是没有实现与北汉的真正联合。双方未经周密筹划，统一部署，北汉行动迟缓，配合不利，所以没有形成合力拒宋的态势，以致惨败。他要接受这个教训，便写了一封亲笔信，请求在约定的时间地点与南唐主会面，共商起兵事宜。事成之后，他李重进宁愿退隐山林，将淮南之地全部归还南唐。

但是李重进太天真了，也太不了解南唐主李璟的为人了。

自从周世宗大军征剿，收复江北、淮南诸州之后，南唐国势一落千丈，成了后周的附庸国。宋太祖荣登大宝，建立宋朝之后，李璟马上派使者以御服、金帛相赠，以示祝贺，表明他仍像事周一样甘愿称臣于宋。

宋太祖赵匡胤

现在的南唐主能保住他的江南国土做个苟且偷安的小皇帝就求之不得了，哪里还有胃口去吃淮南江北之地，更不会出兵援助李重进引火烧身。

对于这样一个懦弱之主，李重进却将成败得失的赌注押在他的身上。战端未开，李重进便败局已定。

李重进的使者来到南唐以后向李璟递上了求援信。李璟态度十分冷漠，将信草草看过之后便随手扔在了一边。听着使者喋喋不休地叙说，李璟双眼微闭，置若罔闻，听到后来，干脆不耐烦地打断了他的话，说道："大丈夫失意而反，世已有之，但时不可耳。大宋建立之初，人心未定，潞州作乱，李君不以此时反，今人心已定，乃欲以数千乌合之众抗天下精兵，虽有兵食，不敢相资。"

南唐主断言扬州举兵不能成功，明确表示根本不愿出兵相助，甚至连军粮都不肯借给。使者听罢，顿时心灰意冷，再也没有勇气游说，只得垂头丧气地回到扬州。

李重进听说南唐不肯出兵，一下子就像个泄了气的皮球。他手下的兵马不管从数量上还是从士气上都无法与宋朝大军抗衡。他也清楚，大宋初建，人心思安，百姓都渴盼和平，厌恶战争，他兴兵反宋并不合时宜。但事情到了这个地步，是箭在弦上，不得不发，已经没有任何退路了。只有硬着头皮举兵，或许能挣扎出一条生路。

李重进内心虚弱，底气不足，在毫无信心的情况下只想碰碰运气，便贸然举起反旗。

他虽然急不可耐地集结部众正式举兵，但心中却一直惶惶然如履薄冰，终日垂头丧气，无精打采。他无心观看士兵的操练，也无心检查城防，只是毫无作为地等待着，等待着那场凶多吉少而又不可避免的激战。

建隆元年（960年）九月，宋太祖决计兵伐淮南。在此之前，他特意找赵普计议过此事。这些年来，宋太祖对赵普的了解越来越深，不论是对政事还是对军事，赵普都有十分精辟的见解，几乎是每言必中，成了太祖不可缺少的首席参谋。潞州平叛之后，赵普已升任为兵部尚书，充枢密使。当太祖问到对李重进的反叛应如何处置时，赵普十分果断地答道："李重进凭恃长江、淮河，缮修孤垒，外绝救援，内乏粮草，缓图亦取之，急图亦取之。然为使其反叛之火不至蔓延，恶势力不至坐大，还是以速取为上策。"宋太祖于是下定了发兵扬州的决心。

九月二十二日，宋太祖任命石守信为扬州行营都部署，兼知扬州府事，王审琦为副，李处耘为都监，宋延渥为排练使，安友规为滁州刺史监前军，是为大军前锋。

石守信率前军马不停蹄，昼夜兼程直下淮南，很快来到扬州外围安营扎寨，完成了对扬州城的合围态势。

他马上遣使驰奏太祖："城破在朝夕，大驾亲临，一鼓可平。"

宋太祖接报后大喜，立即下诏亲征。他以皇弟赵光义为大内都部署，以吴廷祚为东京留守，吕馀庆为副留守，有此三人镇守东京，太祖无后顾之忧，甚觉放心。

十月二十四日，宋太祖率大军从开封出发，百官六军分乘数百条战船沿汴河东下。浩瀚的汴河水面上千帆竞发，乘风破浪。宋太祖脱去龙袍，换上铠甲，傲然站立在龙舟船头。深秋的河风已带着寒意，夹杂着河面上潮湿的水气扑打在脸上，让人感到有一种刺骨的感觉。宋太祖却浑然不觉，他像在阳春三月里沐浴着春风，感到十分舒适和惬意。他昂首挺立着，深深地吐纳着天地间潮润清新的空气，让它鼓荡起自己的双肺，鼓荡着胸腔里滚滚翻涌的思绪，此去必胜的信念和君临天下的自豪充满胸膛。这一次，他觉得似乎不是去赴硝烟弥漫的战场进行你死我活的拼杀，而好像是在进行一次游山玩水的旅行。

十一月八日，战船到达汴河入淮处泗州。大军舍舟登陆，太祖命诸部击鼓而进，向东南直奔扬州。一时金鼓大作，征尘飞扬，气势汹汹，锐不可当。

深秋的扬州城秋风瑟瑟，枯叶飘零，呈现着一片浓重的肃杀之气。高天流云，候鸟南飞，山寒水瘦，冷酷的季节正迈着急匆匆的步履向这座大兵压境、险象环生的孤城迈进。

扬州城陷入了一片混乱和恐慌之中，李重进未料到宋朝的大军会来得如此神速。举目四望，城外营寨连结，旌旗飘扬，密密麻麻的大军将城池围了一层又一层。听说赵匡胤御驾亲征，已来到扬州城下，李重进只觉得心里"咯噔"一下，他知道扬州城的陷落只是时间问题了，自己这一生已走到了尽头。

但事到如今，他也只能拼死抵抗，别无选择。

扬州城在阴云四布、烽烟弥漫中进入了临战状态。所有的兵士都被组织起来轮番守城。城内的青年男丁也被胁迫着投入了战事杂务，或运送木石箭矢，或编成预备队，准备随时补充兵员。这一切不知道还有没有用，李重进不过是在例行公事般尽尽心而已，并没有取胜的半点信心。

宋太祖赵匡胤

他带着几个偏将和亲兵在城头督战，从东城、南城直巡至西城。七八千兵勇分散在四面城墙上，显得零零落落，那些毫无训练的民众夹在其中，显得畏葸而又杂乱。这样的队伍如何打仗？如何守城？李重进内心深处感到了一种无可奈何的悲凉。

再看看那些将校兵士们，不是面无表情、呆头呆脑地站在城头上，机械地按着上司的吩咐动作着，便是一脸恐惧、惊慌失措，目光茫然而又游移不定。

李重进带兵多年，他知道将士们心里在想什么。连自己这位三军主帅都毫无取胜的信心，这些靠当兵吃粮的部下们更就可想而知了。这些混蛋，这些狗崽子，一定是在打算着如何保住自己的狗命，如何弃城逃跑或缴械投降。但眼下却没有办法，奈何他们不得。总不能无缘无故地杀人吧，再说了，就是杀得再多也提高不了士气，振奋不了军心！唉，过一天算一天，挨一时算一时吧。

他登上西城的门楼，向下看时，不禁倒吸了一口凉气。只见城外营帐旌旗飘动，密密麻麻的宋军编列成一块一块的方阵，已经把这座孤城围了个水泄不通，刀枪剑戟各种兵器像一片片密层层的树林，不时地闪烁着耀眼的光芒。

突然，他看到一哨人马缓缓驰来，从方阵中间的甬道上行至城下，在护城河彼岸勒马停住。他看清了，最前面的是石守信，身披铠甲手持长枪，正骑在战马上抖威风呢。他心想：黄口小儿，你抖什么？老子为大将时，你还是刚投军的小校呢。

跟在石守信后边的便是那个篡位称帝的赵匡胤，还有他那个狗头军师赵普。李重进只觉得心脏"怦怦"乱跳，双眼中立时喷出火来。他恨不得跳下城去，将这些乱臣贼子撕成碎片。这些王八蛋，这些猪狗不如的东西，居然敢在这大战将临之时跑到城下，还对着城池指指点点，有说有笑，好像不是在等待一场恶战，而是在坐观一场妙趣横生的军事演习。你们狂什么？真是小人得志。

李重进简直要被气疯了，只觉得五内生烟。他猛地狂吼一声，嘴里喊着："给我射，乱箭射死他们。"

喊声未绝，便听到山崩地裂般的一声炮响，接着便是人喊马嘶，杀声如雷，宋朝大军从四面八方涌了上来。

无数的云梯一排一排地搭上了城墙，宋军士卒正一串串地往城头上爬。

李重进大声呼喊着，督促着他的将士们放箭。但是人少势单，抵御和反抗显得虚弱无力。攻城的宋军伤亡极少，攀梯的速度越来越快。扬州城的陷落已经不可避免。

李重进彻底绝望了，他悄悄地离开了坐镇指挥的城楼，骑马跑回府中，把全家老少集合起来，垂泪说道："扬州城马上就要被贼兵攻陷了，与其被俘受辱，不如舍生求仁，以死报国，也算对得起大周了。我李重进此生追随周室，位极人臣，富贵已足，死而无憾了。只恨没有保住大周，壮志未酬，今又连累家人，实在于心有愧。"说完，他愧疚地看了看已经七十多岁的老母，看着她老人家那一脸核桃皮似的皱纹和满头白发，感到了一阵揪心的痛苦。他踉踉跄跄几步抢到母亲面前，"扑通"一声跪在地上，说了声"孩儿不孝，让母亲……"话未说完，这位身长八尺的"黑大王"竟号啕大哭起来。

不料七十多岁的李母却厉声喊道："站起来！堂堂三军主帅，封疆大吏，成什么样子？大丈夫处世生又何欢，死又何惧？你不要为老朽伤心。我已经年逾古稀，是灯干油尽之人了。能同自己的儿子一起为国家效死，为大周朝尽忠，高兴还来不及呢。"一番话直说得李重进心中凛然。他爬起身来，命人在宅内点火。一时间，李府上下到处是一片火海。他重又跪到母亲面前磕了三个响头，然后站起身来，亲手搀扶着母亲，一步步走向浓烟大火之中。他的妻妾儿女也一个接一个陆陆续续地走进了火海里……开始，从大火深处还不时地传来被烈火烧灼的痛苦的哀号和呻吟，慢慢地，哭喊停止了，一切嘈杂之声都平息了，只有夜风催动的烈火的呼啸和大火中各种物件爆裂的声音，以及屋架塌落的轰隆的响声。

陈思诲也终于没有逃脱厄运。李重进的那个贴身小吏抱着为主帅全家复仇的心情带领两名兵士持刀闯进了那间密室，不容分说挥刀砍下了他的头颅。陈思诲在完成了大宋王朝交给他的使命的同时也完成了他生命的最后历程。

宋太祖进城之后，立即命将校们分头寻找李重进。但此时天已薄暮，除了闪烁的火把外到处一片漆黑。又加上兵荒马乱，一时找不到李重进。正在着急，忽有兵士来报，说是李重进已举家自焚。宋太祖抬头向节度使府衙看去，只见浓烟滚滚，大火冲天而起。他急忙率领左右向大火方向奔去。但已经太晚了，当兵士们把大火扑灭之后，从灰堆里找到的只是七八十具大大小小的像焦炭似的尸体。看着这种惨象，太祖也不禁恻然。他下令厚葬李重进一家。同时，为了安抚百姓，又命人开仓赈济，市民每人给米一斛。被李重进胁迫当兵的，赐给衣物，遣散回家。尸骨暴露者加以掩埋，役死在城下的，每人赐绢三匹，并免其三年徭役。

但是，宋太祖对于怂恿李重进叛乱的首恶者却豪不心慈手软，二百余名同谋者全部被处死。李重进之兄李重兴在重进举兵时便知大事难成，已悬梁自杀。其弟李重赞及重赞之子李延福是极力鼓动谋逆的骨干分子，擒获后以同谋罪斩首弃市。

李重进的眷属和家丁中，尚有未来得及投火自焚的，一律开释其罪，有逃亡在外的，准其自首，不予追究。

扬州既平，元凶已灭，一切都按部就班地进行处置，宋太祖忽然想起了一个人来。那就是当初向他报信的翟守珣。翟守珣功不可没，宋太祖也决不食言，他派人四处寻找，终于在扬州城的一户百姓家找到了翟守珣，以功行赏，补授殿直之衔。

宋太祖就要班师回朝了，淮南这块地方凭江淮之险，又紧邻南唐，地理位置太重要了，应该选派谁来署领呢？太祖把这个重要职务留给了他的亲信近臣李处耘。这个人是个难得的人才，长于临机决事，多谋善断，是陈桥兵变的重要谋划者之一。在平定李筠叛乱和征伐扬州的战斗中都建有大功。

李处耘没有辜负太祖的厚望，他走马上任之时，正值扬州战火初息，民生凋敝。他立即着手绥抚事宜，力行轻徭薄赋，请减居民赋税，深得民众拥护和爱戴。以致两年后奉诏还京时，老幼遮道涕泣，累日不去。

二李之乱一鼓荡平，大宋王朝全部恢复了后周鼎盛时期的版图，宋太祖喜不自胜。班师后不久，他便在广德殿大宴群臣。看看百官欢聚一堂，觥筹交错，一个个面带胜利的微笑，宋太祖怡然自得地坐在那里，还没有举杯，心里便已经陶醉了。

就在这个时候，臣下来报，说是南唐派来使者，带着大批金珠宝玉，对大宋平息李重进叛乱、再次顺利地收复淮南江北之地表示祝贺。宋太祖让南唐使者一块入席宴饮，对那些贡礼只是一笑置之。他心里清楚，内乱一靖，南唐便列入了他实行统一大业的进程之中，已经是砧上之肉，网中之鱼了。但是，现在还不是动手的时候，他还要做一些准备工作。

第二十四章　深谋远虑　杯酒释权

李筠、李重进是后周诸藩镇中势力较强的两个藩镇，他们的叛旗刚刚竖起，便被宋太祖以迅雷不及掩耳之势一鼓扫灭。大宋王朝这种擒龙搏虎易如反掌的威力对其他藩镇势力产生了一种巨大的震慑。尽管在这些藩镇中，有些人也怀有不臣之心，但一直秘不敢发，看看二李的下场，更觉心惊肉跳，面对这样一个铁腕帝王，这样一个强大的朝廷，谁还敢步二李之后尘轻举妄动？

不过，这只是在二李反叛被荡平之后的情况，在此之前却不是这个样子。各藩镇的节度使多是后周老臣，他们有的比宋太祖资格老得多，有的曾是宋太祖的顶头上司。一夜之间，宋太祖黄袍加身，南面称帝，他们的心里当然老大不服，也说不清是恼是怒是妒是恨，反正是个不好受的滋味。成德节度使郭崇威便是其中一个。有些日子，朝臣们议论纷纷，有的当面向宋太祖禀报，有的写成密折参奏，说郭崇威在军中时时涕泣，念念不忘周室对他的恩泽，对新朝廷似有不满。有人甚至直截了当地提醒宋太祖说："成德军镇署常山靠近边界，崇威有异心，宜谨备之。"

听着这么多议论，宋太祖心里不能不犯嘀咕。郭崇威确实是资深望重。当年周太祖郭威任邺都留守，汉隐帝曾下密诏给郭崇威，命他诛杀郭威，接管他手中的军权。郭崇威出于大义，不但没杀郭威，反而积极拥立他称帝。因此，周太祖一直视他为佐命有功的柱石之臣。他要有异心，处置不妥，必令大宋江山震荡，对此人不可不防。但是，这种想法怎能向朝臣们透露半分呢？于是，太祖只是对臣属们笑着说道："郭崇威素重感情，笃于恩义。一时因激动而涕泣，不过是思念周室旧德，这也是人之常情嘛。万不可视为有异谋。自古以来，君臣之间互相猜忌乃是朝政稳定的大忌，尔等切不可多疑，庸人自扰是要坏大事的。"

但几天以后，太祖却派皇弟赵光义至郭崇威军中，以慰问为名察看动静。光义到达那日，郭崇威正在周世宗画像前垂泪。听说光义来了，慌忙擦干眼泪，强装镇定，与光义到池塘边的小石桌上饮酒。宋太祖了解了这一情况，知道郭崇威心怀畏惧，必不肯反，便从此不再追问，也不许群臣再议论此事。郭崇威后来了解到自己已被朝臣弹劾，而当今皇上不予计较，宽厚相待，一时大为感动，急忙入朝拜见请罪，并从此服服帖帖。

像郭崇威这样的后周老臣，还有保义节度使袁彦、忠正节度使杨承信、义武节度使孙行友、建雄节度使杨廷璋等，开始都对新朝怀有二心，宋太祖对这些人心中有数。他分不同情况，或怀柔，或批评，或安抚，或监视，或调离，恩威并重，软硬兼施，终于使这些人强者服，恨者平，逆者顺。及至二李叛乱被平息以后，这些人变得更加规规矩矩、俯首帖耳了，新朝初立时的混乱局面很快平静了下来。

二李伏诛，藩镇归心，大宋王朝进入了一个四海晏然、万民乐业的和平时期。

不肯安于现状的宋太祖在着手革除弊政、建立新制、完善典章法规、振兴农桑和工商各业的同时，又陷入了一种深深的思考之中。

有一件事一直让他感到忧虑不安，有时甚至为此而睡觉不宁，吃饭不香，那就是如何才能把全国的军队都牢牢地控制在自己的手里。

在后周时期，宋太祖赵匡胤曾久掌禁军，他深知这支中央主力军对于皇权的安危起着十分重大的作用。特别是殿前都点检、侍卫马步军都指挥使这些禁军高级将领。他们兵权在握，位高势众，要想篡位弑主，简直易如反掌。当年郭威澶州兵变，自己亲手把一面撕破的黄旗披在了他的身上；多年以后，自己又亲自导演了陈桥兵变、黄袍加身的闹剧，不费吹灰之力把后周变成了大宋，摇身变为大宋皇帝。所以如此，还不是因为郭威和自己都是禁军的高级将领，掌握着连皇帝都无法左右的兵权？

那么以后呢？江山易主的悲剧还会不会重演？大宋王朝会不会也是个短命王朝？不！他赵匡胤绝不允许这种历史的悲剧重演。要想让赵氏皇权永固，让大宋国脉传至千秋万代，就必须狠下心来，削夺这些禁军高级将领的权柄。

但是，最让他感到头疼和为难的便是这些出任禁军高级将领的不是他的"义社兄弟"，便是他的亲朋故交。他们在拥立自己跃登大宝的过程中，在讨伐二李的南征北战中，都出过死力，甚至负过伤，流过血，建立过令世人瞩目的赫赫战功，对于大宋王朝来说，他们是功不可没的开国功臣。

自己素以重义气、讲友情著称，绝不能像汉高祖刘邦那样"兔死狗烹、鸟尽弓藏"，残酷地杀戮功臣，落个不仁不义的千秋骂名。刘邦虽然夺了天下，威加四海，但他是个残忍刻薄、毒如蛇蝎的流氓无赖，自己平生瞧不起他，绝不能做个刘邦第二。

这些禁军高级将领都是自己的老弟兄，是同自己一块出生入死、钻刀丛、闯剑树，从死人堆里爬出来的患难之交，自己决不能伤害情同手足的老弟兄们。

可是，这些人掌握着这么大的兵权，往远处看，确实严重地威胁着皇权的安危。怎么办？削其兵权乃大势使然，我赵匡胤是既要江山，又要朋友，如何才有个万全之策呢？

这对矛盾在宋太祖的脑子里激烈搏斗了许久，究竟该怎么办，他一直难以决定。他又一次想起了谋臣赵普。

此时，原来的宰相范质、王溥、魏仁浦三人已感到自己越来越跟不上新皇帝的步伐，于是便主动要求辞去相职，或退隐致仕，或任闲职。赵普已被任命为门下侍郎、平章事、集英殿大学士，成为大宋的首辅宰相。

宋太祖十分看重赵普，这不仅因为他佐命之功居群臣之首，平叛二李屡出奇谋，更因为每与他议事，所论往往与自己的思虑暗合，确有经天纬地之才。

况且，自己的母后杜太后对赵普也极为推崇，每次召见赵普，从不直呼其名，而总是以"赵书记"相称，常说："赵书记且为尽心，吾儿未更事也。"

几个月前，母亲杜太后骤然得病，崩逝于滋德殿。临终之时，仅召太祖与赵普二人至病榻前共受遗命，足见赵普在太后心中的分量。

宋太祖相信母后一生都慧眼识人，赵普既是自己无话不谈的心腹近臣，也是大宋王朝的肱股贤良。

现在，面对这样一件令人棘手而又关系到大宋长治久安的大事，他自然首先要找赵普商量。

宋太祖在崇元殿召见赵普，赵普行过跪拜之礼后垂手而立，等待着太祖问话。太祖却稳稳地坐在龙榻上一动不动。这倒不是宋太祖有意摆谱拿大，实在是君臣礼仪所必需，这也是宋太祖登基以来着意建立的一种新秩序。

原来在残唐五代时期，各国渐渐形成了一种宰相、节钺大臣上朝议事，时间稍长便坐下禀奏，君臣之间坐而论道的情形。表面看起来，好像是君臣之间平等默契，但时间久了，常常是君不君，臣不臣，皇帝至高无上的权威受到挑战。

宋太祖不能允许这样的现象存在。

宋太祖赵匡胤

有一次，宋太祖即位不久，宰相范质、王溥上朝言事，行过大礼之后便按照惯例坐在一边侃侃而谈起来。

宋太祖听了没有几句，便说道："朕耳朵这几日有些背，二位爱卿可上前奏报。"他们只好走到龙案前站着禀报。可当他们说完回到原位时，座位却不翼而飞。开始二人还有些尴尬，继而马上明白了是怎么回事，原来是皇上不允许臣下坐着奏事。从那以后，不管是谁在皇上面前议事，都必须规规矩矩地站着说话。

赵普对太祖的这一做法深为嘉许，他当然会率先身体力行，垂手站立，显得恭恭敬敬。

宋太祖也无寒暄之辞，开门见山地问道："自唐末以来，朝代频繁更迭，战火不息，生灵涂炭，天下大乱，这究竟是为什么？"

赵普看看太祖，却没有正面回答，而是岔开话题道："李筠、李重进之乱绵延数月，扰民乱政。若非陛下御驾亲征，迅速戡乱，一鼓荡平，后果着实堪忧。臣以为，古今之事，大都事不同而理相通，所谓鉴古可以知今，古今一也。"

太祖见他说了一顿，却有些答非所问，但仔细一想，又似乎有着某种牵连，便又问道："那么，以爱卿之见，这二李之乱与唐末以来之乱有何相通之处？"

赵普道："李唐自高祖、太宗皇帝开创大业，诸帝多励精图治，慎于守成，致使盛世频显，万国来朝。然天宝之后，藩镇作乱，狼烟四起，经久不息，终使大唐王朝终结。此后便进入了兵戈不断、连年混战的年代。各短命王朝长者一二十年，短者不过三四年。其所以如此，盖因骄兵悍将恣行，藩镇专横跋扈，动辄兴兵作乱，篡夺皇权。而二李之乱亦因其自恃拥兵在手，资深位崇，故而藐视天威，冒天下之大不韪。"

赵普的分析切中要害而又透彻明白，正是这些天来自己所想的，太祖不禁频频点头，问道："朕欲息天下之兵，使大宋基业久长，百姓安居乐业，该从哪里着手呢？"

赵普上前深施一礼，激动地说道："陛下一言及此，乃天地之福，国家幸甚，万民幸甚，请受微臣一拜。只是，臣尚有小虑，不知当讲不当讲。"

宋太祖怪道："朕虽非圣贤，但愿效唐太宗广纳直言，卿素为朕所重，何虑之有？"

赵普微微一笑，提起了一件让他震惊难忘的旧事。

这件事发生在不久以前。有一天，赵普向太祖推荐一个人做官。当他把那个人的大体情况和打算任命的官职说了之后，宋太祖却摇头不允。第二天，赵普又入朝举荐，太祖仍不肯用。赵普并不泄气，过了几天，又把这人的情况写成奏章呈给太祖，太祖一看大怒，一下子变了脸，竟将奏章撕成碎片，扔了满地。可赵普却不慌不忙地跪在地上将碎片一块一块地拾起来，回家后将他们一一粘接好，第二天上朝又呈给了太祖。

原来宋太祖不同意赵普的举荐，是因为当时心情不好，又怀疑赵普是在有意培植亲信。后来见赵普三番五次如此执着，据了解所荐之人也不是他的亲信，完全是出于一片忠心，终于受了感动，很快依赵普的建议任用了那人。

现在旧事重提，总让人有些尴尬。宋太祖略有些难为情地说道："难道卿还在为此事怨朕吗？"

赵普忙说："臣不敢有怨，只是愿陛下永远亲君子，远小人，纳忠言，大道为公，这样不仅微臣，就是朝中的其他言官、诤臣，不管有什么谏言，不管涉及到什么人，也不管他们的官位多高、权力多大，与陛下的关系多么亲密，都敢于弹劾，知无不言、言无不尽。今日臣所言就要触及一大批功臣宿将，又是陛下的亲信故交的切身利益，因此不能不有所顾忌。"

宋太祖笑道："言者无罪，闻者足戒，朕深知其中道理，亦定会身体力行，一以贯之。亦愿爱卿能以天下为己任，永为朕之肱股。有什么话，不管对错，都能与朕推心置腹，和盘托出。"

君臣二人相视而笑，这种亲密无间的谈话使两颗心更加接近了。

话归原题，他们又很快扯到了那件让太祖日夜忧心的大事上。太祖问道："此事究竟应如何处置？"

赵普深深地吸了一口气，胸有成竹地说道："臣有一计，可安天下……前已谈及，唐末以来之乱皆因藩镇太重，君弱臣强所致。今所以治之，亦无捷径，唯削夺其权，制其钱谷，收其精兵，则天下自安矣！"

几句话，不啻一道划破夜空的闪电在宋太祖的脑际倏然闪过。他顿时心领神会，点点头笑道："爱卿不必再说了，朕已知道该怎么办了。"

几天来，宋太祖的脑子里一直在萦绕着赵普关于"藩镇太重，君弱臣强"的提醒和"削夺其权，制其钱谷，收其精兵"的对策。毫无疑问，这一对策应该成为自己今后强化皇权，厉行专制，息天下之兵的纲领。他在反复玩味着，咀嚼着。"削夺其权"就是要消除各藩镇尾大不掉的祸根，防止朝廷大臣权力膨胀，将国家军政大权集于皇帝一身；"制其钱谷"就是要剥夺地方藩镇的财权，将其集中于中央；"收其精兵"就是收回藩镇的兵权，由朝廷统一管辖和指挥。

"权""钱""兵"三字可谓要害所在，五代以来因武将跋扈、藩镇割据、皇权旁落而造成的战乱不止盖源于此。现在要实行"夺""制""收"的大手术，必将要冒大风险。因为这一举措的锋芒所向多是冲着曾经忠心辅佐自己的义社兄弟和故友至交。但是，他不能不这样做，即使落个不义之名，甚至为天下人所指，他也必须义无反顾地实行这场非同寻常的改革。他不能只顾兄弟的情义而忽视了江山社稷的稳定，铸成千古大错。

建隆二年（961年）春季的一天，宋太祖传诏石守信、王审琦、张令铎、高怀德、李继勋、刘光义、韩重赟、张光翰、郑恩等在京的老弟兄们入宫宴射。宴射是宋太祖十分喜爱的一项活动，在宴饮之中，这帮武人出身的老弟兄们一边饮酒，一边骑马赛射，既可增添乐趣，以助酒兴，又可引发一些对往日征战和兄弟情谊的回忆，这比那些以女乐丝竹侑酒要快活得多。

义社兄弟们接到诏命都兴冲冲地来了。宋太祖与他们稍稍寒暄，便吩咐内侍们："备弓马来！"

宋太祖颁赐给他们每人骏马一匹，利剑一柄，良弓一张，众弟兄皆受宠若惊，纷纷跪地谢恩，并一再表示：皇上既临大位，不忘旧情，给他们这些老弟兄诸多照顾，各赐重要官职。今生今世定要牢记圣恩，披肝沥胆共保社稷。

太祖看看这些老弟兄，只淡淡一笑道："尔等平身，咱们该出城了。"

宋太祖率先飞身上马，与众弟兄出了开封城西门，十几匹战马扬鬃奋蹄，直奔西郊旷野。

阳春三月，万木抽绿。一条清澈的山溪在欢快地流淌，溪边一株株粗可合抱的老柳已抽出了万千条柔弱的新枝，在和煦的春风中飘荡，无数的小鸟在树间跳跃鸣啭，奏起了轻松愉悦的乐章。就连这些惯于驰骋沙场，不大好游山逛水的老将们也不禁被这满目春色和清新的气息陶醉了。

宋太祖却没有那么轻松和惬意，他看看这些鬓角渐白、皱纹已爬满眼角的老弟兄们，又陷入了深思之中。

这些生死与共的老弟兄们情不可谓不真，意不可谓不深，功不可谓不大。从过去到现在，他们对自己的赤胆忠心可昭日月，可对天地。可是，不收他们的兵权能行吗？若是任他们的权力无限制地膨胀，谁能保证他们久后不会步李筠、李重进的后尘？人是会变的，随着环境、地位、权力的变化，人的欲望和追求也会变化，会滋生出一些非分之想和非常之图，自己当初不也是周世宗的手足兄弟吗？不也是一心一意、忠心耿耿地效忠周室吗？可一旦大权在握，时机成熟，不是也自觉不自觉地把大周江山翻了个个儿吗？

想到这里，连宋太祖自己也打了个冷战，不能再顾虑重重，犹豫不决，不能再有妇人之仁，必须坚定不移地将赵普为自己的谋划变为现实。老弟兄们，对不起了，但愿你们能理解朕的一片苦心和无奈。

宋太祖和众兄弟在侍者们选好的一片草地上下马，一起坐了下来。这里是两个山包之间的开阔地，碧草青青如绿毡一般，到处星星点点地绽开着红的、黄的、蓝的、白的各色野花，为这静谧的旷野平添了许多雅趣。阳光温暖，空气清新，确是野外宴饮的好地方。为了不破坏这种野外的氛围，这里不摆桌椅，只在草地上铺了一大块油毡，预先准备好的菜肴就一盘一碗地摆在上面。

君臣不再分尊卑上下，一块儿席地而坐，边谈边饮，几杯酒下肚，一个个面赤耳热，心旷神怡。郑黑子又乐得开始大呼小叫，众人也不断地捧腹大笑，他们已经淡忘了君臣之间的距离，似乎又回到了十几年以前，此时只有老兄弟、老战友之间的情义。

酒喝到热闹之时，宋太祖端着一碗酒站了起来，一仰脖子饮了下去。突然把酒碗往地上一扔，阴沉着脸说道："诸位弟兄，请把所授弓、剑拿出来，把马备好！"

众人一时懵懂，不知道太祖要干啥。一个个把酒碗放下，睁大了眼睛看着他。郑恩把嘴里的酒菜咽下去，大大咧咧地说道："皇上，这酒还没喝到火候，还不到较射的时候。"其他人却看出有点反常，想问什么，又不敢问，只是张着嘴，愣着神，显得惶恐不安。

宋太祖没理郑恩的话茬，威然地扫视了众人一眼，厉声说道："此地远离皇城，幽静无比，没有外人，没有闲人，只有朕与众位弟兄，你们要想当皇帝的话，只要箭上弦，剑出鞘，易如反掌。"

几句话如同惊雷疾电，直把几个老将军、老兄弟震得心胆欲裂，面如土色，一个个浑身颤抖，呆若木鸡。刚才还一片和谐、欢快的气氛，霎时间变得杀气腾腾。空气凝滞了，时间凝滞了，人们的呼吸凝滞了。天上飘荡的白云、溪中匆匆的流水、林间鸣唱的小鸟和草地上飞舞的蜂蝶在这一刻也似乎全都惊惧地凝滞下来，天地间紧张得像要爆炸。

愣怔了片刻，人们一齐跪伏在地，齐声说道："陛下息怒，臣等断然不敢。"郑恩一边下跪，还一边高声嚷道："万岁，哪个想要谋反，您说出来，俺郑恩将他剁为肉酱。"

宋太祖嘴角泛起一丝冷笑："尔等既然拥立我为天子，就应当尽臣子之职，献臣子之忠，不得放纵无礼，欺君罔上！"

众弟兄连连叩头，一齐说道："我等谨记圣命，永不敢忘。"

宋太祖见诸将确是惶恐战栗，跪伏在地，暗想道："今天宴射，只是试探性的小举动，是重头戏的序幕和预演，不过要看看这些老弟兄的反应罢了，还不到真正解除他们兵权的时候。先让他们心理上有些准备，话要适可而止。"于是，便把口气放缓和了，说道："兵骄则逐将，帅强则叛上，这是五代以来的一种恶习，诸位久在军中，想已熟知。如今朕对诸位以诚相待，信之不疑。赐以高官，委以重权，尔等切勿辜负了朕的一片苦心。"

"臣等牢记在心。"

"朕方才言辞有些过激，一方面是因为多饮了几杯，另一方面也是想起了潞、扬二州的祸乱。尔等切不可过高地估计了手中的那点兵权，忘乎所以，铤而走险，步二李之后尘。"

"臣等一定引以为戒，今生今世永远忠于陛下！"

"好了，诸位共同举杯，让我们这些患难与共的老弟兄们共饮此杯！"太祖首先举起杯来，语气又恢复了平时的温和、亲切。众人忙站起来，举杯在手，一饮而尽。偷眼看看太祖的脸上，刚才还雷霆霹雳，霎时已云雾天晴。野宴上又恢复了一开始那种和谐、欢乐的气氛，兄弟之间那种亲密的感情随着酒杯里醇正芳香的琼浆玉液再一次流淌进了每个人的心田里。不过，这种亲密和愉悦已经掺和了酒意的朦胧和飘忽，是在神智不甚清醒的状态下的一种感觉。

骑马较射开始了，七八匹战马在开阔的草地上风驰电掣。老将们纷纷引弓搭箭，向着箭靶嗖嗖地射去。

但是，不知道为什么，这些平日百步穿杨的神箭手们今日都失手了，射术远远不如昔日，箭镞不是偏离方向，就是绵软无力，中途坠落。在这位居高临下凛然不可侵犯的帝王面前，他们居然像一群犯了错的惊慌失措的大孩子，往日那种叱咤风云的统帅神威和纵横于万马军中的大将风采早已荡然无存。宋太祖冷眼看着这种情景，心里稍稍感到了一点轻松。

当天晚上，赵普又只身入宫，面见太祖进言道："石守信、王审琦等皆陛下故人，于今各典禁军，为国家计，请改授他职。"

宋太祖仍在犹豫不决，他叹口气说道："朕今日与这些老弟兄们郊外宴射，他们虽然个个手掌重兵，但并不像你我想象得那样无法驾驭。"在宋太祖的内心深处，也认为赵普的主张是对的，这些老将虽说现在还慑服于自己的皇威，但很难保证以后会持久不变。

不过，这么快就将他们"改授他职"，他真有点下不了手。他觉得那样做太无情，太对不起这些曾经舍生忘死拥立自己的弟兄们。

赵普看出皇上很难，在一旁思量了许久，决定换一个角度来劝皇上，便说道："石守信、王审琦等陪伴陛下多年，久蒙厚爱，深受恩泽。臣也认为他们的忠心无可置疑，不会辜负圣恩举兵反叛。臣只是觉得，这些人勇则勇矣，功亦高矣，只是缺少统兵驭众的本领，恐难制服部下。万一其部下有人作孽，举兵反叛，他们被众将要挟，恐怕将无力驾驭，难以自主了。"

这一点恰恰是宋太祖所深深忧虑的，他不由得点了点头，说道："容朕再想想。"赵普看了看太祖的表情，知道他已下了决心，便告辞出宫。

又是几个月过去了，宋太祖表面上不动声色，每日里上朝下朝，平平静静地处置着各种军政事务。而内心深处却一直在紧张地翻腾着，思索着，缜密地筹划着"夺""制""收"大手术的每一个步骤和每一个细节。

殿前都点检、侍卫马步军指挥使这两个总揽禁军大权的职位应该取消，在大宋朝的历史上要永远地取消。任何人占据这个职位，掌握这么大的军权，对皇位都会形成巨大的威胁。军队只能由皇上和朝廷掌握。

其他老弟兄们都分别握有禁军各部的大权，也必须予以解除。因为他们功劳太大，权力太重。自古以来"功高震主"，功勋太高而不加节制就会权欲膨胀，滋生野心，这几乎成了一种无法逆转的自然法则，并不以哪一个人的意志为转移。

分散在全国各地的藩镇节度使也必须逐渐削夺他们的权力，朝廷必须拥有对全部军队的绝对控制权，任何将领，特别是那些高级将领，必须保持对朝廷、对皇上唯命是从。只有这样才能有效地避免五代以来军队失控，大权旁落，诸侯拥兵自重，导致战乱不止的惨祸。

宋太祖觉得，他和赵普共同导演的这场军事体制改革的大剧思路越来越清晰，立意越来越明确。一旦选择好时机就可以正式登场了。

汴京城里像火炉子烘烤般令人喘不上气的酷暑在白天黑夜都聒噪不休的蝉鸣声中终于慢慢地退去了，尽管天气仍然很炎热，但毕竟有了爽快怡人的早晨和清凉似水的夜晚。微风中，白杨树欢快地拍打着银灰色的叶片，"哗哗啦啦"地开怀畅笑。倒垂柳那无数柔软细长的丝条在轻轻地摆动着，像婆婆起舞的姑娘们的长裙。梧桐树那阔大的像小蒲扇似的树叶子终于熬过了盛夏烈日的淫威，长长地舒了一口气，大大方方地伸展开来。在这夏季的绿色世界里，人们似乎已经闻到了秋的气息，看到了她远远抛来的媚眼。

七月初七是个充满着神秘色彩的日子，暑热始退，天高云淡。据传，暌隔天上，分别整整一年的牛郎、织女将在这天夜里于鹊桥相会。许多民间好事的女子常常躲在葡萄架下偷听这对痴男怨女情切切、意绵绵的轻轻絮语。有更多的女子将要焚香化纸，望空而拜，向多情而又心灵手巧的织女星"乞巧"。

然而，这一天并非中国传统的盛大节日，关于牛郎、织女那段凄美动人的神话传说也与朝廷中那班文臣武将毫无关联。不知为什么，宋太祖偏偏选择了这一天，在皇宫大内的集英殿里设下盛大宴会，要宴请他那批"义社兄弟"和老朋友们。

或许，是因为牛郎织女的故事本身就包含着亲人团聚的意思。更重要的，可能是因为已在北部边境戍守了半年之久的殿前都点检、镇宁军节度使慕容延钊和侍卫马步军都指挥使韩令坤恰恰在几天前同返汴京。

除了他们二人之外，参加宴会的还有殿前副都点检高怀德、马步军副都指挥使石守信、殿前都指挥使王审琦、侍卫都虞侯张令铎、步军都指挥使赵彦徽等，除了潞州节度使郑恩未曾进京没有出席外，几乎全部是几个月前野外宴射时的原班人马。

宴会厅内的气氛十分热烈，桌凳帷帐全部换了新的，每张大圆桌上都摆满了金盏银盘，璀璨闪烁，琳琅满目。御膳房的高级厨子烹饪的各种山珍海味摆得满满当当，色、香、味、形俱佳，满大厅里都飘荡着一股股诱人的芳香。精心挑选的一班歌舞乐妓都是十七八岁的妙龄，一个个面目清秀，腰肢婀娜，窈窕而又性感，正在弹奏演唱着悦耳动听的宫廷乐曲。一切都显示着富丽堂皇的皇家气派和宫廷规格。

众弟兄步入宴会厅，却没有被这满目繁华和盈耳乐声所感染，几个月前野外宴射的情景还深深地印在许多人的脑海里，让他们心有余悸。他们不知道皇上又要搞什么名堂，为什么要无缘无故地召他们宴饮。他们一个个心怀疑忌怯生生地看着太祖，想从他的脸上解开他们心中的疑团。

可是他们什么也看不到，皇上仍如平常一样，满面笑容，轻松自如。只是微笑着扫视了一下众弟兄，然后以愉快的声调舒缓地说道："诸位，今日是兄弟聚会，不必太拘君臣之礼，尽管开怀畅饮。"说罢举起杯来，向众人照了照，邀大家同饮。众人不敢怠慢，纷纷举杯，尽力显得轻松欢快，将杯中酒一饮而尽。

欢快曼妙的乐曲在大厅里回荡着，歌妓们正合着乐曲的节奏翩翩起舞，行云流水，万姿千态，美目流盼，摄人心魄。

然而，这些老将军们此时却无心观舞听乐，他们知道皇上有话要说，只是不知道要说些什么，只能一边饮酒，一边忐忑不安地等待着。

果然，宋太祖开口了："大厦构建，需万人合力；天子立国，需众卿辅佐，是谓无百川无以汇江河，无土石难以成高山。朕能君临天下，富有四海，皆因诸位之力。每念及此，朕不胜感激，亦永生不忘。"

在座的众人一齐立起身来，高声说道："陛下权位天予神授，微臣等不足道也！"

宋太祖慢慢地放下酒杯，面显忧戚之色，说道："众卿辅佐之功，苍天可鉴。卿等虽不说，天下人皆知之，朕更是深记于心。朕今贵为天子，位居九重，可谓显赫无比，万民景仰。然而，又有谁知朕的难处？天子亦有苦衷，远不如做个节度使逍遥自在。"

众人大惑不解，石守信离席问道："陛下何出此言，臣等实在不懂，天子之贵岂是节度使所能比的？"

宋太祖苦笑道："卿等只知其一，不知其二。天子治国，统驭万民，夙夜忧心：一忧天下不治，积贫积弱；二忧五谷歉收，黎庶冻馁；三忧官吏不廉，贪污受贿；四忧边患不靖，外寇入侵；五忧文教不兴，子孙废学；六忧赋税苛繁，民不堪命；七忧土地荒芜，饥民四奔；八忧国库空虚，财政不支；九忧盗贼蜂起，刑罚不禁；十忧……唉！不必多说了。人人皆以为当皇帝好，朕今日始知，古往今来，唯有曹孟德是真明白人。当年孙权上书让曹操称帝，自己甘愿称臣。曹操一下子便参透了孙权的用心，说道，孙权小儿不过想把我放到炉火上烤。在那个时候，曹操就是能当皇帝他也不会去当。他宁愿当周文王，让自己的儿子以后再当皇帝。曹操所以这样做，是怕自己慕虚名而招实祸。真称得上雄才大略，察近知远，实在可敬可佩。"

宋太祖这一番话让人听得有点茫无边际，摸不着头脑。曹操虽未当皇帝，但他挟天子以令诸侯，比皇帝还皇帝。不过你赵匡胤已当了皇帝，当年黄袍加身，你并不想效法曹操。更何况你这几年皇帝当得不是一帆风顺，有滋有味吗？当然，这是众兄弟心里的话，谁也不敢乱说。

但是有一点大家都听明白了，当皇帝很难，忧心事太多。石守信等人以十分虔诚而又敬佩的态度说道："陛下以天下为己任，忧国忧民，日理万机，实天下苍生之福！"

太祖见众人仍不解其意，你们这帮戎马半生的武夫，只知道为朕冲锋陷阵，怎么就参不透朕现在的心思呢？只好硬着头皮继续说道："众位尚不知，朕还有一忧，如同一块搬不掉的心病，使朕食不甘味，夜不成寐。"

众人大惊，急问道："陛下尚有何忧？"

宋太祖看看众人，微微闭上眼睛，轻声说道："尔等还不明白吗？朕这个位子谁不想坐一坐？自古以来，谁不想尝尝当皇帝、居大位的滋味？"

众弟兄这才如梦初醒，忙伏地顿首，说道："如今天命已定，谁敢违天行事，复有异心？"

宋太祖道："此言差矣！兄弟们对朕忠心无二，定然不会负朕，这点朕确信无疑。但尔等敢保证你们的部下不会在某天早上将黄袍加在尔等身上？就像尔等当年把黄袍加在朕身上一样，到那时又该怎么办？"

"黄袍加身"四个字真如千钧霹雳，众人只觉得浑身颤震，冷汗直流。殿前都点检慕容延钊只觉得一阵眩晕，脑海里刷地闪过了"兔死狗烹、鸟尽弓藏"八个大字。刘邦诛杀韩信、彭越、英布等历史上那一幕幕惨剧也迅速在眼前映现。"树高者伐，人高者杀，功高者身危。"共患难容易，同富贵难。历朝历代的任何一个帝王都不容许功勋过高的人长久地身居高位，唯恐其利用权柄篡逆、夺权、弑君作乱。因此几乎个个都是多疑、猜忌、嗜杀成性。可是，我们这位大宋朝的开国之君曾是那么英明、睿智、豁达、神俊，难道这么快就坠入了那个昏庸暴虐的怪圈，这么快就要对这帮有功之臣开杀戒吗？即使要动手杀人，总要有一点谋逆的迹象，或者有一个堂皇的借口，这帮老弟兄个个对他忠心耿耿，何以相煎太急？不过帝王之术从来深不可测，谁能想得通说得清呢？想到此，一股冰冷的凉气沿着后脊骨升了起来，直冲后脑勺。浑身的冷汗霎时冒了出来，朝服湿透了，脑门上的汗珠"吧嗒吧嗒"往下滴。他双膝一软，率先跪在当地，泪流满面道："我等愚鲁迟钝，未虑及这一层，唯愿陛下哀怜，给我等指一条活路。"其他人也都回过味来，慌忙起身，跟在后面齐刷刷地跪了一地。

太祖却笑道："众兄弟何必如此，快请起，快快请起。"

众人哪里敢起身，只是忧心忡忡地望着太祖，一个个热泪滚滚而下，他们家中都有妻室老小啊！

太祖这才站了起来，慢慢地踱着步子，一字一句地说道："人生在世如白驹过隙，何其匆匆？说白了，人一辈子最多不过三万多天，能享得富贵足矣。富贵二字，也不过金钱、美女，荫庇子孙而已。汝等何不释去兵权，出守藩镇，去外地做官？朕可多赐金银，尔等广置田亩，为儿孙后代留下产业，让后人享之不尽。汝等也可广蓄歌妓舞女，"说到这里，太祖用手指了指大厅里以歌舞侑酒的众乐妓，又笑着说道："像这样的佳丽，又年轻又可人，每日里左怀右抱，红妆佐酒，笙歌自娱，岂不是人生大乐？另外，朕还想与卿等次第联姻，永结秦晋之好。君臣之间既是皇亲，又是兄弟，两无猜疑，上下相安，岂非万全之策？"

这些半辈子都是在沙场上杀伐征战、摸爬滚打的老将军们个个手中都握着节钺大权，指挥着千军万马。这些年来早已习惯了号令三军、一呼百诺的大权在握的生活，突然要削去他们的兵权，真比从他们身上割肉还难受。但是，割肉总比割脑袋强得多。到了这个时候，他们好似捡了一条性命，况且又有皇上的许诺，此生及后人都能永享富贵，有美女在怀，佳酿在杯，优哉游哉，何不及时行乐？这些老将们一下子想通了，忧愁恐慌顿时烟消云散，心情变得轻松而又舒适，一齐泣声拜谢道："陛下念臣等若此，真骨肉之情也。"

宋太祖看看这些老弟兄们，也不禁动容，说道："卿等多多体谅朕心，朕为江山社稷计，也是为了保全众位兄弟，保全咱们的友情，只好出此下策！"说罢，挥挥手，让大家散席，他却再不敢多看众人一眼。

第二天，慕容延钊等人皆上了奏本，称自己有病在身，一一辞去朝中官职。宋太祖厚加赏赐，委派慕容延钊任山南西道节度使、韩令坤任成法节度使、石守信任天平节度使、高怀德为归德节度使、王审琦为忠正节度使、张令铎为镇远节度使……

宋太祖没有忘记他所说的"永结秦晋之好"的许诺，高怀德已娶了他的义妹京娘，自不必说。他又将女儿延庆公主嫁给石守信的儿子石保吉，并封石保吉为左卫将军、驸马都尉；将女儿昭庆公主嫁给王审琦的儿子王承衍。太祖的四弟赵廷美则娶了张令铎的女儿。

被释去兵权的众弟兄既感念太祖让他们永享富贵以终天年的恩德，又敬佩他言而有信、一诺千金的品格，大家都与皇帝做了亲家，情绪自然稳定，心甘情愿地把一颗忠心全部系在了宋室江山这驾马车上了。

第二十五章　夜拟战略　巧取荆湖

打发了几个老兄弟和开国元勋之后，剩下的事就顺手多了。宋太祖开始大刀阔斧地整顿禁军。

他首先设立枢密院、三衙和帅臣，枢密院有发兵权而无掌兵权；三衙有掌兵权但无发兵权；帅臣有统领军队作战的指挥权却不得专其兵，也就是平时并不拥有对这些军队的领导权。枢密院、三衙、帅臣职权分割，互相制约，又直接听命于朝廷，从而使军权高度集中在皇帝一人手中。

他在收回了慕容延钊等人的兵权之后，另选拔了一批资历较浅、容易控制的人出任禁军将领。在他的"义社十兄弟"中也有例外，像无甚将才、为人老实的韩重赟，太祖仍让他执掌中央禁军，与罗彦环分别出任侍卫马军和侍卫步军的指挥使，将资历较浅、个人威望不高的张琼升为殿前都虞侯。但这三个职位都必须听命于枢密院，权力大不如以前了。

按照赵普提出的强干弱枝的谋略，在收夺了禁军高级将领的兵权之后，他又开始着手解决藩镇权重的弊病，果决地采取了三项强有力的措施：

一曰"釜底抽薪"，朝廷制定律令，明文下达各地，藩镇节度使平时不再掌握军队，所有禁军一律归枢密院和三司调度节制。一旦发生战事，临时选调某节度使出任战区指挥官。同时对节度使的行政职权也严加限制。过去，节度使除管辖直属州郡的政务外，还管辖着周围的几个州郡，称作"支郡"。甚至连支郡的官佐都由节度使任命或推荐。现在则由朝廷直接任命，这些支郡的防御使或团练使直接向朝廷负责。二曰"移花接木"，藩镇节度使一旦出现空缺，朝廷即选派文臣补职，以"儒臣治大藩""文臣治州事"，很快改变了武将把持藩镇的局面。三曰"易地做官，轮流守牧"，节度使及州官在一地任职一般不超过三年，三年届期必须调换，任何人不得例外。这样不到两年的时间，终于使各藩镇和地方政权变得驯顺起来，开始老老实实地俯首听命于朝廷，宋太祖的龙墩和大宋江山已经稳如磐石了。

又是一个滴水成冰的风雪之夜，大雪漫天飘舞，寒风扑面如刀，汴京城里行人早已绝迹，到处一片寂静。

宰相赵普晚饭后无事可做，便早早地脱去朝服，准备上榻入睡。这么多年了，他同其他朝中大臣们一样，每天退朝后都不敢脱去衣冠，唯恐皇上突然来访。

因为太祖登基以后常常微服私访。一般都是不打招呼，而且多是夜访。白天政事繁忙，劳累了一天，晚上到功臣勋旧家中走一走，谈谈往事，议议国政，正好借此放松一下紧绷的神经。但这一来却苦了那班朝中大臣们，回家后仍不敢脱去朝服，唯恐万岁突然驾到，衣冠不整，有失恭敬。

今夜雪大风猛，户外苦寒，皇上未必还能出来，因此赵普便放心地解衣就榻，准备睡个安稳觉。

他刚刚钻进被窝，熄了灯烛，忽然听到一阵敲门声。妻子和氏推了他一把，说道："风雪之夜，谁在敲门？"

赵普一骨碌爬了起来，慌忙披衣下床，说道："你也赶紧更衣，这个时候，这样的天气，闲人不会来串门，准是皇上来了。"

赵普不敢怠慢，整好衣冠，急忙亲自前去开门。

果然不出所料，正是宋太祖站在风雪之中，全身落满了雪花，都变成了一个白人。见赵普出来，他才挥挥手，打发几个侍卫先回宫去。

赵普诚惶诚恐，忙将太祖让入厅堂，命下人快快升起炉火为皇上御寒。

待太祖坐下以后，赵普惴惴不安地说道："如此寒冷的天气，陛下何苦冒雪而来，有什么急事召臣进宫就是了，陛下要多多保重龙体才是。"

太祖伸手烤着火，笑道："无妨，无妨。当初浪迹天涯，备尝颠沛流离之苦，这点雪算得了什么？你不记得了，朕登基之前，你曾与光义雪夜去朕的府邸，大家围炉夜谈，何等有味？今夜朕算是专程雪夜回访。朕已经约了吾弟前来，还是我们三人，围炉赏雪，尽情畅谈。"

说着话，赵光义已经来了，他现在已官升开封府尹，刚刚接到皇兄之约便匆匆赶来。

赵普又命人在厅堂内铺上一层地毯，将炉火拨旺，把房门紧紧关上，亲自用滚烫的开水泡上好茶，端到太祖和光义面前。

这时，赵普的夫人出来了，见过太祖，欲行大礼。宋太祖连忙说道："今夜是家人团聚，嫂夫人千万不可行此大礼。"然后又对赵普说道："朕此番是不请自来，卿可不必拘礼！"

赵光义在一旁说道："仆射德高望重，陛下爱之敬之，视若肱股，如此君臣和契，国家何愁不治？"

宋太祖赵匡胤

屋外大雪下得正猛，听着那北风尖厉地呼啸，让人感到一阵阵寒栗。尽管木炭火炉已拨得很旺，厅堂里也已经暖融融的，赵普仍让妻子和氏亲自下厨，烹制几个拿手的好菜，烫上热酒，为皇上御寒。

太祖却摆手笑道："今日赏雪，莫辜负了这助兴的炉火。什么菜也不要，只切些生肉来。我们一边烤着火，一边烤肉吃，岂不胜过山珍海味百倍？"光义、赵普也认为这样有趣。君臣三人把座位挪近了火炉，赵普屏退侍婢，让妻子亲自把盏，三人一边吃着烤肉，一边饮着热酒，俨如一家人一般。

喝了几杯以后，赵普问道："今夜甚寒，又下着大雪，陛下御驾出宫，光临寒舍，必定有什么事吧？"

宋太祖拿起一块烤肉刚要吃，却又顺手放下，面色凝重地说道："当今天下，列国环绕，一榻之外，皆他人家，朕长夜难眠，故来见卿。"

赵普点点头道："微臣知陛下久蓄壮志，必定像周世宗那样振长缨而御宇内，伐列国而定一尊。"

"知朕者莫过宰相，这正是朕冒雪来访的原因。"

赵光义在旁接口说道："皇兄患天下分裂日久，夙夜忧叹，寝食难安。赵仆射足智多谋，定能献上好计。"

赵普却摇摇头道："这话过奖了，普生逢乱世，读书不多，此时实无良策可言。"说罢又问宋太祖："陛下恐已成竹在胸，但您想先从哪里下手？"

太祖脱口说道："朕欲先收太原，卿意如何？"

赵普闻言却一下子愣住了。他不相信这是真的，用惊异的眼光看着太祖："陛下真有这样的想法？微臣不敢相信。"

宋太祖问道："这是为什么？"

赵普道："太原依恃契丹，其势较强，一时难以攻下。即使能够一举攻克，臣以为也不必急于攻取。"

赵光义感到莫名其妙，忙问道："那又是为何？"

"太原北面便是契丹，有太原兵在，可为我藩篱，挡住西北二边。若攻下太原，自毁藩篱，边患只能由我大宋独挡。以臣愚见，不如先易后难，先南后北，待削平南方诸国，彼弹丸之地何愁不下？"

宋太祖击掌笑道："爱卿言之有理。朕曾以为王朴谢世后再难找到像他那样深谋远虑的定国安邦之臣。今闻爱卿一席话，岂非王朴再世？"

赵普道："臣不敢妄比王朴，愿效赤诚而已。陛下推重王朴，想必是因那篇誉满天下的《平边策》吧？但陛下却欲先收太原，岂不与王朴的主张南辕北辙？臣实不解也。"

　　他们所说的王朴，便是我们前已述及的辅佐郭威称帝定天下的那位高人。郭威登基之后本欲拜其为相，但此人淡漠仕途，固辞出朝，隐居深山密林之中。周世宗即位，曾亲往深山造访，邀其出山。但王朴仍不为富贵权势所动，执意不肯为官，只献上了他写的一份《平边策》。他认为应先取江南，再收复燕云十六州，最后消灭北汉。也就是主张先易后难、先南后北。周世宗正是根据这一统一方略拉开了战争的大幕。先挥师南下，收复了南唐的江北诸州。接着便挥戈北上，直捣燕云。当年尚任殿前都虞侯的赵匡胤便十分佩服王朴的深谋大略。当了皇帝之后也曾去拜访过王朴，可惜此时王朴已不在人世，太祖曾为此而深感遗憾。

　　现在见赵普的主张与王朴不谋而合，且更多了一层以北汉暂为抵挡外夷藩篱的分析，自然感到十分欣慰。其实，进攻太原并非他的本意，不过因为北汉是后周、大宋的世仇，李筠叛乱时又曾出兵相助，讨伐北汉从道义上讲最为理顺。因此便以此为引子来听取群臣的意见。听了赵普一席令人信服的话，宋太祖终于彻底扫除了最后的犹豫和彷徨。

　　他把一块烤肉放到嘴里，有滋有味地咀嚼着，然后笑道："吾意正与卿同，姑且试卿耳。"

　　赵普忙端起一杯酒，敬太祖道："陛下神武，愚臣远不能及。"和氏端着酒壶为他们各斟一杯。三人共同举杯，一饮而尽。

　　雪还是那么大，风还是那么紧。炉火旁边的气氛却越来越热烈。君臣们酒兴甚浓，谈锋更健。在这弥散的美酒烤肉的香气中，一个声势浩大的统一战争的战略方针诞生了。

　　一天早朝，宋太祖与群臣议事毕，忽有人报说位居荆湖一带的割据政权武平主周保权派使臣求见。那使臣跪伏于丹墀之下，行三跪九叩大礼之后，满面忧色地说道："启禀万岁，武平境内衡州刺史张文表举兵反叛，我主危在旦夕，特派小臣入朝，乞万岁举天兵以荡叛贼。"

　　宋太祖默默地听着，眉眼间露出了一丝不易为人察觉的微笑，心中滚过了一阵激动的浪潮。直觉告诉他，自己与赵普精心设计的巧取荆湖割据政权的这篇文章已经破题。或者说，结束五代纷乱、实现四海统一的战争大幕即将拉开。

　　原来，自五代战乱以来，荆湖一带便存在着两个割据政权，一个是处于荆州南平一带的荆南割据政权，一个是处于湖南境内的武平割据政权。这两个政权虽然不是什么国家，但几十年来却一直独立于中原大国和各诸侯国之外，自据一方。

荆南割据政权是在后梁时期由高季兴建立的，首府设在湖北江陵。辖有荆、归、峡三州之地，据江汉一隅。虽说地盘狭小，兵力薄弱，无力与周边诸国抗衡。但高季兴却靠着四面称臣，利用各国之间的矛盾维持了自己的政权，使这里成了各政权的缓冲地带。这个政权仅靠赏赐和商税生存，经常出兵拦截过路的使者商旅，没收其财物。对方若派兵来讨就赶紧归还，不来讨便据为己有，一派无赖相，因此人皆称其为"高赖子"。就这样一个政权居然前后传承了五十多年，到大宋建立时，大位传到高保勖手里。

高保勖没有治国的才干，却为人邪恶放荡，淫奢下流。他在位三年多，一无建树，只一味地营造楼台亭榭，务求精巧，财力穷尽便大肆搜刮民膏，惹得军心浮动、民怨鼎沸，终因酒色过度，于建隆三年（962年）十一月暴病而亡。其后由高继冲即位，荆南高氏政权愈加衰落。

武平割据政权是后汉时武平节度使周行逢建立的，设首府于朗州。

大宋建立后，周行逢曾遣使朝宋，表示臣服。

不久前，周行逢病危，召集文武大臣于榻前，以儿子周保权相托，说道："我本起自垄亩，同起者十人皆已战死，唯有张文表独存。我死之后，文表必叛。如不胜，应固城不战，归附朝廷。"

周保权继位之后，张文表果然心怀怨恨，曾在一次酒醉之后愤然对其部下发牢骚说："我与行逢俱起微贱，各立功名，今日安能北面事小儿乎？"

这些情况自然瞒不过大宋派出的耳目，很快便传到了宋太祖的耳朵里。

自从大雪之夜与赵普定下先南后北、先易后难的统一大计之后，荆湖地区这两个割据政权便成了宋太祖首选的攻取目标。荆湖一带不仅五谷丰稔，仓廪充实，是物产富饶的鱼米之乡。更重要的是，这里东拒建康，西连巴蜀，是牵制南唐和后蜀的战略要地。攻占荆湖以后，便可把它作为攻取南唐和后蜀，进而收复南汉、吴越等江南诸国的桥头堡和前沿阵地，是一个十分关键的战略要冲和枢纽之地。

但是，以什么借口出兵呢？吊民伐罪的正义之师必须师出有名，宋太祖不仅要收复地盘，更要收服人心，如果不得人心，地盘再大也没有用。

他必须寻找借口和机会。没有借口就制造借口，没有机会便创造机会，流年易逝，时不我待，不能守株待兔般地傻等。

为此，他在晚上单独召见了赵普，君臣二人在他的御书房里密谈了整整一夜。

几天以后，宋朝使者赵遂带着宋太祖的密诏扮作盐茶巨商来到了衡州。

他当夜便去拜访衡州刺史张文表。张文表却不在府上，问他的下人，都说不知他去了哪里，一连几天都是如此。赵遂暗中寻访，四处打听，终于探知了张文表的去向。

衡州城里有一处妓院叫"闭月楼"，数十名粉头个个姿色出众，风情万种。其中一个叫柳莺儿的，二十一二岁的年纪，生得白净细嫩，浓眉大眼，腰身婀娜娉婷，风姿绰约，又善歌舞，懂诗文。几年来张文表一直把她视为红颜知己，在这里筑起香巢，常常留宿院中。自从周行逢病危，周保权继位后，张文表心灰意冷，愈加沮丧和消沉，便干脆不理政务，白天黑夜都泡在"闭月楼"里，与柳莺儿缠绵无度，寻欢作乐，用醉酒和色欲打发这百无聊赖的岁月。

赵遂几次去刺史府寻访不遇，又不能亮明自己的身份，便决定去妓院里会会这位官场失意却情场得意的风流刺史。

红日西坠，夜色渐浓，闭月楼里霎时热闹起来。大门口和院子里的无数盏大红灯笼一齐点亮，各个阁楼的灯烛都在熠熠闪烁。一群粉头涌出了大门，向着过往的人打着手势，抛着媚眼，搔首弄姿，打情骂俏。

赵遂身穿一袭簇新的皂青色长衫，头戴一顶白底紫花的绣边头巾，手执一柄牙骨折扇，一步三摇地从东面走来。只看扇柄上那颗光芒四射的硕大的珍珠扇坠儿，就知道这是个腰缠万贯、一掷千金的主儿。

四五个粉头像苍蝇见了血，"嗡"的一声围了上来，不由分说，拉手的，架胳膊的，抱腰的，连拥带推地把他接进了闭月楼。

老鸨见来了财神爷，一颠一颠地小跑着迎了过来。满脸堆笑地嚷道："这位爷可是稀客、贵客！快泡茶，上果子。大爷您这边坐，咱闭月楼的姐儿都是顶尖儿的，又光鲜又粉嫩，大爷您可随意挑选，可着心儿地享用。"

赵遂用折扇在一张椅子上轻轻拂了拂，将长衫的前摆一撩，斯斯文文地坐下来，淡淡一笑道："大爷我今天是慕名而来，也不用挑了，就让柳莺儿来陪我说说话儿。"

老鸨立时面显难色，迟疑了片刻又道："闭月楼里名花有的是，大爷何必非要柳莺儿呢？"

"我听人说，逛闭月楼不见柳莺儿乃是人生一大憾事。在下今日定要见一见这位名满荆湖的柳莺儿。"

"不瞒大爷，柳莺儿房里已经有了客人。大爷可先选其他姐儿暂陪一宵，改日再来，一定由柳莺儿作陪。"

一听此话，赵遂顿时变了脸，怒气冲冲道："怎么，嫌大爷没有钱吗？"说着，从腰间摸出了一根闪亮的金条扔在桌子上，冷笑一声又说："柳莺儿再有名，也不过是个陪人睡觉的，谁钱多就得陪谁睡，天经地义。"说着，也不理老鸨，径自站起身来，大步向楼上走去。

话说得很是难听，连老鸨的脸上都有些挂不住了。但那根闪光耀眼的金条魔力太大，老鸨不想也不敢得罪这样的客人。她急忙小跑着跟上赵遂，压低声音说道："大爷有所不知，今夜的客人不是别人，乃是衡州刺史大人，还求大爷担待。"

"刺史？"赵遂似是有点意外，接着却纵声大笑道："一个小小的刺史算什么鸟官？在我眼里不过是蚊虫、蚂蚁、苍蝇。就是宰相、侍中、节度使我也见得多了。休要啰唆，那柳莺儿你们刺史能睡，大爷我就能睡。"他有意把声音放大，说话竟像火药爆炸似的。

正说着话，却听得就近一间暖阁中有人厉声暴喝道："是哪里来的乌龟王八蛋在这里满嘴喷粪，大放厥词？不怕死的，让他进来。"

听了这话，老鸨早吓得躲到一边去了。赵遂知道这定是张文表无疑，便答应一声"不怕死的来了"，径直推门而入。

一只脚刚踏进门内，立足未稳，便觉得眼前亮光一闪，一柄寒森森的宝剑已架在了他的脖子上，张文表阴阴地冷笑道："你不是要睡柳莺儿吗？去，她正光着屁股等着你，你张爷爷正想看一出好戏呢。若是戏做不好，休怪我这只'苍蝇'心狠手辣，今日便是你的死期。"

赵遂这才看清，张文表只穿一件短裤，打着赤膊，嘴里还喷着酒气。柳莺儿兀自半裸着身子歪在铺上，她抬起头来对着赵遂嘲弄地媚笑着，等着看这位似是豪门巨富的阔主儿是如何跪地求饶、摇尾乞怜的。

不料这阔主儿不但不慌，反而若无其事地大笑起来："人说张文表半世英雄，想不到竟会如此糊涂。明明自己的死期将近，却说今日是我赵某的死期，可怜、可怜……"

话未说完，便觉得张文表拿剑的手猛一哆嗦："你是何人，这话什么意思？"

"我是专程前来救你脱离苦海的，且有一功名富贵送予阁下。不过，"赵遂瞥了一眼脖子边的利剑，又说："我可不愿刀架在脖子上说话。"

张文表半信半疑地收起了宝剑，对柳莺儿摆摆手道："你且回避一下，我们有话要说。"

柳莺儿匆匆收拾了一下出去了，张文表也穿好衣服，二人重新落座。张文表问道："先生有何见教，现在可直说无妨。"

"周行逢已死，周保权即位。张刺史是与周行逢同时起事的兄弟中唯一的幸存者，功高盖主，自然身危。据赵某所知，周行逢临终时立有遗嘱，要杨师璠等人共辅幼主，相机擒杀阁下，以绝后患。"

张文表惊得倒吸了一口凉气，自己是与周行逢共创武平政权的元勋，但周行逢并不信任自己，多年来一直猜忌和排斥。新主周保权黄口小儿，少不更事，北面事之本就委屈，想不到他们竟要对自己下此毒手，是可忍孰不可忍，他霍地站了起来，双眉紧锁，凝视着赵遂问道："此话当真？先生何以知之？"

赵遂淡淡一笑道："朗州城里连市井小民都无人不知，阁下当局者迷，竟然如此闭目塞听。眼下应赶紧筹措才是，万勿坐以待毙，引颈受戮。"

"以先生之见，我张某如何才能躲过这一劫？"

"自然是先下手为强。"赵遂果断地说道："旧主新丧，上下一片混乱。阁下乘势起兵，夺取朗州。然后将武平所辖地盘全部献于大宋朝廷，我赵某可保阁下终生富贵。以阁下之英武干练，弄好了，说不定封将拜相也未可知，岂不比你在这弹丸之地当个小小的刺史荣耀百倍？"

张文表再一次感到惊诧，一个普通商贾如何敢说这样的大话？便试探着问道："先生究竟何许人？"

赵遂也不答话，从怀中掏出宋太祖的密诏，双手递给张文表。张文表略略一看，顿时目瞪口呆，一时手足无措。愣了片刻，"扑通"一声跪在当地，连连叩头道："天朝使者到此，文表有眼不识泰山，万望大人恕罪。"

赵遂一把将张文表拉了起来说："不知者不怪，张大人何罪之有？快快请起，还是商量大事要紧。"

张文表忙让老鸨安排酒席，与赵遂就在闭月楼里对饮密商。有大宋朝廷撑腰，张文表立时觉得豪气千丈。夺取武平政权献给大宋，既出了多年来的一口恶气，又能成为大宋统一天下的功臣，何乐而不为？

二人一边饮酒一边密谈，直至深夜。张文表起身向赵遂拱拱手道："大人，时间不早了，在下这就回府，明日立马准备。大人就请在此歇息，让柳莺儿陪伴一宵，也算不枉来闭月楼一趟。"

赵遂哈哈大笑，直笑得眼里都挂了泪水："说了半天，阁下还认为我是为柳莺儿而来？柳莺儿名花有主，我赵某岂能夺人所爱？好了，告辞了。"说完，赵遂起身下楼，说声"后会有期"便走出大门扬长而去。

从此以后，张文表无时无刻不在窥伺着起兵的最好时机，机会终于来了。这一天，周保权派兵去永州轮换戍守，路过衡阳。张文表立即发兵将这支人马包围，迫使其叛变。接着，他命这些人与自己的兵士都换上素衣，假扮成奔丧的队伍，向武平首府朗州进发。一支身穿白色孝衣，腰缠麻绳，怀揣利刃，前面导以各式灵幡的奇怪的队伍来到了潭州城下。兵士们忙去禀报据守潭州的行军司马廖简，并说这支队伍很奇怪，不像奔丧的，好像张文表也在其中，恐其有诈。

廖简历来瞧不起张文表，对这些人的到来根本不放在心上，此时正在与客人饮酒。他一边继续喝着酒，一边说道："我知道了，让他们进来吧。"并对身边的人轻松地说："等张文表来了，若有歹心，将他擒获就是了。"说罢头也不抬，继续纵饮。

不多一会儿，张文表率领兵士们气势汹汹地闯了进来，廖简半睁着一双惺忪的醉眼，只看见一片模模糊糊的白色拥了进来，便喝问道："你……你们……要要干……干什么？"张文表冷笑一声："大爷我要来取你这醉鬼的狗头。"廖简大惊，急忙去抽腰间的佩剑，可是早已浑身瘫软，双手连剑都举不起来了。

张文表大喊一声"上"，众兵士扑了上去，一阵乱砍，廖简与十几个客人顿时人头落地。一时间，满屋子里尸体杂陈，人头滚落，殷红的血浆混合着打翻的酒浆满地流淌。

张文表也不管这些，径直取了廖简的印绶，整顿城中兵马，准备进军朗州。

张文表占领潭州的消息传到朗州，周保权大惊失色，他一面派杨师璠率军抵抗张文表，一面派出使者，连夜去汴京向宋廷求援。

赵遂不辱使命，利用矛盾制造摩擦，挑起内讧的反间计已经奏效。张文表举兵反叛能否成功都无所谓，武平政权向朝廷求援已经送来让大宋发兵趁机收复荆湖的绝好借口。

宋太祖毫不犹豫地答复武平使者，朝廷将立即发兵，帮助周保权平定叛乱。待武平使者退下之后，他却笑着对朝臣说道："天假其便，荆湖这两个地方政权已寿终正寝，该是回归中原的时候了。此次发兵武平，应以向荆南高继冲借路为名，先顺手牵羊收复荆南，然后马不停蹄挥师湖南，一举收复武平。"太祖刚说完，已退居内阁大学士却仍列朝班的老臣魏仁浦不无忧虑地谏道："宋朝大军经荆南去湖南，岂不犯越人国土之忌？还望陛下三思。"

宋太祖却大笑道："荆南乃四分五裂之地，是谁家国土？今出师湖南，假道荆南，就势取之，使其复归华夏本土，乃是天经地义之事。荆南既定，已是大宋国土，再取湖南，此万全之策，怎可说是越人国土？"

宰相赵普在一旁极表赞同道："陛下决策神机妙算，此乃'假虞灭虢'之计，古代晋献公已用过。今日陛下用得更是得心应手，定会瓜熟蒂落，水到渠成。"

宋太祖说道："那好，朕今日就再演一出'假虞灭虢'的好戏，也当一回晋献公。"说罢看看赵普，二人同时朗声大笑。

乾德元年（963 年）正月，山南东道节度使兼侍中慕容延钊被任命为湖南行营都部署，已擢升为枢密院副使的李处耘为都监，发兵会集襄州，大张旗鼓地讨伐张文表。

李处耘于正月初六向宋太祖辞行，太祖面授机宜道："卿等此次出征务必要假道荆南，顺手牵羊而取之，再进而讨伐张文表，乘机攻取湖南，如此行事，必获大功。"李处耘会意，诺诺领命而去。

李处耘很快来到山南东道治所襄州，南征大军都要从各州郡前来这里集合。他先向慕容延钊宣达太祖诏命，慕容延钊此时正生病，他奉诏可以"肩舆戎事"。

慕容延钊是被解除了殿前都点检之职后来此处任节度使的。初到此地正值严冬，宋太祖派专人送来了貂裘、毡帐，让这位丢掉了禁军统帅要职的老将军在隆冬季节感到了一种特有的温暖。他已是五十岁的人了，近来又身染疾病，今逢特恩可在肩舆上指挥战斗，他不能不努力向前。但他却感到此任甚重，有些力不从心，幸亏有文武双全的李处耘为副，心中略觉宽慰。

李处耘年富力强，圣眷正隆，此次奉命南征，春风得意，见主帅病了，便主动承担重任。一边请慕容延钊安心养病，一边等待诸军到来。与此同时，他先派丁德裕前往荆南，把借路一事转告高继冲，让他准备足够的柴米以供军用。

荆南主高继冲听说宋朝大军前来借路，一时吓慌了，忙与官佐属吏商量，最后答复道："敝邑方遭丧乱，举境不安，若大军前来，恐百姓惊慌。愿于百里之外向大军提供粮米。"

这等于说不愿借路给宋军。丁德裕听罢面显愠色，沉声说道："王师南下平叛，荆南不肯给予方便，有意从中作梗，莫非想与叛逆张文表联手对付朝廷吗？"

丁德裕几句话竟似雷霆霹雳，一下子把高继冲吓傻了，顿时冷汗津津，慌忙又与群僚商量。

孙光宪、梁延嗣都认为王命不可违，识时务者为俊杰。兵马副使李景威却道："今王师虽假道以收湖湘，然观其势，似另有所图，说不定欲借机袭我。"

高继冲问道："若如此，该如何处之？"

李景威拱手答道："景威久蒙先主厚恩，愿带兵三千，设伏于险隘之处。待宋军行至此处，突出伏兵攻其主将，宋军必然败退。我再回军擒张文表，将他献给朝廷，不仅不会获罪，公尚可建大功一件。"

高继冲连连摆手道："使不得，使不得，伏击王师，与朝廷为敌，万万不可。"

李景威满面忧戚道："如此行事乃是为了荆南安宁和公之王位稳固。如若不然，将有为人庸仆、摇尾乞食之祸，望公三思。"

孙光宪见高继冲又开始犹豫，怕他听信李景威之言招来大祸，急忙说道："景威乃一峡江小民，安识成败？中原自周世宗时便有统一天下之志。今宋主受命于天，国势强盛，讨伐张文表犹如以山压卵，平定湖南亦指日可待。公可细思之，王师收取湖南之后难道还会再向我们借道返回去吗？"

高继冲疑惑不解地问道："孙大人此话是什么意思？"

孙光宪道："很显然，王师平定湖南之后就该收取我荆南了，这于大宋志在必得，宋廷所图绝非张文表，若以为献张文表于朝廷便可谢罪，岂不铸成大错？以我荆南弹丸之地，微薄之力，断然难阻王师。与其螳臂当车，身败国灭，不如早以疆土归还朝廷，取消警戒，封存府库，等待朝廷前来接收。这样，荆南不致涂炭，公亦可永保富贵。"

孙光宪一席话，高继冲听得万念俱灰。他高家自高季兴建国至今已五十余载，想不到就要断送在自己手里，思之痛心欲绝。但又无计可施，只好掩面而泣，同意了孙光宪的意见。

李景威见事不可为，气愤至极，拂袖而去。出门以后竟大吼一声，以手猛力扼喉，喉骨碎裂，气绝而亡。

二月初九，宋朝大军行至荆门，高继冲派衙内指挥使梁延嗣和叔父高保寅前往犒军。一群兵丁抬着牛羊肉和美酒来到军前。

李处耘盛情接待了他们，又好言安抚。当天晚上，主帅慕容延钊带病宴请梁延嗣、高保寅。席间，慕容延钊极力忍着病痛，尽量做出十分友好的样子，说道："这次荆南慨然借道助王师平叛，功莫大焉。在下回朝后定然奏明圣上，为汝等请功。"

梁延嗣、高保寅受宠若惊，连连向慕容延钊敬酒谢恩，然后便放心畅饮起来。

他们一个晚上都在高高兴兴地喝酒，压根儿也没想到，李处耘已率精兵数千星夜向江陵挺进。荆门乃去南平首府江陵的必经之路，距江陵仅有一百余里。宋军迫近江陵时，天尚未明。

高继冲正在等着梁延嗣、高保寅归来，意外地听到了宋军逼近的消息，一时慌忙，急忙率左右出迎。李处耘见到高继冲，忙下马施礼道："有劳远迎，多谢借道。主帅慕容延钊随后便到，请诸位在此稍候。"高继冲不敢违命，只好恭手立于道旁，以待王师。

李处耘却翻身上马，率军从江陵北门径入城中。

李处耘严令部下："进城倘有擅入民舍抢掠者，定斩不赦。"因而宋军入城后秋毫无犯，江陵百姓一夜安睡，竟全然不知江山已经易主。

到红日东升时，高继冲回到江陵城。他看到城内与平时没有任何不同，店铺开门，市民往来不断，一片平和气象。可是，城头上却已经飘扬着大宋的旗帜了，宋军的兵马布列于街巷各处，纪律严明，井然有序。他知道，江陵以及荆南从此不再姓高了，心中一阵酸楚，差点坠下泪来。

他急忙奔回官邸，等慕容延钊进城后，双手捧着牌印交给了这位宋军主帅。接着，又派王昭济等入朝呈上表章，将荆南三州十七县十四万两千三百户钱赋图册尽献朝廷。从此，割据了五十余载的荆南之地回归大宋。

宋太祖也没有亏待他们，仍任命高继冲为荆南节度使，不久迁其为武宁节度使。孙光宪因归命有功，任为黄州刺史。高氏原有亲属僚佐均授以官职。原来的荆南兵士有愿回乡的，官府为其修葺屋舍，发给耕牛、粮种以安其居。

收取整个荆南不伤一人，不费一矢，从荆南王到其部属兵卒各得其所，皆大欢喜。

宋军既收荆南，兵锋转向湖南武平，已是箭在弦上，势在必发。可是就在这个时候，却从朗州传来了消息，张文表叛乱已经平息，张文表已被擒杀。

就在宋军收复荆南的时候，武平王周保权也派杨师璠率军挺进潭州，讨伐张文表之乱。

交战之初，双方各有胜负，相持不下，战事陷入了胶着状态。

张文表所率领的部队本是一群乌合之众，并没有什么战斗力。能够轻而易举地攻占潭州也是因为廖简过于轻敌才侥幸成功。但现在他仗着怀里揣着赵遂送来的朝廷密诏，邀功心切。便想先杀了杨师璠，出一口恶气，然后再进军朗州，收拾武平政权的全部领土，作为送给宋太祖的觐见之礼。

谁知双方刚一交手，张文表的这群乌合之兵个个贪生怕死，立即四散逃奔。张文表一时心慌，被杨师璠一棍打落马下，将士们一拥而上，将其五花大绑，张文表于是成了杨师璠的俘虏。

杨师璠率军入城，立即放起火来，并纵使兵士们大肆劫掠。潭州城里火光冲天，一片混乱，百姓们惊慌失措，各自逃命。张文表的属员以及与其有关的人员全被杀死。

赵遂闻讯，急忙赶来见杨师璠，以宋朝特使的身份要他停止烧杀。杨师璠对朝廷派来的使者自然不敢怠慢，便于第二天举行盛宴，为赵遂接风，同时犒赏将士，祝贺平叛胜利。

席间，赵遂盛赞杨师璠所部英勇善战，同时也一再向杨师璠透露，说张文表杀廖简占潭州初无反意，盖因廖简轻狂，一时激愤发生私斗。他所以要为张文表一再开脱，无非是要把张文表带回朝廷，为自己这次出使武平圆满地完成了宋太祖的反间计做个见证。

不料说者无意，听者有心。杨师璠的部将、指挥使高超听了他的话，心中暗暗吃惊。便悄悄地对他的亲信说道："看宋使之意是要保全张文表。若张文表到了朝廷封了高官，他岂能放过我们？今日我不杀他，明日他定杀我，万不可放虎归山，遗患无穷。"他当即命令部下马上将张文表秘密处死。

此时，宴会已进入高潮，猜拳行令、大声喧哗笑闹、杯盏撞击之声不绝于耳，气氛显得十分热烈，赵遂自然不知道高超等人趁机做了手脚。

宴会结束之后，赵遂提出要召见张文表，不料高超却上前禀道："启禀大人，张文表犯反叛之罪，依律已腰斩于市，他身上的肉都被士卒们割碎吃掉了。现在只剩下一堆残骨，莫非大人还想见一见吗？"

赵遂听得心惊胆战，头顶上直冒冷气。虽然心中不悦，但又不好过多地责怪高超，只好于第二天垂头丧气地回朝廷复命去了。

张文表已死，叛乱平息，为平叛而来的大宋军队似乎已无用武之地，该班师回朝了。可是，宋太祖醉翁之意不在酒，旨在收复湖南全境，岂在乎一个张文表的生与死？

李处耘深知其意，加紧调动部队，昼夜兼程地向朗州进发。

武平主周保权闻讯惊恐万分，赶紧招来观察判官李观象计议。

李观象说道："我们开始请援于朝廷，是为了平息张文表之乱。今叛乱已平，文表获诛，王师却不肯班师而还，反挥大军疾驰而来，无非欲尽取我湖湘之地，其用心恐路人皆知。"

周保权几乎是用哭声问道："既如此，我等该如何是好？"

李观象叹道："我所依恃者，原有北方之荆南诸州，以为唇齿之依。今高氏束手听命，唇亡必定齿寒。朗州恐已不能保全，周家之基业亦恐难以继续。凭湖南实力，断不能与大宋抗衡。以我之见，莫如放弃王位，归顺朝廷，如此才可永保富贵。"

周保权此时还是个孩子，对天下大势知之甚少。听李观象分析得很透彻，利害得失讲得明明白白，便准备按他说的办。

可就在举城上下都在做着归顺大宋的准备的时候，指挥使张从富却来见周保权，极力反对道："先王治楚历尽艰辛，境内大治，物阜民安。今先王尸骨未寒，就将这湖湘之地拱手送人，既愧对先王，也愧对湖南父老。从富虽不才，愿奋力死战，肝脑涂地也在所不辞。"说罢以头碰地，号啕大哭。

周保权年轻热血，容易感情用事，一时被感动得热泪纷纷。他表示愿与诸将同生死，决不能有辱祖宗，玷污王业。一下子，本欲开门迎降的朗州城又进入了临战状态。

慕容延钊和李处耘想尽量避免交战，兵不血刃地取得朗州，收复湖南，便又派出丁德裕前往安抚。但张从富拒而不纳，他令人把辖区内的桥梁全部拆除，将所有的船舶沉掉，并伐倒树木堵塞了所有通往朗州的道路。

宋太祖听说周保权不肯归降，立刻派使者驰往朗州，晓谕周保权及其部下道："尔本请师救援，故发大军以拯尔难，今妖孽既已殄灭，是对汝辈之大助也。尔辈不知感恩图报，反而兴兵以拒王师，此自取涂炭之祸，又将累及湖南百姓，一意孤行，必将咎由自取！"

宋太祖的这番话不能说不带点强盗逻辑。你既然求我帮你平叛，那么平叛后你的国土就得归我。这从道理上虽然说不通，但却是一篇措辞强硬的最后通牒。

尽管如此，周保权在张从富等主战派的怂恿下却不肯回头，决心血战到底。

宋太祖只好下令武力征讨，慕容延钊派武怀节等驾驶战船从江陵沿长江顺流而下，攻打岳州。命李处耘由陆路率部出澧州直扑朗州。不久，宋军首先在三江口与周保权军发生激战，大获全胜，缴获战船七百余艘，斩首四千多人，进而攻占了岳州。

乾德元年（963 年）三月，李处耘率前军在澧州之南与张从富部遭遇。趁张部立足未稳，李处耘挥军掩杀，张从富见宋军势大，不敢交手，兵士们望风而逃，顷刻溃散。李处耘一直追至敖山寨，守军弃寨逃跑。李处耘占领了敖山寨，俘敌三百余人。

此时正是开晚饭的时候，李处耘把这三百名俘虏集合起来，让他们脱掉上衣，他挨个摸摸捏捏，从中挑选了几十个年轻而又肥胖的，对将士们笑道："连日征战，诸位不甚辛苦，今日犒赏你们一顿美餐。"说罢，用手指了指一个年轻力壮的俘虏，大喝一声："来人！把他的心给我挖出来，本将军要用它下酒。"说罢哈哈大笑……

其余的那些俘虏早已魂飞胆裂，许多人已吓得尿了裤子，有的当场便已晕倒。

酒足饭饱之后，李处耘又把其他俘虏全部在脸上刺了字，然后对他们说道："今日我的将士们都吃饱了，算尔等命大，且放你们回朗州去，告诉你们的同伙，今后有敢与天兵为敌者，抓到后便同他们一样，将成为我大军的盘中美餐。"说罢，将他们尽行放归朗州。

此时天色已晚，李处耘命将士们就地安营扎寨，等待第二天攻打朗州。

次日天亮，慕容延钊率主力赶到，二人合兵一处，疾速向朗州进发。

脸上刺了字的俘虏们连夜逃回朗州，将在宋军中看到的那人吃人的血腥一幕大肆渲染，然后指着自己脸上被刺的字说道："千万别让宋军抓到，若被抓到了，像我们这样被刺字的还算是万幸，大多数要被活活地吃掉。"听了这些话，那些兵士们只觉得汗毛直竖，脊骨发冷，浑身像打摆子一样哆嗦着，一股对宋军的恐惧情绪很快在朗州城里蔓延开来。

周保权的军队本来就没有与宋军对抗的胆量和信心，这一来更是斗志全无。当天夜里，他们便在城里放起火来，然后趁乱打开城门向山谷中逃去，许多老百姓也被裹挟着一块逃走，朗州城的守备顷刻瓦解，几乎成了一座空城。

李处耘的目的达到了，他杀食俘虏本来就是一种心理战术，是为了在周保权的军队中造成一种威慑，从精神上把他们彻底摧垮。但是，他始料未及的是，这样做却使宋军在百姓中的威信大受损害，给宋太祖脸上抹了黑，从而也为自己种下了祸根。

慕容延钊与李处耘率军进城后，周保权却已失踪。经多方打探，终于得知，周保权及其全家被部将汪端劫持逃走。慕容延钊立即派人到处搜捕，先是在西山下捕获了张从富，立即斩首弃市，以儆效尤。接着，又在江南的一座寺庙里将周保权擒获，其部将汪端已经逃匿。

至此，湖南全境被宋军收复，计十四州，六十六县，九万七千二百二十八户。

湖南大捷传入京师，宋太祖深感欣慰，大宴群臣。并立即颁诏，减轻荆南和潭州、朗州等地死囚的罪刑，流刑以下的全部释放。此次征南的各军皆给予优厚的赏赐，抢来的奴仆各归原主。

周保权被封为右千牛卫上将军，在京居住，赵遂收复荆湖建立首功，命其权知朗州；慕容延钊加封检校太尉，但他终因抱病征战，身体每况愈下，于同年冬病逝；李处耘在收复荆湖中功不可没，但因他在征战中屠宰烹食俘虏，残忍至极，太祖闻听后极为震怒，在对其进行十分严厉的训斥后，又下诏治罪，将其贬为淄川刺史。李处耘到任后郁郁不乐，几年后病死于任上。太祖念其生前功勋卓著，当年又是拥立功臣，追赠其为宣德军节度使、检校太傅。

第二十六章　势如破竹　顺利灭蜀

乾德元年（963 年）四月，后蜀首府成都城内还是一片熙和宁静的和平景象。百姓熙攘，商贾云集，各种店铺鳞次栉比。小商小贩、各种艺人的叫卖声、吆喝声此起彼伏，不绝于耳。走不多远，便有一面面酒旗在和煦的春风的吹拂下当街摇摇晃晃，摆来荡去。

今日天气好，蓝天如洗，白云如絮，风和日丽。好天气带来了好心情，到大街上闲逛的人特别多，来来往往，络绎不绝，几乎是摩肩接踵。

在拥挤的人流中，一名身材高挑、眉清目朗、约有三十岁的道人悠悠荡荡地穿过东城门，向人流熙攘的市区走来。他手里举着一面为人算卦的旗子，穿一袭青布长衫，头戴一顶道冠，口中不断地喊着："善卜吉凶，预知过去未来，卜卦不准，不取分文。"

有些人发现，这个道人已在城里城外转悠了十几天了，一些好事的人向他求卦，确是每言必中，还常向人传授些避灾远祸的秘招儿。他却很少收人卦金，特别是那些穷困潦倒的士子文人或穷苦百姓，给他们相面或卜卦之后，常常与他们促膝交谈，问这问那，不厌其烦。

人们并不知道，这位道士其实是宋太祖新近任命的凤州团练使兼西面行营巡检壕寨使张晖。

张晖此人富于韬略，极善谋划，闲暇时精研《周易》，虽不能未卜先知，却擅长揣测人心。原任华州团练使，勤于职守，治理有方，政绩卓著，太祖对他颇为看重。

大宋朝廷自从收复了荆湖之地以后，等于占据了一块向南方诸国进攻的极其重要的战略要地。荆湖的势力范围北自长江北岸，南至浔江，地处南方各割据政权的腹心。它的南面是南汉，西面是后蜀，东面是南唐、吴越。现在大宋尽占荆湖之地，割断了南方两大国南唐和后蜀的联系，可以实施各个击破的战略方针了。

宋太祖仍然按照先易后难的既定方针，决心先吃掉后蜀这块肥肉。

后蜀辖境四十六州，包括今四川全境及陕南地区和贵州的一小部分。土地肥沃，水源充足，气候适宜，物产丰富，历来被称为天府之国。

后蜀主孟知祥登基数月后即死去，他的儿子孟昶继位。孟昶在位这些年，正值中原后唐、后晋、后汉、后周王朝更迭，战乱频仍，无暇他顾，后蜀靠着土地富饶而又山川险要，农桑商贸得以长足发展，并能长期保境偏安。这确是一块肥得流油的好肉！

宋太祖早就有了攻取后蜀的打算，收复荆湖之后，他便瞄准了这块肥肉。

为此，他首先委派张晖出任凤州团练使兼西面行营巡检壕寨使，利用靠近蜀地的便利条件，让他详细侦察后蜀的山川形势、人心向背等各种情况，做好战前的准备。

张晖到任后不久，即装扮成云游道人，只身潜入蜀境。在后蜀的乡村、深山、城镇和首府到处游逛。白天以占卜为名在各处游走，夜间便将所见所闻详加记录。

近一个月的时间，他绘制了一张详细准确的山川形势图，河流、山谷、道路、桥梁等尽绘其中。同时，他还广泛接触了后蜀各色各样的人物，从平民百姓、文人学士、商贾富绅到朝中臣僚，了解了大量朝野内外的情况。然后便密疏献上进取之计。

太祖阅罢张晖的密疏之后心中十分高兴。这密疏不仅为大军攻蜀提供了一张十分有价值的地图，而且还提供了大量极为有用的情报。

张晖在密疏中说，蜀主孟昶为政严苛，穷奢极欲，生活极为糜烂，连尿壶都装饰着珍珠。虽是物产富饶的天府之国，但由于官府横征暴敛，百姓苦不堪言，怨声载道。成都城里到处都在流传着一首诗，连老人、孩子都能朗诵。诗中有两句说道："烦暑郁蒸无处避，凉风清冷几时来。"据蜀人解释，前一句"烦暑郁蒸"是暗喻后蜀之暴政，后一句则是蜀中百姓渴盼着大宋朝廷早日送来"凉风清冷"，以驱退后蜀统治的"烦暑"。

孟昶不仅奢靡无度，而且不理政务。他以王昭远等左右亲近之人分掌机要，总理军政，使国力日渐衰微。他的母亲李太后倒是位十分明达之人，多次极力劝阻，告诫他说，这些人素不知兵，又无战功，一旦有警，将坏大事。孟昶却置若罔闻，继续我行我素。

张晖的这些情报无异于给太祖打了一针兴奋剂，太祖立即加紧筹备，一方面根据密疏策划从陆路大举进攻；另一方面加紧训练水军，准备自长江溯江而上从水路进攻。太祖下令，在开封城内朱明门外凿地为池，引水灌入其内，建成一个巨大的人造湖泊。又建造战船百余艘，命镇国军节度使宋延渥训练由禁军子弟组成的"水虎捷"军，太祖多次亲往督训。同时，下令各州制造轻车，以供山地运输给养物资之用。

大宋军队弓上弦，剑出鞘，磨刀霍霍。消息很快传到成都。后蜀朝廷人心惶惶，一片混乱，或战或降，众说不一。宰相李昊主张向大宋纳贡称臣，以求偏安自保，他对孟昶说道："臣观宋氏启运，不类汉、周，天厌乱久矣，一统海内，其在于此。若通职贡，亦保蜀之长策也。"但枢密使王昭远却坚决反对。孟昶素来相信王昭远，便决计抗宋。于是派景处瑭率军屯三峡，并在长江沿岸检阅划船手，增设水军，准备抵御宋军的进攻。

孟昶也知道，仅以蜀军的兵力并不是大宋的对手，正在犯愁，王昭远进言道："北汉乃宋廷宿敌，不若遣使通好北汉，令其发兵攻宋，我自黄花、子午谷出兵应之，使宋军腹背受敌，首尾不能相顾，关右之地可抚而有也。"

蜀主孟昶深信其言，便派枢密院孙遇、兴州军校赵彦韬带着蜡丸帛书前往北汉求援。临行时王昭远单独接见了孙、赵二人，让他们去北汉的途中顺道先去开封，将沿路山川地理形势，特别是汴京城的兵力部署等情况绘制成图。然后由孙遇持图送回成都，赵彦韬将蜡丸送往北汉。这王昭远胃口大得很，此时他不仅在打算着如何抵御宋军的进攻，而且在盘算着一举灭宋的大计呢。

孙遇、赵彦韬装扮成盐商，沿小路日夜兼程。这一日来到汴京开封，只见这里吏民安居，百业兴旺，一派升平繁荣的景象。趁天色尚早，他们走街串巷，到处转悠着，竟有些目不暇接。直到日暮，他们才在南薰门外的录事巷找了一家客栈住下。"录事巷"，顾名思义是一条妓院集中的街巷。因为自唐朝以来妓院习惯以妓女主持酒令，故被称作"觥录事"。

当下两人住进客栈，招来两名小粉头陪同饮酒。酒足饭饱之后，各自搂着一名粉头回到了自己的客房。

没一会，孙遇房里山摇地动的响声就清清楚楚地传到了隔壁赵彦韬的房间里，但赵彦韬却没有孙遇这么潇洒，他早就把来人打发走了，独自一人躺在床上，翻来覆去地想着心事。

他亲眼看到，大宋国势强盛，民心归附，到处充满着繁荣兴旺的勃勃生气。自忖以后蜀的兵力决难抵挡大宋的强大攻势，不如及早归宋，免受池鱼之灾。若将这蜡丸密书献上作为见面礼，为宋朝建了大功，说不定会换取终生富贵。

第二天天刚放亮，他便瞒着孙遇悄悄地离开客栈，径往宰相府而去。

赵普吃过早饭，穿戴好袍靴正准备上朝，忽听有人叩门求见。门吏问他姓名，却不肯说，只说有机密大事要面见宰相。

赵普忙走出来，问道："你是何人？见我有何事？"

那人仍不作答，只从怀里摸出一个元宵大小的白色蜡丸交给赵普。赵普将这枚蜡丸掂在手心里，仔细地审视着，见这蜡丸晶莹透亮，闪烁着青白色的光芒，心中顿时警觉。他很清楚，许多军国大事的秘密通信一向都是密封于蜡丸之中，这样一方面便于保密，假如有人割开蜡丸偷看密信，再重新火烘封好，就很难完全恢复原来的样子；另一方面也便于携带和隐藏，在紧急情况下甚至可以将其塞入肛门中，以免坏事。

遇事一向缜密又肯留心的赵普一眼就看出这蜡丸来自西蜀，便问那人道："你是从后蜀来的？"

那人大为惊慌，自己穿戴着商人装束，又没有开口说话，这位大宋宰相何以知道自己是从后蜀来的？便忙问道："在下正是后蜀兴州军校赵彦韬，不过，大人缘何得知？"

赵普将手中的蜡丸看了看，神秘地一笑道："是它告的密。"见赵彦韬仍茫然不解，便又说："很简单，其他地方的蜡丸皆用黄蜡，而这蜡丸用的是白蜡，白蜡只有蜀地生产。"

赵彦韬在吃惊之余，不能不叹服这位宋朝宰相用心之细和知识之广博。

正在想着，赵普又问道："可是孟昶派你来见我的？"

"不，是王昭远派我去见北汉主刘承钧的。"

这一次轮到赵普吃惊了，忙压低声音问道："你去北汉奉何使命？"

"潜约北汉主发兵南下，与后蜀合兵攻宋。"

"那你为何要背叛蜀主？"

"大宋朝上应天意，下顺民心，正如日中升。不久定会扫平四海，一统天下，小人虽愚也懂得人往高处走、水往低处流的道理。因此甘愿弃暗投明，归顺天朝。"

赵普看看赵彦韬，又突然问道："如此重大使命，难道就只派你一人前去？"

"小人正欲禀报，尚有枢密院孙遇负责刺探汴京的情况，绘成秘图送回成都。现在'录事巷'客栈里怕是搂着粉头正睡得香哩。"

赵普听罢，更觉悚然心惊。后蜀的奸细已秘密潜入汴京，而大宋的官员们，特别是枢密院和负责京师安全的司衙都浑然不觉，这还了得？

他当即派人急忙赶往录事巷，先盯住孙遇，准备请旨后再做处置。然后对赵彦韬笑道："好吧，先生既肯归附，终生富贵都包在我赵普身上了。且随我入朝面见圣上。"

宋太祖接见了赵彦韬。他命人将蜡丸剖开，与赵普把秘信看了。这秘信乃是蜀主孟昶亲笔写给北汉主刘承钧的，邀约北汉自太原发兵，南下黄河；后蜀则自子午谷一带出兵响应，东出潼关，夹攻汴京。

单从军事角度看，不能不说这是一着极富战略眼光的妙棋。大宋的精锐之师大部集中在黄河南岸各重镇，倘若北汉大军渡过黄河，挥师汴京，为保卫京畿重地，宋朝必定调京东、京西的部队回救。那个时候，后蜀自南郑发兵，穿越六百余里的子午谷直抵长安，宋军将无暇西援，关中三辅之地可以传檄而定。

宋太祖和赵普都感到暗暗吃惊。后蜀虽有天险可凭，但并非坐守之地。如果一味恃险坐守，则险不足恃，久而必致亡国。若能利用蜀地富足，自子午谷出奇兵直取长安，则可将关中拦腰截为两段。然后雄踞三秦，东向而争天下，必将成为大宋劲敌，到那时鹿死谁手还不一定呢。

这一点宋太祖曾想到过，也深以为忧，因此早想尽快收复后蜀，消除这一隐患。但他总认为孟昶是一个懦弱昏庸的主儿，不会有这样的雄心大志。更令他感到奇怪的是，这一足成霸业的方略竟是后蜀的枢密使，那个志大才疏、眼高手低，却又常以诸葛亮自居的狂妄小人王昭远献给孟昶的，这太出人意料了。

从各方面传来的消息，包括张晖的机密情报都说，掌握着后蜀军政实权的王昭远是个华而不实的绣花枕头，是个中看不中用的银样蜡枪头。

对于王昭远的生平，宋太祖知之甚深。他是成都人，幼年孤苦，曾给峨眉山上一个老和尚当过小厮。孟昶未当皇上以前，一个偶然的机会遇上了王昭远，见他聪明伶俐，又长得面貌清秀，像个女孩子似的，便把他收为书童。

孟昶当了皇帝以后，主大奴亦大，王昭远开始发迹。靠着能说会道和几分狡黠机变，一路扶摇直上。先是当"卷帘使"，后来便参与政务，常给孟昶出些馊主意。再后来竟被委任为"知枢密院事"，成为孟昶的第一心腹红人。宋太祖曾为孟昶让这样一个言过其实的草包执掌兵柄而感到可笑，也感到庆幸。万没想到这样的人居然会有此奇策。他正要问赵彦韬什么，却听赵普已经发问："这主意真是王昭远献给孟昶的？"看来赵普也想到了这一层。

"是王昭远献的不错，但主意却是他的一个叫刘珏的幕僚出的。"赵彦韬不屑地继续说道："王昭远只会拍马溜须，怎会有此远图？他腹内空空，不学无术，却常自比诸葛亮，这在蜀中已传为笑话。要说陪着蜀主逛窑子，钻脂粉堆，他倒有不少高招。"

听他这样一说，宋太祖与赵普不禁相视而笑。

接着，宋太祖又向赵彦韬详细询问了后蜀的政治、军事、山川地理、兵力部署、人心向背等情况，赵彦韬都一一作答，所言与张晖密报尽皆相合。

赵彦韬送来的这枚蜡丸太及时了，它帮了宋太祖一个大忙。宋太祖一直十分讲究"师出有名"，认为不义之战难服国人，亦难服天下。现在，不是我大宋要攻打你，而是你孟昶主动挑衅，企图勾结北汉夹攻汴京，这是最好的兴师问罪的理由。

这些日子，征伐后蜀的战前准备正在紧锣密鼓地进行。如果说已是"万事俱备，只欠东风"的话，那么这枚蜡丸便是一场适时而起的浩浩东风。

宋太祖十分高兴，他和颜悦色地对赵彦韬说道："你能深明大义，真心来归，已为朕建了大功。朕也决不亏待你，待与朝臣们商定，必加重用。"

赵彦韬急忙谢恩，但看面色却并不眉飞色舞，似是仍有许多隐忧。

宋太祖何等精明之人，一下子便猜到了他的心事。他一人来投大宋，尚有眷属留在后蜀，此时一定在为家人担心，但又感到这事难以两全其美，是无可奈何的事，因此无法启齿。他看了看赵彦韬，笑着说道："卿已归我大宋，可保荣华富贵，却仍然心事重重，莫不是在忧心蜀中家眷？"

一语道中根本，赵彦韬只能坦率回答："陛下英睿过人，明察秋毫。小人家中尚有七旬老母在堂，亦有幼子，因此心中戚戚，还望万岁见谅。"

宋太祖深表同情地说道："人非草木，谁无母子之情，夫妻之爱？不过卿可放心。"他看了看赵普，突然笑道："我大宋这位宰相虽未自比诸葛亮，却一定有奇计可救你的眷属。"

赵普忙说道："陛下过奖了。"说罢思忖有顷，忽然问赵彦韬道："你不是还有个同行之人孙遇在客栈吗？"赵彦韬丈二和尚摸不着头脑，这事与孙遇有什么关系？只说了声"是"。便听赵普又问道："这孙遇能归顺我大宋吗？"赵彦韬道："孙遇乃王昭远之表弟，铁杆心腹，绝不会诚心归宋。"

"有了！"赵普击掌笑道："可派人大张旗鼓地去擒拿孙遇，再从狱中选提一个与足下面目相似的死囚，换上你的服饰，与孙遇一起押赴市曹斩首示众。然后由大理寺发一道公告，宣扬拿获蜀谍二人，审问属实，不肯归降，以'谋反大逆'之罪处死。并由枢密院敕令边境藩镇以此为戒，以后定要留意关禁，严防间谍入境，岂不一举两得？这事很快便会传到蜀中，你如此'效忠蜀主，宁死不屈'，不仅你的家眷可保安全，说不定还能得到孟昶的大力褒奖呢。"

话刚说完，宋太祖已经拊掌大笑："好，就这么办。"说着又不无得意地问赵彦韬道："怎么样？朕这位'教书先生'比你们后蜀那位'诸葛亮'如何？"

大宋君臣为了保护一个降臣的家眷竟能用心如此深远，构想如此缜密，赵彦韬还有什么可说的？他早已心中泛起一阵阵波涛，扑通一声跪在宋太祖面前连连磕头。双眼中的泪水已控制不住，吧嗒吧嗒地滴了一地。

十一月初二，宋太祖终于下达了全面征蜀的命令。

他任命忠武节度使王全斌为西川行营凤州路都部署，武信节度使崔彦进为副，枢密副使王仁赡为都监，率三万步骑作为北路军从凤州出发；以江宁节度使、侍卫马军都指挥使刘光义为归州路副都部署，以内客省使、枢密承旨曹彬为都监，率三万兵马从归州出发，沿水路西进。

凤州团练使张晖早就参与了对西蜀的侦察及各种攻伐准备，宋太祖特意任他为征蜀军先锋都指挥使。

大军出发之前，宋太祖特下诏严明军纪，大军将士入蜀后，不得焚烧房屋，不得抢劫吏民、发掘坟墓，有违犯者以军法严处。

十一月初三，王全斌陛辞出京，宋太祖亲自在崇德殿设宴为他们送行，赐给金帛玉带、鞍马等。太祖拿出后蜀的山川形势图授予王全斌，然后笑问道："西川可以攻下否？"王全斌满怀信心地答道："臣等仰仗陛下天威，遵照陛下神算，定可一鼓荡平西川。"龙捷右厢都指挥使史延德也忍不住上前禀道："若是西川在天上，我等固然不能到，只要它在地上，臣等定将其一鼓扫平。"宋太祖见将士们有如此豪气，十分高兴，便赐酒一杯给他们壮行。

最后他又特意叮嘱王全斌："凡攻克城寨，只将器甲、粮秣籍没充公，库中钱帛可全部分给将士们。我所要的不过是西川的土地罢了，但绝不可纵兵抢掠，扰害百姓。"王全斌唯唯领命。

送走征蜀大军之后，宋太祖即命人在开封城外的汴水岸边挑一块风水好的地方，为蜀主孟昶建造宫室五百间，宫内帷帐、用具俱全，他笑着对臣下说："孟昶家眷多，不要让他住得太拥挤了。"

大军刚刚出发，太祖却已算定此去必获全胜，好像平西蜀、擒孟昶如囊中取物一样容易。臣僚们不能不为自己这位明君圣主气吞万里的英雄气概所折服。

此次发兵西蜀，宋太祖确是感到胜券在握。大军离京之后，他意态闲适，悠然自得，每日里除了处理些日常政务外，便在御书房里读读书。还时常召集一些亲信近臣射猎、蹴鞠，这是他平生最喜欢的两项运动。自登基当皇帝以来，不是戎马倥偬便是政务繁忙，难得这样清闲过。

这日早朝之后，太祖在几个嫔妃宫人的簇拥下又来到皇宫后苑闲游。

此时已是初冬天气，花草凋零，树木萧条，后苑中略显得有些清冷。但是今日艳阳高照，晴空万里，身边又有这些妙龄宫女们相伴，太祖仍觉得心里暖融融的。有许多鸟儿正站在光秃秃的枝头上晒太阳，对这群又说又笑的闯入者毫无戒备。

太祖张弓拈弹，略一瞄准，"嗖"的一声，一粒豆粒大小的弹丸利箭般射了出去，一只翠鸟立时羽毛纷飞，应声坠落下来。妃嫔宫女们一齐欢呼起来，纷纷向太祖道贺。太祖只淡淡一笑，又拿着弹弓向另一处走去。一连射了四五次，次次弹无虚发，射下的鸟儿各种颜色的都有，有的死了，有的还活着。宫女们捧着这些美丽的战利品一片"啧啧"称颂之声，她们是从心底里敬佩自己这位神武英睿的君王。太祖亦十分高兴，脸上漾着从心底泛起的笑意，他有些陶醉了。

就在这时，却有一名太监来报，说是侍御史陈子政求见。太祖认为臣下此时求见必有大事，便宣他进了后苑，让妃嫔们暂到一旁回避。

陈子政行过大礼，便开始啰啰唆唆地禀奏，说了一件又一件。太祖耐着性子听着，好容易才奏报完了，却都是些无关紧要的琐碎之事。太祖便有些生气地说道："这算什么大事急事，何必如此着急地前来禀报？"

谁知那陈子政却是个憨直之人，居然当面顶撞道："此事虽不算甚急，但是总比陛下射鸟急切些吧？"

宋太祖登基以来难得像今天这样清闲，正玩得兴致勃勃，却被这人搅扰了，本就不太高兴，更想不到他会当面顶撞，还带着几分讥讽的口吻。就连那些手握重兵、桀骜不驯的大将军们，以及赵普等那些位高权重的宰执大臣，在自己面前都是俯首帖耳，言听计从，谁敢如此放肆？太祖顿时勃然大怒，只觉得一腔热血都涌到了头顶上，情急之下，顺手拿起了旁边的一把斧子，用斧柄狠狠地向陈子政脸上捣去。不料陈子政却倔强地站在那里，不躲不闪，竟被撞掉了两颗门牙，一股鲜血立时从嘴里流了出来。

陈子政既不谢罪，也不说话，却弯下腰把掉落在地的两颗门牙拾了起来，仔仔细细地擦干净，以手帕包了，放入袖中。

宋太祖甚感奇怪，余怒未息地问道："怎么，你难道要收集物证，去告朕的状不成？"

陈子政却不急不慢地说道："陛下贵为天子，微臣还能到何处去告？不过还有史官在，他们会将此事载入史册。"

一句话说得宋太祖目瞪口呆，他顿时醒悟。是啊，自己身为天子，至高无上，可以为所欲为，臣下都怕自己，可是历史却不怕，它会无情地把自己的功过得失记录下来。历史上，许多帝王都是因耽于玩乐而荒废朝政，最终导致误国丧权，身败名裂。自己怎能因为射鸟作乐而不听劝谏，还动手打了臣下呢？想到这里，他只觉得悚然心惊，一股冷气沿着脊骨往上窜，连忙笑着说道："你说得对，朕不该耽于游乐，玩忽职守。"说罢，命人去取来一些金帛赐给那陈子政，以示歉意。

这件事给宋太祖的震动极大，自此以后，他每出一言、行一事都会想到史官会记录在册，想起那血淋淋的两颗门牙。

宋朝大军从东、北两路进击的消息传到成都，后蜀宫廷内一片慌乱。又听说派往北汉的密使孙遇、赵彦韬已被宋廷捕获斩杀，蜀主孟昶更加惊恐，便欲召王昭远等大臣商量御敌之策，其母李太后急忙阻止道："王昭远其人，不习兵而好谈兵，志大才疏，好高骛远。平时议事都恐其多言有误，如今大军自北方、东方压境而来，兵强将勇，其势汹汹。决策国事，关系生死存亡，岂可问计于王昭远？汝父在世时，我常听他说，蜀中真具将才、深有谋略者，唯有高彦俦。因他为人耿直，因而屈居下僚。今日国事危急，若能委以重任，足可保全后蜀。即使不肯擢拔，也该召他来商量对策。"

孟昶听后，却大不以为然。他对王昭远的信任几乎达到了迷信的程度，还是把他招来，说道："宋军两路来攻，国家危急，卿可率师抵敌，为朕立功。"

这王昭远平日自诩富于韬略，用兵如神，根本不把宋军放在眼里，当下慨然应诺，说此去定叫宋军有来无回，让孟昶只管放心。孟昶大喜，即任命王昭远为西南行营都统，赵崇韬为都监，山南节度使韩保正为招讨使，洋州节度使李进为副，率军以拒北路；东路仍以高彦俦等人在夔州把守。

王昭远出师之日，孟昶命宰相李昊率文武百官在城外为其饯行。王昭远手执铁如意，自比诸葛武侯，眉飞色舞，高谈阔论。他举起一杯酒一饮而尽，然后将杯子一摔，对李昊说道："我此次北上，岂止克敌取胜？就是率大军直捣汴京，收复中原，亦易如反掌。"

李昊等人见他如此狂傲，大话吹破天，都在心中冷笑。但他是孟昶信之不疑的第一宠臣，谁也不敢当面泼冷水，都围着他恭维奉承，把那王昭远吹捧得一头雾水，更不知道天高地厚。王昭远便在众将领的簇拥下趾高气昂、威风凛凛地离开了成都，浩浩荡荡地向北开拔。

看着大军远去，李昊绝望地摇摇头，心中叹息道："骄兵必败，看来大蜀的气数到了。"

进入十二月下旬，汴京附近忽然下起了大雪，鹅毛般的雪片纷纷扬扬地下了两天两夜，汴京城里到处银装素裹，变成了一个银白色的世界。

北风凛冽，天寒地冻，气温骤然下降，让人一时难以适应。宋太祖命人在讲武堂内设下毡帐，又在毡帐里旺旺地生起了炭火，他每天身穿着紫貂皮衣，头戴紫貂皮帽，在这里披阅奏折，处理政事。

宽大的紫檀木龙案上摆满了各种奏章，其中一摞是从西线战场上传来的捷报。这几日，北路军频频得胜，捷报就像屋外的雪片一般飞到京师。宋太祖再一次拿起这些报捷的急奏，一份一份地仔细翻看着，品味着，脸上洋溢着掩饰不住的喜悦和激动。

王全斌率三万大军从北路出发以后，一路攻关夺隘，所向披靡。十二月中旬，已连克乾渠渡、万仞寨、燕子寨等三寨；十九日，攻陷后蜀北部重镇兴州，俘虏蜀军七千余人，缴获粮食四十余万石。紧接着，又一鼓作气，连连拔除了石图、鱼关、白水等二十余寨。

后蜀招讨使韩保正闻听兴州陷落，放弃山南退守西县。宋军一部在马军都指挥使史延德的率领下直捣县城。蜀军数万人依山背城，结寨固守。史延德率军猛攻，蜀军不战自乱，顷刻瓦解，主将韩保正、副将李进等都做了宋军的俘虏。

宋军乘胜前进，过三泉，进嘉州，势如破竹。蜀军拆毁栈道以阻宋军。王全斌派一支人马取路罗川绕道入蜀，其余人马一边修复栈道一边进军。两支人马很快会师深度，攻取了金山寨和小漫天寨。

蜀军主力退守大漫天寨，王全斌命崔彦进、康延泽、张万友分三路出击。蜀军虽出动精锐拒敌，却一触即溃，宋军顺利攻占了大漫天寨，擒获寨主王审超，监军赵崇渥和三泉监军刘延祚也都做了俘虏。

都统王昭远、都监赵崇韬引军来救，连战连败。王昭远被宋军吓破了胆，慌忙渡过嘉陵江退守剑门。宋军乘势攻下了群山环绕、形势险要的利州这个入蜀的要塞。

宋太祖看着这些激动人心的战报，心中喜不自胜。征伐后蜀的战斗果如自己预料得一样顺利，他为自己拥有这样一支兵强将勇的雄师劲旅感到自豪，感到骄傲！

他轻轻地搓着双手，脸上兴奋地泛着红光，将那捷报看了一遍又一遍。忽然，毡帐的门帘晃动了一下，一股像刀子一般劲厉的寒风袭了进来，他周身打了个冷战，望望帐外的大雪，忽然对左右说道："我穿着这样暖和的衣服，又守着火炉，尚且感到寒冷。前线的将士跋山涉水，如此寒冷何以杀敌？"说着，便将紫貂皮裘和紫貂皮帽脱了下来，派人快马加鞭送赐给主帅王全斌。

太祖的使者不敢怠慢，昼夜兼程，也不按驿站停歇，一路驰奔来到前线中军大帐，将裘帽赐予王全斌，并宣讲了宋太祖的口谕："裘帽本是朕本人所用，无法遍赐诸位将士，聊表朕抚慰之意而已，愿诸将共勉之。"

王全斌双膝跪在料峭的寒风中，膝行而前，将圣上的厚赐双手接了过来，心中早已掀起了狂涛大浪，口里说着："谢万岁恩赏，吾皇万岁万万岁！"双眼中热泪早滚落了下来，挂满了双颊。

周围的将士们也大受感动，一齐匍匐在地，向北连连叩头，并齐声高喊着："皇上万岁！杀敌报国，万死不辞！"喊声如雷，在峡谷中回荡着，经久不散。

蜀主孟昶在宫中得知王昭远在前线大败的消息，立时成了热锅上的蚂蚁，直急得抓耳挠腮，团团乱转。别无良策，只好从国库中拿出大量金帛，重新招募兵士，前往助守剑门。也是忙中无计，竟派太子玄哲为驰援剑门的大元帅，以武信节度使李廷珪为副。

那玄哲生于深宫，是个只知道淫乐嬉戏的公子哥儿，别说是带兵打仗，就是真刀真枪也没见过几次。

当下他率领着一万多名未经训练的援军从成都出发，军中居然抬着十几乘镶金饰玉的豪华大轿，带着他平日最宠爱的五六个姬妾和数十个戏子。他一路上只躲在轿中与美妃娇妾打情骂俏，嬉闹玩乐。到了宿营地，什么也不管，只顾与李廷珪等人饮酒观舞。

酒至半酣，李廷珪识趣地告辞，回到了自己的营帐。玄哲将众人屏退，只留下了一个年轻的女戏子。

第二天醒来后，已是日上三竿，玄哲这才慢腾腾地穿衣、进餐，然后带领着他的队伍又不慌不忙地继续北上。

这支队伍的旗帜，全是用彩色刺绣缝制的，旗杆缠绕着蜀锦，花花绿绿，美不胜收，一路上引来了不少百姓围观，他们指指点点，窃窃私语，不知道这是一支上前线打仗的军队还是一支出外郊游的仪仗队。

走着走着，忽然阴云四合，下起了雨雪。玄哲忙命兵士们把那些刺绣锦旗卸下来，怕被雨水淋坏了。七彩绣旗刹那间只剩下了一支支光秃秃的旗杆，士兵们仍然高举着冒雨前进，连他们自己都觉得这样的行军场面让人啼笑皆非。

雨过天晴之后，玄哲又命兵士们把旗子重新系上，也不知是兵士们故意恶作剧，还是天意如此，上千面彩旗居然大都倒挂在旗杆上，老远望去，恰像是一支偃旗息鼓、大败而归的溃军。

就在玄哲一路上瞎折腾的时候，王全斌已率宋军赶到了剑门关。

王全斌率军赶到此处，先绕山观察了这里的形势。他知道，剑门天险乃成都门户，攻取此关极为重要，不可等闲视之。他立即在中军大帐召集众将领商讨进军之策。侍卫军头向韬说道：“我听蜀军降将牟进说，从益光江向东越过几重山后，有一条叫来苏的羊肠小路，可通剑门南二十里处，在青疆店与官道会合。若大军行此路，则剑门之险不足为惧。”

王全斌闻言甚喜，便决定率军从此路进击。此时康延泽却谏阻道：“蜀军连日来屡战屡败，已成惊弓之鸟，毫无士气可言。我军可集中兵力急攻剑门，不必绕道前行。况来苏道路太窄，主帅不宜自行。可派一偏将率一哨人马绕道至青疆店后再与大军夹击剑门，剑门一鼓可破。”

王全斌仔细思量了一会儿，觉着他说得在理，便依计而行，派史延德率马军一支，作为偏师连夜向来苏小路进发。

史延德的马军在大宋朝是赫赫有名的，数千匹战马几乎清一色都是从西北草原上购来的良驹，高大英俊，矫健如龙。又特意在崎岖险峻的太行山路上进行过训练，要论攀山越岭、穿溪越涧的能力和灵活程度，丝毫也不亚于以短小精悍著称的川马。

史延德本人便出生在大西北的养马世家，他爱马、养马、驯马，更善于相马。在他的长期培养和影响下，他的部下个个爱马如命。这次领受了奇兵突袭的任务之后，不需要再特意安排，将士们早将各人的坐骑用好草精料喂得饱饱的，浑身上下洗刷得干干净净，认认真真地进行了战前检查，蹄铁松动的重新钉牢，蹄甲过长的一一削短，用布块把四蹄包好，马颈上的小铜铃全部摘去，马嘴里都上了勒口，以防突然嘶鸣。

现在，这支马军正悄然行进在草木丛生、碎石杂陈的山路上。一匹匹战马鱼贯而行，前后延伸了足有二里多路，居然寂无声息。就连马蹄踏在山路上，也仅仅发出一阵阵轻微的声音，很快便被山风吹动树叶的"哗哗啦啦"的声响所淹没。

夜色茫茫，冷气逼人。一轮弯月和数点寒星高悬在苍穹中，不眨眼地窥伺着这支神秘的队伍。将近子时，这支兵马来到了益光江东岸的山头上。史延德让大队人马隐蔽在山坳里待命，自带几个亲兵借树林的掩护来到江边。

益光江并不很宽，这一段其实是一条狭长的山谷。但是洞深水急，流势汹涌。江面上架着一条窄窄的木桥，仅能一匹马一匹马地通过，不容并骑。月色下，可以隐隐约约地看到对面的木亭中有一个哨兵伫立在那里，久久不动，好像还不时地打瞌睡。看来，这里的警戒还比较松懈，也难怪，这条路大白天里都很少有人走动，深更半夜从桥上通过的更是十年碰不上个闰腊月。

木亭再往西，依稀可见有蜀军的几座营帐建在一面斜坡上，几盏号灯高挂在帐外的架杆上，在夜风中晃晃悠悠地散发着昏黄的光。这是守桥部队无疑，可能都已经睡下了。蜀地几十年无战事，他们已经习惯了当"和平兵"，睡"太平觉"。

但是，史延德却不敢有一丝半毫的马虎。现在他最担心的是这座桥是一座吊桥。如果只有十骑八骑，一声令下，一瞬间冲过去也就是了。但这是两千匹马，一匹一匹地过桥得多长时间？倘若敌人发现动静，将吊桥吊起来，他的这支马军岂不要葬身万丈深渊？

"范勇！""在。"他的一个亲兵趋前一步，低声回答着。这是史廷德最信任的一名亲兵，已跟随他鞍前马后七八年，机警干练，马术精湛，武功也很说得过去。史延德一直拿他当兄弟子侄一般看待。

"你过去看看情况，如能动手，便将那个哨兵干掉，然后用号灯发回信号。"

"是。"范勇迅速脱下军衣，换上了一套黑色的夜行衣，将一柄寒光闪闪的匕首插进马靴里向木桥匍匐前进。

范勇就像一条黑色的水蛇，在桥面上蜿蜒游动着，无声无息，疾速爬行。一丈、三丈、五丈……很快便变得模模糊糊，看不清了。

史延德屏住了呼吸，睁大双眼盯着前方。他听到自己的心脏在"咚咚"直响，攥着剑柄的手心里早已经水淋淋的了。

突然，信号灯亮了。说明范勇已经得手，哨兵被干掉了。桥头的木亭已被控制。

可是又等了吃盏茶的工夫，仍然没有动静。史延德的心里像有几个猫爪子在乱抓乱挠，焦躁难耐。坏了，范勇大概是遇到了麻烦。不能再等下去了，越等越危险。

史延德轻声下达命令，先头部队跟上，闯过桥去再说。他翻身上马，那匹高大的战马放开舒缓而又轻捷的步子，平稳地冲过桥去。他急忙扑向木亭，里面空无一人，只有亭外一具被抹了脖子的敌兵尸首横卧在那里。

这时候，已有二三十匹战马冲到了桥这边。史延德忙拿起那盏信号灯，上下左右地快速摇动，大部队开始过桥。战马一匹紧跟一匹，数千只马蹄弹踏在木板铺成的桥面上，尽管马蹄都已包裹了厚厚的一层布，仍不可避免地发出了一片类似敲击闷鼓的碎响。

这声音终于惊动了营帐中的蜀军。便听到一声惊呼："不好了，宋朝大军过河了。"

蜀营中顿时一片混乱，兵士们像戳了窝的马蜂，一个个衣衫不整，乱哄哄地拥出了营帐。为首一员将官骑着一匹白马，吆喝着部属急匆匆地向桥头赶来。

史延德对身边的弓弩手说道："擒贼先擒王，干掉他。"话音未落，一支响箭流星般飞去，敌将官惨呼一声一头栽于马下。

敌兵不敢再往前冲，却开始放箭。一时间，箭矢如飞蝗急雨，密密麻麻地封锁了桥头。几个亲兵将手中的刀剑舞得银球一般，牢牢地护住了史延德，断箭残羽就像被狂风吹落的残花败叶飘落了一地。

史延德大吼一声："闪开。"一夹战马，突然闪电一般向敌阵冲去。他知道，在这个紧急关头，只这样被动招架可不行。桥上的马队上不了岸，后面的陆续上桥，你拥我挤，后果不堪设想。

主将一马当先、不顾死活地冲入了敌阵，已经过河的一百多匹战马立即旋风似的跟着冲了过去。蜀军本来就是睡梦刚醒，仓促应战，怎经得住这些有备而来的骑士们横冲直撞、刀砍剑削？不一会儿便被冲得七零八落，再也顾不得放箭了。

宋军两千匹战马全部顺利地过了河，立即投入了战斗，从四面八方将蜀军团团围住。将士们一边拼杀，一边高喊着："投降者不杀！想要命的快投降。"

这些蜀军平时既缺乏训练，此时更是斗志全无。主将已死，谁还肯白白送命？听宋军一喊，尚有一线生路，大都赶紧扔掉了兵器，双手高擎，乖乖地跪在当地。有个别想反抗的早被乱枪戳死，也有偷偷跑掉的，宋军也不追赶。

三百多名守桥蜀军顷刻瓦解，宋军将士们一片欢呼。

史延德脸上却没有一点欢悦。这一仗胜得有点侥幸，倘若敌人将吊桥升起，他的马军将死伤惨重，这次奇兵突袭的计划也将泡汤。敌人为什么不赶紧升吊桥呢？他突然想起了范勇，对，一定是他阻止了敌军。

他急忙绕木亭寻找收放吊桥的机关，只见有一条粗大的缆绳向不远处的一座小山包后面延伸。他带着几名偏将急匆匆地循绳找去。

刚转过山包，一幕惨象立时映入他的眼帘。收放吊桥的绞盘四周东倒西歪地躺着四具蜀军的尸体，一个脑袋被砍飞了，一个脸上被劈了一刀，一个肚子上还深深地插着范勇那把匕首，连铜柄几乎都没入了腹中……

范勇整个身子伏在绞盘上，后背上插着一柄长剑。左右两条胳膊都别在绞盘的空隙里，只剩下两条空荡荡的被血水染红的袖筒，胳膊早被绞成了碎骨烂肉。

史延德一把抱起了范勇残缺的尸身，凄声喊着："范勇！范勇！"喊声在万山丛中回荡着，在这万籁俱寂的深夜，显得尖厉而又恐怖。

这个从来不知道什么叫哭的铁汉子此时却热泪滚滚而下。他泣声对将士们说道："范勇成仁了，他一人救了我们全军，别忘了为他报仇。"

第二天晌午，史延德的马军沿来苏小道赶到了剑门关南面的青疆店，这等于在剑门守军的背后插了一刀。

王昭远听说有一股宋军到了青疆店，暴躁地喊道："我不信！我不信！宋朝兵将还能身生双翼？"不信归不信，这毕竟是事实。这样一来，被王昭远视为固若金汤的剑门天险立马险象环生。他这个"诸葛亮"乃蜀军轴心，可不能身蹈凶危之地。于是，他命副将赵崇韬率军据守剑门关，自己却连夜退守汉源坡。

剑门关正面的攻守战也进行得异常激烈。蜀军在狭谷入口处的一座较矮的峰峦上依山建寨，驻守着约有一万人马。寨前一条可容四匹马并骑的山路直通山下的通道，其他地方都是飞鸟不过的悬崖陡壁。这里居高临下，既可固守，以乱箭、滚石甚至纵火焚路死死地堵住通道，又可主动出击，千军万马以压顶之势冲下来，其势将不可阻挡。这便是蜀军在剑门关设置的第一道屏障。

一连几天，王全斌派将领们轮番叫阵搦战，蜀军一直坚守不出。待宋军稍微靠近，马上万箭齐飞，乱石如雨。可真成了"一夫当关，万夫莫开"的局面了。

王全斌再次召开军事会议，商讨如何攻破敌寨。

王全斌道："就目前情势而言，要想取胜，必须诱蛇出洞。敌人不出击，我军只能从这一条路上仰攻，要攻破敌寨真比登天还难。诸位都说说，看有何破敌良策。"

侍卫军头向韬说道："我军数万人马，士气正盛。可令前军组成敢死队，末将愿带领着硬冲进狭谷，就是刀山火海也能闯过去。"

王全斌却摇头道："不成，硬冲死伤惨重，损失太大。这且不说，就是冲进去，这里的钉子不拔掉，就会变成孤军深入，陷入被前后夹击的局面，凶险万分。"

指挥副使崔彦却说道："赵崇韬乃蜀中老将，一向用兵谨慎，'诱蛇出洞'很难奏效。这几天连番叫阵，对他百般辱骂，他都置之不理。我看他是'王八吃秤砣'，铁了心要跟咱们死磕。"

话音未落，却听都监王仁赡笑道："说到王八，倒提醒了我。眼下蜀军真像是缩头王八一样。它既深藏水底不肯出来，我们何不多动动脑筋，设法把王八池子搅个天翻地覆，到那时他不想出来也得出来。这就叫'恶狗不肯咬，狠用棍子捣'。"一句话，把众人说得哄堂大笑。顺着这条思路，你一言我一语，一个完整的破敌方案很快便形成了。

第二天深夜，月色朦胧，寒星点点，凛冽刺骨的东北风刮得又凶又猛。

突然间，宋军阵营中金鼓大作，号角高鸣。随着一声惊心动魄的炮响，千万支火箭就像无数条摇头摆尾的火蛇从离蜀军营寨最近的几座山头上向敌寨飞去。两千名精选出来的宋军弓箭手各持强弩硬弓，瞄准了敌军易于着火的帐篷、草垛，一支接一支不停地发射。

霎时间，蜀军大营中多处着火，猛烈的东北风携着熊熊的大火卷地而起，四处蔓延，很快便烧成了一片火海。又浓又黑的烟柱直冲半空，又被大风吹散，弥漫了半边天，月色星光皆被淹没。

蜀营中人喊马嘶，你碰我撞，乱成了一锅粥。"噼噼啪啪"的爆裂声伴随着被围困在大火深处的声嘶力竭的呼救声让人听得心里发毛。

火光映照下，赵崇韬已全身披挂骑在马上怒不可遏地指挥着各营的蜀兵迅速集结。他最担心的事终于发生了。他的营寨结扎于攻守兼备的险要之地，唯一害怕的就是火攻。为防备宋军纵火，他曾令各营多备水缸、水桶，但面对这无边无际的熊熊火海，那点水有什么用？真正是杯水车薪！

这时候，忽又听到山下传来了山呼海啸般的喊杀声，宋军开始仰攻了。夜色中也分不清有多少人马，只见黑压压的一片从山路上簇拥着往上推进。

大本营已经烧毁，火海里无法存身。赵崇韬只有选择鱼死网破的最后一搏。

"哈哈哈哈……"他突然发出了一阵狂笑。笑声未止，脸色倏然一变，显得狞厉而恐怖，沉声喊道："王全斌小儿送死来了。各营听着，马军在前，步兵在后，冲下去！看你宋军如何阻我？"

随着他长剑一挥，数千匹战马风驰电掣一般直冲下去，后面的步兵也鼓噪呐喊，一齐往下冲击。这居高临下的拼死一冲，真有悬瀑飞泻、排山倒海的千钧之力，下面仰攻的宋军一碰上，不被撞成肉饼、踏成肉泥才怪呢。

不过，这队担任仰攻的三四千名宋兵也着实奇怪。一个个短袄紧裤，不持枪不挎剑，只拿着一把短兵器，却人人都背着一个小酒坛子。看看蜀军马队越来越近，说时迟，那时快，忽然有人猛喊一声："散开！"三四千人瞬间已闪到了路两侧的草丛石坑里。而数千个小酒坛子却像下冰雹似的扔到了路面上。坛子摔碎了，里面滚出无数的碎鸡蛋，密密麻麻地散了一路。

这是宋军发明的"秘密武器"。酒坛里装的鸡蛋全是精心制作的。蛋黄已被掏出，只留下蛋清，又灌满了膏油，再把破口封好，一个个装满酒坛，这样自己携带时膏油不会溢出。

数万枚鸡蛋摔碎在路面上，膏油、蛋清流了满地。整个路面立时变得油光滑溜，比河冰镜面还要光滑百倍。

闪电般冲来的蜀军马队一冲上这段路面立时失去了控制，人仰马翻。后面赶来的急忙收缰，却因勒停突然，一股巨大的惯力使之连人带马横飞出了路面。近半里长的山路上人压马，马压人，叠成了一座座肉山。

路两侧的宋军乘机冲出，挥刀斩杀，不消半个时辰，蜀军三千马军全军覆没。后面步军一看不好，"嗷嗷"叫着回头向山上逃命。

此时，宋军后续的大队人马已冲上来乘势掩杀，直追上山头。蜀军山穷水尽，已无路可走。赵崇韬见大势已去，只好率残部投降。

剑门关攻克了，宋军入蜀的第一道天险变成了"平川坦途"。

王全斌率领大军沿着狭长阴湿的山谷挺进。一路上虽也遇到了一些抵抗，但已显得零散而又无力，一旦交战，不是望风逃遁，就是缴械投降。

大军即将走出狭谷时，忽见迎面又有一队人马疾驰而来。宋军立刻弓上弦，剑出鞘，准备厮杀，却听对面喊道："不要放箭，是自己人。"原来是史延德的马军杀散了镇守谷口的蜀军前来接应。

王全斌大喜，与史延德的马军合兵一处。分出一哨人马据守剑门关，自率大军马不停蹄向汉源坡挺进。在汉源坡东北二里多路的一片山谷中，宋蜀两军相遇，经过半个时辰的混战，蜀军的几员将领先后被俘。已成惊弓之鸟的蜀军士卒丢弃了兵器铠甲，各自逃命。

主帅王昭远见数万大军顷刻间土崩瓦解，早吓得脸色灰白，双膝抖动。急忙脱掉甲胄，只身逃往东川。看看宋军穷追不舍，便跑进一家农户屋里藏在一个破粮囤后面。想想出师前说的大话和眼前的惨败，禁不住涕泪交流，痛哭不止，连双眼都哭肿了。一队宋军的骑兵追来，听到哭声，冲进屋去。这位常自比诸葛亮的蜀军主帅身上全是草屑蛛网，脸上挂着泪痕，口里还在嘟囔着杜甫的诗句"出师未捷身先死，长使英雄泪满襟"，乖乖地当了俘虏。

蜀太子玄哲与李廷珪率领一万援军还在慢腾腾地行进，闻听剑门已经失守，马上掉头向成都仓皇逃跑，他们这次出师唯一的战绩就是把沿路的粮仓统统放火烧了。

刘光义率领的宋朝东路大军进展更加顺利。十二月进入三峡之路，连破松木、三会、巫山等寨，以摧枯拉朽之势横扫蜀军，斩杀守将南光海及士卒五千余人，俘获战棹都指挥袁德弘及士卒一万两千余人，夺得战舰二百多艘，很快便逼近了夔州。

夔州的险峻在于瞿塘关。这里两山对峙，一水中穿。江心中有一孤石，夏天没入水中，至冬季残水季节露出水面二十余丈。不仅水流湍急，而且巨大的旋涡一个接一个。历朝保卫蜀地，都是在此据险而守。前蜀王建用名将张武成守此地，在两岸设木栅，将一条粗大的铁链横架在江面，称为"锁江"，成功地阻止了后唐来攻的舰队，从此这里便有了"铁峡"之称。到后蜀时，锁江措施愈加严密，用浮桥代替了铁链。数十条铁链搭成的浮桥使任何船只都无法通行。

刘光义拿出地图，想起了在自己临出发时宋太祖的特意交代。太祖在地图上指着这一带对自己说："溯江至此，切勿以舟师争胜，当先遣步骑潜击之，待其稍却，乃以战船夹攻，必可取胜。"

再看看后蜀在这里的部署，他们在夔州城外锁江，架设浮桥，守备森严。

在这里用水军硬攻，显然要吃大亏。刘光义不能不佩服太祖在军事指挥上的先见之明。

他按照太祖所授方略，在战船离锁江处还有三十里的时候命一部人马舍舟登岸，悄然逼近，然后一拥而上，如神兵天降一般出其不意地夺取了浮桥。

水上数百艘大船趁机扬帆猛进，很快便占领了白帝庙一带。

镇守夔州的是宁江节度使高彦俦，此人深富韬略，极善用兵。他见宋朝大军逼来，并不着慌，召集副使赵崇济、监军武守谦说道："宋军远涉而来，利在速战，我等只可坚壁守城。时日既久，宋人千军万马，地域生疏，补给困难，再加水土不服，易染疾病。我等以逸待劳，自会将彼拖垮。"

高彦俦确是孟昶之母李太后所说的"蜀中真具将才、深有谋略者"。此时此地，他的"坚壁以待"之计应该是最好的决策。

但是他万万也没有料到，监军武守谦竟会认为他是临阵怯敌，暗中对部下说："寇据吾城下而不去，又何待也。"当夜竟背着高彦俦，带着麾下数千人马出城，去偷袭宋军大营。

刘光义乃久经沙场的宿将，岂能不防偷营？见蜀军出城，正中下怀。他早已派张廷翰率军在猪头铺一带潜伏了很久。见蜀军来到包围圈内，宋军立时亮起火把，鼓噪呐喊。先是万箭齐发，使蜀军进退不得。在其惊魂未定时，一声响亮的号角，宋军从四面八方冲杀过去。蜀军数千人马几被全歼。武守谦狼狈逃回夔州，尚未来得及关闭城门，张廷翰已率军赶到，奋勇杀进城去，夔州遂破。

高彦俦得知武守谦擅自出城，十分震怒，恐城池有失，急忙集合部伍，准备迎敌。但部队刚刚集合起来，宋军已涌入城中。他只好指挥部属与宋军巷战，自己身先士卒，挺剑闯入敌阵奋力厮杀。但终因寡不敌众，难以挽回败局。身边的将士们死的死，降的降，大都溃散离去。

高彦俦负伤十余处，浑身上下血迹斑斑，几乎变成了一个血人。他奋力杀出重围，返回府邸。

判官罗济见主帅伤成这样，上前含泪劝道："宋军虽已入城，但立足未稳。我愿组织一批弟兄，保大帅冲出城去，返回首府，再做打算。"

高彦俦却摇摇头苦笑道："我过去曾失过秦川，今日又痛失此城，纵使主上不杀我，我又有何面目去见蜀人？"

罗济跟了高彦俦多年，二人乃生死之交。见左右无人，便跪下哭道："大帅既不肯回成都，以小人之见，后蜀气数已尽，亡国在即，迟早都是宋家的天下。我们何不归顺大宋，以大帅之神武，亦可重新建功立业。"

高彦俦双手将罗济扶起，长叹一声道："我全家老幼一百余口都在成都，我怎能因一人偷生而让全族遭戮？今日唯有一死而已。"

说罢从身上取出符印，交给罗济，洒泪说道："君好自为之，你我就此永别。"罗济还要苦劝，高彦俦已冲入内室，反锁了房门，在房中放起大火。他整了整衣冠，面向成都方向拜了三拜，然后从容走进浓烟烈火之中，自焚而亡。

待宋军赶来，高彦俦已死去多时，刘光义看着他那被烧得黑乎乎的尸骨，凄然说道："真蜀中大丈夫也！"命人收拾尸首，以厚礼殡葬。

夔州既破，以后宋军所过州郡均献城投降。刘光义所率东路军再没遇到任何抵抗便顺利地抵达成都城下。

成都立时成了一座孤城，就像汪洋大海中的一叶孤舟，随时都有倾覆的危险。

蜀主孟昶惊恐万状，唉声叹气不知计将何出。老将石奉进言道："宋军远来，势必不能持久，可集合队伍轮番坚守，以疲惫宋师。"

孟昶却垂泪道："我父子以鲜衣美食养士，一旦遇敌，不能为吾东向而放一箭。如今就是坚壁不出，有谁肯效死力战？"

宰相李昊却劝孟昶封存府库，准备投降。到了这个时候，孟昶也别无选择，只好同意，命李昊草拟降表，送至宋军营中。

这位李昊在前蜀被后唐所灭时也是由他起草的降表，这次后蜀降宋，又是由他再拟降表。是巧合还是天意？不管怎么说，后蜀的老百姓们却很看不起这个人物。当天夜里，便有人在他的宰相府大门上贴上了一张大纸。第二天早上，李昊开门时，见这纸上赫然写着六个大字"世修降表李家"，一时满脸通红，摇头苦笑起来。

乾德三年（965年）正月十九日，王全斌率军来到成都近郊升仙桥驻节，蜀主孟昶以牵羊系颈、衔璧出降的亡国之礼前往参见。

至此，宋军攻占了后蜀全境，得四十六州，二百四十县，五十三万四千九百二十九户。

第二十七章　见微知著　重儒崇文

　　顺利灭蜀的捷报和后蜀的降表飞传京师，宋太祖欣喜异常。孟昶在降表中请求照顾好他的祖先和老母，太祖欣然同意，优诏答复，禁止在先贤坟地上打柴，并对前代祠庙加以修葺。谕告西川百姓，让他们皆安居如故，并减免蜀地赋税，开仓赈济无食之民。

　　接着，宋太祖派参知政事吕馀庆前往接管后蜀政权，并命孟昶即日动身，率家眷来京。还特意叮嘱护送的军队，对孟昶的老母和家眷要多加保护，以礼待之，一路之上不得出任何差错。

　　宋太祖为什么要对孟昶的家人如此优礼有加，人们一时都摸不着头脑，都以为太祖不过是以此安抚蜀人之心，防止和避免发生动乱。

　　其实，在宋太祖内心深处却藏着一个不为任何人所知的秘密。他早就听说孟昶的后宫里有一个宠妃，号称花蕊夫人。此女是蜀人徐巨璋的女儿，被其父献给蜀主孟昶，封为贵妃。不仅绝色天姿，倾国倾城，而且能诗擅画，聪慧绝伦。宋人吴曾曾记载说："谓花不足征其色，但如花蕊之轻也。又升号慧妃，谓如其性也。"

　　宋太祖对这个花蕊夫人很感兴趣，既然后蜀已灭，蜀主已成为自己的阶下之囚，那么就一定要亲眼见见这个被传得神乎其神的花蕊夫人。

　　孟昶一家数百口在宋军的保护下离蜀进京，一路上晓行夜宿，缓缓而进。孟昶国破家亡，身败名裂，早已万念俱灰。此去汴京，是凶是吉，生死存亡，都是未知之数，一路上都是泪眼婆娑。现在只剩下自己爱如心肝宝贝的花蕊夫人还在身旁，成了他唯一的慰藉。整个途中，他都与花蕊夫人坐在一辆轿车上，将她那柔若无骨的身躯紧紧地搂在怀里，好像稍一松手她就会立刻被人抢走似的。她现在是他的命根子，他可以没有国，可以没有家，却再也不能失去这个支撑着他生命的美人。

　　当队伍行到葭萌驿时，他们住了下来。孟昶携着花蕊夫人走进为他安排的一间房屋。花蕊夫人看看满脸憔悴的夫君，想想那漫长的寄人篱下的未来，禁不住悲愤难抑。见北面案几上有笔墨，便走了过去，捉笔在手，略一思索，在墙壁上奋笔写道："将离蜀道心欲碎，离恨绵绵，春日如年，马上时时闻杜鹃……"本欲再写下去，却早已气咽声塞，双肩乱颤，再也举不动那支小小的毛笔了，突然把笔往地上一扔，一头扑到孟昶的怀里，号啕大哭起来。

几天以后，孟昶一行将到汴京，太祖派出使臣一直迎到江陵。进京之后，即将其全家安置在提前为他建好的、坐落于汴水之滨的五百间豪华宽敞的官邸里。

第二天，宋太祖在玉津园设下盛宴，为孟昶一家接风洗尘。孟昶带领全家走进大殿，向太祖行三跪九叩大礼，太祖让他平身。一边说着话，一边在他的妃嫔堆里搜寻着，当太祖的眼光停留在花蕊夫人身上时，双目顿觉一亮。他惊异人世间竟会有如此完美无缺的美人，惊叹造物主会有如此神奇的能力。

这女人满头蓬松的乌发漆黑油亮，光可鉴人；一张白皙粉嫩的脸蛋完全是用毫无瑕疵的美玉雕琢而成的；一双大眼睛竟似两泓深不可测的清泉，顾盼流波，光彩四溢，勾魂摄魄。腰肢纤细，仅可盈握，轻轻向宴桌走动时，真如风行水上芙蓉乱一般。

宋太祖的心在咚咚乱跳。自己身为一国之君，所见女人不谓不多。后宫虽不像历代帝王那样佳丽如云，粉黛三千，但嫔妃宫女也有三百多人，却没有一个能与这个女人的天生丽质相媲美。他心里忽然闪过了一个念头，天赐美人，不可不取。

但随即宋太祖便意识到了自己的失态，在大庭广众面前，怎能直直地盯视着一个女人？他迅速地调整着自己的思绪，对孟昶说道："汝既已降宋，来到京师，朕定不加罪。朕现封你为检校太师兼中书令，那五百间大宅也一并赐汝。汝弟仁赟，汝子玄哲、玄珏，宰相李昊等人也一概免罪。由吏部拟旨后，各赐官爵。自今以后，休生惶惧，放心安享富贵就是了。"

孟昶做梦也没有想到，宋太祖会如此宽厚仁德，自己当了俘虏，还能高官任做，富贵任享。连忙跪伏在地，磕头如捣蒜，口中连喊万岁不止。

太祖又转向孟昶的母亲李氏，对这个女人他也早有耳闻，不无尊重地说道："老夫人处世明达，令人钦敬。事已至此，也是天意，要多想开些，以后就请在汴京城安度晚年，尽享天伦之乐吧。"

李氏却不像儿子那样受宠若惊，她淡淡地说道："皇上若有怜老惜弱之心，就请将老身放回太原老家。"

太祖也曾听说过，这李氏的娘家是太原的名门望族，便笑道："老人家且放宽心，眼下太原还在北汉人手中。朕不久将发兵北汉，待太原收复之后，朕定送夫人回老家安居。"

说罢，宴席开始，众人入座。太祖频频举杯与孟昶对饮，一边饮酒，一边说笑，企图把气氛弄得欢快一些。无奈纵是山珍海味，龙肝凤髓，这些亡国之人一时也难以下咽。

只有孟昶与李昊、玄哲等几个人已知自己生命无虞，且有富贵可享，心情比刚来时好多了，也便放心地大嚼大喝起来。

宴会之后，孟昶率家人高高兴兴地回到了那座御赐的住宅，仍是高堂华屋，锦衣玉食，从此无忧无虑地过起了太平日子。但是好景不长，十几天之后，蜀主孟昶忽然暴病身亡。这年他只有四十七岁，又素来体魄康健，并无宿疾，一夜之间就不明不白地死了。一时之间，孟昶的死因成了一团迷雾，让人感觉扑朔迷离，满京城议论纷纷。

孟昶的族人哭作一团，五百间宽宅大屋里纸幡飘动，悲声大作。孟昶的母亲李氏却没有哭，连一滴泪都没有掉。她似乎早已料到了必定会出现这样的结局。那日皇上召见他们，当他的眼光盯在花蕊夫人身上那一瞬间，李氏的心里便咯噔一下，像是被谁扎了一刀。对儿子的死因，她认定是那位宽厚仁德的皇上做的手脚。但这有什么办法？覆巢之下岂有完卵？亡国为囚，早就成了人家砧板上的鱼，只能任人宰割。

李氏端着一杯酒，神情平静地走到儿子的尸身旁边，说道："你不能以死节殉我江山社稷，贪生至今，我这个老太婆就是因为你还活着才不忍去死。今你已去了，我也该走了。"说完，回到自己房里开始绝食，任谁劝说都是汤水不沾，几天后也便故去。

孟昶死后，宋太祖为其举行了极为隆重的葬礼。先是传旨废朝五日，素服发哀于大明殿。赐尚书令，追封楚王，葬事一律官给。几天后其母又死，太祖命人办理丧事，俱葬于洛阳，诏发三千甲士护灵相送。下葬那天，宋太祖发布一篇哀婉的册文道：

> 尔有及亲之孝，物异常伦；尔有达上之情，所期终养。何高穹之不佑，与幽埌之同归！斯朕所以当宁兴悲，彻其永叹！

对一个亡国之君来说，如此之高的丧葬规格也太过分了。人们不禁要问，这样隆重的葬仪和如此哀婉的册文是做给谁看，说给谁听的呢？难道仅仅是为了制造舆论，收买蜀人之心吗？连精明的宰相赵普也坠入了云里雾里。

几天之后，当一抬八人大轿吹吹打打地将花蕊夫人迎入皇宫，人们才似乎明白了些什么。

花蕊夫人对于孟昶的死也同她婆母李氏一样，心里悬着一面明镜。孟昶虽是亡国之君，但是他们夫妻之间却一直十分恩爱。亡国之痛已使她伤心欲绝，夫君又因为自己的姿色丧了命，她更是心如死灰。在这国破人亡之际，自己却又要去投入另一个更加强壮的男人的怀抱，她感到了一种难以忍受的屈辱。但她一个弱女子，既无必死的决心，便只好任人摆布。

宋太祖在一座修葺一新的寝宫接待了她。待花蕊夫人行过觐见之礼后，太祖屏退所有的宫女。就剩他们两个人了，太祖凝视着她那冷冷的冰雕玉砌般的面孔，愈觉冷艳可爱。

终于把这天下第一美人弄到手了，从此她是我的了。事情原本就该如此，天下第一美人就该配天下第一英雄，这才叫郎才女貌，天作之合！

她眼下不大高兴，显得冷淡了一些，但不要紧，我会很快把她捂热的。万里江山我赵匡胤都可以拿下，何况一个柔软的女子。

宋太祖把她叫到面前，顺手将她揽在怀里，轻轻地抚摸揉搓着她那富有弹性的润滑柔软的肌肤，顿时感到一阵阵血脉偾张，身体内就像有一座火山要爆发。这么多年来，他一直忙于战事政事，已经很长时间没有这样一种被电流击穿似的感觉了。

他再也把持不住了，也不管此时还是红日高照的大白天，便轻拥怀中的娇躯，歪倒在宽大的龙床上，迅速放下了软帐……

据一些历史学家们说，宋太祖算是历史上最不好色的皇帝了。尽管这可能是事实，但他毕竟是个人，是个有着血肉之躯和七情六欲的凡人，他也仍然逃不出英雄爱美人的定律，他是真正的既爱江山，也爱美人。

事毕之后，宋太祖神采奕奕地让花蕊夫人同他一起围桌而坐，花蕊夫人脸上却仍然没有一丝笑意。太祖亲手剥了一枚橘子递给她，饶有兴味地看她慢慢地吃着，却说道："都说爱妃才思敏捷，能诗会画。今日无事，你能否为朕赋诗一首？"花蕊夫人抬头看了看太祖，见他是真诚的，并没有挖苦和嘲弄的味道，便点了点头，略加思索，低声轻吟道：

君王城头竖降旗，

宋太祖赵匡胤

妾在深宫哪得知？

四十万人齐解甲，

更无一个是男儿。

太祖听罢，大感惊奇，想不到这样一个柔弱女子竟有如此凛然不可侵犯的丈夫气概。短短的二十八个字道尽了心中郁积的亡国怨愤，将那些贪生怕死的后蜀将相和蜀中男人骂了个痛快淋漓。

太祖连声称妙，再次将她拥入怀中。他不仅得一佳丽，而且得一文魁。自此以后，太祖一直将她视为绝代佳人，夜夜专席，呵护有加。

自从花蕊夫人入宫以后，宋太祖流连于后宫的时间明显增多了。他每日上朝处理完各种政事便赶快回到后宫与风姿绰约、善解人意的花蕊夫人在一块儿，即使仅仅说说话儿，或是到御花园里散散步，他也感到是那样的舒心、惬意、温馨。几个月的朝夕相处，花蕊夫人也被这位充满着阳刚之气和无限魅力的伟男子渐渐吸引了，脸上的戚容退去了，代之以发自内心的喜悦之色，人也显得精神灵动多了。

这两年来，宋太祖在后宫耽留的时间很少。这倒不是因为他不好女色，也不全是因为军务政务太繁冗，最主要的原因是王皇后的突然去世。

本来，宋太祖的婚姻一直是和谐的、美满的。他的第一个妻子贺金蝉端庄美貌，知书达理，宋太祖与她夫妻恩爱，相敬如宾。

可是，就在太祖因战功被封为定国军节度使，妻子贺氏亦被封为"会稽郡夫人"，夫荣妻贵，春风得意的时候，贺氏却在生下两男一女之后突然因病亡故。太祖似是被一个焦雷震懵了，他陷入了极度痛苦之中，他无论如何也接受不了这个无情的事实。幸亏当时战事频繁，戎马倥偬，出生入死的战争生活消磨了他那锥心的痛苦。

几年之后，当他一跃升为禁军最高统帅殿前都点检，成为众人瞩目的"军界新秀"的时候，在同事们的撮合下，他又娶了彰德军节度使王饶的女儿王氏为妻。

王氏乃名门之女，自有大家闺秀的风姿。她"恭勤不懈，仁慈御下"，有时兴起，还能弹筝鼓琴，亦歌亦舞。她的天生丽质和温柔贤淑很快便将宋太祖心中的创伤抚平了。太祖登基之后，追封贺氏为"孝惠"皇后，正式策立王氏为"孝明"皇后，统驭六宫，母仪天下。

可惜，自古红颜多薄命。

　　王氏在婚后为太祖连生了三个子女，一个也没有活下来，尽皆夭亡。王氏也为此忧虑成疾，终于乾德元年（963年）三月一病不起，猝然薨逝。

　　王皇后的死对宋太祖的打击更大，他对于婚姻几乎是心灰意冷，一直没有再续立皇后。

　　虽说后宫中有众多的佳丽环绕侍奉着他，有时夜里也招来娇娃丽妹侍寝，但都是一种纯生理需要或是例行公事。他再也没有那种如火如荼的兴致，更没有那种缱绻缠绵的情调。他突然觉得皇宫里变得那么清冷，常常连续几夜不去嫔妃们的寝宫，而独宿在御书房的寝室里，以书为伴，度过漫漫长夜。

　　可是，自从见到花蕊那一刻开始，他突然觉得，潜伏在内心深处的那种中年男子的情欲被一下子点燃了，迅速地燃成了难以扑灭的熊熊烈焰，烧得他寝食不安，无法自持。

　　他不顾一切地将花蕊夫人据为己有。接入后宫之后，不仅立即封其为贵妃，而且夜夜宿在她的宫中。与她耳鬓厮磨，拥着她那柔软温馨的娇躯，他感到通体舒泰，连睡觉都比以前踏实香甜多了。

　　他以一个中年男子特有的细腻和温情从各个方面体贴着、呵护着这个比自己小的娇弱女子，唯恐因照顾不周使这个曾有过亡国之恨、丧夫之痛的纤柔而又清高的女人再受到半点委屈。这一切，花蕊夫人都一件一件地看在眼里，一点一滴地记在心里。她从不曾想到，这位叱咤风云、威加四海的当代帝王，这位普天之下最大的强人竟会如此多情。纵使她的心是块坚冰，也终被化成了一泓柔水。

　　今日凌晨，天还似亮非亮的时候，宋太祖便按着历来的习惯起了床。他走出寝宫，在院子里打了一套长拳，舞了一阵子剑，便由宫女们服侍着洗漱着装。

　　天色尚早，还不到上朝的时候。花蕊夫人也已起身，正在一面玲珑精致的菱花铜镜前梳妆。宋太祖轻轻地走到身后，双手亲昵地轻抚着她的双肩，眼睛却深情地看着镜子里她那可人的粉面。见花蕊对他嫣然一笑，心头顿时升起了一股暖流。

　　待花蕊夫人梳妆完毕，他也不顾宫女们在眼前，便把她抱在膝上，一面与她说笑，一面拿起了那面镜子反复把玩。

　　突然，铜镜后面铸着的五个字把他吸引了。他不相信自己的眼睛，拿到面前再仔细辨认，一点不错，确是"乾德四年铸"五个字。宋太祖大为惊诧，怎么会有这样的事？现在才乾德三年，怎能有乾德四年铸的铜镜摆在这里？他大惑不解，这些事又不能问一个妇道人家。

随后，他带着这个解不开的疑团去上早朝。

早朝之后，宋太祖命百官散去，却让赵普及几个宰执大臣留下，问道："朕今早发现一枚铜镜，上面有'乾德四年铸'五个字，这是怎么回事？"

赵普也感到奇怪，便问道："能有此咄咄怪事？莫不是陛下看走了眼？"

其他几个人也都附和道："哪能有这样的事，莫非那铸镜作坊把年号弄错了？"

宋太祖根本不相信这些说法。那镜子是自己今早刚见到的，反复看了好几遍，不会弄错。至于说铸镜作坊弄错了，那更是不太可能的事。一个镜模铸铜镜千万面，岂能如此不谨慎？再说这些镜子亦非一天一日能铸完，又在民间广为流传，这样明显的大错竟无一人发现？

他看了看这些宰执重臣们，他们正面面相觑，显得有些惴惴不安。当时太祖要改年号时，特意让赵普等参酌拟定，一定要一个寓意好的而且是历史上没有任何朝代用过的年号。赵普等人经几天商榷，最后拟定了"乾德"二字，经太祖同意便改元乾德。

当下见这些人也说不出个所以然，太祖便命人去将翰林学士陶谷、窦仪宣来。

陶谷和窦仪都是学富五车的当代宿儒。陶谷其人我们早已述及，在太祖登基时，曾提前草拟禅代诏书，本想取悦于太祖，谁知弄巧成拙，反为太祖所鄙薄，一直任翰林学士，再未擢拔。但是，对他的学问太祖却一向十分敬重。每当遇到什么疑问常常向他请教。

至于窦仪更是一个博古通今、过目不忘的奇才，十五岁时就能写一手好文章，令士子学人刮目相看。宋太祖十分器重他。大宋建立之后，就欲让他入翰林院。但是，窦仪在周世宗时曾任过翰林院大学士，后来改任端明殿学士。前朝的翰林院学士再入翰林院，没有这样的先例，许多大臣反对。另一方面，当时的翰林院也确实没有空缺，太祖便没有再坚持自己的意见，将窦仪升任工部尚书，兼判大理寺，并诏命其重定《刑统》三十卷，成为整个大宋以及其后历朝的重要法典依据，宋太祖对此十分满意。

又过了几年，翰林院终于有了空缺。

翰林院中有一个叫王著的大学士，性情豁达，胸无城府，却颇有才华。后汉乾祐年间举进士，后周显德三年（956年）为翰林院学士。周世宗因他是旧日幕僚，眷宠有加，常召他入宫交谈，并准备用他为相，后因世宗驾崩而止。

太祖登基之后任他为中书舍人，知贡举，仍为翰林学士。曾因规谏得体深得太祖垂青，下诏褒奖。

但王著这人太不争气，他虽然满腹才学，却嗜酒如命，常常喝得酩酊大醉，发酒疯误事。

一天夜里，王著在大内值宿，为熬过这寒冷漫长的夜晚，便弄了酒菜独酌独饮，一杯又一杯喝个不停，结果又喝了个一塌糊涂。他衣袍凌乱，发髻也散开了，长发倒垂下来遮住了眼，自己在屋里又哭又笑地折腾了半个时辰，又忽然跑到滋德殿前，将大门擂得"咚咚"乱响，大吵大嚷地非要见熟睡中的宋太祖。

太祖被从睡梦中惊醒，不知出了什么大事，来到殿外一看，竟是一个酒疯子，披头散发，满脸污垢，嘴里还在语无伦次地吵嚷着。认出是翰林学士王著，不禁勃然大怒。一个堂堂的翰林学士居然酗酒闹事，而且是于深更半夜在皇帝的寝殿前撒泼打滚，滋扰生事，这也太不成体统。这样的事，其罪名说多大有多大，就是砍他的脑袋也不为过。但是宋太祖毕竟爱他的才学，念他是酒后失态，盛怒之下便让人把他捆起来。唤来几个宫女，让她们对他施刑，重打了三十大棒。

说是重打，就这几个纤弱女子，能举得动那粗重的刑棒也就不错了，哪还有力气重打？宋太祖有意这样安排，也是他爱护读书人的一片苦心。

这件事本来也就算了，太祖并没想认真治王著的罪。可是第二天早朝，大臣们听说了此事都纷纷弹劾，有人竟揭发出王著经常乘醉夜宿妓院的丑事。太祖这一下子真火了，文人无德，不堪为范。于是便下令将王著逐出翰林院，贬为员外郎。

翰林院有了空缺，他自然又想到了窦仪。有一天，他对大臣们说："翰林院乃森严之地，当有宿儒及德行者居之，卿等以为窦仪如何？"

当时还任宰相的范质率先道："窦仪清介厚重，堪为人选。但在前朝已从翰林院迁端明殿，今又为工部尚书，再让他入翰林院似为不妥，本朝亦无此先例。"

太祖却摇头道："此言差矣。若有真才实学，何必囿于旧制？窦仪学识渊博，为人谦和。其父窦禹钧乃名噪一时的大儒，窦仪四兄弟相继登科，号称'窦氏五龙'。朕引一龙入翰林有何不可？朕听说诗句'灵椿一株老，丹桂五枝芳'在缙绅文士中广为传诵，可有此事？"

范质接口道："此乃五代时宰相冯道赠窦禹钧的诗句，冯道与窦禹钧极为友善，故赞誉之。"

宋太祖笑笑道："冯道其人只知保官，私心甚重，平时也算是个好宰相，艰难时却不足恃。但这首诗写得却极好，窦家灵椿虽老，却又丹桂齐芳，父子五人均跃龙门，实属难得。依朕看来，翰林院非有此人不可，卿可宣朕旨意，令其就职。"

就这样，窦仪再次被任命为翰林院学士。窦仪能两入翰林，一时也被传为佳话，人们既称羡窦仪的才高八斗，更钦敬太祖的慧眼识人。

窦仪入翰林院之后，接触太祖的机会多了。太祖在读史读经时遇到一些疑问便常常将窦仪招来询问。一次太祖散朝后回到后宫，洗过脚后，便拿起一本《史记》捧读，遇上些弄不明白的地方便召窦仪来问。

窦仪来到后宫，只在大门口徘徊，却不肯进殿。太祖马上明白了，他是嫌自己这副衣冠不整的样子有失帝王之风和待客之道。他知道窦仪极为注重礼仪，又甚为清高。于是便赶紧穿好衣服，戴上冠冕，这才将窦仪召进来。窦仪行礼后即对太祖说道："陛下创业垂统，当以礼示天下。"宋太祖点头称是。

太祖正在想着这些往事，陶谷、窦仪已匆匆赶来，行过觐见之礼后站在一旁。

太祖把铜镜的事对他们说了，问道："这究竟是怎么回事，你们可知道？"

陶谷也一时想不起来。窦仪却有些犹豫，他知道"乾德"年号是宰相赵普与人拟定的，照实说免不了令他们难堪。但是他抬头看看太祖那垂询的眼神，不说实话又觉得对不起太祖的知遇之恩，只好说道："陛下，以微臣看来，此铜镜必定是从蜀中传来，决非我中原之物。"

"何以见得？"太祖问道。

"当年王衍的前蜀，曾用过'乾德'这个年号，此镜必是那个时候所铸。"

宋太祖恍然大悟，这面铜镜正是花蕊夫人从后蜀宫中带来的。一个这么简单的问题，这些高居庙堂的宰执大臣们居然不知道。他不能不从内心里深深地慨叹这些人的孤陋寡闻。禁不住皱起了眉头，叹息一声道："看来，要治国平天下，宰相须用读书人。"

轻轻的一句话，赵普感觉就像被皇上狠狠地扇了一记耳光，当时脸便

"腾"地一下涨红了。

众人散去之后，宋太祖又把赵普单独留下，对他语重心长地说道："当今学臣角立，卿若不发奋读书，不感到抱愧吗？"接着，他又耐心地说了自己的想法，我们在草创大业的时候，戎马倥偬，南征北战，没有时间认真地系统地读书，现在天下太平了，条件优越了，应该补上这一课，多读书，广见闻，适应经邦治国的需要。乱世用武，治世用文。

太祖的一席话，字字如重锤一般敲打在赵普的心上，他既感到羞愧，又不能不佩服这位"马上天子"能如此注重读书，当下只有唯唯称诺。

赵普回到府邸，一夜不曾成眠。皇上的话对于他这位首辅宰相来说既是劝诫，也是警告，他既感到无地自容，更感到惶恐战栗。

这一夜他翻来覆去扪心自问，不能不承认，太祖的话句句切中要害。自己青少年时期读过一些书，但那个时候，自己一门心思学习的是"吏术"，是"律例"，或者是"兵法""战策"之类的东西。自从离开家乡闯荡天下之后，尤其是这几年忙于战事，却很少读书了。自己原以为打仗和治国靠的是智谋和权术，书本上的知识没有多大用处。可是没想到，行武出身的当今天子竟会如此尊重学问，器重读书人。长此下去，不学寡术，自己真有被裁汰的危险。

第二天，赵普便开始认真读书，经史子集，诸子百科，无不精研。散朝回到家里，他便闭门谢客，取出书来埋头苦读，有时读得入迷，竟是彻夜不眠。不久，赵宰相嗜书如痴、手不释卷的美谈便传遍了朝野上下。

赵普很快便摘掉了"寡学术"的帽子，苦读数年之后，视野更为开阔，处理政事更有成效，言谈举止更具儒雅长者之风。有人说，过去是"学而优则仕"，赵宰相则是"仕而优则学"。

终赵普一生，三次拜相，辅佐两朝。七十一岁临终时将一件他最看重的遗物交给后人，却是一个旧书箱，内装《论语》二十篇。他对子孙们说："一部《论语》，我真正读懂读通的不过半部。我辅弼两代明君，不过是以半部《论语》治天下。"

《宋史》本传评论赵普说："普为谋国元臣，乃能矜式往哲，蓍龟圣模，宋之为治，气象醇正，兹岂无助乎？"《宋史》的评论可谓公允得体。这自然是后话。

宋太祖回到后宫，也同赵普一样陷入了深深的沉思之中。这一夜他破例没有同花蕊夫人在一起过夜，而是独自去了崇政殿偏殿的寝室。铜镜事件对他的震撼是那么强烈，宰相们的不学无术让他吃惊，他需要一个人冷静地想想这些事。

他所以选择崇政殿，那是因为他对这里有一种特殊的感情。他登基不久，曾召山人郭无为在这里为自己讲书，从中获益匪浅。此后，他提议专设了一个"崇政殿说书"的官衔专门为皇帝讲书。

他躺在寝殿的龙榻上，仔细地梳理着当皇帝以来的政事得失。虽说为统一四海而征战不休，但平心而论，自己并没有因此而忽略了倡导大臣和国人读书。他从当将领时便爱上了读书藏书，在五代战乱时期，人们瞧不起读书人成了风气，极为蔑视读书人，称读书人用的毛笔为毛锥子，认为要取天下、平祸乱只需要长矛大刀，"毛锥子"没有任何用处。他知道，现在已取得了江山，要治国平天下，就必须彻底改变这种偏见，要重文，要爱书，要大力擢拔那些才华横溢的文学之士，让读书之风蔚行天下。

为此，他在立宋之初便下诏在汴京建造了昭文馆、史馆、集贤馆，作为宋王朝的皇家藏书馆。大力收集流散于民间的各种图书，诏命购求亡佚图书。一年之内，便征得各地献书一万两千多卷。

每灭掉一个割据政权，他都要特意下旨，保护好各国的藏书，妥为运回京师。收复荆南之后，他命人将高继冲政权所藏图书全部运回充实皇家藏书馆。收复后蜀不久，他专门派左拾遗孙逢吉前往西川，收回后蜀的图书经籍一万三千余卷。现在，昭文馆、史馆、集贤馆这三大皇家藏书馆的藏书已从建宋之初的一万两千多卷猛增到五万余卷。听说南唐李璟、李煜父子酷爱文史，其国家藏书定然是琳琅满目，待收复南唐之时，一定要把这些国之瑰宝完好无损地运到汴京。

为了从读书人中选拔饱学之士充任各级官员，也是为了大力弘扬国人读书的风气，他在大宋创立的第一年便排除种种冗务的干扰力主开科取士。

为了确保科举考试的公平，革除科举制度中主试官与考生之间结成的特殊关系，以防营私舞弊，他在建隆三年（962年）下达一道诏令："国家悬科取士，为官择人，既擢第于公朝，宁谢恩于私室？将惩薄俗，宜举明文……今后及第举人不得辄拜知举官子孙弟侄，如违，御史台弹奏。"从而断绝了考生与主试官之间的微妙联系，杜绝了许多舞弊行为，使普通士民阶层的大批有真才实学者脱颖而出。

在几次科考之后，他发现一些宰执近臣有为其子弟请托走后门的心理，便开始警惕权贵子弟依仗父兄权势猎取功名，从而压抑寒士，损害科考的公正性。

记得有一年科考，知贡举王祜选拔出进士合格者十人。其中翰林学士陶谷的儿子陶邴名列第六。他觉得其中似有疑点。他曾听说陶谷历来教子无方，其子怎能登第？于是便下旨中书省对入选者进行复试，结果陶邴仍然名列其中。

这件事虽说没有虚假，但他却始终不放心。他开始意识到，自己这个当皇帝的必须对主试官的取士大权进行干预和限制。

他想起了今年五月的殿试。他在召见奏名进士时，发现一位叫武济川的进士才疏学浅，应对失次，立时引起了警觉。经查问，又得知武济川与知贡举李昉是同乡，疑窦顿生。正在此时，大殿外落第举子徐士廉等人擂响了登闻鼓，伏阙求见。他让徐士廉进殿，徐士廉当面指控李昉取士不公，并要求皇上亲决取舍。他说："如今国家养兵百万，擢拔和黜降武官皆有皇上亲决，话出无敢悖逆者；而每年以科举取士，擢升官员不下百余，却每每暗藏弊端。其原因就是皇上将取士大权授予别人而不亲决。眼下朝廷取士，无非武与文两途，此乃国家根本大事，都应由皇上自决，万不可轻信他人。"

徐士廉的建言是对的，正合自己的想法。他立即下令，让贡院登记落第举子姓名，共三百六十人，另行考试。考试完毕，他亲至讲武殿详阅试卷，钦定进士二十六人，又选出五经四人、开元礼七人、三礼三十八人、三传二十六人、三史三人、学究十八人、明法五人赐及第。自此以后，对于那些在科考中入选的士子，他都要亲自进行殿试，然后才下诏放榜。

想到这些，宋太祖略觉心安。自己创立的殿试制度使许多贫寒之士中的优秀者未被埋没。虽不敢说野无遗贤，才尽其用，但毕竟是为国家罗致了大批贤能之士。那个李昉便是当年平定李重进叛乱之前，太祖亲自指名让他起草诏书拒绝李重进入朝觐见的那位学富五车的大才子。尽管如此，宋太祖也毫不客气地将其贬了职。从此，科场中的舞弊现象明显减少了。

更让太祖高兴的是，由于重用读书人，大力倡导读书，在士大夫和平民阶层中，瞧不起读书人的现象越来越少，读书的风气越来越浓。"天子重英豪，文章教尔曹。万般皆下品，唯有读书高"，这首作为儿童读物的《神童诗》已经唱遍了全国。而"槐花黄，举子忙"的现象也作为国运昌盛的一种象征被越来越多的人所称颂。

这些年，自己坚持读书，也教导皇子和大臣们读书，就是对一些武将，也不断地提醒他们要读书，不能满足于当个赳赳武夫，要懂得为治之道。想到这里，他不由得又回忆起了一件趣事，竟忍俊不禁，"扑哧"一声笑出了声。

他想起的是彰德军节度使党进。有一次，他命党进率军戍边。按照当时的规矩，大将在出发之前都要向皇帝辞行，在辞行时依例都要"致辞"。太祖知道党进连一个字都不识，又为人率直粗鲁，憨厚可爱，这些繁文缛节太让他为难，便传谕免掉这一告别仪式。

但当时许多武将都开始以读书为时尚。党进争强好胜，自己不识字，便让幕僚们给他读书。因此，他坚持要向皇帝辞行"致辞"，也好露一手。

幕僚只好把词写好，先教他一句一句地背熟。这天举行仪式，党进大步走到太祖面前跪下，行礼之后待要致辞，却因过于紧张，提前背熟的词竟忘得一干二净。他急得满脸通红，跪了老半天却一个字也说不出来。最后看看太祖，又看看左右，却猛然憋出了一句话："臣闻上古其风朴略，愿官家好好将息。"

这句话上半句的意思是"我曾听说上古时代民风敦厚朴实"，下半句的意思却是"希望皇上您要多多注意休息，好好保重身体"。真正是前言不搭后语，驴唇不对马嘴。众大臣听他说完先是一愣怔，随即哄堂大笑。宋太祖连眼泪都笑了出来，好不容易忍住笑，问他道："爱卿怎么想起这么两句话来？"党进却理直气壮地说："臣常听那些儒士们爱掉书袋，我也想掉一两句，让皇上知道臣也在读书。"说得众人又是一阵大笑。

如今，就连这些最瞧不起读书人的武将都把掉书袋当作一种荣耀了。可是，自己身边的这些朝廷大臣位居机枢，身系江山社稷，怎么却不读书，不爱书，以致在改元建号这样的事情上闹出这么大的笑话呢？这不成了灯下黑了吗？不行，无论如何得先督促这些近侍大臣、皇亲国戚们带头读书学史，为大宋的文化兴盛做出表率。实在不行，朕便要起用新人，决不让那些不学无术、腹内空空的人在朝廷尸位素餐。

就这样，宋太祖辗转反侧，思来想去，直到夜漏三更才迷迷糊糊地睡了过去。

出于对文人学士的尊重，三天以后，他命人秘密刻了一块"誓碑"放置在太庙的夹室内，碑上的誓词曰："柴氏子孙，有罪不得加刑，纵犯谋逆，止于狱中赐尽，不得市曹刑戮，亦不得连坐支属；不杀士大夫及上书言事人。子孙有逾此誓者，天必殛之。"

对柴氏子孙的保护是出于他对周世宗的感恩和愧疚之心，这在他登基之初已在朝堂上公开宣布过。所以刻于"誓碑"之上，是为了让子孙后代和大宋的每一个皇帝都坚守此誓。除此之外，他唯一要刻意保护的就是文臣言官、名宦硕儒。不仅他要保护，他的子子孙孙、大宋的每一代皇帝都必须这样做，否则便愧对祖宗，天地不容。宋太祖对于读书人的厚爱、对于倡导读书学文可谓用心良苦。

当然，这个誓碑对外是保密的，只有皇帝一人知道。每当皇帝到太庙祭祀时，只带一个不识字的小内侍随从进入，照着"誓碑"内容，默默地对天发誓后即退出，其他文武百官只能站在庭外等候。太祖以后的每一代北宋皇帝都是这样做的，一百多年中外人并不知晓。直到宋钦宗时，金兵侵入开封，打开夹室，这一内幕才为外人所知。

办完这件事以后，宋太祖感到心头轻松了不少。他坚信，他所创立的大宋王朝文治功业将与武功军事、农桑商贸各业一样，铸出一个前无古人的盛世辉煌。

又过了些日子，宋太祖还是按照自己的既定打算与赵普等人商量，准备让博涉经史、文才敏锐的窦仪出任宰执大臣。但是赵普却极力反对，窦仪毕竟在铜镜一事上得罪过他。他生怕窦仪入值机枢会对他构成威胁，最终取而代之，便不厌其烦地列举窦仪的种种过失。与此同时，陶谷、赵逢、高锡等人出于对窦仪的嫉妒，也纷纷对他进行排挤，终于使太祖暂时取消了让窦仪为相的打算。可怜窦仪空有满腹经纶，终不得大用，每日郁郁寡欢，到第二年的十一月竟抑郁而死。

宋太祖听到噩耗，顿足痛惜，流泪叹道："天何夺我窦仪之速也！"为了安慰天下的饱学之士，表示自己坚定不移的爱才、用才之心，宋太祖坚持在窦仪死后仍追封他为右仆射（宰相）。

宋太祖重儒崇文的做法在大宋国内迅速得到了回应。太祖在即位之初曾从培养和造就更多的儒士的大计出发，下令修葺汴京的文宣王庙祠，并亲自撰文赞颂孔子和颜回，从而为恢复儒学的正统地位，在尊孔重儒的旗帜下发展教育、培养人才打下了坚实的基础。

当时，在全国各地，各种形式的办学活动已经十分活跃。有官办的国子监、宗学、州学，有以寺庙为依托的寺学和庙学，还有民间读书人自己创办的学舍、乡塾等。对于民间聚徒讲学的一些名师大儒，太祖听说后常常给予奖赏或赐其官爵。开封名儒王昭素不愿为官，却跑到乡间以聚徒讲学为生，教出了许多优秀的人才。太祖特授给他国子监博士的官衔，再让其致仕，继续教书，并赐钱二十万缗。

　　文化教育的发展已经达到了空前鼎盛的时期。宋太祖高兴地看到，许多平民子弟从乡间的学堂里走出来，驰骋科场，一举中第，从而为他的各级官佐机构增添了新的生机和活力。人才济济历来是国家兴旺的标志，宋太祖不能不感到由衷的欣慰。

第二十八章　谋覆北汉　功亏一篑

就在宋太祖利用战争间隙在国内大力提倡儒学、发展文教，大宋朝到处呈现着一派勃勃的中兴之象的时候，其宿敌北汉朝廷却越来越萎靡不振，每日战战兢兢，唯求自保。这日北汉主刘承钧早朝刚罢，正欲退去，却见宰相郭无为趋前奏道："启禀陛下，现有宋朝将领内殿直侯霸荣和殿前都指挥使惠璘于昨夜潜来太原，欲降我大汉，现在朝房等待觐见。"

刘承钧大感惊讶，他不敢相信这是真的。北汉地狭物少，兵微将寡，这些年来全靠"父皇帝"契丹主这把大保护伞才得以苟延残喘。如今大宋吞荆湖，灭后蜀，兵强马壮，仓廪充实，幅员辽阔，正是最兴盛的时期。这几年，宋太祖虽未大举进攻北汉，却也不断地派兵袭扰。乾德元年（963年）七月，曾派郭进、陈万迈率兵攻打北汉边地，俘获甚众而还，不久，又派王全斌攻克了北汉的乐平县；同年年底，再派曹彬率军杀入北汉境内，攻取了辽、石二州。乾德二年（964年）正月，又有李继勋、康延泽率步骑万余再攻辽州，北汉向契丹乞得援兵六万人来救，结果被李继勋、曹彬等率六万宋兵打败。

宋军每次进攻，掳获人口、抢走牲畜粮草便弃城而去，并不想占有北汉的城池和土地。当时宰相郭无为分析道："宋太祖不断对我进行小规模骚扰，不在乎一城一池的得失，无非是以攻为守，牵制和分散我国兵力，以保障其大军南剿西征。"

郭无为的分析是对的，连刘承钧自己也看到了这点。当宋太祖举大军攻伐后蜀的时候，正是北汉举兵伐宋以雪世仇的最好时机。但是此时北汉国力衰微，兵甲不足，再加上李筠作乱时，后汉曾应其约与之配合，结果很快被宋军击败，引兵北还。刘承钧自那以后已成惊弓之鸟，一朝被蛇咬，十年怕井绳，再也没有其父刘崇当年那种誓死报仇的血性和勇气，只想采取守势，苟且偷安。

去年宋太祖曾捎过一封信来，信中说道："君家与周氏为世仇，理当不屈。今大宋与尔无所间，何为围此一方一民也？若有志图中原，宜下太行一决胜负。"这封信说得闪烁其词，究竟是在叫战，还是在主和，让人捉摸不透。刘承钧只好以极为谦恭的态度回了一封信，称"北汉土地兵甲不及中国十分之一，区区守此，羞惧汉氏之不血食也"，明确表示自己再不想与大宋决战。

幸好宋太祖还算仁厚，派人捎口信说："为我语刘承钧，开尔一路以为生。"虽说语气里充满了倨傲和霸气，但站在矮檐下，不得不低头。能求得一条生路也算是很侥幸了。

现在的大宋与北汉相比，就像一只猛虎和一只绵羊，一株大树和一棵小草。大宋的官员为什么会舍强而投弱，弃富而从贫？

刘承钧根本不相信，便问郭无为道："能有这样的事？他们为什么要降我大汉？况且那侯霸荣本是我北汉将领，几年前刚刚降宋，何以如此翻云覆雨？"

郭无为道："微臣也是这样想的，恐其中有诈，便问他们原因。但这两个人说是不见陛下什么也不说。依微臣看来，不管怎么说，他们既然来了，陛下何不召见一下，是真是假，仔细查询便知。况这侯霸荣乃骁勇之将，那惠璘又多谋善断，极善理财，若是诚心来投，对我北汉来说确是难得的人才。"

刘承钧点头应允，即宣侯霸荣、惠璘进殿。

侯霸荣、惠璘行三跪九叩大礼，礼毕，刘承钧命二人平身。惠璘起身立于一边，侯霸荣却仍然长跪在地，满脸愧悔之色，泣声说道："罪臣侯霸荣事君不忠，有负陛下，请陛下治臣之罪。"

这侯霸荣身材魁伟高大，力大无穷，但却行动敏捷，举步如飞，能徒步追上一匹奔马。而且擅长射箭，有百步穿杨之术，几乎箭无虚发。同时，为人处世也十分精明，机敏干练。年轻时因世道混乱，家境贫寒，无以为生，即聚众为盗，在并州和汾州一带干些拦路截劫、打富济贫的勾当。一时间也聚集了七八百人马，成为威震一方的草头王。

北汉刘崇为帝时，听说侯霸荣武艺高强，仗义豪气，便数番派人前往征请，入朝后命其带兵戍守乐平一带。

建隆三年（962 年）王全斌率宋军进攻乐平，他因粮尽援绝被俘，遂降宋朝。宋太祖亦喜其豪勇，授其殿直之职。

当下刘承钧看着侯霸荣，面无表情地说道："汝既背朕降宋，缘何又来投朕？"

侯霸荣垂泪道："陛下，臣虽粗鲁，亦懂人情。俗话说，忠臣不事二主，好马不配二鞍。臣当年被宋军所困，内无粮草，外无援军，仍想拼死一战。

不料被敌所俘，在宋朝这几年，臣无时无刻不在思念着先帝与陛下待臣天高地厚之恩，本想一死以谢陛下，但转而一想，不如留此残躯，寻机归汉，再为陛下和大汉效犬马之劳。几年来，臣每天如坐针毡，度日如年，真正尝到了'身在曹营心在汉'的滋味。"

北汉主刘承钧听着，不觉有些动容，但仍恐有诈，便冷笑道："自古水往低处流，人往高处走，汝既然已是宋国将官，如今宋国树大根深，国力强盛。我大汉人穷地薄，国势衰微。汝岂能舍富贵之乡而投穷僻之壤？休要拿假话欺朕。"说着，突然把脸一沉，厉声喝道："来人，将这宋国奸细拖出去砍了！"

几名武士冲了上来，架起侯霸荣便向外拖。侯霸荣却一脸平静，不慌不忙地说道："陛下，臣能死于北汉本土，也算死得其所。这次回来，臣已做好了这一准备，唯望陛下能体谅微臣的一片曲衷。"

刘承钧见他面不改色，便看看宰相郭无为，郭无为冲他轻轻摇头。刘承钧摆手让武士退下，又对侯霸荣说道："你还有何曲衷，可一并说来给朕听。"

侯霸荣道："陛下有所不知，微臣身在他国异乡，且不说日日遭受着思乡之苦和叛君之罪的煎熬，如受苦刑一般。就是那寄人篱下、遭人白眼的耻辱和卑贱也让臣无地自容。臣乃一被俘之人，败军之将，大宋君臣谁肯拿我当人看？每日里冷嘲热讽，横施欺凌，臣还得如履薄冰、战战兢兢地逢迎他们，这种滋味谁能忍受？像这样活着，哪如一死了之？好不容易等到了这个机会，终于同惠璘大人逃离魔掌来到北汉，也算是重见光明。今日能死在陛下面前，并得以剖白心迹，微臣于愿足矣。只是惠璘大人诚心来投，愿陛下万勿难为他，冷了天下义士之心。"

说罢，侯霸荣再向刘承钧三叩首，立起身来，向外面昂然走去，口里说道："陛下，该行刑了，臣愿来生再做牛马，报效大汉。"

一席话，直说得刘承钧心里一阵阵发酸发热，他怎能杀戮如此忠烈之人而惹天下人笑话？便说道："将军且慢，朕不过为防不测，聊试卿耳。卿既有如此忠肝义胆，朕岂能做那不义昏君？"

等侯霸荣走回来站定之后，刘承钧又转而问惠璘道："汝乃大宋臣僚，为何也要投我北汉？"

惠璘道："古人云：'良禽择木而栖，贤臣择主而事。'臣原以为宋帝乃神武仁厚之君，为其效死也不足为过。不料侍奉几年，方识其庐山真面目。此人好大喜功，贪得无厌，登基以来穷兵黩武，杀伐不停，将士白骨露野，百姓惨遭荼毒。这还不算，这主儿又十分刚愎自用，暴虐乖戾。此次宋军征伐西蜀，主帅王全斌入成都后纵兵烧杀抢掠，残害百姓。一名校官竟然将一民妇全身脱光，当众凌辱后又将其双乳割下，其状惨不忍睹，终于导致十万已降蜀兵又举旗反叛。臣闻听此事以后即上表弹劾王全斌，要求太祖重治其罪。不料宋帝认为王全斌为他攻城略地有功，多方呵护，反而说微臣无事生非，嫉贤妒能，蓄意攻讦有功之臣，要将微臣打入大牢，幸有众位大臣为臣说情才逃脱厄运。不过，虽说死里逃生，微臣的心却彻底凉了。若再在宋为官，即使不被这暴君所杀，也必遭那重兵在握、飞扬跋扈的王全斌的毒手。臣见侯将军终日愁容满面，郁郁寡欢，便猜他有回归北汉之志。与之密商许久，终于寻得机会逃出宋土，得见天颜，还望陛下圣聪垂鉴。"

北汉主刘承钧听得心花怒放，便笑道："二位爱卿既愿来投大汉，朕绝不亏待。先任二卿为朝廷供奉官，待他日立功之后再行擢赏。"侯、惠二人慌忙谢恩。

当晚，刘承钧在宫中设宴，为侯霸荣、惠璘二人接风，特命宰相郭无为和几个近侍大臣作陪。君臣们杯盏交错，欢洽畅饮，直至深夜方散。

惠璘对北汉主刘承钧所说的王全斌纵兵抢掠之事大部属实。

当日王全斌与崔彦进、王仁赡骄于灭蜀之功，率兵进入成都之后便恃功自傲，不可一世。每日里不管白天黑夜，在后蜀宫内大肆宴饮，纵酒作乐，军中之事一概不问。他的部下则在城内抢劫财物，骚扰百姓，弄得成都居民怨声鼎沸。东路军都监曹彬几次劝谏他约束部众，他一概不听。又劝他赶紧班师回朝，他仍不予理睬，我行我素。

后来，宋太祖又下令，让把蜀军俘虏全部带往京师，以备整编，并发给衣物和军费。王全斌却认为皇上对俘虏过于宽厚，心中不服，便纵使部下对发给俘虏的衣物银两进行侵夺，使这些被俘的蜀兵愤怒至极，忍无可忍。

在返回京师的途中，在被俘的蜀兵队伍里悄悄地传播着一则骇人听闻的事件。

几天以前，在成都近郊的一个乡村里，一名宋军的军校喝得醉醺醺的，离开了同伴，只身闯进了一户农家。这家的男人已经下地，只有一名妇女在屋里洗头。屋子里炉火生得旺旺的，她只穿着一件睡衣和一条单裤。

这军校许久没有碰过女人的身子了，此时正是欲火烧身、饥渴难忍的时候，便毫不犹豫地走上前去，一手在她的屁股上又抓又抠，另一只手却探到了她的胸前。

这女人正在闭着眼洗头，开始还以为是她下地的丈夫回来了，在逗她玩，并没在意，嘴里嚷着："你这馋鬼，大白天的又熬不住了，等我洗完了头再说。"

后来她忽然闻到了一股浓烈的酒气，发觉不对，猛地抬头一看，却是一位宋朝的军爷，吓得大叫起来。那军校不管三七二十一，两手用力将她的衣裤撕得稀烂，抱着便扔到了炕上。

身下的女人不停地拧动着身子，又哭又骂地极力反抗，却更加刺激了他那烈火一般的欲望。他双手死死地按住了她的前胸，嘴里大口喘着粗气。在极度兴奋的时候，突然俯下身去，把舌头伸入她的口中，又搅又舔。

那女人与丈夫相亲相爱，把贞节看得比什么都重要。今日大白天遭人强暴，令她又羞又恼，一气之下，就在他的舌头上狠狠地咬了一口，险些没把整个舌头给咬下来。

那军校惨叫一声，触电似的从她身上弹跳起来。一时勃然大怒，向着她的太阳穴猛击一拳，将她打晕了过去。

他穿好裤子正要走人，口里却火辣辣的一阵疼痛，一张嘴吐出了一摊鲜血。他一时兽性大发，抽出了身上的短剑，竟残忍地将那妇人杀了，扬长而去……

这消息在蜀兵俘虏中越传越广，就像一阵狂风裹着无数的火种在他们本已怒不可遏的心中迅速引燃了熊熊大火，终于引发了一场轩然大波。十万蜀兵降而复叛，鼓噪作乱，共推一名叫全师雄的蜀将为帅。全师雄自称兴蜀大王，扯起了"兴国军"大旗，立时蜀中有十七州闻风响应。已经平息了许久的蜀国境内一时又刀光剑影，战云乱飞。

宋太祖闻讯后极为震怒，他强按下怒火，下令让王全斌部平叛。王全斌率军经过几个月的激战才算是将这股叛乱平息了下去。

待王全斌班师回朝之后，本来收复蜀地战功显赫，应该擢拔重赏。宋太祖却下令将王全斌、王仁赡、康延泽等一批骄将逮捕下狱，与揭发者对簿公堂。经详细审理，确认王全斌等在蜀期间"隐落金、银、犀玉、钱帛十六万贯，受伪蜀臣僚贿赂九万余贯，擅自打开丰德库门，掠取二十八万一千余贯"。宋太祖下诏严厉斥责其"违反约束，侵侮宪章，专杀降兵，擅开公帑，豪夺妇女，广纳财货"的种种罪行，并令御史台集文武百官共议其罪。百官认为依照大宋刑律，王全斌其罪当死。宋太祖反复权衡，终不忍杀害功臣，即责令将其所收财物全部籍没，收夺其兵权，贬为节度观察留守这样一个小官，总算给他留了一条命。

宋太祖还特意下令，将那名杀害良家妇女的军校查明捕获，押送京师，斩首弃市。这名军校在伐蜀之战中极为英勇，攻关夺隘总是一马当先，屡立奇功，身上还多处负伤。有的朝臣为他求情，请太祖念其功高，免其一死。但太祖不为所动，他面显悲戚，眼含热泪道："朕收后蜀，不过为了一统江山。蜀民何罪之有？一个普通农家妇女何罪之有？将其残害如此，这等兽行古今罕见，骇人听闻。如此禽兽之徒，再勇何益？"

这名军校当天便被绑赴市曹砍头，并将其首级高悬城楼之上示众三天，以为军中不法者戒。

对这些事情的处置，已是收复后蜀七八个月之后的事，也是侯霸荣、惠璘投降北汉之后的事了。此时，四海平静，边关无事，大宋军队进入了大战之后的休整训练时期，硝烟逝散，风平浪静。

趁着这段难得的清闲日子，宋太祖想把女儿永庆公主的婚事办了。

永庆公主是太祖的原配夫人贺皇后所生，也是他最小的女儿。这个女儿很像她的母亲，性情温柔恭顺，处事通情达理，长相也几乎与贺氏一模一样。也许是爱屋及乌的缘故，太祖对这个小女儿格外喜欢。特别是在贺皇后去世之后，太祖也上了年纪，不时地生出一种舐犊之情。他二十几岁便离家出走，浪迹四海。此后又投军从戎，转战南北。登基当了皇帝之后更是冗务缠身，日理万机，一直没有时间好好地与妻子儿女们待在一块，难得有时间照顾他们。为此，当他在长夜难眠之时，常常产生一种深深的愧疚之感。因此，他对这个最小的女儿格外怜爱，想尽量让她过得幸福，让她无忧无虑，也算是对他那阴阳暌隔的结发之妻的补偿。

永庆公主的婚事是杜太后在世时定下的。那还是在太祖没有当皇帝的时候。有一次杜太后到宰相魏仁浦家里做客，见他的小儿子魏咸信侍奉在其母身边，面如冠玉，风度翩翩，言谈举止又显得恭谨有礼，少年持重，顿生好感。

当时老太太便想，魏家历来家教极好，这魏仁浦的宽厚仁爱是众人皆知的。很早就听说魏仁浦小的时候家境贫寒，有一次他母亲借了几尺布为他缝制了一件衣服，让他穿在身上。当时仁浦只有十三岁，却心中感到老大不忍。他一边穿着衣服，一边流泪道："当儿子的不能尽孝，反让慈母为自己求贷缝衣，于心何忍？"

不久，他便辞别老母，欲去洛阳闯世界，挣前程。半路过河时，他居然将母亲给他缝制的这件衣服包裹上石头沉于河底，对河水发誓道："我魏仁浦此去若不能富贵发达，决不再过此河，永不回家。"

后来，魏仁浦果然功成名就，周太祖时已官居羽林将军。周世宗时更被授为右监门卫大将军兼枢密副使。在宋太祖登基后，与范质、王溥一起成为主持朝政的宰执大臣。

有其父必有其子，有魏家这样的门风和家教，魏咸信又是块质地优等的璞玉，日后定能成大器。因此，杜老太太便为自己宠爱的孙女选择了这位如意郎君，定下了这门亲事。

对于母亲杜氏的话，宋太祖一向是言听计从。但是女儿的婚姻大事他也不能掉以轻心，他一心要让儿女们一辈子幸福，这件事他不能不管。

现在，女儿和咸信都到了男大当婚、女大当嫁的年龄了，该是给他们办婚事的时候了。可是这乘龙快婿自己还没见过。一天，他让赵光义把魏咸信带至皇家校场，让他与党进等一批将军们较射。那魏咸信领命后翻身上马，绕场一周后，不慌不忙引弓搭箭，"嗖嗖嗖"一连数发，竟是箭箭中靶，武艺不在众将之下。党进等将领一齐向太祖道贺。赵光义也笑着说道："咸信不仅骑射好，而且知诗书，有才略，陛下又得一德才兼备之佳婿，可喜可贺。"太祖大喜，遂下诏永庆公主下嫁魏咸信，并授咸信右将军、驸马都尉。婚礼于近期择日举行。

成婚这天，汴京城里热闹非凡，士庶百姓一大早便扶老携幼在御街上转来转去，等着看这空前热闹的婚礼。他们猜想，宋太祖是大宋王朝的开国之君，功业显赫，威加四海。永庆公主又是他最小的女儿，这个婚事必定办得十分隆重。可是他们失望了，好不容易盼到迎娶的队伍从皇宫东面的驸马府走来，人们一下子围了上去。却见仪仗十分简略，鼓乐队、彩轿装饰等也都平平，与普通仕宦家的婚嫁场面没有什么两样，连一些朝中大臣的子女们的婚嫁都不如。

原来，在成婚之前，许多大臣都建议太祖这次下嫁公主一定要办得特别风光，特别隆重。嫁妆要丰厚，仪仗要繁华，各种程序都应宁繁勿简，这样才能显示大宋的鼎盛和皇家的威仪，也可告慰在九泉之下的贺皇后，不失王朝公主的尊贵。朝中大臣和各级官府都纷纷献来贺礼，金珠宝玉、绫罗绸缎应有尽有。

宋太祖将这些贺礼一律斥退。他下令有司，给永庆公主操办婚礼必须严格按照规定的规格办事，不得超越。婚礼各项议程也不得过分铺张，连必须举办的喜宴也不准兴师动众，大事张扬，只准在小范围内进行。

出嫁的头一天晚上，宋太祖专门把永庆公主召至御书房，十分慈爱地开导她说，皇帝的女儿出嫁是天下的大事，按说就是办得再铺张、再奢华，臣民们也不会说什么。但是，一旦皇家这么做了，朝臣们便会群起效仿，各级官员也会跟上，天下官员都崇尚奢靡，最后还是苦了黎民百姓。这样就会败坏了政风、民风和整个社会的风气，时日一久，甚至会腐蚀朝政，动摇江山。

他见女儿对他的这些大道理并没听进去，一副大不以为然的样子，只好又耐着性子说道："唐太宗李世民这个人你不会陌生吧？此人堪称千古明君，万世英主。他在长孙皇后所生的女儿，也是他最疼爱的一个公主长乐公主出嫁时，准备大事操办，嫁妆要比其他公主多出一倍。他的贤相魏征出面谏阻，唐太宗很不高兴，回后宫跟长孙皇后说了此事，长孙皇后不但不生气，反而称赞魏征不愧为社稷重臣，劝唐太宗减少女儿的嫁妆。事后，长孙皇后还特意派人向魏征致谢。你是我的女儿，事事应以江山社稷为重，效仿先贤，为民垂范，才能保我大宋帝业永久……"

宋太祖说了很多，永庆公主一声不响地听着，虽然口里也答应着，心里却仍不是很高兴，觉得父皇对自己有些刻薄。

婚后数日，永庆公主回到皇宫，来向父皇请安。父女二人虽然才刚刚几天未见，却与久别重逢一般，一股浓浓的亲情弥漫在太祖的心中。他拉着小女儿的手，亲切地问长问短。永庆公主打量着父亲那慈祥的却又为政事操劳的有些憔悴的脸，那满头浓密的黑发中渐渐冒出的银丝，心头一阵发酸，险些掉下泪来。一股巨大的暖流在她的周身激荡。她开始体会到这是一种强烈的严父加慈母的爱，这是任何东西都换不到的伟大的父爱。她偎在父亲的胸前"嘤嘤"地哭了。

宋太祖与女儿谈了一阵，这才注意打量她的穿着。永庆公主穿的是一件贴绣铺翠的短襦，显得十分华丽。

太祖的脸色开始变得严肃了，他缓缓地说道："你把这件衣服交给我吧，以后不要再这样着装了。"

永庆公主的脸一下红了，她知道这是父亲在责怪自己。便嗫嚅着说道："父皇，一件短襦能用多少翠羽？这也不算是太过奢华。"

太祖看了看女儿，尽量把语气放得平和一些说道："你这话就不对了。这可不仅仅是你一个人的事，你穿这样的衣服，宫廷中就要效仿，很快官宦豪绅之家都会竞相效仿。京城里翠羽本已很贵，用的人多了，必然促使小民们为追逐厚利而辗转贩卖，长此下去就会危害民生。你生长在帝王之家，富贵已极。'普天之下，莫非王土；率土之滨，莫非王臣'，在有些人看来，整个天下都是咱赵家的。皇帝的家人可以穿天下最华美的衣服，吃天下最美味的食物，尽情地享受天下的一切。我的女儿莫说穿件翠羽短襦，就是穿金戴银，谁又能说半个'不'字。但是，以为父之见，你们兄弟姊妹应只担心名不扬德不立，切勿只讲究吃喝穿戴，追求享受。你等不开奢靡先例，为天下人做个好的表率，也算是替为父分忧。"

宋太祖说得十分动情，说到最后竟有些激动起来，站起身在地上走来走去。应当说，太祖对女儿说的话都是他发自肺腑的由衷之谈。他实在是中国历史上少有的几个节俭的皇帝之一。《宋史》曾记载太祖"躬履俭约，常衣浣濯之衣，乘舆服用，皆尚质素，寝殿设青布缘帏帘，宫闱帘幕，无文采之饰"。

永庆公主又何尝不知道这一点，她从小在父皇身边长大。父皇从来不讲究衣着，除了那件上朝穿的龙袍之外，他老人家平时只穿普通的粗绸布衫。连他住的寝殿，门帘都是那种以布镶边的普通竹帘。而当时王公大臣家中，就连市面上一些较为豪华的酒肆歌楼，谁家不是珠帘绣额，玉雕金饰？

就在前不久，父皇随意检查大内府库，见从后蜀主孟昶宫中运回的各种器皿极尽奢侈华丽，就连一件盛小便的溺器都用七宝装饰。父皇对臣下慨叹道："为人主者糜烂如此，焉能不国亡家破？我宋廷当以此为戒。"遂命人将这些价值连城的器皿全部搬到院中一一砸碎。

永庆公主还曾听说，自己的叔父、开封府尹赵光义觉得皇兄的俭朴有些过分，认为身居万民之上的皇帝怎能穿普通老百姓的衣服？服用怎能这样草率？在一次宴会上，他小心地建言，要皇兄讲究些穿着，勿损大宋皇帝的威仪。

父皇当时没直接回答他，却反问道："你还记得夹马营的生活吗？"

叔父回答道："怎么不记得，那时候父亲常年在外，母亲带着我们兄弟艰难度日，有时还衣食不继……"

叔父说不下去了，父皇却接口说道："夹马营的日子不只是衣食之忧，再加上兵荒马乱，母亲曾用一对箩筐挑着我兄弟二人逃避兵祸，真个是九死一生。"说到这里，父皇呷了一口酒，平静了一下心情，又徐徐说道："服用玩物，珠宝玉器，不可求之过甚，否则亡国之祸立至。汉文帝停露台之建，唐太宗罢修洛阳宫，皆为惜资财、戒奢靡。朕之德不及汉文唐宗，若所费太过，如何为天下之君？"

叔父听罢大受感动，忙道："陛下所言极是。臣现忝领开封府，自今日始定要力倡俭朴，杜绝奢靡，为天下郡守立一表率。"

父皇听了叔父的话十分高兴，答道："此言甚合朕意，古人云，身正影自直。自今以后，王公以下，宅第、车服、婚娶、丧葬，凡按官位不当用者，一律禁止。如此才能身教天下。"

从第二天开始，叔父赵光义退朝之后也穿起了粗绸布衣，王公大臣们争相效仿，开封城内一向崇尚奢华之风为之一扫。

这些事，永庆公主都是听后宫里的宫女们说的，当时她还不太相信，现在看来这是千真万确的了。

她开始明白了父皇的一片良苦用心。父皇年轻时只身走天下，吃尽了的苦头，甚至过着风餐露宿、寄人篱下的乞丐般的生活。他今日高居九五，仍不忘过去的艰辛和坎坷。为了大宋江山千秋永固，他是在像勾践那样卧薪尝胆，像唐太宗那样牢记创业难，守成更难……

她愧悔地低下了头，自己太不懂事了，辜负了父皇的一片苦心，误解了父皇对子女那博大深邃的、像江河大海般深深的爱。

她的脸上已经挂满了泪珠，看看父皇那刚刚浆洗的、已经穿了好几年的粗绸短衫，哽噎着说道："父皇放心，您的话女儿记住了，今生今世，它都刻在女儿的心里了。"第二天，永庆公主身上的翠羽短襦不见了，她的床头上却多了一本书。这是她让人专门从皇家藏书室借来的，是唐太宗的皇后长孙夫人手撰的《女则》。

侯霸荣投归北汉以后，事事小心谨慎，以一种赎罪的姿态不遗余力地表现自己对北汉主刘承钧的忠诚，抓住一切机会恭维刘承钧的圣明，诋毁宋太祖如何暴虐和武断，很快便取得了刘承钧的信任，同时也得到了众多朝臣的信赖，在北汉朝廷中重新建立起了自己的威信。

可惜的是，他回来没有多久，后汉主刘承钧便得了重病，百药无效。

刘承钧膝下无子，只有养子刘继恩、刘继元。那刘继恩对其养父刘承钧非常孝顺，每日早晚两次问安，从不间断。但是刘承钧却觉得他这个儿子才能平平，恐难以继承大业，因此在由谁继位的问题上举棋不定。他招来宰相郭无为，说道："继恩虽孝，但却不是济世之才，恐难继我帝业，了我家事。"郭无为也认为是这样，但在皇位继承人的大事上他却不敢随便乱说，只是随着刘承钧的意思说了几句。

刘承钧到底也没有确定下由谁继承皇位便在当天夜里突然撒手而去。他的另一个养子刘继元领兵在外，刘继恩便自然而然地继了位。他马上派出使者飞驰契丹，向"父皇帝"报告刘承钧的死讯，并请求嗣位。契丹主表示同意，于是刘继恩便做了北汉皇帝。

刘继恩登基以后开始疏远宰相郭无为。他憎恶郭无为的专横擅权，更痛恨他当初在父亲面前不为自己说好话，他想把这个宰相逐出朝廷，甚至想将他干掉。但又怕他耳目众多，自己初掌国柄，羽翼未丰，暂时不敢下手。只好表面上仍待之以礼，而实际上遇到大事却不再与他商议。

这郭无为年轻时博学多才，长于口辩，成年后隐居武当山当了道士。虽说隐居，却未洗尽凡尘，他总觉得自己满腹经纶、胸藏韬略，不该沉沦草泽，抱憾终生，而应到尘世中闯一闯，以施展自己的雄才大略。

建隆初年，他听说宋太祖乃一代英主，曾经去汴京求见。宋太祖见他方额尖嘴，谈吐不凡。问当世之务，颇有见地。又是识多见广的饱学之士，说起经史策文，侃侃而谈，妙语如珠。于是便将他留在朝中，专门在崇政殿为皇上和诸皇子"讲书"。

后来又准备擢拔重用时，许多大臣却一致反对，认为郭无为身为道士，与正统儒家冰火不容。充其量不过是个纵横家之流、舌辩之士，并无治国安邦的真才实学，不宜重用。

这些话很快传到了郭无为耳朵里，郭无为怒不可遏，愤然离去，再次隐居山中，静心研读，等待时机。

机会终于等来了。北汉主刘承钧在李筠败亡之后接受了不听文臣赵华劝谏的教训，开始重用文人，到处访求谋臣术士。枢密使段恒认识郭无为，便向刘承钧举荐。待召入后汉宫中，刘承钧与之竟夕长谈，大为赏识，即封为吏部侍郎，参与中书省事，不久便干脆任命他为宰相，郭无为从此成了北汉朝廷中的"道士宰相"。

刘承钧当政期间对这位道士宰相十分器重，许多大政方针都出自郭无为之手，常将他召入自己的卧室之中密商国事，从而引起了刘继恩及一些臣僚的嫉妒和不满。

刘继恩当了皇帝之后，郭无为受到前所未有的冷落，许多朝臣见他大势已去，也都纷纷改换门庭，同他拉开了距离。

但就在这个时候，新归降的侯霸荣却极力向郭无为靠拢，上朝下朝遇到这位宰相总是先打招呼，恭敬而又热情。下朝后没有事也常到宰相府上坐一坐，闲扯几句。在这种众叛亲离的情况下，郭无为自然也乐意与同他交往。

这天夜间，阴云密布，电闪雷鸣，霎时便下起了大雨。除了偶尔的电闪划过，太原城里一片漆黑，伸手不见五指。就在这个大雨之夜，侯霸荣又冒雨来到宰相府。

郭无为尚未睡下，正独自坐在书房里想着心事，见侯霸荣来访，喜出望外。忙命人准备了一桌酒菜，也不上客厅，就在书房里摆置好，然后把下人们全部屏退，关上房门，二人相对而饮。

喝过几杯酒之后，侯霸荣看看郭无为愁眉紧锁、忧心忡忡的样子，便叹口气道："先帝在时，相爷是何等煊赫，皇上对您言听计从，臣属们对您众星捧月，真个一人之下，万人之上，呼风唤雨，一言九鼎。可谁能想到，先帝忽而崩逝，新君嗣位，竟对相爷如此冷漠。依小人看来，似是有些猜忌和防范。相爷不可不预做准备。"

郭无为将杯中酒喝下，夹口菜吃着，双眼死死地盯着侯霸荣，在明灭的烛火中闪烁着两道高深莫测的幽光。他忽然"嘿嘿"冷笑两声，沉声喝道："姓侯的，你这个大宋的奸细，今夜是来离间我君臣关系吗？"

话声不大，却像在眼前突然响了一个炸雷，侯霸荣直惊得肝胆俱裂，脑袋"嗡"的一声。他霍地站了起来，习惯性地把手按在腰间。但身上却没带兵器，到宰相府造访，怎能身携兵刃呢？

再看看郭无为，仍在那里平静地喝酒吃菜，书房内外也平静如初，并没有刀斧手冲出来。侯霸荣略平了平"咚咚"乱跳的心，尽力平静地说道："宰相何出此言？这种玩笑如何开得？小人本是为相爷着想，好意来提个醒，相爷如此误解，叫小人如何担待得起……"还要再说，郭无为却轻轻摆摆手，让他坐下，又小声说道："大宋皇帝使用反间计，派你与惠璘打入北汉朝廷，这点把戏岂能瞒过我郭无为？从你们来投的第一天，我便看得明明白白，可惜这北汉君臣都是一群蠢驴笨蛋，竟无一人识破尔等诡计。"

这几句话说得斩钉截铁，不容置辩。侯霸荣一脸困惑和恐惧，欲逃无门，欲辩徒然，只好愣愣地坐在那里静等事态的发展。但他心里却在嘀咕，反间计用得天衣无缝，这老家伙是如何看出来的？既然早已看破，又为何这么长时间不肯揭破？

郭无为说得没错，侯霸荣、惠璘确是大宋朝廷派往北汉的间谍。

宋太祖消灭后蜀，"天府之国"并入中原之后，大宋的财力物力得到了空前的增强。蜀地富饶，府库充溢，其铜币银钱、金玉宝玩、绫罗绸缎水陆兼运，全部收入国库，为进一步进行统一大业奠定了坚实的基础。

这个时候，大宋军队完全可以一鼓作气进攻南唐或北汉，乘胜扩大战果。但宋太祖考虑到宋军的休整和国内各业的发展，便想用另一种方式，一种不流血、不死人、不动刀兵的方式收复北汉。他雄心勃勃，要大胆尝试，发动一场间谍大战。

宋太祖自幼熟读兵书，对于历朝历代的"用间"成例都十分熟悉，他决定用这种不动干戈、没有硝烟的战争收复北汉，在自己一生的军事生涯中也算是一种创举，更重要的是少给北汉的平民百姓带来些兵戈之灾。

他同赵普、赵光义进行了精心策划，这件事只有他们三人知道。他们选择了侯霸荣，他由北汉叛投大宋之后一直忠心耿耿，又对北汉朝野上下各种情况非常熟悉。让他重返北汉，有利于拉拢臣僚，争取人心。惠璘原来只是宋朝的一个名不见经传的小吏，北汉君臣根本不了解这个人。此人足智多谋，机变百出，让他假称为殿前都指挥使，以对朝政不满，特别是对王全斌一事不满为由投奔北汉。

侯霸荣、惠璘不辱使命，顺利地骗取了北汉君臣的信任，在朝廷中立住了脚。他们正在悄悄地接近和笼络朝中权臣，秘密地制造着各种舆论，准备着一举颠覆这个朝廷。

可是侯霸荣万万没有想到，自己的这一切竟被这个老奸巨猾的郭无为看得一清二楚。

郭无为见侯霸荣愣愣地坐在那里，不禁莞尔一笑。他站起身，执壶为侯霸荣斟满一杯酒，说道："侯将军休要惊慌，老夫若想害你，何必等到今日？来，咱们继续喝酒。"

这老家伙到底要干什么，侯霸荣更感到心中没底。但事已至此，也只有豁出去了，大丈夫处世，何惧一死？就是这条命丧在北汉，也得死得轰轰烈烈，不能装熊蛋软蛋。想到这里，侯霸荣轻松地一笑，端起酒杯对郭无为照了照，一仰脖子喝了下去。

却听郭无为说道："北汉朝政腐败，积贫积弱，国力衰微，早晚要被大宋兼并，老夫久有归宋之意。因此将军来投时，我虽心知肚明，却没有说破。原想寻找机会说服我主归降大宋，与将军同建不世之功。不料先帝命薄，竟突然驾鹤西归，新主继位之后对老夫满腹狐疑，必欲除之而后快，老夫焉能不知？今日将军雨夜造访提醒老夫，老夫在此谢过。"说着又举杯与侯霸荣对饮了一口。

此时侯霸荣才醒过神，知道郭无为不会加害自己，而是要自己作为他日后归宋的举荐人。心中大喜，便说道："宰相若能识大局，举大义，说服北汉主归宋，在下定当奏明我大宋皇上，为宰相求立头功。"

郭无为道："不瞒将军说，我郭无为对大宋皇上倾慕已久，当年在宋廷'讲书'便知宋帝乃旷世明君，百代英主，本欲佐其成就大业，却为群小谗毁，愤而出走，阴差阳错投身北汉。幸而先帝待我情同手足，宠信有加，这才在这里住下来。但现在已今非昔比，何去何从当重新谋划。"

侯霸荣问道："以宰相之见，眼下该怎么办？"

郭无为断言道："新主刘继恩昏庸懦弱，一心把'父皇帝'契丹主当作靠山，俯首帖耳，言听计从。又加上老夫宠信渐衰，要说服他降宋已万万不能。为今之计，"他侧掌下切，做了个杀头的手势，然后继续说道："只有趁他即位不久，羽翼未丰，设法除掉他，然后号令朝野举国归宋。"

侯霸荣大为兴奋，忙说道："宰相既已成竹在胸，需要我侯霸荣干什么，在下万死不辞。"

郭无为以深不可测的眼光扫视了一下侯霸荣，神秘地一笑道："如此则大事可成。你我可详细计议，这等大事一定要安排得周密妥帖，行动部署，人员调度，时机选定，都必须做到万无一失。一着不慎就会满盘皆输，以致遗恨千古。"

于是，两个人一边饮酒一边商谈，一个完整缜密的谋杀计划就在这个风雨之夜产生了。

就在郭无为、侯霸荣密议刺杀刘继恩的同时，准备诛杀郭无为的谋划也在刘继恩的居室里紧锣密鼓地进行。

在这个风雨之夜，刘继恩独自一人在为其父守丧，左右亲信一律不得跟在身边。夜深人静之时，几名亲信大臣前来求见，向刘继恩进计道："郭无为跋扈专擅，后必作乱，宜早除之。"刘继恩道："此人目无君上，暗怀不臣之心，朕亦知之。但他权重势大，急切之间不好下手。"几个心腹说道："陛下可在宫中设宴，诏命群臣参加，宴席之上趁机将郭无为除掉。"刘继恩犹豫了一会儿，终于点头说道："也只好如此了。"

两天以后，刘继恩在宫中设下宴席，下旨文武百官全部参加，在宴会厅一侧的密室里埋伏了一百多名刀斧手，单等刘继恩摔杯为号，便将郭无为斩杀于宴席之上。

文武群臣陆续到齐了，郭无为却没有来，他派人前来禀奏说是昨夜偶感风寒，高烧不退，头疼欲裂。其实是那夜刘继恩在与心腹密议之时，隔墙有耳，一名小太监曾受郭无为大恩，将这消息悄悄地传给了他。

刘继恩见群臣已到，只好开席。众人不知就里，只管兴高采烈地饮酒。刘继恩见郭无为不来，心中狐疑，怕是消息走漏，引起了郭无为的警觉。心中闷闷不乐，埋头饮了几杯闷酒，不觉大醉，昏昏沉沉地被扶到守丧室内，躺到床上，很快便鼾声大起，迷迷糊糊地进入了梦乡。

夜半时分，天色漆黑，万籁无声。侯霸荣换来了一身夜行衣，怀揣利刃，只身潜入刘继恩守丧的室内。郭无为已将刘继恩的侍卫人员借故调走，此时室内室外竟无一人。侯霸荣手起刀落，比切开个西瓜都简单，立时便人头落地，血溅锦被。刘继恩还在睡梦之中便做了无头之鬼。

侯霸荣不费吹灰之力便刺杀了刘继恩，将其首级包好，正想潜出室外，却做梦也没有想到，突然从窗口跳下一人，一剑刺入他的腹部。侯霸荣空有一身上乘的武功，却因毫无防范而遭人暗算，他疼得大叫一声，正欲挥刀格斗，从门外又拥进五六个人，刀剑齐下，侯霸荣顷刻毙命。

杀死侯霸荣的不是别人，正是老谋深算的郭无为。这位武当山道士机关算尽，精心设置了这场"螳螂捕蝉，黄雀在后"的一箭双雕之计。

刘继恩继位之后他自知失宠，随时都有被逐和被杀的危险。他必须尽快将刘继恩除掉，以解除对自己的巨大威胁。但是，他仔细分析了当时的形势。北汉国力虽弱，却有契丹人做其后盾，大宋恐一时难以覆灭北汉。况且刘继恩的亲弟弟刘继元领兵在外，闻变后必定率兵杀回太原，那时候自己的处境就会十分危险。

因此，他与侯霸荣密谋策划，利用这个大宋间谍之手除掉了自己的心头之患。就在侯霸荣潜入丧室之时，他另外安排的杀手已在室外搭好梯子。待侯霸荣杀死刘继恩之后，乘其不备，这杀手破窗而入，又将侯霸荣杀死。

杀死侯霸荣不仅达到了灭口的目的，将自己与这场阴谋弑君政变的关系洗刷得干干净净，而且自己还成了诛杀凶犯、平息叛乱的头等功臣。

刘继恩死了，唯一知情的侯霸荣也死了，郭无为深感庆幸，他觉得这场戏排演得十分精彩。接着，他利用首辅宰相的身份立即派人去迎接手握重兵的刘继元回到太原，立为北汉新皇帝。从此以后，郭无为摇身一变，又成了权势炙手可热的新皇帝的心腹之臣。

第二十九章　轻敌冒进　无功而返

宋太祖精心设计的这场间谍之战功亏一篑，一个皇帝被杀死，另一个皇帝又继了位，以政变收复北汉的计划化为泡影。

宋太祖被激怒了，他忘记了先南后北的既定战略，不顾赵普等人的一再反对，决定派大军急攻太原。既然用没有硝烟的隐蔽战争不能奏效，那就大军压境，兵戎相见，用真刀实枪解决问题。

刘继元当皇帝只有三天，大宋的军队已经浩浩荡荡地开进了北汉的境内，直扑太原而来。

刘继元得知宋军进犯，一时慌了手脚，急忙派使者上表"父皇帝"契丹主，请求派兵援救。北汉自建立以来，十几年如一日，一直像对"父亲"一样侍奉契丹人，尽忠尽孝，毕恭毕敬。北汉土地狭小，物产极少，每年又要向契丹进贡大量的财物，弄得财源困疲，民怨沸腾。后来，听说五台山有一个和尚叫刘继颙，极善理财，便请他入朝，任为鸿胪卿。

刘继颙在柏谷一带招募民工开矿炼银，朝廷在这里专门建立了一支军队，称为"宝兴军"，用以保护冶银。每年以白银千斤进贡契丹。契丹人每年可从这个"儿皇帝"手里得到大量的金钱财物，因而便慨然将其置于自己的羽翼之下，一旦北汉有求，必定出兵援助。

契丹接到北汉的求援之后，便命刘继元先出兵阻住宋军，契丹援军随后便到。

刘继元得到契丹主的慷慨许诺，一时放心。立即派枢密使马峰、冯进珂率军拒敌。

冯进珂、马峰率领五万北汉军渡过汾河，远远地看到烟尘飞扬，旌旗飘动，知是宋军主力已到，便择高地驻扎，列下阵势，准备交战。

宋军主帅李继勋率大军赶到，见北汉军结阵以待，也便勒住马头，站稳阵脚，回头对诸将说道："哪位将军愿打头阵？"

大将党进应声说道："末将愿往。"话音未落，座下黑马早如疾风一般掠入敌阵。党进人高马大，挥舞着一柄五十余斤的大刀，暴雷似的喝道："北汉小儿，谁敢来与你党爷爷过招？"北汉阵中先锋张环拍马冲了出来，口中骂道："宋朝匹夫怎敢欺我大汉无人？"说着挺枪便刺。党进用刀轻轻一架，顿时火星迸溅。那张环只觉得虎口生疼，手臂发麻，知道此人力大无比，自己非其对手，但也只好硬着头皮厮杀。二人杀了十几个回合，张环早已手忙脚乱，浑身大汗淋漓，拨转马头待要逃走，却不及党进马快。党进早已赶至其身前，左手提刀，右臂轻舒，将那张环像老鹰捉小鸡似的夹在腋下，回到阵前"扑通"一声扔在地上，早有兵士们冲上来将其捆了个结结实实。

北汉阵中又有小将石斌冲了出来欲救张环，却被宋将赵赞截住，沉声喝道："河东亡在旦夕，汝却不知死活，胆敢抗拒天兵。若知好歹，赶快束手来降，饶尔不死。"石斌年轻气盛，哪里把赵赞放在眼里，抡刀便砍。赵赞挺枪，二马盘旋，刀枪并举，直杀了三十多个回合，石斌渐渐不支。又厮杀了一阵，赵赞卖个破绽，闪过石斌的大刀，一枪刺中其右肋，将其挑于马下。

宋军阵中金鼓齐鸣，杀声四起，千军万马掩杀过来，北汉大败溃逃，死伤两千余人。宋军乘势抢夺了汾河桥，兵逼太原城下。

刘继元再派郭守斌率兵出战，刚刚上阵，便被张继勋引弓搭箭，一箭射中左目坠落马下。幸有左右兵士奋勇上前将其抢回本阵。北汉兵再遭惨败，只好退回城中。

刘继元再也不敢出战，只得分兵固守，单等契丹主派兵来救。

宋军大胜的捷报传至汴京，宋太祖闻报大喜。他感到北汉败亡在即，太原很快便会并入大宋版图。他一面下旨犒赏北伐将士，一面派出使者，带着诏书来到太原。

那使者进了太原城之后直奔宰相府，把诏书递给宰相郭无为。

郭无为看罢诏书之后，心中顿生忧虑，诏书措辞强硬，先说宋军将勇兵强，士气高昂，攻无不克，所向披靡。又说北汉区区小邦，兵力单弱，根本无法与大宋军队抗衡。同时指出，契丹现在内外交困，国贫民弱，君昏臣庸，已经自顾不暇，定然救不了北汉。况且契丹人历来欺辱北汉，贪占贡物，并不会真心相救。而北汉君臣应认清大势，顺天应时，归附大宋。倘能归顺，大宋朝廷决不难为他们，将授刘继元为平卢节度使。同时，使者还带来了宋太祖的四十多道封官诏书，答应任命郭无为为安国节度使，马峰等四十多名朝廷官员都分别授予节度使、刺史、团练使等职。

平心而论，郭无为觉得宋太祖的诏书并非危言耸听，以大宋当前的军力和国力，北汉军无论如何也难以抵挡，即使加上契丹的援军，也难与宋军抗衡。他反复分析对比了两国的实力，总感到前途黯淡。又担心与侯霸荣密谋刺杀刘继恩的事迟早会被人发现，不如趁契丹援军未到之际，劝说刘继元降宋，自己便可安安稳稳地当个节度使，尽享荣华富贵。

郭无为把其余的诏书藏好，只把给刘继元的诏书交了上去。然后见宋军攻打太原越来越紧，便劝刘继元归降大宋。不料刘继元深信契丹一定会发兵来救，坚决不降，朝中主战的大臣们也都主张坚守待救，郭无为无奈，只得慢慢地再等机会。

这日，郭无为闷闷不乐地坐在府衙中，一个人饮茶解愁。太原城已危如累卵，迟早要被宋军攻破。自己这个首辅宰相若不早做准备，与大宋朝暗通关节，到时候做了俘虏，再不会封以高官，授以显位了，弄不好还得掉脑袋。但眼下攻城如此紧急，城内戒备森严，他也不敢贸然行事，唯恐露了马脚。

此时，忽有一名军校入府求见。行礼已毕，郭无为问有何事，那人说道：他们在岚谷中巡逻，遇到了一名可疑之人，捕获后再三询问，原来是宋朝间谍。

郭无为命押进来，那人被五花大绑地推至大厅。郭无为抬头看时，心中吃了一惊。原来此人正是与侯霸荣一起投奔北汉的供奉官惠璘。在侯霸荣被诛灭之后，郭无为明明知道这惠璘是大宋奸细，但他却极力把他保护起来，说他是真心来投，与侯霸荣互不知底，各不相干，仍让其在朝中为官。郭无为心中打的算盘是，到时候北汉若真的被大宋所亡，这就是把自己引荐给大宋朝廷的绝好人选。因此，他不仅保护了惠璘，还在新皇帝面前给他美言了几句，使他在朝廷中宠信如故。

可是他却没有想到，这惠璘在侯霸荣被杀之后已觉出自己处境险恶，像是每日与虎狼为伴，随时都有被撕碎吞噬的危险。当宋军开进北汉境内之后，他认为北汉马上就要覆亡，自己要赶紧逃离险境，回到大宋去。因此便只身逃出太原，向南奔去。谁知刚走到岚谷一带便被巡逻的兵士们捉住押回太原，送到了宰相府来。

郭无为曾经保护过惠璘，此时若承认他是奸细，将其治罪，无异于引火烧身，他当然不会干这样的傻事。于是他对那军校说道："此时两国交兵，最忌人心浮动，此事万不可对外人提及。若张扬出去动摇军心，将严惩不贷。"那军校见宰相如此严厉，吓得连连点头，诺诺而退。

郭无为送走军校，却将惠璘密藏于宰相府，准备寻找时机将其释放，送归宋廷。

第二十九章　轻敌冒进　无功而返

孰料一波未平，一波又起。军中有一招讨将，姓李名超，曾在上党做过厮卒，深知惠璘底细。听说已将惠璘捕获，密押在宰相府，便将此事告知了枢密使马峰。

马峰找郭无为询问此事，郭无为既惊且怒，眼看纸里包不住火，事情早晚要败露，便灵机一动，对马峰说道："老夫正在审理此案。既然那个叫李超的知道内情，可让他来府中与惠璘当面对质。"

李超不知是计，立功心切，便兴冲冲地来到了宰相府，刚进大厅，便听郭无为断喝一声："将叛贼李超拿下。"两边突然冲出了十几名彪形大汉，不由分说将李超打翻在地，捆了个结结实实。

李超大呼冤枉，郭无为却"嘿嘿"冷笑道："你与宋朝奸细惠璘早有勾结，图谋反叛。今见惠璘败露，却来指认冒功，以求自保，如此鼠窃狗偷的小伎俩如何瞒得过本相？"李超还要争辩，郭无为却厉声喝道："休要啰唆，给我将他俩拖出去立即处死。"

惠璘和李超被郭无为同时杀死，从天上掉下来的大祸又被轻轻化解，郭无为再一次躲过了这场凶险，宰相之位稳固如初。但是他的心里却捏了一把冷汗。他再不敢掉以轻心，每日里如坐针毡，他盼着宋朝大军早日取胜，期待着北汉政权尽快覆亡。

可是，宋军的攻城之战却进行得很不顺利。太原城墙高大坚固，护城河又宽又深。宋军数十次攻城，皆被汉军打退，每一次激烈的攻坚战都有上千名将士死于飞箭和乱石之下，陈尸城外。

一个月之后，契丹援军气势汹汹地向太原杀奔而来，宋军腹背受敌。李继勋不敢恋战，只好匆匆退兵。不料北汉军与契丹军乘势联合反攻，一路追击掩杀。数月来宋军沿路所攻占的州县又复为北汉所有。北汉军、契丹军还趁机攻进了宋朝的晋州，大肆烧杀抢掠，将城中金银、粮食、衣物掠夺一空，扬长而去。

宋太祖第一次以武力收复北汉的计划受挫，在损失了上万兵马之后只好草草收场。

宋太祖独自坐在崇德殿内，心中十分烦躁。他实在想不通，小小的北汉兵微将寡，竟然如此顽硬。对其用谍，不曾收功；大军讨伐又败绩而归。这是一种耻辱，一种平生从未有过的耻辱。想那北汉几十年来数易其主，投在契丹人怀中，奴颜婢膝，事之以父。靠着其"父皇帝"的势力助纣为虐，屡犯中原，抢掠边民，实为大宋心腹之患。

宋太祖赵匡胤

周世宗时就曾御驾亲征，要一举收复北汉，只因中途得病，致使功败垂成。

大宋建立之后，自己立誓横扫六合，一统四海，岂能容这边鄙小邦在北方张牙舞爪？这些年收荆湖，灭后蜀，天兵所到之处势如破竹。以宋朝泱泱大国，若不能一举收复区区北汉，岂不惹天下英雄耻笑？以后将何以威服海内，统御华夏？更何况北汉奴事夷狄，有朝一日若像石敬瑭将燕云十六州拱手相送一样，再让北汉沦为契丹国土，岂非中原民族的奇耻大辱？他宋太祖素以天下一统为己任，断不能坐视这样的事情发生。

他越想越恼，心中的怒火不断升腾，一窜一窜地直冲脑门。突然"砰"的一声，他一拳击在龙案上，咬牙切齿地说道："不灭北汉，枉为大宋皇帝。"

开宝二年（969年）正月，宋廷开始紧锣密鼓地做着大举北伐的准备。宋太祖派侍御史李莹等人分别到各个州郡调集军粮辎重运往北部，以备大军进攻太原时补给之用。又派遣四十余人分赴各道调集精壮兵马，屯驻晋州和潞州。

二月初八，命宣徽南院使曹彬、侍卫步军都指挥使党进各领一支人马先期奔赴太原。

二月十一，宋太祖下诏亲征。他命开封尹赵光义为东京留守，枢密副使沈义伦为大内部署，署理朝内各种事务。

二月十七，宋太祖顶盔披甲，亲率大军从汴京出发。任命老将归德军节度使高怀德为河东行营都部署，以昭义节度使张继勋为副，建雄节度使赵赞为马步军都虞侯，宰相赵普也随驾出征，襄赞军务。

此次北伐，声势之大、规模之盛、投入兵力之多是历次征战所没有过的。宋太祖预料宋军一出动，北汉主必定向契丹求援。为防止宋军腹背受敌，首尾难顾，他在大军行至王桥顿时，将彰德节度使韩重赟招来，对他说道："契丹必以为镇州、定州无备，由此路来攻，卿可为朕出其不意而破之。"韩重赟领命而去。

二月二十八，宋太祖行至潞州，在此驻跸。高怀德、张继勋率军前进。大军行至团柏谷南，与北汉派出的衙队指挥使陈廷山所率的三千人马遭遇。陈廷山本是前来侦察宋军情况的，见宋军势盛，竟未发一矢，不战而降。高怀德等乘胜进军，很快便与曹彬、党进所部会合，将太原城团团围住。

黑云压城，风声鹤唳，太原城内一片恐慌。北汉主刘继元像一头被关在笼子里的猛兽，在大殿内一会儿坐下，一会儿站起，一改过去那种谈禅讲经、文质彬彬的儒雅风度，变得焦虑不安，暴戾无常。他端起一杯水，刚喝了一口，又嫌水太凉了，"哐啷"一声连杯带壶都在地上摔了个粉碎，一个小太监战战兢兢地过来收拾，被他狂暴地一脚蹬翻在地。

刘继元的心绪败坏到了极点。自己登基时日不久，"父皇帝"契丹主至今未来册命，这个皇帝当得还名不正言不顺。可是国难家祸、内忧外患却接踵而至。他真不知该怎么办才好。

就在自己当了皇帝才几天，他情深意笃的爱妻段氏突然在后宫不明不白地暴死。在这国难当头的时候，不知为什么，他的脑子里却突然又闪出了妻子口吐白沫、脸色铁青、痛苦挣扎的惨象。是谁害死了自己的妻子？这些日子他常常被这个问题困扰着。这时候，他却一下子想到了他的养母、先帝刘承钧的皇后郭氏。她与段氏一直不和，现在见段氏当了皇后，取代了她原来母仪天下的位置。女人疯狂的妒火使她暗中做了手脚，将段氏残忍地谋害了。一定是她，一定是这个心如蛇蝎的女人。

刘继元双目中突然闪出了一道阴森森的冷光，黑着脸暴声喊道："来人，快传侍卫班头来。"几个身边的太监吓得一哆嗦，急忙小跑着去召人。

一桩骇人听闻的惨案在北汉宫廷发生了。前皇后郭氏被人用缎带活活地勒死在后宫里，两个眼珠子都鼓了出来，舌头掉出老长，让人看了毛骨悚然。她是罪有应得还是蒙受了不白之冤？只有天才知道。

接着，刘承钧的十几个兄弟，也就是刘崇的十几个儿子和一些近亲子孙都纷纷被诛杀于各自家中，就连刘崇、刘承钧时后宫的一些妃嫔也在顷刻间香消玉殒，稀里糊涂地魂归阴山。

杀了几十口人，刘继元似乎出了一口恶气，心情稍稍平静了些。但是，只杀这些孤男弱女，却不能解太原之围，大开杀戒只能泄一时之愤，他的心头很快又风云变色，阴霾四合。

就在这个时候，突然有侍者来报，说是契丹的使者已到城下，前来宣布册命。北汉自建国以来，皇帝都要由契丹册命。只有有了这个册命才算真正成了皇帝。对此，刘继元已经朝思暮想、引颈翘盼了好几个月，今天终于盼来了，他立即转怒为喜。

当天夜里，他命人偷偷打开北门，将契丹使者迎入城中。那刘继元围着使者一个劲地谄媚讨好，于子夜时在大殿行策命仪式刘继元双膝跪地接受了册命。

第二天，刘继元在宫中大摆宴席，一方面欢迎契丹使臣，一方面庆祝自已正式登基当皇帝，朝中大臣悉数赴宴。

这是一个世上少见的奇怪的喜宴，城外大军压境，铁壁合围；城内兵荒马乱，人心惶惶，而皇宫里却大摆喜宴，觥筹交错。人们实在不知道喜从何来，只能满怀心事地做做样子。只有刘继元喝得满面通红，不时与契丹使臣互相敬酒，高声说笑。

正在这个时候，人们却突然听到外面传来凄厉的哭声，不禁人人吃惊，面面相觑。刘继元大感惊异，便放下酒杯走出殿来，却见是宰相郭无为衣袍不整，披头散发，正哭得涕泪横流。一面哭，一面从腰间解下佩剑，就要往脖子上横抹。

刘继元一看慌了，急步跑下殿阶，拉住他的手说道："爱卿为何如此，有何委屈可慢慢道来。"

郭无为抹了一把眼泪道："如今宋军大兵围困，如泰山压卵一般，我以空城抗大军，微臣实在不知怎么办才好。"

郭无为精心策划了这场喜宴哭谏的闹剧，无非是要借此动摇军心，并趁机再劝降刘继元。

但刘继元刚刚被册命为帝，当皇帝的滋味还没尝够，怎么肯拱手把这至荣至尊的宝座让出去？况且他仍然相信，他的"父皇帝"契丹主不会扔下他这个又听话又孝顺的"儿皇帝"不管，不久肯定会派大军来救。

于是，刘继元亲手把郭无为搀扶起来，拉入殿内席中，命人为其斟上酒，笑着劝慰道："车到山前必有路，船到码头自然直。人都说'宰相肚里能撑船'，大事临头，爱卿这是太紧张了。"一句话，竟说得众人哈哈大笑，郭无为一时脸红，忙端起酒一饮而尽，以掩饰自己的窘态。

刘继元继续与众人饮酒，却只字不谈投降的事，甚至连守城事宜也不肯说一句，郭无为再也插不上劝降的话，只得闷头饮酒。

当天夜里，刘继元又将契丹使臣秘密送出城去，并多送金帛于他，请他务必在契丹主面前美言，快发援兵来救。

围城之战已进行了半个多月，攻守双方多有伤亡，宋军在太原城下虽有几次小胜，斩获出城袭扰的汉军首级千余，缴获战马六百余匹。但是太原城池险固，攻坚战毫无进展，宋军伤亡颇众，太原孤城却仍固若金汤。

宋太祖驻跸潞州，前方战报不断传来，见太原城久攻不下，也不免焦躁。

这日闲坐帐中，忽有人前来禀报，说是捉住一名北汉间谍。太祖决定亲自审问，当问及城中防守及军心士气等情况时，那间谍说道："城中百姓长期遭受荼毒之苦，日夜盼望王师，如大旱之望云霓。诚望陛下早日进城，救民众脱离苦海。"

太祖听罢，只淡淡一笑。他知道，这些话里面自有这间谍讨好自己的阿谀之词，但也在一定程度上反映了城内的民心所向。他挥挥手，让人把那间谍带下去，赏些衣物，放他回去。

宋太祖却在潞州待不住了，他要亲往前线，掌握第一手情报，亲自指挥这场战斗，啃下太原这块硬骨头。

三天以后，太祖的车驾来到太原南关驻跸，高怀德、张继勋、曹彬等将领前来参拜。太祖身穿铠甲，乘坐战马，逐次检阅各营部队，鼓励他们奋力攻城，剿灭北汉小朝廷，解救苦难中的太原民众。将士们倍受鼓舞，高呼万岁之声震耳欲聋。

宋太祖绕太原察看了地形，亲自对包围太原的兵力做了调整和部署。命李继勋驻军城南，赵赞驻军城西，曹彬在城北下寨，党进于城东安营。又征调太原周围数万名百姓在太原城下筑起长连城，在汾河上建起了一座新桥，以利于军队通过和粮秣兵器的运送。

宋朝大军压顶而来，对太原形成了铁桶一般的包围。这使太原周围的北汉州郡惊恐万状。二十六日这天，宪州判官史昭文首先率部投降，将州城献于大宋。太祖立即降旨，封史昭文为宪州刺史，并亲自赐给他朝服、玉带和配有马鞍的战马，褒奖有加。他要让北汉的臣僚们看一看大宋皇帝的气度，对北汉降臣不仅一视同仁，而且不吝赏赐。

当天夜里，随着一阵骤起的东北风，浓重的乌云弥漫了整个天空，云层又低又黑，就像伸手便可以撕下一把来似的，雷声隐隐滚动，听起来暗哑而又沉闷。这时候，北汉宰相郭无为来到皇宫，向皇帝刘继元请求出战。他说："今夜正是出兵的好天气，微臣愿亲自领兵，出城劫营。若能劫得其中军大帐，动摇其根本，宋兵自退。太原城之围能解与否在此一战。这是挽救危亡的唯一机会，此战机一失，臣恐太原再无希望。臣多年来深受朝廷眷顾之恩，在国难当头之时愿效死疆场，以报陛下。"

刘继元当下大喜，拨给他精兵五千，让郭守斌为副，并亲自送到延复门，赠御酒以壮行色。现在，这位年轻的皇帝把太原城的生死存亡都寄托在这个道士宰相的身上了。

郭无为却另有打算。自从宋军大兵围城之后，郭无为便预感到北汉的末日到了。他几次劝降刘继元都不听，这使他寝食不安，坐卧不宁，惶惶不可终日。倘若再等下去，一旦城破，玉石俱焚，自己也便在劫难逃。他不能坐以待毙，必须主动出击。他决定孤注一掷，借率兵劫寨为名前往投降宋军。

郭无为一行出了延复门之后忽然狂风大作，大雨倾盆，劈头盖脸地砸了下来，兵士们的眼睛都睁不开，又加上天昏地黑，队伍只好在狂风大雨中缩着脖子，一人跟一人地往前挪。

走到一座石桥，郭无为召集诸将，副将郭守斌却因脚踝受伤已退回城去。

少了他也许更好，投降时免得他从中作梗。郭无为这样想着，在几个将士的保护下拼力向前走着。风雨越来越大，这支浑身泥水的队伍已经挣扎了一个多时辰，一个个精疲力尽。

根据时间，宋军大营早该到了，可转来转去，却连一座营帐的影子也不见。

郭无为已走得困乏无力，他弄不明白，风雨之夜宋军大营怎么会转眼之间不翼而飞。他睁大了眼睛向前张望着，透过密密的雨帘，忽然发现了一座影影绰绰的城楼，城楼上的灯火明灭可见。再仔细一看，天啊，这不还是太原城吗？这支队伍冒着风雨，蹚着烂泥，摸来摸去地忙活了半宿，却又转回了原地。

郭无为只觉得心头发紧，脊骨发凉，脑袋涨得老大。这是天意！是命该如此！他不禁仰天长叹一声："人算不如天算，只好暂时回城了。"他的部属们却不理解他这份苦心，一看到又回到了太原城，想到那暖烘烘的热被窝，竟不约而同地发出了一阵欢呼。

郭无为以雨大天黑、路径不明难以劫营向刘继元回奏，刘继元也无可奈何。

宋军的攻坚战仍然不能奏效，宋太祖只好召集随驾前来的大臣们共商对策。他让大家各抒己见，畅所欲言。文臣武将争相陈述自己的看法，占压倒多数的意见认为，太原现已成为一座孤城，大军围困数重。可再调兵马，增加兵力，对重点防区组织强攻，太原城指日可破。

宰相赵普坐在一旁一直没有吭气。宋太祖问他有何良策，他却用手指指左神武统军陈承昭，笑着道："破敌良策尽在陈将军腹中。"原来这几日陈承昭一直找丞相密议破敌之策，他们策马绕城察看地势，已经有了一个破城的初步计划，因尚不成熟，还没来得及向太祖禀报。

陈承昭站起身来，对太祖说道："太原为历代兵家必争之地，城墙既高且厚，坚固异常。如今防守又十分严密，若是一味强攻，北汉人必做困兽之斗，急切之下很难攻取。纵使能够攻下，也必定损兵折将，伤亡惨重，实在得不偿失。"

太祖急忙问道："以卿之见，该如何破敌？"

陈承昭神秘一笑，朗声答道："左右自有雄师百万，何不借来一用？"

文臣武将们听他这样说，大眼瞪小眼，竟不知所言。

宋太祖也深感奇怪："朕之兵马都在这太原城外，哪里还有雄师百万可资利用？"

陈承昭道："汾河水沛流急，狂涛盘旋，浩荡千里。一旦灌入太原城中，就如亿万头猛兽一齐闯入，摧枯拉朽，吞噬万物，岂是千军万马所能比拟的？"

一句话，说得众将官恍然大悟，不禁叫好。

宋太祖也连连点头："水淹太原城，好计，好计！"

他立即下令，命陈承昭监筑汾河大坝，拦蓄汾水，准备水攻。

四月初，筑坝工程接近尾声。宋太祖与赵普等人亲往城东观看筑堤。为防止北汉军驻汾州的部队前来破坏，他命孙万进率军一支包围汾州，围而不打，谨防敌军出城破堤。

从城东回到中军大帐，宋太祖刚刚坐定便接到急报，说契丹兵分两路从定州、石岭关前来增援北汉。

定州一路无须担忧，已派韩重赟前往拒敌。太祖又急召棣州防御使何继筠前来，拨给他骑兵三千，面授机宜，命他赴石岭关拒敌。临行时，太祖亲自端着一碗清热解暑的麻粉浆赐予何继筠，笑着说道："明日正午，朕在此专候爱卿捷报。"

何继筠将麻粉浆一饮而尽，向太祖深施一礼，翻身上马而去。

何继筠果然不辱使命。他率军在阳曲之北设下埋伏，大破契丹援军。生俘武州刺史王彦符，斩首一千余级，缴获战马七百匹，铠甲兵器无数。当第二天中午何继筠的儿子何承睿手持捷书飞马来报时，宋太祖早已登上高台胸有成竹地等候在那里了。

随后不久，又有消息传来，韩重赟也在嘉山一带重创契丹另一路援军。

契丹的两路援军都被击败，太原孤城最后的一线希望化为泡影，此时才真正是岌岌可危了。

五月初八，"水攻"计划开始实施。随着一声惊天动地的号炮声，汾河大堤突然崩裂，拦蓄日久、水位陡增的汾河水汹涌激荡，波翻浪卷，携着惊心动魄的呼啸发了疯似的向太原城飞泻而来。漫山遍野顷刻之间变成了水乡泽国，一片汪洋。

护城河灌满了，城墙已经淹没了一半，水势还在以惊人的速度上涨。一泻千里的狂涛巨浪在这里突然受阻，就像千万头被激怒了的野兽狂暴地向着城墙猛扑猛冲。一排排的掀天巨浪以千钧之力狠狠地砸在城墙上、垛口上，刹那间又重新聚起新的潮头，再一次凶悍地扑来。

太原城内一片恐慌，就像已到了末日来临的前夕。不分军民，不分老幼，几乎是倾巢出动。他们在沿城修筑堤防，百姓把家中的门板、木料和备用的砖石都主动送到了城下。又自发地组织起来，人抬肩扛，运送土石物料。在面对滔天洪水这一刻，人们是真正做到了同仇敌忾。他们知道，一旦大水灌城，他们将面临灭顶之灾。

趁着大水围困、人心惶惶、太原城已经危在旦夕的当儿，宰相郭无为又来到了宫廷，对愁眉不展、唉声叹气的刘继元说道："陛下，如今契丹两路援军均被宋军击溃，宋军陈兵数十万于城外，今又决汾河水以灌城，太原城破已是旦夕间的事。现在向大宋献城归顺，北面称臣，陛下尚可保终生富贵，若再迟疑，恐将悔之晚矣。臣实不忍见陛下与城内军民同陷不测。"说罢掩面大哭。

刘继元正在犹豫不决，突然他身边的宦官卫德贵开了口，他冷笑一声说道："陛下，奴才早留神许久，郭无为乃是宋朝奸细，是赵匡胤的一条狗。数次谋反不成，又假意劝降，惑乱军心。如今国难当头，他不思报效，却妄图里应外合，亡我大汉。今日不杀此贼，无以谢国人！"

卫德贵一番话直如疾雷闪电，震得郭无为一阵头晕目眩，也一下子提醒了刘继元。这些日子以来，刘继元已从郭无为的言行举止中发现了一些蛛丝马迹，开始有所警觉。经卫德贵一点拨，就如醍醐灌顶，顿觉恍然大悟。

他一把扯住郭无为的胸襟，双眼盯着他，射出了两道狞厉的寒光，凝视良久，突然纵声大笑，就像深山老林中冷不丁发出的鸟的叫声。

郭无为只觉得头皮发麻，毛发直竖，浑身泛起了鸡皮疙瘩，脸色变得惨白。他还要再辩解什么，刘继元却不再听，将手一摆，大声喊道："快拖出去，将这奸细斩首示众。"

聪明一世的郭无为竟这样被杀了，他的首级高高地挂在城楼最显眼的地方，城内人心更加浮动。

两天以后，太原南城被汾水冲陷。大水从延夏门瓮城灌入，以不可阻遏之势穿越两层外城，直向城中涌去。

宋太祖亲临大堤视察，只见城门处被冲开的水口渐渐变宽，足有三丈余，城内军民正在奋力堵截。

太祖命弓弩手一齐放箭，万箭齐发，如无数的飞蝗向水口处飞去，许多人中矢倒地，堵截水口的队伍乱了套，水口越来越大，太原城破在即。

就在这时，忽见城内飘出来一个巨大的草垛，将水口严密地封住。宋军的无数箭镞悄无声息地钻入草垛之中，却难以将它穿透。

趁这个机会，城内军民一拥而上加紧筑堤，终于把水口堵住了。

眼看着煮熟的鸭子又飞了，宋太祖大怒，立即命人驾轻舟焚烧城门。一时间，汪洋大波中百舸争流，一齐向各个城门冲去。宋军阵中金鼓大作，城头上北汉守军引弓搭箭，对着小船乱箭齐射。

禁军东西班都指挥使李怀忠带领数名弟兄驾着一艘小船，劈波斩浪遥遥领先，风驰电掣般地向着南门冲去。船上众人已准备好了烟硝、硫黄、膏油等火种和引燃物，一旦靠近城门，立即举火。若城门被焚，大水涌入，太原城将不攻自破。

小船离城门越来越近，三十丈，二十丈，十五丈……城头上守军的眉毛眼睛都已经看清了。可就在此时，一支利箭突然飞至，不偏不斜，直穿李怀忠咽喉。李怀忠没来得及叫一声便一头栽进了激流洪波之中，殷红的鲜血霎时便被这狂涛巨浪荡涤以尽。接着，船上其他几个人也纷纷中箭身亡，攻城计划又一次受挫。

朝夕相处、亲如兄弟的战友顷刻间死于非命，殿前诸班的众卫士一下子都急红了眼，一个个怒目圆睁，咬牙切齿。在殿前都虞侯赵廷翰的带领下，数百人齐刷刷地跪在宋太祖的面前叩头请战。赵廷翰声泪俱下地说道："陛下，请让我等驾舟上阵，以尽死力，不攻下太原城，活捉刘继元，我等誓不生还。"

太祖亲见李怀忠中箭身亡，心中已疼痛难忍，又见身边的这些卫士们冒死请战，眼圈早已潮红了，颤声说道："汝等皆朕亲手训练，无不以一当百。朕与汝等情同骨肉，朕宁可不得太原，岂可驱汝等身冒锋刃，蹈必死之地？"

见皇上在如此军情紧急之际仍这样爱怜自己，众卫士感激莫名，一齐匍匐叩头，口呼万岁，双目中早已热泪滚滚。

天已向晚，攻城无法继续，太祖只好下令收兵回营。

夜近子时，太祖正在朦胧之间，忽听壁垒外人声喧哗，许多人在纷纷传呼，说是北汉主将出降。

太祖大喜，急命卫士们穿上铠甲，自己也披衣下床，打开大门准备受降。赵遂急忙劝止道："受降如同受敌，岂可夜半轻信传呼？"太祖顿时醒悟，命重新关上大门，又派人前去打探，果然是北汉使用的诈谋。

第二天，宋太祖再命大军乘船从四面攻城。但因"水攻"太原是临时想出的计策，宋军的船只准备不足，兵多舟少，无济于事。数次进攻都被城上乱箭射退。

这样相持了十几天，太原城仍然攻不下，战局陷入了僵持阶段。

这天，宋太祖正在大帐中与赵普等人议事，忽见李继勋面带忧色地走进来，禀报说军中发现瘟疫传播，已有数百名士卒病倒，上吐下泻不止。太祖大惊，急忙派人到各营中察看，结果城东、城西、城北的宋军中也都出现了类似情况，一天之内便有千余人病倒，并且病势还在继续蔓延。

此时已值盛夏，阴雨连绵，再加上河水漂荡，水中战死的尸体腐烂，终于引起了瘟疫。宋军多驻在太原城外的草地里，连日攻城的疲惫之身很容易染上疫病。

正在此时，又传来消息说契丹又派援军日夜兼程，已抵城西，鸣鼓举火，喊杀声大作。城头上的汉军受到了鼓舞，士气大振，防守愈为坚固。

面对这种情况，太常博士李光赞上书宋太祖，请求暂时班师回朝，以后再寻机攻伐。宰相赵普也认为太原城旬日之内很难攻破，劳师远征，再加上瘟疫爆发，不可在此久居。

宋太祖无可奈何，只好下令班师回朝。一路上，宋太祖垂头丧气，很少与人说话。一日晚间，却有北汉归降的大臣薛化光求见，向太祖献策道："臣闻凡伐木者，必先去其枝叶，后取其根。今北汉外有契丹之助，内有人户赋输，窃恐岁月间未能下。宜于太原北石岭山派兵据守，以扼住契丹援兵；再将北汉内部的一些居民迁到西京等地，给闲田让其耕种，以绝北汉内部供馈。如此数年，太原自可平定。"太祖深然其言，决定回京后依计而行。

这一夜宋太祖彻底失眠了，他深悔这次进攻北汉的轻率。自己太小看北汉了，原以为大军一到便可一鼓荡平，从而放弃了"先南后北"的既定战略。结果几个月来兴师动众，劳民伤财，换取的却是无功而返，得不偿失，这是一次自登基以来从未有过的大溃退。薛化光说得有理，北汉不是数月之间便可以收复的，"先南后北"的战略更是不能轻易改变的。

宋太祖感到脸上无光，心中沮丧，一生中他还没有这样愧悔过，这个教训实在是太沉重了。

当然宋太祖并不知道，就在他下令大军撤退两天之后，太原人决开城下水，放入台骀泽。大水落下之后，浸泡了数日的城墙竟纷纷坍塌。

当时有人便评论说："宋人只知其一不知其二，假设能先灌水再放水，太原早陷落了。"这种评论未必不中肯，但是历史并没有假设。也许这便是天意，宋太祖注定终生不能收复北汉，这将是一个永远的遗憾。

第三十章　痛定思痛　转伐南汉

宋太祖这次御驾亲征，举兵北伐，同以前一样，他都是让自己的皇弟、开封府尹赵光义留守汴京。

不同的是，前几次赵光义都是担任汴京留守的副职，配合枢密使吴廷祚，只做个大内都部署，也就是只负责皇宫大内的安全保卫工作。而这一次他却是汴京留守的首席长官，而以枢密副使沈义伦等一班朝臣为副。在这期间，赵光义实际上是代天子行政，可以处理朝中一切军国大事。汴京城乃至大宋的安危皆系于光义一身。

实际上，眼下的汴京乃至全国已经是社会安定、刑狱清明、烽烟不起、兵革不兴，进入了一个长期稳定的繁荣发展时期。宋太祖率兵北伐并无后顾之忧，赵光义坐镇京师也没有很多大事要处置。

尽管如此，赵光义每天却忙得团团转。每日早朝时，他都照例第一个来到朝堂，例行公事地与朝臣们会商各种政务。下朝之后他便匆匆地回到开封府衙，或是带上人巡察汴京城区，或是忙于开封府的各种细务。有时还要在这里会见前来拜访的朝廷官员和各级地方官吏。

赵光义在以自己的一言一行尽量给人们留下一个日理万机却忙而不乱、精明强干而又平易近人的良好印象。他要让人们知道，不管是政务、军务或其他国事，他的沉稳老道、雷厉风行都不让乃兄，更不比那些宰辅大臣们逊色。

事实上，他的这一目的达到了，不管是后周老臣还是近几年刚擢拔的朝中新秀，对这位年轻的开封府尹不能不刮目相看。他老成持重、多谋善断、聪慧机敏、处变不惊的风采都明显地闪耀着其皇兄宋太祖的影子，而且比宋太祖更加圆滑世故，虑事周全。

因此，在宋太祖去国远征的这些日子，他自然成了朝臣们的中心，成了汴京开封的中心。

于是，中枢门下省、枢密院、三司、御史台、翰林院等朝廷各司衙的那些大员，尤其是那些善于钻营取巧、急于上爬的官吏们便一窝蜂地往开封府涌，往他的府邸中钻，争先恐后，趋之若鹜。有以拜访为名套近乎的，有送礼谋差事的，有为人说项的，有毛遂自荐的，有献策的，有帮闲的，形形色色，应有尽有。

赵光义倒也大度，他是来者不拒，一律热情接待，不管你礼轻礼重，不管你有礼无礼，都让你进得来出得去。这些年他看得很透，那些急于给你送礼或是愿意登门的人都是有求于你或是急于投靠你的。你多收一份礼便多了一份人缘，也就多了一份力量。你若是假装清廉一律拒收，送礼的人就像热脸贴在了冷屁股上，人家就会因羞而恼，因恼而怨，怨久而恨，你便平白多了一个敌对势力。

这又何苦呢？这样的傻事他赵光义不干。以他现在的身份和地位，既是开封府尹，又是当今皇上的亲弟弟，开国功臣，收点礼、受点贿算什么？就是收个金山银山也捅不出大娄子。何况他要结好朝中权臣，笼络人心，也需要大把的银子，别人送了礼，自己再送出去，羊毛出在羊身上，白赚了个两面结好，如此美事何乐而不为呢？

赵光义今年三十岁刚出头，正是血气方刚的年龄。他本就天资聪颖，这些年在军界政界经过了风风雨雨、千磨万击的历练，更使他变得胸有城府，工于心计。

当年陈桥兵变，包括陈桥兵变之前，以权变之术迫使张永德从都点检的位子上下台，他都是主要的策划者之一。皇兄赵匡胤能够得以黄袍加身，神州大地万里江山所以能够姓赵，他都功不可没。

在大宋朝初创的头些年里，四方藩镇有的举兵反叛，有的各怀异图，朝廷内部前朝遗老中的怀旧势力有的与新朝廷同床异梦，有的则暗中串通，散布谣言。朝纲不稳，危机四伏。面对这种情况，他不敢有半点马虎和懈怠，总是打起十二分精神，用自己的全部心血和能量，甚至愿意用自己的整个生命去捍卫皇兄那个来之不易的帝王宝座，去换取赵氏江山的稳定和长久。那个时候，他与皇兄赵匡胤、宰相赵普三条心就像一条心，三个人就像一个人，真正的休戚与共，心心相印。这是大宋朝能够顺利接管天下，迅速稳定大局的根本所在。

现在，皇兄的御座已稳如磐石，赵氏江山也已经固若金汤。

但是，赵光义的心里却开始骚动不安，一种连自己也说不清的东西正在悄悄地抬头。

大宋得以立国，自己不敢说建有头功，起码也是三分天下有其一。可是，皇兄只封了自己一个开封府尹。虽说这开封府乃天子脚下，国之首府，开封府尹也是天下最有实权的方面大员。但与宰辅大臣们相比可就差了一截子。尤其是对朝廷中的军国大事，对于朝臣和地方官员的任命罢免，自己都没有说话的权力。每想到这一点，他便感到有些怅然若失。

再看看宰相赵普，那可真是一人之下，万人之上，大权在握，颐指气使。

每当看到满朝文武对赵普毕恭毕敬、阿谀趋奉的那种神态，他心里便感到酸溜溜的。

他现在不敢与皇兄比，那当然是不可比的。但还不能与赵普比吗？他决心要与赵普这个书生宰相一争高下。

赵普虽说也是陈桥兵变的主要谋划者，是皇兄的肱股之臣，但他毕竟是个外人，皇兄不该对他如此宠信，更不该让他高踞于自己之上，对自己处处掣肘，暗中抑制。

他必须在气势上压倒赵普，尽管那是首辅宰相。

为此，赵光义隔些日子就要在汴京开封绕城巡查一遍，他是执掌管理京师大权的开封府尹，有权这样做，这是他的职责所在。

每次外出，赵光义都是乘坐一台大轿，前面由数十名禁军侍卫鸣锣开道。随后是身着华衣丽服，手擎各色旗帜的仪仗队，仪仗队后面是二十多名乐手组成的鼓乐队。起轿落轿，金鼓笙簧奏鸣，声震十里长街。

大轿两边是开封府各司衙的官员们，文左武右随大轿迤逦而行。武将气宇轩昂，威风凛凛；文官儒雅倜傥，潇潇洒洒。

大轿后面是五六十名盔甲鲜明的侍卫人员，一个个龙睛虎目，不怒自威，一看便知是身手不凡的武界高手。

一行数百人浩浩荡荡，引得汴京城的居民挤满了御街两侧，这种气派和风光连皇帝出巡时也不曾有过。无怪乎有人见了这一场面，禁不住慨叹道："好一条软绣天街！"

不过，围观的士子庶民们倒不必担心受到骚扰，赵光义的护卫人员一向纪律良好，从不骚扰百姓和沿街的店铺商贾。赵光义有意造成这样的声势和气派，不过是要向赵普等宰辅大臣示威。他要让朝廷官员以及东京汴梁的所有人都知道，大宋朝说了算的，除了皇上之外，不只有个宰相赵普，还有个开封府尹赵光义。

他也想过，这样做会不会招致皇兄的疑忌和不满？不会的，对于汴京城的市井秩序和治安，皇上历来十分重视，他不允许在天子脚下有任何潜在的危险和不安定的因素。自己这样做，正是向躲在暗中的敌对者显示大宋王朝的威严和实力。对于那些剽掠敲诈、撬锁入户、掏兜扒窃的小蟊贼们，也是一种敲山震虎的威慑。

赵光义决心与赵普争高下，决雌雄，还表现在对开封府的修葺护建上。

这些年，赵普的宰相府大兴土木，已经今非昔比。

开封府当然不能落后。无须动用国库的银帑，各地藩镇和州府官员们孝敬的银子有的是，他用了两年的时间，该拆的拆，该建的建，该修缮的修缮，一座崭新的富丽堂皇的开封府便在御街东首拔地而起，向汴京庶民展示着它从来没有过的辉煌。巍峨高大的府衙正殿，鳞次栉比的廊庑、偏殿，轩、榭、亭、台、阁俱全的后苑，高轩敞亮、锦窗绣户的居室，组成了一个占地一百余亩，布局讲究、错落有致的建筑群。

后花园中，人造的山林岩壑几可乱真。山崖间流泉悬瀑，飞珠溅玉。各种琼花瑶草和怪木虬枝把偌大的一个花园点缀得生气勃勃。各种珍禽奇兽飞旋、漫步其间，百鸟啼啭如凤鸣鸾和。掩映于花木扶疏、绿荫如盖中的亭榭回廊可资游人小憩，又可让人凭栏远眺，浮想联翩……

开封府的豪华奢丽不仅让宰相府相形见绌，比皇宫大内也有过之而无不及。

当然，赵光义心里明白，与赵普的较量光凭在这些方面争奇斗巧是不够的，真正的较量是人心的较量，看谁能更多地征服人心，网罗人才。得人心者得天下。

因此，这些年来，赵光义不惜用各种手段广泛结交天下豪俊之士。在他的幕府中既不乏名贤大儒，更云集了一大批有各方面专长的才能之士。三教九流，僧道奇人，江湖术士，只要是识见过人，有一技之长的，他都不肯放过，必欲罗致于自己的羽翼之下。至于朝廷中的文武大臣们那就更不用说了。

在笼络人心方面，赵光义同他的哥哥宋太祖一样是个无师自通的天才。从某些方面说，他比宋太祖玩得更加得心应手。

宋太祖征服人心是"直中求"，靠自己的才能和威望慑服人心，靠掏出自己的一片赤诚之心换取别人生死不渝、肝胆相照的诚心，也就是俗话说的"以心换心"。

赵光义笼络人心却是"曲中取"。他既靠请客送礼、小恩小惠编织广泛的外围势力，更靠在别人生死攸关或升降荣辱的关键时刻曲意保全，多方呵护，使其死里逃生或应黜反升，从而结交了大批的死党。这些年来，仅在朝臣或节镇大员之中，因贪赃枉法、侵吞暴虐而该判杀头或流放，由他出面保下来的就有二十多人。这些人自然会永生永世感恩戴德，成为他的铁杆心腹。

在这方面，他确实比那个总是居高临下、盛气凌人的赵普高明得多。

现在，经过多年的苦心经营，赵光义已经羽翼遍天下，耳目满京师。他的府邸里几乎天天是车马盈门，轿舆不绝。来来往往的客人们几乎把他的门槛踏平了。

这天下午，他却破例不想见客。他对守卫大门的侍卫交代，除了医官程德玄之外，任何人一律挡驾，就说自己偶感风寒，不便见客。

程德玄是他多年来的第一心腹谋士，不仅医术精湛，而且为人机敏有术数，老谋深算，与自己相交十几年了，每临大事，算无遗策，而且对自己忠心耿耿，情同骨肉。

今天他要向自己推荐一个世外高人。此人是个道士，这些日子在东京城里名声大噪，据说能详知过去未来，吉凶祸福，每言必中。且能当场做法，为人祈福消灾。对这些神神道道的把戏，赵光义本来不大信，抱着个信则有、不信则无的态度，并不想见他。可是程德玄却说："我本是个行医的郎中，'医道''神道'从来冰炭不同炉，我原也不信。但前几天户部侍郎孙瑗下朝后碰上了那个道士，道士对他说：'你家三天之内必有大灾，山人愿为你消弭之。'孙瑗乃正宗儒学出身，哪里肯信这些，便不屑地问道：'请问我家有何灾祸？'道士道：'尊夫人旦夕休矣。'孙瑗的爱妾仅二十六七岁，平常一点儿病都没有，怎么会说死就死呢？这不是在当面诅咒吗？孙瑗当即勃然大怒，将那道士斥骂一顿，拂袖而去。但他毕竟不放心，当晚便找到下官，告知此事，并让我去为其爱妾诊视。我亦觉好奇，便为其小妾反复诊断，确是百病皆无，那孙瑗也便放了心。谁知前天夜里，孙瑗一觉醒来，摸了一把身边的小妾，居然肢体冰凉，气息全无，是何时死的都不知道。孙瑗这才后悔得捶胸顿足，号啕大哭。"

程德玄说着，赵光义只觉得后脑勺一阵阵发冷，竟有些毛骨悚然。但他仍不肯深信，认为也许是巧合。但程德玄又说："这道士近日在大街上公开喧嚷，说是皇上这次御驾亲征，只能是劳师糜饷，枉费心机，不久便会无功而返。"

一听这话，赵光义便坐不住了。如此诽谤朝廷、蛊惑民心的大逆不道之话他也敢说，而且是在东京大街上，众目睽睽之下，难道他就不怕掉脑袋？

其实，赵光义早已接到北伐前线的战报，近来战事十分不顺利，攻克太原希望不大，但这是军事机密，满朝廷里几乎也只有他这个汴京留守一人知道。这个道士怎么敢如此断言？

这样一来，他倒想见见这个神秘兮兮的道士了。果有异能，说不定以后也是一个臂膀。

未时头刻，程德玄领着那个道士来到开封府。赵光义在寝殿客厅里接待了他，为了说话方便，将侍从仆役一律屏退。

赵光义端坐在正北的一把雕花木椅上，见程德玄与那道士进来，也没站起来，只拿眼瞟了他一下，微微点头，算是打了招呼。

他是在有意拿大，如今这僧道者流装神弄鬼、欺世盗名者甚多。在没有探得虚实之前不能降尊纡贵，让这骗子有缘竿上爬的可乘之机。

那道士四十四五岁的年纪，头着道冠，身穿长衫，紫棠方脸，三缕长髯飘过胸前，确有些仙风道骨。手执一柄白色拂尘，进屋时如云飞风行一般，悄无声息。

这道士也十分倨傲，见赵光义如此无礼便不加理睬，自在一把座椅上坐了，冷眼看看赵光义，一言不发。

二人这样僵持着，程德玄觉得有些尴尬。赵光义也有些不大好意思，正想开口打破僵局，不料那道士却突然说道："别动，先不要动。"

赵光义大感诧异，看那道士时，却见他那如同枯井一般深邃漆黑的眼珠正一眨不眨地盯着自己的五官，接着又站起身来，走到自己的背后端详了起来。

赵光义便觉得芒刺在背，甚至周身都有些发冷，心里"咚咚"乱跳。莫非这道士又发现了自己有什么不测之祸、大难大劫？一念及此，顿时感到头皮发麻，全身泛起了一层米粒般的细疙瘩。

他正在疑惑，却见那道士又来到自己的正面，刚才的倨傲之态没有了，一脸的虔诚之色。他把道袍一撩，"扑通"一声突然跪在地上，十分谦恭地说道："张守真自出道以来从未跪过凡人。今日见了真龙天子，不能不拜。贫道恭祝万岁爷圣安！"

短短的几句话无异于霹雳闪电，狂风骤雨，一下子把赵光义打懵了。

他愣怔了多时，忽然想起这是夷灭九族的谋逆大罪。这疯道士是在把凌迟之罪、杀身之祸往自己身上栽。一定是他听到了市井中的一些传言，说陈抟老道当年曾说过"两个天子一担挑"的话，便来投自己的所好，邀取富贵。

想到这里，一股怒气在胸中升腾。赵光义杀心顿起，决不能留着这个牛鼻子，让他到处摇唇鼓舌。这种话一旦传出去，自己必定死无葬身之地。

他双眼闪着绿幽幽的毒火，猛地站起身来，顺手扯过案上的一柄宝剑，以剑尖指着那道士的胸口，冷冷地说道："你究竟是何人？为何来策动本府谋反？今日若不说个明白，我便一剑宰了你。"

程德玄一下子慌了，急忙跑过来劝阻。

那道士却哈哈大笑，直笑得眼中溢出泪花。他不慌不忙地站起来，弹弹双膝上的灰土，然后不紧不慢地说道："你慌什么？何须如此惊恐？贫道何曾策动你谋反？我说的是以后，并非眼下。眼下你才是个小小的开封府尹，连个'王'都没封，何谈九五至尊？但贫道观你龙凤之姿，天日之表，确是帝王之相，日后大宋朝万里江山非你莫属。这是天命，人岂可违？数年之后，自可验证贫道所言不虚，又何必现在叫你谋反呢？"

说着，那道士再看看赵光义，见他怒气渐消，手中宝剑已经垂下，便又说道："刚才你心里想什么，贫道知道。你以为我不过是听了江湖上的流言，顺着陈抟老道那句话来胡诌。其实不然，一切都在你的脸上摆着，异日定是贵不可言。贫道若不见尊容，定不敢信口开河。再者，你无须担心贫道在外面随意乱说。今日是在你府上，就我等三人，隔墙无耳。若对外人，天机岂可随便泄露？好了，现在你可以杀我了，贫道凡胎肉骨，一剑便可置于死命。不过，就是把你开封府的刀枪剑戟、十八般兵器都取来，也杀不了玉皇大帝身边的'黑煞将军'。"

这一大段话说得虚虚实实，云山雾罩，直把赵光义和程德玄都听得一头雾水，不知说什么才好。

见赵光义有些不知所措，那道士却来了精神，心里想，若不露点真本事给他们看看，料他们也不会心悦诚服。于是拿起拂尘走到大殿门口，回过身来对二人说道："二位请看好。"说着把拂尘柄横举起来，右手伸出两指，在拂尘柄上轻轻一砍，便见那擀面杖粗细的拂尘柄从中间被齐齐地斩为两截。

赵光义见了虽然有些吃惊，却觉得并没有什么神奇之处。不禁笑道："这不过是道长的功力了得，江湖中也有不少人怀此绝技。"

那道士又一次哈哈大笑，笑罢指着赵光义的腹部说道："你仔细看看那里。"

赵光义低头一看，只见自己腰中所系的那条宽宽的金丝宝带竟像被一把剪刀齐齐地剪为两段散落在地上。见此情形，直惊得脸色煞白，头顶上冷气直冒。这道士要想行刺自己，岂不是易如反掌？

那道士却好像又看透了他的心思，微笑道："实言相告，贫道并没有什么功夫，适才的小把戏不过是贫道作法，请'黑煞将军'附身所为。"

至此，赵光义、程德玄才算是心服口服，忙重新施礼让座，招呼下人们献上好茶，三人品茶细谈。

经赵光义再三询问，那道士才将自己出道前后的始末根由细说了一遍。

原来此人姓张名御奔，本来只是商洛山中一个普通的乡间百姓，素以耕种为生。

有一天夜里，他忽然发起了高烧，一连三天三夜高烧不退，他也一直昏迷不醒。家里人请医用药都全然无效。

直到第四天早上，他的病一下子好了，而且神清气爽，身体健壮如初。原来是神祇降临，附身作法。此神号称尊神，又称"黑煞将军"，乃是玉皇大帝的辅佐之神，到人间来借他的肉体作法，为人们祈福消灾。

自那以后，他不再种田，而到嵩山道观中当了道士，道号张守真。

他一年之中有大半年在大江南北云游，遇到谁家有个三灾六难，他便不请自到。在一间密室中戒斋祈请，神灵必定降于室中。

于是神风瑟瑟，满室肃然。外人只能听到喃喃的说话声，如同婴儿学语一般，却听不懂说的是什么。

张守真说这是"黑煞将军"在与他对话，外人只能闻其声，却不能会其意。

他来到汴京也一个多月了，已有许多大户请他祈神作法，每祈辄验，使许多人躲过了大祸。

听张守真说完，赵光义心中凛然，又大喜过望。他立即命人大摆宴席，盛情款待这位得道仙长。

从此以后，张守真便成了开封府的座上宾。赵光义将其奉若神明。渐渐地二人便无话不谈，成为莫逆之交。

赵光义又多了一个神通广大的心腹，开封府愈加气焰嚣张、有恃无恐了。

宋太祖于开宝二年（969年）六月从北汉回到汴京后着实沮丧了几天。这次出师未捷却损失惨重的严重挫折在他的心里留下了一团阴影，使他在一段时间里一直闷闷不乐，即使与花蕊夫人在一起也没有了往日那种发自内心的欢悦。

但是，宋太祖不是那种甘于沉沦的人，他是从逆境和奋斗中走过来的，挫折和失败并不能摧垮他，也很难让他灰心和颓废。他很快便调整了自己的情绪，开始集中精力处理朝政，雄心勃勃地构思着尚未完成的统一大业。

他开始重新思考"先南后北"的战略方针，把下一个统一的目标对准了南汉政权。

南汉距离中原甚远，地处岭南，消息闭塞，他对南汉政权各种情况知之甚少。他想起了宋军在攻取湖南郴县时曾俘虏了南汉的十几个官员。便命人设法找到他们，他要见见他们，从他们口中了解一些情况。

一名叫徐延业的南汉人被带进了大内。这徐延业已经被俘好几年了，被释放后一直在汴京城里做小生意。大宋皇帝突然召见，他不知道有什么祸事降临，浑身颤抖着给太祖磕头请安，然后便跪在一旁，连头也不敢抬起来，只等着皇上发落。

宋太祖仔细打量着面前这个人，只见他身材纤细瘦小，面色苍白，走起路来扭腰摆胯，柔弱无力，说起话来操着一口娘娘腔，一副似男非男、似女非女的样子，心里就像吃了只苍蝇似的，感到一阵阵恶心。

他厌恶地摆摆手，让他站到一边，以不屑一顾的语气问道："你在南汉官居何职？"

徐延业以一种不男不女的嗓音尖声细气地答道："小人曾在南汉宫中为护驾弓箭手。"

好家伙，这样的人还能射箭，而且是保护皇上人身安全的护驾弓箭手，宋太祖大惑不解。便命人拿来弓箭，让他试射。

徐延业持弓在手，使出吃奶的力气，苍白的面孔涨得赤红，连拉三次都没有拉开，口中却早如老牛喘气一般。他放下弓箭开口说道："大宋尽是强弓硬弩，小人力不能逮。"

宋太祖十分鄙夷地看着他，心想：南汉果真无人？护驾弓箭手都选这种人担任，国力之弱可见一斑，岂不是天助大宋？

于是，太祖便问起南汉的朝政、军情、民心、国力等情况。别看这徐延业力弱不能控弦，因世代居住在岭南，又在宫廷为官多年，对南汉的历史和现状却了如指掌。

南汉政权是唐朝末年刘隐所建。他因平定广州兵乱有功，被任命为节度使。后梁时期刘隐上表称臣被封为南海王。

刘隐死后，其弟刘陟袭职，因国力渐强，与后梁断绝往来，自在番禺（广州）建国称帝，最初国号为大越，后改为汉。刘陟于几年之后改名为刘龑，"龑"是他自己造的一个字，取《周易》中"飞龙在天"一语之意。

刘龑称帝后，骄奢淫逸，滥杀无辜，把岭南变成了一座酷刑遍天下、杀人如刈草的人间地狱。而这位皇帝却只顾着恣意享乐。他公开对臣下们说："朕这一辈子做不了尧、舜、禹、汤这样的明君，却要做一个风流天子。"

刘龑做了二十五年皇帝，因酒色无度而病死。其子刘玢继位。刘玢继承了帝位，也继承了乃父的风流天性。整天不理朝政，在宫中宴饮作乐，玩腻了便微服出行，到宫外去嫖娼宿妓，甚至将妓女公然接入宫中肆意狎玩。

他当了两年皇帝，便被他的弟弟刘晟杀死夺了帝位。刘晟是个杀人狂，他不仅杀了刘玢，而且把自己的所有兄弟全部诛杀，朝中的许多大臣也都被其处死。他又是个怀疑狂，对朝臣们谁都不相信，只信任宦官和宫女，命宫女卢琼仙、黄琼为女侍中。让宦官林延遇典掌王命，专擅朝政，宫中有宦官一千多人，南汉几乎成了一个宦官之国。

刘晟死后，他的儿子刘𬬮继位，也就是现在的南汉皇帝。刘𬬮继位后朝中大权掌握在宦官龚澄枢手中。龚澄枢自己是宦官，也希望朝中的大臣们同自己一样都是不男不女、不伦不类的人。因此，他一有机会便向刘𬬮灌迷魂汤。说什么大臣们一旦有了家室，有了妻子儿女，便有了私欲和牵挂，就不会一心一意地辅佐皇上，就不会对皇帝对国家忠心耿耿，只有当宦官，只身一人，了无牵挂，才会尽心尽力地辅佐皇上。

刘𬬮听这龚澄枢说得也颇有道理，便将生杀予夺的大权交给他，任其胡作非为。

龚澄枢大权在握，将朝中的大臣们或杀或贬，相继逐出朝廷，国家军政大权全部由宦官和宫人执掌，后宫宦官一时多达一千七百余人，形成了一个庞大的炙手可热的宦官集团。

朝中凡是生理正常的文武百官都被龚澄枢称作"门外"，凡多少有些才华并想入朝为官的要一律被阉割。更令人啼笑皆非的是，朝廷举行大考，凡是金榜题名、高中状元者，先要施以宫刑，当状元便意味着当太监。

刘𬬮称帝之后，其风流奢靡和残忍暴戾与他的先人们相比更是有过之而无不及。他基本不上朝理政，终日躲在后宫里宴饮作乐，或是巡幸出游，以美酒、美女和丝竹笙簧为伴。

宫内丽姝佳人数不胜数，花容月貌和温香软玉玩腻了，就像山珍海味吃腻了一样，这位一直在阉竖和女人的包围和熏陶下也变得心理畸形的风流天子别出心裁地弄了个波斯女孩置于宫中，恣意玩乐。这波斯女孩十五六岁，长得又黑又胖，像个极富弹性和肉感的圆球。

刘铄十分宠爱这个异邦女子，亲昵地称她为"媚猪"。他每日把"媚猪"带在身边，出必同辇，坐必同席，卧必同衾。他曾让"媚猪"在臣属们面前脱得一丝不挂，让大臣们欣赏她那漆黑油亮的皮肤和肥腴诱人的肉身，十分得意地说："朕夜拥'媚猪'，虽冰雪隆冬，亦温暖如春，虽竹床草席，亦柔软似锦。"

徐延业还告诉宋太祖，南汉的几代皇帝除了淫逸奢侈之外，都是酷刑峻法，嗜杀成性。

刘龑在位时便创立了各种酷刑。又设一水狱，将毒蛇放入池中，再将人投入，让千万条毒蛇活活地把人叮咬至死。有时还把人扔进滚烫的热水里，再捞出来，在烫烂的皮肤上敷上盐和酒，放在烈日下曝晒，让人慢慢地腐烂至死。

刘晟为帝后，种种酷刑毫不逊色。他在纵情享乐时大开杀戒，从殷红的鲜血中获取刺激和快感。他经常在大殿里聚集群臣宴饮。同时在殿前放置野兽，射杀取乐。有一次夜间宴饮，刘晟多喝了几杯，已是烂醉。却乘着酒兴，让一个戏子站出来，在他头顶上放了一个甜瓜，他要试剑。刘晟摇摇晃晃地站起来，手持利剑，猛地向头顶的甜瓜砍去。席间众人或扭转了脑袋，或闭紧了眼睛，都不敢看。却听"咔嚓"一声，睁眼看时，那戏子的头颅早被砍落在地，脖腔里的血喷射而出。众人吓得浑身发抖，刘晟却手持血剑哈哈大笑。

刘铄小小年纪为人却十分残忍。他当了皇帝之后，又设置了剥皮、剔骨、火烧、生煮、刀丛剑树之刑。尤为令人发指的是，他居然想出了一个让罪犯与猛虎、大象角斗的刑法。每次行刑，刘铄都要亲临刑场观赏。他坐在巨大的兽笼边，怀里抱着"媚猪"津津有味地观看着兽笼里那惨烈的一幕：人兽拼搏，血肉横飞，霎时间，一个个活人的肝肠心肺和全身肌肉都成了凶兽的美餐，只剩下一堆从野兽口中吐出的森森白骨。每到此时，刘铄都会发出一阵舒心的畅笑，就像看完了一场精彩而又扣人心弦的好戏。

宋太祖听着这些令人毛骨悚然的描述，他这个一生驰骋疆场、见过无数杀人场面的铁汉子都禁不住打了几个冷战，一颗心紧缩着。

听徐延业说完之后，宋太祖十分惊骇和愤慨地说道："如此衣冠禽兽，居然面南称尊，南汉民众何以为生？吾当发兵，救此一方民众于水火之中。"

从那天以后，宋太祖便决心讨伐南汉，吊民伐罪。但是岭南距中原千里之遥，宋军征讨北汉之后尚需休整。宋太祖经过深思熟虑，决定对南汉先礼后兵，采取了请人劝降的办法，力图不动干戈收复南汉。

据他了解，南唐与南汉的关系一直较为密切，而南唐主早已臣服于宋，事事毕恭毕敬，俯首帖耳。于是他立即传谕南唐主李煜，令他出面劝降南汉刘铱。与此同时，宋太祖也未放松武力收复南汉的准备。他命人在荆湖一带充分屯集粮秣和攻战器具，准备一旦劝降不成，立即发兵。

将收复南汉的各项事宜部署好以后，宋太祖便把这事暂时搁置一边，又开始处置国内的各种事务。他要与宰相赵普好好地计议一下，这几年一直忙于征伐，消耗了大量的财力物力，黎庶百姓的租赋课税必然加剧，徭役必然增多，农事粮桑都会受到影响。

过去几年里，他一直很重视农耕，以农为本的思想在他心中占着重要的位置。在征战之余，他多次下达诏书，强调民为国之本，食为民之天。各级政府官员都要把劝农垦耕当作头等大事，广务耕耘，勿违农时，勿遗地利，让百姓家给人足，安居乐业。

建隆三年（962年）春耕时节，他下了一道《赐郡国长吏劝农诏》，诏书写道：

> 生民在勤，所宝唯谷，先王之明训也。朕以万邦大宝，渐属于隆平，百姓之心，欲臻于富庶，永念农桑之业，是为衣食之源。今者阳和在辰，播种资始。虑彼乡间之内，或多游惰之民，苟春作之不勤，则岁功之何望？卿任居守土，职在颁条，一方之忧寄非轻，万宝之蒸黎是赖，宜行劝诱，广务耕耘，俾无遗利，各有余粮……

乾德二年（964年）正月，宋太祖再下《劝农诏》：

> 朕以农为政平，食乃民天，必务稽以劝分，庶家给而人足。今土膏将起，阳气方升。苟播种之失时，则丰登之何有？卿任隆分土，化洽编氓，所宜趋东作之勤，副西成之望，使地无遗利，岁有余粮，勉行敦劝之方，体我忧勤之意。

在乾德四年（966年），宋太祖又颁发了《劝栽植开垦诏》，明确规定对于新开垦的荒地要少征或不征租税，使百姓得到开垦荒地的利益，从而积极开荒，州县官员当中那些劝农垦荒成绩显著的要予以奖励和提拔，而对那些劝农开荒不力者则予以惩罚。

这些劝课农桑的诏书和政策对于安定民心和发展农桑无疑产生了极大的作用。但是，由于连年征战，徭赋沉重，广大农民未必真正做到了家给人足，安居乐业。应该想法子整改税制，以宽民力，革除五代以来租庸之法的各种弊端，这是确保大宋江山千秋万代的根本。

要正确地处置这方面的政务，自然要与首辅大臣赵普商量。

宋太祖还保持着初当皇帝的习惯，愿意在散朝之后一个人到大臣家去串串门，散散心，在轻松愉悦的环境里商谈些大事。

这日下午，宋太祖又微服出宫来到了宰相府。

赵普的府邸已今非昔比，太祖进门之后，但见楼宇高轩，亭榭玲珑，花木扶疏，曲径雕栏，一派豪华富丽的气象。太祖悠闲漫步，转过两进楼宇，走过一道仪门才进入了赵普及其妻妾的居室。

赵普正身穿长衫，手摇折扇，半躺在一张竹凉椅上读书，一边读，一边前后摇晃着，口里还在轻声嘟哝着什么，很是入神。

他突然听到有脚步声，抬头一看，吓了一大跳。慌忙站起身来，趋前几步跪倒在地说道："不知万岁驾到，臣赵普有失远迎，望皇上恕罪！"

太祖微笑着让他平身，说道："朕没事闲逛，无意间走到这里，不知者不怪，卿何罪之有？"

赵普请皇上屋里坐，就要命内眷们出来叩见皇上。

太祖摇手将他制止，正要举步进屋，却见西厢廊檐下有数十个装海产品的瓷罐。太祖有些纳闷，大热天的这些海货怎么还放在屋外，便信步走了过去，口中问道："这是从哪里弄来的？"

问者无意，听者有心。赵普显得有些惊慌，便支支吾吾地道："这是吴越王钱俶刚派人送来的，还没来得及打开。"太祖便笑着说："既是吴越王千里迢迢特意送来，必定是上等海货，打开看看如何？"

太祖其实是有一搭无一搭地随便说说，什么样的海鲜他没见过？但是君无戏言，皇上既然说了话，赵普再不愿意也不敢抗命，他只好让人把瓷罐盖子打开。

太祖却奇怪地发现，赵普有些惊慌失措，额角上已冒出了汗珠，两腿也似乎像怕冷似的微微颤抖。

坛子打开了，太祖探头一看，心里只觉"咯噔"一下，两眼睁得老大。哪里有什么海货，数十个小罐里装的都是黄澄澄耀眼灼目的金子。

赵普惶恐万状，汗流浃背，"扑通"一声跪在地上，磕头如捣蒜一般，口里不停地解释着："微臣确实不知这里边装的是金子，只以为是一般的海货。若知是吴越王的贿赂，臣自会奏明陛下，拒而不受。"

不管怎么解释，太祖都感到是欲盖弥彰，越描越黑。他只觉得一股冷气倏然袭遍全身，钻入了他的肺腑之中，一丝阴影也爬上了他的眉尖。

但是太祖不想让他的爱臣当面出丑，他很快便控制了情绪，装做很不在意的样子说："爱卿何必如此惊慌，这不过是吴越王觉得你这个书生执掌国柄，送些薄礼给你，让你帮着说几句好话。卿但受之无妨。"说罢，让赵普起身，君臣二人一块走进了赵普的客厅。

赵普命人献茶，二人慢慢呷着。此时，宋太祖再也无心与他商量整改税赋等事，只是随便说了些零零碎碎的小事便告辞回宫。

宋太祖走后，赵普心里就像揣上了一个小兔子，狂蹦乱跳，七上八下。他连晚饭也没吃便和衣躺在了床上，他感到恐惧，感到一颗心在悸怖战栗。刚要睡去，却突然像双脚踩空，整个身子掉进了万丈深渊，一个激灵惊醒，早已冷汗涔涔。

对于这个主子的脾气赵普是再熟悉不过了。他既热得像一团火，又冷得像一块铁；他那颗心既柔软得像捧棉絮，又坚硬得像块山石。对于言官，对于文士，对于老弱病贫，他极力呵护，爱怜有加，从不过分加罪，更不无辜枉杀一人，是一个宽厚仁慈的长者。可是他最憎恨那些贪官污吏，一旦发现决不心慈手软，该杀的杀，该制的制，从不宽恕，竟是一个狰狞可怖的严苛之君。

赵普还清楚地记得，建隆三年（962 年）太祖曾专门针对盗赃罪下诏，诏曰：

> 王者禁人为非，莫先于法令；议事以制，必务于哀矜。世属离乱，则纠之以猛；人知耻格，宜济之以宽。窃盗之徒，本非巨蠹，奸生不足，罪抵严科。今条法重于律文，财贿轻于人命，俾宽禁之，庶合旧章。今后犯窃赃满五百贯者处死，不满者降罪差处。

窃赃满五百贯即被处死，足见这位主子对贪赃枉法的深恶痛绝和惩贪除奸的铁石之心。

这些年来，许多朝廷官员因贪赃受贿而被无情处死的往事就像折子戏一样在赵普的脑海里一幕一幕地闪过。

建隆二年，商河县令李瑶因为贪污被杖击而死，供奉官李继昭因为盗卖官船被斩首弃市。

建隆三年，员外郎李岳、陈偓和殿直成德钧因为贪贿赃银被一块砍了脑袋；河务官王训等四人因为以糠土掺杂军粮从中牟利被磔于市。

乾德二年，宗正卿赵励因贪赃受贿罪被杖责后削职为民。

开宝元年，大将石延祚因监仓自盗被斩首弃市。

……

一件件，一桩桩，开国以来，已有百余名大小官吏和有功之臣因贪赃枉法而人头落地，不管谁来说情，太祖都不姑息。

想到这些事，赵普心惊胆战，就像突然掉进了冰窟里，只觉得浑身发冷。

他又想起太祖在登基之初就同自己和其他几个近臣讨论过惩贪鄙、倡廉吏的话题。太祖那时就说，身为朝廷命官，一定不能贪财，要慎终如始，保持晚节。他说："唐太宗时曾跟臣下讲了一个故事，说是西域有一个商人，因为贪财成性，只知爱钱，不知爱身，竟然割开自己的肚子藏珠宝。唐太宗以此告诫大臣们说：'明珠乃身外之物，贪财实自残其身。为主贪，必丧其国，为臣贪，必亡其身。'贤者爱财损其志，愚者爱财生其过。徇私贪浊，妄受财物，到头来必定反误了自己的身家性命。"

宋太祖在好几个场合都引用过唐太宗的这段高论，每次都显得十分激动。可见其惩治贪墨、革新吏治的决心是始终不渝的。今日下午，那十罐金子怎么就恰恰被他撞上了呢？自己莫非真成了那个剖腹藏珠的西域商人，为了金银而丧命？太祖对自己会怎么处置呢？是杀还是逐？但无论如何，自己在皇上面前的宠信肯定要从此衰落了。赵普悔恨地用拳头打着自己的脑袋，这个满腹经纶、智谋过人的当朝宰相第一次惶惶然不知道该怎么办了。

这一夜，宋太祖也同赵普一样，思绪如潮，不能自抑。赵普贪赃枉法已经不是一次两次了。每一次自己都念他功高勋著，又是社稷重臣，都大事化小，小事化了，委婉地保护了他，可他怎么如此不知自爱呢？

早在开宝元年（968 年）十月间，太祖正在讲武堂议事，大理寺的雷德骧突然满面怒容地闯了进来，一进门便抑制不住满腔的愤慨，高声叫嚷，说是大理寺官属及堂吏附会宰相，擅增刑名。他越说越气，竟当着好几个大臣的面直呼其名参奏赵普强买民宅，收受贿赂，敛金聚财。要求太祖秉公处置，以正朝纲。

平心而论，太祖也知道雷德骧说的可能是事实，要不然怎么会空穴来风？

但从感情上讲，他却不愿相信这是事实，更不愿意赵普这个情同手足的患难之交栽在自己的手里。他想了一阵，便对雷德骧喝斥道："一派胡言。鼎钵尚且有耳，你难道连个耳朵都没有，就没听说赵普乃是朕的社稷之臣吗？"

他本想把雷德骧斥退，替赵普留些脸面。谁知这雷德骧耿直而又暴躁，只认死理，居然在太祖面前大吵大嚷起来。太祖大怒，立即命人将他拖出去，交有司处以重罪。但怒气消了之后，又觉得对待他太过严苛，便又重新下令，只以擅闯宫廷之罪将其贬为商州司户参军。

不久，权三司使赵玭又告发赵普在秦陇间购置木材，联成巨筏通过水道运抵京师，准备大事修建府邸。此事严重违背了朝廷的禁令，太祖只好召集百官议罪。他问太子太师王溥等人赵普该治何罪，王溥等畏于这位炙手可热的首辅宰相权势太大，便违心地说根本没有这回事。也是出于"为亲者讳"的心情，太祖借机下诏，令人将赵玭责打一顿，贬为汝州牙校，又一次保护了赵普。

可是今日下午这十罐金子却是自己亲眼所见，再也不会有假了吧？

这个赵普，多么聪慧精明的人，当年壮志凌云，豪气千丈，自己将他倚为共创千秋大业的心腹之臣，怎么一为高官就经不起这些黄白之物的诱惑，自甘堕落？这金钱到底是个什么怪物？为什么能让那么多有雄才大略的人为之折腰，为之倾倒，甚至为之覆车翻船掉脑袋亦在所不惜？

赵普可算得是自己最贴心的人了，怎么也会背着自己去敛财聚宝？自己多次违心地回护他，为他遮掩，为他护短，为他而置律令于不顾，委屈了那些敢于直面谏诤的忠义之士。可他怎么就不能体谅朕心，却像中了邪似的，不稍收敛，不知愧悔，我行我素？

这金钱真是个十恶不赦的魔鬼！

对赵普该怎么办，宋太祖也一时没了主意。杀是不能杀，他赵匡胤要做一代明君，不能落个枉杀功臣和兔死狗烹的历史罪名；贬也不能贬，这是个难得的治国奇才，国家需要他，江山社稷需要他，自己一统华夏的大业更需要他。那该怎么办？宋太祖痛苦地摇摇头，他只觉内心里一阵阵抽搐和刺痛。

好在朝臣们并不都是贪官墨吏，清官廉吏也大有人在。宋太祖在龙榻上翻了个身，眼前又现出了另一个宰相的面容。

他就是三朝宰相范质，也就是在陈桥兵变之后曾当面怒斥过自己的那个人。此人乃当代鸿儒大贤，自幼颖悟异常，九岁能诗能文，十三岁便做塾师，给生徒讲授《尚书》。十八岁时举进士，文章写得花团锦簇，酣畅淋漓。后汉时官至中书舍人、户部侍郎，在外领兵的郭威屡见他所起草的诏书，大为惊叹，对左右说道："范质真宰相器也。"郭威称帝后，果然拜其为宰相。到周世宗时，加开府仪同三司，封萧国公。

大宋开国之后，范质仍任首辅宰相。就是这样一位才华横溢、名满天下的三朝宰相却能一生清心寡欲，崇尚俭朴，从来不肯多置田宅，贪图享乐。五代时期，朝中宰相大都向藩镇索取财物，用以自肥。范质不仅不肯向下边伸手，还常常把自己的薪俸用来救济孤老贫弱。

他一辈子不食异品，不居华屋，不事铺张，甚至连一套像样的接待客人的酒器都没有。

乾德二年（964年），范质病重，太祖亲往探视，看到其家中陈设简陋，略无余财，竟像个普通士子之家，既无酒器，亦无茶具，大感惊讶，便问答："卿贵为宰相，一人之下，万人之上，为何自苦如此？"范质却回答说："臣先前在中书省时，家中并没有许多来访的私人朋友，能前来看望臣的都是贫贱时的穷朋友，相对而饮，何须专门的器具？从那时起便养成了习惯，一直保持至今，并非是臣清贫得连套酒器也买不起。"太祖听后深受感动，为表彰他的清廉，便命人送了一套果案和酒器给他。

范质不仅以清廉律己，对于儿子们也常进行这方面的教育。他的儿子范旻曾任邕州知州兼水陆转运使，每年为京师转运稻米百余万石，自己却能粒米不沾，分毫不取。邕州风俗好淫祀，轻医药，有病求神问鬼。为了改变这种陋习，范旻在任期间几乎把自己所有的俸禄都用于为病人买药请医，救活了一千多名病人，而自己的家人却常常饮食不继。

范质在临终之时嘱咐他的儿子，在他死后，不求封谥，不刻碑石，薄棺殓葬，丧事从简，真正做到了功业无瑕，善始善终。对于范质这种轻财重节、不齿贪浊的高风亮节，太祖从心里敬服和尊重。在他死后数年，太祖还不断地对身边的人说："范质一生俭约，勤于职守，居第之外不殖私货，乃真宰相也。"

范质与赵普，两代名相，两种品格，相比之下，高低立判。赵普啊赵普，本乃济世大器，治世奇才，何以竟为金钱银币这些生不带来死不带去的身外之物所惑，以致痴迷不悟？

宋太祖为赵普感到深深的悲哀！

第三十一章　摧枯拉朽　南汉覆灭

南唐后主李煜接到宋太祖要他劝降南汉的敕命后，立即命知制诰潘佑写了一封长达数千字的劝降信，他又亲自反复斟酌，精心修改后，派给事中龚慎仪为使者前往南汉劝降。他要利用自己与南汉主的个人友情来完成宋太祖交给他的这一光荣而又重大的使命。

这封劝降信写得情真意切，文采飞扬。信的开头首先回忆了两国之间几十年来"情若兄弟，义敦交契，忧戚之患，曷尝不同"的密切关系，然后便详陈利弊得失，力劝南汉主"三思其心"，尽快臣服大宋。

此信所列举的劝降理由，大致有这么几个方面：

首先是"割地以通好，玉帛以事人"乃古往今来常有之事，"小之事大，理固然也"，并不算什么不光彩的事，更非奇耻大辱。况且大宋皇帝"以命世之英，光宅华夏"，是"承五运而乃当正统，度四方则咸偃下风"。如今"遇天下之兵锋，俟贵国之嘉问"，作为一个泱泱大国，已做到了仁至义尽，若是"介然不移"，甚至逆势而动，只能有害于宗庙社稷，有害于黎民百姓，更有害于您自身。

其次是说大宋皇帝乃当世明君，旷古圣主。他曾说："彼若以事大之礼而事我，则何苦而伐之？若欲兴戎而争锋，则必取祸矣……大朝之心非有唯利是贪，盖怒人之不宾而已。"若与大朝为敌，实乃"不顾大小强弱之殊"的不明之举。今"大朝许以通好，又拒而不从"，岂是为国家社稷者所为？大朝"师武臣力，实谓天赞"，"登太行而伐上党，士无难色；绝剑阁而举庸蜀，役不淹时，是知大朝之力难测也，万里之境难保也。国莫险于剑阁，而庸蜀已亡矣；兵莫强于上党，而太行不守矣"，由此可见，南汉绝不可与大宋争锋。

再次是说，南汉一些"矜功好名之臣""献守土强国之议"，以为"五岭之险，山高水深，辎重不并行，士卒不成列，高垒清野而绝其运粮，依山阻水而射以强弩，使进无所得，退无所归"，又认为大朝所长在平原，若舍长就短，轻进岭南，虽有雄兵百万亦难取胜。据闻有人还认为能战胜宋军，则霸业可成；若不能制胜，则浮巨舟而泛沧海，亦终不为人下。这些全是"孟浪之言","坐而论道则易,行之如意则难"。"想那荆湖、西蜀,习山水,惯险阻,却早已尽归大宋。况南汉与大宋封疆接畛,水陆同途,若诸道夹攻,尚有何险可守!"

最后又推心置腹地劝道:"倘大朝以为贵国无通好之心,有抗拒之意,必发大兵以攻伐,至彼时不仅玉石俱焚,生灵涂炭,还命我朝与贵朝断绝联系,望能体谅吾之苦衷。"

一封劝降信写得洋洋洒洒,感人至深。无奈信写得再好,总是劝人拱手把大片国土交出来,然后做个亡国之君。不管李煜如何才气横溢,这信如何文采飞扬,也不管他的用心多么良苦,南汉皇帝根本听不进去。信还没有读完,刘𬬮早已暴跳如雷,立即下令将南唐使者龚慎仪扣押起来,并派人给李煜送去一封措辞激烈的回信,断然拒绝投降。

宋太祖别无选择,只有举兵讨伐。他已经做到了先礼后兵,出师有名。于是打着"惩治南汉主残暴,拯救一方之民"的旗号,堂而皇之地大举进军了。

这次南征大军有十万之众,由潭州、朗州等十个州的兵马组成。大军主帅——贺州道行营兵马都部署由潘美担任,以朗州团练使尹崇珂为副,道州刺史王继勋为兵马都监。

开宝三年(970年)九月,十万宋军旗甲整齐,士气昂扬,从道州出发,浩浩荡荡向南开进。一路上,翻越了越城岭、都庞岭、萌渚岭、骑田岭、大庾岭等层峦重嶂,直趋南汉边城贺州而来。

贺州守将陈守忠见宋军来势汹汹,不敢怠慢,急忙派大将陈守义率军一万前往抵御。南汉军行至湖南江华一带,与宋军前部尹崇珂遭遇,两下里摆开阵势,各自擂鼓助威,呐喊之声响彻云霄,在四周的山谷间久久回荡。

宋将尹崇珂鲜盔亮甲,座下一匹枣红马,手持长柄大刀,威风凛凛地掠入阵中,高声喊道:"南蛮贼囚,何敢不顺天意,不识进退,阻遏天兵?若想保命,速速下马来降。"

陈守义闻言大怒,手舞狼牙棒,催动座下白龙驹,也不答话,直冲到尹崇珂面前,挥棒便打。尹崇珂举刀相迎,二人武艺相当,你来我往,战至半个时辰仍不分高低。

又战了一会儿,尹崇珂渐渐不支,虚劈一刀,拨马向本阵跑去。陈守义哪里肯放,拍马紧追。尹崇珂在前面偷偷取出弓弦,冷不防回身便是一箭。陈守义正在拼力追赶之时,忽见一道黑影飞来,慌忙躲避,却已来不及了。

便听"哎哟"一声，那箭镞已没于肩甲之中，陈守义扑通一声栽于马下。尹崇珂勒转马头冲至面前补上一刀，登时结果了他的性命。

南汉兵一见主将阵亡，顿时惊慌失措，掉头便跑。尹崇珂挥军乘势掩杀，南汉万余兵马死的死，逃的逃，霎时乱作一团。

陈守忠惊恐万状，急派人报往朝廷。

刘铱听说宋朝大军已入汉境，这才慌了手脚，忙召宰相龚澄枢前来问计。前文已说过，这龚澄枢乃是一名太监，在刘晟为帝时已进位宰相。刘铱继位后，特加开府仪同三司，晋升为上将军、内太师，军国大事全由他一人决断。龚澄枢为了邀欢固宠，特意收买了女巫樊胡子献于宫中，取悦于刘铱。樊胡子假装玉皇大帝附身，对刘铱说道："龚澄枢乃是玉皇大帝派来辅佐陛下的，不可轻易加罪。"于是刘铱对龚澄枢信任有加，言听计从。

这龚澄枢一门心思都在取悦刘铱，对于两军交战之事却一无所知，此时哪有良策可献？

他默然良久，只好对刘铱应付道："我国将士素来忠勇无比。宋军来攻，国难当头，只要派人带圣谕前去宣慰一番，自能振奋士气，击退敌兵。"

刘铱立即命人起草一份宣慰诏书，派龚澄枢带着赶往贺州前线。

龚澄枢对贺州守军宣读了皇上的宣慰诏书，兵士们听完后却一片沉默，没有任何反应。这些兵士多是被招募来的穷人子弟，他们戍守边关已经多年，艰辛备尝，穷苦清贫。听说朝廷派人来了，原以为在大战将起之际，皇上会赐他们一些金银财物，他们也好捎回家去，想不到盼来盼去，盼到的却是满纸空话。

军中诸兵士口上不说，心中却愤愤不平。皇上醉生梦死，日费斗金；满朝文武纸醉金迷，贪墨成性，对在前线出生入死的将士们却如此吝啬。他们在极度失望之后变得异常愤怒，心灰意冷。

当天夜里，便有许多士兵偷偷地离营逃跑，没跑的也暗下决心，到战场上见机行事，不能为这个昏君枉送性命。

这时候，潘美率领大军一路势如破竹，已攻下芳林镇，离贺州只有很短的路程了。龚澄枢见大事不妙，连夜乘小船逃回广州。

刘铱得知宋军已兵逼贺州，急忙再召文武群臣商量对策。众大臣一致推荐大将潘崇彻率军迎敌。

潘崇彻是南汉颇有韬略的一员骁将。但是，在前不久，因龚澄枢等一帮太监谗毁被剥夺了兵权，正怀恨在心。此时见众人又推荐他领兵上阵，内心里只觉得一阵阵发冷，几年前的一件往事突然又出现在脑海里。

还在乾德二年（964年）的时候，有一阵子，刘铱忽然心血来潮，要派兵攻打宋朝的潭州。那时的南汉军力已十分疲弱，兵甲不治，人心厌战，要与宋军对阵简直是天方夜谭。

内常侍邵廷琄对这种情况了如指掌，便向刘铱劝谏道："汉承唐乱，居此五十余年。幸中原战乱不断，干戈不及南疆。而因久无战伐，汉亦骄于无事。今兵不识旗鼓，而人主不知存亡。夫天下之乱久矣，乱久必治。请陛下整饬兵备，且遣使通好于宋。"

但刘铱却听不进去，对邵廷琄说道："我大汉地处岭南，山高水急。宋军只擅平原作战，一旦进我山地便会不知所措。况我有一支威武无比的'大象军'，从未见过大象的北宋军定会见之丧胆，弃甲逃遁。"

他终于不听邵廷琄的劝阻，派兵攻打潭州。结果却是引火烧身，被潭州防御使潘美乘势反攻，很快便攻陷了南汉的郴州。

刘铱此时才不敢妄自尊大，急令邵廷琄为招讨使，屯兵浈口，以御宋军。

邵廷琄率军到达驻地以后，加紧修筑工事，训练兵马，积极备战。

可是，朝中的那些宦竖们却嫉妒邵廷琄，怕其功高争宠，便写了一封匿名信给皇上，诬陷邵廷琄密谋造反。昏庸的刘铱见信大怒，未经查实便下诏赐其自裁。邵廷琄正在军中日夜忙碌着练兵备战，忽然接到朝廷赐死的诏书，不啻晴天霹雳。但他世代为官，笃信"君叫臣死，臣不死不忠"的古训，当晚便含冤饮鸩而亡。

想起这些往事，潘崇彻只觉得周身寒彻。对这个暗弱不明的昏君，对这些蝇营狗苟的奸臣，他已经彻底绝望了，他不能再重蹈他的老朋友邵廷琄的覆辙。于是便假托双眼患病，拒绝领兵出征。

刘铱虽然心中生气，但潘崇彻眼睛有病却是事实，他也没有理由治其罪，只得改派伍彦柔率大军三万前往迎敌。

宋军把贺州城围了个水泄不通，日夜激烈攻城不止。主帅潘美忽然接到战报，说是伍彦柔率大军乘船而来。他思虑良久，决定退避三舍诱敌深入，然后以伏兵突袭，消灭南汉这支精锐之师。

黎明时分，星月隐退，曙光初露。南汉兵在微冷的晨风中弃舟登岸。伍彦柔见此处二十里内竟无宋兵踪影，甚感奇怪。正指挥千军万马搜索前进时，忽听见震天动地一声号炮，潜伏在四周山林草莽中的十万宋军就像从地下冒出来似的，呐喊着从四面八方杀了过来，千万支飞箭像狂风骤雨一般向汉军射去。一批又一批的兵士中箭倒地，受了惊的战马撒开四蹄在人群中横冲直撞，队伍霎时乱作一团。

伍彦柔方知中计，急忙组织反扑。但是这群汉兵既无临战经验，亦无斗志，哪敢与宋军交锋，只顾像没头苍蝇一般四散逃命。宋军声势大振，奋勇冲杀，一个个竟如猛虎冲进羊群，势不可当。

厮杀了约有两个时辰，三万汉兵死伤被俘者十之七八，其余的少数人溃出重围，如漏网之鱼，急惶惶地逃命去了。就连南汉的主帅伍彦柔也在混战中被击落马下，乖乖地当了俘虏。

宋军把伍彦柔捆至中军大帐来见潘美。潘美下令将其斩首，悬首级于城下，让贺州城的官兵们看一看这个被刘铱视为"能战之将"的可悲下场，敦促守军开门投降。

但南汉军却不肯投降，仍顽固据守。宋军转运使王明对主帅建言道："宜急击之，恐援军再至，一时难以攻下。"一边说着，一边穿好甲胄，率领部下数千名护送辎重的兵士携带铲土工具向城下冲去。一面运土填埋护城河，一面前进。开始城上还乱箭齐射，但潘美组织神弩手集中向城上猛射，乱箭如蝗，压得守军抬不起头来。

没过多久，王明率军已填平城壕，直抵城门。把守城门的汉军以为宋军大队人马已到，一时惊慌，竟打开城门向宋军投降，贺州被宋军攻克。

潘美将攻克贺州的捷报及当地的情形驰报京师。宋太祖分析了敌我双方的态势，认为在贺州西面的桂、昭、平三州驻有敌军，东面的连、韶、英、雄诸州也有驻军，倘孤军深入，便有被东西两面的敌军包抄后路，身陷重围的危险。于是他立即传旨潘美，停止长驱直入，表面上制造南下广州的声势，声东击西，先收拾东西两面的南汉军。

潘美遵旨而行，自己亲督战船，大造要顺贺水而下、直取广州的舆论。而宋军主力却偃旗息鼓，悄无声息地向昭、桂等州急速前进。

南汉主刘铱听说贺州失守，宋军向广州开来，大为惊慌，只好再次起用被削去兵权的大将潘崇彻，封以内太师、马步军都统等高级官衔，让他率三万兵马抵达贺江口，扼住广州北部门户。

潘崇彻率军来到贺江口驻扎，准备迎战。但一连等了数十日，却不见敌军的影子。潘崇彻一下子明白了，这是宋军的调虎离山、声东击西之计，恐怕西线危险了。但他却不肯说破，对这个即将覆亡的南汉小朝廷，他不仅是失望，而且是憎恨。他不想再管这些闲事，乐得在此逍遥休闲几天。

宋军似神兵天降一般，突然出现在昭州附近的开建寨。南汉守军万没料到宋军会来这里，仓促间开门迎敌，结果一触即溃，主将靳晖在混战中被生擒。

昭州刺史田行稠、桂州刺史李承渥自知难以抗拒宋军，先后弃城而逃。宋军不费一矢，不伤一卒，迅速占领了昭、桂二州。西线的南汉驻军只剩下富州一部，宋军以泰山压顶之势将富州团团包围。各部人马轮番攻城，富州弹丸孤城，怎堪如此攻击，不几日城破，为宋军占领。

这个时候，东面的宋军亦攻克了连州。宋军连连获胜，南汉四州皆失的消息传至南汉首府广州，昏庸的刘铱却不知危在旦夕，反而异想天开地对臣下们说："贺、连、昭、桂四州本属荆湖之地，宋军既已取之，物归原主，必不会再来取我广州。"

不知道刘铱是真认为宋军夺取四州之后便会心满意足，不会再来攻打广州，还是因为临近覆亡时的一种极度绝望的变态心理，促使他要做最后的狂欢。在这大军压境、战云乱飞的时候，他却深藏在后宫里，变着法儿疯狂淫乐。

十二月中旬，潘美率领十万大军以迅雷不及掩耳之势马不停蹄地从连州一带直趋韶州。

韶州是广州城的北大门，宋军攻打韶州，等于是拉开了进攻广州的序幕。直到此时，刘铱才看清了宋军的真正意图，一下子着了慌。急忙命都统李承渥率国内精兵十万驰援韶州，他们要破釜沉舟背水一战，拼死也要保住韶州。

李承渥率军先期赶到韶州东北的莲花山下驻扎下来以逸待劳。

第二天宋军大队人马赶到，两军在莲花山下列阵，摆开战场，双方兵力都在十万左右，旗鼓相当。

当宋军将领正要出阵叫战时，忽见南汉军排在前面的部队突然向两边散开，一排数百匹大象列成横阵，向着宋军昂然冲来。这便是南汉主刘铱引为自豪、视为看家法宝的"大象军"。只见每头大象上都有十名南汉武士，身穿铠甲，手执大刀长矛，脸上描红画黑，口中连声怪叫，以助声威。

主帅李承渥亲自擂鼓助阵，指挥着象群昂首阔步向宋军阵前依次驰驱推进。

宋军将士们一时傻了眼，他们生在中原，长在中原，平时连个大象也没见过，更何况是这种象阵？当下见这些庞然大物凶猛地冲来，竟不知如何是好，只靠手中的矛戈刀剑怎能抵御得了这些凶猛之兽？

宋军将士心中着慌，只好且战且退，到后来便开始溃乱。南汉大军跟在象阵后面乘势掩杀，宋军大败，死伤数千人马，损失辎重粮秣无数。

李承渥得胜回营，喜形于色，十分骄横地对将士们说道："有我大象兵在，胜过雄师百万，宋军何足惧哉？自此以后，韶州无忧矣。"

第二天一早，李承渥又是象兵在前，大军在后，主动向宋军发起进攻。

宋军在昨日兵败之后，潘美连夜召集众将领商议对策。兵马都监王继勋道："汉军以大象结阵，我不可与之近战，当以弓箭射之。任何野兽都怕火光，我军可施放火箭，大象受惊便会不战自乱。"

众将认为此言甚当，潘美亦以为然，当晚便挑选神射手数千人，皆带强弓大弩，可于二百五十步之外百发百中。

宋军列好阵势，弓箭手在前，蓄势以待。等象群走进射程之内，一声鼓响，万箭齐发。那些大象庞大笨拙的躯体恰恰成了宋军的箭靶子，不多时便浑身插满了箭矢，就像一个个巨大的刺猬一般。

这个时候，便听宋军阵中又是一通鼓响，飞箭拖着火炬如同千万条火蛇摇头摆尾地向象群中飞来。

大象中箭，早已疼痛难忍，又见眼前火光四起，顿时受了惊吓，狂蹦乱跳不敢向前。象身上的武士们猝不及防，纷纷被摔于地下，还未爬起身来便被那脸盆大小的象脚踏成了肉泥。

负伤受惊的象群见前面受阻，立即掉头向四处跑去，跟在大象后面的汉军将士躲避不及，被这些庞然大物撞得七零八落，人仰马翻。一时间，尸横遍地，鬼哭狼嚎，整个队伍乱成了一锅粥。

潘美见时机已到，亲将帅旗摆动，大宋军队鼓噪呐喊，如狂涛巨浪般向汉军冲去。汉军大败，兵士们哭爹叫娘，抱头鼠窜。宋军挥舞刀剑猛杀猛砍，不到两个时辰，歼灭汉军数万人马。李承渥仅带着身边的数名亲兵狼狈逃走。

李承渥的十万精兵在半日之内灰飞烟灭，小小的韶州城再也无兵可用。宋军攻取韶州易如反掌。大军很快涌入城中，韶州刺史辛延渥和谏议大夫邹文远束手就擒。

潘美骑马入城，来到刺史衙门，端坐于大堂之上，命人将辛延渥、邹文远推上来。二人见到潘美忙匍匐在地叩首不止，连声乞求饶命。潘美冷笑一声，对辛延渥说道："欲想不死，倒也不难。汝可为本帅前往广州，说服那刘𬬮来降。我大宋皇上有旨，刘𬬮此时投降尚可保其终生富贵。汝若办得此事，便立大功一件，本帅保你加官晋爵。"

辛延渥应诺，连日轻装简从乘快马奔广州而去。

韶州城破的消息传到广州，朝廷上下一片惊恐，南汉主刘铱更不知怎么办才好，看看身边这些红男绿女，不是颔下无须、喉头无结、说话操着娘娘腔的阉竖，便是浓施粉黛、华衣丽服、只知搔首弄姿的宫女，在这大难临头之时，有谁能为自己分忧呢？

就在刘铱独坐宫中，抱着"媚猪"相对流泪的时候，却有小太监来报，说是韶州刺史辛延渥求见。就像即将淹毙于汪洋大海中的垂死之人忽然发现了一捆稻草，刘铱觉得辛延渥此时到来或许能带来一线生机和希望，忙命人宣辛延渥进宫。

辛延渥没敢直说自己是宋军派回来当说客的，只说自己是在城破之际侥幸逃跑，抄小道火急赶来。他告诉刘铱，宋军势力强大，兵精将勇，所到之处如同摧枯拉朽一般，南汉现有兵力根本无法与之抗衡。硬要与之相拼，只能是以卵击石，扫雪填井。因此，应该审时度势，丢掉幻想，尽快归顺大宋。那样虽然皇帝不能当了，却能保得锦衣玉食，富贵终生。若是再迟疑不决，待城破之时被宋军所俘就悔之莫及了。

一席话，说得刘铱心中凛然，如坠冰窟。他犹豫再三，正要同意辛延渥的意见，向大宋举国献降。这个时候，却有六军观军使李托风风火火地闯进宫来。

这李托是南汉的三朝元老，又是刘铱的老丈人。他的两个女儿都是刘铱的妃嫔，长女被封贵妃，次女被封美人。因此，他平时出入宫禁较为随便，现在又是非常时期，听说刘铱召见辛延渥，恐为其所惑，便匆匆赶到后宫。

他坚决反对投降，建议在城周围深挖城壕，城墙上多备滚木礌石，组织城中兵力和民众深沟高垒，拼死固守。

刘铱一向十分尊重这位岳丈，这次又听信了他的意见。但是由谁来担任守城主帅呢？历数朝中文武，实在没有一个稍富韬略又有人望的将领可派。

就在这个时候，宫中有个叫梁鸾真的老宫女来向刘铱举荐，说她的养子郭崇岳自幼习武，熟读兵书，深谙兵法，极富韬略，足可担此大任。

刘铱大喜，即刻下旨，封郭崇岳为招讨使，统领六万人马，在广州城北安营扎寨，担负起保卫首府广州的重任。

这郭崇岳本是个纨绔子弟，街头无赖，平日里只会飞鹰走狗，吃喝嫖赌。见世道混乱，便想乘机猎取功名，当个乱世英雄。于是便鼓动如簧之舌，在其养母梁鸾真面前把自己大吹了一番。昏头昏脑的刘铱居然信以为真，把这生死攸关的掌兵重任交给了这样一个无赖。

郭崇岳来到城北之后，除了让部下设置了一排排木栅之外再也没有别的防御措施，既不习练兵马，也不谋划城防，却一天到晚烧香求神，他不仅自己这么做，也让手下的将领士卒们都这样做。

整个南汉军营里到处香烟缭绕，虔诚的祷祝鬼神的诵念之声传遍了大营小寨，创造了古今战史上的一大奇观。

宋军主帅潘美在攻克韶州之后命部下人不卸甲，马不解鞍，立即南下广州，迅速扩大战果。

准备东下的部伍尚未出发，却见一名南汉兵骑快马疾驰而来，要求面见主帅。

潘美在中军大帐接见了他。原来是南汉驻贺江口的主帅潘崇彻送来的降书。这潘崇彻在刘铱第一次派他出征时以患有眼疾为借口推拒了。第二次刘铱封以内太师和兵马都统的高官让他出征，但是这高官已是纸上画饼，对他没有半点诱惑力。只是这一次再不出征恐有生命危险，因此潘崇彻只好率三万人马来到贺江口驻扎。表面似是准备迎击宋军，其实他已打定主意，宋军一到便献城投降。不料宋军用的是声东击西之计，大军并没向东边来。潘崇彻等了十几天不见宋军的影子。听说宋军已克韶州，便主动派人前来请降，愿献上所部三万人马及英、雄二州。

潘美喜出望外，英、雄二州归附，来自东面的威胁也解除了，宋军可以集中全部精力对付广州这座孤城了。

两天以后，潘美率十几万大军（南汉兵投降者亦被编入部伍）直抵广州城下。南汉朝廷又派来使臣，要求与大宋议和。

潘美派快马飞报京师，宋太祖立即下旨："彼能战则与之战，不能战则劝之守，不能守则谕之降，不能降则死，不能死则亡，非此五者，他不得受。"

态度生硬而又果决，意思也十分明确：南汉已是穷途末路，根本没有讲和的资格。穷寇必追，除恶务尽，必须坚决、彻底、干净地消灭之，全部收复岭南土地，不给敌人以任何喘息之机。

潘美接到太祖旨意，立即发起了对汉军的猛烈攻击。郭崇岳以战栅做屏障，坚守不出，此处两峰夹峙，宋军一时攻打不下。

潘美与诸将至前沿察看地势，站在山上向下俯视，但见南汉营寨战栅尽现眼底，潘美心里有了主意。

当夜刮起了东北风，风力极大。潘美召集诸将笑道："天公作美，如有神助，今夜破敌必能成功。"诸将不解，潘美又道："南汉人以竹木编结寨栅，阻我兵马。若以火攻，彼必大乱，然后以锐师往击之，万全之策也。"

于是，潘美令诸将从各营中挑选出精干强悍的数千名勇士，每人手持两个火炬，暂不点燃。乘着漆黑的夜晚从小路出发，悄悄地摸近敌军战栅。夜半时分，千万把火炬一齐投向南汉的竹木栅栏。

一时间，风助火势，火借风威，烈焰腾空，烟灰冲天，南汉大营顿时变成了一片火海。南汉士兵在大火中垂死挣扎，被窒息而死的，被践踏而亡的，被烧得焦头烂额的，尸横满地，惨不忍睹。从大火的深处传出一阵阵撕心裂肺般的凄厉的哭号，闻之令人心惊胆战，六万人马大部葬身火海，郭崇岳亦死于乱军之中。

就在城外大军激战的这几天，刘铥越来越感到广州已经岌岌可危，他在做着最后的打算。他命人把宫中的金银珠宝和他的那些爱妃美人们装了满满十几条大船，还特意把"媚猪"装到自己那条华丽的大船上。他准备泛舟碧波，漂洋过海，到异国他乡或海中孤岛上继续过他醉生梦死的神仙日子。

他在宫中做好了最后的准备，在几个侍从的陪同下来到港湾，打算向这个他们祖孙几代肆虐了几十年的广州城告别的时候，却突然发现停泊在港湾中的十几条大船不翼而飞。他一下子愣住了，最后一条退路被截断了，他现在是上天无路，入地无门，呼天不应，叫地不灵。他颓然地坐在地上，痴痴地看着远处那浩瀚的水面，一行热泪急速滚落下来。

原来，就在刘铥偷偷地装船准备逃走时，他的亲信太监乐范心生歹意，竟组织了宫中百余名太监将这十几条大船上的金银珠宝连同他的那些佳人丽姝一块儿盗窃出海，自去过神仙日子去了。

初四凌晨，宋军以席卷之势直捣广州城。刘铥只好准备降表。这时候，龚澄枢、李托和侍中薛崇誉三人密商道："北军此来不过是为掠取我国珍宝而已。现在将这些东西全部烧光，使他仅得一座空城，便不会在这里久住，很快就会撤兵回国。"于是，也不再向刘铥禀报便在后宫中放起大火。南汉朝廷的府库和宫殿在一夜之间化为灰土。

初五，南汉皇帝刘铥打开城门率百官素服出降。潘美遵照太祖旨意，并不难为他，而是将他与所俘宗室、官属九十七人暂囚于龙德宫内，准备送往京师。

至此，南汉六十州、二百余县、十七万余户尽归大宋。捷报飞传京师，太祖欣喜异常，赐宴庆贺。并因功擢升潘美为山东道节度使，尹崇珂为保信军节度使并同知广州府事。

刘𬬮及其臣属被送到汴京，太祖将他暂时安顿在玉津园内。接着便派参知政事吕馀庆前去问其焚烧府库之罪，刘𬬮便如实地将纵火焚烧府库、宫殿，把无数珍宝化为灰烬的罪过都推到了龚澄枢等三人身上，并说道："澄枢等皆先朝旧人，在国时，臣却是臣下，澄枢却是国主。"

宋太祖于是下令，将龚澄枢、李托、薛崇誉三人斩首于千秋门外。

刘𬬮被免罪，并赐给冠带、玉帛、鞍马等，封为右千牛卫大将军、恩赐侯。

宋太祖听说刘𬬮其人甚有口才，而且心灵手巧，是个绝顶聪明之人，曾经亲手用珍珠编结成一只马鞍和一条游龙，十分工巧精致。便命人将这两样东西拿给尚方官署的宫官们看。宫官们看后，对其工艺之巧、心性之灵都大为叹服，自愧弗如。太祖把这些东西留在后宫，却赠给刘𬬮一百五十万钱以偿其值。

这两样东西放于后宫，太祖并非用来观赏，而是别出心裁地将其当成了鉴戒之物。他望着这些绮靡华美的玩物陷入了久久的沉思之中，既而对左右的大臣们说道："刘好工巧，遂习以成性，倘若能把这种聪明用在治国上，怎能有今日亡国之恨？"

不久，宋太祖在皇宫后苑的讲武池畔摆下酒宴，要与刘𬬮好好叙谈叙谈，主要是想进一步了解岭南的风土民情，从他的亡国教训中汲取些反面教训。

刘𬬮惴惴不安地来到，忙行三跪九叩大礼。太祖让他平身赐座，然后面带微笑地说道："今天没有外人，就咱们君臣二人，可一边饮酒，一边漫谈，休要拘谨。"说着，命斟上一杯酒赐予刘𬬮。

刘𬬮接过酒杯，脸色突然大变，双手哆嗦得像秋风中的树叶，几乎端不住酒杯，额头上早已渗出了一层细密的汗珠。他脑子里立时闪出了在国内时自己常用鸩酒毒杀大臣的惨景。那些大臣们喝下鸩酒之后毒性顷刻发作，脸色青白，口鼻冒血，腹疼如绞，满地打滚哀号……他不敢再想下去了，连忙双膝跪地，哀哀哭泣道："臣承祖父基业，拒违天朝，劳王师征讨，罪孽深重，固然当死。现在已经太平，陛下若能不杀微臣，臣只求当个普通的布衣百姓。愿延臣之生命，以成陛下之德。臣实在不敢饮这杯酒。"

听他说了这一通，宋太祖一时愕然，不知出了何事。转而一想，才恍然大悟。原来这小子是怕酒中有毒，不禁哈哈大笑道："朕平生做事光明磊落，岂能乘人之危，背后下手，做些鼠窃狗偷的勾当？你也太小看朕了。"说着，从刘铢手中接过那杯酒一饮而尽，然后又命人为刘铢重斟一杯。

刘铢那颗悬着的心这才平平稳稳地放在实处。但是一张胖脸却早已羞得像猪血一般，连忙叩头谢罪。

第三十二章　闲暇天伦　异动萧墙

正是春和景明，草长莺飞的季节。入夜之后，皓月当空，清澈如水，后宫之内花影扶疏，暗香袭人。宋太祖心情舒畅，踌躇满志，晚膳便多贪了几杯酒。他这一辈子有几大嗜好，那就是骑马、射猎、弈棋和饮酒。这些年忙于军务和政事，又一心励精图治，一统天下，他深恐玩物丧志，便慢慢地把射猎、弈棋这一类的游乐之事戒掉了。只偶尔喝点酒，也从来不敢贪杯，更不敢肆意酗酒，最多喝到个七八分醉，也只是在重大的特别高兴的宴会上。

最近以来诸事顺利，南汉收复，统一大业的进程又向前跨出了重要的一步。国内刷新吏治、惩治贪贿、革除弊政的政令执行顺利，成果显著，来自各地的颂扬之声不断地传入朝廷。太祖能听得出来，这些并非都是臣下们的阿谀献媚之词，至少有一部分是发自黎民百姓内心的声音。因此，这几天太祖的心中特别轻松和愉悦。

这日处理完各种政务以后，他特意领着自己最溺爱的小孙子惟吉玩了整整一个下午，他听着三岁的小惟吉背诵唐诗，那稚嫩的银铃般的声音让他如痴如醉。他让人专门做了一个小巧的弱弓轻矢，以金钱作为靶子，亲自观看小惟吉射箭，结果十发八中。太祖大喜过望，他把小孙子紧紧地抱在怀里，在他那粉嫩的腮上脸上又亲又吻，心里有一种说不出的甜蜜。他马上让人用黄金铸造了一些瑞禽和奇兽，亲手赐给小惟吉。然后又让小惟吉乘坐着小马，在太监宫女们的簇拥下跟自己来到大内后苑，在这里捉迷藏，玩游戏，尽情地嬉戏。

小惟吉是太祖的长子德昭的儿子，是他的嫡长孙。惟吉刚刚满月，太祖就命人用车子将其推到了内廷，留在了自己的身边，特地挑选了两位有经验的宫女精心照看。有时惟吉半夜啼哭，太祖听到了就一定要起来亲自抚抱，逗他玩耍，直到不哭为止。

宋太祖是位好祖父，就是在民间，在儿孙绕膝、朝夕相处的平民百姓中，能做到像太祖这样的也不多。

太祖也是一位好父亲，尽管他对儿子们有些严厉。太祖有四个儿子，两个早夭。剩下的两个，大的是赵德昭，于乾德二年（964年）就到了出任藩封（亦称出阁）的年龄。按照历代帝王家的做法，皇帝的儿子出阁就要封王。但是太祖没有这样做，他觉得德昭还年轻，要从底层历练，不能让他一步登天。开始只授给他一个贵州防御使的职务，后来才擢拔为兴元尹、山南西道节度使。对小儿子赵德芳也是这样，终太祖一生，两个儿子竟都未曾封王，这在历代帝王当中是少有的事。尽管如此，太祖却始终深深地爱着自己的两个儿子，只是这种爱是一种深藏不露博大浑厚的严父之爱。

宋太祖更是一位好兄长。在他兄弟五人当中，长兄和幼弟早亡，太祖实际上成了老大哥。

太祖一生对这两个弟弟呵护备至，在许多事上简直是宠爱有加。宋太祖登基不久便封二弟赵光义为开封尹，这是当时最有实力、权势最显赫的官职。有一次，赵光义生病，病情很重。太祖听说以后急忙前去探视，他亲手点燃了艾草，为光义灸疗。光义感到疼痛，他便以艾火先在自己的穴位上灸，以便找到恰当的角度，直到为光义灸得出了汗，感觉好些，太祖才肯离去。第二天，太祖又去探望，并赐给他龙凤毡褥。

赵光义的府邸地势较高，太祖考虑到他用水不便，曾步行到光义府邸察看地势，令人专门做了个大机轮，将金河水抽出灌入光义府中的水池里备用。

有一次赵光义在宫宴中喝醉了酒，醉得不能骑马，太祖命人抬来轿子，自己亲自搀扶着弟弟将其送上轿子。作为一国之君，对自己的弟弟能有这份情分实属难得。

对于小弟赵廷美，太祖更像对自己的孩子一样关爱备至，先后授予其嘉州防御使、山南东道节度使等职。他的衣食住行、府邸选择、婚姻诸事都是由太祖一手操办。对于两个弟弟，太祖既是兄长，又是慈父，他把一颗心都无私地交给了他们。

宋太祖是个感情丰富而又细腻的皇帝，他是既要江山社稷，也要手足之情，天伦之乐。

现在，他也确实到了享受一下天伦之乐的年纪了。尽管龙体安康，精力充沛，但毕竟过了不惑之年，开始向知天命之年迈进。他多么想多有一点闲暇时间，同儿孙们在一起戏耍倾谈。

这日下午，难得与小孙儿尽情地玩乐了半天，他的心情便显得特别愉悦。进晚膳的时候，那善解人意的太监总管王继恩便打开了一坛蜀地送来的特制贡酒，说道："陛下，多年来您宵衣旰食，冗务繁忙，难得像今日这样悠闲轻松，就喝几杯吧。”

“好！今夜花好月圆，不寒不热，朕就多喝几杯。”这酒真香啊，醇正隽永，风味绵长，喝在口里有一种淡淡的却是品不完的芳香，有好多天没有这种口福了。太祖一边吃菜，一边浅斟慢酌，不觉连饮了五大杯。他觉得头有些晕乎乎的，说话也不那么灵活了，心里却美滋滋的，直想笑。他知道，这酒已喝到七八分了，虽然还想喝，但不能不强迫自己打住。这些年已经养成了习惯，他不能放纵自己。

他又匆匆吃了点面食便起身离去，在清风明月下舒心地漫步，向着坤慈宫信步走来。

坤慈宫是花蕊夫人的寝殿。自花蕊夫人被封为贵妃之后，宋太祖便常在这里过夜。虽然他也到其他妃嫔的寝殿去，特别是与自己情深意笃、年龄相仿的韩贵妃那里。但是，他总觉得到花蕊夫人这里来更静谧，更温馨，这里没有逢迎，没有媚俗，没有那种千篇一律的笑容，却有一种淡雅幽远的情调，有一种从内心里流露出来的毫不做作的情爱。到这里来，他觉得像一艘万里远航归来的船只终于停泊在宁静的港湾里，可以舒心地休憩。

太祖刚走到寝殿门前，早有当值太监操着一口半男半女的假嗓子，尖声喊道：“万岁驾到，接驾了！”

宫女太监们呼啦啦跪了一地。花蕊夫人身着淡妆，轻施脂粉，如一枝出水芙蓉一般款款来到大殿门首，跪地叩首道：“吾皇万岁！臣妾不知皇上驾到，有失远迎，望皇上恕罪。”

太祖趋前一步，以手虚扶一下，微笑道：“朕才几天未来，何须行此大礼，平身吧。”花蕊夫人站起身来上前搀扶太祖。太祖双手扶住她的肩头，半倚半拥地向内室走去。

宫女们赶紧摆上香蕉、鸭梨等各种水果。时值初春，这些都不是时鲜水果，都是自去秋以来精心窖藏的，虽然经过了好几个月，却仍然保存得十分新鲜。花蕊夫人以纤纤十指轻轻地剥了一个香蕉递到太祖手里。太祖动情地看着她便大口吃了起来。

看着太祖像个大孩子似的狼吞虎咽地吃着香蕉，花蕊夫人笑了，这是一种灿烂的笑，是一种从心灵深处漾出来的笑。

进入大宋后宫之初，花蕊夫人一天到晚难得一笑，国破家亡的愁绪、前夫暴死的哀伤始终在她的心头笼罩着一团浓浓的阴影。

但是，这几年来，从宋太祖身上散发出来的炽烈的光辉却在不断地将这阴影扫荡、冲散。花蕊夫人从心底深处感觉到太祖对自己有一种强烈的真挚的爱，这从他的眼神中，从他的言谈举止中能清晰地感觉出来。这种爱不是那种漂浮在表面上的献媚取悦，不是那种轻荡狂躁的动手动脚，更不是那种一时冲动的猎艳求欢。他既不刻意地献殷勤，也不骄横孤傲，而是在用一种深沉的浑厚的爱逐渐抚平她心灵的创伤；用一种潜伏着的爱火不分昼夜地烘烤着她心中的泪水；用他宽厚温暖的胸膛渐渐地捂热她那颗冰冷的心。她不能不承认，这是一个大丈夫、真男人的灼热恒久的爱。这与她的前夫后蜀主孟昶那种柔弱苍白的爱、那种随时爆发又稍纵即逝的爱形成了鲜明的对比。

他的爱就像大山上裸露的岩石，虽然看上去硬邦邦的，但却是坚定不移的；就像夏天里的烈日，虽然没有皎洁的月光那样妩媚，但却是一团烈火，任什么力量都难以扑灭的烈火。这团烈火终于将她心中那座冰山融化了。她不再那么骄矜，不再那么冷漠，而开始变得柔情似水。

看着太祖把香蕉吃完，花蕊夫人拧了一条湿巾帕让太祖擦把脸。她却顺势将娇躯偎进了太祖的怀里，一双柔滑的小手轻轻抚摸着他那双长满老茧的大手，娇嗔地说道："陛下，今晚又饮酒了？可要保重自己的龙体。陛下的康泰是妾身的福分，是大宋朝的福分，也是天下黎民百姓的福分。"

太祖把花蕊夫人紧紧地拥在怀里，叹口气道："是啊，为了江山社稷，为了天下百姓，朕也不能贪杯。你放心吧，朕虽说已过不惑之年，但身板结实，没有病，自会长寿的。"

说到这里，太祖扭过花蕊夫人的身子，看着她那双妩媚动人、光彩熠熠的大眼睛，犹豫了一下说道："爱妃，朕有一件事，该先和你说说……"

话还没说完，却被花蕊夫人用手捂住了嘴巴，截住话头说道："陛下不说妾身也知道是什么事。听说陛下要册立皇后了，妾身恭喜陛下。愿陛下与未来的皇后琴瑟永谐，地久天长。"

见花蕊夫人已知晓此事，太祖一时不知说什么好。他沉默了一会儿，突然双手捧住花蕊夫人的脸，不无歉疚地说道："爱妃，朕不能立你为后，你不怨恨朕吗？"

花蕊夫人慌忙说道："陛下千万别这样说，妾乃不洁之身，自然不能母仪天下，这是明摆着的理儿。妾虽愚拙，这个道理还能不懂？今生今世，妾身能为陛下铺床叠被已是苍天赐福，妾身于愿足矣。"

听花蕊夫人说得恳切，毫无做作和醋意，太祖顿感欣慰，对花蕊愈加疼爱。他十分真诚地说道："祖宗成法，历代相沿，朕也是无可奈何。不过，朕对爱妃的情分却不会因此减少半分。"花蕊夫人突然嘻嘻地笑了："陛下乃人中之龙，当今世上第一伟男子、真英雄，怎么竟儿女情长起来了？我相信陛下，就是海枯石烂，陛下对妾身的情意也不会变。"

话说到这份上，再说就是多余了。太祖紧紧地搂着花蕊夫人，慢慢地将其放到绣榻上，二人宽衣解带，垂放软帐。灯烛熄灭了，月华满窗，银光洒地。花蕊夫人蜷伏在太祖那健壮的身躯旁边，内心里充满了馨香和甜蜜。自古便有人说"痴心女子负心汉"，不要说是威加四海的一代帝王，就是乡间坊曲的那些普通男人，有谁能对一个弱女子这样痴情，这样始终不渝？谁说"自古红颜多薄命"？我花蕊夫人劫后余生，却有这样的福分，上天对我不薄。

宋太祖的第二任妻室、第一个皇后王皇后薨逝后，他忙于统一战争便没有再立皇后。但是朝臣们不断地上折子，说是国不可一日无主，亦不可一日无后，应早立皇后，统驭六宫，母仪天下。自收复南汉之后，这种折子更多了，从宰相赵普、开封府尹赵光义到朝中其他大臣无不上疏切谏。太祖拗不过他们，只好答应。

这次选定的皇后是左卫上将军宋偓的长女，其母是后汉的永宁公主，真正的名门望族，大家闺秀。今年只有十七岁，年龄虽小了点儿，但却贤淑端庄，柔顺好礼，恭勤不懈，众大臣都认为是理想的皇后人选。

宋太祖也早就认识这个女孩子，在她还很小的时候，随她母亲入宫朝见皇帝，太祖曾赐给她帽子和披肩。乾德五年（967年）宋偓出任华州节度使，太祖召见其全家，又见过她。想不到当年那个花朵般娇嫩的小姑娘如今要成为自己的皇后了，太祖觉得好笑，也觉得冥冥之中有种不可知的东西在安排着每一个人的命运，也许这是不可违拗的。

几天以后，按照礼部择的大吉之日将宋氏迎进后宫。这是宋太祖的第三次婚娶，又是册立皇后的大典，乃国之大事，各项事宜自然十分庄严隆重，那轰轰烈烈、风风光光的热闹自不必细说。

宋皇后进宫之后恪尽妇道，贤淑温厚，仁慈御下，每次太祖下朝归来都要穿戴齐整，盛装迎接，于各种礼仪半点不肯疏忽。她对于太祖的饮食起居和身心康健十分关切，经常亲自调理。对于韩贵妃、花蕊夫人等一帮妃嫔美人和众宫女也极为谦让有礼，从不肯拿大。因此，后宫之内上下和顺，关系融洽，宋太祖甚感欣慰。

皇后贤惠，后宫和睦，使太祖有充沛的精力处理各种政务。他每日除了早朝之外，处理政事、批阅奏章的日程都安排得满满的。他每天都要抽出一定的时间亲临校场，督率士卒骑射；有时要亲自审理重要案犯，以清明刑政，避免冤案；对于一些官吏的政绩他也要亲自考察，然后量才任用。

太祖每日临朝之后去的最多的地方就是造船务和讲武池。他亲自督促造船，教习兵士们在池中演习水战。这是他最关注最重视的一件事，因为南唐和吴越政权还没有收复，要统一华夏还有一场恶战。而这些地方都是水乡泽国，水网密布，河流纵横，而且有浩浩长江横亘其间，必须有一支强大的水军才能保证他统一大业的最终完成。

这天上午，趁着风和日丽，他又来到讲武池边，看着水军将士们娴熟地驾着战船往来行驶，在船板上闪转腾挪，厮杀拼斗，他感到特别高兴。一边观看，一边与身边的几位大臣闲聊。看着将士们在殊死拼搏，他突然感慨地说道："我大宋建国以来颇多战事，许多文臣武将皆愿效死。朕常想，人人都说忘身为国。不过自古艰难唯一死，说起来容易，真要死时就难了。"

太祖不过姑妄言之，身边的大臣们也是姑妄听之，只是随便闲聊而已。谁知说者无意，听者有心，正跟在身后的步军都虞侯、保顺节度使李进卿却动了真格的，极不服气地挺身而出道："君叫臣死，臣不死不忠，此乃常理。像我李进卿，皇上让我死，立马便死。"说完，竟"扑通"一声跳入池中，沉在水底再也不肯出来。

宋太祖大惊失色，急忙命数名水工跳下水去，费了好大的力气才将李进卿救了上来。看着浑身湿淋淋的、脸色都憋得青白的李进卿，太祖愧悔地说道："朕不过聊出戏言，爱卿何必如此当真？卿等对朕，对大宋一片忠心，日月可鉴，朕焉能不信？"

说罢，即命人扶李进卿下去换身干衣服，以免再受风寒。看着李进卿渐渐远去的背影，太祖的心里滚过了一阵热浪，有如此忠心耿耿、舍生忘死的将士，何愁大业不成？

看了一会水军演习，太祖正要摆驾回宫。这时候，却见太监总管王继恩匆匆赶来，对太祖耳语道："晋州节度使赵赞有密折要奏，来人现在宫内等候。"见他如此神秘，太祖不知出了何事，便匆匆起驾回宫。

太祖在崇德殿偏殿内接见了赵赞派来的信使，打开赵赞的密折仔细看了一遍，不禁勃然大怒。

原来赵赞密告隰州刺史李谦溥的部将刘进在边境勾结北汉，阴谋反叛，并有截获的北汉给刘进的蜡丸密书为证。

对于这个刘进，宋太祖多有耳闻。他是李谦溥在当地招收的一名将领，武艺精绝，勇力过人。因为李谦溥待他甚厚，因此在戍边时十分卖力，在巡逻边境时曾与北汉来侵扰的部队相遇，他出生入死，往来冲杀，多次以少胜多，击溃了北汉兵的侵扰。因此，刘进的名字令北汉人闻之丧胆。为了嘉奖他的战功，朝廷下诏，将其从一名普通小校破格擢拔为大将。可是，想不到这一切都是假的，这刘进居然暗中通敌，说不定他本来就是北汉派来的奸细，真是人心隔肚皮啊。

宋太祖越想越气，他立即下旨，派人马上驰奔隰州，务必将刘进锁拿进京。

几天以后，刘进被绳捆索绑带回京师，打入死牢，准备审理后斩首示众。

谁知当天夜里，隰州刺史李谦溥便匆匆忙忙地赶回京师，连夜入宫求见。

太祖只好穿衣下榻，在后宫召见他。李谦溥跪伏在地，急切地奏道："陛下明察，刘进一案确属冤枉。在他被逮往京师以前，臣曾当面诘问，刘进根本不知何事，唯求一死。这些年来，刘进出生入死，杀汉兵无数。北汉朝廷将其视为眼中钉，肉中刺，引为心腹之患，必欲除之而后快。这次一定是北汉人用的反间计。若是中其奸计冤杀边关大将，岂不是自毁长城，令亲者痛仇者快？臣这几年与刘进朝夕相处，深知其人。臣愿以全族老小四十余口人命保释刘进。"

一席话令宋太祖恍然大悟。他又忙取出北汉人的蜡丸密书，再反复细看，果然发现其中有几处漏洞，顿时便惊出了一身冷汗。忙将李谦溥拉起，连声说道："幸亏爱卿星夜赶回来及时提醒朕。不然，朕险些误杀大将，铸成千古大错。"

第二天，太祖下旨立即释放了刘进，并在朝堂之上亲自接见，加以抚慰，赐给他绢帛百匹，白银千两。刘进磕头谢恩，口中连呼万岁，被感动得热泪盈眶。

刘进一案让太祖心中忐忑不安了好几天。自己高居九重，独掌对天下万民的生杀予夺之权，一事不慎便会酿成大祸。母后生前曾说过的"为君难"确是至理。当皇帝的每临大事都需小心谨慎，如履薄冰。

他又想起了一件往事，这是一件一直让他耿耿于怀、痛心疾首的事。

大将张琼为人率直，勇武无比。太祖在当皇帝之前有一次在战场上为敌兵所困，情势危急。张琼冒着生命危险冲入敌阵救了宋太祖的命。

太祖登基以后，先以赵光义任殿前都虞侯，不久又改任为开封府尹。

这时候，太祖想起了自己的救命恩人张琼，便想擢拔他担任殿前都虞侯，掌典禁军。他对赵普说道："殿前卫士如虎狼者不下万人，非张琼不能统制。"

张琼性情粗暴，是个点火就着的直性子。他走马上任之后治军十分严厉，容不得半点懈怠和违纪，兵士们若有过失，轻则打骂，重则鞭笞，从而得罪了不少人。

当时禁军中有两个军校，一个叫史珪，一个叫石汉卿，二人没有什么大本事，却极善于拍马溜须，钻营取巧，处处迎合太祖的口味行事，因而深得太祖宠信。

但是，张琼却十分看不起这两个人，对他们平日里狗仗人势、傲视同僚的作派更是嗤之以鼻，常对人们说："史珪、石汉卿这两个狗头，简直不像个男人，而像是两个多嘴饶舌、搬弄是非的巫婆。"这话很快传到了史、石二人耳朵里，二人于是对张琼恨之入骨。

张琼在平定李筠叛乱之后曾从李筠的仆人中挑选了一个有勇有谋的熟人收于自己的麾下。有一次，张琼喝了点酒曾擅从皇帝的马厩里挑了一匹骏马乘骑。这些本来都算不了什么大事。但是史珪、石汉卿因为与张琼有仇隙，便抓住这点小事大做文章。他们几次在太祖面前诬陷张琼，说他家私自豢养部曲一百多人，结党营私，作威作福，令京城中人望而生畏。又说张琼恃功狂傲，目无皇上，酗酒之后擅骑宫马。而且还口出狂言，当众诬蔑太祖的弟弟赵光义，说他在任殿前都虞侯时庸碌无为，只知小恩小惠，培植私人势力。

这些话开始说时，太祖虽说有些生气，但因张琼是有功之臣，又是个粗人，也没太往心里去。但说得次数多了，也便三人成虎，不由太祖不信。尤其是听说张琼居然敢当众诬蔑赵光义，太祖顿时怒火中烧。当时太祖刚刚颁布了郊祀制书，正欲整顿社会治安，怎容得殿前禁军首领在自己眼皮子底下如此飞扬跋扈？

于是，太祖便在大殿中召见张琼，当面讯问这些"不法"之事。这些多是无中生有的诬陷之词，张琼如何受得了这种冤枉，他那暴烈如火的脾气，一听有人在暗算他，便立时暴跳如雷，也忘了是在皇上面前，竟大声吵嚷起来："这是哪些小人在诬蔑臣下，竟似放屁一般。"

在大殿里当着皇帝的面肆意咆哮已经有失臣子礼仪，且又出言不逊，有辱骂之辞。宋太祖更为生气，便命人将其拖出大殿，杖责五十。

谁知那石汉卿也跟了出来，借机公报私仇，抓起一根铁棍向着张琼的头部猛力击去。张琼惨叫一声，几乎昏厥过去，他双目圆睁，瞪着石汉卿，连声大骂。

太祖在殿中听他骂声不绝，甚觉不雅，便命人将他押送有司审问定罪。

张琼已经满头满脸都是血，身上的衣服也被扯碎了，狼狈不堪。他满腹委屈，一腔怒火。自己戎马半生，出生入死，到头来却遭小人陷害。他感到万分羞辱，这种虎落平阳遭犬欺的滋味他受不了，士可杀而不可辱。当他被押着走到明德门时，他站住不走了。从身上解下了皮带，对押送他的人说道："列位看在平日相处的份上，请将此物交给我的老母。"众人正在愕然，他却乘人不备纵身跃起，一头撞向旁边一根大石柱子，当场脑浆迸流，死于非命。

宋太祖听说张琼自杀，大为吃惊，急忙派人到他家看望其老母。结果却发现他家中很穷，没有什么资财，只有老仆奴婢三个人操持家务，侍奉老母。

太祖万分懊悔，他急忙将史珪、石汉卿招来，怒问道："张琼家只有奴婢三人，尔等何以诬他豢养部曲一百多人？"史、石二人张口结舌答不上话来，最后石汉卿竟辩解道："张琼所养者，一人可抵百人。"

太祖知道自己被小人蒙蔽，大为震怒，立即下令将史、石二人斩首示众，以慰张琼在天之灵。

这件事对太祖震动太大，他感到心灵上受到了极大的创伤。自己误听小人之言，一时疏忽，竟断送了救命恩人一条性命，失掉了一员骁将、爱将。他想尽量弥补自己的过失，便多赐金银，重恤张琼的家人，又将张琼的哥哥擢拔为官。

可是这一切都不能使张琼起死回生，也不能使自己愧疚的心灵稍得慰藉。将近一年的时间，太祖闲下来的时候眼前还不断浮现出张琼那张刚直不阿、棱角分明的脸孔。夜间睡下，张琼的身影也常常出现在他的梦中，使他倏然惊醒，通身大汗。

这件事过去好几年了，太祖扪心自责的心情稍稍淡漠了一些。可是，这一次又险些中了北汉人的"反间计"，误杀一员大将。

想到这些，宋太祖感到心中突突乱跳，脊骨一阵阵发凉。他决不能再让这种悲剧重演，必须建立一种制度，使他能更多地了解下情，了解全国各地的种种实情，不再为小人所蒙蔽，为奸人所利用。

为了更多地听取臣下的建言，更详尽地了解民情，经过几天的深思熟虑，宋太祖再次下达诏书，鼓励大臣或草泽之民上书言事，广开言路，并且要形成一种相对稳定的转对制度。

诏书说："每五日内殿起居，百官依次转对，并须指陈时政得失，朝廷急务，或刑狱冤狱，百姓疾苦，咸采访以闻，仍须直书其事。事关急切者，许非时诣阙上章，不得须候次对。"

上至朝政得失，中至刑狱冤案，下至百姓疾苦，宋太祖都要过问，要掌握，要烂熟于胸。从这道诏书中，大宋的官员和百姓们再一次领略了这位一代明君、千古英主的良苦用心和大家风采，他们感到由衷的欣慰。

宋太祖为广开言路、虚心纳谏而建立了转对制度，朝班大臣要依次奏对，各级官府和草民百姓亦可上书言事，指陈朝政得失和权贵大臣们的各种过错。一时间，署名的不署名的奏折和书信纷至沓来，最多的时候一天便可收到上百封。

对这些揭发信函，宋太祖都认真阅示，对所揭露出来的许多地方官吏贪赃受贿、横行不法、苛征暴敛、草菅人命等劣迹，均派人查处，一旦罪证属实，即绳之以法，毫不留情。仅被杀头或杖责流放的就有十几人。

但是，有一些奏章所揭露的问题却让宋太祖感到非常不安，处置起来又十分棘手。这些奏对虽然言辞闪烁，说得不那么露骨和直接，但是已经使太祖从中察觉到了一种危险的信号，在东京城里，有两股巨大的派系势力正在悄然崛起，渐渐地浸淫和威胁着自己至高无上的皇权。这当然是宋太祖无论如何也不能容忍的。但恰恰这两股势力的代表者正是自己最亲近的人，处置起来不能不特别小心。

一股势力的代表人物是权相赵普。赵普从乾德二年（964年）任宰相，至今已长达八九年。随着时间的推移，他的权欲物欲越来越膨胀，专权越来越厉害。许多奏章揭发了他嗜财贪贿、假公济私、广蓄家奴等情况。这些太祖都大致清楚，他自己就曾亲眼看到十罐金子，对这些不法行为他不想处置过急，还能暂时容忍。但是，奏章所揭示的另一类问题却不能不引起他的高度注意。有人说，现在宰相赵普权倾朝野，势焰熏天，门生故吏遍天下，朝中大臣每遇大事便想方设法走他的门子。对这种专权自重、另立中心的行为，太祖不能视而不见，掉以轻心。但是该怎样处置这位开国元勋，既不落个"兔死狗烹"的恶名，又不引起朝野震动，宋太祖为此颇费心思。想来想去，还是暂时不动为好，他要等待一个最佳时机。

更让他感到痛心的是他的弟弟开封府尹赵光义。许多奏章都揭发，赵光义利用独掌开封府这个得天独厚的特殊地位在府中广纳天下豪杰，蓄意结交了一大批文武臣僚，积极经营着自己的派系势力。有一位禁军将领在奏对时公然指斥赵光义在开封府肆意妄为，罗织党羽，结交豪俊。说现在开封府的地位与皇上已经不相上下。请求太祖能够重视，采取适当的防范措施，免生不测。

　　听着这些情况，宋太祖心中"突突"乱跳。对于赵光义有意发展自己的势力，他原来也有所察觉，这种势力自然是赵氏最高权力内部离心的一种政治力量，不能等闲视之。但是，兄弟之间微妙的矛盾他不允许外人窥视，更不想弄得沸沸扬扬，让臣下说三道四。因此，太祖听完这位禁军将领的禀报之后，立时变了脸，抱怨地喝斥道："朕与弟弟雍睦起国，和好相保，尔粗狂小人，竟敢离间我手足之情。若敢在外面胡言乱语，小心砍你脑袋。"

　　斥退那人之后，太祖却陷入了痛苦的思索之中。历代王朝的皇室之中骨肉相煎、兄弟相残、父子反目成仇的事例不胜枚举，都是为了争夺皇位。自己无论如何不能允许这种悲剧重演。要想击溃赵光义正在萌动的势力圈子很容易，只要自己一句话，或是采取一点果断的措施，这股势力马上就会土崩瓦解，作鸟兽散。但是那样做，自己这位皇弟将何以抬头，何以为人？

　　还是要温和一些，找个机会给他提个醒，敲山震虎，让他自己领悟，慢慢收敛。这些年来，这位皇弟也太不像话，光这一阵子的奏对、密书就揭出了许多不法之事。

　　去年，为整顿汴京秩序，太祖曾诏令爱将党进巡视京师，维护都城治安，严禁市民饲养鹰鹞等禽兽。党进性情直率，办事认真，带领护卫禁军昼夜巡城不止。每遇到有人饲养鹰鹞之事，不管是谁，一定要夺过放飞，而且每次放飞时都要骂上一句："有钱买肉不拿回家去孝养你的父母，却用来饲养禽兽，真是岂有此理！"

　　有一次，党进又带领部下巡城，老远便看见一个人冠巾华服，手提一只鹞鹰招摇过市。党进怒声喝道："谁家不法之徒，胆敢公然饲养。"说着话，几步冲上前去，劈手去夺那鹰。不料那人却不慌不忙，回过头来冲党进讥讽地一笑，说道："你敢！此乃开封府之鹰也。"原来这人是开封尹赵光义的亲吏，专门负责为赵光义饲鹰驯鹰。党进一下子蔫了，赵光义权势炙手可热，气焰熏天，他党进如何惹得起？他只得转怒为笑，连连赔着不是，口里说道："噢，原来是开封府的鹰，你可要好好伺候，千万别让馋狗馋猫伤着它。"结果惹得围观的市民一片大笑，后来此事竟在汴京城一时传为笑谈。

　　党进乃战功显赫的老将，是太祖面前说一不二的几个宠臣之一，又是出了名的严刚不屈、正直不阿的性子，居然对开封府的一个饲鹰小吏畏之如虎，战战兢兢，赵光义的威势之大由此可见一斑。

　　还有人揭发，赵光义经常以请客送礼的手段拉拢朝中大臣。

御史中丞刘温叟是一个清介廉正之士，家境十分清贫。赵光义觉得，结好清流廉吏也是一种资本，若拉过来成为自己的亲信，对于提高自己的威望不无好处。因此，他便派府吏乘夜间给刘府送去了五百两黄金。刘温叟畏于赵光义的威势，不敢当面拒绝，只好收下来，暂时存放在御史府西舍的一个柜子里，请府吏贴上封条标签。第二年端午节，赵光义又派人给刘温叟送去了一些小礼物。这个送礼的人恰恰是去年来送黄金的那个府吏，他来到西舍一看，那柜子上去年贴的标签竟然原封未动。对于赵光义送的礼，刘温叟既不敢拒收，又不敢贪墨，自然更不敢出头告发，这事还是御史府内的一个下人透露出来的。

还有一次，赵光义派人给老将田重进送去了二十坛美酒。田重进却不肯买账，老实不客气地退了回去。来送礼的人大感意外，问道："此乃开封府尹送你的，你为何不收？"田重进却笑着答道："替我好好谢谢开封府尹，就说我田重进只知道有天子。"

这些仅仅是奏章中揭露出来的几件事，可能只是露出水面的一座冰山的顶端，而更多更严重的还深藏未露。这位皇弟在不遗余力地拉拢大臣，培植党羽，极力扩大和加强自己的派系势力，他究竟要干什么？要把开封府经营成一个水泼不进、针插不进的独立王国吗？

莫非他真有不臣之心？真想在威权日隆、羽翼渐丰的今天同自己分庭抗礼？宋太祖感到浑身一凛，不寒而栗。

但他转念一想，这不可能，自己对这位弟弟宠信有加，爱护无比，把一颗心交给了他，他怎么会这么快就冲着自己来呢？也许他是在冲着宰相赵普，对了，肯定是这样。赵普也在发展自己的势力，他作为首辅宰相，职高位尊，权倾朝野，又不知检点，擅权专断，处事跋扈。光义作为皇上的亲弟弟，同样是在陈桥兵变中建有拥立之功的佐命大臣，却只封了个开封尹，职位屈居宰相之下，他可能心中不服，更不想让赵普这个外人一手遮天，因此便蓄意扩充势力，网罗亲信，要与赵普一争高下。

宋太祖思来想去，觉得这种可能性最大。如果确实是这样，倒是一件好事。让这两股巨大的政治势力相互遏制，相互抵消，自己居中调节，掌握平衡，反而对维持朝政稳定大有裨益。

宋太祖猜测得不无道理，两股势力的明争暗斗不久便露出了端倪。

进入六月以后，江北各州郡普降大雨。河南、山东一带更是暴雨如注，连月不止，黄河水陡然上涨，终于在澶州一带冲决了本来就不甚坚固的堤防。

滔滔洪水携卷着一排排五六丈高的浊浪以排山倒海、不可阻挡之势奔腾咆哮，一泻千里，向东直流入郓、濮二州的低洼沼泽地带。水势之大，竟在十几天的工夫使平地汇成了一个烟波浩渺的千里平湖——梁山泊。沿途州郡皆成水乡泽国，禾稼漂没，房屋坍塌，禽畜淹死，黎庶百姓四散奔命，啼饥号寒，死于洪水、饥饿和瘟疫者不计其数。

黄河洪灾危害之大令全国震惊。消息传到京师，宋太祖大为震怒。马上派员前往澶州调查，结果查明，澶州官府汛前不积极组织人力加固堤防；汛期不及时报告险情，听之任之；洪水泛滥后又束手无策，毫无救援措施。

当时澶州知州乃是宋太祖的亲舅舅杜审肇，太祖也毫不客气地将他罢免，放归故里。而对分管汛防的澶州通制姚恕则锁拿京师，审讯定罪。

太祖命宰相、参知政事会同大理寺审理此案。赵普坚决主张将姚恕处以极刑。此时有的大理寺官员提出姚恕虽严重失职，但罪不至死，应判杖责流放。但是赵普力排众议，满腔愤怒地说道："澶州成千上万的民众葬身鱼腹，无数百姓无家可归，皆姚恕渎职之罪，不杀姚恕何以平民愤，谢国人？"结果，姚恕被凌迟处死。

姚恕是大宋开国以来第一个因失职罪被处死的，尽管赵普所找的理由冠冕堂皇，话说得大义凛然，而实际上他却是在公报私仇。

原来这姚恕乃是开封府尹赵光义的得力幕僚，赵光义一直把他当作自己的左膀右臂，十分器重，开封府的许多大政方略皆出自此人之手。姚恕在赵光义幕府中时间久了，便有些"主大奴亦大"的味儿，有时候竟仰仗赵光义的权势，连当朝宰相赵普也不放在眼里。有一次赵普在家中设宴，大宴宾客，姚恕前往赴宴，门人不认识他，竟不予通报。姚恕一怒之下话也没留一句便怒气冲冲地拂袖而去。赵普知道了这件事以后，连忙派人找到姚恕，再三代自己向他道歉，但这姚恕却不依不饶，执意不给面子。连去道歉的人都感到十分窝火，赵普自然便由此怀恨在心。他觉得，开封府一个小小的幕宾竟敢对当朝宰相如此拿大，你赵光义也欺人太甚。因此，他暗下决心，一定要寻机报复，出这口恶气。

后来，适逢宋太祖为他的舅舅出任澶州知州选择副手，赵普便极力主张派姚恕前往担任澶州通判。老谋深算的赵普用的是一石二鸟之计，一方面将姚恕贬出京师，以报一箭之仇，另一方面也借机将赵光义的重要谋士调出其幕府，砍去他的左右手，以削弱其势力。赵光义当然不同意，一再找赵普通融挽回，赵普却死活不答应。赵光义的开封府虽说势力很大，但朝廷官员的任命大权却不在他手里。无可奈何，姚恕只好怏怏不乐地走马上任。

这一次黄河决口，损失惨重，这是老天爷赐给赵普一个报仇雪耻的机会，他岂能轻易放过？这样，姚恕便成了两派政治势力斗争的牺牲品。

赵光义曾千方百计营救姚恕，但是这案子太大，太祖十分震怒，他终于未能挽回天心。

赵光义这几日一直住在府中没有露面，他只觉得心中的火苗子一阵阵乱窜，对赵普恨得咬牙切齿。

这个独揽朝政、骄横跋扈的老驴头，莫非真把我赵光义当成个软柿子了？这几年，这老东西找自己的茬已经不是一次两次了。

他又一次想起了乾德四年（966年）发生的冯瓒一案。冯瓒时任枢密直学士、右谏议大夫。宋太祖对他非常赏识，曾称"此人才力当世罕有"。

宋军平定后蜀之后，宋太祖便委派他前往蜀地，出任梓州知州。但到任一段时间以后，便有人告发他"受财为奸"。对这样一个极有才干的官员，宋太祖深恐造成冤案，便决定把他调回京师，由自己亲自审理，然后再酌情裁处。

冯瓒入京之后，对他早有成见的赵普却暗中派人在潼关截住了他留在后面的行装。在检查的过程中，意外地发现行囊中藏着几包已经包裹捆扎停当的"金带珍玩"，贴着纸条，上书"送交刘鳌"的字样。

刘鳌官职卑微，名不见经传，赵普甚至还没听说过这个人。那么，冯瓒为什么要向他行贿呢？派人一打听，赵普这才恍然大悟。原来这刘鳌也是赵光义的得力幕僚。这一下子让赵普感到了问题的严重和复杂。冯瓒要曲意结好开封府的幕僚，既说明他确有"受财为奸"的问题，也说明他有意投靠赵光义，充其党羽。

赵光义拉拢朝臣，网络私党，所用的手法无非两条。一条是请客送礼，一条便是为人说情，开脱罪责。这一点赵普看得非常清楚。太祖即位之初有几次要处罚过去与自己作对的人，都是赵光义利用自己的特殊身份和地位从中斡旋，婉言劝止。这些人自然对他感恩戴德，成了他的追随者。有一年夏天，国家粮食短缺，宋太祖十分恼怒，当面斥责权判三司楚昭辅，要将他治罪。楚昭辅极为惶恐，他考虑再三，觉得唯有赵光义能救自己，便连夜去光义府邸求救。光义慨然应允，第二天便去找太祖劝谏，楚昭辅果然因此免罪。

赵普这次抓住了冯瓒，也便抓住了狠杀赵光义威风的机会。他不能眼看着这股政治势力恶性膨胀，直接威胁到自己的权势和地位。

因此，在处理冯瓒一案时，赵普力主将他处死。但由于赵光义邀约许多大臣一块求情，更由于宋太祖爱才心切，最后还是赦免了他的死罪，将他流放到当时条件和环境最恶劣的沙门岛，至今还在那里不死不活地受罪。

冯瓒被流放一案自然牵连到了赵光义，他感到脸上火辣辣的，赵普这老驴等于当着众人给了他一记耳光，这场羞辱如何能忍得下去？他必须寻机报复。

他将冯瓒一案的前前后后都仔细想了一遍，总觉得这事蹊跷，可能是有人告密，莫非自己的幕府中出了内奸？他一个一个地数着自己的那些幕僚。有一个人很可疑，这人便是左补阙、开封府推官宋琪。赵光义本来对此人"礼遇甚厚"，但此人是赵普的同乡，又与赵普关系密切，可能是这个人扮演了向赵普告密的角色。于是，赵光义便不停地向太祖进谗，诋毁宋琪，终于将他赶出了幕府，逐出了京师。对此处置，赵光义还不解恨，他正在继续寻找机会，给赵普点更厉害的颜色看看。

但是，做梦也没有想到，竟会凭空出了个黄河决口的大案，这赵普居然如此心狠手辣，大开杀戒，将自己的心腹幕僚处以极刑。

旧账未算，又添新仇，赵光义只觉得五脏六腑都在烧灼。自己乃堂堂当朝御弟，社稷重臣，竟会如此被人欺侮，此仇不报，枉为七尺男儿。

赵光义暗下决心，一定要扳倒赵普这头老驴，以雪奇耻大辱。他开始在文武大臣中物色人选，他要找那些才具、资历、威望都足以与赵普抗衡，又能为太祖所信任，关键时刻敢于说话的人。而挑来选去，最合适的便是权谋之士卢多逊。他要抓紧时间与卢多逊结交，仔细搜寻证据，共商"倒普"大计。

各地的奏章和上书继续源源不断地涌往朝廷，有地方各级官员的，也有普通士绅百姓的。对于普通百姓的上书，宋太祖是每封必读，不允许任何截留和扣押。他认为，这些来自最底层的草民们的呼声才是最真实的第一手民情、社情。

这天散朝之后，他又在认真地批阅着这些奏折和状词。来自沧州的一封上书引起了他的注意。上书的是一个乡村绅士，叫张保利。他上书状告横海节度使（治所在沧州）张美，说张美倚仗权势强抢了他的女儿张小梅为妾，并且强行掠夺本村民钱四千多缗。

太祖看过状子以后心情久久不能平静。状词写得有名有姓，有枝有蔓，连时间、地点、证人等各种细节都清清楚楚。但他又觉得张美不可能办出这样的事。

在太祖的心目中，张美在众多节度使中是个少有的好官。沧州一带自古民风强悍，山贼流寇多如牛毛，绿林好汉侵扰官府、大户，强人出没打家劫舍、剪径绑票的事屡见不鲜，社会治安混乱，普通百姓不堪侵扰，怨声载道。朝廷曾派过几任节度使前往镇守，但都不曾改变这种积重难返的混乱局面。

后来，朝臣们举荐张美任职此地。张美到任后，先发兵剿平了沧州一带最大的几股山寇，接着对诸多小股匪盗剿抚并用，恩威兼施，使许多流贼望风投诚或隐形遁迹，很短的时间内便使境内大治，人心安定，甚至出现了多年来未有过的夜不闭户、路不拾遗的清平局面，一时颂声大起，沧州百姓几乎是赞不绝口。

可是，这才刚刚一年多，怎么就出现了这样的事情？太祖要亲自审问，弄清这到底是怎么回事。

他把张保利召到汴京，在一个偏殿中召见了他。张保利乃一介布衣，平日连个县老爷也不曾见过，忽然被召到京城，见到至高至尊的皇上，早吓得浑身抖动不止。他匍匐在地上不停地磕头，却不知说什么好。

太祖见他这么紧张，便和颜悦色地说道："你就是状告张美的张保利？""是，皇上，草民就是张保利。""好了，你平身吧，不用害怕，赐座！"当值太监慌忙端过一把椅子，扶张保利坐在上面。这可是天大的殊荣，在皇上面前说话，连当朝宰相也得垂手而立。

太祖又问道："张保利，那张美是如何强抢你女儿霸占为妾的？"

张保利忙回道："万岁爷，草民所告没有半句假话。那日张大人带兵巡察，来到敝庄。俺庄百姓念他有恩于俺，定要留他和众弟兄吃顿饭。草民在庄上算是首富，房屋宽敞，便在俺家设下便宴，庄上几个有头有脸的人前来作陪。张大人能在俺家吃饭，这是俺几辈子都碰不上的贵客。为了表示对高人贵客的尊重，俺就让夫人和女儿来敬酒。谁知这张大人几杯酒落肚，竟忘了自己的身份。见俺女儿有些姿色，当场便有些把持不住，言谈举止开始失态。俺怕闹出事来，在乡亲面前出丑，便连忙叫老婆和女儿退出去。可是酒足饭饱之后，那张美非要纳俺女儿为妾，当时就要带走。俺慌忙求饶，说女儿还小，请大人开恩。可那张美执意不听，还火冒三丈地蹬翻了桌子。见他带着的那几个兵丁一个个如狼似虎，吹胡子瞪眼，俺再也不敢作声。就这样，张美强行带走了俺女儿，临走时又说没有妆奁钱，让乡亲们凑了四千缗，说是日后再还。但乡亲们谁不知道，这钱是肉包子打狗，有去的道，没有回来的路。他欠下债，日后说不定还得俺替他偿还。草民以上所说句句属实，还求万岁爷替小人做主。"说罢，竟"呜呜"地哭了起来。

太祖一面听着，一面在心里琢磨，看来张保利所告不会有假。可是像张美这样一个精明强干的官员就毁在这件事上吗？他有点不甘心，更有点舍不得，沉默了多时才缓缓问道："你女儿今年多大了？"

张保利答道："今年虚岁十八。"

"可曾许配人家？"

"回皇上的话，小女虽生在乡村，却略通文墨，眼界甚高，至今尚未择得中意之人。"

太祖点点头，把话题一转，又问道："你们沧州在张美未去上任之前百姓们的日子还安定吗？"

"那时很不安定，兵来匪往，百姓们天天提心吊胆地过日子。"

"那现在呢，从张美镇守沧州以后，情况如何？"

"草民实话实说，自从张美来到沧州，再也没有兵寇之扰和盗匪之乱，百姓们能够安居乐业了。"

太祖叹口气道："唉！人无完人，金无足赤。张美镇守沧州，保住了你们沧州千万百姓的生命财产，此恩此德，不谓不大。你今天状告张美，无非是要朕贬黜他。这很容易，只要朕一句话，不要说贬官，就是杀头也行。可是俗话说得好，'千军易得，一将难求'，像张美这样的人才不好找啊。朕怕贬了张美，再派别人，你们沧州百姓又要沦入虎狼横行的水深火热之中。朕倒不是爱惜张美，而是爱惜你们沧州百姓啊。"

太祖说到这里，略一停顿，看看张保利，见他默然不语，便又说道："你女儿既然尚无婆家，如今与张美又已经生米煮成了熟饭，若治张美之罪，你女儿将何以自处？"话刚说到这里，那张保利忽然抬起头，睁大了眼睛，禁不住连连点头，似是有所恍悟。

太祖继续说道："张美是朝廷的节钺大臣、守疆大吏。你女儿虽说比他小十几岁，但这年岁差别也不算太大。以张美的身份、品质，也足可以为你张家光耀门楣了。以朕看来，这倒是一桩打着灯笼也难寻的美好姻缘。你女儿若找个普通人家，彩礼钱是多少？"

张保利道："大概是五百缗。"

"来人，取一千缗来，这算朕为张美交的彩礼钱。"

小太监捧着一盘银币走到张保利面前，张保利哪里敢收，慌忙说道："万岁爷的钱草民宁死也不敢要，这不是在折煞草民吗？"

太祖笑了，说道："这是彩礼钱，权当朕借给张美的，你收下理所当然，天经地义。张美强取你庄上那四千缗，朕随后便责令他前去偿还。再者，你若是不嫌弃，朕倒愿为你女儿和张美保媒，做个月下老，你们这门亲事也就算是明媒正娶了。"

太祖前面的一通话对张保利已是指点迷津，他听着合情入理，心中早没有了半点怨恨。又听说皇上要亲自保媒，这是天大的荣耀，天大的喜事。张保利慌忙爬在地上一个劲儿磕头道："谢谢皇上，皇上万岁。皇上就是当今的活菩萨，小民全家，不，俺全庄老少都祝皇上万寿无疆！"

送走了张保利，宋太祖并没感到轻松。这个张美，稍有点功绩就翘尾巴，也不能轻易放过他，得让他心中有数，自惭自责。

第二天，宋太祖命人把张美留在汴京的母亲招来，劈头便说了张美在沧州的所作所为。

老太婆吓慌了，颤巍巍地叩头谢罪道："妾实不知此事，但教子无方，妾身知罪。"

太祖让她平身，说道："知罪就好，朕不责罚你。"然后又让人取来一万缗钱赐给老人家。老太婆正在惶惶然不知所措，却听太祖道："你把这钱交给张美，让他赶紧把掠夺老百姓的钱如数还上。另外，你告诉你儿子一声，他要是缺钱花，就让他来向朕要，不要去搜刮百姓。"

张美的老母不顾年老体弱，让家人和丫鬟陪着连日雇车赶往沧州。

张美听老母责问诉说时，开始是心惊胆战，继而是感激涕零。他满含热泪面向汴京方向双膝跪地，向皇上起誓，从今以后要廉洁勤政，爱民如子。磕完头要起身时，却发现白发苍苍的老母亲也跪在身旁，向着汴京方向磕头诵经，两行热泪从她那满是皱纹的脸颊上簌簌地往下流。

此后不久，张美清廉爱民、地方大治的卓越政声便开始闻名朝野。

第三十三章　未雨绸缪　除敌罢贪

南唐皇帝李煜在南汉政权覆灭之后更显得忧心忡忡，日夜惴惴不安。他曾奉宋太祖诏命派出使者持书劝南汉降宋称臣，虽说没有达到劝降的目的，可他已经竭尽全力了。但大宋灭了南汉之后，对他没有片言只语的褒奖，反而在汉阳陈兵数万，扼据长江上游，每日里操演兵马，磨刀霍霍，明显地是在对南唐国土虎视眈眈。直到此时，李煜才感到唇亡齿寒的巨大威胁。他有些后悔了，悔不该充当劝降南汉那个不光彩的角色，自己口口声声说与南汉亲如兄弟，但在宋灭南汉的战争中却起了推波助澜、为虎作伥的作用。现在南汉亡了，南唐的厄运也随之降临。每想到大宋军队兵精将勇，人强马壮，杀气腾腾地涌进金陵城内，他就感到心惊胆战，不寒而栗。为此，他几个月来一直是食不甘味，夜不安席。

李煜是南唐的第三代皇帝，是李璟的第六个儿子，原名从嘉，字重光。

在他的五个哥哥中，除了大哥李弘冀外，其他四个都少年夭亡。这样，他便自然成了李璟的次子。李煜的母亲钟氏为人善良贤淑，颇通文墨。他父亲李璟也是一个喜欢游乐、能诗善词的艺术大家。这样，父母亲对他的精心培养一方面给了他极高的艺术天赋和才华，另一方面也造就了他懦弱仁厚、与人为善、逆来顺受的性格。他还有四个弟弟，依次是从善、从益、从谦、从信。他从小孝顺父母，对哥哥恭敬遵从，礼让有加，对弟弟们更是慈爱友善，仁厚惠和。

哥哥李弘冀文才武略皆佳，被当然地立为太子。可是他疑心极重而又性情凶残，整天害怕别人抢夺了他的太子之位，唯恐父皇百年之后不能荣登大宝，为此，竟暗中派人毒死了他的亲叔父李景遂。

李弘冀见弟弟李煜从小聪颖绝伦，过目不忘，且又长得一表人才，而且天生一目为重瞳子，真个是龙姿凤表，帝王之相。因此，他对这个弟弟从小便不怀好意，处处设防，时时戒备，生怕弟弟有朝一日会夺去他的皇位继承权。这样，李煜从懂事开始便生活在一个如履薄冰、战战兢兢、每时每刻都会被谋害的危险境地。

宋太祖赵匡胤

为了避祸，为了不引起哥哥的猜忌，李煜尽量不问政治，不谈国事，不与外人特别是那些朝廷大臣或其子女来往，把全部精力都投入到了诗词歌赋和绘画书法中。他继承了父亲的艺术才华，诗词歌赋冠绝一时，绘画书法也有极高的造诣。在他十几岁时，曾写了一曲《罗敷艳歌》，其父李璟看后连连称绝。后来立即传唱大江南北，文人墨客、歌肆教坊无不争咏。这曲子唱道：

> 辘轳金井梧桐晚，几树惊秋。昼雨如愁，百尺虾须上玉钩。
> 琼窗春断双蛾皱，回首边头。欲寄鳞游，九曲寒波不溯流。

还有一首《秋莺》，诗意悲凉，哀婉凄绝，许多文人学士读后都不敢相信这是十几岁的少年所作，诗曰：

> 残莺何事不知秋，
> 横过幽林尚独游。
> 老舌百般倾耳听，
> 深黄一点入烟流。
> 栖迟背世同悲鲁，
> 浏亮如笙碎在缑。
> 莫更留连好归去，
> 露华凄冷蓼花愁。

李煜亲眼看到，他的父亲李璟那皇帝当得屈辱而又疲惫不堪。到了晚年，父亲实在是当够了皇帝，也当怕了皇帝，临终时留下遗嘱，不让人们为他修高陵大墓，只要像普通士民一样有数尺封土就够了。他想到另一个世界永远只做个平民百姓。

李煜同他的父亲一样，压根儿就不想当皇帝。他长年醉心于诗词和书画的艺术创作。在他的心目中，艺术要胜过皇权不知多少倍。只有踏进了艺术的殿堂里潜心创作，或是在后宫里与那些心地清纯的宫女们玩乐嬉戏，他才像真正进入了自己的天地，自由自在，心情舒畅，无须躲避人们的嫉妒、怨恨和背后的算计。

然而，世上的事情往往是不尽人意，老天爷总跟人们过不去。想当皇帝的人偏偏不让你当，不想当皇帝的人又非让你当不可。

他的哥哥李弘冀一心要入继大统，可就在毒死其叔父李景遂才几个月便突然暴病身亡。

李煜一心要夺个诗词魁首，当个文学领袖，却躲不过老天爷为他安排的当皇帝的这一劫。按照众皇子的次序，他自然被推到了皇太子的位置。

哥哥暴死几天之后，李璟便封李煜为吴王，并居于东宫，成了法定的皇位继承人。

两年以后，即大宋王朝开国的第二年，建隆二年（961 年）二月，李璟迁都南昌，留太子李煜在金陵监国。当年六月，李璟驾崩于南昌。七月二十九，李煜在金陵即位，尊母亲钟氏为圣尊皇太后，妻子周氏被册立为皇后。命叔父江王李景遏和弟弟韩王李从善留守南都（即南昌）。

李煜即位，比其父李璟对大宋王朝更加恭顺，马上派遣中书侍郎前往汴京，进贡黄金两千两，白银两万两，纱罗三万匹，并将自己袭位之事向宋太祖禀报请示，直到宋太祖赐诏同意之后才敢称帝。

但是，他这个皇帝从坐上御榻的第一天起便当得战战兢兢。当十月份宋太祖派枢密承旨王文来祝贺他继位时，李煜竟不敢穿显示皇帝身份的黄色龙袍，却换上一袭紫袍召见使者，以示对大宋的谦恭。直到使者走了以后才敢重新换上黄袍。从此，李煜便以"紫袍皇帝"著称于世。

李煜对于南唐小朝廷和南唐的臣民来说俨然是个皇帝，是一代天子。但是，对于大宋皇帝来说，他却只能是一个臣属。这种屈辱的地位对于一个才华横溢的年轻帝王来说不能不感到万分痛苦。但是有什么办法呢？他面对的是一个国力兵力都空前强大，要倾覆自己这个小朝廷易如反掌的大宋王朝。他只能忍辱负重，苟且偷安，打碎牙齿往肚里咽。

就在这个时期，他的爱子、年仅四岁的小仲宣病死，其妻子周后亦相继病卒。亡子亡妻之恨让他悲痛欲绝，亡国之忧更如同雪上加霜。他含泪忍悲，无处诉说，只有挥毫作诗，将满腔悲愤倾泄于两首挽词之中：

　　珠碎眼前珍，花凋世外春。
　　未销心里恨，又失掌中身。
　　玉笥犹残药，香奁已染尘。
　　前哀将后感，无泪可沾巾。

　　艳质同芳树，浮危道略同。

宋太祖赵匡胤

> 正悲春落实，又苦雨伤丛。
>
> 秾丽今何在，飘零事已空。
>
> 沉沉无问处，千载谢东风。

满腹心事，多少悲苦，只有诉于东风。然而东风无力，难解人意，他还得面对这个冰冷又严酷的世界。

现在，大宋已吞并了南汉。南唐的北面、西面、东面都是宋朝的疆土，且已失去了长江天险这道天然屏障。以李煜的聪明才智，他已经料定宋朝发兵征唐是早晚的事。他虽然不情愿当这个皇帝，但既已受命于天，继承了祖宗这份基业，便是骑虎难下了，总不能拱手让给别人，他还要想方设法自保自存。

于是，他又派其弟韩王李从善前往汴京见宋太祖，主动提出要削去南唐国号，称"江南国主"，改玉玺印文为"江南国印"。接着，他又下令自贬仪制：改诏称教，中书门下省称左右内史府，尚书省称司会府，御史台称司宪府，翰林院称艺文院，枢密院称光政院，大理寺称详刑院等等。原来凡是封王的一律降为公，以向宋廷表示自己再无称帝之意。这样一来，南唐似乎再也不是一个独立的国家，而像是附属于大宋的一个下属机构。

宋太祖对他的这些做法都一一照允。虽然太祖收复南唐的决心始终如一，但他现在面对这个一味恭顺的李煜却找不到一点出师征伐的理由。

他要对南唐先行笼络安抚，使其放松戒备，然后再寻找时机和借口，做到出师有名，一举收复。

宋太祖随即下诏，追谥李煜之父李璟为帝；接着，又趁江南发生灾荒，诏令李煜从水路运回米粮赈济南唐灾民；此时有叛唐前来归顺大宋的将领，宋太祖一律拒绝，不予容留，以示对南唐的友好和亲密无间。宋太祖这一连串扑朔迷离、让人摸不着头脑的做法却让李煜感激涕零，大大地松了一口气。

可是事隔不久，却传来了让他更加惊恐不安的消息。他派往宋廷的使者、他的弟弟李从善被宋太祖扣留在汴京做了人质，不肯放回南唐。而且在汴京专门辟出一座豪华的府邸赐给李从善居住，对他身边的随从人员全部推恩晋升，任命他的掌书记江直木为司门员外郎、兖州通判，甚至加封李从善的母亲凌氏为吴国太夫人。

宋太祖这样做自有他的打算。他是想通过扣押李从善来激怒李煜，从而找到举兵伐唐的借口，同时对李从善优礼有加，让他劝降李煜。

可是李煜从小逆来顺受惯了，尽管他与弟弟李从善情深意笃，扣押了从善就像摘去了他的一副心肝一般，但面对强宋他哪里敢有半点恼怒和不满，只有摇尾乞怜的份儿。

他又派出常州刺史陆昭符为使，到汴京再次进贡，奉上李煜手书请求太祖放还从善，并命陆昭符偷偷地给宰相赵普送去白银五万两，请他从中说项。

宋太祖不仅不肯放回从善，而且把陆昭符也一块扣留在东京。李煜彻底失望了，但他仍旧只是一味地忍气吞声，却始终未被激怒。

然而，李煜卑躬屈膝、自损国格的做法却激怒了南唐朝臣中的一批正直之士。

内史舍人潘佑率先上疏，极论时政，抨击国势日衰，而用事者尸位素餐，无所作为。要求朝廷练兵备战，以图振兴。李煜看罢，认为不过是一纸空谈，便扔到一边不予理睬。

潘佑其人，少时性格孤僻，专心闭门读书，不善交往。长大后擅长属文，尤长于辞辩。他与户部侍郎李平最为友善，二人对国事十分关注，曾因国内土地兼并日烈，许多农民丢掉土地流离失所而上疏请求恢复井田法，未被采纳。

当大宋发兵征伐南汉时，见李煜派使臣去南汉劝降，潘佑便又上一疏，其中有几句话明显带有讽刺意味："陛下既不能强，又不能弱，不如以兵十万助收河东，因率官吏朝觐，此亦保国良策。"李煜看了奏表之后已闻到了其中有一股怪味，心中甚为恼怒，但仍未发作。后来潘佑请求致仕，入山避难，李煜认为此人疯疯癫癫，不予理睬。

而现在，李煜对宋廷卑躬屈膝已到了无以复加的程度，潘佑再也忍无可忍，便准备拼将一死，尸谏昏君。于是连夜修成一疏，措辞十分激烈，满腔义愤溢于言表。这是他连上的第七道奏疏，上面写道：

> 臣闻三军可夺帅也，匹夫不可夺志也。古有桀、纣、孙皓，破国亡家，自己而作，尚为千古所笑。今陛下取则奸臣，以败乱其国家，是陛下之为君，不及桀、纣、孙皓远矣。臣必退之心，有死而已，终不能与奸臣杂处而事亡国之主，使一旦为天下笑。陛下以臣为罪，愿赐诛戮，以谢中外！

潘佑公然将李煜比作夏桀、商纣、孙皓这些历史上最有名的昏君，甚至说李煜远远不如他们。李煜看过之后直气得五内冒火，七窍生烟。他铁青着脸将奏疏当场撕得粉碎，他认为潘佑的狂言极谏必与户部侍郎李平有关。于是便下令将潘佑、李平锁拿，囚禁于狱中。

潘、李二人早已将生死置之度外，入狱不久潘佑便撞墙自杀，李平也自缢而死。

潘、李二人一死，在朝臣中引起了极大的震动。另一位大臣韩熙载本来很有些文韬武略，李煜曾考虑要起用他任宰相。但韩熙载眼看着国势日趋艰危，皇帝又是个扶不起来的天子，对外屈膝卑微，对内昏庸无道，朝中正直之士冤死狱中，他的心彻底凉了。知道大势已去，国将不国，便干脆不问政事，纵情声色，在府中蓄养姬妾数十人，每日宴饮作乐，不分昼夜，成了典型的颓废派。

国外有强敌威胁，国内又有这些不识时务的臣子与他作对，李煜一筹莫展了。他只能听天由命，挨一天算一天。于是，他把朝政一股脑儿推给宰执大臣，自己一头扎到后宫，与后妃宫女们饮酒赋诗，纵情享乐，他要趁尚未亡国之时好好地过几天醉生梦死、花天酒地的帝王生活。也许在不久的将来这种恣意淫乐的日子就到头了。

欢娱日短，时光如流。转眼之间新的一年又开始了。草又青了，树又绿了，满园春色再一次唤起了他对弟弟李从善深深的思念。他与从善年龄相仿，从小在一起玩耍读书，关系十分亲密。到头来，却是自己把他送到了异国他乡，也不知道还有没有兄弟相会的那一天。

李煜满腹惆怅，心里一阵阵隐隐作痛。他让宫女们铺下一张洒金宣纸，捉毫在手，饱蘸浓墨，强忍着在双眸中打转的泪花，写下了一首《清平乐》：

> 别来春半，触目柔肠断。砌下落梅如雪乱，拂了一身还满。
> 雁来音信无凭，路遥归梦难成。离恨恰如春草，更行更远还生。

当他在词末轻轻地钤上他的印章的时候，眼中的泪水再也无法控制，"吧嗒吧嗒"地滴落在纸上。泪水稀释了印泥，一片红渍向四周浸淫开来，连他自己也弄不清楚这流出来的究竟是泪还是血。

第二天，他再次派出一名使者，带着南唐的土特产和弟弟从善最爱吃的水果连同他这首用血泪填成的思弟之词前往汴京，看望从善。

南唐使者不久来到汴京，他到李从善的府邸拜望了这位被软禁已久的韩王，尽诉南唐皇帝的殷殷思念之情。李从善看着哥哥那首词，早已泪流满面，泣不成声。他唯有面向东南伏拜谢恩。至于宋太祖一再要他劝李煜归降的话，他却一个字也没说。

这次宋太祖专门派了翰林学士卢多逊去接待南唐使者。南唐的这个使者是个名不见经传的小吏，派大学士卢多逊负责接待，规格有些太高。宰相赵普、开封尹赵光义等都不解其意，提出质疑。太祖并不理会，只把卢多逊单独召至一密室中，嘱他要如此如此。

卢多逊邀请南唐使者共进午餐。这次宴会十分隆重，山珍海味、南北大菜应有尽有。席间，卢多逊及其随从频频劝酒。南唐使者怕酒后失态，显得很拘谨，只是在推辞不过的时候才勉强喝一点。

卢多逊却显得十分慷慨，带头豪饮，一连喝了七八杯，喝得满脸通红，说起话来舌头都不大听使唤了。

用过午膳，卢多逊邀请南唐使者到附近一所宽敞明亮、陈设豪华的房子里暂作休息。房间的东墙壁上赫然挂着一幅军人画像。卢多逊乘着酒兴指着那幅画像问使者：“此人，你……你可认识？”那使者抬头一看，不禁大吃一惊，这不是南唐著名将领、南都留守兼侍中林庆肇吗？他的画像怎么会挂在这里，便说道：“此乃南唐侍中林大人的画像，但不知贵朝为何要挂他的画像。”卢多逊对他神秘一笑，也许是酒喝多了，竟口无遮拦地说道：“吾皇素……素爱林庆肇之……之勇，常说道，以……以庆肇之勇，足以统……统大军，安天下。今大宋强盛，天……天下归心，四方豪俊，无……无不望风归顺。林庆肇久困南唐蕞尔小邦，甚不……不得志，又听说我大宋皇上，思……思贤若……渴，便打算归降大……大宋朝廷。先派人来……来联络，吾皇慨允，并答……答应事成之后，任其为金……金陵节度使，这……这才又送来画……画像，以为信物。”

那使者一面听着，惊得心中“突突”乱跳，他强做镇静地问道：“此事当真？”

“那……那还有假，吾皇已赐其宅……宅邸，只等林……林将军事成后来住了。你看，这座大宅院就……就是林……林将军的。”他顺手指了指房间左边一处建筑豪奢、规模甚大的住宅说道。刚说完，似是酒力涌了上来，急忙跑到室外大吐起来，随从人员见他已经醉成这个样子，只好将他送回府邸。

第二天，南唐使者辞行归国。宋太祖特赠予李煜白银五万两，并命宰相赵普亲自把白银送到南唐使者下榻之处。为什么要向南唐回赠这么大额的重礼，左右群臣皆不解其意，唯有太祖与赵普心里明白。

原来当时南唐以陆昭符为使来宋时，曾偷偷地送给赵普五万两白银。赵普见数量太大，又加上前次吴越送金子的事为太祖撞破，他不敢私吞，便将此事禀报了太祖。为了不引起南唐君臣的怀疑，太祖让他权且收下，以后再做处置。

现在以宋廷的名义回赠南唐，等于原物退回。他是要让李煜看看，大宋朝廷君臣和睦，铁板一块，没有他们的可乘之隙。另一方面，他也要让李煜知道，大宋国力强盛，库帑丰盈，对他的金器银具、珍珠宝玩并不放在眼里。

当然，对于南唐向赵普行此重贿，宋太祖心里也不是没有想法。尽管赵普没有侵吞这笔巨款，但在太祖心里还是再一次留下了一道抹不去的阴影。

吴越主也好，南唐主也好，为什么都向赵普行此重贿？这从侧面提醒了宋太祖，赵普作为首辅宰相，权力已经高度膨胀，达到了炙手可热的程度。连国外的这些人都看明白了，赵普专权擅政，独揽朝纲，只要收买住赵普，便可以左右朝廷的决策，甚至左右皇上的意志。而这一点是宋太祖绝对不能容许的。

看来，是该裁抑一下赵普的权柄了，这样对朝廷、对赵普本人都有好处。若是任其发展，不加限制，还不定闹出什么事来呢。到那时后悔就来不及了。

决心一下，宋太祖再不迟疑，立即大刀阔斧地采取行动。他谁也没有商议，也不征求任何人的意见，立即下旨，任命薛居正、吕馀庆为参知政事，也就是一下子任命了两位副宰相，把赵普手中很大的一部分权力分散到他们手中。

南唐使者回到金陵，要求单独觐见皇上。李煜在后宫中召见了他，屏退左右人等，使者详细禀报了林庆肇私通大宋一事。

李煜听罢，大吃一惊，忙问道："你所言属实吗？"使者答道："千真万确，他送去的画像小人亲眼所见，而其事乃翰林学士卢多逊酒后失言。陛下一定要早做处置，若是迟了，后院失火，祸起萧墙，则悔之晚矣。"

李煜挥挥手让他退下，嘱咐他不要对任何人提及此事。他自己躲在后宫里却又惊又怒，陷入了极度痛苦之中。国势败危如此，人心多已离散。在大厦将倾之际，许多人都在寻找自己的出路，攀高枝，抱粗腿，这在人情薄如纸、世态炎凉的当今之世已经司空见惯，他并不觉得特别奇怪。但是林庆肇何许人也？他乃两朝元老，一代宿将，朝廷待他恩重如山，我父子拿他当亲人看待。想不到人心险恶，连这样的人也会背我而去，而且要在背后捅我一刀。

他的一颗心在绞痛，在滴血。忽然，这位历来柔懦软弱的主儿双眼中射出了两道狞厉的凶光，恶狠狠地说道："你既无情，休怪我无义。大唐一日不亡，叛臣贼子就休想得逞。"

他立即令人拟旨，一日连下两道急诏，宣林庆肇火速从南昌赶回金陵。

林庆肇接到十万火急的诏旨，以为京都发生了大事，不敢怠慢，带上几个侍卫连夜马不停蹄直奔金陵而来。

他来到都城之后，却见金陵城里平静如初，大感纳闷，连忙递牌子求见皇上。可是李煜却不见他，只让他住到驿馆候旨。

林庆肇在驿馆内一连住了三天，一日数次要见皇上都被拒绝了。他想出去找同僚和熟人问问到底出了何事，可是驿馆被数百名兵士把守，一个个拿刀持枪，凶神恶煞，不准他离开半步。

他心里咚咚乱跳，就像有十五只吊桶打水，七上八下。究竟为什么？朝廷中出了什么大事？是什么大案把我牵扯进去了？他丈二和尚摸不着头脑，心里不停地猜来猜去，却怎么也猜不出个头绪。只好在这里干等着，等皇上召见之时自会水落石出，真相大白。

可是等来等去，等到的却是太监送来的一道圣旨和一壶鸩酒。皇上赐他自尽，罪名是叛国通敌，谋反作乱。林庆肇大惊失色，高呼冤枉。可是他的喊声再大，深藏在皇宫里的李煜也听不到。只对这个像木头一般的太监喊冤又有何用？他大声呼叫要见皇上，辩白愚忠。可是，几个如狼似虎的宫廷内侍手持明晃晃的大刀扑了上来，逼他马上服酒。

林庆肇彻底绝望了，他不知道这个糊涂君王究竟听信了谁的谗言。自己一生忠勇，为南唐朝廷东拼西杀，屡立战功，想不到到头来却落了个这样的下场。他愤怒、痛苦、心酸，但此时此刻这一切都没有用了。他上前端起酒壶，突然"哈哈哈"爆发出一阵令人毛骨悚然的惨笑，口中说道："南唐有此忠奸不分、良莠不辨的昏君，焉能不亡？"说罢，将壶嘴对着口，咕嘟嘟一气灌了下去，然后将酒壶狠狠一摔，踉跄了几步便轰然倒地。顿时口鼻冒血，顷刻毙命。

李煜鸩杀林庆肇的消息传到大宋朝廷时，宋太祖正在与大臣们商讨征伐南唐的战前筹备事宜。听到这一消息，太祖异常兴奋，禁不住哈哈大笑道："李煜小儿中了我的计也。"众臣属都不知何意，吕馀庆问道："陛下何以如此说？"太祖不无得意地道："还记得北汉使用反间计，险些让朕中了圈套，误杀大臣吗？今朕亦用此计，李煜这个糊涂虫果然中计，为朕除去一心头大患。"

众人这才恍然大悟，纷纷向太祖称贺。

原来林庆肇是南唐赫赫有名的战将，不仅武艺超群，而且极富韬略，善于治军。他是南唐少数几个强硬的主战将领之一。

在宋太祖发兵征伐南汉的时候，他曾秘密上表李煜，表中说道："宋军之前刚刚吞并后蜀，现在又径攻南汉，连年征战，师老兵疲。眼下淮南诸州所驻宋军都不过千余人。请陛下拨给我几万人马，我自寿春北渡，径取正阳。这里都是原来我大唐的庶民，思归旧土，必不反抗。我率大军可全部收复几年前沦于后周的江北旧境。纵使宋军派兵来援，臣据淮对垒抵御，定然不会有失。在臣发兵之日，陛下可告知宋廷，说臣举兵叛乱。这样，如果此事成功，则为国家收复了疆土，利在朝廷。倘若失败，陛下可将罪责全推在臣一人身上，杀臣全家以向宋廷表明陛下对他们并无二心，不至于遗祸国家。"

林庆肇意在趁宋军后方空虚收复失地，这在当时确是一条十分可行的上上之策。他以身家性命做赌注，胜则国家得利，败则戮其全族，亦免李煜遭宋廷罪责，给国家酿成祸事，如此耿耿忠心，烈烈赤胆，可昭日月。

但是，这个懦弱成性的李煜对宋廷畏之如虎，唯恐偷袭不成反获罪，便执意不肯听从，将林庆肇的密奏扔到一边置之不理，白白地坐失良机。

后来，宋太祖听说了这件事吓出了一身冷汗。他知道，林庆肇的这一策略确是十分高明的一着狠棋。倘若当时李煜真的照办了，淮南之地恐已不为大宋所有。纵使收复南汉也有些得不偿失了。

由此，他对林庆肇这个人耿耿于怀，一直蓄谋将其除掉。否则，一旦大宋发兵南唐，战端一起，此人将是一个极难对付的敌手。

为了除掉这个劲敌，他先是派人潜往南唐，以重金收买了林庆肇的家仆，偷出了林庆肇的画像。然后趁南唐使节来汴京，亲自导演，让卢多逊登台，演出了那出"酒后泄密"的把戏。

想不到李煜竟会如此昏庸糊涂，简单的几句话就让他鸩杀了一代名将。也许这是天意，李煜自毁长城，南唐的气数不会太长了。

入夜之后，喧嚣沸腾了一天的汴京城渐渐平静下来。连续十几年的安定祥和使开封城空前繁荣起来，客户云集，商贾络绎，酒肆、茶馆、店铺、歌楼鳞次栉比。天一放明，人们都涌到了街头巷尾，大男小女摩肩接踵，人流如潮，天天都如同集市一般。来自全国各地的各类商人，行医的、卖艺的、相面的、算卦的、耍把戏的各色人等操着不同的口音高声叫卖，大声喧哗，就像开了锅一样。直吵到红日西坠，玉兔东升，才一下子安静下来。

现在，皓月当空，晚风习习，满天的繁星在一闪一闪地眨着眼睛，窥视着这个喧嚣、亢奋了一整天后显得有些疲惫的古老的都市。

街面上行人稀少，偶尔有几个卖夜宵的小贩挑着食盒，提着风灯，懒洋洋地有一搭无一搭地喊着："卖炊饼啦，香喷喷热腾腾的炊饼。"喊罢又慢腾腾地往前转悠。

这时候，一乘蓝布小轿由四个人抬着，急匆匆地向开封府尹赵光义的府邸走来。赵府坐落在御街东首大街北侧，大门巍峨高敞，两个大石狮子龇牙咧嘴，威风凛凛地蹲伏在两侧。七步石阶上边是两扇朱红的大门。一颗颗像瓶盖大小的橙黄的圆铜钉在摇摇晃晃的大红灯笼的照耀下粼粼闪光。

小轿在门前落下，一个四十多岁的中年男子将轿帘一掀健步走了出来。他冠巾华衫，身材颀长，方颔下三缕美髯在夜风中轻轻飘拂。

他拾级而上，在朱红大门上轻轻拍了一下。大门"吱呀"一声打开，一名老管家似是早等在那里，连忙将他接进去，沿着回廊七绕八拐，将其送到了客厅。

客厅里烛火辉煌，正北一张八仙桌两边摆着两把圆背太师椅，一概是用昂贵的红木精心打制的，被擦拭得油光闪亮。再往东是一个紫檀木花架，上面摆放着一个硕大的古瓷花瓶，一束紫色的花卉傲然挺立在花瓶里，迎风怒放，摇曳生姿。

来人走进客厅，见开封府尹赵光义正坐在太师椅上闭目养神，忙上前行礼请安。赵光义睁开眼睛急忙起身，双手扶住来人道："都是熟人了，何须如此拘礼，快请坐。"

来人便是翰林学士卢多逊，这些日子他常来赵府走动，已是赵光义家的常客。

赵光义为报一箭之仇，也为了扫平仕途上的一大障碍，决心扳倒赵普，杀一杀其把持朝政、专横跋扈的气焰，便选择了卢多逊作为他的左膀右臂，因此三天两头在他府上秘密聚会，共商"倒普"大计。

赵光义选卢多逊作为他"倒普"帮手的最佳人选算是物色对了。

卢多逊在周世宗显德年间进士及第，至宋朝初年官至中书舍人。他曾在乾德二年（964 年）和乾德四年（966 年）两度出任知贡举，也就是主持大考天下举子的首席主考官。乾德六年（968 年）又加官史馆修撰、判馆事。

卢多逊乃学富五车、名满天下的当朝鸿儒，《宋史》介绍他："博涉经史，聪明强力，文辞敏捷，好任数，有谋略，发多奇中。"卢多逊在主持史馆事务时，宋太祖经常派人来取书读，遇到不明白的地方便召卢多逊前去垂问于他。卢多逊是个极精明、极善迎合人主的人，每次太祖取的什么书，他都要悄悄地记下书目，回家后通宵阅读。因此，每次太祖有什么疑问，他都能对答如流，且颇有见地，常令朝中群臣瞠目结舌，为之折服。

卢多逊常被太祖召于宫中问对，皇上的许多诏令也常由他起草，从某种程度上说，太祖是把卢多逊当作师友来敬重的。

因而，卢多逊对于读书不多、只精于玩弄权术的赵普一向看不在眼里。见赵普十几年稳坐相位，又不知收敛，嗜权专横，颐指气使，便十分憎恶。赵光义正是看准了这一点，又见他在皇上面前说话很有分量，因此才选中了他。

当下卢多逊坐下，赵光义命人摆上菜肴果脯，屏退左右，二人一面慢慢地品酌，一面商量着那件事儿。

赵光义举起酒杯与卢多逊一碰，二人各抿了一口。光义说道："前些日子，南唐使者回国，陛下赐南唐白银五万两，却让赵普这老儿亲自送去。卢大人可知道，皇上为什么要馈赠这么多的银两，又何以非要赵普亲自送去不可？"

卢多逊眨着两只眼睛，猜不透这里面有什么奥妙，只好如实说道："其中详情下官实在不知。只是南唐一个普通使者，却让首辅宰臣亲自前去送礼，下官也觉得蹊跷。"

赵光义哈哈大笑："此事我也是才打听到，原来南唐主曾偷偷地向赵普行贿，送给他的恰恰是五万两白银。皇上这次是让他怎么吃进去的，再怎么吐出来。这一着真妙啊。"

卢多逊道："竟然有这等事？皇上对这赵普也太迁就了吧？"

赵光义呷口酒，拿起筷子来催着卢多逊夹菜吃，嘴里一边嚼着，一边说道："据我看来，赵普圣眷渐衰，这一桩又一桩的贪赃枉法之事皇上能忍耐多久？这赵普该走下坡路了。"

卢多逊兴奋地道："诚然如此，皇上新设两位参知政事，以分其权。这已经给他敲响了警钟。可这驴头却利令智昏，我行我素，他注定要倒霉了。本来嘛，日头不能光在他赵普的天井里转。"

赵光义将杯中酒一饮而尽，一脸严肃地说道："扳倒赵普，此其时也。现在是万事俱备，又起东风。就差我们这一把火了。"

卢多逊说："放火的事我都已安排妥当。这火要一把紧接着一把，越烧越旺，直烧他个昏天黑地，晕头转向。看他赵普还能骄狂几天。"

"好!"赵光义兴奋得两眼放光，又亲自把盏为卢多逊斟满酒杯，两只玉盏哐啷一碰，同时举到唇边，光义接着说道："为'倒普'成功，干杯!"

第二天早朝，赵普便遇到了麻烦。在崇政殿他刚刚下马便被一个年轻的低级官员斜刺里冲过来拦住马头高声嚷道："你就是赵宰相吧?"

赵普愣了一下，正色道："正是在下，你有何事?"

"你这宰相当得好啊!"那年轻人可能天生的大嗓门，说话竟似打雷一般，"你不仅自己贪污受贿，中饱私囊，连你的门客属官都一个个贪得无厌，渔利自肥。人说'宰相家奴七品官'，你家的这些奴才比七品官还大。倒卖木材的倒卖木材，敲诈勒索的敲诈勒索，真个'一人得道，鸡犬升天'呀!"

这一通大吆小喝把上朝的文武大臣全都引来了，一个个瞪大了眼睛，不知发生了什么事。

赵普当众出丑，平生来这还是第一次，顿时勃然大怒，厉声喝道："何处来的刁蛮之徒，满口胡言，给我拿下。"

早有两个殿前侍卫如虎狼般冲了出来，将那年轻人旱鸭子似的捆了个结结实实。那人却不肯低头，仰着脖子杀猪似的尖呼高叫。

宋太祖上朝一贯很早，殿外的对话早听了个一清二楚。本不想出来，听着闹嚷得太不像话，只好踱出殿外，铁青着脸喝道："什么事让你们如此喧哗?"

一看惊动了圣驾，文武大臣呼啦啦跪了满地，谁也不敢吭声。

那被绑缚的年轻官吏却说道："皇上，微臣要状告宰相赵普!"

宋太祖皱皱眉头，对两个侍卫说道："放了他，且到后殿等着，待朕散朝后再说。"说完将袍袖一甩气呼呼地转身进了大殿。

众大臣赶紧爬起身来，尾随而入。

今日早朝的议题不多，只有户部和工部的几个大臣出班奏事，也都是些可急可缓的事项，太祖都一一照准。他本欲问问宰相还有何事，一看赵普，脸色煞白，胸脯气得一鼓一鼓的，似是还没有回过神来，便不再说话。值班太监宣布散朝。

退至后殿，宋太祖让人把那年轻人带来。那年轻人见到太祖倒地便拜，口中连呼万岁。

太祖怒冲冲地问道："你叫什么？为何状告宰相？"

那人道："禀万岁，微臣叫雷有邻，现为左监门卫将，是雷德骧的儿子。"

一提雷德骧，太祖忽然记起最早参劾赵普的前司户参军。当时其实自己也知道雷德骧参的是事实，但一则深感赵普有功，大宋王朝还离不开他的辅佐，二则自己实在不愿随便贬斥有功之臣，于是便动了点私情，"为亲者讳"，将雷德骧贬职。今天他的儿子又来状告赵普，究竟要干什么？

想到这里，太祖不禁黑沉了脸，冷冷地问答："噢，你是雷德骧的儿子，莫非对汝父之事心怀怨恨，今日要公报私仇？"

"微臣不敢，微臣有几个脑袋？望万岁千万不要误解了微臣对国家社稷的一片赤诚。"雷有邻磕头如捣蒜。

"那你为何苦苦缠住赵宰相不放？"

"那赵普自以为一人之下，万人之上，在朝中专权，一手遮天。这且不算，这几年贪墨成性，巧取豪夺，朝野上下谁不知道？上次我父参劾他之后，他倘若从此敛迹，稍加改过，微臣决不来告。但赵普非但不知收敛，而且变本加厉，一意孤行。连他的门生故吏和亲朋好友也都纷纷效仿。"接着，雷有邻便将赵普及其朋党如何假公济私，侵吞公帑，上下其手，索贿受贿，勒索下属，鱼肉地方的许多事实一一和盘托出，时间、地点、人证、物证俱在，言之凿凿，不由太祖不信。

太祖只好命雷有邻暂且退下，立即派人详细调查。结果，不仅查清了赵普许多贪贿的罪证，而且连他的好几个党羽也都牵连了进来。

宋太祖大为震怒，自己登基以来一再告诫臣属戒贪倡廉，戒奢省费，一再给各级官员增加薪俸，意欲以高薪养廉。可是想不到赵普如此不争气，连他前后左右都是些贪鄙小人，国家蛀虫。

太祖怒火中烧，他不能容忍平生最憎恨的贪贿行为在自己的朝廷里滋生蔓延，横行无忌。他让大理寺马上议处如何惩治赵普以下的贪官污吏。结果，摄上蔡主簿刘伟情节最为严重，被斩首弃市；秘书丞王洞、宗正丞赵孚被杖责后削职为民；堂后官胡赞、李可度被籍没家财。他还亲自下旨，将雷有邻擢升为秘书省正字。

对于宰相赵普如何处置，宋太祖仍然下不了决心。尽管他也知道，只惩治这些中级官吏不免有只打苍蝇、不打老虎之嫌，但他还是不忍心对赵普这位患难知己、布衣之交动真格的。

然而，树欲静而风不止。赵光义亲自策划的这场"倒普"活动愈加紧锣密鼓。明枪暗箭，刀光剑影，直让赵普无力招架。

惩治了刘伟等人之后不久，卢多逊登场了。他直接面见宋太祖，当面参奏赵普曾将河北、淮南等处的一些公田当作私田卖掉，大发横财；他在汴京和京城之外的好几个地方广建宅第，皆是高厦大屋，楼阁亭台，豪华富丽胜过皇宫，他还在京中和地方经营商铺，夺民之利。宋太祖默默地听着，强自压住心头的怒火，当着卢多逊的面没有发作。卢多逊陛辞走出来之后，却听到太祖的室内传来了刺耳的摔碎茶壶、杯盘的声音。

见太祖仍没有处置赵普，赵光义终于沉不住气，自己出头了。他于晚上来见太祖，状告赵普违背朝廷关于宰辅大臣之间不准通婚的规定，其儿子赵承宗公然娶枢密使李崇矩的女儿为妻。最后阴沉沉地说道："赵普公忠其表，谋私其内，斑斑劣迹已令人发指。如今又蔑视朝廷王法，与执掌兵权的李崇矩结为儿女亲家，意欲何为？莫非要结党营私，架空陛下不成？臣弟真不知长此下去究竟是朝廷大还是赵普大。这大宋江山究竟是谁说了算？"

这些恶毒的挑拨就像一把利刃扎在了宋太祖的心上，一股无名之火陡然升腾起来。虽然他也知道赵光义与赵普之间有过节，自己这位弟弟是想借自己的手扳倒赵普，但是他说的却都是事实。赵普的恃功凌上和专权跋扈确实不能不引起重视了。

于是他问赵光义道："以皇弟看来，朕应如何处置赵普？"

光义马上干脆地答道："赵普之罪依律该杀。纵使陛下对其格外施恩，也该流徙岭南，永不叙用！"

看着弟弟眼中射出的凶光，听着他那阴森可怖的话音，宋太祖只觉得心中一凛，禁不住浑身打了个冷战。

他忙笑着说道："此事需要十分谨慎，赵普毕竟是开国功臣。容朕再仔细想想，你先回府歇着吧。"

赵光义拜辞而去，宋太祖又是一夜未眠。

第二天早朝，宋太祖满脸倦容，双眼熬得布满了血丝，他面带忧伤地宣布：自即日起，赵普罢宰相之职，出任河阳三城节度使，三日后离京赴任。宰相一职暂由薛居正署理；封皇弟赵光义为晋王，仍领开封府事，朝班位列宰相之前。

三天之后，赵普收拾行装带上家眷辞朝出京。太祖亲送至汴京城郊，临别时说道："爱卿此去远离京都，可怨恨朕吗？"

赵普翻身跪倒在地，垂泪禀道："罪臣赵普自知罪孽深重，悔不该当初不听陛下训诫，被名利缠身，贪恋黄白等身外之物，恃功自傲，权欲熏心，以至不能慎终如始，晚节不保，思之痛彻心扉。以臣大罪之身，陛下仍命臣执掌节钺。臣深知陛下对臣宽厚仁爱的回护之心。只有感激涕零，岂敢有半点怨恨之心？"

太祖双手将赵普扶起，叹口气道："现在还谈不上晚节不保。卿正值盛年，且去治理地方，勤政爱民，再建功勋，朕还等着爱卿重新回朝呢。"

赵普感激地频频点头，最后又说道："罪臣此一去，不能每日服侍陛下左右，望陛下多多保重。臣有一言如骨鲠在喉，临走不能不说。"

太祖说道："你与朕虽是君臣，却如兄弟，有什么话不能直说？"

赵普接口说道："就是兄弟也不能不防。古人云，同患难容易共富贵难。大宋立国已十几年，有功之臣权欲膨胀，贪图富贵之心永无止境。陛下过去曾说过，皇上这个宝座或许有人想坐，陛下千万要小心，如今人心难测啊！"

太祖心中"咯噔"一下，他凝视着赵普问道："你是说……"

还没等他说完，赵普忙说道："臣不过看到些蛛丝马迹，也许是杯弓蛇影、妄加猜测罢了。不过陛下的安危关系着大宋的万里江山，千万大意不得。有人说臣结党营私，臣虽门生故旧颇多，这几年也有些专权傲下，但对皇上却绝无二心。然而据臣所知，汴京城里确有一股巨大的势力左右勾联，盘根错节，正在潜滋暗长，日渐坐大。有臣等在，可做藩篱，为陛下遮风挡雨。臣此一去，还有谁能是他们的对手？陛下一定要多加抑制，免成尾大不掉之势，到最后危及陛下。这是臣此次离京最放心不下的，诚望陛下务必三思，慎之又慎！"说到这里，赵普已老泪纵横，开始泣不成声，他慌忙双膝跪地，以头碰地，磕了三个响头，泣声说道："皇上留步，罪臣就此告辞。"说罢立起身来，跨上马背，带着家眷赶路去了。

赵普的话如同响鼓重锤，在宋太祖的心头"嗡嗡"直响。他指的是谁，太祖心里一清二楚。太祖虽然已经有所察觉，但只是隐隐约约、若明若暗的一点感觉，却没有这么清晰和明了。赵普是一片好意，对自己一片赤诚之心，这一点毫无疑问，自己确需多加留意。但是也不能风声鹤唳、草木皆兵。那毕竟是自己的亲弟弟，年轻气盛、心大意高是真，要说会对自己的皇位有觊觎之心，恐怕暂时还不至于吧？

宋太祖独自站在风中望着赵普一行远去的背影，一种依依惜别的凄凉陡然袭上心头，几十年朝夕相处的老兄弟何时才能重新入朝，同掌国柄？他的眼圈渐渐地潮红了。

赵普离开了朝廷，虽然有薛居正署理朝政，但宋太祖总有一种若有所失的感觉，心里老是空落落的不踏实。他想找一个博学多才而又清心寡欲的高洁之士前来辅政，就是能陪自己经常谈古论今、讲史说书也好。

他想起一个人来，此人叫王昭素，是开封附近酸枣县人。王昭素可谓是满腹经纶的高洁之士。他从小酷爱读书，志向高远，对于《老子》《庄子》《诗经》《易经》尤为精通，其学识之宏富在开封一带颇为人称颂。此人虽然满腹才学，却无意仕途，从不参加科举考试以求功名，只在乡村中靠教授学生糊口，安贫乐道，逍遥度日。

太祖早就听说过这个人的大名，还听说过他的一些趣事。据说此人到市上买东西从不讲究价钱，人家要多少就给多少。因此，县内的人都相约，凡是王先生来买东西，任何人都不得多要钱，竟成了一条不成文的乡规民约。

有一天夜里，一个外地的窃贼来到王昭素家。当时王昭素家中有一些准备盖房子的椽木堆积在门洞里，那窃贼是冲着那些椽木来的。当他正拨门准备进入的时候被王昭素听见了。王昭素也不说话，自己把椽木从墙头全扔了出去，最后说道："壮士若急需，尽管拿回去用吧。"那窃贼顿时红了脸，掉头而去。第二天早上一看，那些椽木一块不少地堆在墙外。

宋太祖觉得王昭素举止处事异于常人，必有过人之处，一定要见见他。

他派人带着他的亲笔诏书将王昭素请至朝廷，在自己的御书房召见了他，特命宰相薛居正等也都参加召见。王昭素已经七十七岁了，两鬓如雪，却精神矍铄，行动敏捷，耳不聋眼不花，谈吐清楚流畅，就像五十多岁的人一般，太祖大感诧异。

为王昭素赐座之后，太祖问道："老先生缘何不求仕进，以致我君臣相见太晚？"

王昭素淡然答道："草民闲云野鹤之性，只宜蛰居乡里。"

宋太祖便请他讲解《易经·乾卦》。太祖多次浏览此书，隐晦曲折，艰涩难懂，百思不得其解。也曾问过朝臣中的博学之士，无奈他们不太研究《易经》，也都说不大明白。

王昭素从头侃侃而谈，剖切入微，解说恰当，一段一段娓娓道来，如历数家珍一般，太祖在一旁听得频频点头，听到关键的地方竟兴奋得两眼放光。接下来，太祖又向他询问乡间的事情，今年年景如何？百姓们的生活怎么样？赋税徭役是否太重？县府官吏有无侵渔掠夺行为等等。王昭素既不粉饰，也不隐瞒，一五一十如实相告。

宋太祖越听越高兴，当即便传旨，封王昭素为国子博士。

但是王昭素却推说自己年事已高，无论如何不肯受命，坚持要返回故里，终老乡村。宋太祖拗不过他，只好放他回去，并赐钱二十万贯，另送给他一些茶叶、药品。王昭素收下了茶叶、药品，对二十万贯钱却坚辞不受。

临行时，太祖又问他治国养身之术，王昭素躬身答道："皇上虚怀若谷，草民今日算领略了圣上的风采了。既蒙垂问，只有献拙了。以小人之见，'治民莫若爱民，养身莫若寡欲'。"

宋太祖及众大臣无不点头赞许。太祖十分看重这两句话，他以自己君临天下十几年的切身体会深深地领悟到这两句话的深意。他知道，作为一国之君，想大治天下，确乎需要爱民寡欲。爱民才能固本，寡欲方可洁行。

送走王昭素之后，他把这两句话亲笔书写在御书房的屏风上作为自我鉴戒的座右铭。看着这两句话，他又想起了赵普，心中暗暗叹道："赵普啊赵普，以你的绝顶聪明怎么就看不透'寡欲以养身'这么简单的道理呢?"

第三十四章　善纳嘉言　兵跨天险

浩浩荡荡的长江水波翻浪卷，奔腾咆哮，昼夜不息地滚滚东流。

水面上舟楫往返，樯橹穿梭，江风鼓满了一面面白色的船帆，就像千军万马中的无数面大纛浮江而下，来去匆匆。

与这些运载货物和乘坐游客的航船大异其趣的是，在这浩瀚喧嚣的江面上却静静地漂荡着一叶扁舟，若是不经意地看去，真像是颠簸在波峰浪谷间的一片树叶。

这是一只钓船，一位三十多岁的中年垂钓者头戴竹笠，手持钓竿，悠然自得地坐在船头垂钓。人们只见他时或将钓钩甩出，又轻轻地提竿挽线，却总不见他钓到一尾小鱼。细心的人还发现，在他的船尾处拴着一条细细的很难让人察觉的绳子，从江的南岸驶到北岸，过一阵子再从北岸驶往南岸。当然，这位年轻的垂钓者多是在江面上航船行驶的高峰过去以后他才驾船垂钓，而且一直是在采石矶畔来来往往，其他地方很少涉足。他连续在这里南来北往十几天便突然不见了。

开宝七年（974 年）七月，采石矶江畔这位神秘的钓翁突然出现在大宋朝的都城汴京。他已经卸掉了渔夫的打扮，头戴方巾，身穿布衫，手持一柄纸扇，俨然是一个儒雅倜傥的文人学士。

他径直来到皇宫禁苑，要求面见皇上，胸有成竹地声称自己有一个攻取南唐的成熟计划要当面禀报。

听他说话口气甚大，而且极有把握，侍卫们不敢怠慢，忙禀知宋太祖。

太祖得知此事立即在便殿中召见了他。

经询问才得知，此人姓范名若水，是江南池州人士，落第举子。范若水自幼聪颖好学，酷爱读书，立志要科举及第，振翮青云。有一年他参加了南唐的科举考试，文章写得花团锦簇一般，自以为必中无疑，谁知发榜之时却名落孙山。

他一时傻了眼，心中沮丧懊恼，一连几天寝食无味，精神恍惚。他不相信凭自己的满腹才学竟不能金榜题名。一定是科场舞弊，考官们从中做了手脚。

他不甘心就此沉沦，碌碌无为地终此一生。他决定上书朝廷，向皇上倾吐自己对治国安民、经邦济世的见解和看法。他认为，既然科举场上有舞弊行为，自己没有钱也不屑于去贿赂那些考官，那么走科考之路就是考到两鬓飞霜也仍是没有出路。这封上书该是自己踏上仕途、跻身富贵的阶梯和敲门砖。他知道，后主李煜乃当代诗词大家，精于文辞。因此，这封上书他颇下了一番功夫，叙事说理务求精当；遣词造句尽力华美，真个是字斟句酌，馨心竭虑。他要让这封上书既政见深邃又文采斐然，引起皇上的重视，一鸣惊人。

孰料上书递上之后却是泥牛入海，音信全无。他等了近一年，竟无任何答复，也不知是因为皇帝昏聩庸弱，对治国长策不感兴趣，还是因那些朝臣们嫉贤妒能，将自己的上书半路里截留了。

范若水彻底失望了，对这个皇帝，对这个朝廷，对南唐的科举制度都失望了。他带着满腔怨恨离开了国都金陵。此处不养爷，自有养爷处，是金子到哪里都会发光。他决心与这个腐朽昏暗的国家诀别，择贤主而事。

正在这个时候，他听说大宋准备攻打南唐，便想送一份厚礼给宋军。

大宋要进攻南唐，长江天堑将是他们很难逾越的障碍。仅靠帆船抢渡，风高浪急，守军射杀，不知道要死多少人马。他想到了浮桥，若是能在江面上架设一座浮桥，大军过江如履平地，那将会大大减少损失。

于是他便扮成一个渔翁在长江岸边踏勘，选择了采石江畔这段最佳的架桥位置。

他于江上无船行驶的时候驾着小舟在江面上南北穿梭数十个来回，用丝绳丈量出了江面的宽度，用钓钩测量出了不同地方江水的深度，同时也测量了每天不同时段江水的流速，数字都十分精确。

现在，他把架设浮桥的计划、选址和这些精确无误的数字一块献给了宋太祖。宋太祖认为这一计划可行，心中十分高兴，命臣下详细研究后准备实施。

为了重赏范若水，太祖便欲下旨封官。范若水却道："臣在南唐乃一落第举子，一介寒士，到宋廷却马上封官，岂不让天下士子笑我大宋无人？臣愿待陛下开科取士之时参加科考，以真才实学跃登龙门。若不及第，臣无怨无悔，此生永为布衣。"

太祖大喜道："难得你有如此高行雅量。既然这样，也无须等到科考之期，朕为你专设一场。"

于是太祖命学士院单独对范若水进行考试，三篇文章作罢，果然是字字珠玑，篇篇锦绣。考官将情况禀知太祖，太祖叹道："李煜号称江南才子，却如此不知珍爱人才，岂不令天下士子寒心，贤人远避？"遂下旨赐范若水进士及第，授官为舒州团练推官，几天后又封为赞善大夫。

范若水又告知太祖，其老母和家人尚在南唐，恐南唐君臣加害。太祖笑道："这无妨。"马上诏令南唐主李煜，命他将范若水的母亲及亲属平平安安地护送到了汴京。

南唐士子范若水来大宋投宋太祖的那天恰恰是宋太祖派翰林学士卢多逊出使南唐的时候。卢多逊这次前往南唐表面上是去祝贺南唐主李煜的生日，实际上却担负着宋太祖交给他的谋取江南图籍的秘密使命，这也是全面征伐南唐的战前准备工作，是宋太祖为摸清南唐境内全部山川地理形貌、水陆交通和兵力部署等情况采取的又一战略措施。

卢多逊来到南唐国都金陵的时候，南唐主李煜仍在后宫之内与后妃宫娥们饮酒作乐，歌舞不休。朝臣们只好一面陪着大宋使者到驿馆住下，一面差人急速报知国主。

现在的李煜愈加颓废和消沉。世事日艰，国运困危，自己既然无力回天，还不如及时行乐，得过且过。

李煜本是一个风流才子，当皇帝只不过是一场历史的无奈。他向来无心政治，无意权柄，"思追巢许，远慕夷齐"，一心向往和倾慕的巢父、许由、伯夷、叔齐这些人全都是上古时期远国事、避纷争、逃避政治和现实的隐士。

命运却偏偏安排他当了皇帝，而且面临的是一个兵疲国弱、内忧外患的烂摊子，他哪有能力和志趣来收拾它？

登基之初，他也曾强打精神勉力周旋，千方百计讨好大宋，试图博取宋太祖的怜悯和慈悲，让他这个循规蹈矩、恭顺听话的小国之君苟延残喘下去。可是他失望了。他本是个聪明人，并不比别人笨，当然看得出宋太祖的灭唐之心不可能改变，南唐不可能维持太久了。于是，他便干脆破罐子破摔，终日沉湎于酒色之中，听天由命了。

现在，李煜正坐在"锦洞天"的龙榻上，怀里搂抱着小周后，手执琥珀酒盏，自己先呷了一小口，然后又递到小周后的朱唇边，让她也抿了一口，两个人都已双颊绯红，香汗津津。然后放下酒盏，把她搂在怀里，开始凝神观舞听歌。

大殿上，宵娘正领着一群十五六岁身肢婀娜、罗纱薄如蝉翼、胴体几近裸露的宫女们翩翩起舞。一曲舞罢，那个名叫宵娘的妃子脱掉曳地长裙和绸裤，只穿着一件绿色的胸兜和中衣，踩着音乐的节拍轻捷地登上了大殿中一朵六尺高的金莲花上。

这宵娘是很讨李煜欢心的一个妃子。她长得小巧玲珑，体态纤弱轻盈。她知道李煜喜欢小脚女子，自己的双足本来就小，更刻意用绢帛缠紧，纤小弯曲形如新月。她常在这朵硕大的金莲花上为皇上歌舞，腰肢轻柔，纱袜纤足，真如水仙凌波一般。李煜曾专门为她的莲中之舞填过词，其中两句道："莲中花更好，云里月常新。"此事传到宫外，民间女子争相效仿，纷纷缠足，并戏称女子的双足为"三寸金莲"。李煜和宵娘万没有想到，他们的这一雅好却成了以后上千年中国妇女缠足陋习的起源。

此时，宵娘正在金光闪烁的莲花瓣中像一只绿色的蝴蝶翩翩起舞。一个歌女合着笙簧琴筝曼妙悠扬的奏鸣伴着宵娘的舞姿演唱起了李煜新近填成的《浣溪沙》一词：

> 红日已高三丈透，金炉次第添香兽。红锦地衣随步皱。
> 佳人舞点金钗溜，酒恶时拈花蕊嗅。别殿遥闻箫鼓奏。

歌声清丽婉转，诱人遐思，极力渲染着后宫生活的香艳、慵倦、淫靡和绮丽温馨。

李煜一边听着歌，一边微闭着眼睛，轻轻地摇晃着脑袋，他陶醉了，痴迷了，他为自己的才华横溢而无限欣慰。只有到了这个时候，他才真正找到了自我。

小周后把粉腮埋在他的前胸上，一头乌发弄得他心里痒痒的。他双手捧起小周后的娇面，在她的朱唇上轻轻地吻着。突然，他双手把小周后紧紧地搂在怀里，就像害怕被人抢走似的。他深情地凝视着她那双妩媚而又多情的大眼睛，从这对波光闪动的眸子里他又看到了另一个人的情影。

这个人正是他的结发妻子，也是小周后的亲姐姐周娥皇。他的思绪一下子飞离了这个歌舞不休的"锦洞天"，飞向了许久许久的以前。

周娥皇是南唐司徒周宗的大女儿，不仅长得倾国倾城，而且才情高致。通史书，善弈棋，喜歌舞，尤精琵琶。年少时曾在先皇李璟的御前为皇上弹奏，李璟听后极为赞赏，将自己最宝贵的烧槽琵琶赏赐给她。

娥皇与李煜结为伉俪后，新婚燕尔，情深意笃。他们一块儿弈棋，一块儿读书，一块儿填词谱曲，一块儿欢歌起舞，只要同她在一起，李煜便感到一种发自心灵深处的舒适和欢畅。无论是白天还是夜晚，他们坐则同席，卧则同衾，几乎是形影不离。

李煜曾专门为自己娇妻的娇娆写成了一首《一斛珠》，这词写道：

晚妆初过，沉檀轻注些儿个。向人微露丁香颗，一曲清歌，暂引樱桃破。

罗袖裛残殷色可，杯深旋被香醪涴。绣床斜凭娇无那，烂嚼红茸，笑向檀郎唾。

他把爱妻的香舌形容成丁香颗，把她的小嘴比作樱桃，尤其是结句嚼茸唾檀郎的描写，既活灵活现地把一个风流少妇撒娇的神态刻画了出来，更寄托了自己对妻子的深深的情爱。

李煜对周娥皇的爱是那样专注，那样一往情深，那样刻骨铭心。在他当了皇帝之后，马上将娥皇册封为皇后。虽然后宫里美色如云，周后却几乎夜夜侍寝。

周后既风流妖娆，又才气横溢。她在后宫里自创了一种高髻纤裳之妆，很快传到了宫外，成了整个南唐的流行打扮。

周后对于词曲尤为擅长，善于因词谱曲。唐朝盛行一时的《霓裳羽衣曲》在天宝离乱之后却亡佚于战火之中，不复再传。周后偶尔得到了几页残谱，便悉心钻研，用琵琶弹奏，再加上自己的补作，终于使开元天宝之遗音复传于世。

他们婚后的近十年里，几乎天天在宫苑中进行词曲演唱，李煜作词，周后谱曲，夫妻恩爱，如蜜如浆。日日轻歌曼舞，纵情诗酒，却荒废了朝政。为此，御使张宪曾上疏劝谏，李煜知道他的谏言是对的，赐给他锦帛三十匹，以资表彰。但自己却仍然我行我素，连一天也不肯停止歌舞游乐。他觉得这才是自己该过的生活，是自己全部的寄托。而上朝听政、批阅奏章、处置各种军政事务却让他感到如坐针毡，不胜厌烦。他总觉得自己不是当皇帝的料，鬼使神差、阴差阳错地当了这个鸟皇帝，是自己人生最大的悲哀。

然而好景不长，老天爷事事与他作对。周娥皇在二十九岁的时候突然得了一场大病。李煜被吓蒙了。他白天黑夜衣不解体，时时陪伴在病床边，嘘寒问暖，细心呵护，凡进药饵，他都非亲尝不可，但是这一切都无法改变命运的安排，周后终于无药可救，撒手人寰，离他而去了。

李煜一下子被击垮了，他肝肠寸断，悲痛万分，一连十几天食难下咽，夜不成寐，人整个儿瘦了一圈，连走路都摇摇晃晃，需扶杖而行。他在极度悲痛之中写成了怀念周后的《谢新恩》，这是一首声声血、字字泪的悼词：

> 樱花落尽阶前月，象床愁倚薰笼。远似去年今日，恨还同。
> 双鬟不整云憔悴，泪沾红抹胸。何处相思苦，纱窗醉梦中。

在巨大的痛苦中挣扎了一年多之后，一个新人终于又闯进了他的心里，这便是周娥皇的妹妹小周后。小周后与姐姐一样艳丽，一样多才多艺，而且只有十六七岁，天真烂漫，更加惹人喜欢。

其实早在周后病重的时候小周后已被召入宫中，既做宫女，又照护她姐姐。但那时李煜忧心如焚，无暇旁顾，一点也没发现小周后的美丽和可爱。

然而小周后却亲眼看到了李煜对姐姐的一片痴情。别说是一代帝王，就是那些普通士子百姓又有几人能对妻子爱得这样专一，这样深沉，这样始终不渝？情窦初开的小周后的心扉被撞开了，她深深地爱上了这位风流倜傥、多才而又多情的年轻君王。

在很长的时间里，他们两情相悦，暗中爱恋，却不能公开地双宿双栖。小周后毕竟是娥皇的亲妹妹，他的小姨子。爱妻亡故，他哀伤过甚。他不敢也不想让别人说闲话。但是爱欲之火却在两个人的心里熊熊燃烧，把他们烧得心乱意迷，坐卧不宁。

终于在一个大雾迷漫、月色朦胧的深夜，李煜只身来到了御花园内的一座小亭子里，亭子四周都是篁竹和花丛，显得宁静而又隐蔽。过了一会儿，一个人影出现了，这是小周后应约而来。她怕走路的声响引起人们的注意，便把绣鞋脱下来，只穿着一双罗袜，一手提着鞋，一手拨着竹丛，悄手悄脚地走进了亭子。李煜早迎了上来，两个人疯狂地搂在了一起。后来，李煜在一首《菩萨蛮》中十分逼真地再现了他们这种偷偷摸摸幽会的情景：

> 花明月暗笼轻雾，今宵好向郎边去。划袜步香阶，手提金缕鞋。
> 画堂南畔见，一向偎人颤。奴为出来难，教君恣意怜。

直到几年以后，李煜终于将小周后立为继室，称为"继国后"。正式完婚之后，他对小周后宠爱更甚，专门为她装修了一座大殿，殿内镶有白金，用奇珍异宝、琼花瑶草进行装饰，极尽奢华富丽。李煜亲为大殿题名"锦洞天"。

此时此刻，他与小周后正是在这座富丽堂皇的大殿里歌舞欢娱，也不知是在仔细地体验、品味这种奢华糜丽的皇家生活，还是准备向这种生活做最后的告别。

就在这时，一个太监急急忙忙地跑来，向李煜禀报说大宋朝前来为皇上贺寿的使臣已到达金陵，该如何接待，请皇上示下。

李煜听说宋使到来，厌倦地摆摆手，说了声"知道了"。待太监走后却对小周后凄然说道："说是来贺寿，还不知又要干什么呢。怕是黄鼠狼给鸡拜年，没安好心吧？"

可是他不能不去，也不敢不去，这是大宋的使臣，礼数不周，稍有怠慢，都怕引起不测之祸。

他懒洋洋地站起身来，让正在歌舞的宫女们都退下，然后让人拿来他那袭特制的紫袍换上，前往大殿召见宋使。

卢多逊乃当代大儒，与南唐君臣相见，如仪施礼，不卑不亢，谈吐儒雅，举止潇洒，自有大国使者的君子之风。

李煜等人对此人颇有好感，不管是宴会上还是在私下交谈，他都绝无那种颐指气使的骄矜，也没有那种居高临下的轻狂，而是像知己那样推心置腹，娓娓而谈。

在李煜生日前后的五六天中，李煜几乎天天与卢多逊在一起。他们谈经论史，谈禅论道，谈古论今，有时也饮酒赋诗，即兴填词，挥毫泼墨，相处得十分融洽。李煜甚至有一种一见如故、相见恨晚之感。他已经完全把卢多逊当成了朋友和兄弟，似乎他已不是那个强大敌国大宋派来的使臣。

卢多逊在金陵住了六七天，到李煜生日后的第三天便向李煜告辞北上。李煜执手相送至停泊使船之处，卢多逊突然对李煜说道："朝廷正欲重修天下图经，各地资料俱全，史馆唯缺江南诸州的资料，能否借一本给我带回去，待图经修成之后即告奉还。"

到了这个时候李煜怎能推托？赶紧说道："这有何难？只是要请您再留宿一夜，待明日即可送上。"卢多逊当即答应。

李煜立即命中书舍人徐锴等组织人员缮写、校对，整整忙了一个通宵，第二天一早派人恭恭敬敬地交给了卢多逊。

卢多逊不辱使命，满载而归。宋太祖翻阅着这本图册，喜不自禁。那上面对江南十九州的地理形貌、屯兵远近、兵员多少、户口多少等等记载详尽，应有尽有。李煜这个蠢货等于是把南唐的最高国家机密和盘托出，一股脑儿交给了自己。

万事俱备，只欠东风，举兵讨伐南唐只差一个出师的"借口"了。

但是"紫袍皇帝"李煜对大宋太恭敬、太顺从，确实无可指责，实在找不到这个"借口"。

欲加之罪，何患无辞？鸡蛋里挑骨头也得找到这个"借口"。

九月间，宋太祖又派李穆为使来到南唐，传旨让李煜去大宋国都觐见。

听说让他到开封去，李煜一下子吓呆了，他推说要先与群臣商议一下再答复使臣。

南唐众臣听说宋太祖要李煜入朝，都认为此去凶多吉少。近臣陈乔更是激烈反对，他对李煜说道："臣受元宗顾命。陛下今日若去宋廷，必被扣留，势难回国，到那时大唐国将不保。臣就是死了也没脸见元宗于九泉之下。"

李煜听了他们的话更不敢前往宋廷，便以身体有病为由拒绝北上。同时又低声下气地哀求李穆道："我如此小心谨慎地侍奉大宋，无非是为了自我保全。若像这样苦苦相逼，我今天只有一死而已。"说着就要以头触柱，左右大臣急忙将其拉住。他们看看自己的皇帝，实在可怜而又可悲，忍不住相对坠泪。

李穆却冷冷地说道："是否前去朝见，国主自己说了算。但大宋朝如今兵甲精锐，物力雄厚，恐尔南唐无法挡其兵锋。尚望国主深思熟虑，免得以后悔之不及。"说罢竟气咻咻地拂袖而去。

宋太祖要的正是这个结果，他料定李煜不敢前来。这样，他便可以以李煜抗命不肯入朝觐见为由堂而皇之地出师南唐了。

开宝七年（974年）十月，大宋正式举兵伐唐。

宋太祖任命曹彬为伐唐主帅，潘美任都监，曹翰为先锋都指挥使。同时，派人传旨吴越王钱俶，要他出兵夹击南唐。以贵州刺史王明为池州至岳州路巡检战棹都部署，向武昌进军，牵制江西唐军，阻其东下援救金陵。这样，再加上曹彬所率主力便是五路大军齐下。而这五路大军统归曹彬节制。

宋太祖所以选择曹彬为主帅，除了看中了他的军事指挥才能外，最主要的是他在历次征伐中所表现的廉洁和谨慎。

前文已述及，宋军伐蜀之时以王全斌为主帅，曹彬为都监。攻克城都之日，主帅王全斌与众将昼夜宴饮，部下抢夺不已。曹彬曾屡加劝阻，全斌不听。回朝之后，诸将皆大发横财，独曹彬所获"唯图书、衣衾而已"。王全斌、王仁赡等人皆获罪，只有曹彬受到太祖的奖赏。曹彬推辞不敢接受，说道："诸将皆受罚，独我曹彬得封赏，以后我将何以自处？"宋太祖道："卿建有大功，又不恃功骄矜。假如你有半点贪婪和滥杀的毛病，王全斌、王仁赡等人岂能一字不说？朕赏你，并非赏你一人，不过要以此劝诫三军和国人而已，卿不必再推让。"

江南民殷国富，金陵珍宝盈库，而且还有李璟、李煜父子多年精心收藏的价值连城的大批图经典籍。宋军一旦攻入金陵，若是像王全斌入蜀时那样纵兵烧杀掳掠，不知要造成多大的损失。因此，宋太祖才特意选择了以清廉谨慎著称于朝野的曹彬为大军主帅。

众将领离京那天，宋太祖特别召见了曹彬，并当面一再告诫说："平定江南一事，朕全权委与卿。切记一定要严明军纪，靠恩信争取江南民众，万勿滥杀无辜，抢掠财物；对李煜也要尽量争取其投降，宁愿时间放得长一点，也不能自恃兵多将广，逞匹夫之勇，急于攻城，以免造成过多伤亡。纵使迫不得已需要攻城，城破之日亦不可伤害百姓，更不准伤害李煜一家。"曹彬顿首领命，谨记在心。

接着，宋太祖在送众将领启程之时亲将一柄尚方宝剑当众赐给曹彬，厉声说道："自副将以下，若有不听号令者，皆可格杀勿论。"潘美等将领闻听此言，一个个心惊胆战，相顾失色。他们不能不在心中暗暗提醒自己，此次出师一定要小心谨慎，千万别触了霉头。

十月十八日，曹彬率领水军由荆南出发，沿长江北侧向金陵顺流挺进。这支水军由大舰船和黄龙船、黑龙船数千艘战船组成。这些船只都是按照范若水的计划预做架设浮桥和渡江之用的，船上装满了粗大的竹竿和绳索等物。

浩浩荡荡的船队顺流而下，扬帆起航，江面上布满了大宋的战船，千帆竞渡，樯橹如林。长江南岸的南唐守军居然认为这是宋军的例行巡江，只是闭垒自守，不闻不问，任其行驶。还有些唐军用小船载了酒肉前来犒师。

等到他们发现势头不对，这些宋军不像是例行巡江，一个个全副武装，剑拔弩张，与往日大相径庭，这才如梦方醒。可是已经晚了，宋军已经到了池州城下。池州守将戈彦见势不妙，连夜弃城而逃。曹彬未动一刀一枪便顺利地占领了池州。

占领池州之后，宋军要继续东下，仅靠水军这点兵力显然不够，急需按原计划在大江上架设浮桥，运送大军和粮秣过江，他们决定在石碑口架设第一座浮桥。

在浩瀚宽阔的长江上架设浮桥，在中国历史上还没有先例。当初范若水献计之时，宋廷中也有许多人认为根本不可能，宋太祖却坚信不疑，对那些持有异议者仅一笑置之。现在消息传到了金陵，南唐君臣听说宋军在长江上架设浮桥，认为不过是异想天开，如同儿戏一般，根本没有放在心上。

可是五天之后，浮桥果然架设成功。这是长江之上亘古以来的第一座桥梁，是一座用巨船大舰和长木相连而成的一座浮桥。江北岸的宋军牵着战马，带着辎重，就像走平地一样说说笑笑地跨过了长江天险。到了这个时候，大宋的将士们不能不佩服宋太祖那慧眼识英雄，善纳嘉言，从而运筹帷幄之中，决胜千里之外的一代英主的风范。

江北的宋军在石牌口过江以后与曹彬所部会合一处，连克铜陵、芜湖、当涂诸镇，然后挥兵采石矶。

南唐在采石矶驻军两万余人，与过江的宋军在数量上不相上下。可是这些多年不历战事的南唐军兵骄将惰，养尊处优惯了，一听说宋军来攻，早已经胆战心惊。两军刚一交锋，南唐军便四散溃逃，将不能制兵，兵不听将命，你碰我撞，争相逃命，竟似一群乌合之众。不消半个时辰，曹彬便击溃了两万唐军，生俘其马步军副都部署杨牧、马步军都监蔡震，获战马三百余匹，进占了采石矶。

采石矶与江北岸的和州隔江相望，这里正是范若水当时垂钓测量的一段江面。潘美率领大队宋军兵马此时已云集和州一带，准备渡江。因此，必须将石碑口的浮桥转移到采石矶来。浮桥的迁移工程仅用了三天的时间便顺利完成。浮桥移至此处，竟然"不差尺寸"，潘美率大军顺利过江。

宋军通过浮桥跨越长江天险的消息传到金陵，李煜惊恐万状。他急忙召集群臣商议发兵拒宋。但是南唐已经几十年不曾用兵，原来知兵的一些老将多已病亡，现在主管部伍的多是一些年轻新进、从未经过战事之人。听说要派人领兵拒宋，主动请战的寥寥无几。

李煜无奈，只好派镇海节度使同平章事郑彦华率水军，都虞侯杜真率步兵，水陆两路并进，前往采石矶迎战宋军。

郑彦华率战船从金陵出发，溯流而上，打算冲断宋军的浮桥。但尚未到采石矶便与曹彬乘胜东进的水军在江中相遇，一场恶战在江面上展开。只听金鼓齐鸣，杀声震天，如惊雷轰响，声传数十里之外。

两边战船万箭齐发，就像是长江之上发生了蝗灾，遮天蔽日的飞蝗东来西往，乱飞乱钻。残箭断羽飘飘摇摇地落满了江面。

宋军是顺水，唐军是逆流，双方船队很快接近。一旦近战，立见高低。宋军士气高涨，兵精将勇；唐军畏葸怯战，只顾保命。双方交手之后，唐军阵中早有几条战船掉头逃跑，宋军则大声鼓噪，奋力追杀。唐军战阵一时溃乱，跑得快的早已远遁，跑得慢的不是弃船跳水逃生便是缴械投降，宋军又在水上大获全胜，缴获敌舰五十余艘，郑彦华侥幸逃脱。

杜真的步兵在采石矶以东与宋军接战，由于郑彦华的水军战败，与杜真水陆配合、互相援助的计划难以实施，杜真只能孤军作战。

这时候，追击郑彦华的大宋水军又从杜真的背后登陆，与西路军形成了夹攻之势。杜真首尾不能相顾，扔下了数千具尸体大败而归。

宋军乘胜追击，挥师东进，先克新林寨，再破新林港，终于长驱直入，兵逼金陵城西南郊。

第三十五章　金陵城破　江淮归宋

宋军在江南的主要战场上连战皆捷，与此同时，其他各分战场也捷报频传：宋知汉阳军李恕攻破鄂州；宋权知潭州朱洞急攻袁州，大败南唐军；黄州刺史王明攻克樊山寨，又与李恕合兵一处，围攻武昌；东路军吴越王钱俶与大宋水军合力攻克常州、江阴，进围润州。

宋军在各分战场全面开花，使南唐驻各州的军队自顾不暇，无力援救金陵，这也是宋太祖在发兵之初亲自部署的战略意图的实施，从而有力地保证了曹彬、潘美所率主力不受各地唐军的牵制，集中优势兵力向金陵城进击。

曹彬来到金陵西南郊之后，马不停蹄，人不解甲，一鼓作气猛攻金陵之南的重镇溧水。

溧水唐军主帅乃老将李雄，早在宋军渡江之初便请求朝廷为其增加兵力，准备在金陵外围与宋军决战，但是朝廷并未答复他的请求。现在宋军主力来攻，其势汹汹。而溧水城内兵马不过五千，如何抵敌？李雄虽然心灰意冷，却不肯投降，也不愿弃城逃跑，他对部下众将说道："我是定然要死于国难，尔等可好自为之。"

宋军开始进攻，李雄率领七个儿子奋力守寨。当宋军如潮水一般涌入寨中，李雄挺枪冲入敌阵，七个儿子各持兵器紧随其后。父子八人浴血拼杀，枪挑剑刺，左格右击，杀死宋兵无数，最后终因寡不敌众，力难回天，八人皆战死于两军阵中。明知不可而为之，李雄父子为国难慷慨赴死，死得轰轰烈烈。南唐民众若干年之后仍为李雄父子八人生香焚纸，超度亡灵。在黎庶百姓的心目中，忠奸邪正分得最清，真正的忠臣是永生的。

攻克溧水之后，金陵的西南屏障全部扫清，曹彬率大军步步紧逼，终于屯兵于金陵城下。

金陵城北据大江，南接重岭，三面环山，一面临水，自古乃虎踞龙盘之地，山川形胜之冲。金陵城规模宏伟，城池坚固，周围城墙长三十五里，高三丈有余，下部均为巨石砌成，坚固异常。四周壕堑重叠，长达七千七百余丈，确是一个易守难攻的雄关大城。

开宝八年（975 年）正月十七，宋军开始进攻金陵。

而此时的南唐主李煜在干什么呢？他把朝中政事全部委托给陈乔和张泊，把守城指挥权交给皇甫继勋，自己却躲在后宫里，每日不是与僧道之流诵经讲禅，高谈阔论，就是与妃嫔佳丽们宴饮取乐，吟诗作画。有一首《谢新恩》唱道：

> 秦楼不见吹箫女，空余上苑风光。粉英金蕊自低昂。东风恼我，才发一衿香。
>
> 琼窗梦醒留残日，当年得恨何长！碧阑干外映垂杨。暂时相见，如梦懒思量。

陈乔、张泊掌管一切军国大事，一切守战事宜均由他们二人决断。他们认为，要对付强宋的进攻，眼下最好的策略就是闭垒固守，以劳宋师。宋朝军队数千里奔波而来，必定人困马乏，粮草不继。若能长期坚守，一年甚至数年之后宋军定会不战自退。

于是，他们命升州刺史据城固守，而派神卫统军都指挥使皇甫继勋率领十万人马背倚金陵城，面向秦淮河，列阵结寨，以待宋军。

二人所以重用皇甫继勋，一是因为他是李煜的心腹爱将，二是因为他是原江州节度使、老将军皇甫晖之子。平日纸上谈兵，侃侃而论，似是颇有些韬略。

却不料这皇甫继勋是个绣花枕头，中看不中用。他因受李煜宠爱，家有华宅，车服绮丽，广蓄乐妓，极尽游宴之好，完全是一个养尊处优的公子哥儿。现在到了真的要与宋军刀兵相见、以死相拼的时候了，这个"银样蜡枪头"却一下子变得稀软了。他根本不想与宋军交战，只想如何说服李煜向大宋献城投降，好保住他的富贵。他还年轻，好日子还在后头，他可不愿为这个摇摇欲坠、朝不保夕的小朝廷送了自己的小命。

因此，他便让部下在军队中散布流言，说是南唐国力羸弱，兵不经战，难与大宋抗衡。有一日狂风大作，天降冰雹，他又说这是国将沦亡的征兆。他还让自己的侄子皇甫绍杰进城晋见李煜，力劝国主早做归降之计。偏将当中有人出于爱国之情，秘密招募起敢死队，欲趁夜间出城攻杀宋军，被他发现后，竟抓起来痛加鞭笞，然后拘押起来。听说前线唐军兵败，居然喜形于色说道："我早就知道断难取胜。"

主将如此，部属谁还肯效死用命？一股悲观厌战、只望归降的情绪迅速在军中蔓延开来。

宋军兵逼城下，攻城之战一触即发，正是"山雨欲来风满楼"、"黑云压城城欲摧"的形势。只在深宫礼佛吟诗的李煜却像蒙在鼓里，对此一无所知。因为城外各个战场不断呈送朝廷的战报全被他的近臣徐元截留，他怕这些令人不愉快的消息打扰了皇上的安宁。

李煜终于在后宫中玩够了，觉得终日待在深宫里有些闷得慌，便带领左右侍臣、宦官们到城头上散步，呼吸呼吸新鲜空气，活动活动筋骨。

当他登上城头，向城外一看，只见宋军营寨一座接一座，环环相连，已将金陵城三面围困。老远望去，旌旗蔽日、人山人海的大宋兵马列阵而立。

李煜不看便罢，一看之下早惊得魂飞魄散，面如土色，连声问道："这是怎么回事，宋军大兵压境，何以无人奏闻？"周围一帮侍臣却无人敢吭一声。

李煜怒气冲冲地回到宫城，他知道自己在皇宫中深居简出，早变成了聋子和瞎子，已为众臣所蒙蔽。又听说皇甫继勋在军中散布流言，煽惑军心，顿时恨得咬牙切齿，立即下令逮捕皇甫继勋，与其侄子皇甫绍杰一起就地斩首示众。唐军中有许多主张死战到底的将士们对主帅如此怯懦畏敌、怠于职守早已恨之入骨。在其被处斩以后，居然蜂拥而上脔割其肉，顷刻而尽。

五月中旬，宋军开始发起向秦淮河的进攻。曹彬见唐军在河北岸遍列水陆营寨，兵马甚众，便急令李汉琼从秦淮河上游率船队来攻。

大将潘美久经战阵，作战经验十分丰富。他深知总攻既然开始，兵贵神速，不可贻误战机。立即腾身跃上马背高声喊道："我潘美亲率骁勇数万，战无不胜，攻无不克，岂能被这一衣带水所阻隔？不怕死的弟兄们，跟我径直冲过去。"说罢，纵马跃入波涛滚滚的秦淮河中。麾下千军万马见副帅都如此奋不顾身，个个奋勇，人人争先，纷纷跳入水中向北岸奋力游去。

宋军冒着唐军射来的箭矢很快便游到北岸，立时与唐军白刃相拼，生死肉搏，迅速击溃了北岸的一部唐军。正在此时，李汉琼所率战船也迅速赶到，乘风纵火，焚烧唐军水寨，秦淮河上一时狼烟滚滚，火蛇狂舞。宋军乘乱奋力冲杀，唐军本无心恋战，见宋军来势如此凶猛，各自慌忙逃命。不消两个时辰，已斩俘唐军将卒两万多人。秦淮河北岸尸横遍地，河中的尸骸残肢在水面上漂荡，一具接着一具顺流东去，满河床清澈的流水都变成了淡红色。

侥幸逃脱的唐军急忙退回金陵龟缩于城中，再也不敢出来。

宋军不给唐军以喘息之机，乘胜攻克了金陵的外关城。曹彬下令，在城郊三面扎营，从而完成了对金陵的包围，南唐君臣至此已成了瓮中之鳖，网中之鱼。

但是曹彬却不急于对金陵发起攻击，他谨记着宋太祖的叮嘱，想在形成了大军压境的态势之后展开强大的攻心战，迫使李煜就范，乖乖地献城投降，尽量避免满城百姓遭受战火荼毒。

就在曹彬对金陵城形成了合围之势的同时，东面战场上也传来了佳音。

吴越王钱俶率领五万名战士与宋军密切配合，在攻克了常州、江阴之后，迅速进围润州。

润州即今之镇江，乃是金陵城的东方门户，其得失对金陵城的安危至关重要。但是南唐朝廷派往润州的守将刘澄却是个贪生怕死的胆小鬼。他见吴越军与宋军联合来攻，一箭未放便献城投降了。

这样，吴越与宋朝联军兵不血刃便占领了润州，掐断了金陵城的东方运输通道。他们留下一部人马守卫润州，大部队迅速西进，同曹彬所率主力会合，进一步加强了对金陵城的围困。

见宋军将金陵围得铁桶一般，兵势有增无减，李煜终日唉声叹气，如丧考妣。

此时，掌管军国大事的张洎、陈乔向李煜建议，派人冲出重围，速召镇南节度使朱令赟率师勤王。就眼下的情况，南唐国内也只有这一支可用之兵了，这是南唐朝廷最后的希望。李煜马上准允，派人持诏书于夜间潜出城外，去南都诏令朱令赟火速率军来京。

朱令赟此时正率领十五万人马驻扎于长江上游的湖口一带，听说金陵吃紧，早想率部东下援救金陵。但是，由于受宋军王明所部的牵制，唯恐被抄了后路，迟迟不敢动身。

接到朝廷诏书以后，朱令赟只好让南都留守柴克贞代镇湖口，自己亲率十万大军，旌旗战舰绵延数十里，大舰可容千余人，小舰亦可容一百多人，浩浩荡荡沿长江顺流东下。除了大小战船之外，朱令赟还以巨木编成许多筏子，长达百余丈，上载许多硫黄火药，计划以木筏纵火，烧毁宋军架设于采石矶的浮桥，进而解除金陵之围。

驻扎于湖口以东的宋军将领王明听说朱令赟率师勤王，一面做着迎敌准备，一面报告朝廷，请求宋太祖速派战船三百艘，以为增援。

宋太祖看过王明的奏书之后不禁冷笑道："兵贵神速，朱令赟旦夕可至金陵，此时派船前去，岂不是雨后送伞？"沉思了一会儿，忽然抬头对来人说道："你速持朕的密书赶回去，让王明依朕书中密计行事，万无一失。"

那人马不停蹄，星夜驰奔。将宋太祖的亲笔密书交给王明，王明启书仔细读罢，不禁以掌击案，连声叫绝："好，好！皇上神机妙算，不啻孔明再世，好一条锦囊妙计！"

王明马上依计而行，紧急部署，在江中埋下无数的长杆大木。从远处望去，就像千万条大船上的桅樯，密密麻麻。

此时已是十月末天气，长江进入了枯水季节，水面浅涸。朱令赟的战船只能沿江心驶进，行动十分迟缓。

战船一艘接一艘鱼贯而行，朱令赟站在头船的一面大旗下威风凛凛。当行进到皖口一带，只见远处江面上桅樯如林，多不胜数。心中大惊，以为是宋军战船在此设伏，急忙下令停止前进，派哨船前往探听虚实。

正在他犹豫不决、逗留徘徊之时，王明与部将刘遇等亲率战船突然杀来。金鼓齐鸣，乱箭如雨，喊杀之声惊天动地。

朱令赟急令兵士们往前面的木筏上倒上油膏，燃起大火，一时间，十几里江面变成了一片火海烟阵。

朱令赟本以为靠着这冲天大火足可将宋军击溃，不料天公不作美，正在此时，突然刮起东北风。巨大的火浪掉转方向向着南唐水军的船队猛烈扑来。唐军怎么也没有想到会玩火自焚，顿时阵脚大乱，千百条战船纷纷掉头逃避，就像没头苍蝇似的在江水中你拥我挤，横冲直撞，许多船上燃起了熊熊大火，兵士们纷纷跳水逃命。没有起火的船只也因变起仓促互相碰撞，重则翻沉，轻则漏水。王明乘势发起猛烈进攻，万箭齐发。唐军早已被烧得焦头烂额，许多战船上的兵士不敢再战，急忙竖起白旗向宋军乞降。

朱令赟见十万大军和无数战船毁于一旦，大势已去，仰天长叹一声，纵身跳入火海之中自焚而死。

宋军大获全胜，收缴战船四百余艘，兵器无数。

李煜唯一的勤王之师旦夕之间灰飞烟灭，他最后的希望破灭了，宋朝大军已将金陵城围得水泄不通。就在这个时候，宋太祖打发他的弟弟李从善带着太祖的亲笔诏书回到了金陵。

兄弟相见恍若隔世，你拥我抱，号啕大哭。李煜看过太祖手诏，听从善述说大宋国力雄厚，已知亡国之祸在所难免，便召集群臣计议，准备递交降表。

但大臣陈乔、张洎竭力反对，以死相谏。他们认定金陵虽已被围，但仍固若金汤。宋军久攻不下，必然退兵。

李煜又重新燃起了一线希望。他一面让陈乔、张洎组织守城，一面向宋太祖乞求退兵。

南唐大学士徐铉善言辞，有辩才，口若悬河，舌如利刃。李煜便派他和另一个舌辩之士周维简为使同赴汴京，并带上李煜的手书，打算以谈笑弭兵锋。

徐铉、周维简晓行夜宿，不几日到达开封，先向宋太祖呈上李煜的手书。宋太祖看时，但见此表辞藻华美，情意哀婉，颇为动人。上面写道：

> 臣猥以幽孱，曲承临照，僻在幽远，忠义自持。唯将一心，上结明主。比蒙号召，自取衍尤。王师四临，无往不克，穷途道迫，天实为之。北望天门，心悬魏阙，嗟一城生聚，吾君赤子也。微臣薄躯，吾君外臣也。忍使一朝，便忘覆育……臣性实愚昧，才无异禀。受皇朝奖与……贻责天下，取辱祖先，臣所以不忍也。岂独臣不忍为，亦圣君不忍令臣之为也！况乎名辱身毁，古之人所嫌畏者也。人所嫌畏，臣不敢嫌畏也。惟陛下宽之赦之。臣又闻鸟兽微物也，依人而犹哀之。君臣大义也，倾忠能无怜乎！倘令臣进退之迹，不至忍恶，宗社之失，不自臣身，是臣生死之愿毕矣，实存没之幸也！岂惟存没之幸也，实举国之受赐也！岂惟举国之受赐也，实天下之鼓舞也！皇天后土，实鉴斯言。

太祖看罢表文，随手扔到一边，只淡淡笑道："好一篇锦绣文章，只是于理不通。"遂下旨召见南唐使者。左右大臣都劝太祖要做好准备，说这徐铉博学多才，天文地理无所不通，又是天下闻名的舌辩之士。太祖却轻蔑地一笑道："朕自有办法，尔等无须多虑。"

太祖端坐于崇政殿的御座上，徐铉、周维简行罢叩见大礼，太祖挥手让他们平身。

那徐铉自恃才高八斗，能言善辩，竟当面质问太祖道："自古以来，有道之君兴师讨伐，都需出师有名。今我南唐国主无罪，陛下却兴兵征讨，岂非出师无名？"太祖冷冷地看着他，心中暗自好笑：真是一派狂悖而又迂腐的书生之见！

但太祖并没有打断他，静静地听他把话说完。这徐铉说古论今，滔滔不绝，直说得唇干舌燥，口沫四溅。大道理说完，又打比方道："南唐国主对待陛下一直谦恭而又谨慎，以小事大，就像儿子孝敬父亲那样，始终没有什么过失，陛下却不肯放过他。兴师伐唐乃不义之举，也有违常礼。"

听到这里，宋太祖却突然哈哈大笑，开口问道："汝既说李煜待朕如子事父，那么，你觉得父子之间可以分成两家吗？这难道不有违常礼？"一句话竟把徐铉噎得张口结舌，一句话也说不出来。太祖见他们无话，即命送客，徐铉等满面羞愧而退。

第二天，徐铉仍要求再见太祖，问太祖看罢李煜的手书有何看法。太祖却佯装糊涂道："尔主才高，文笔甚佳，不过朕看了数遍却一无所知，不知道他究竟要干什么。"

徐铉讨了个没趣，却涨红着脸，继续喋喋不休地说个没完没了。这一次太祖却不耐烦了，他没有时间听他这些酸溜溜的陈词滥调，突然沉下脸来，按剑怒斥道："你休要再言，多说亦无用。纵使南唐无罪，但四海一家乃天下大势。卧榻之侧岂容他人酣睡也？"

见太祖突然发怒，徐、周二人大为恐惧，只好告退，仓皇回到金陵，向李煜复命去了。

李煜见游说太祖毫无效果，更加心灰意冷，寝食不安。这时金陵城已被宋军围困了好几个月，曹彬既不急于进兵，更无退兵迹象。城内居民不能出城打柴，粮米渐渐匮乏起来，一斗米的价格竟高达万钱，有的人家已经断炊，时有老人孩子饿死的消息传出。一时之间人心惶惶不安，军心亦开始浮动。

曹彬按照太祖的嘱托，仍不急于武力攻城，他要千方百计劝说李煜投降，便多次派人进城，对李煜说道："时势如此，金陵必破无疑。我大军所以未急于攻城，不过是爱惜全城百姓而已。望国主为满城百姓免遭生灵涂炭早日归降。"

但李煜在陈乔、张洎的劝说下却仍然不为所动，铁了心要坚持到底。

十一月下旬，曹彬对李煜下达了最后通牒："本月二十七，城必破矣，宜早为之计。"

但李煜为左右所惑，仍将宋军的通牒置若罔闻。看来，攻城之战在所难免。

对于能否破城，曹彬心中十分笃定。以宋军之人强马壮，兵精将勇，破金陵不是什么难事。但是，最令曹彬担心的却是金陵城破之日十万大军涌入城中能否做到秋毫无犯，能否不发生任何抢掠、烧杀和骚扰百姓的事情。这几天，他的耳朵里经常回响着宋太祖送他出征时反复叮嘱的话："入城之后勿伤城中人，若犹困斗，李煜一门切勿加害。"他十分担忧，唯恐有人不听将令，大战发生之后一个个杀红了眼，不分青红皂白乱杀一气，一旦伤及无辜，他这位三军主帅在班师之日将如何向皇上交代？

十一月二十五，离最后攻城的日子只有两天了。大战在即，各营将士都摩拳擦掌，跃跃欲试，可就在这关键时刻，曹彬却突然病倒了，躲在主帅大帐中不肯视事。

潘美等人大惊，急忙来到中军大帐探视。潘美着急道："后天就要攻城，三军不可一时无帅。大帅身染恙疾，宜速召医家看病用药才是。"

曹彬病恹恹地歪在床上，身上蒙着棉被，叹口气道："众位有所不知，我这病是任何药饵都难以治愈的。"

众人大感诧异，问道："主帅何出此言，若药饵不能医治，用什么才能治呢？"

曹彬道："要想治愈其实也容易，只要诸公共为信誓，城破之日不妄杀一人，那么我的病马上就好了。"

诸将这才恍然大悟，即令人摆设香案，共饮鸡血酒，潘美带领众将指天发誓，破城之后绝不滥杀无辜，绝不烧杀掳掠，绝不惊扰民众。曹彬这才放了心，一跃而起，百病全无，着手部署攻城事宜。

十一月二十七，发起总攻的时间到了。随着一声惊天动地的炮响，宋军擂鼓呐喊，千军万马从东、西、南三面向金陵城冲去。

守城唐军本已势孤力单，与围城宋军众寡悬殊，又加上军心惶乱，人无斗志，在城头上放了几排乱箭，做了点微弱的反抗之后，城门便被宋军以巨木撞开。宋军潮水般涌入城中。

唐将呙彦及马诚信、马诚俊兄弟率众抵抗，与宋军展开了激烈的巷战，但寡不敌众，三人皆在激战中死于非命。

陈乔、张洎是自始至终的主战派，一直反对归降。如今见城破国亡，事不可为，便相约以死报国。二人一同来见国主李煜。陈乔垂泪道："罪臣无能，有负陛下，今日唯有以死谢罪。臣死之后，由张洎大人陪陛下前往汴京，就说坚壁不降的原因皆出微臣之意，与陛下无关。"

李煜长叹一声，热泪纷纷，连声说道："气数已尽，此乃天意，卿徒死无益。"陈乔说道："纵使大宋朝廷不杀微臣，臣尚有何面目见天下士人？"说罢，拜辞李煜，赶回府中自缢而死。

张洎没有马上自杀，他自知做了大宋俘虏后自己这个强硬的主战分子必定难逃一死。但他却要陪着自己的皇帝去面见大宋君臣，为李煜承担罪责，然后慷慨赴死，他要让宋人知道，南唐臣子并非都是贪生怕死的懦弱无能之辈。

李煜回到后宫，先到皇家藏书楼看了看，这里有他父子两代精心收藏的一万多册珍贵的图书秘籍，他要下令将其焚之，可思量再三却又不舍得付之一炬，只好作罢。

他又命人在殿前堆积木柴，泼上油膏，燃起熊熊大火。他带领着小周后、窅娘等众多后妃和子女们准备赴火自焚，一死了之。可是看看小周后等佳人丽姝们那雨打梨花般的粉面娇姿，想想自己正值盛年，又不甘心就此了结这年轻的生命，犹豫再三，与小周后抱头痛哭一场，又回到深宫填诗作词去了。事到如今，活一时算一时，听天由命吧。

宋朝大军攻入金陵之后，曹彬率军直奔皇城。此时，城内微弱的武力反抗已经平息，宋军部伍齐整、有条不紊地将南唐皇城团团围住。曹彬亲自挑选了一千名精兵守护着皇宫大门，不准任何人擅自出入，以避免在宫内发生混乱和哄抢。有胆敢闯入者格杀勿论。曹彬则带上侍卫亲兵向后宫走去。

李煜退至深宫以后，与小周后相对垂泪。金陵城内喊杀之声此起彼伏，不绝于耳。剩下的时间不多了，眼看就要成为大宋的阶下之囚，是生是死尚是未知数。他环视一下这富丽堂皇、美轮美奂的皇宫，从今天开始，它就要沦入他人之手了。

他让宫女们在宫内的御案上铺纸研墨，在这国破家亡之时，他有多少话要诉诸笔端？他慢慢地提起笔来，眼中含着泪水，双手抖动着在纸上写下了"临江仙"三字，略一思索，又写道："樱桃落尽春归去，蝶翻金粉双飞。子规啼月小楼西，玉钩罗幕，惆怅暮烟垂。别巷寂寥人散后，望残烟草低迷……"

刚写到这里，宫门"哐啷"一声被推开，曹彬带着几十名士兵出现在了他的面前。

李煜浑身一震，毛笔跌落在宣纸上，留下了一团硕大的墨污。小周后、窅娘及十几名宫女吓得放声大叫，像一群被掏了窝的小麻雀似的在李煜的身后乱钻乱藏。

李煜瞪着一双泪眼，呆呆地看了曹彬一阵，只好向前走了几步，跪倒在地，低头便拜，口中却连一句话也说不出来。后妃宫女和太监们也跟在身后跪了一地。

曹彬看看李煜，只见他脸上就像蒙了一张白纸，一点儿血色也没有，身上瑟瑟颤抖，像秋风吹拂下的一片枯叶，心中也觉得有些发酸，便老大不忍地说道："国主休要害怕，我大宋皇帝说过，决不伤害国主一家。你等赶紧准备一下，可多带些金银珠宝，被封存登记之后就没法再动了。你到了朝廷之后，赏赐俸禄都有限，可经不起你大肆挥霍。"李煜没想到大宋的主帅会如此宽厚，感动得连连磕头，禁不住呜咽成声。

曹彬率侍卫静静地退了出来，左右忙劝他道："应派人看住李煜，若是寻了短见，大帅将如何向皇上交代？"曹彬却笑道："诸位尽管放心，他既已出降，知道已保住了性命，又怎么舍得去死？这种人是最贪生怕死的。"

曹彬在宫中一个偏殿内住下，立即下令，重申禁止抢掠的军令，并派人到军中各营严格搜查，发现有藏匿人家妻子者马上送还，有抢夺财物者一律充公。对以身试法者严惩不贷。

金陵城中经过了短暂的骚乱之后迅速归于平静，不仅市民百姓们没有受到任何侵扰，就是大小官吏、士大夫阶层的家中也都得到了保全。

宋太祖极为欣慰，马上下诏，调拨十万石粮米运往金陵，赈济城中饥民。南唐原来的各级官吏全部继续任用，诏令一出，南唐士民皆大欢喜，颂声四起。

至此，建国近四十年的南唐政权画上了一个句号，从历史上永远地消失了。

几天以后，李煜奉旨北上。这日阴云四合，烟雨漾漾，天色昏沉灰暗，李煜带着数百名亲眷近臣和大包小包的金银财宝登船渡江。

大船冒着斜风寒雨在烟波浩渺的江面上疾速行驶。行至江心之后，李煜禁不住回首南岸，再看一看这座龙盘虎踞的金陵城，这座由他们父子两代经营了几十年的京城。看着看着，双眼又潮湿了，心情竟如这长江水一般波翻浪卷，感慨万千。这位一代亡国之君、千古风流才子不禁又一次心潮澎湃，诗兴勃发，随口吟道：

江南江北旧家乡，
三十年来梦一场。

宋太祖赵匡胤

> 吴苑宫闱今冷落，
>
> 广陵台殿已荒凉。
>
> 云笼远岫愁千片，
>
> 雨打归舟泪万行。
>
> 兄弟四人三百口，
>
> 不堪闲坐细思量。

一路凄风苦雨，泥泞坎坷，李煜一行经过十几天的辗转奔波终于到达了大宋的国都汴京。

宋太祖在明德殿召见了这位亡国之君。虽然曹彬跟他说过，大宋皇上曾保证不伤害他的全家，但此一时彼一时也，谁能保证这位横扫四海、马踏九州的君王不会朝令夕改，出尔反尔？只要他一句话，或一时心血来潮，他李煜及全家就会人头落地，命赴黄泉。

李煜跪在地上不停地磕头，口中连呼万岁，一颗心狂跳不止，头却始终不敢抬起来看一眼宋太祖。

宋太祖高坐在御座上，看着匍匐在脚下的这个可怜虫，心中泛起了一阵阵憎恶之感。

他憎恨李煜的冥顽不化，大军围困金陵几个月，曹彬多次派人劝降，他却如此不识时务，不顾全城百姓的死活，顽固据守。直到城破之日才肯归降，如此顽劣之徒实在该杀，死有余辜。

他又从心底里鄙薄这个平庸无能的猥琐之辈，身居大位却不问国事，荒怠政治，只知吟花咏月，歌舞饮宴，花天酒地，声色犬马，怎能不落个亡国的下场？

他憎恨他，瞧不起他，但又有些可怜他。现在他已是自己的阶下之囚，是一个手无缚鸡之力的文弱书生。自己曾说过不伤害他和他的家人，如今该兑现自己的诺言，放他一条生路，让他全家住进汴京，继续过着养尊处优的王侯生活，也好让天下人对大宋朝廷的宽厚仁爱心服口服。

想到这里，宋太祖微笑着说道："李爱卿平身。虽说在大军讨伐时你屡屡抗拒，冥顽不化，今日已为囚俘，朕亦赦你无罪。"

李煜慌忙谢恩，爬起来侍立一边。宋太祖看看他，又突然问道："听说爱卿在江南好作诗填词，人称天下第一才子，可否吟一首来让朕一饱耳福？"

李煜连说："不敢，微臣才疏学浅，恐亵渎圣听。"说完，沉吟了半晌，见太祖执意让他吟诗，便只好将平日自己的得意之作《咏扇》中的两句吟了出来：

揖让月在手，动摇风满怀。

还未吟完，宋太祖早已哈哈大笑，以讽刺的口吻说道："好一个翰林学士。"

李煜是个极聪明之人，宋太祖对自己的鄙薄之态和这话的潜台词他一清二楚，无非是在说："你李煜充其量做个舞文弄墨的翰林学士还可以，怎么配当一国之君呢？"他一下子便羞红了脸，但却不敢有半点不满，只能静静地站在那里等候宋太祖的发落。

宋太祖对待李煜还算大度，他不仅没杀他，也没治任何罪，而且还封他为右千牛卫上将军，赐封号为"违命侯"，享受王侯一级的待遇。当然，这个带点侮辱性的封号也在发泄着宋太祖对他的憎恶和鄙视。

李煜带着家人住进了赐给他的住所，从此开始了寄人篱下的屈辱生活。虽然一家人能团聚在一起，不缺吃不愁穿。但是他毕竟曾是一代帝王，一夜之间变成了他人的囚徒，处处遭人白眼，受人冷遇。宋太祖的高傲冷漠、在一些不能不参加的宴会上大宋臣僚们对他的奚落和挖苦就像一把把钢刀插在了他的心上。他感到屈辱，感到痛苦，终日以泪洗面。

每当深夜，他翻来覆去难以成眠。遥望江南故国，这个本来便多愁善感的才子不知多少次想起了旧时的宫阙，想起了旧时的欢乐，与眼前的痛苦和不幸相比，他的内心里便充溢着深沉的像大海一样的悲伤，体验着子规啼血般的凄楚。

对于这永无止境的深深的恨和愁，他只能和着血泪溶进他唯一剩下的权力——写诗填词之中了。

这天夜里，他写了一首《虞美人》：

春花秋月何时了？往事知多少。小楼昨夜又东风，故国不堪回首月明中。

雕栏玉砌应犹在，只是朱颜改。问君能有几多愁？恰似一江春水向东流。

小周后小鸟依人般地偎在他的身边，字字血声声泪地吟诵着他的新作，早已热泪满面。她又想起了他另外几首血泪之作，这些都是他来到汴京后所作：

> 帘外雨潺潺，春意阑珊。罗衾不耐五更寒。梦里不知身是客，一晌贪欢。
> 独自莫凭栏，无限江山，别时容易见时难。流水落花春去也，天上人间。
>
> ——《浪淘沙令》
>
> 闲梦远，南国正清秋。千里江山寒色远，芦花深处泊孤舟，笛在月明楼。
>
> ——《望江南》

在心中默默吟诵着夫君的这些诗作，小周后的心都碎了。她弄不明白，李煜才高八斗，学富五车，这样一个天下奇才怎么会成了亡国之君？她也不知道像这样的囚房生活还能过多久。自己与这位天才却又薄命的夫君能不能相濡以沫地长相厮守？

小周后的担心不是多余的。两年之后，宋太祖的继位者宋太宗赵光义终因看不了李煜那副哭丧相，听不了他那些牢骚诗，更因为看上了他那貌若天仙的小周后，一杯毒酒打发他上了西天，将小周后抬进了大宋的后宫。自然，这已是后话了。

宋太祖在安排好了后主李煜之后又想起了一个人，那就是南唐朝廷中强硬的主战派、李煜的大臣张洎。宋太祖令人把他叫来，怒目而视了多时，然后拿出一封蜡丸书，阴阴一笑，问道："这是在金陵被围时你急召长江上游援兵的书信吗？"

"不错，这信正是我亲笔所书。"

"大军围困金陵，孤城势不可保。你却逆天行事，三番五次劝李煜拒降，可有此事？"

"确有此事。"

"那么，今日城破被俘，你君臣皆为囚房，汝该治何罪？"

"是杀是剐，自由陛下决断。蜡书是臣所写，拒降乃臣所为，这仅仅是其中两件。臣力主抗宋，必欲血战到底。就是养条看家狗也只咬外人而不咬自己的主子，何况作为人臣？食君之禄，忠君之事，若不是我主欲降，臣陪主子前来汴京，也不会苟且偷生至今日。若治抗宋之罪，实应由臣与陈乔担之，我主无罪！今日能得一死，臣之分也。"

张洎侃侃道来，面不改色，大义凛然。宋廷满朝文武无不刮目相看，肃然起敬。

宋太祖静静地听他说完，突然放声大笑起来。笑毕，满脸怒容早已烟消云散，对张洎说道："卿大有胆量，真忠臣也。国破之时尚勇于代主担罪。人臣各为其主，朕不加罪于你。从今以后，你便是大宋臣子，望你能以事唐之节事朕，无改昔日之忠。"太祖当即宣旨，任命张洎为太子中允。

一会儿雷霆霹雳，一会儿又风和丽日。张洎随后主来宋自度必死无疑。无论如何也不曾料到宋太祖不仅不杀他，还封以高官。他愣了多时，忽然想到，我主李煜尚活在世上，而且已经封侯，我也不必太执拗了，这才慌忙跪地谢恩。

从此以后，张洎对大宋一片赤胆忠心。一年后，官判刑部。到太宗时，竟官至给事中、参知政事，成了与寇准齐名的一代名臣。

散朝之后，大将潘美与曹彬同行。潘美见四下无人，神秘地一笑："南唐君臣俱已安置停当，接下来该向老将军贺喜了。"

曹彬却似懂非懂地问道："南唐收复，举朝同喜，我曹彬何喜之有？"

潘美道："当日大军南下之时，皇上曾向老将军许诺：'俟克李煜，当以卿为使相。'如今南唐已亡，将军功高云天，陛下自然会信守诺言，将军不日即可入值机枢，出将入相，岂不可喜可贺？"

曹彬却淡然一笑道："此次南征大获全胜，一是仰仗天威，谨遵圣命。二是全军上下浴血奋战，我曹彬有何功可言？"

潘美大惑不解："以将军大功，居相位已不为过，况皇上金口玉牙，岂能反悔？"

曹彬却不再多说，只丢下了一句话："皇上一言九鼎，但此非其时，太原未平尔。"

潘美恍然大悟，他不能不佩服这位老将军虑事之深，对朝中纷杂的政事、对皇上邃远的心机竟能洞若观火。不错，收复南唐并非大功告成，北汉尚未扫平，此时便拜曹彬为相，皇上怕他在收复北汉时不肯力战。

几天以后，宋太祖想起了自己的承诺，在散朝后把曹彬、潘美留下，对曹彬说道："朕本应拜卿为相，但北汉尚未扫平，卿还得姑且等待一阵。"

一言既出，潘美大为惊愕，这话与前几天曹彬的话居然如出一辙。他忍不住看看曹彬，偷偷地笑了起来。

太祖问他何以窃笑，潘美只好把前几天二人的对话说了一遍，太祖哈哈大笑道："英雄所见略同。讨平北汉之重任朕还需你等承担。"

当下，太祖便赐予曹彬银钱二十万缗，暂未授予相印。曹彬回到府邸之后看着满屋的银钱对家人慨叹道："人生何必非得为相，当大官不就是为了多得钱吗？"

后来，他这话传到了太祖的耳朵里，太祖深深地感叹道："曹彬真乃忠臣义士，大智大勇之人。"花蕊夫人不解地问道："二十万钱便让他心满意足，欣喜若狂，看来也不过是个贪鄙之人。"

太祖看看她，摇摇头道："对曹彬其人你太不了解了。他廉洁自守，清正不阿，早已誉满朝野。后蜀天府之国，江南富庶之地，金银珍宝有的是。他两次征伐，不取分文。此次从金陵北归，船中仅有一箱书籍，一箱换洗的衣服。如此高洁之士岂会把这二十万钱放在眼里？他这样说无非是在向朕表明心迹：他曹彬是个知足常乐之人，绝不会因为朕不封他为相心中便存丝毫不悦。"听太祖这样一说，花蕊夫人才恍然大悟，心中甚为感叹。大宋朝有如此侠肝义胆的忠臣，有如此知人善任的明君，何愁不能兴旺昌盛？

宋太祖虽未马上拜曹彬为相，但他也决不亏待这样忠正廉洁的功臣。不久，他便下诏封曹彬为枢密使，兼领忠武军节度使。以枢密使之要职再兼领节度使之节钺重权，有宋一代还是从曹彬开始的。

几年以后，曹彬果然没有辜负太祖的厚望。他率领宋朝大军以摧枯拉朽之势一鼓荡平了北汉，最终完成了宋太祖的未竟之业。

南唐的收复在宋太祖的统一大业中占有举足轻重的位置。自此以后，横跨江淮的三十余州几乎全部划归大宋版图。"先南后北"的战略意图基本完成，四海归一、一统华夏的梦想就要实现了。

第三十六章　罢兵藏刀　威服吴越

宋太祖欢欣鼓舞，兴奋异常，自登九五至尊大位的那一天起他就发誓要收拾这个近百年四分五裂、动荡不安的烂摊子，拯救这个苦难的世界。现在看来，自己这个梦寐以求的理想就要变为现实了。

几年前，他曾听人说到，后蜀僧人可朋有一首让人为之落泪的《耕田鼓诗》，那诗写道：

农舍田头鼓，王孙筵上鼓。击鼓兮皆为鼓，一何乐兮一何苦。
上有烈日，下有焦土。愿我天翁，降之以雨。令桑麻熟，仓箱富。
不饥不寒，上下一般。

听到这首诗以后，宋太祖心里酸楚了好几天。他又想起了年轻时独自闯关西，沿路看到的那些啼饥号寒的老人孩子，那些葬身战火的累累白骨，那些衣衫褴褛、蓬头垢面、饿毙荒郊野外的一具一具的尸体。当年下决心调大军讨伐西蜀不能说没有这首诗的作用。

现在好了，荆湖、西蜀、南汉、南唐都成了大宋的国土，这些地方的百姓都成了大宋的子民。自己要削减赋税，减轻徭役，惩戒贪吏，赈济饥民，尽最大的力量让利于民，让多年挣扎在战争和灾难之中的百姓得到休养生息。宋太祖长长地舒了一口气，他觉得从来没有这么高兴过。

当然，宋太祖也很清醒地知道，他还不能完全陶醉在胜利的喜悦中安享太平。

南方还有一个吴越政权仍然酣睡在他的卧榻之外，这是他所不能容忍的。不过，这个小小的吴越国已不成气候，要想举兵征伐、收复吴越如探囊取物。

宋太祖不想再对吴越大加杀伐，他的收复大业不能只用一种模式。他要创造一种和平收复的形式，让百姓们少受些苦难，让国力少受些损失。

其实，过去对后蜀、南汉、南唐，甚至对北汉用兵之前，他都曾尝试过这种形式，想不战而屈人之兵，可是一次也没有成功。这次对吴越这个弹丸小国无论如何也要成功。

现在，宋太祖在收复南唐的喜庆之余又把统一的目光盯住了吴越。

吴越国地处现在的浙江全境和太湖的东北部、东部和南部，首府设于杭州，下辖十三州。

这个小国是由唐朝末年的镇海、镇东军节度使钱镠建立的。

钱镠祖籍杭州。他出生的时候据说从他家的宅院里传出兵马喧嚣之声，邻里都感到怪异。此时正值其父钱宽从外地归来，听乡邻们说了这怪异之事后，以为是不祥之兆，回家后抱起刚出生的儿子就要往后院的井里扔。经钱镠祖母的苦苦挽留才算是保住了他的一条小命。因此，家里便给他起了个小名叫婆留喜。

钱镠年轻时十分顽劣。他不喜欢读书，不务农活，终日舞枪弄棒，练拳习武，有时还跟人去贩卖私盐，从中牟利。

此时正是唐僖宗时代，政治腐败，民不聊生，全国各地动荡不安，浙江的王郢也乘机作乱。

石鉴镇将董昌将钱镠招募为乡兵，不久升为偏将，参与了镇压黄巢起义。不久董昌升为杭州刺史，也擢升钱镠为杭州都知兵马使。

僖宗光启三年（887）之后，杭州一带大乱，干戈不休，刘汉宏、高骈、杨行密、孙儒等先后兴兵叛乱。钱镠带兵苦战数年，削平叛乱，趁机占据了苏州、润州等地。唐廷授钱镠镇海军节度使，并特授开府仪同三司、同中书门下平章事。

钱镠便将镇海军使府设立在老家杭州，率所部兵卒和征发来的役徒数十万人大修杭州城。城墙周边七十里，开十座城门，沿城设立六个营屯。从而使杭州城成了东南沿海最重要的军事重镇。

唐昭宗景福二年（893）二月，镇守越州的董昌见唐朝廷无力控制局势，各地藩镇拥兵自重，公开割据，在身边诸将的蛊惑下也公然称帝，国号罗平，改元天顺。

这给钱镠创造了一个绝好的机会。钱镠对左右说道："董昌虽然对我有恩，但我身为朝廷大将，理应兴兵讨伐。"他立即致书董昌，信中说道："与其闭门做天子，不如开门做节度使。"意在劝降。

董昌不予理睬，钱镠有了进兵的理由。他一方面飞书报告朝廷，一方面率大军前往征伐。越州城破，董昌投水而死。自此以后，钱镠拥有了浙东、浙西之地，吴越国已初具规模。

第三十六章 罢兵藏刀 威服吴越

天祐四年（907年），朱全忠代唐称帝，建立梁朝，封钱镠为吴越国王。

钱镠在位期间勤理朝政，恤理国事，尤其注重发展农桑生产。他见杭州城南的钱塘江水常常倒灌入城，便亲率军民修筑石堤，并修建了龙山、浙江两个大闸，阻遏了海水倒灌，保障了杭州城和周边农田的安全，被当时的民众称为海龙王。

他还在国内设立了都水营使，招募士卒从事水利活动，称为"撩清军"，专管治河筑堤，使民众旱可引水种田，涝可引水出田，对当时的农业生产十分有利，使吴越国的国力日渐雄厚。

钱镠临终之时嘱托后人："子孙善事中国，勿以易姓废事大之礼。"意思是要他的子孙后代永远记住，对中原王朝要以小事大，好好对待，不能因为中原改朝换代、皇帝易姓而有所改变。只有与中原王朝长期友好下去吴越国才能长久。

他的这一遗言被一代又一代的吴越国王所恪守。

吴越共传五主，到钱俶已经是第五代了。

钱俶继位时，正是中原的后周时期。周世宗授其为"天下兵马都元帅"。

到宋太祖代周登位之后，钱俶对于大宋朝廷更是谨慎事奉，小心翼翼，极尽臣子之礼。

宋太祖登位之初，即授钱俶为"天下兵马大元帅"，不久又改赐"承家保国宝德守道忠正恭顺功臣"。意思当然是希望钱俶对大宋永远恭顺。钱俶也深领其意，对宋廷始终恭敬顺从，不敢有半点违逆。年年进贡，岁岁来朝，白金、犀角、象牙、香药以及珠宝等应有尽有，极尽吴越物产，倾国以事中朝。

钱俶对于大宋这个强盛的中原大国既恭敬又害怕，唯恐一事不慎得罪了宋廷，因此在与大宋的关系上始终战战兢兢，如履薄冰。

在宋太祖大举进讨南唐之前，南唐李煜曾写信给钱俶，希望与吴越联合起来共同抗击宋军。信中写道："今日无我，明日岂能有君？一旦天子易地酬勋，王乃为一布衣耳。"

这番唇亡齿寒的大道理钱俶并非不懂。但是，钱俶自有他的算盘。你南唐君昏臣暗，兵微将寡，国力衰弱不堪，我不能依着破鞋扎着脚。何况在接到李煜的信之前他已经接到宋太祖的明确训示。钱俶曾派黄夷简到宋廷进贡，宋太祖在召见他时说道："你回去以后告诉大元帅，要经常训练兵马。现在南唐倔强无理，不肯来朝，朕将发兵讨伐。到那时大元帅要出兵助朕，千万不要听信什么'皮之不存，毛将焉附'的谣言。"

有了宋太祖这番话，钱俶的天平自然只能一面倒。他不仅对南唐的要求置之不理，而且将其来信也一并送交大宋朝廷。

大宋发起了对南唐的进攻，令钱俶从东路进军夹击南唐。钱俶决定助宋攻唐时，丞相沈虎出面谏阻："江南乃吴越屏障。大王自撤屏障，一旦宋朝来攻，将何以保全国家？"但钱俶仍不为所动，他只记着祖上的遗训："要善事中原。"何况南唐这道屏障不过是一道草藩纸篱，经不起任何风吹浪打。

钱俶为了效忠大宋，亲自率兵上阵，身冒矢石。仅常州城下一战便击溃唐军三千，生俘六百余人，迫使南唐守军举城投降。

为了奖赏钱俶对大宋的忠心，宋太祖赐他军衣五万套，并加赐太师之衔。同时还特别关照，常州城破之日钱俶即可归国，不必再随军西进，只派一将领兵攻打润州即可。

接着，宋太祖又对吴越的使者任知果说："元帅克毗邻有大功，俟平江南，可暂来与朕相见，以慰延想之意，即当复还，不久留也。"

早在南唐尚未平定之前，宋太祖的心里已在酝酿着和平收复吴越的计划了。

如今，该是收复吴越的时候了。宋太祖决意把吴越作为他平定割据、收拾乱局、实现华夏一统的一块实验基地。尽管过去企图用和平手段一统四海的计划都失败了，但是宋太祖却不甘心这种失败。他坚信，要实现神州大地的统一，绝不只有诉诸武力这一条路子可走，他一定要闯出一条新路，做出新的创举。他要想尽一切办法，使出浑身解数，不动一兵一卒，不费一刀一枪，将吴越纳进大宋的版图。

一场更为艰难而又复杂的特殊战斗开始了。

一日朝会上，宋太祖亲自提议，命有司在开封薰风门外建造一座规模宏大的宅第，其规格要与王府等同，一定要建得高敞明亮，栋宇宏丽。内中的各种什物摆设要阔绰齐整，无不悉具。

大臣们都不知道这房子要给谁住，疑惑不解。宋太祖却笑道："这宅第可赐名'礼贤宅'，是专门为天下兵马大元帅、吴越王钱俶准备的。大元帅何时进京，即可暂住其间。"

对一个已成了大宋附庸的小国之君何必太过客气？满朝文武无不惊诧，晋王赵光义、宰相薛居正等皆有不悦之色。但见太祖态度如此坚决，谁也不敢多说，太祖也只是笑笑，并不向他们解释什么。

几天以后，宋太祖向吴越下达诏书，宣吴越王钱俶入朝觐见。

宋太祖的诏书传到杭州，不啻十万大军压境而来，举国上下惶恐失措，朝廷内外一片惊慌。朝臣们在议论纷纷，杭州城里到处在街谈巷议。人们都普遍认为，大王此番北上凶多吉少，必将有去无回。以宋太祖经天纬地之才，绝不允许吴越国蕞尔小邦偏安一隅。这次在汴京设下的就是"鸿门宴"，大王若去，必是自投罗网。

杭州城中流言四起，说是彗星见于中天，巨蟒出没于草泽，野鸡立在鼎耳上啼叫，这些天象之异、灾变之兆都说明吴越国气数已尽，国运将终。

紧接着，有人向朝廷报告，说是他亲眼看到了彗星尾长六尺，光芒刺眼，一连十几夜才灭；还有人报告说，他邻居庭院中，桑树、楮树一夜之间长得粗可合抱，并说这种灾变现象古代曾在吴国出现过。这些亡国之兆不能不引起朝廷的重视。

这些传闻说得活灵活现，神乎其神，很快便传到了钱俶的耳朵里，直让他心惊肉跳，寝食不安。他没有别的办法，只得一天数次焚香祷告，祈求神灵和上天保佑吴越，保佑他钱氏的祖业。

但是，他自己也知道，求神灵保佑不过是掩耳盗铃，他最终还得面对现实。宋太祖的诏书已经下达，他既不能抗命也不能耽搁，否则就会授人以柄，后果不堪设想。当初南唐主李煜不就是如此吗？抗拒诏命不肯入朝，引得宋朝大兵入境，南唐朝廷顷刻间土崩瓦解，落了个国破家亡、身败名裂的下场。

最后，还是经大臣崔仁冀力劝，钱俶才下了北上的决心。崔仁冀早就看清了天下大势，曾极力主张向大宋纳地称臣。他对钱俶说："宋主英武，所向无敌。今天下事势可知，保全人民，策之上也！"钱俶不能不承认崔仁冀的意见是极为中肯的。

开宝八年（975 年）二月，钱俶把国事逐一交代给大臣们便踏上了北上之路。

虽然宋太祖许诺他"暂来相见，即当复还"，但是政治无诚信可言。他不能不做好准备，自己也许就像李煜的弟弟李从善那样被扣留在开封，从此不归。因此，他临行时将妻子孙氏、爱子钱惟濬及近臣孙承佑都一块带上。此去是凶是吉，是祸是福，只有听老天爷的安排了。当他与前来送行的朝臣告别时，禁不住热泪飘洒，大臣们也都呜咽成声，这似乎是君臣们最后的诀别，是生离死别。

吴越王钱俶一行惴惴不安地启程，船队迤逦北上，渐渐地离开了吴越本土。

宋太祖赵匡胤

吴越国的众臣僚如丧考妣，他们生怕自己的国王从此一去不复返，急忙拨出款项，招募工匠，在西湖边上建造了一座"保俶塔"——这座塔很有名，后来也称雷峰塔，"雷峰夕照"是天下闻名的"西湖十景之一"。历经千年，这座塔在20世纪初坍塌了。当然，这是后话。

大臣和民众们日夜在塔下焚香化纸，祈求神明保佑他们的国主早日平安归来，保佑吴越国能够长久地存在下去。当然，那样也就保住了满朝文武、王公贵族们的代代富贵、世世荣华。

可是这一次他们想错了，这种担心是多余的，是杞人忧天。

钱俶此番入朝，既不是去赴"鸿门宴"，也不是像李从善那样去当人质，而是大宋朝廷的一名最尊贵的客人，是宋太祖特邀来京的座上宾。

一听说钱俶从杭州整装起程，宋太祖便亲自来到了薰风门外的"礼贤宅"，仔细巡视了自己客人的住宅，检查了它的环境、安全和宅内所有的设施及生活用具，他不允许对自己的客人有任何的怠慢和疏漏。巡视完之后，他还特意叮嘱负责接待的官员，杭州与汴京的气候有异，吴越人与中原人的饮食习惯不同，一定要精心服侍好这位客人的生活起居。对一个小国之君如此无微不至地关照和呵护，宋太祖多少年来还是第一次，其决意笼络钱俶、和平收复吴越的用心可谓良苦。

二月十四日，宋太祖又派他的大儿子赵德昭专门前往睢阳去迎接慰劳吴越王钱俶一行。

在派德昭出面迎接这件事上，宋太祖颇费了一番苦心。

自从赵普罢相离开汴京之后，他临行时的几句话一直在宋太祖的脑海里萦绕："大宋立国已十几年，有功之臣权欲膨胀，贪图富贵之心永无止境……""皇上这个宝座，或许有人想坐，陛下千万要小心，如今人心难测啊！"赵普还直言不讳地说了句："就是兄弟，也不能不防。"

这些话直令宋太祖忐忑不安，思之再三。他反复地想过，赵普在临行时对自己说这些话可能是因为他与赵光义矛盾甚深，在有意挑拨。但是，更多的还是赵普看到了嗅到了一些什么，是出于对自己的忠心，对大宋王朝安危的关切。

平心而论，自己的这位兄弟这些年凭借开封府尹这个特殊位置和他既是皇弟又是开国功臣的特殊身份极力拉拢异己，结党营私，在朝廷之外另立山头，确实已经形成了一股不容忽视的力量。

自己这些年对这位皇弟有些太姑息了，虽然看到了一些苗头，但总觉得他是在与宰相们争权，不会对自己这个当皇帝的哥哥怎么样。自从赵普走后，这位弟弟更是一人之下，万人之上，颐指气使，飞扬跋扈。有些趋炎附势者经常去走他的门子，甚至只知有开封府，而不知有朝廷。

这种局面不能被容许长期存在，那样会毁了自己的弟弟。必须加以抑制，让他那过度膨胀的权力消消肿，以免形成尾大不掉之势。

为此，宋太祖在赵普离京一年后便将赵光义调离开封府，由三弟赵廷美接任。而命赵光义以晋王的身份辅佐朝政，想以此削弱开封府的势力。

也是出于同样的原因，他把自己的长子德昭擢升为兴元府尹、山南西道节度使，同时加封检校太傅、同中书门下平章事。另一个儿子赵德芳也授为贵州防御使。

在一些国家大事上，他要逐渐让儿子和三弟多出头露面，扩大他们在群臣中的影响，树立他们的威望，以裁抑赵光义派系的力量。

因此，这次出迎吴越王钱俶，他便有意安排德昭代表自己前往。他这是对朝臣们放出了一个信号，同时也是给皇弟赵光义一点警示。

吴越王钱俶一行于二月十六日由兴元府尹赵德昭陪同来到了汴京。按照太祖的旨意，由开封府尹赵廷美率领朝中部分大臣亲至城郊相迎。然后将他们安置进豪华的"礼贤宅"内居住。当晚，即由赵廷美在玉津园设盛宴为钱俶接风洗尘。

吴越王钱俶本是怀着一颗生死未卜的忐忑之心前来大宋的。一路上，他做了许多猜测，对自己到汴京时的情景做了种种预想。原以为一到汴京可能会马上被软禁起来，然后大宋朝廷会以自己为人质要挟吴越举国来降。

当皇子德昭亲自到睢阳前去迎接的时候，他还认为是宋太祖故作姿态，不过是欲擒故纵罢了。现在已经进了汴京城，宋廷为自己安排了如此精美华丽的住宅，饮食起居样样周全，宋太祖在这一点上没有食言，他开始略觉心安。

晚宴上，大宋皇上的弟弟、儿子和朝中大臣向自己频频敬酒，如久别重逢的老朋友似的，谈笑风生，礼敬有加，他完全放心了，起码在眼下不会将自己囚禁起来，宋太祖让自己来朝觐见，也许没有恶意。

第二天，宋太祖在崇德殿接受了吴越王钱俶的朝见。

钱俶完全按照臣子拜见皇上的礼仪行三跪九叩大礼，口中说道："外臣钱俶叩见吾皇，吾皇万岁，万万岁！"

宋太祖微笑道："爱卿不远千里入京朝贺，一路车船劳顿，多有辛苦，汝且平身坐着说话。"

在朝堂之上坐着回话，这是宋廷多年没有的事了，是一种殊荣。钱俶谢恩毕，站起身来，却无论如何不肯就座，只侧身站立一旁，说道："皇上洪福齐天，威加四海，恩泽普降神州，仁德播于万民。臣此次入朝一来谢万岁多年来对吴越的垂爱庇护，二来恭贺万岁收复南唐，脱拔江南民众于水火之中。"说罢，将礼单呈上。

值班太监接过礼单，送到御案前，太祖看时，见上面开列着："白金二十万两，绢十三万匹，锦八十万匹，茶八千五百斤，犀角象牙二百株，香药三百斤。"

这可是一宗厚礼，吴越王钱俶是在倾尽全力孝敬大宋。但宋太祖看过之后并没显得特别高兴和喜悦，甚至连句客气话都没有，只淡然一笑，搁置一旁。

钱俶顿时慌了，他感到一颗心又"突突"乱跳起来。莫非皇上嫌贡礼太少？还是怀疑自己对朝廷的忠诚之心？看看皇上挂在脸上的那层神秘的微笑，似是很慈和，很亲切，又像是掩藏着许多东西，让人莫名其妙，深不可测。钱俶又一次陷入了一种难以言喻的恐惧之中。

二月二十三这天，连续阴雨数日的汴京城云开雨霁，一轮红日高悬在湛蓝洁净的天幕上，朵朵棉絮般的白云在半空里缓缓游弋。微风和煦，百鸟争鸣，淡淡的幽香在清新的空气里潺潺流淌。

这是一个少有的风和日丽的好日子。宋太祖决定在大明殿举行盛大宴会，欢迎钱俶这位远道而来的客人。朝中文武大臣无一例外全都参加。

午时初刻，人们已经陆续到齐。宋太祖高坐龙榻之上，晋王赵光义、宰相薛居正等陪吴越王钱俶坐在第一张方桌前，其他大臣依次而坐。宴席十分丰盛，山珍海味应有尽有，银壶玉盏流光溢彩，一股股浓郁的让人垂涎欲滴的芳香扑鼻而来。

宋太祖举起琥珀酒杯，对众人说道："天下兵马大元帅入朝道贺，乃本朝一大盛事。来，为大元帅接风，我们君臣满饮此杯。"说罢，将杯中酒一饮而尽。见皇上如此高兴，大臣们能喝酒的不能喝酒的都争着喝了个杯底朝天。

宋太祖面色红润，两眼放光，看看钱俶，又看看众人，高声说道："去岁以来，我大宋兵伐南唐，大元帅钱俶能识大体，顾大局，应天顺势，不中南唐离间之计，不肯与之朋比为奸，接到朝廷诏命，亲率大军身冒矢石，兵围常州，终至常州城破，牵制了南唐东路兵马，为我大宋平定江南、收复南唐建立了赫赫战功。今日当着众卿之面，朕与大元帅共饮三杯，以示奖勉！"

说完，命侍者为钱俶满斟御酒，宋太祖举杯在手，对着钱俶照了照，二人一连饮了三杯。

如此殊荣如何敢当？钱俶简直受宠若惊。他万万没有想到大宋皇上会如此有情有义，对自己这个小国之君如此宠爱有加。宋太祖的每一句话都融在这三杯御酒里，汩汩地流进了自己的心田，流进了自己的血浆里，烘暖着自己周身每一个部位。

他那紧缩了多少天的心脏又一次舒展了，简直有点心旷神怡，喜形于色。

可是他猛一抬头，却看到了一副阴沉沉的面孔，那双狞厉的眼睛里射出两道毒火，正在死死盯着自己。这是晋王赵光义的眼睛，钱俶的心像被蛇咬了一口，冷不丁地一哆嗦。他再看看身边的宋朝大臣，一个个脸上都带着异样的表情，用一种怪模怪样的眼神看着自己，分不清是嫌恶、妒忌、愤慨还是嘲笑。

他顿时感到心慌意乱，如芒刺在背，局促不安地垂下了头。

对于钱俶表情的细微变化宋太祖看得明明白白。显然，自己盛情款待吴越王的良苦用心满朝文武很少有人能够体察。他此时又想起了赵普，若是赵学究还在朝中，早已经心领神会，何须自己多说？

但此时此地，他也不能说什么。也是急中生智，他忙对侍者说道："酒已半酣，可令歌舞侑酒。"

顷刻间，大殿里仙乐乍起，一对对穿红着绿、腰肢纤娜的妙龄少女随着乐声翩翩入场，一个个蜂飞蝶舞，行云流水，在宴席间迂回穿插。清脆悠扬的歌喉和着笙簧琴等响遏行云。

钱俶的尴尬处境一下子改变了，众大臣的目光被裙袂飘曳的歌舞伎们吸引了过去，他们有的随着乐曲的节拍在轻轻地击掌，在摇头晃脑，甚至开怀大笑。有的则借此机会交头接耳，相互攀谈。有些酒量大的尚未尽兴，便你敬我一杯，我敬你一盏，在鲸吞豪饮。

钱俶感激地看看宋太祖，宋太祖在专心致志地欣赏歌舞，整个大殿都沉浸在一种轻松愉悦的喜庆气氛中。

钱俶也很快被这种气氛所感染，如释重负地长舒了一口气，开始十分专注地观看着中原的歌舞。他生在杭州，长在杭州，过去很少有机会来中原，对北方歌舞了解很少。与吴越绮丽华靡的轻歌曼舞相比，北方歌舞更显得严刚劲拔，粗犷有力，真个是南北迥异，各有千秋。

钱俶开始陶醉了，扣人心扉的歌喉，撩人遐思的舞姿，让他忘记了自己是在异国他乡，暂时忘却了是客还是主。他一边观舞，一边一杯接一杯地饮酒。不一会儿，便已经思路模糊，醉意沉沉了。

热烈欢快的欢迎宴会结束了，钱俶步履蹒跚地向宋太祖告退，口中喃喃地说道："谢谢万岁，万岁皇……皇恩浩荡，微……微臣不胜……酒力，万岁多多包……包涵……"他已是吐字不清，语无伦次了。

宋太祖哈哈大笑，只要客人高兴，这宴会就算成功了，他命人将钱俶送回礼贤宅去。

这一夜，钱俶埋头沉睡，鼾声如雷，这是他离开杭州以来睡得最香甜的一夜。

宴会结束之后，大臣们都渐渐散去。宋太祖突然瞥见了翰林学士陶谷。别人都兴高采烈，喜形于色，唯有他似是有满腹心事，郁郁不乐。

对陶谷这个人，宋太祖知之甚深。若论其才华学识，堪称出类拔萃。自五代至大宋之初，文翰冠绝一时。他的资历也极深，后晋时便已经官至知制诰兼掌内外制，参预机要。后汉、后周时皆为重臣。但此人的人格却不怎么样，为人"倾险狠媚"，为官见风使舵，投机钻营。太祖一直鄙薄他的人格，因而始终不肯重用他，只让他长期在翰林院供职。

近几年，陶谷见他的同僚们不断升迁，像薛居正等人都已经当了宰相，卢多逊最近也擢升为副宰相（参知政事），入值机枢，一个个风光无限。而自己却仍是个翰林学士，心中甚是不平。他自认为才智和能力绝不在宰相们之下，却屡屡不被重用，便在同僚们面前经常发发牢骚。

宋太祖早就听说过陶谷的不满和牢骚，他曾公开对同僚说自己"久在词禁，宣力实多"，没有功劳也有苦劳。意思是说朝廷用人不公，埋没人才，让有功之臣为之寒心。

宋太祖平时听说这些事，觉得琐屑无聊，并不放在心上。今日宴会喜气洋洋，每个大臣都眉飞色舞，独见陶谷眉头紧锁，一脸苦相，心中便很不高兴。他紧走几步来到陶谷面前，有意问道："今日盛会，陶学士何以忧闷不乐？"

陶谷见皇上问他，虽然心中有诸多不满却不敢发作，只得低声回答："回陛下，微臣不胜酒力，身上不适，故而如此。"脸上却仍似挂了一层冷霜。

宋太祖却微微一笑，面带讥讽地说道："恐怕不是身上不适，而是心里不适吧？朕听说你自恃'久在词禁，宣力实多'，很是辛苦操劳。不过据朕所闻，翰林院草制诏书文诰，不过是根据前人旧本改换一下词语，也就是俗话说的'依样画葫芦'罢了，有何辛苦的？"说完，冷笑一声拂袖而去。

陶谷听了这话，像一下子掉进冰窟里，浑身凉透了。他万没有想到太祖会如此蔑视自己，如此小看翰林们的文章。他越想越悲凉，越想越生气，士可杀而不可辱，何况我堂堂的三朝名臣、一代才子？也是酒后壮胆，那陶谷一气之下竟不顾一切地回到翰林院，举笔在手，饱蘸浓墨，在玉堂白壁上龙飞凤舞，狂草淋漓地写下了四句打油诗：

> 官职须由生处有，
> 才能不管用时无。
> 堪笑翰林陶学士，
> 年年依样画葫芦。

写完，他将笔一扔，哈哈大笑，气咻咻地回到家中，又满斟了一大碗酒，"咕咚咚"灌下去，爬上卧榻，蒙头大睡。

第二天，众翰林一看墙上这首牢骚诗，一个个惊得目瞪口呆。这种公开表示对皇上的极大不满，不用说在建宋以来，就是在历朝历代也算得上是一桩泼天大案。他们都在为陶谷捏着一把汗，深深地为他的身家性命担忧。这样的行为弄不好定个谋逆之罪，一人身首异处不说，就是满门抄斩也未可知。

这事当天上午便传到了宋太祖的耳朵里，对于陶谷的狂妄和放肆，太祖开始也感到十分生气。但当有人提出给陶谷定罪时，宋太祖却笑着摇了摇头道："陶谷毕竟对大宋有功，酒后失态，发几句牢骚，何罪之有？"

陶谷第二天酒醒之后也颇为惊慌。但事情已经发生了，也无可奈何，只有引颈待戮的份儿。不想皇上不但没有治罪，甚至也不过问此事。他赶紧找人把翰林院墙上的墨汁去掉，再粉刷一新，然后上表请罪。

时光荏苒，日月如梭，转眼之间钱俶来到汴京已经半个多月了。虽说日日歌舞游乐，夜夜丝竹宴饮，但"锦城虽云乐，不如早回家"。他开始思念杭州，思念他的国家，他的王宫，他的朝臣。不过，没有宋太祖的话他也不敢开口。

这天，宋太祖又派人来到"礼贤宅"邀请他和儿子钱惟濬到皇宫后苑宴射。

宴射的场地设于宫苑之内，场地开阔敞亮，空气清新，已是初春季节，碧草崭露新芽，杨柳亦开始泛绿，各种鸟儿在草地上蹦跳啄食，在枝头上鸣啭啼唱。作为活靶子而放于苑中的小兔、狐狸等小动物不知祸之将至，在这春和日丽的天气下亦在追逐嬉戏，显得十分开心。整个皇宫后苑里呈现着一派生机盎然、轻松和谐的气氛。

宴饮射猎是宋太祖毕生喜欢的几项活动之一。但这些年政事繁冗，他怕宴安逸乐会荒怠政事，已经许久没有进行这项娱乐活动了。

今日他忽然来了兴致，要邀请钱俶父子共娱共乐，倒不全是为了开心。他是想方设法让钱俶进一步放松精神，减除那些不必要的顾虑和烦忧，在汴京城里快快活活地过几天。

钱俶父子来到宫苑，但见碧草茵茵，莺飞燕舞。许许多多的宫女、太监都神情安闲地漫步在场地四周，三个一堆两个一簇地谈笑风生，准备观赏赛事。宽松的环境、宜人的美景、惬意的天气使他们精神为之一爽，很快便被这种轻快舒畅的气氛感染了。

父子二人忙对太祖大礼参拜，却被太祖拦住了，笑着道："游乐场所不拘细礼，爱卿这边就座吧。"

钱俶却不肯因此废礼，坚持行过大礼，这才与儿子钱惟濬在太祖的下首就座。

太祖命侍者摆上数盘精致的菜肴和一些时鲜果儿，各自面前倒一大杯酒，三人对酌慢饮。太祖自己酒量大，也不勉强钱俶父子，竟自己连饮三大杯。然后挽弓搭矢，屏息静气，对钱俶说道："朕已多年疏于弓马，今日良辰美景，莫辜负了这大好时光。朕就射这只梅花鹿为大元帅佐酒。"

钱俶看时，最远处正在缓缓跑动的梅花鹿距这里足有三百步远。但见太祖将强弓拉成满月状，气不喘，色不变，轻轻一纵，一支利箭如流星闪电一般飞出，那只梅花鹿一声惨叫后颓然倒地，四腿伸了伸便再也不动了，四周顿时响起了一片欢呼和喝彩之声。

钱俶忙起身祝贺道："陛下神武英迈，实乃天下苍生之福。"

太祖命人将刚射杀的那只鹿抬到御厨中，马上做几道下酒菜送来。又与钱俶父子对饮几杯，便让钱俶射猎。

钱俶箭术平平，吴越久无战事，他又自来不好此道，因而一再谦让，说是不敢在圣上面前献丑。太祖道："射猎不过游戏，不必当真，中与不中，皆可助兴。"钱俶只好勉为其难，果然连发三箭，箭箭落空。太祖又命惟濬射箭，这小伙子年轻气盛，说声"遵旨"便立起身来，引弓搭箭，略一瞄准，

"嗖"地射了出去，居然射中了一只雪白的小玉兔。

宋太祖拊掌大笑，连声夸道："自古英雄出少年，小爱卿身手不凡，未来可成大器。"于是命人赐酒，惟濬连忙谢恩，然后将杯中酒一饮而尽。

当下，君臣三人一边饮酒一边谈笑，时或挽弓射箭，气氛十分融洽，就像家庭宴会一般。宋太祖喝得高兴，命人传晋王赵光义和开封府尹赵廷美前来陪席。待他的两位弟弟赶到以后，太祖让钱俶与光义、廷美同干一杯，然后说道："从今日始，大元帅可与朕之二弟光义、三弟廷美以兄弟相称。"

此言一出，赵光义愣了一下，他心中不高兴，却不敢表现出来。

吴越王钱俶听了此话，就像遭了电击，浑身打了个激灵，慌忙匍匐在地，恳求太祖说："陛下，此事万万使不得。小国微臣，形同一介草民，断然不敢与天朝皇弟称兄弟，论昆仲，平起平坐。请万岁体谅小臣苦衷，无论如何收回成命。否则微臣宁愿跪死在这里。"

太祖见他执意不肯，并且如此诚惶诚恐，只好作罢。便命人重新摆设酒席，将刚刚做好的鹿脯、鹿肉、鹿血等一套菜肴也一并上了。君臣五人频频举杯，把酒畅谈，直至红日西坠方尽欢而散。

第二天早朝时，宋太祖突然命值日太监宣读了一道诏书：

> 古者宗工大臣特被隆眷，或剑履上殿，或书诏不名，率由丰功，待以殊礼。今我兼其命数，用奖勋贤，辉映古今，允为优异。咨尔吴越国王钱俶，德隆宏茂，器识深远，抚奥区于吴会，勒洪伐于宗彝。昨以江表不庭，王师致讨，委方面之兵柄，克常、润之土宇，辅翼帝室，震叠皇灵。而乃执圭来庭，垂绅就列，罄事君之诚悫，为群后之表仪。爰峻徽章，以旌元老。可特赐剑履上殿，书诏不名。

大臣上殿可以身佩宝剑，皇上向他下达诏书时不直呼其名，自大宋建立以来这是绝对没有的事，就连晋王赵光义也没有享此殊荣。这该是何等礼遇，何等信赖，何等荣耀？宋太祖要用恩宠仁爱之心收拢钱俶，以和平手段收复吴越，可谓煞费苦心，其政治外交的手法已经达到了得心应手、炉火纯青的地步。

正当满朝文武对太祖这一举措瞠目结舌、惊愕不已的时候，紧接着，在三月初四这天，宋太祖的又一项决定更令他们惊诧莫名，摇头叹息。

宋太祖决定封钱俶夫人孙氏为吴越国王妃。太祖将此决定一说，晋王赵光义、宰相薛居正、参知政事卢多逊等就像炸了营似的，立即议论纷纷。赵光义率先谏阻道："皇上这一决定实在不合古制。自古以来，只有与皇上同宗同祖的同姓诸侯王之妻才可以封为妃子。吴越王钱俶乃异姓诸侯王，封其妻为妃甚为不当，请皇上三思。"其他宰辅大臣也都纷纷附和。

宋太祖冷冷地看了他们一眼，心中暗道，你们究竟是怕违背了古制呢，还是怕妨害了你们的权位？于是不以为然地说道："古制是铁打铜铸的吗？哪条古制不是人制定的？古之明君皆观时而制法，因事而制礼，法令制度，各顺其宜；方便国事，未必法古，缘何定欲依循古制而行？大宋礼制应以有利于大宋国事为本。倘若说封异姓王妻为妃古代没有，那么就从我大宋开始，以示殊恩。我朝开此先河，后世遵行，岂不又成了古制？"

见赵光义等人还要说什么，宋太祖果决地将手一挥，斩钉截铁地说："泥古不化，何以为明君，为良臣？事事墨守成规何以创清明盛世？朕意已决，休再多言，传旨即刻颁诏。"众大臣见皇上如此果断，毫无通融的余地，只好相顾无言，默默而退。

当天，诏书送达"礼贤宅"，钱俶受宠若惊。他赶紧带上儿子夫人到宫禁内向太祖谢恩。

钱俶一家三口长跪于太祖面前，连连磕头不止。钱俶早已感动得老泪纵横。他想向太祖表白自己的心迹，想大声说："万岁之恩如泰山之高，如沧海之深。钱俶一家虽肝脑涂地也难回报于万一。倘今生今世不能报答，来世做牛做马，衔环结草，也要报答皇上的深恩大德。"可是不知为什么，他此时脑子里一片空白，一句话也说不出来，竟伏在地上"呜呜"地哭出了声。

倒是夫人孙氏沉得住气，对太祖谢恩道："臣妾孙氏何德何能，竟受万岁爷如此深恩厚泽。我钱家满门将永远铭记在心，世世代代香火供奉万岁。"

太祖微笑道："大元帅乃本朝有功之臣，理应享此殊荣。"说罢，让太监扶起他们送他们回府歇息。

一年多来，晋王赵光义一直显得忧心忡忡，情绪焦躁不安。在朝会上，他常常冷着个脸，不见一丝笑容，对朝臣们愈加倨傲。回到晋王府更是动不动就发起无名之火，下人侍女们一不小心就会遭到斥骂甚至毒打。

他原以为，只要将权倾朝野的宰相赵普扳倒，汴京城里就再没有任何力量足以跟自己抗衡，自己便可以独揽朝纲、为所欲为了。

可是，自从赵普被罢黜宰相贬出京师以后，他却感到有一种无形的力量时时在牵制自己，威胁着自己，令他感到一种莫名的忧心，甚至是一种无时不在的惊惧。

这种威胁当然是来自皇兄。这几年，皇上虽然对自己仍十分亲热和关切，平日相处仍显得那么随和和慈爱。但是在一些重大国事决策和人事任免上却不再像以前那样对自己言听计从，甚至有时候根本就不同自己商量，刚愎自用，独断专行。

皇上对自己不再那么信任，从许多事情上都可以看出来。虽说将自己封为晋王，位列宰辅之上，让自己辅佐朝政。但是，上有皇帝，下有宰相，自己夹在中间能发挥多少作用？

近几年皇上开始重用侄子德昭和三弟廷美，将廷美封为开封尹，同中书门下平章事。这次钱俶进京，先是让德昭迎至睢阳，接着让三弟廷美代表皇上为其接风。有意安排他们抛头露面，大出风头，这是为什么？不是在有意冷落自己吗？

自己的许多建言都被驳回，特别是在封钱俶夫人为妃的事情上，皇上居然专横到了不让人说话的地步。当着那么多朝臣让自己下不来台。

他忽然又想起了一件事。去年自己的晋王府要建造楼阁，幕宾们写了个折子，想动用朝廷准备打制战船剩下的一根巨木。谁知皇上竟亲自在折子上批了一句话："破大为小，何若杀汝之头？"这话当然是对写折子的幕宾说的，许多人解释说，皇上从小艰苦惯了，不舍得将巨木化整为零，这是皇上节俭戒奢的一贯美德。自己却不这样认为，为了一根木头，用得着发这么大的脾气吗？当时看了皇上的批复，自己的脑袋便"嗡"的一声，一连好几夜都睡不踏实。

皇上的无名之火是冲着自己发的，这是对自己声色俱厉的申斥，他的潜台词绝不是因为一根木头。将一根木头破大为小，这与杀头有什么联系？

每次想起这件事，赵光义便觉得身上凉飕飕的。看来，自己的圣眷渐衰，恩宠日失，皇上对自己已经产生了怀疑，这是不争的事实。一念及此，他周身不禁打了个寒战，泛起一层鸡皮疙瘩。同时，心中的怒气也像一股无法遏制的大火在烈腾腾地燃烧。

大宋的锦绣江山也不是你皇兄一个人打下的。当年陈桥兵变，若不是我赵光义一手策划，上下串通，前后打点，你能那么顺利地黄袍加身吗？如今江山坐稳了，四海削平了，对自己这个有拥立大功的弟弟也疏远了，冷漠了。莫非……

他的脑子里忽然蹦出了"兔死狗烹，鸟尽弓藏"这个历史典故。是啊，历史上父子相残、兄弟相煎、骨肉相戮的事儿可是举不胜举。怪不得有人说，在这个世上最无道德可言的有两个地方，一个是窑子，一个是朝廷，这话不无道理，自己可不能太大意。

好在这十几年的惨淡经营，汴京城里上上下下几乎全是自己的人，差不多铁板一块。在朝廷当中，在各级官府之中也已经布满了自己的党羽。就连汴京城执掌禁军大权的党进这位人所公认的对皇上忠心不二的老将军也早已对自己俯首帖耳，言听计从。

想到这里，赵光义暗自笑了。他认为自己从一开始就做对了，刻意网罗党羽，精心培植势力，现在已是朋党遍朝野，羽翼满天下，宰辅大臣中有奥援，皇宫禁苑中有耳目。凭自己这一气焰熏灼的庞大势力，虽不敢说胜券在握，但最后鹿死谁手却未可知。

鉴于这种想法，赵光义加紧了行动。每到夜深人静之时，晋王府里便热闹起来，表面上是歌舞宴饮，文武大臣们常被邀约前来赴宴，三日一聚，五日一会。而在一间密室里，却是赵光义的一些心腹至交在分期分批地聚首密谈。而在这些人中，参知政事卢多逊、大内太监总管王继恩、精于医术而又不愿当太医、一直任开封府吏的程德玄则是座上常客。他们每隔几天就要密谈一次，至于究竟谈了些什么则无人知晓。

这个王继恩是个十分柔媚阴苛之人，惯于察言观色，谄媚取宠。从后汉时入宫为太监一直干到大宋的太监总管，平时深得宋太祖和皇后的信任。可是他见赵光义势力越来越大，便有意暗送秋波，卖身投靠，赵光义也极需要这么个人，因此二人一拍即合。这样一来，宋太祖在后宫的一言一行赵光义每天都了解得清清楚楚。

宋太祖也一度陷于苦闷之中了。晋王赵光义拉党结派、蓄意营造自己派系势力的行为已经十分明显，太祖几次给予暗示和警醒都没有什么效果，赵光义仍然我行我素，毫无收敛之心。这股势力在汴京城里盘根错节，已经成为大宋朝廷之外的另一权力核心，已经到了不容忽视的程度。

俗话说，当国容易当家难。如果这股势力是来自异姓朝臣，不管他势力多大，堡垒多么坚固，活动多么猖獗，以宋太祖的精明神武，政治手段的强硬老辣，要剪除它、粉碎它易如反掌。只要一句话，动一点小手术，该贬官的贬官，该流放的流放，也用不着人头落地，便可以让这股势力土崩瓦解，烟消云散。当年的义社十兄弟都是身经百战、桀骜不驯的战将，宋太祖只消一杯酒，几句话，便让他们身颤股栗，乖乖地交出了兵权。

但这是自己的亲弟弟，太祖看着他长大，登基后又一直大力培养擢拔，倚为自己的腹心和股肱，视他如同自己的儿子一样，在某种程度上甚至比自己的儿子还亲，他无论如何下不了狠手，不忍心毁了他的一生。再说，太祖也不愿落个杀弟害兄、骨肉相残的千古骂名，对历史上这样的昏君他一直深恶痛绝。

因此，宋太祖陷入了深深的苦闷之中。对于这位皇弟，真像是手上捧了个热炊饼，拿着烫手，扔了又不舍得。又像是面对一块掉在灰堆里的豆腐，吹又吹不净，打又打不得，他真不知该怎么办才好。

不知道多少个万籁俱寂的夜晚，宋太祖都在翻来覆去地思索。这样的事不能同任何人商量，只能在自己的心里掂来掂去。

他想不通这个弟弟为什么要这样，自己这个当皇帝的哥哥不曾亏待过他。他身为晋王，辅佐朝政，位列宰相之前。已经是一人之下，万人之上，权力炙手可热，你还要什么，难道非要坐在这把龙椅上吗？

再说了，你就是要当皇上，想君临天下，也不能这么猴急，这么迫不及待。我这个当哥哥的体魄健旺，离死还早呢。就是要当皇帝，也要等我驾鹤西归之后吧！你赵光义应该知道自五代以来各个朝代的惯例，凡是准备继任皇位的储君都是授予开封府尹这个要职。我自登上皇位以后，就任你为开封府尹，本来就打算传位于你，你又何必这样急于求成呢？

事实上，宋太祖一开始确实打算在自己百年之后将大位传给弟弟赵光义，而不是传给自己的儿子赵德昭或赵德芳。因为这里有一段"金匮之盟"的秘密。

早在建隆二年（961年），宋太祖刚当皇帝一年多的时候，他的母亲杜太后突然身患重病。其在弥留之际在病榻上召见了太祖和赵普二人。

宋太祖对于母后一直十分敬重和孝顺，母亲的精明聪慧和宽厚仁德的性格都在太祖的身上留下了极为鲜明的影响。

太祖来到母亲床前，看看母后那羸弱的病体和枯槁憔悴的病容，内心就如万箭钻心一般，匍匐在地上哀哀而泣，涕泗交流。

杜太后看了看儿子，心中发酸，强忍着泪水问道："你荣登大位已经一年多了，可想过你为什么能当皇帝吗？"

宋太祖正哭得肝肠寸断，天昏地暗，听了母后的问话，竟呜呜咽咽地一时说不出话来。跪在一边的赵普却觉得太后此话问得突兀而又蹊跷，知道一定有大事嘱托，只静静地看着皇上，一句话也不敢说。

宋太祖赵匡胤

太后勉强抬了抬头，深深地叹了口气，提高声音说道："我此时归天也是寿终正寝，生死由命，此乃天数，我儿无须过于悲伤。人生一世，像我这样身为太后，荣耀已极。自古以来能有几人？再说，古人云，'生子当如孙仲谋'，而我儿本是一介布衣，闯江湖，战沙场，大智大勇，威名满天下，不仅出将入相，而且跃登大宝，创下我赵氏江山社稷，上可光宗耀祖，下可泽被子孙，不知要胜过那孙仲谋多少倍。我老婆子何等福气，就是死也含笑九泉了，我儿也要节哀保重才是。"

说到这里，杜太后已喘成一片，只好停顿了一下。

宋太祖伏在地上听着，哭声却越来越大。

杜太后只好又提高了声音，佯装生气地说道："眼下我的时间不多了，有大事要跟你说，你怎么光知道哭呢？我适才问你，你可知自己为什么能得天下吗？"

宋太祖强抑悲声，忙哽咽着答道："这都是父亲大人和母后对我悉心教养的结果，也是赵氏祖上的荫德所致。"

谁知杜太后却连连摇头，苦笑着说道："我儿错了，这些都不过是些套话。你所以能顺利地当上皇上，既不是因为你自己多么天赋过人，更不是父母之功和祖上荫德使然。所谓人主乃天命所司，也纯属谬言。你之所以能拥有四海，成为天下之主，完全是因为周世宗柴荣的命运所致。"

此话一出，宋太祖大为惊愕，连满腹玑珠、治术老辣的赵普也不知所云，如坠云里雾里。

只听杜太后又说道："柴氏寿享不永，传位于几岁的乳臭小儿，群臣离心，将士不附，这才给你创造了黄袍加身、禅位称帝的机会。若柴荣不是将帝位传给他的儿子，若他有已经成人的兄弟，而将大位传给他们，你能有今天吗？"

一席话，直说得宋太祖频频点头，忙说道："母后说的极是，不知母后有何训诫，请您老示下。"

杜太后道："汝与光义、廷美皆我所生，待汝百年之时，应传位于汝弟光义，光义后传位廷美，廷美之后再传于汝子德昭。这样代代新皇都是成年之人，方可保我赵氏江山长盛不衰。"

宋太祖本是至孝至仁又极为忠厚之人，从来对母亲的话都是言听计从。当下太后说完，便以头碰地，哭着发誓道："儿子唯母后之命是从。"

杜太后慈祥地看看儿子，说道："既如此，就请赵书记记录在案，并签字为证。可将它藏之金柜。待汝百年之后再开启为凭。此事只有我们三人知道，不可向任何人泄露一字，以免节外生枝，引起混乱。"

杜太后对赵普一直十分器重，拿他当自家人看待，因而一直称他原来的官职"赵书记"。

赵普听了杜太后的话，觉得这违背了历朝历代帝王传位于嫡长子的惯例，久后未必是福，心中大不以为然。但太后与皇上都商定了的事，他一个臣子自然不敢多说什么，只得将这种传位方法记录下来，签上了自己的名字，以为凭证，交宋太祖藏于金柜之中。这便是后世广为流传的"金匮之盟"，或称为"三传约"。

前几年，赵普曾几次对太祖说道："皇上以神武得天下，自应传位于皇子，不可传于外人。"太祖却一直不为所动，他总觉得弟弟与儿子没有多大区别，再说母后的话对他就是铁律，比圣旨还圣旨，他不能对不起母后的在天之灵。后来几次喝过酒之后，太祖曾当着许多大臣的面说过，朕弟光义凤表龙姿，神俊天纵，有帝王之福，久后可继大位。他心里一直是打算让光义继位的。

可是近几年来，从光义的身上他嗅到了一股异味，总觉得他有些背后的小动作，对自己开始离心离德，对在他身边迅速膨胀起来的那股势力，太祖从开始的察觉，到后来的警觉，现在已是担忧了。

但是这些人在暗中，究竟有哪些人？他们是在谋划什么？宋太祖不甚明了，只是一种模模糊糊、隐约不清的迹象。对这样的事，满朝文武都讳莫如深，避之唯恐不及，谁也不肯跟他讲实话。因此，宋太祖无法决断该怎么办，他怕自己是神经过敏，犯了历史上许多皇帝猜疑刻忌的通病，误伤了好人。因此，他感到十分棘手。

苦恼和忧心缠绕着他，他感到像老牛掉到了枯井里，浑身是劲却没处使。为了摆脱这种烦躁，他决定离开汴京一段时间，趁现在朝中没有什么大事，到西京洛阳去散散心。

洛阳是他的故乡，是他从小生长的地方。在这个生他养他的城市里有他的夹马营故居；有他少年时使枪舞棒、驰马射箭的场所；有一匹有着神话般的传说，曾经深深地吸引了他童稚之心的石马；有他与光着屁股的小伙伴斗蛐蛐、"列兵阵"的地方。总之，那里到处都有他童年时的梦想，这梦想是那么温馨，那么甜蜜，那么光怪陆离而又色彩斑斓。

宋太祖是五十岁的人了，他已经跨过中年向老年迈进了。同一个普通人

宋太祖赵匡胤

一样，到了这个年龄，一种怀旧之感、思乡之情便会不断地涌上心头。他要回到故乡去，尽情地游乐一阵子，好好地排解一下心中的郁闷。

这还是他当皇帝以来第一次回到故乡。他可不是为了衣锦还乡，去向乡亲们显示他这位大宋天子的威赫和风光。他用不着显示，神州大地每一个角落里他的名字谁人不知何人不晓？哪里不是高歌颂扬、顶礼膜拜？他是去寻根，去寻梦，去寻找那已经流逝了的时光和如烟雾一般淡淡的回忆，去追寻一种童年时期的单纯和宁静。

听说宋太祖要西行洛阳，仍然居住在汴京城的吴越王钱俶求见太祖，恳请自己也随驾前往。宋太祖对他优礼有加，他总觉得无以回报，想借此表示自己对皇上的一片赤诚之心。

宋太祖却对他笑着说道："此去洛阳路途遥远，爱卿从南方到北方本就水土不服，恐不堪旅途劳顿，还是暂且留在京城吧。"

钱俶对太祖的关心十分感激，便不再勉强。

已是三月末天气，春和景明，草长莺飞，汴京城渐渐热起来了。

宋太祖在西巡洛阳的前几天特意在讲武殿举行盛大宴会，召钱俶父子入席，令薛居正、卢多逊等文武近臣出席作陪。席面非常丰盛，无非熏鸡、烤鸭、海参、鲍鱼等山珍海味，还专门准备了特酿的江南米酒。君臣们频频举杯，觥筹交错，谈笑风生。

酒过三巡之后，宋太祖问钱俶道："大元帅来汴京多长时间了？"

钱俶忙答道："回陛下，微臣到京已近一个月了。"

"这些日子你还住得惯吗？"

"托皇上浩荡之恩，微臣全家每日用美食，住华屋，吃得好，睡得香，这一个月来微臣倒胖了四五斤呢。这可真是饱食终日，心宽体胖了。"

一句话说完，人们哄堂大笑。

宋太祖也笑出了声。笑罢又问道："来了这么长时间，爱卿是不是想家了？"

一句话搔着了钱俶的痒处，他沉吟了半晌，字斟句酌小心翼翼地答道："汴京乃天朝国都，山清水秀，恍若仙境。每日在皇上身边如沐春风。微臣倒不怎么想家了。"

宋太祖突然哈哈大笑，说道："这就是违心之言了。古人云：'锦城虽云乐，不如早还家。'朕知你魂牵梦绕的都是吴越，都是杭州。上有天堂，下有苏杭，汴京再美还能美过杭州？怎能说不想家呢？"

钱俶又惶恐了，一时满脸涨红，局促不安，不知说些什么才好。

宋太祖又说道："思念故土，想念亲人，乃人之常情。朕不日要去洛阳，不也是为了去看看那片故乡热土吗？当初召你来时，朕曾经说过，可暂来与朕相见，以慰延想之意，即当复还，不久留也。朕决不食言，南北气候大不相同，如今汴京天气就要热了，卿也该回杭州了，明日便可启程。"

钱俶一下子愣住了，半晌说不出话来。他万没想到宋太祖会这么早便放他回去，而且放得这么干脆利落，毫不拖泥带水。言必信，行必果，一诺千金，大宋皇上真是顶天立地的一代明君。

自己就要回去了，多日来惴惴不安的一颗心一下子落到实处，吴越大臣们的种种猜测和顾虑都成了杞人忧天。想起这些日子来皇上对自己的种种殊恩隆遇，他心里滚过了一层层热浪，真要离开了，还真有点恋恋不舍。

钱俶站起身来，拉着儿子钱惟濬，各端着一杯酒"扑通"跪在宋太祖面前，将酒杯高举过顶，说道："皇上待微臣之恩，天高地厚，微臣父子没齿不忘。"说到此处，早已声音发颤，热泪滚滚而下。又哽咽着说道："微臣敬皇上一杯，祝皇上千秋万岁，万万岁。"殿内众大臣也都被这场面感动了，一片唏嘘，也都举杯在手，高呼道："皇上万岁，万万岁。"

宋太祖说道："今日这个宴席就是为你饯行而设，来，咱们君臣共饮一杯，朕祝大元帅一路平安。"

钱俶忙将酒喝了，哭着说道："微臣明日暂回杭州，从此以后，每隔三年我父子一定要来朝拜一次。"

太祖道："吴越至此路途遥远，往来并非易事。若有这份心意就等待诏旨再来觐见吧。"

第二天一早，钱俶就要离京回国。宋太祖特意传旨，赏赐其黄金万两，白银十万两，锦缎罗绢等四十万匹，骏马三百匹，可谓慷慨馈赠。

钱俶就要启程了，他带领家人和随从再一次跪伏在地，向太祖连连磕头，谢恩辞行。宋太祖亲手将他扶起来，让身边的太监捧过一个黄包袱递到钱俶手中，说道："这是朕特意赠给你的一件礼物，切莫在路上打开，待回到杭州以后再开启细看。"钱俶连连应允。

钱俶一行从汴水登船，泛舟南下。春风徐徐，微波荡漾。钱俶的心情也像这暮春的天气一样，晴朗而又和煦，随着这扬帆飞驶的船队，他的心早已飞回了吴越故国。

一路上船飞车奔，晓行夜宿，不数日便回到了杭州。路途之中，钱俶一直怀抱着宋太祖赠给他的那个黄包袱。这到底是什么宝贝礼物，为何这么神秘？这里面包裹着的到底是福还是祸？是春风还是雷霆？有好几次，钱俶都想打开看看，但他牢记着宋太祖的叮嘱，还是强忍住了。皇上的每一句话自己都必须忠实遵行，即使在没有人的时候也必须这样。

直到回到了自己的寝宫，钱俶顾不上盥洗饮茶，急忙把这个黄包袱打开。

他一下子愣了，这里面非金非银，非珠非玉，竟是满满当当的一包袱奏折，全是宋朝的大臣呈给宋太祖的奏折。

钱俶一份份地仔细捧读着这些奏折，看着看着，额头上便渗出了冷汗，心头狂跳不止，看到最后，双手竟不知不觉地哆嗦起来。

几百份奏折，内容大同小异，都是力劝宋太祖趁机扣留钱俶，并借此机会剪灭吴越，尽取其国土，言辞激烈，态度强硬。

看到最后，钱俶已经周身冷汗津津。倘若宋太祖听信了这些大臣的劝谏，不仅吴越国沦亡在即，就连自己也早成了大宋囚俘，甚至会身首异处，他越想越感到后怕。

再细细想，他又深深地感谢宋太祖的宽容大度和大仁大义。是这位大宋皇帝保全了他的国家，保全了他的身家性命。他马上命人在寝宫的正北摆上香案蜡台，叫来了他的儿女和众妃嫔面向北方跪下，庄庄重重地磕了三个头。然后他对全体家人说道："当今大宋皇上是我钱家的大恩人，滴水之恩当涌泉相报。如此浩荡之恩，我们将何以报答？唯有世世代代铭记在心，永不背宋！"

第二天临朝，他又对臣下们详说了宋太祖对他的大恩深德，要臣下都要记住大宋皇帝对吴越国的特殊恩遇。原先他在功臣堂处理各种国事都是面南而坐。他领着大臣到了这里，对众人说道："西北者，神京在焉，天威不违颜咫尺，俶岂敢宁居乎？"接着，他命侍从们将他的座位搬到西边，而把西北面和北面空出来，挂上了宋太祖的画像。他每日处理政事之前先要沐浴焚香，整衣正冠，对太祖画像行跪拜之礼。

自回到杭州之后，钱俶对大宋朝廷更加恭顺，时时把宋太祖的恩情记在心里。呈送宋廷的贡品也更加贵重和精巧，次数也越来越多了。每次在运往汴京之前，先要在大殿之前陈列好，焚香祭拜，然后才装船发运，以示虔诚和尊重。

这一切，宋太祖都知道得明明白白，他笑了，十分舒心地笑了。他精心设计和亲自导演的恩威并举、不动刀兵、和平收复吴越的大计就要成功了。

现在的吴越国事实上已经成了一个徒具形式的空壳，就与宋朝下设的一个路没有多大区别，而吴越王钱俶也只是徒有虚名而已。

宋太祖非常笃信，用不了多少日子，钱俶就会献出吴越国土，所辖十三州之地就要真正地划归大宋版图了。

第三十七章　太祖西巡　欲化操戈

一群人骑马乘车，沿着官驿大路迤逦西行。

天蓝蓝，云淡淡，碧树葱茏，流水淙淙。道路两侧一望无垠的麦田长势甚好，微风轻拂，麦浪漾波，一派丰收在望的景象。

开宝九年（976年）四月初，宋太祖起驾离开汴京，前往西京洛阳巡幸。这次离京西巡，与往昔数次离开汴京不同的是，他没有让晋王赵光义留守汴京署理朝政，而是让这位皇弟跟随自己一块前往洛阳。却让他的三弟、开封尹赵廷美、儿子赵德昭与宰相薛居正一块留守汴京。

宋太祖没有带大队人马，也没有旗罗伞扇，前呼后拥，而是轻装简从。只带着几位近臣、花蕊夫人、十几名太监宫女和百余名大内禁军将士。

宋太祖骑在一匹高头大马上缓缓而行。他举目四望，但见田间小路上的农人正在忙碌着。一股久违了的泥土的芬芳和小麦成熟时特有的馨香直往他鼻孔里钻。他张开双臂深深地吸一口田野里新鲜的空气，又徐徐地吐了出来，整日憋在皇宫里的郁闷之气为之一扫。

宋太祖显然已经兴奋起来。他轻嘘一声，勒住马头，敏捷地翻身下马，举步走到麦田边，顺手捋下一柄麦穗，掂了掂分量，对左右欣喜地说道："看来今年又是一个好年景，这是上天佑我大宋啊。"

晋王赵光义马上趋前说道："连续几年来蒙陛下洪福，农桑兴旺，仓廪充实，百姓安康。许多州郡都上奏说：'田里无愁叹之声，垄亩有遗滞之穗，海内无事，回宇大安'，此真乃我大宋之福。"

宋太祖高兴地连连点头，他又想起了前些日子大臣们上奏表请他上尊号的事……

宋朝已进入了中国历史上继大唐之后又一个最鼎盛的时期。战乱频仍、动荡不安、积弱贫穷的历史已经成了永久的过去。国力强盛，军威远震，黎民百姓安居乐业，农桑商贸百业兴旺，宋太祖亲手缔造了一个繁荣昌盛的崭新的时代。

面对这一巨大的成功，朝野上下一片欢呼和称颂。朝中大臣和各地官府都纷纷上表，请求宋太祖上尊号以志奇功。宋太祖每天都收到数十封奏表，件件都充满了最华美的辞章，最动情的语言，最真诚的祝福，极尽歌功颂德之能事，引经据典，说出了许多足以令人信服的理由，请上尊号。

其中一封来自河东的奏表，举例最为详尽。它说，自古以来，凡是功业卓著的帝王都要在帝号之前再加上一个称号，作为特别尊崇的标志，也是宣示于后世百代的无上荣耀。

譬如说，秦始皇在扫灭六国、一统华夏之后，就曾上尊号为泰皇。因为自古以来，便有天皇、地皇、泰皇，而以泰皇最为尊贵；汉高祖在彻底消灭了项羽之后，各地诸侯便纷纷上表，请尊汉王刘邦为皇帝；到唐朝，在帝、后称号之上再加尊号更是司空见惯。像武则天尊号为神圣皇帝，唐中宗称神龙皇帝，唐玄宗称开元神武皇帝等，不一而足。

由此足以证明，上尊号乃古来惯例，帝王盛事，太祖建此煌煌功业，理当遵古贤之例，上尊号以应万民之意。

宋太祖每天看着这些纷至沓来的奏表，内心深处波涛翻滚，激动不已。虽然不能排除这些奏表中有许多溢美之词和夸张之处，但平心而论，大部分说得还比较属实。这些年来，自己居庙堂之中则宵衣旰食；处战场之上则披坚执锐。殚精竭虑，出生入死，才赢得这么一个四海安定、万民乐业的大好局面。自己没有辜负上苍赋予的皇权，也基本实现了当年既定的目标。在这个时候接受臣下们的建议上尊号也不为过。可是，该上个什么样的尊号呢？

经过晋王赵光义、宰相薛居正和礼部诸官员反复商定，要为太祖加尊号为"一统太平皇帝"。意思十分明确，就是天下统一，四海升平，已经是太平盛世。

赵光义还特意对太祖说道："臣等以为，这个尊号既是十几年历史的总结，也是对未来的祈福，它饱含着天下苍生黎庶的殷殷企盼。大宋臣民谁不希望我大宋江山固若金汤，千秋万代持久太平？"

宋太祖咀嚼着"一统太平"这四个字，眉头却慢慢地紧蹙了起来。"一统太平"，多么美的四个字，这正是自己平生以来苦苦追求，为之锲而不舍、奋斗不息的理想境界。然而，美则美矣，可它现在还不是现实。南方虽平，但北方未靖。北汉还游离于大宋之外，契丹人抢去的燕云十六州还没有收复。也就是说，自己当初拟定的"先南后北"的计划只完成了一半。在这个时候，自己怎么能妄加这个尊号，欺世盗名、自欺欺人呢？

想到这里，他对光义及众大臣淡淡一笑，说道："一统太平，这与事实并不相符，朕若用了这个尊号，自己于心不安，也会贻笑于后世，还是不用为好。"

众朝臣见太祖态度坚决，执意不肯用此尊号，只好又重新拟了"立极居尊皇帝"这个尊号报与太祖，太祖却不好再推托，便勉强答应下来。

三天以后，宋太祖一行到达洛阳南郊，这里埋葬着他的父亲赵弘殷。宋太祖立足未稳便与弟弟赵光义和近侍大臣们前往父亲的坟陵拜谒。他来到父亲的坟前，认真地整了整袍服冠巾，长跪于地，深深地磕下头去。在这一刹那，在掩埋着一世英雄的父亲的这一抔黄土面前，一种深深的悲哀漫上了心头。

此时此地，他不仅仅是在思念亡故已久的父亲，更多的是在想着自己的身世。自己从小生长在这里，十几岁移居汴京，二十岁离家出走，独闯江湖。经过半生的浴血征战和苦心经营，总算把大宋江山收拾得像个样子了。可是，对自己的所作所为，有几个人能真正理解呢？

众多的朝臣对自己未必真正理解，他们尊崇和服从的只是至高无上的皇权；自己的亲兄弟也权欲熏心，对自己这个皇帝宝座垂涎欲滴，虎视眈眈；还有那些同自己一起出生入死打天下的元老故旧和结义兄弟，张永德、王审琦、石守信、韩令坤、郑恩等，他们有的已经作古，像父亲一样被永远地埋在了黄土之下。还活着的，这些年锦衣玉食的日子已经使他们的雄心壮志消磨殆尽。当年为了大宋政权的稳定，自己采用了赵普的"强干弱枝"之计，解除了他们的兵权，保证了他们的荣华富贵。朕自觉良心上对得起他们，他们能理解朕吗？他们的心里不恨朕不骂朕吗？

宋太祖突然感到了一阵深深的孤独和悲凉，一时不能自已，竟趴在父亲的坟头上号啕大哭起来。

宋太祖经众臣劝解多时才勉强止住了哭声，他站起身来，用绢帕拭干了面颊上的泪水，命人取过弓箭，张弓搭矢，面向西北方向猛力射去，然后指着箭头落下的地方，对赵光义和众臣说道："记住这块地面，此处便是朕将来的葬身之处。"

众大臣和护卫的将士们听了这话，都不禁心中"咯噔"一下。平白无故的，皇上怎么冒出了这么不吉利的话，莫非这是一种不祥之兆？

但是谁也不敢说话，只有面面相觑或默然垂首。当他们随太祖往回走的时候，心里就像压上了一盘石磨，沉甸甸的。

这天夜里，宋太祖坚持要住在夹马营故居中。他躺在儿时睡惯了的矮小的房间里，却感到有一种皇宫里无法比拟的安闲和舒适，在一片遐思和冥想中很快便进入了沉沉的梦乡。

第二天用过早膳，见天色阴沉沉的，不一会儿又下起了毛毛细雨，宋太祖便没有了外出游乐的兴致。他招来晋王光义和随行的近臣，突然向他们宣布，他打算迁都洛阳。

其实，这种迁都的打算宋太祖已不是思考了一年两年。他不仅想迁都洛阳，以后还要迁都长安，他想让大宋王朝千秋百代永远定都长安。

作为一名出色的军事家和精明的政治家，宋太祖当然懂得，自古以来，每一个王朝在国家都城的选择上都十分讲究。

他还清晰地记得，在他当皇帝的头几年，曾让郭无为给他讲读《吕氏春秋》，那上面有一句话："择天下之中而立国。"而《管子·立政篇》说得更为详细："凡立国都，非于大山之下，必于广州之上，高毋近阜而水用足，下毋近水而沟防省。"除了这些优越的自然条件之外，还必须有利于控制国家局面，强化国防军事；要地近富庶，有充足的赋税资源。

而洛阳这个地方，北面有险峻的邙山、滔滔的黄河，南面有洛水、伊水，西据崤函、潼关，东临虎牢、黑石，山川环绕，土地肥沃，地理形势当然比汴京开封更具优势，更符合宋太祖"据山河之势而去其兵，循周汉故事以安天下"的长远打算。随着一个个割据政权的覆灭，这里已居于天下之中，在这里可以遥控江南，俯视中原，兼顾长城内外，而以后再迁都长安，则更有利于创立一个像汉武帝和唐太宗所缔造的强汉和盛唐的皇皇大业。

更重要的是，宋太祖还有一个不便明言的理由，那就是在汴京开封正在潜滋暗长着一股无形的势力，这股势力已经扰得他心烦意乱，压得他有些喘不过气来。他想通过迁都摆脱赵光义这股势力的纠缠，使他在开封苦心经营的这个山头于无声的较量中土崩瓦解。

宋太祖要迁都洛阳的打算从未向任何人透露，因此他一说出来，群臣尽皆愕然，谁也没有思想准备，一时都无言以对。

晋王赵光义心中吃了一惊，他敏感地觉得皇上的这一着似乎是冲着自己来的，心中立时紧张起来，但表面上却尽量显得平静，装得若无其事，他要静观其变。

屋子里沉默了一阵子，终于有人说话了。

铁骑左右厢都指挥使李仝义进言道："陛下，臣斗胆认为，东京有汴河漕运之利，每年从江淮一带船运米谷数万斛至京都。京都驻有禁军十万人，全都靠这些粮食供给。陛下若是迁都洛阳，这些粮米如何运送？而且朝廷府库、重兵皆在东京，累代相袭，安国已久。若是突然迁都必会动摇国本，臣以为实在不妥。"

宋太祖看了看李全义，毫不犹豫地说道："迁都之事朕思之日久。往昔忙于平息叛乱，收复诸侯小国，无力及此。今大业粗定，正是迁都的上好时机。若说迁都不便，也是实情。但万事开头难，真的开了头也就没有什么大难了。迁都莫非比平二李、降南汉、收复后蜀、南唐还难吗？实话跟你们说，朕不光要迁都洛阳，以后还要定都长安呢。"

到了这个时候，赵光义不能不说话了，他上前启奏道："陛下，京都迁移乃是大事，应慎之又慎。臣闻国之安危，在德不在险，请陛下三思。"

宋太祖道："皇弟之言固然有理，然汴京地处偏僻，长居于此，神州之大，诸多地方鞭长莫及。不出百年，天下民力竭矣。"

赵光义急了，双膝跪地极谏道："皇兄上承天命，下驭万民，开封帝王之居，人杰地灵，必不致如此。还请陛下收回成命。"

其他大臣见晋王如此说，也都纷纷附和。太祖见臣僚们一时都不理解自己的意图，这里又不是在朝中议事，不可太过勉强。只好暂时听从了他们的意见，想等回京后再慢慢地说服群臣，再行迁都大计。

正要再说什么，却有侍者来报，说是留守开封的马军都军头、领毅州刺史史珪前来求见。

史珪在诸多将校之中是深得宋太祖信任的一个，此时正是宋太祖眼中的红人。宋太祖登大位不久，为周知天下之事，曾经让史珪遍访各地。史珪处事十分缜密，所奏诸事件件属实，因此很得太祖欢心，将他从一个普通军校擢升为马军都军头兼毅州刺史。

可自己刚离开汴京不久，他匆匆赶来干吗？太祖传他觐见。

史珪跪地请安之后，太祖问道："你有何事？"

史珪奏道："臣有要事禀报。"说着便将一份折子呈给太祖。太祖打开看时，却是状告德州知州梁梦升的，上面列举了数十条罪状，说梁梦升贪鄙成性、横行不法等。

太祖看完之后凝视了史珪良久，问道："此事当真？"史珪道："据德州刺史郭贵说，此事件件属实。不仅如此，他还跋扈弄权，欺蔑刺史郭贵，几至于死。"

太祖冷笑道："朕久知梁梦升性耿直，有骨气，嫉恶如仇，乃我朝有名的清官廉吏，断不会做出如此贪鄙违法之事。此事必是那郭贵所为不法，却来诬陷，你休要轻信人言。"说着，便将那个折子顺手递给了内侍，让他即送中书省，并说道："传朕旨意，擢升梁梦升为左善赞大夫。"那内侍刚要退下，太祖却又说道："慢着，告诉中书省，令梦升任左善赞大夫，仍兼任德州知州。"

前来告状的史珏闻听此言，惊得目瞪口呆。但他毕竟心中有鬼，吓得一声不吭，诺诺而退。

原来德州知州梁梦升前几个月在本州内闻悉有一官员贪污受贿，多有不法之事，立即派人调查，查实后毫不留情地将这名官员绳之以法。不料却因此得罪了德州刺史郭贵，因为这名官员是郭贵的亲戚。

郭贵认为打狗还得看主人，自己与梁梦升同地为官，他竟一点面子也不给，因而怀恨在心。为报此一箭之仇，他便到了东京开封，找到他的好朋友史珏，他认为史珏这几年甚得太祖信任，常常接近太祖，可以随时进言。

史珏觉得圣眷日隆，便渐渐变得骄横傲慢、作威作福起来。又收了郭贵的重礼，便满口答应下来。他以为凭着自己在太祖面前的宠信，一定能将梁梦升扳倒，于是便急不可耐地来告黑状。

他却没有想到，宋太祖对此事竟洞若观火，不但对这种诬告根本不信，反而又擢拔了梁梦升。在碰了一鼻子灰之后只好匆匆地跑回了汴京。

绵绵阴雨一直持续了两三天，这一天终于放晴了。雨后新晴，天蓝气爽，宋太祖心中的阴霾和抑郁也一扫而光。他决定今天去洛阳南郊祭祀天地，以感谢上苍连续几年赐予大宋的五谷丰稔。

太祖的车驾刚来到洛阳市区的大街上，忽见大街两边人山人海，万头攒动。当今皇上来洛阳巡幸的消息早在几天前便传遍了千家万户。这几天一直下雨，皇上没能出来，民众便没有机会一睹圣颜。今日听说皇上要去郊祭，洛阳城一时万人空巷，百姓们扶老携幼，一大早便涌上了街头。他们要亲眼看一看这位一手缔造了升平盛世的真龙天子，看看这位给了他们十几年安定生活的当今皇上。

见宋太祖那非常简朴的车驾缓缓走来，百姓们不约而同地"呼啦啦"跪满了大街两侧，一溜儿排开，竟有四五里长。"皇上万岁，万万岁"的欢呼声突然爆发，此起彼伏，震天动地。

宋太祖不顾侍卫们的坚决反对，坚持让他们把轿帘打开，他要亲眼看看自己这些善良质朴的臣民们。他向大街两旁放眼望去，见人们都在瞪大了眼睛向自己这里张望着，满脸虔诚，有的眼里还闪溢着激动的泪花。他心里滚过了一阵阵热浪，自己这些年呕心沥血，宵衣旰食，尽力为百姓们造点福祉，在这一刻终于得到了回报，百姓们脸上洋溢的发自内心的笑容是对他最真诚的回报。他感到了一种从来没有过的踏踏实实的欣慰。

这时候，从人群里站起来三位老人，都已是七八十岁的老者，胡须花白，满脸皱纹，都一律穿戴簇新。为首一位手捧着一个盘子，上面放着一把酒壶，几个酒盏，颤巍巍地走到大街中间，面对皇驾跪了下来。

侍卫们正要上前驱赶，宋太祖喝止了他们，下令停下车驾。太祖从轿子上从容地走了下来，满大街的民众立时爆发了山呼海啸般的呼喊"万岁"之声。

护驾的禁军将士和随行的文武大臣们一下子紧张起来，呼啦一下围了上来。宋太祖摆摆手让他们退下，自己缓步向那三位老人走去。

那三个老者磕头之后，其中一人说道："万岁爷，我辈都已届耄耋之年，自小经历颠沛动乱，战火兵燹，直到暮年才欣逢盛世，得以安居乐业，享受天伦之福。这些都是陛下所赐，洛阳百姓无不感恩戴德，永世不忘。今日公推老朽等敬陛下一杯薄酒，聊表洛阳万民爱戴之心。"

宋太祖十分激动，亲手将三位老人扶起，连声说道："好！好！朕喝，来，朕与三老共饮一杯。"侍从们赶紧跑过来斟酒，太祖与三位老人各执一盏，向街旁百姓们照一照，正要喝下去。李全义却趋前一步，低声劝道："陛下，做做样子即可，莫要喝下去，以防不测。"他显然是在提醒宋太祖，怕酒中有毒。

宋太祖看看李全义，却突然哈哈大笑："朕从小生在洛阳，长在洛阳，自信平生没有愧对洛阳百姓。朕不相信洛阳的乡亲会来害朕。"说罢，一仰脖子将那杯酒咕咚咚喝了下去。

那三位老人早又跪在当地，叩头谢恩道："多谢陛下赏脸，吾皇万岁万万岁。"一边说着，热泪却禁不住流了下来。太祖再将他们扶起，拱手向三位老人，向大街上千千万万的民众告别。当他向轿子上走去的时候，自己的双眼也潮湿了。

在南郊祭祀完毕，宋太祖不再坐轿，而换乘了一匹枣红骏马。他要在洛阳城转一转，仔细看看他当年那些十分熟悉的地方。这一下可苦了那些负责警卫的侍卫禁军，他们一个个鞍前马后，跑来跑去，紧张地警戒着四周的动静，搜索着各种可疑之处，不敢有一丝一毫的大意。

宋太祖与赵光义双双骑在马上，揽辔缓行，一边说笑，一边指指点点。

宋太祖突然勒住了坐骑，盯着一个胡同口端详了多时，然后说道："你们看那匹石马，朕小的时候与韩令坤等一群小伙伴就常在这里骑着它'冲锋陷阵'。可惜令坤老了，不能与朕同来旧地重游。对了，在这石马左边的地下还埋着一匹小石马，这是朕小的时候捡到的，多次被小伙伴们偷过。后来，朕就悄悄地将它埋在这里，不知道是否还在这里。"

侍从们按照宋太祖指的地方从附近民众家借来铁锹挖了一阵，果然挖出了那匹小石马，约有半尺长，三寸高，雕刻精致，栩栩如生。宋太祖将它拿在手里，亲切地摩挲着，好像在小心翼翼地抚摸着他那永远逝去的童年。

宋太祖带着赵光义一行在洛阳城的每一个角落里巡视。转了城南，又转城北。他对于洛阳的一草一木、一砖一瓦都怀着深深的眷恋之情。这里的每一座建筑，每一处形胜，似乎都在向人们讲述着一个古老的故事，都在把他的思绪牵回到那遥远的过去，都引起了他无尽的回忆。

赵光义却显得很漠然，他对这片故土没有什么感情，那时候他还是个婴儿，实在没有什么记忆。他不知今天皇兄是怎么了，为什么对这些平平常常的建筑如此一往情深，甚至激动不已。

其实，宋太祖带着赵光义遍游洛阳，也不仅仅是在怀旧。他有着自己更深沉的思考，有一种难以向人们用言语挑明的意图。

他想通过这次洛阳之行，通过对洛阳一草一木、一山一水的游览引起弟弟赵光义对往事的回忆，对当年家庭温馨的回忆，对他们兄弟之间从小便亲如手足的骨肉之情的回忆和反思。从而唤醒这位弟弟的良知，熄灭他心中熊熊燃烧的权欲之火，从而达到兄弟二人精诚团结，携手并肩，共保大宋强盛辉煌的目的，以避免发生同室操戈、兄弟相残的历史悲剧。

当哥哥的这一片良苦用心自己这位弟弟能懂吗？

宋太祖一直在洛阳逗留了一个月，直到五月下旬天气渐渐炎热起来才决定摆驾回宫。

离开洛阳那天，洛阳的百姓们再一次倾家出动，欢送的人群挤满了十里长街，一直延伸到洛阳城东门外，直到宋太祖的车驾走出洛阳很远，高呼万岁的欢呼声还在洛阳城的上空久久地回荡着。在洛阳人的眼里，宋太祖不仅是高居于九重之上的真龙天子，是拯救大宋子民于水火的当今皇上，更是洛阳的山、洛阳的水、洛阳的土地养育出来的顶天立地的英雄。

他是洛阳人的骄傲，永远的骄傲。

第三十八章　道士谶言　直言玄机

宋太祖的车驾离开洛阳，一路东行。驿道两旁粗可合抱的杨柳树冠如伞，一棵接着一棵，在路面的上空罩成了一个个"凉棚"。尽管此时已是烈日当空，但人们行走在这林荫大道上仍感到凉风习习，舒适而又惬意。

离东京汴梁越来越近了，太祖和随行的大臣将士们都有些激动，西巡毕竟一个多月了，他们又要回到这个喧嚣的但却十分熟悉的都城了。

队伍正在行进中，忽见前面一条小河岸上一棵粗大的柳树下坐着个衣冠邋遢、满面污垢的道人，敞露着灰腻腻的胸膛，打着赤脚，向着太祖的车驾手舞足蹈，大声傻笑。

宋太祖斜倚在轿车内，正在朦朦胧胧地打着瞌睡，听见有异样的动静，便向前坐了坐，从车窗口向外张望，觉得这个衣衫褴褛的疯癫道士有点眼熟，却想不起在哪里见过。

正想着，那道士却突然从树下站起身来，赤着一双脚丫子向大道中间跑来，对着太祖的车轿笑问道："别来喜安？"

见这疯道士如此放肆无礼，护驾的侍从们顿时火冒三丈，一个个怒气冲冲地围了上来，一边大声喝斥着，一边拉扯着他向路边拽。

那道士却不在乎，仍然以手指着宋太祖说："人云'苟富贵，勿相忘'，一当皇帝就如此健忘，真个是'贵人多忘事'。一别三十年，难道就不认识了，还记得关中聚饮吗？"

听着这个道士满口不伦不类、疯疯癫癫的胡话，众人都大吃一惊，唯恐太祖责怪自己护驾失职。赵光义驰马向前，对侍从们沉声喊道："混账东西，还不把他捆起来送交地方。"众侍卫答应一声，手持刀枪正要动手，却听宋太祖说道："慢着。"太祖让停了车，从车轿上下来，走到近前仔细打量了一会儿，忽然又惊又喜，脱口说道："啊呀，原来是你，久违了，几十年不见，叫朕找得好苦啊！"

众人听了都是一愣，也不知道这道士究竟是什么来路，只能干瞪眼瞅着。

宋太祖却不管他们，上前拉着那道士脏兮兮的双手，径向小河边的柳树下走去。一边走，一边对侍从和臣下们说道："你们可各自歇息。拿些酒菜过来，朕要与这位道长席地畅饮。"

原来，这道士正是宋太祖在年轻时只身闯荡江湖，在关中一带结识的那个自称"混沌"，又叫"真无"的道人。行为怪诞，放浪不羁，唯一的嗜好就是喝酒，鲸吞牛饮，堪称海量。当时太祖一人在外，穷困潦倒，常常饮食不继。一个偶然的机会，他遇上了这个道士。二人相谈之下甚为投缘。从那以后便常在一块豪饮畅谈，几至烂醉如泥。

这道士喝上酒以后便手舞足蹈，又歌又笑，常常没头没脑地唱上几句，歌词不伦不类，让人听了茫然不解。当年太祖与这个道士分手的时候，道士设酒送行，二人也是在野外道路旁豪饮。这道士喝得酩酊大醉，醉后故态复萌，放声而歌。但奇怪的是二人虽然近在咫尺，那歌声却似从半空中传下来，而不是从他的口中唱出来一般。歌声又轻又细，随着微风从遥远的地方飘来，唯有太祖能够听到，其他过路之人浑然不觉。

歌词中有两句道："金猴虎头四，真龙得其位。"太祖听后不知何意。待道士醒后，几次诘问，他都以酒后醉言推托，不肯细道其详。

酒后二人各奔东西，自那以后再也未曾谋面。直到建隆元年（960 年）宋太祖登基当上了皇帝，他突然想到，这一年是庚申年，以天干对五行，庚辛为金，十二生肖申猴，正好为金猴，又恰恰是正月初四，正月建寅，寅为虎，岂不就是关中相遇的那个道士预言的"金猴虎头四，真龙得其位吗"？

宋太祖这才知道，这位号称"混沌"或"真无"的道士原来是世外高人，得道仙长。几十年来，宋太祖不知多少次派人寻找他，却是"上穷碧落下黄泉，两处茫茫皆不见"，不仅踪影全无，而且一点消息都没有，真个成了地地道道的"真无"。

今日无意之中居然半路相逢，快三十年了才见得一面，宋太祖如何不喜出望外？

当下侍从们在树荫下摆了一张小桌，搬过酒坛，摆上酒碗，又摆上了五六样现成的菜肴。太祖与"真无"仍是席地而坐，自斟自饮，命侍从们远远地离开他们，太祖要再一次体味一下当年穷愁不得志时朋友之间那种真正的友谊。

两个人也不多说话，各自倒了一大碗酒，一口气倒进肚里。再斟一碗，"真无"正要喝，太祖却笑道："踏破铁鞋无觅处，得来全不费工夫。一别将近三十载，道长去了何处？"

"真无"随手抓了块鹿脯放在嘴里咀嚼着，答道："闲云野鹤，四海为家，哪里有个一定之处。"

太祖又道："当年仙长口出谶语，说道'金猴虎头四，真龙得其位'，后来果然应验。道行之高深可见一斑，朕每思之都敬服有加。"

"真无"又将那碗酒一饮而尽，哈哈笑道："真命天子一生所遇，无论吉凶兴废，皆为天数。贫道那时也只能点到为止，不敢泄露天机。"

太祖又问道："朕自登基以来，每以国事为重，朝夕惕怵，如履薄冰。也不知有何失德之处，朝政处置究竟如何，还请仙长赐教。"

"真无"连连摆手道："贫道从来不问政事，岂敢妄言朝政？"

太祖恳切地说道："正因为仙长乃山野高人，无求于朕，更不惧于朕，说的才是肺腑之言，真知灼见，今日务求不吝赐教。"

"真无"听了这话，知道是真心求言，脸上的嬉笑之色一时散去，正色说道："陛下临国后藩镇归化，境内大治，民无冻馁之忧，国有充廪之粮，也算是一代盛世了。朝廷之德政，陛下之仁恩，四海之民颂声不绝，贫道已灌满双耳了。若说有缺失之处，贫道以为，朝廷为政过宽，乃为一失。北汉尚未收复，幽燕仍在化外，不免终为缺憾。"

太祖听罢频频点头，十分感激地说道："仙长针砭时事，真乃一言中的之高见，这也正是朕昼夜忧思之事。朕此生最大的遗憾便是至今不能收复北汉和燕云十六州，实现华夏一统。"

说到这里，太祖叹口气，小声问道："请仙长为朕决断一事，不知可否？"

"真无"道："尽管说来。"

太祖道："没有别的，只想问一问，朕的寿限还有多长，朕想在有生之年实现四海一统的大计。不然的话，朕将愧对国人，也愧对周世宗的在天之灵。"

"真无"想了许久，才神情诡秘地说道："今年十月二十夜晚，陛下可静观天气，若是晴天，可延寿一纪。若是阴雨天，陛下应速速做好准备。"

听了这话，太祖半晌没有作声。他心里自然清楚，一纪是十二年，也就是说，到十月二十那天夜晚，倘若天晴，自己还可以再活十二年。若是个阴雨天，自己可能……

他的心像被谁突然抓了一把，疼得打了个哆嗦。但他毕竟是个豁达之人，又是极刚强要面子的人，面对这位世外高人也不能丢这个面子，掉这份架子。

于是他又镇静下来，强作笑容，亲手为"真无"和自己斟上一碗酒，说道："生死由命，富贵在天，来，还是喝酒痛快。"说罢，自己先把那碗酒喝了，然后下意识地抬头看了看天空。

"真无"道士自然知道他时下的心情，知道他承受着多么大的压力。世上之人几个能过得这生死关？何况他是拥有四海、雄心勃勃的一代帝王。可是对这样的事"真无"却是爱莫能助，无可奈何，心中也便添了几分惘然。

他看看太祖，说了声"吉人自有天相，多多保重"，端起面前的酒碗喝了，歪歪扭扭地站起身来，又喃喃说道："酒足矣，贫道还有些事儿，恕不能再奉陪了。"说罢便飘然而去。

宋太祖却像是酒力发作，仍然呆呆地坐在那里，陷入了无尽的沉思之中。

晋王赵光义小心翼翼地踅过来，轻声说道："陛下，是不是该起驾了？"

宋太祖一愣，这才回过神来，自失地一笑道："该起驾了，该起驾了。这疯道士乃朕故交，久别重逢，不觉多喝了几碗。"

他在尽力掩饰着自己的失态，不想让这位皇弟窥见他内心的秘密。其实，他却不曾注意，刚才他与"真无"的对话早让装作在附近巡逻的赵光义听了个明明白白。

十月二十，是阴还是晴，不仅对宋太祖事关重大，对赵光义也是如此！

宋太祖返回皇宫之后终日郁郁寡欢。"真无"道士那句吉凶未卜的预言就像一块千钧重的巨石压在他的心上，让他身承重负而难以挣脱。

但是，宋太祖毕竟是宋太祖，他一生叱咤风云，顶天立地。一身铮铮傲骨，从未向任何难事低过头，就是死神也不能让他望而却步。

几天之后，他便恢复了常态。十月二十是阴是晴尚是未知数，何必庸人自扰？退一步说，就是那天下雨下雪下刀子也是老天爷的事。俗话说，天要下雨，娘要嫁人，又有什么办法？还是听天由命，随他去吧！

不过，离十月二十只有五个多月了，自己不能不做最坏的打算。这五个月他还有许多大事要办，而头等大事便是收复北汉，收复燕云十六州，要最后实现这个九州一统的梦想时间是紧了些，但只要有一线希望，他就要拼力奋争。

于是，宋太祖更加振奋起来，他每日早早上朝理政，晚间批阅奏折直至深夜，白天散朝后则召见文臣武将了解急需解决的大事和武备、军力等情况。

这日，他与晋王光义、宰相薛居正及户部的官员来到了封桩库。

封桩库设在讲武殿后面，这是宋太祖于左藏库之外特设的一座内库。

设立封桩库的目的是为了用兵征战。收复诸侯时，军中所需粮秣辎重、戎衣兵器、攻城器械等，这些东西或购置这些东西所用的资金必须提前准备，不能临渴掘井，战事发生之后才向民众横征暴敛。

在太祖初登大位时先设立左藏库，国家贡赋的全部收入都纳入此库之中。此后，在攻取荆湖、收复后蜀之后，蓄积逐渐丰厚，财政日益充裕。宋太祖便特意在讲武殿后另辟内库，每年岁终国家所有费用付出之后，剩余的部分全部储存于内库之中。除非国家有重大战事，内库皆封存不动，因此又叫作"封桩库"，这是宋太祖为最后统一天下而埋下的伏笔，也是他很得意的一笔。后来，赵光义当了皇帝，曾在封桩库对宰相说："此金帛如山，用何能尽！先帝每焦思劳虑，以经费为念，实实令朕感佩莫名。"

今天，宋太祖带着晋王光义和宰相薛居正等来此其实是在做战前的后勤检阅。他下定了决心，在自己的有生之年要再次大举北伐，扫平北汉，收复燕云。

当看到封桩库里满满当当的金币银钱、绢帛罗缎，宋太祖的脸上露出了笑容，他当皇帝以来以勤俭为宝，服浣濯之衣，毁奇巧之物，却女乐之献，悯农事，奖忠孝，勤以自励，说到底，就是为国家理财，为黎民守财。为了什么？还不是为了建立一个强盛的、统一的、永远不受外夷欺侮的大宋王朝！再次发兵北汉，他用不着担心军饷粮秣，有着充足的后勤供应，他怎能不由衷地高兴？

这次攻伐北汉，宋太祖充满了必胜的信心。他坚信通过上次对北汉沉重的打击，北汉的国力军力都已衰败不堪，大军到时定可势如破竹。

因此，他用不着再御驾亲征，只要选好统军大将就行了。

经过一段时间的缜密思考，他决定以党进为河东道行营军都部署，以潘美为都监，以杨光美为都虞侯，与朱文义、牛思进等兵分五路，进讨北汉。同时，又命郭进等将领分别攻打忻、代、汾、沁、辽、石等州，以为策应。

大军出发之后，宋太祖每日都在关注着前方的战报，积极地准备着迎接和犒赏胜利归来的北伐将士。他相信这一天已经近在咫尺了。

不久，前方传来了捷报，各路大军又一次云集太原城下。党进部首战告捷，在太原城外设下伏兵，诱敌出城后三面包抄，斩敌两万余众，迫使太原守军龟缩于城中，高挂免战牌，等待契丹援军。

西巡归来之后，晋王赵光义显得十分忙碌。每当夜深人静，汴京城的人们都进入了沉沉的梦乡之后，晋王府各处宫殿里明晃晃的灯笼烛火都已经熄灭，只有赵光义的寝宫里仍闪烁着幽暗而微弱的灯光。各种各样的神秘人物在这里进进出出，常常是你刚走了，他又来了，却互相并不碰面。赵光义把时间安排得十分周密。

自从那天无意中听了"真无"道士的话，赵光义心中狂跳不止。一种潜伏了许久、一直被他强自抑制着的野心突然冒了出来，就像掩藏在地层深处的一股灼热滚烫的岩浆猛然间喷发出来一样，其势凶猛，就连他自己都难以自控。

"真无"说得很明白，十月二十日夜便是宋太祖的生死大关。倘若那天是阴雨天气，那么皇上将在劫难逃，事情真会这样吗？赵光义并不十分相信这些牛鼻子们古里古怪的谶言，他们多数都是在故弄玄虚，欺世盗名。

但是，这却是一个绝好的机会，是天赐良机。"真无"的话不仅自己听到了，当时站得稍近些的侍卫们也都听到了。这些日子，当今天子十月二十日将有一场大劫的流言已经在朝臣中，甚至在京城的市民中悄悄地传布开来，有些人显然已骚动不安。

自己不能放过这个机会，不能眼巴巴地坐等上天的安排。必须当机立断，借机下手，快刀斩乱麻。不管是阴天晴天，都应该实施自己的计划。"真无"的谶言恰恰为自己做了舆论准备，这是一把绝好的保护伞，纵使千百年之后谁也不能说自己是弑君篡位。只是这计划必须安排得严谨缜密，天衣无缝。

赵光义一天到晚表面上都显得平平静静，悠闲自得。而内心里却像火烤汤煮一般焦躁不安。他已经等待了许多年，现在是急不可耐了，连一天一夜都等不及了。

关于"金匮之盟"，母亲杜太后让皇兄在百年之后把大位传给自己的事，他也隐隐约约听到了一点风声，但是知道的并不详细，皇兄连一个字也没向自己透露，也不知究竟是真有其事还是一种望风捕影的传言。

就是有这回事，要等皇上百年之后，那是驴年还是马月？当今皇上才刚刚五十岁，体魄十分强健，精力极为充沛，至今耳不聋，眼不花，思路清晰而又敏捷，记忆力更是强得超凡出众。这样的身体能活到八九十岁也未可知。自己就这样守株待兔，这锦绣江山和九五大宝能等到吗？说不定这个健壮如牛的皇兄还健在，自己却早寻了无常。就算能活到那个时候，七老八十再去即位，风烛残年了再当个皇帝还有什么意思？

更何况，皇兄也未必肯把大位传给自己。自古以来，皇位都是传给嫡长子，还没见一个皇帝把大位传给他的兄弟。就是当年太后有约，十几年已经过去了，现在的皇上已不是当年，也未必肯听，江山哪有禅让的道理？

最主要的是，这几年自己已明显地感觉到皇上对自己早已不像前几年那样信任，甚至有几分防范和猜忌。几年中不停地擢拔德昭、德芳和廷美他们，这是什么意思？说不定为了顺利地向儿子传位还会对自己这个手掌大权的弟弟痛下毒手，历史上皇室内父杀子、子弑父、兄杀弟、弟杀兄的血腥事件还少吗？

一想到这些，赵光义便觉得毛骨悚然，身上汗毛直竖，头皮发麻。

自己决不能懵懵懂懂地当那个皇权争斗的牺牲品，要先下手为强，"量小非君子，无毒不丈夫"，权力斗争从来就是你死我活，何况是皇权大位的争夺，决不能操妇人之仁，一失足成千古恨。

今夜，他约的是开封府吏、医官程德玄。他是自己十几年来刻意结交的铁杆心腹，最机密的事总是先与他商议，此人机警狡黠，深藏不露，口风极严，而且不慕虚名，比朝廷中那些大臣不知要高明多少倍。

已近夜半子时，赵光义知道程德玄就要到了，他让侍女泡好茶后各自回自己房中歇息，不经传唤任何人不准进入他的寝宫。一会儿，院子里响起了"沙沙"的脚步声，殿门"吱扭"一声被推开，程德玄走了进来，他一张白皙的长方脸，三缕疏朗的黑胡须，素袍布靴，头戴方巾，虽是普通士子打扮，却干净利落，浑身上下透着一股精明强干之气。

因为是老熟人，也无须行大礼，只向晋王揖拜了几下，晋王颔首示意，他便将袍角一撩，侧身坐在正北八仙桌旁的一张太师椅上，只拿眼睛盯着赵光义，也不说话。

赵光义亲自为他斟上一杯清茶，二人慢慢地品着。晋王先开口问道："西巡路上，那位疯道士所言十月二十之事你听说了吧？"

"下官刚刚听说。"程德玄回答了一句，却不肯再说下去，只低头品茶。

"你闻知此事以后有何想法？"

"道流术士之言多荒诞不经，不足为凭。欲谋大事者岂可只靠天命而无所作为？"

"那么，依先生之言孤当如何为之？"

"大王，那道士的话正可为您借用，这或许恰是上天示兆。依小人之见，欲成大事，只在十月二十夜间。阴晴雨雪乃是天地间之自然现象，固不可以人力扭转。但大事能成与否却在人谋。"

"好，先生之言正合孤意。到时若是阴雨之夜，正可借机行事。若是晴天，也只有孤注一掷，破釜沉舟了。愿先生助孤一臂之力，事成之后先生自是开国元勋。"

"殿下何须如此客气。这些年来殿下待小人恩重如山。古人云，'士为知己者死，女为悦己者容'。为殿下之事，小人虽肝脑涂地亦万死不辞。"

"有先生如此侠肝义胆，孤无忧矣。这里，请先生先受孤一拜。"说着，赵光义站了起来，向着程德玄深施一揖。程德玄慌忙拦住，连声说道："殿下如此岂不要折煞小人？有何事需要小人出力，殿下尽管吩咐。"

赵光义喝了一口茶，将一片茶叶在口里慢慢地咀嚼着，沉吟了多时才开口问道："先生乃大宋医家高手，孤有一事相问。"

"殿下有何事请讲。"

"可否研制一种药粉，置入酒中或水中，使人饮之既不痛苦又能毙命，而且从面色上、外表上又看不出有中毒之状。"

程德玄抬头看看赵光义，只见他双眼微闭，一线凶光闪射出来，冷冰冰的，让人不寒而栗。

他略一迟疑，然后说道："研制此药不难，服用后只要不剖腹验尸绝对看不出异象。但选这投药之人殿下可一定要慎之又慎。"

赵光义微微一笑："这个先生只管放心，孤自会安排得万无一失。"

程德玄看看赵光义，欲言又止。他想再问什么，但想了想还是把话咽回了肚里。

赵光义何等精明之人，早已看出了程德玄的心思，知道他还心存顾忌，犹豫不决，便笑了起来，边笑边说道："先生休要狐疑。你与孤相处十几年，还不知孤之为人？事成之后，孤绝不会做那种兔死狗烹、杀人灭口的卑鄙勾当。再说，若是那样岂不是欲盖弥彰？孤可对天发誓，大事办成之后保先生世世代代永享荣华富贵。"

这一席话将程德玄心中的担忧扫之一空。他长长地舒了一口气，对赵光义说道："小人回去便马上配制，何时用药殿下说一声，小人自会送来。"程德玄说完向赵光义深施一揖，告辞出府，赵光义也不挽留。

程德玄走后，又有一人来到晋王府，此时已是后半夜了。他既不走大门，也无须通禀，而是将身躯轻纵，飞越高墙，像一片鹅毛般飘然落于院中，然后径直来到了赵光义的寝宫。

"咚咚咚"，几声轻轻的敲门声，赵光义会意，连忙打开房门。那人进门后向光义深施一揖，也不寒暄便坐在程德玄刚坐过的那张太师椅上。

此人正是那个"黑煞将军"张守真。从那年依附了赵光义之后，二人频繁往来，早已被赵光义重金收买为心腹。后来，为了在皇上身边安插眼线，赵光义趁太祖的一个妃子生病便将他举荐给了太祖。

张守真奉旨进宫，为那个生病的妃子看病消灾。这张守真在一密室中仗剑作法，口中念念有词，以剑尖指着一张画符，大喝一声"疾"，那纸符居然燃烧起来。张守真将这符灰包裹起来让那妃子喝下，几天以后那妃子的病果然好了。

此后，太祖在发兵攻打南唐和传诏吴越王进京之事上都请张守真预测，结果张守真所言皆中，屡验不爽。因此，太祖对张守真深信不疑，便在宫中辟出一殿做宫观，请守真居于观中，专为皇帝祈福避祸。宋太祖聪明一世，糊涂一时，他却不曾想到这张守真在入宫之前早已是晋王府的常客。晋王赵光义已经将他收为心腹和爪牙。

当下张守真与赵光义对坐饮茶，详细地商议着十月二十夜间如何行事，直到天色将明时方散。

第三十九章　烛光斧声　留谜千古

几个月来宋太祖一直是在喜忧参半的矛盾中度过的。

征讨北汉，兵逼太原，前方的捷报不断传来，在宋太祖的眼前展现出了一片灿烂的前景，使他兴高采烈，激动不已。晚唐以来，藩镇割据形成的这些星罗棋布的诸侯小国眼看就要归于统一，北汉这个游离于大宋之外的堡垒就要攻克。他毕生为之奋斗的辉煌大业，他无时无刻不在孜孜追求的梦想就要变成现实，将永远书写在大汉民族浩瀚的历史之中，而且是最为多彩的一笔。他为此而兴奋、自豪，他甚至相信，自己的名字一定会像秦始皇、汉武帝、唐太宗这些千古伟人一样永远地镌刻在神州大地的巍巍丰碑之上。

这些天，他又在构思着下一步的蓝图，收复北汉之后将马不停蹄，挥师幽燕，将契丹从汉人手中抢去的燕云十六州一举收回，雪洗华夏民族的奇耻大辱，将被无情的战争打碎的每一块金瓯碎片全部收拾起来修整恢复，让一个完整古老的泱泱大国重新昂然挺立在宇宙之中，天地之间。

吴越王钱俶又派人进贡来了，那些璀璨夺目的金珠宝玩，那些精巧绝伦的贡物制品，宋太祖连看都不看便命人送进了封桩库中。他要的不是这些，而是钱俶那颗诚惶诚恐、毕恭毕敬的心。

吴越是他精心创建的一块和平收复藩镇政权的试验基地，他的试验是成功的。恩威并济的威服政策已经产生了预期的效果。

据吴越国的眼线报来的消息，钱俶正在与他的臣僚们商议，准备把吴越的军队情况造册献给大宋，表请朝廷废掉吴越国，免去钱俶"天下兵马大元帅"的职位，废除诏书不直写钱俶名字的规定。

这自然是吴越王对大宋心悦诚服的表现，统一大业中的和平模式就要成功了。不发一兵一卒，不动一刀一枪，吴越主钱俶就会"纳土称臣"，宋太祖相信这一天很快就会到来，也许只在旦夕之间。

在江南，吴越国之外还有一个小的不起眼的割据政权，那就是由陈洪进占据的泉、漳二州。对这个小小的割据政权宋太祖一直未加理睬。他认为其他政权收复之后，这个小政权自然会瓜熟蒂落，乖乖地自己"纳土"来降。

果然，吴越王对大宋的臣服使陈洪进大感震恐。前些日子，陈洪进打发儿子陈文颢来到汴京向宋廷献礼进贡，并请求亲自前来觐见宋太祖。

宋太祖下诏准允，答应得十分痛快。他知道，这不过是这个小政权"纳土称臣"的预演罢了。既然他是个识趣的，又何必难为他呢？

上苍待他不薄，皇天不负有心人，天下统一眼看就要实现了。他这个皇帝是在马上得天下，又在马上治天下，大半生戎马倥偬，东征西战，现在终于可以离开马背喘口气了。但是现在还不能马放南山，刀枪入库，更不能贪图安逸，耽于享乐。

也许，下一步对这个泱泱大国的全面治理更加繁剧，以后的强国之路更加漫长和艰难。

从现在开始，他要用大部分精力劝课农桑，让他的子民家家户户囤满仓盈，丰衣足食，他要整顿吏治，肃清政风，要让他深恶痛绝的贪贿之风在大宋朝无所藏匿，创造一个前所未有的清明盛世；他要倡导儒学，发展文教，让天下臣民以尊孔崇儒、尚文乐读为荣，让"槐花黄，举子忙"的风气更加浓烈，遍及大江南北、中原边陲，使大宋民风敦厚，野无遗贤；他要慎刑慎罚，轻徭薄赋。使奸恶得到惩治，好人不受冤屈，天下黎民不再因苛捐杂税而流离失所，妻离子散……

他要办的事太多了，为了大宋的富强，为了帝业长久，他应该继续勤政恤国，励精图治，再干他二十年三十年，然后把这副沉重的担子平平稳稳地交给弟弟或者儿子。

可是，上天还能给他这么长的时间吗？

蓦地，他又想起了"真无"道士那闪烁其词、模棱两可的谶语。十二月二十夜，天晴则可延寿一纪，否则应速做准备，他的心又一下子沉落下去了。

这些日子"真无"道士的谶语一直像一道挥之不去、抹之不尽的阴影，不时地袭上他的心头。

为了摆脱这个阴影，他尝试了各种办法。他是个一辈子要强的人，不能让这个不祥的预言压趴，让臣下和宫人们笑话。因此，他不分白天黑夜，拼命地处理军务和政事，以减轻心头的压力，冲淡这片阴影。当前线胜利的捷报又一次传来的时候，当他在召见地方官员，听着他们滔滔不绝地禀报某地又获丰收，某地又现祥瑞，某地为政清廉，得到民众拥戴的时候，他心头的这片阴影就会消失得无影无踪。

白天实在没有大事可做了，他便带上他的皇长孙，也就是德昭的儿子惟吉在皇宫的后苑中漫步，亲手教孙子射箭、骑木马、舞剑，或追逐嬉戏。这种如沐春风般的天伦之乐常常把他的心抚摸得熨帖而又舒适。

有时候他也会脱去龙袍，换上短褐，到蹴鞠场上一显身手。这是他年轻时最喜欢的运动之一，已经扔下多年了。现在老了，手脚都不灵便了。但他一旦上了场，那不凡的身手和超群的技艺仍然让围观的侍臣宫女们大为叹服，引起一阵阵欢呼和喝彩。

在这一瞬间，他又回到了青年时代，一切烦恼和愁闷都飞到九霄云外。但是，当这些都过去了，一切又归于平静之后，那片令人厌烦的阴影又鬼魂似的潜入了他的大脑，他的心扉仍然无法彻底摆脱它。就这样，几个月的时间里他一直在苦苦地挣扎着，搏击着，也不知是在与天命抗争，还是在与深藏在自己心里的怯懦和恐惧抗争。

十月二十，这个蒙着神秘的面纱、令人心悸不安的日子终于到来了。

一大早起来，仍与每一个平常的日子一样，星月隐退，旭日初升，东方天际一片灿烂如火的朝霞。当火红的朝霞消散之后，天空碧蓝如洗，淡淡的云丝在随意地飘荡着。初冬的天气有些清冷，但风不大，随着朝阳缓缓升起，一股暖意开始在天地间流动。

是一个上好的晴天！一个少有的晴朗日子！

宋太祖走出寝宫，用力伸了伸双臂。他下意识地抬头看了看天空，心里稍微轻松了一些。但是且慢，不能高兴得太早了。"真无"说的不是白天，而是十月二十夜。阴晴变幻常在瞬息之间。到夜里又会是什么样谁也无法预料。

宋太祖照例去上早朝，他又高高地威严地坐在这个已坐了十几年的御座上了。

看着这些与自己朝夕相处的文武大臣跪伏在自己的脚下，听着他们山摇地动般的高呼"万岁"之声，他的心在颤震。这些患难与共、风雨同舟十几年的老臣已经双鬓染霜，岁月已经变成了一道道细纹悄悄地爬上了他们的眼角和额头；这些自己一手擢拔的朝中新秀们文才超群脱俗，武功出类拔萃，他们是大宋王朝的未来和希望，是江山社稷的中流砥柱。

臣属们对自己是忠贞不渝的，为了大宋的强盛，为了统一大业，他们出生入死，披肝沥胆，从来都是无怨无悔。

他为自己有这么一班文臣武将而自豪。今后他们仍将是自己强有力的左膀右臂。他不相信自己如此健旺的体魄和精神会有什么不测。

也许那疯道士纯是信口开河，一派胡言，自己何必杞人忧天？

他开始听着大臣们出班奏议，都是些平常琐屑之事，但他还是在耐心地、尽量打起精神听着。

位列宰相之前的晋王赵光义离他最近，不时地偷眼瞅瞅自己这位皇兄。他身躯挺拔地坐在那里，面容仍然是那样威严和刚毅，但却明显地涂上了一层憔悴之色。皇兄老了，真的老了。你看他的鬓角已经无情地冒出了许多银丝。眼袋开始下垂，好像有些虚肿。眼角上那些细碎的鱼尾纹越来越清晰，不用细看也让人一目了然。你该歇歇了，天下哪有不散的宴席？"神龟虽寿，犹有竟时"，何况是个肉体凡胎的人？

太祖偶尔向赵光义这边看看，只是随意地瞅一眼，赵光义却感到悚然心惊。他觉得皇兄的眼光就像一把锋利的刀子，就像两束如炬的电光，已经洞穿了他的心底，窥知了他内心的秘密。他再也不敢胡思乱想，规规矩矩地站在班列中，手持笏板，认真地听着朝臣们的奏议。

但是，宋太祖什么也没发现。对于赵光义心底深处的秘密他怎么能发现呢？

散朝之后，宋太祖匆匆地回到后宫万岁殿里再也没有出来。他仍然显得神情恍惚，精神无法集中。他随手拿起一本书来散漫地翻阅了一阵子，却一个字也没有看进去，又顺手扔到了书案上；他从壁间摘下了一把宝剑，转身准备出殿，想到庭院里舞一会儿剑，可是刚走到门口他又踅了回来，重又把宝剑挂到了墙上；他在大殿中来回踱步，从东头走到西头，又从西头走到东头，就像被关在笼子里的一头雄狮，越走越急，越走越烦躁不安，那"咚咚咚"的脚步声连自己都感到刺耳。

他心中的压力太大了，就像一个巨大的石碾盘实实在在地压在了他的心上，让他喘不过气来。他不想与任何人说话，只能独自承受这种压力，心中的秘密不能让任何人知道，因为他们知道了也没有用，在这件事上谁都不能为他分忧。

不知什么时候，宋皇后已经来到了他身边，她悄悄地站在大殿一角，静静地看着自己的夫君，却一句话也不敢说。

她的一颗心紧缩着，高高地悬了起来。皇上今天太反常了。虽然这些日子她已经发现皇上似乎有什么心事不肯说，但是却没像今天这样异乎寻常，无论情绪和举止都与平时迥然不同。

她不知出了什么事，但肯定是出了大事。她心里在激烈地翻腾着，搜肠刮肚地思索着：莫非是朝廷中发生了重大变故？莫非是北伐大军吃了败仗？

莫非是国内某地发生变乱或出现了大灾？

　　但是她不敢问，也不敢劝，唯恐惹得龙颜大怒。这些年来她已经摸透了皇上的脾气。每临大事，每遇上难事坏事，他那颗心就会变得像岩石像生铁一样冰冷坚硬。他不需要任何人温言软语的劝慰，更不需要任何同情和怜悯。谁在这个时候去宽慰他注定要碰得灰头土脸，甚至会引得他暴跳如雷。

　　宋皇后从入宫被册立为皇后以来一直尽心尽力地陪伴、服侍着自己的夫君。她与皇上的年龄差着二十多岁，虽说是典型的老夫少妻，但却是伉俪谐和、情深意笃。宋皇后深深地敬重和爱戴着皇上，这是一种发自内心的女人对男人的爱，而不是对皇位、权势和财富的爱。在她的眼里，宋太祖是一个真正的伟男子、大丈夫，他的身上集中了天下男人的阳刚之美。他既是一个注定要流芳千古的大英雄，又是一个可以看得见摸得着的和蔼可亲的凡人。

　　宋皇后深深地为自己庆幸，为自己能找到这样一个夫君而感谢上苍。因此，她一天到晚把自己的全部精力都用在了对宋太祖饮食起居和各种生活细节的侍候上。皇上高兴，她亦高兴，皇上烦闷，她亦忧愁。

　　但是她却从不过问朝政。她觉得作为一个女人，自己的天职就是要恪守妇道，就是要相夫教子。牝鸡司晨自古以来都不是国家之福。因此这些年来凡是国家大事、军中大事，她从不随便过问一句。

　　但是，今天她惶恐了，看着皇上这个样子，她真不知道该怎么办才好。她只能为皇上倒上一杯茶，又站在那里闪着一双惊恐的大眼睛，慌乱地注视着太祖的一举一动。

　　宋太祖踱着步，猛一抬头发现了宋皇后，见她像一只受了惊吓的小鹿，楚楚可怜的样子令他心中一阵不安。他自知失态，忙冲皇后一笑，走过去挽着她的手来到御案旁坐下。宋皇后赶忙把凉茶倒掉，又换上一杯热茶捧到太祖面前。

　　太祖接过来喝了一口，复又放下，对她说道："不用担心，没有什么大事，朕只是心里有些烦乱。"说罢又不再说话，两人相对无言。

　　宋太祖也深爱着自己的皇后，她温柔可人，知书识礼，自己平时像对妻子又像对女儿一样疼她、爱她，多方呵护和关照她，唯恐伤害了她。正因为这样，连自己的儿子们对这位年龄跟他们差不多的皇后也极为尊重，总是以母后之礼事之。可是，现在该跟她说什么呢？倘若自己真有不测，她还年轻……太祖不敢想下去了。

　　宋皇后看看太祖，起身与一个太监耳语了几句，太监出去了。她又回到太祖的身边，双手在他那宽厚的脊背上徐徐地揉捏着。她不能排解他心中的烦忧，能帮他解除一下身体上的疲累也是好的。

刚才她同太监耳语，是让太监速去传花蕊夫人前来。这个时候，花蕊夫人应该在皇上的身边。花蕊夫人深得太祖的喜爱，宋皇后是清楚的。这花蕊自入宫以来与皇上相亲相爱，两情甚笃。她不仅体态娇柔，貌美如花，而且能歌善舞，会诗工画，妩媚多情又善解人意。平时皇上有点愁事，经她几句轻轻的笑语往往会云开雾散。记得皇上曾多次当着自己的面称花蕊为"忘忧草"。那么，此时此刻这棵"忘忧草"或许能化解皇上心中的烦忧。

随着一阵裙裾摆动之声，花蕊夫人款款而入，她来到皇上面前柔声说道："万岁、皇后，臣妾花蕊侍驾来迟，请陛下恕罪。"

宋太祖命她坐于自己身旁，看着她那一脸灿烂的笑容，情绪略微好了些。再看看宋皇后，小鸟依人般地围着自己。他不忍心让这两个心爱的女人陪着自己犯愁。因为自己的缘故，昔日充满温馨和欢悦的万岁殿今日却笼罩着一片愁惨和悲凉的气氛。

这又何必呢？古贤先哲早就说过，死即大安。人生自古谁无死？大丈夫自应视死如归。纵使今夜便是归期，此时也应该放达乐观，以静待变，这才不失我赵匡胤一生之本色。想到这里，宋太祖感到心头轻松了不少。他对花蕊笑道："朕今日心里有些不适，爱妃何不为朕歌舞一曲，以扫心头郁闷之气？"

花蕊忙说："臣妾接旨，请陛下点曲。"

宋太祖想了想，忽然说道："南唐李煜乃当今词坛巨擘。归阙以来听说又有许多新作流传京城，何不歌来让朕听听，也算是朕又见了李煜一回。"

花蕊却犹豫道："李煜的新词妾也听过几曲，美则美矣，只是太伤感，哀婉凄绝，令人不忍猝闻。还是换个别的曲子吧。"

太祖却不以为然，说道："李煜乃一亡国之君，真情流露，岂能不悲？这世上谁无愁苦，谁无悲忧？可又有几人能将自己的大愁大悲抒发于词曲之间？朕过去对李煜知之甚少，今日正要探看一下这位亡国之君究竟心里埋藏着多少悲苦之情。"

一会儿，一群女乐拥了进来，各自坐好，云板一响，琴筝笙簧和鸣，袅袅仙乐开始在大殿里萦绕回荡。

花蕊夫人和着乐拍，开始边歌边舞。第一曲唱的是李煜最近填的《子夜歌》：

人生愁恨何能免，销魂独我情何限。故国梦重归，觉来双泪垂。

高楼谁与上？长记秋晴望。往事已成空，还如一梦中。

花蕊一边唱着，一边看看太祖，见他微闭着双眼，以手指在坐榻上轻轻叩击，似是在全神贯注地倾听着，咀嚼着，便又歌一曲，却是《相见欢》：

无言独上西楼，月如钩。寂寞梧桐深院锁清秋。

剪不断，理还乱，是离愁。别是一番滋味在心头。

此时的宋太祖已能深切地理解李煜的愁和怨，他也正在细细地咀嚼着人生愁苦的滋味。因而，他被这如泣如诉的歌声深深地打动了。

歌声已经停止了，宋太祖却坐在那里一动未动。他仍然微闭着双眼，抬手示意了一下，让花蕊继续唱下去。

花蕊再唱一曲《清平乐》：

别来春半，触目柔肠断。砌下落梅如雪乱，拂了一身还满。

雁来音信无凭，路遥归梦难成。离恨恰如春草，更行更远还生。

这凄切哀婉的歌声在万岁殿里低低回响，一字一句早已经嵌入了大殿里每一个人的心窝里，连那些女乐们眼里也噙满了泪花，宋皇后坐在皇上身边已经数次以绢帕拭泪。

太祖站起身来又开始来回踱步。"剪不断，理还乱，是离愁"，此时此地自己的心境竟被这李煜刻画了出来。这李煜毕竟是江南才子，词坛泰斗。

他的一腔愁绪是因昏聩亡国引起的。可自己呢？勤政忧国，呕心沥血，帝业煌煌，到头来不也是愁苦悲凄，无法排解吗？李煜的忧愁还可以诉诸纸笔，传诸千秋万代，而自己的愁苦又能向谁倾诉呢？苍天在上，可鉴我赵匡胤一片苦心。

夜幕终于降临了，悬月如钩，凉风习习，满天的繁星在眨着神秘的眼睛，窥视着这个黑黢黢的大地。

夜晚也是晴朗的，毫无云情雨意。宋太祖的心境一下子豁朗了，自己的寿限还可再延一纪，他可以从容地一统九州，治理江山，把一个斑斓多彩、

宋太祖赵匡胤

富裕强盛的锦绣华夏交给他的继任者了。

一时间，宋太祖竟高兴得像个孩子，他起身冲出了大殿，兴致勃勃地向御花园的太清湖走去。宋皇后、花蕊夫人以及太监和宫女们不知道皇上今天怎么了，情绪变化如此之快，喜怒哀乐如此反常。他们也不敢多问，只要皇上高兴便好。他们只是默默地、懵懵懂懂地跟在后面，缓缓地向太清湖走去。

初冬的夜晚气温骤降，太清湖的水面上已经不再碧波荡漾，而是悄悄地凝结成一层薄冰。在凛冽的夜风中，宋太祖却没有感到一丝寒意。他绕湖缓步而行，然后慢慢登上矗立在太清湖边的太清阁。他举目翘望，仍是满天星斗，没有一丝云影。他忽然张开了双臂，长长地舒了一口气，欣喜万分地喊道："苍天有眼，星月灿灿，乾坤朗朗，今夜乃是一个晴天！"

宋皇后、花蕊夫人和太监宫女们都大惑不解，阴晴雨雪乃是极为平常的自然现象，一年到头变幻无常，司空见惯，这有什么可惊奇、可兴奋的？皇上今天究竟是怎么了，何以对天气如此关切，又这样大惊小怪？

他们在疑惑之余却很快受到皇上欢悦情绪的感染，一个个都兴奋起来，一整天的压抑和沉闷都一扫而光，太清阁里一片欢声笑语。

"花蕊。"宋太祖向花蕊夫人招招手，示意她来到自己身边，一只手搭在她那瘦削的肩背上，忘情地说道："你可真是朕的'忘忧草'。你能诗善歌，多才多艺又多情。记得初入宫时，你曾为朕吟诵了一首《咏蜀》，骂尽了蜀中须眉。今夜朕心情好，你再为朕高歌一曲你自己的诗作如何？"

花蕊夫人冲太祖嫣然一笑，娇声说道："贱妾拙作登不得大雅之堂，恐亵渎圣听。"

"爱妃之才冠于六宫，朝野内外谁人不知？就无须过谦了。"

花蕊夫人说道："既如此，恭敬不如从命。贱妾就为陛下再歌一曲《咏蜀》。"

她清清嗓子，也不用笙簧伴奏，莺啭凤鸣般地轻唱了起来：

> 君王神俊六合兴，
> 捷报频传飞玉京。
> 十万天兵携甘露，
> 蜀地无处不春风。

曲调欢快流畅，歌声清亮婉转，悦耳动听。宋太祖还清楚地记得，花蕊夫人初入宫时，自己让她吟诗，她随口吟咏的也是一首《咏蜀》，却饱含着她对于蜀国一朝沦亡的悲愤之情，表达了她对蜀国君臣将士昏庸误国、贪生怕死的极大愤怒和蔑视。那些看似绵软的平常诗句却像匕首一般犀利，至今还清晰地印在太祖的脑海里：

> 君王城头竖降旗，
> 妾在深宫哪得知？
> 四十万人尽解甲，
> 更无一个是男儿。

宋太祖欣赏花蕊夫人那清丽优美的歌喉，更惊喜于她那机敏过人的才思。同样是《咏蜀》诗，却一颂一斥，一褒一贬，如此爱憎分明，合宜得体。这些年没有枉费了自己的一片情意。自己深爱着花蕊，花蕊也早已深爱着自己。她对自己收复后蜀、一统六合的丰功伟业的赞颂是发自内心的，是真挚的。

随着花蕊夫人的歌声，宋太祖又想起当年进军后蜀的往事。宋朝大军分两路西进，如神兵天降，速战速决，仅用了六十多天便攻陷了成都，灭掉了后蜀。这是他"先南后北"战略中的得意之笔，也是中国古代战争史上光辉的一页。

宋太祖正在沉思之中，宋皇后走近身来，轻声奏道："陛下，时候不早了，外面太凉，还是回宫歇着吧。"

听了宋皇后的话，太祖才从沉思中回过神来。他看看皇后，感激地点点头，欣然道："好吧，今夜就到这里，咱们回去吧。"

一行人将到万岁殿时，宋皇后知趣地止住了脚步，向花蕊夫人点头示意，意思是今夜应由她侍寝。在这个时候唯有花蕊夫人在皇上身边最合适。

万岁殿的太监们早已点起了灯笼。宋太祖和花蕊夫人从寒风凛冽的后苑中走进殿里，一股温煦的暖流立时扑面而来，包容了他们的四肢百骸。

这一天来，宋太祖虽然没办多少事，却比任何一天都更累更乏。现在心境好了，精神放松下来，马上感到一股浓浓的倦意悄然袭来。他伸伸懒腰，打了个哈欠，在花蕊的服侍下解衣登榻。宋太祖将花蕊那柔软温润的娇躯紧紧地抱在怀里，今夜不用再提心吊胆了，几个月的担心已被证明是多余的，他的心情自然也就欢悦起来。

宋太祖睡得十分香甜，他怀里拥着花蕊温馨的娇躯，鼻子里打着轻微的鼾声，脸上荡漾着惬意的笑容。

忽然，他看见"真无"道士飘然而入，悄无声息地落在御榻之前。他还是那么邋遢，破衣烂衫，蓬头垢面。但却不像往时那样笑嘻嘻的，而是满面戚容，对自己幽幽地说道："你睡得好香啊，怎么不看一看这天是阴是晴？"

太祖笑道："劳驾仙长关心，我早就看了，天空碧湛，繁星灿烂，已无大碍了。"

"真无"却惨然道："人有旦夕祸福，天有时刻阴晴，你怎可如此大意？"说罢，倏然而逝。

宋太祖霍然惊醒，却是一梦。他一骨碌爬起来，几步跨到窗前，推开窗子向外一看，顿时惊得目瞪口呆。

窗子外面，鹅毛般的雪片裹在呼啸的寒风里正在打着旋儿纷纷降落，满天皆白，茫茫一片……

宋太祖像被人在心口上捅了一刀，又像是迎头挨了一记闷棍。他只觉得脑袋"嗡"的一声，心中一阵绞疼，眼前金星乱冒，身子摇晃了一下，险些跌倒在地。

早已被惊醒的花蕊夫人正站在太祖身后，她一把扶住了太祖，轻声呼道："陛下，陛下，你怎么了……"

宋太祖定了定神，冲花蕊苦笑了一下，口里喃喃道："天意啊，这是天意！"说着，迅速穿好衣裳，冲出寝室，冲殿内的值夜太监喊道："快，快召张守真前来。"

张守真其实一夜未睡，晋王早已叮嘱过他，要注意观察今夜的阴晴变化。他见后半夜天降大雪，已料定皇上必来召他，因而已在自己的宫观中等候着。

张守真匆匆赶到万岁殿，进门欲行参拜大礼，宋太祖摇手将他止住，焦急地说道："道长惯能为人祈福消灾。朕今夜劫难在身，愿先生为朕斋戒祈请神明保佑。"

张守真连连点头称是，即令太监们摆好香案，他洗手后亲自燃香焚纸，磕了三个响头。手持一柄白色的马尾拂尘，左转三圈，再右转三圈，然后席地盘膝而坐，双目微合，口中念念有词。过了片刻，他忽然睁开眼睛，以一种与平日迥异的尖厉的声调说道："天上宫阙已成，玉锁已开，晋王有仁心。"

说罢，两眼直愣愣地注视着空中，过了一会儿如梦初醒，摇了摇头便站起身来。

宋太祖一直目不转睛地盯着他，听他几句话说完，知道事已不可挽回，就像被兜头浇了一桶冷水，他颓然坐下，愣愣地一句话也不说，连张守真何时告退的也不知道。

花蕊夫人吓坏了，侍立在太祖身侧不知所措。太祖让她先回寝宫，然后对内侍说道："速速前往晋王府，召晋王连夜入宫。"

晋王很快便来了，太祖命令所有太监宫女和闲杂人等都离开万岁殿，这里只留下花蕊夫人一个人在寝宫守候。

宋太祖和弟弟赵光义在一张桌子旁相对而坐，桌子上摆着几盘简单的菜肴果馔，一把酒壶和两个翡翠酒杯。太祖把花蕊叫出来，让她为他们兄弟二人斟满酒杯，然后端起杯来与光义同饮了一口说道："当年朕与二弟、赵普饮酒赏雪，定下'先南后北'的安邦大计。今夜又降大雪，赵普不在，咱兄弟二人喝个痛快。"

光义连忙欠身说道："陛下，这是今年的头一场雪，瑞雪兆丰年，天下庶民皆托皇上洪福。小弟先敬皇上一杯！"

一听"瑞雪"二字，太祖的心像被剜了一下。但皇弟并不知道"真无"的那句谶言，不知者不怪，他凄然一笑，端起杯来与光义照了照，一饮而尽。

花蕊夫人刚要过来斟酒，赵光义却站了起来，一把拿过太祖的酒杯，笑着说道："小弟多年没给皇兄斟过酒了，这杯酒小弟亲自给皇兄斟满，聊表孝悌之心。"说话间，在太祖和花蕊不曾注意的瞬间，夹在拇指和食指间的白色药粉早已悄然落于杯底。他一手握杯，一手接过花蕊手中的酒壶将酒倒满，双手捧到太祖面前。

兄弟二人慢慢地呷着酒，吃着菜。太祖以一种对往昔十分怀恋的心情开口问道："二弟还记得幼年时的事么？"

赵光义忙说："怎么会不记得？孩提时的事情至今想起来还历历在目。皇兄对小弟至亲至爱，记得有一次我与一群孩子打架，被人用石块打破了头。皇兄赶到看到我的头上流血，心痛得都掉了泪，把那些野孩子狠狠地教训了一顿。长大成人之后，皇兄待我既是仁兄，更如慈父。小弟有病，皇兄为我煎药；小弟建宅，皇兄亲往勘察地形，设计水道；为使小弟常留皇兄身边，赐我开封府尹，又最早封王。皇兄对小弟一片至情厚恩，决东海之水为墨，罄南山之竹为笔，亦难书之万一，小弟将永世不忘。"

太祖看看弟弟，又抿了口酒，叹口气说道："逝者如斯，往事已矣。转眼之间，为兄当这个皇帝已经十七年了，虽是殚精竭虑，不敢懈怠，但至今九州尚未统一，国势亦不甚鼎盛。朕虽已是知天命之年，但自觉精力尚好，倘若上天再给朕一些时日，朕还可为大宋江山再……"

听太祖已经拉入了正题，赵光义却不容他再说下去，急忙截住说道："今夜好端端的，皇兄何出此言？"

太祖一笑道："天命难违啊！你还记得从洛阳归来，在路上遇到的那个邂逅道士吗？"他本想把那道士当时的话和盘托出，却陡然想起了"黑煞将军"刚才为自己祈福时，最后冒出了一句"晋王有仁心"这没头没脑的话，不禁疑窦顿生，莫非他们都是有备而来？

于是太祖没有直接往下说，而是重新编造了几句，以探虚实，便顺着刚才的话题说下去："那道士是朕二十多年以前在关中一带结识的一位至交好友。他道行高深，法力无边，能未卜先知，每言辄中。那日他对朕说，大宋江山不应按照历朝惯例父终子继，传之嫡长。而应该以弟代兄，如此才可帝业长久，江山永固……"

说完，太祖一双眼睛灼灼如炬，在赵光义的脸上扫来扫去。像是在审视，在搜寻，在探究。

这几句话不啻千钧霹雳在赵光义的心头炸响，直惊得他浑身哆嗦，脸色苍白，身上的冷汗瞬间冒了出来。"真无"道士的话那天自己听得一清二楚，皇兄为什么要编造假话诓骗自己？莫非这些天来的密谋被他发现了？他已怀疑我有异图？难道是谁出卖了我？因此今晚召我进宫，以言相诈，敲山震虎？

一想到这里，赵光义就像被硬塞进冰窖里，上牙打得下牙"咯咯"直响，他脑子里迅速闪过一个可怕的念头，皇上可能已起了杀心，自己顷刻间就会人头落地……

他再也顾不得多想，惊恐万分地站起来，"扑通"一声跪在地上，向着太祖连连叩头不止，声泪俱下地说道："那疯道士纯是一派胡言，皇上万不可轻信。陛下龙体安康，精力旺盛，自可寿享千秋万岁。即使百年之后，臣弟亦不敢有非分之想。皇侄德昭、德芳德才兼备，定可入继大统。"心里却说："等挨过几个时辰，药力发作，便由不得你了。"

太祖见他如此惊慌失措，心中愈发生疑。本来今晚召他前来是想把母后临终时的遗言告诉他，立下遗诏托付大事。但最后的一刹那太祖改变了主意。大半夜过去了，自己仍然没有任何不适的感觉，今夜不会有什么不测发生。这件事还需再好好斟酌考虑，万里江山不能轻付于一个无德之人。

想到这里，太祖笑着说道："皇弟何必惊慌，兄业弟继，古已有之。好了，先不说这些了，快起来吧，咱们继续饮酒。"

　　赵光义重新坐好，太祖举起杯来对他说道："来，咱们兄弟再干一杯。"说罢将杯中残酒喝了个精光，见太祖终于把这杯酒喝了，赵光义心中的一块石头落了地。

　　花蕊夫人在旁边频频斟酒，兄弟二人连饮数杯。太祖本是豪饮之主，今夜却有些不胜酒力，七八杯以后已是头晕目眩，便说道："今夜就到此为止，朕要睡了。"说罢站起身来，脚步有些踉跄。花蕊夫人和赵光义一边一个将他扶入寝室平放在龙榻上。太祖头刚挨着枕头便鼾声大起，如夏季的闷雷在头上滚过一般。

　　花蕊夫人听他鼾声与平日有异，便俯下身子为他解开上衣，慢慢地摩挲着他的前胸和心口。

　　烛影摇曳，夜深人静。晋王赵光义立在一旁，看着花蕊夫人如三月桃花一般娇艳欲滴的粉腮，那垂落下来的几绺漆黑油亮的乌发，那纤细柔软的腰肢，禁不住心猿意马，难以自控。也许是酒力发生了作用，也许是认为太祖再不会醒来，他竟色胆包天，猛地扑了上去，从身后抱住了花蕊夫人。两只手铁钳一般死死地抓住了她的双手，一张满嘴酒气的大嘴在她脸上腮上乱拱乱啃。

　　花蕊夫人冷不防遭此袭击，口中"啊呀"一声惊叫，便再不敢呼唤，她怕惊醒了皇上，把皇上气坏，只得拧着身子拼力反抗。

　　谁知二人你撕我挣、扭打挪动的声音却把宋太祖惊醒了。太祖并未大醉，鼾声雷鸣只是药力在起作用。当下他听到有异样的响动，睁眼一看，只见花蕊夫人云鬓散乱，衣衫不整，赵光义搂着她正欲行不轨。太祖顿时怒火中烧，一跃而起，以手指着他们，浑身哆嗦着喊道："你……你们……滚，都给我滚……"

　　他还能说什么呢？一个是爱妃，一个是胞弟，就在自己的御榻之前行此苟且之事，他还能张扬吗？

　　花蕊夫人早羞得满脸通红，她知道此时再也说不清楚，便捂着脸呜呜地哭着走出万岁殿，向自己的寝宫跑去。赵光义没敢走，又跪下向太祖说道："皇上恕罪，臣弟酒后失仪，禽兽不如，望陛下……"

　　他越解释太祖越生气。听到"禽兽不如"四个字，太祖更加怒不可遏，暴跳如雷。他跳下床来，从大殿角落里抄起一把斧子，咆哮道："畜生，还不滚！"

　　赵光义见大事不妙，跳起身来几步冲出大殿，一溜烟钻进夜幕里。

宋太祖赵匡胤

宋太祖怒气冲冲地走出大殿，看看满院里白雪皑皑，心中说不出是个什么滋味。他仰天长叹一声，歇斯底里地用斧子砍着雪地，狂躁地喊道："做得好！做得好！"

忽然一阵眩晕、恶心，他几乎不能自持，急忙扔掉斧子，歪歪扭扭地回到寝室，一头扑倒在龙榻上，立时又鼾声大起，昏昏沉沉地睡去。

这一切早惊动了值夜的太监宫女。皇上与自己亲兄弟发生口角，没有皇上的话他们不敢上前。但是他们躲在远处已看到大殿里烛影晃动，赵光义在烛影中躲躲闪闪，夺门而出。也看到了宋太祖以斧戳地，对天狂呼，这事不久传到了宫外，便成了流传千年的"烛影斧声"之谜。

当下赵光义迅速向宫门跑去。半路里却被太监总管王继恩接住，从便门送出皇宫。赵光义对王继恩耳语道："有何变故速来告诉我。"

几个更次以后，天将微明，从太祖寝室里传出来的雷鸣般的鼾声戛然而止。早已回到大殿里值夜的小太监犹豫了一下，蹑手蹑脚地走到门前，轻声呼叫着："陛下，陛下……"没有应声，他大着胆子推门而入，只见太祖仰面躺在龙榻上，大睁着一双愤怒、可怕的眼睛，一动不动。

小太监将手探于太祖鼻下，早已没有了呼吸。轻轻推一下太祖的身子，身子正在慢慢地变凉变硬。小太监顿时惊得灵魂出窍，杀猪一般号哭着冲出了大殿……

大宋朝的第一代开国皇帝走了，中国历史上堪与秦始皇、汉武帝、唐太宗并肩的又一位千古英主走了，大宋臣民视为神祇菩萨的一代明君走了，他带着疑惑和悔恨，带着愤怒和遗憾，也带着荣耀和骄傲撒手人寰，驾鹤西归，永远地离开了他亲手缔造的行将大一统的这片锦绣河山。

然而，他却终究没有亲眼看到江山一统，四海混一。

万岁殿外面，一大簇一大簇的雪团仍在不紧不慢地下着。山白了，河白了，楼宇白了，地面白了，天地间银装素裹，汴京城一身孝白。

莫非是苍天在为他举哀？

莫非是山河在为他戴孝……

深宫大内报时的更鼓沉闷而又悲凉地响了起来，整整响了四下。这声音显得暗哑而又遥远，像在黑洞洞的苍穹中回响，又像从另一个世界传来，令人毛骨悚然。

刚刚得知噩耗的宋皇后云鬓零乱，衣衫不整，跌跌撞撞地冲进了万岁殿，一头扑在宋太祖那僵硬的尸体上放声大哭，才哭了几声，却一时气塞声咽，昏厥于地。

宫女太监们乱哄哄地围上来捶背揉胸，她多时才长舒一口气醒了过来。

一名年龄稍大些的太监走过来俯在她耳边低语道："皇后要节哀才是，大事未定，应速拿主意。"

她尽力稳住神，仔细想了想。皇上死得太突然，太蹊跷，恐非善终，仓促之间没有留下传位遗诏。但从平日皇上的言谈中听得出他更喜欢次子德芳。

宋皇后来不及多想，忙喊道："王继恩。"大内太监总管早已在大殿里恭候多时，听皇后叫他，急忙趋步上前，躬身答道："奴才在。""你快去把德芳招来。""是，奴才谨遵懿旨。"王继恩转身出殿，急匆匆地向宫外跑去。

这个时候，皇宫里的其他妃嫔、宫女、太监、内侍们都已闻讯赶来，黑压压地跪满了万岁殿。殿内跪不下，他们便跪在大殿外的庭院里，任凭凛冽的寒风在他们脸上抽打，任凭飞舞的大雪在他们的身上飘落。他们一个个如木雕泥塑一般浑然不觉，只是在低低地哀泣，泪水和着雪水在他们的脸上肆意地流淌。

细心的人们却发现，在这人群当中却没有皇上平日最宠爱的花蕊夫人。

原来花蕊夫人自昨夜遭赵光义一番羞辱，被太祖发现后哭着跑回寝宫。四更之后，忽闻太祖于万岁殿驾崩，顿时如五雷轰顶，直惊得花容失色，柔肠寸断。

她不知道赵光义在酒中做了手脚，宋太祖乃是死于一场不可告人的阴谋，只认定是赵光义在御榻前对自己的轻薄将皇上活活气死了。尽管在这幕丑剧中自己是被动的、无辜的，但她仍认为自己有罪，感到万分悔恨和愧疚。自己这个不洁之身是导致皇上骤亡的万恶之源。她想跑到万岁殿，在皇上的身边痛哭一场，哭个天昏地暗，翻江倒海。可是她不敢去，怕自己这个脏身子玷污了皇上的亡灵。

她等宫女们都走了之后，面对万岁殿方向缓缓地伏下身子，庄重地磕下头去，一边哭一边说道："皇上，您怎能说走就走，连让贱妾向您解释一下的机会都不留？"泪水早将地面打湿了一大片。

哭过多时，她慢慢地站起身来，将一条白绫搭在阁梁上，结结实实地挽了一个扣，将粉颈伸了进去，微闭上眼睛，口里喃喃着："皇上慢走，等一等贱妾……"

王继恩出了皇宫之后并没有遵照皇后的懿旨去召赵德芳，而是毫不犹豫地向晋王府跑去。

当他赶到晋王府门前，见大门前站着一个人。走近细看，却是开封府吏、医官程德玄。他不禁吃了一惊，嗫嚅着问："程医官为何在此？"

原来赵光义从皇宫里跑回晋王府以后，虽是滴水成冰的大雪之夜，却早已浑身汗水淋漓，一颗心就像十五只吊桶打水，七上八下。

在龙榻前对花蕊夫人无礼，被皇上看了个明明白白，仅淫乱后宫这一条已是死有余辜。现在他最害怕的是程德玄配制的那种药一旦药力不够，自己将死无葬身之地。

因此，他急忙派人把程德玄招来，要他在这里等着皇宫内的消息。倘若皇上没死，他便带上程德玄以入宫诊病为由再寻机下手。

这些内情程德玄当然不能对王继恩说，尽管他知道王继恩早已是晋王的人了。

他对王继恩说道："今夜二鼓时分，有人敲我的宅门，大声喊道：'晋王召见。'可当我开门看时，外面却连个人影也没有。等睡下之后，又听到有人敲门高喊，如此一连三遍，却只是不见人影。我心下犯疑，便连忙赶来。不想刚刚赶到便碰上了王总管，王总管此来是为何事？"

王继恩压低嗓音急促地说道："大事不好了，皇上于昨夜突然驾崩，得赶紧告知晋王。"

二人于是急忙"咚咚咚"地砸门。大门开启，晋王将他二人引入内室。王继恩三言两语将太祖驾崩之事告知赵光义，然后说道："国遭大变，风云莫测。以奴才之见，晋王功高朝野，威德素著，大宋天下非晋王莫属。还请晋王速速入宫，早定大事。"

听说太祖已经驾崩，晋王心中的一块大石头稳稳地落在了地上，他淡淡地说道："此事干系太大，我得与家人商量一下。"

王继恩却万分焦急地催促道："此时还商量什么，应火速前去，否则皇位将落入他人之手。宋皇后可是让我召德芳的。"

一听此言，赵光义也急了，忙与王继恩、程德玄一起踏着满街的积雪急匆匆地向宫内赶去。

来到万岁殿前，王继恩让赵光义先在外面等等，他进去禀报一下。程德玄却厉声道："还等什么，何不径直进入？"

宋皇后在殿内听到外面有人说话，知道王继恩回来了，便高声问道："德芳来了吗？"王继恩却答道："启禀皇后，是晋王来了。"

宋皇后大吃一惊，抬头看时，却见赵光义一脸阴冷、风风火火地闯了进来，对宋皇后连看都不看一眼，径直走到太祖的龙榻前，扑向太祖的遗体号啕大哭起来。大殿内外也一齐放声大哭，其声哀哀，响彻云霄。

众人劝了多时，赵光义才渐渐地止住了哭声。宋皇后见赵光义捷足先登，才明白王继恩已投靠了晋王，大势已去，这皇帝御座已铁定由他来坐了。当下惊惧之余，只好来到赵光义面前，泣声说道："从此以后，我母子的性命都托给官家了。"

"官家"二字一出，满殿里的太监宫女和闻讯赶来的朝臣们都是一惊，连赵光义自己也先是一愣，然后便是一阵狂喜。

在宋朝，"官家"这个称呼只能用在皇帝身上。宋皇后既已称自己为"官家"，那就是已经承认自己入继大统、当大宋皇帝是合法的，是天经地义的了。他的脸色这才缓和了下来，对宋皇后说道："皇嫂无须担忧，我们共保富贵就是。"

几天以后，赵光义顺利地登上了九五至尊的皇帝宝座，成了大宋王朝的第二代帝王，是为太宗。

满朝的文武大臣们又一次匍匐在丹墀之下，行三跪九叩大礼，山呼"万岁"。尽管他们耳朵里早已塞满了关于"烛影斧声"的传言，都觉得先帝死得神秘莫测，这位新"官家"大位继承得莫名其妙。可是他们还是该磕头磕头，谁也不想多说一句话。

曾经有人说过"人不能低下高贵的头"，可自古以来，茫茫人海，芸芸众生，有几个人的头颅是真正高贵的？

当然，在宋太祖的肱股大臣、患难挚友中，毕竟还有例外。前宰相、现任河阳三城节度使的赵普在赵光义登基后便没有急于入朝道贺。他在府邸中设立了太祖的长生牌位，挂上他的巨幅画像，竟夜长跪于像前，泪流满面道："陛下，臣赵普有罪，未能随侍左右，保您躲过魑魅魍魉的毒箭。唯愿陛下早升仙界。"

归德节度使高怀德的夫人、太祖的义妹赵京娘闻知噩耗以后，终日以泪洗面，食不下咽，忧愤悲苦恹恹成疾，一年后竟撒下十几岁的孩子撒手人寰。

潞州节度使郑恩和夫人陶三春听说了"烛影斧声"的传言之后，怒火冲天，就要率兵杀进汴京与奸邪之辈同归于尽。经幕僚们苦苦劝解，仍盛怒难抑，干脆上表辞官，双双回莲花山陶家庄务农为生去了……

几年之后，大宋军队在太祖生前的爱将曹彬的率领下再一次挥师北伐，以风卷残云、摧枯拉朽之势迅速攻克了太原，平定了北汉。

宋太祖赵匡胤

宋太宗终于踩着其皇兄的肩膀，沿着宋太祖铺成的胜利大道最后完成了南北回归、九州一统的大业。但是，此时的宋太祖却已经静静地躺在他在洛阳亲自选定的那片萋萋芳草的地下了。他终究未能亲眼看到这个天下统一的辉煌结局。